KB186773

한국 동시대 극작가들

김 성 희 저

박문사

좋은 연극은 좋은 희곡 텍스트로부터 출발한다는 것이 나의 오랜 신념이다. 희곡은 무대화되어 연극의 관객과 만날 뿐 아니라 시, 소설처럼 독자와 만나 인간과 세계에 대한 다양한 이해의 방식과 질문, 사유, 울림을 안겨주는 문학 텍스트이기도 하다.

한국 근현대연극사를 돌이켜 보면, 근대극의 태동 이후 1980년대까지는 한국연극의 침체를 거론할 때 마다 그 요인으로 극작가 층이 극히 얇고 작품성 있는 희곡이 부족하다는 점이 주로 지적되어 왔다. 이는 미학적 정점을 보여준 그리스비극을 위시하여 2500여 년 동안 희곡문학의 전통을 축적한 서구와는 달리, 우리의 현대극은 구비 전승의 전통극 외엔 극문학의 전통이 없는 가운데 출발했다는 점을 떠올리면 이해되는 측면이기도 하다.

한국 (근)현대극의 역사도 어언 100년을 훌쩍 넘겼다. 서구적 극장 개념과 연극양식을 수용한 20세기 초엽 이후 한국연극은 전통극, 창작극, 번역극, 이 세 갈래의 연극이 서로 영향을 주고받으며 다양한 스타일의 현대극을 형성해 왔다. 현대극의 시발로 꼽히는 〈은세계〉(1908)가 판소리를 분창한 형태이고 서구식 극장 원각사에서 공연되면서 '신연극'(전통극인 구극과 대립되는 연극으로서)을 표방한 사실이 이런 경향을 압축적으로 예시한다. 〈은세계〉는 판소리 창부들이 배우로 출연한 창극 형태이지만, 서구식 극장에서 동시대 삶을 화술과 연기로 표현하고자 한 점에서 서구적 개념의 연극양식을 혼종한 형태라 볼 수 있다. 또 극의 내용도 구세계와 신세계의 충돌을 다루고 있다. 이처럼 한국 근대극의 첫 작품은 전통극과 서구적 연극양식의 융합으로 만들어졌다. 그러나 이후 식민지시기 근대연극사는 전통극과 단절한 '신파극'과 '신극'의 두 흐름으로 전개되었다. 대중극을 지향한 신파극은 번안극(주로 일본 소설 및 일본 신파극)과 창작극을 공연했고, 지식인층이 주도한 신극은 번역극(주로 서구 근대극)과 창작극을 공연했다. 이렇게 전통극과 단절되었던 연극의 흐름은 1970년대에 이르러 커다란 전환을 맞이한다. '전통의 현대화' 연극운동이 일어나면서 창작극과 번역극에 각각 전통극적 글쓰기와 공연양식이 수용되는 현상, 즉 전통극과의 융합 실험이 일어나 현대극의 지평을 넓히게 된 것이다.

한국연극사를 전개해간 커다란 동력으로 전통극, 창작극, 번역극 등 세 갈래 연극의 상호 영향 혹은 융합을 들 수 있다면, 한국 연극의 정신적 내용과 미학적 양식에 깊이와 풍요로움을 만들어낸 중요한 동력으로 극작가와 연출가에 주목해야 할 것이다.

근대연극이 목표했던 리얼리즘극 수립이란 강박에서 벗어나 모더니즘을 실험한 일군의 극작가들이 등장한 시기는 1960년대이다. 이는 이 시기 일어난 한국연극계의 획기적인 변화와 무관하지 않다. 해방 이후에 교육받은 세대인 대학극회 출신 연극인들이 대거 진출하여 '신극 세대' 연극인들과 세대교체를 이루었던 것이다. 식민지시대의 신극운동가들이 연극행위 자체를 민족운동, 계몽적 문화운동으로 여겼다면, 60년대 동인제 극단 중심의 젊은 연극인들은 기성의 연극적 관습이나 미학, 목표의식에 얽매이지 않고 자유롭게 연극운동을 펼쳤다. 이들에겐 리얼리즘극을 수립해야 한다거나 문화운동을 펼친다거나 서구의 모더니즘 연극을 제대로 수용해서 연극사를 바로 세워야 한다거나 하는 강박적인 목표가 없었다. 동시대의 서구 부조리극이나 서사극들을 소강당 같은 작은 무대에서 올리면서도 그 이론과 형식을 분명히 이해하고 공연해야 한다는 미학적 압박감 같은 게 없이 자신들의 이해 수준과 아마추어적인 감성 그대로 자유롭게 공연했던 것이다. 바로 이런 자유로운 연극에 대한 태도와 '교양'의 대표적 표상물로 연극을 소비하던 대학생 중심 관객층의 지지에 힘입어 연극의 현대성이 구현될 수 있었고, 다양한 개성의 창작극들도 생산될 수 있었던 것이다. 한국연극사에서 '현대극'이 시작된 시기로 꼽는 1960년대, 한국 모더니즘 연극을 연 극작가가 이근삼이다. 그는 표현주의극 〈원고지〉(1960)를 비롯하여 알레고리극, 서사극 양식의 희극을 발표하면서 리얼리즘 위주의 이전 작가들과는 확연히 다른 현대적 감각과 미학적 스타일을 보여주었다.

1960년대에 발화한 한국 창작극의 현대성은 1970년대에 이르러 찬란하게 꽃을 피운다. 이 시기는 또한 서구적 개념의 현대극 수립에 매진하느라 우리가 배제하고 망각했던 전통극의 새로운 복원과 재인식이 이루어진 시기였다. '한국연극의 정체성 찾기'가 큰 화두가 되면서 글쓰기와 무대만들기 양자에 있어 '전통의 재창조' 실험이 활발하게 행해진 시기였다. 이를 대표하는 연극인이 드라마센터의 유덕형, 안민수, 오태석이다. 이들이 연극의 자기정체성 찾기, 연극행위 방법론에 대한 자각을 양식적, 미학적 실험 속에 담아 성공적으로 구현했기 때문에 '현대 연출가'의 등장으로 평가된다.

이렇게 60~70년대는 다양한 개성과 미학적 양식의 글쓰기를 실현한 극작가들이 대거 등장하여 우리 연극사상 처음으로 풍요로운 극작가 층을 형성했다는 점에서도 중요한 시기이다. 이근삼을 필두로, 김자림, 전진호, 신명순, 오태석, 박조열, 노경식, 이재현, 이강백, 윤대성, 김의경, 오재호, 이반, 윤조병, 이현화, 최인훈, 오태영 등이 등장했고, 이들은 이후 중추 극작가로서 현대연극의 발전을 견인했다.

극작가, 연출가의 대거 등장이란 특징을 보여주는 또하나의 시기가 1990~2000년대이다. 이 시기에 이윤택, 조광화, 박근형, 장진, 홍원기, 김윤미, 선욱현, 고선웅, 김태웅, 이해제, 차근호, 김명화, 장성희, 김수미,

배삼식, 김한길, 고연옥, 김재엽, 장우재, 최치언, 성기웅, 손기호, 최진아, 최창근, 김낙형, 한아름, 최원종, 정영욱, 윤정환, 박춘근, 고재귀, 추민주, 장유정, 김민정, 김은성, 김지훈 등 신진극작가들이 대거 등장했다. 이들은 포스트모더니즘의 영향 하에 선배 극작가들과는 매우 다른 패러다임의 현실 표상과 장면 구축, 미학적 양식 및 감수성을 보인다. 연출을 겸하는 극작가가 많다는 것도 이 2000년대 극작가 군의 한 특성이다. 이들의 글쓰기는 대체로 포스트모더니즘 세대답게 연기, 음악, 시각적 이미지, 즉흥적 퍼포먼스 등으로 완성되는 수행적 성격의 글쓰기를 보여준다. 1970, 80년대 희곡들이 역사, 이념 등 거대담론을 다루는 언어 중심의 텍스트였다면 2000년대 극작가들은 주로 미시담론을 다루면서 신체언어나 시청각적 이미지, 미디어, 물질성과 수행성을 중시한다.

이 책은 현대연극이 출발한 1960년대부터 2000년대까지의 극작가들을 고찰하고 있다. 동시대 연극을 말할 때, 좁게는 1990년대 이후 연극을, 좀 더 시야를 확대하면 모더니즘 연극이 발아한 1960년대부터 포함시킬 수 있다고 본다.

제1부는 1960~70년대에 등장한 극작가들을 다루고 있으며, 제2부는 2000년을 전후하여 등장한 극작가들을 다루고 있다. 제3부는 극작가와의 인터뷰를 통해 극작가의 성장과정, 내면풍경과 작품세계 등을 고찰하고 있다. 한국 현대희곡사를 관통하는 시각에서 주요 극작가들을 모두 다루고 싶은 것이 오랜 동안의 계획이었으나 여러 분주한 일로 미루다보니 이윤택, 정복근, 김광림 등 몇몇 주요한 작가들을 빠트린 채 아쉬움 속에 책을 묶게 되었다. 이번에 빠트린 작가들, 그리고 앞으로 성장 중인 젊은 극작가들의 작품론은 다음 작업을 기약한다.

희곡을 읽으면서 무대를 상상하거나 공연으로 구현된 무대를 떠올리고,

또 연극의 인물들이나 극작가들과 대화를 나누며 작가론을 써간 시간들은 나에겐 매우 즐겁고 소중한 시간이었다. 인간과 세계에 대해 사유하게 만들고 상상력과 감수성, 사유의 지평을 넓혀준 극작가, 연출가들에게 깊은 애정과 감사를 전한다.

2014년 6월

김 성 희

제3부 극작가와의 만남

한국 동시대 극작가들

제1부

1960년대 이후 극작가들

한국 동시대 극작가들

이 근 삼

현실의 비유로서의 세계상과 희극성

1. 들어가며

이근삼李根三(1929~2003)은 60년대에 데뷔한 이래 희극을 주로 발표해온 대표적인 희극작가이다. 희극은 원래 우리 전통극의 두드러진 특성을 이룰 뿐 아니라, 최초의 근대 희곡도 희극이었으며[1] 우리의 근대극과 현대극에서 비극이나 진지한 극 못지않은 중요한 위치를 차지한다. 그런데 근대극이 사실주의극 중심으로 형성되면서, 또 식민지시대의 암울한 시대상황 때문에 우리의 전통적인 희극정신이 퇴색하는 경향을 보이게 되었다.

1960년대 초에 미국유학을 마치고 귀국한 이근삼은 희극 형식의 작품을 발표하고 공연에도 성공을 거둠으로써 주목을 받기 시작했다. 고루하고 무거운 작품들이 주류를 이뤘던 당시 연극계에 이근삼이 새 바람을 불러일으킨 이유로 유민영 교수는 기존작가들의 사실寫實 집착에 반기를 들고 서사기법 등 다양한 형식을 시도한 점과 과거의 희극정신을 계승하면서도 전통적 희극형식을 뛰어넘는 새로운 희극양식을 발표한 점 두 가지

---

[1] 우리나라 최초의 창작희곡은 1912년에 조일재가 매일신보에 발표한 〈병자 3인〉이 정설로 되어 있었으나, 근래에는 번안작임이 판명되었다.

를 지적한다.[2]

이근삼은 희극이라는 장르를 염두에 두고 창작했으며, 한국적 정서와 연극 전통보다는 서구적 희극형식의 작품을 창작한 작가이다. 특히 그의 희극들은 현실적 공간을 통해서보다는 주로 우화적 공간을 설정하여 정치 현실이나 지식인의 무력과 위선을 비판하고 풍자하는 성향이 크다. 그는 무대를 현시대를 폭로하여 고발하는 소송의 자리로 생각한 작가이다. 재판극의 형식을 띤 작품들이 많다는 사실도 이러한 연극관을 짐작하게 하는 단서가 된다. 그의 희극들이 대부분 서사적 기법을 활용하고 있다는 점도 객석과 무대를 분리하여 감정이입이 아닌 서사적 거리를 갖게 함으로써 관객의 비판의식을 촉구하려는 작가적 노력의 표출이라 볼 수 있다.

희극이란 장르 개념은 한마디로 정의할 수 없고, 시대에 따라 작가의 희극관에 따라 많은 변화와 다양성을 보여왔다. 그러나 변하지 않는 속성은 인간의 본질적인 삶의 조건이나 영혼의 문제에 대한 철학적 성찰을 문제 삼는 비극과는 달리, 인생의 여러 문제를 사회적 조건과 결부시켜 웃음으로 비평하는 장르라는 점이다. 희극은 사회적 인간을 문제 삼기 때문에 인간을 둘러싸고 있는 사회의 제반 조건에 따라 그 비전이나 기법에 다양한 변천을 보인다. 그러므로 희극만을 주로 창작해 온 양식적 선택, 달리 말하면 희극을 표현형식으로 선택한 이근삼의 결정에는 희극 장르의 개인적 선호뿐만 아니라 오늘날의 세계에 대한 비평의식이 전제되어 있다고 볼 수 있다. 아쉽게도 2003년 작고하였지만 이근삼의 독특한 희곡세계는 동시대 희극 작가에게 큰 영향을 미치고 있다고 생각된다.

2. 현실의 비유로서의 세계상과 희극성

이근삼의 희극은 대체로 직접적 현실공간보다는 가상의 공간 또는 우화

---

[2] 유민영, 『한국현대희곡사』(홍성사, 1982), 505쪽.

적 공간을 무대로 삼고 있다. 이는 사회현실을 사실적으로 형상화하기보다는 관객의 상상력에 호소하는 현실비유적 공간을 통해 우리 시대의 상황과 사회적 존재로서의 인간의 모습을 '거리'를 가지고 그리려 한 의도의 소산이라 볼 수 있다.

그의 데뷔작 〈원고지〉(1960)는 온통 원고지 칸으로 그려진 무대에서 교수가 철쇄 옷을 입고 기계적으로 번역하는 모습을 희화적으로 그리고 있다. 뭣이든 영어만 보면 자동적으로 번역하며, 그 옆에서 원고지 매수를 돈으로 환산하며 재촉하는 아내나 스스로 강박관념에 시달리는 교수의 모습은 채플린이 그려낸 산업사회의 기계화된 부속품 같은 인간상 못지않은, 돈벌이 기계로 전락한 지식인상의 효과적인 희화이다. 베르그송이 웃음을 고찰한 유명한 저서에서 웃음의 법칙으로 기계적인 경직성을 든 것처럼,[3] 그의 희극은 바로 유연성이 없는 인간의 기계화에 대한 캐리커처를 통해 현대인과 현대사회를 비유적으로 그리는 데서 시작한다.

〈제18공화국〉이나 〈아벨의 재판〉, 〈대왕은 죽기를 거부했다〉 등 많은 작품들은 공통적으로 현실을 그대로 무대에 옮기는 게 아니라 가상의 비유적 공간을 설정해서 우회적으로 현실과 시대상황에 대해 발언하며, 그로 인해 더 자유롭게 희극적 과장과 왜곡, 신랄한 풍자와 냉소를 드러내고 있다.

희극이라는 장르는 개별 작품은 다양하나 그 소재 접근방법을 보면 두 가지 상반된 방법으로 압축된다. 하나는 공상적 모험을 소재로 상상적인 세계에 몰입하여 자아와 성적인 소유에 대한 근원적인 공포를 건드리고 피해 가는 것이다. 다른 하나는 사실을 그려내는 방법으로, 비슷한 초상을 만들어 내어 관객이 그 무대 위 인물의 초상과 자신과의 거리를 느끼며 웃고 판단하게끔 하는 방법이다.[4]

이근삼은 환상적인 꿈과 같은 마법적 희극세계가 아니라 현실을 환기시

---

3 앙리 베르그송, 김진성 역, 『웃음 : 희극의 의미에 관한 소론』(종로서적, 1983), 18쪽.
4 리샤르 모노, 「시학과 극작법 : 장르들」, 이인성 편, 『연극의 이론』(청하, 1988), p.165~66.

키는 극적 공간을 그린다는 점에서 후자의 방법을 택하고 있다고 볼 수 있다. 그러나 그는 관객이 무대 위 세계와 더 '거리'를 느끼도록 우화적인 현실 비유의 공간을 설정하고 있으며, 긴 시간과 많은 공간 이동으로 이루어진 사건을 해설자의 도움으로 서사적으로 펼쳐 놓는 것이 특색이다. 그는 그 '간격', 다시 말해 관객이 무대와 거리를 가지고 무대 위 인물을 판단하고 아울러 종국적으로 자기 자신을 판단하도록 하기 위해 설명 역을 등장시키며, 인물들을 냉소와 역설과 풍자적 시각으로 왜곡시킨다. 그의 작품 〈유랑극단〉에서 그는 극작가로 나오는 등장인물의 대사를 통해 그의 연극관을 이렇게 표현한다.

> 인생을 꾸며 보라는 말은 곧 연극을 해보라는 뜻이겠죠? 쉽게 말하면 이 무대에 거울을 매달아 우리의 모습을 비춰 보자는 말입니다. 그러나 우리들처럼 수레바퀴에 매달려 명예를 바라고, 정욕에 뜨거운 입김을 내뿜으며 눈알을 시뻘겋게 굴리는 동안은, 거울에 나타나는 모습을 보고도 곧 나의 모습이라고 인정하기를 싫어합니다.
>
> (이근삼 대표희곡선집 『국물 있사옵니다』, p.149)

이 대사에서 대변되고 있듯이, 무대에 거울을 매달아 탐욕과 정욕에 차 있는 우리들의 일그러진 초상을 비판적으로 보여 주겠다는 것이 작가의 의도인 것이다. 또 그는, 〈30일간의 야유회〉에서 소장의 대사를 통해, '현실과 허구' 한중간의 세계를 보여 주는 것이 자신의 연극의 불가피한 요소라고 말하고 있다. 여기서 우리는 이근삼이 왜 희극을 표현형태로 선택했으며, 그의 희극관은 무엇인지 추론해 볼 수 있다. 그는 사실의 세계를 그리거나 허구의 세계를 그리는 것만으론 인간과 현시대의 표현이 불가능함을 인식하고 있는 것이다. 그는 '현실과 허구의 한중간' 형태의 비유적 세계상, 다시 말해 현실의 다의성을 희극으로서 제시할 수 있다고 보며, 관객에게 성찰을 유도하는 '거리'를 가진 연극양식으로서 희극의 가능성을 믿고 있는 것이다.

　이근삼은 다작의 작가이기 때문에 작품들의 주제나 세계상을 간략히 분류하긴 힘들다. 그러나 주제에 따라 세 가지로 나누어 그 희극적 세계상과 희극적 성격을 살펴보기로 한다.

1) 독선적 권력의 세계

　그의 희극들을 관류하고 있는 정신은 정치권력에 대한 불신이며, 권력의 부도덕과 독선에 대한 냉소적 비판정신이다. 특히 〈대왕은 죽기를 거부했다〉, 〈데모스테스의 재판〉, 〈제18공화국〉, 〈광인들의 축제〉, 〈아벨만의 재판〉, 〈율보〉, 〈30일간의 야유회〉 등이 이 범주에 속하는 작품들이다. 이 극들은 희극적 톤을 유지하면서도 주인공이 추방되거나 죽음을 당하는 결말을 취함으로써 '어두운 희극'의 형식을 취하고 있다.

　사실 현대에서 '비극적'인 것과 '희극적'인 것은 서로 배제하는 개념이 아니다.[5] 부조리가 인간 실존의 본래적인 것임을 인정하는 현대에는 가장 비극적인 것으로 희극을 강조하며, 가장 희극적인 것으로 삶의 비극성을 강조하기도 한다. 수잔 랭거 역시 희극과 비극이 서로 양극에 위치한 것이 아니라 상호작용을 한다는 점을 지적한다.[6]

　코리건도 인생이 비극과 희극의 양면성을 지니고 있음을 지적하고, 비극과 희극의 차이는 작가가 그의 소재를 다루는 방향에 따라 달라지는 것이지 양자 간에 근본적인 차이는 없다고 말한다.[7] 특히 희극은 인간생활의 어리석음이나 잔인함, 실수, 탐욕 등 우리 윤리나 이성에 억압당해 왔던 무의식의 영역을 강력한 심리적 에너지의 해방으로 보여 준다. 프로이트에

---

[5] Wylie Sypher, "The Meanings of Comedy", R. W. Corrigan(ed), *Comedy: Meaning and Form*(New York: Harper and Row, 1981), p. 20.

[6] S. Langer, "The Comic Rhythm", *Comedy: Meaning and Form*, p. 72.

[7] R. W. Corrigan, "Introduction: Comedy and the Comic Spirit", *Comedy: Meaning and Form*, p. 7.

의하면 희극은 '가면 벗기'로서, 우리가 일상에서 억압해야 하는 충동들의 '자유로운 방출'을 허용하는 메커니즘이다.[8]

위의 작품들은 권력자의 가면을 벗김을 통해 부패한 권력의 독선과 위선을 폭로하고, 또 힘 있는 다수에 의해 개인의 희생이 자행되는 현대사회의 실체를 신랄하게 풍자한다.

〈대왕은 죽기를 거부했다〉(1960)는 한 가상의 왕국을 배경으로 절대적 권위를 가지고 군림하는 독재자를 희화적으로 제시한다. 대왕은 권력을 지속하기 위해 왕자가 25세의 청년임에도 불구하고 기저귀를 찬 어린애로만 지내게 한다. 그러다가 어느 날 죽음의 사신의 방문을 받는다. 대왕은 자기 대신 죽어 줄 사람을 찾지만 모든 이에게 거절당하고 결국은 죽음을 받아들인다는 내용이다. 대왕의 죽음으로 백성에게 '웃음과 희망'이 오고, 백성들은 처음으로 "대왕 만세!"를 외친다. 이 극은 권력에 집착하는 독재자와 퇴진을 바라는 백성의 모습을 대비시키는 가운데 희극적 아이러니를 창출한다.

〈데모스테스의 재판〉(1964)은 저승을 무대로, 지상의 민중시위 때 민간인을 살해한 궁중 경호원의 정의에 대한 재판을 다룬다. 저승의 재판과정을 통해 이 세상의 수많은 쿠데타를 조롱하며, 역사가 언제나 이긴 자의 편이라는 것과 또 정의마저도 자의적이란 것을 풍자한다.

〈제18공화국〉(1965)은 쿠데타로 점철된 어느 가상의 공화국을 배경으로 우리 정치사를 비판한다. 이합집산의 정당들, 잦은 국민투표, 의원과 장관직을 겸하면서 온갖 감투를 쓰고 있는 정치인들, 현대 물질문명의 편리함에만 중독된 현상들이 냉소적으로 풍자된다. 권력자 '대비마마'가 원시국에서 온 호랑이의 울음소릴 듣고 잃어버렸던 자연에의 향수를 느끼고 망명하고, 19번째 쿠데타가 일어나 또 정권이 바뀌는 것으로 끝난다. 그러나 이 작품은 풍자의 대상이 일관적이지 못하고 산만하며, 건강한 인간성의 회복이란 주제가 때로는 불필요한 풍자(예컨대 도둑이 물건을 훔치는

---

[8] 앞의 글, p. 34.

게 아니라 물건을 몰래 놓고 간다는 삽화에 도의교육의 필요성을 운운하는)에 묻혀 주제적 힘이 약화된 아쉬움이 있다.

드라이든에 따르면 "풍자의 진정한 목적은 악의 교정"이다. 풍자는 늘 현실과 이상의 차이를 날카롭게 의식할 때 성공할 수 있다.[9] 진정한 풍자가는 기분 내키는 대로 공격을 할 것이 아니라 자신의 공격이 부조리한 사회에 대한 항의이며 사회의 불균형을 잡기 위한 것임을 명백히 할 필요가 있으며, 웃음과 조롱, 패러디의 방법 등으로 자기의 견해에 독자/관객이 설득되게 만들어야 한다. 이 작품은 쿠데타로 점철된 우리 정치현실에 대한 풍자성은 뛰어나지만 공격 대상이 때로는 무차별적이어서 설득력을 지니지 못한 점이 한계로 지적될 수 있다.

〈광인들의 축제〉(1969)는 전쟁 중 피난 간 동굴에서 지식인들이 정신병자들을 만나면서 권력 놀이를 하게 되고 그 과정에서 미치게 되는 과정을 그린다. 이 극 역시 한번 권력이나 폭력에 맛을 들이면 독재자가 되며, 권력은 언제나 희생양을 제물로 하여 유지되는 일종의 광기라는 것을 그로테스크하게 보여 준다. 이 극에서도 교수·예술가들·정신병원 원장 등 지식인이 신랄하게 풍자되거나 무기력하게 그려지고 있다. 그러나 이 풍자의 경우, 지식인에 대한 노골적인 공격이라는 작가의 개인적 취향을 너무 직설적으로 드러낸다. 또 극의 진행과정도 희극적 토대 위에서 이루어지기보다는 세계의 개선을 믿지 않는 냉소적인 전망을 음울하게 드러내 보인다. 그러나 관객이 희극에서 무의식적으로 원하는 형태는 순수하게 '희극적인 것'이든, 또는 희비극의 이중적 전망이든 간에 무대 위 인물을 조소하면서도 어느 순간 그들과 나 자신을 어느 정도까지는 동일화시키는 공감의 효과일 것이다. 풍자의 성공적인 전술은 일단 혐오스럽고 공격을 받을 만한 대상들을 조롱하고 희화화시키면서, 그 대상들이 하나의 과장된 메타포라는 것을 날카로운 아이러니와 기지로 관객에게 명쾌하게 인식시키는 것이다.

---

[9] 아더 폴라드, 송낙헌 역, 『풍자』(서울대학교 출판부, 1979), pp. 6~7.

〈아벨만의 재판〉(1975)은 직접적으로 정치권력을 풍자하는 게 아니라 권력의 본질과 인간관계의 상대성을 그린다. 다수가 그들의 안위를 위해 힘 없는 선량한 개인을 희생양으로 만드는 데 가담하는 위선을 치밀한 극적 구조로 그리고 있는 작품이다. 사실 이 극은 등장인물들의 성격과 상황이 서구적 정서와 극작술에 바탕을 두고 있어서 뒤렌마트의 〈노부인의 방문〉과 막스 프리쉬의 〈안도라〉를 연상시킨다. 이 작품에서는 권력자에 희생되는 개인이란 측면보다 다수가 힘 없는 개인을 희생양으로 만드는 데 가담하는 비겁성이라는 사회의 메커니즘에 초점을 맞추고 있다. 등장인물인 '작가'의 입을 통해 마을 유지들의 위선과 무책임이 신랄하게 야유되고 풍자된다.

이 다수가 선량한 개인을 희생시키는 '가담'의 주제는 〈율보〉(1971)에서도 나타난다. 38선을 넘는 이북 피난민들의 절박한 상황을 회상의 수법으로 그린 이 작품은 별다른 양심의 가책 없이 자신들의 생존을 위해 다수가 한 개인을 희생시키는 데 가담한 이기심을 가벼운 톤으로 비판한다.

〈30일간의 야유회〉(1974)에서는 무인도라는 공간을 설정하여 권력의 문제를 새롭게 조명한다. 사회 지도급 명사들이 죄수들과 하루 야유회를 즐기려다 무인도에 표류하여 구조되기까지 한 달 동안을 지낸다는 상황을 설정하여, 인간사회의 권력구조는 무엇으로 유지되는가를 문명비판적 시각으로 그린다. 무인도에서는 '생활방법'을 가장 잘 아는 죄수가 지도자가 된다. 지도자로 선출된 죄수 99번은 규율을 세우고 협동해서 먹을 것을 구하는 등 이기심을 버리고 노력한다. 그러나 그들이 구조될 시점에 이르자 명사들의 태도는 돌변한다. 다시 사회의 서열에 따라 그들의 권리를 주장하고, 무인도의 생활도 그들이 주도하여 끌어간 것처럼 꾸미고, 죄수와 명사의 딸과의 결혼을 무효화시키는 등 죄수와 그들 사이의 신분적 차이를 강조한다. 이 극에서도 시종일관 비판적으로 풍자되고 조롱되는 것은 지식인의 특권의식과 이기심과 무기력함이다. 인간사회의 삶은 인간적 가치에 의해서가 아니라 그 사람의 신분이나 사회적 위치에 의해서 결정되는 것임을 풍자한다. 죄수와 명사의 옷이 바뀌는 상징은 무인도적 생활양태에서 사회적 권력체계로의 역전을 보여 주는 효과적 연극기호라 할 수 있다.

(1) 알라존적 세계와 희극성

권력의 독선과 다수의 희생양 만들기 가담이라는 주제를 가진 이 '어두운 희극' 계열의 작품들의 희극성은 무엇인가. 먼저 권력의 독선을 비판하고 있는 작품들에 나타난 희극적 세계는 편집증에 빠진 권력자, 지식인의 광기와 선량한 개인이 대립되는 세계이다. 이 작품들의 희극성은 '알라존 alazon'형 인물들에 대한 조롱과 풍자에서 솟아 나온다. 뿐만 아니라, 추방되는 희생양 역시 독특한 희극적 비전을 보여 준다.

고대희극에서부터 가장 전형적인 희극 구조는 알라존과의 투쟁, 또는 아곤agon을 상정한다. 알라존은 희생과 잔치라는 희극의 제의적 기원을 보여주는 인물로, 보아서는 안 되는 희생제를 부정한 눈으로 보아 버린 '사기꾼'이다. 따라서 제의적 희극인 희랍의 구희극은 사기꾼 – 침입자 – 알라존(기만적인 인물, 허풍선이)에 대항하는 에이론(eiron: 자기비하자)과의 싸움을 다룬다. 늙은 왕과 젊은 왕, 낡은 해와 새 해와의 싸움에서 젊은 왕, 새 해가 승리하는 제의적 구조가 희극 속에 투영된 것이다.[10]

일반적으로 희극의 행동은 편집증의 속박으로부터 인물을 해방시키는 자기인식으로 인도하며, 새로운 사회의 결정(結晶: crystallization)을 향해 움직인다. 이 희극적 결말에 나타나는 새로운 사회에는 관중을 포함한 무대 위 모든 인물이 그 사회가 창출하는 축제적 분위기에 참여하도록 초대되며, 그 사회에 방해되는 사람들은 조롱된다.[11]

이처럼 희극의 전형적인 특징은 새로운 탄생을 가져오는 축제적 결말로서, 이것을 노스럽 프라이는 '해방의 신화myth of deliverance'라고 부른다.

---

[10] Wylie Sypher, "The Meanings of Comedy", *Comedy: Meaning and Form*, p. 37.

[11] Northrop Frye, *A Natural Perspective* (Columbia: Columbia Univ. Press. 1965), pp. 79~92.

한편 희극은 새로운 사회를 방해하는 극단적인 변덕과 부조리를 강력하게 강조함으로써 축제적인 추진력에 아이러닉한 추진력을 혼합시킨다. 특히 현대의 희극들은 현대사회에 대한 어두운 전망 때문에 해방을 창출하는 축제적 분위기보다는 그에 대립되는 방해물에 대한 냉소와 아이러닉한 강조가 강하다. 따라서 극의 결말은 새 사회의 결정結晶까지 나아가지 못하고 좌절과 방해된 운동으로 끝날 때가 많다.[12]

위에서 살펴본 이근삼 희극의 세계는 독선과 허위위식에 사로잡힌 방해꾼들의 편집증이 너무 커서 새로운 사회로 가지 못하고 그들에 대한 냉소와 조롱만 보내다가 좌절하는 희극적 운동을 보여 주고 있다. 〈대왕은 죽기를 거부했다〉의 '대왕'만이 알라존으로서의 편집증을 깨닫는 자기인식에 이르면서 새로운 사회를 가져오게 한다. 그외의 권력자-인물들은 모두 스스로의 거짓과 광기와 편집증을 깨닫지 못하므로 아이러니컬하게 조소되고 풍자된다. 따라서 극은 밝은 축제적 사회로의 추진력을 보이지 못하며, 계속 인간사회엔 이런 악순환이 반복될 뿐(〈제18공화국〉이 대표적)이라는 냉소적이고 어두운 전망에 머물러 있다. 이러한 아이러니적인 희극에서는 편집증에 빠져 있는 사회가 승리를 얻거나, 혹은 그 사회가 붕괴되지 않고 남아 있는 상태로 표현된다.[13]

그러나 이 경우 중요한 것은 풍자대상의 거짓과 가면을 얼마나 적나라하게 벗기며 또 그 풍자의 기준이 적절한 공격 목표에 의거한 것인가, 그리고 얼마나 심층적이고 포괄적인 사회의식과 섬세한 희극적 기법의 구조화를 통해 차원 높은 희극적 통찰력을 보여 주는가 하는 것이다. 메레디스 Meredith의 성찰처럼 "우리의 통합된 사회적 지성, 그것이 희극정신인 것"이다. 메레디스가 희극을 '궁극적 교화자'라 생각한 것도 희극의 궁극적 지향과 성취가 통합적인 비판의식에 있다는 걸 강조하고 있는 것이다.

---

[12] Northrop Frye, *The Myth of Deliverance* (Sussex: The Harvester Press, 1983), p.61.

[13] 노스럽 프라이, 임철규 역, 『비평의 해부』(한길사, 1982), p.249.

앞에서 살펴본 바와 같이 그의 희극들은 뛰어난 희극적 상황을 잘 포착하곤 있으나 때론 풍자와 아이러니가 피상적인 차원에 머물러 있다는 아쉬움이 있다. 그러나 현대사회의 다의성과 부조리를 날카롭게 지적한다는 점에선 타의 추종을 불허한다. 그의 희극정신이 우리 자신을 회의적으로 바라보게끔 하는 '비평'의 기능을 하면서 동시에 유머와 기지로 희극적 리듬을 구축하기 때문이다.

(2) 파르마코스적 세계와 희극성

희극에서는 아무래도 화해할 수 없는 인물을 희생시키는 속죄양 추방 의식이 자주 행해진다.[14] 역시 제의적인 기원을 가진 '파르마코스(pharmakos: 속죄양)는 다른 사람들의 이익이 되기 위해서 죽음을 당해야 하는 자로, 비극의 중심을 이룰 뿐만 아니라 아이러니적 희극에서도 자주 나타난다. 희극의 보편적인 주제가 사회의 융화이며 대체로 중심인물을 사회 속에 통합시키는 형식이라면, 이 추방의 주제는 사회적 견지에서 연구될 필요가 있다.[15]

편집증적인 인물, 달리 말하면 억압적인 사회를 추방하는 것은 바람직한 세계의 결정結晶의 상징이다. 또 심리적 차원에선 우리의 억압된 충동과 죄와 성적 공포나 증오를 희생자에게 전가하여 추방한다는 의미를 지니며 심리적 해방감을 안겨 준다. '대왕'(《대왕은 죽기를 거부했다》)의 죽음은 우리에게 안도감을 준다. 그러나 한편으로 그가 대왕의 위엄을 고수하려 애쓰며 죽음을 맞아들이려 할 때, 그에 대한 비애와 동정을 느끼지 않을 수가 없다. 아주 몹쓸 악한이라도 이 추방의 주제를 가벼운 톤으로 취급하지 않으면, 즉 개인에 대한 사회의 복수라는 측면을 지나치게 고집하면 오히려 부당한 것은 사회라는 느낌을 주게 된다. 저급 희극이나 소극笑劇에서 무력한 희생자에게 폭력을 한없이 가해도 동정이 아닌 웃음을 주게 되는 것은 이 파르마코스에게 심리적 측면이나 인간적 특성을 부여하지 않았기

---

14 노스럽 프라이, 『비평의 해부』, p.231.
15 노스럽 프라이, 『비평의 해부』, pp.64~67.

때문이다. 소극의 인물들은 '존재의 표면'만을 보여 주는 유형type이기 때문이다.

그러나 파르마코스가 기만적 인물이 아닌 선량한 개인일 때 극의 아이러니는 더욱 깊어지고 비극에 근접해 간다. '데모스테스'나 '율보'나 '아벨만'은 무대 위의 사회로부터 그 선량함 때문에 바보 취급을 당하며 사회의 죄를 전가당한다. 그러므로 그들이 무대 위의 사회를 거부하거나 탈출하거나 또는 죽음을 당할 때, 실제로 관객에게는 그들이 무대 위 사회보다 훨씬 고결한 인간이라는 인상을 주게 된다. 이런 파르마코스는 '전도된 파르마코스'이다. 파르마코스 못지않게 이근삼의 희극에 강조되는 것은 파르마코스를 만드는 일에 다수가 가담하는 비겁성과 위선의 폭로이다. 이 '전도된 파르마코스'와 다수와의 대립이 그의 희극의 중심 아곤을 이루고 있다.

이근삼의 '어두운 희극'은 파르마코스를 만들어 책임과 죄와 불안을 전가하는 우리 사회의 비겁성을 폭로하고 다수의 죄의식을 고취한다. 그러나 〈아벨만의 재판〉이나 〈율보〉 등에서 보듯이 주인공–파르마코스는 너무 순진무구하고 전혀 죄가 없는 인물이다. 이처럼 희생당하는 인물들의 무죄성과 순진무구함 때문에 그들의 희생이 부당하다는 느낌을 지울 수 없다. 등장인물의 내면을 너무 깊이 추구하는 것은 희극에선 무대 위 인물과의 거리 대신 동정을 갖게 하므로 위험한 시도이다. 마찬가지로 파르마코스–희생자를 너무 동정적으로 그리면 관객이 대상과 일체감을 가지게 되므로 웃음이 발생할 수가 없다. 희극의 아이러니와 희극성이 효과적으로 부각되는 것은 파르마코스의 적들이 사회적 규약을 교묘하게 이용하면서 그를 속이는 반면 파르마코스는 정작 그 규약과 인간관계의 틀이나 고정관념에 묶여 허둥댈 때인 것이다.

2) 속물들의 세계

이근삼의 희극을 관류하는 두 번째 희극정신은 일종의 문명비판적 관점으로 우리 사회의 비인간화를 비평하는 것이다. 그는 우리 사회를 물질주의와 전도된 가치관이 팽배한 속물들의 사회로 본다. 〈원고지〉, 〈거룩한 직업〉, 〈향교의 손님〉, 〈낚시터전쟁〉, 〈동쪽을 갈망하는 족속들〉, 〈유실물〉, 〈위대한 실종〉, 〈국물 있사옵니다〉, 〈만복장〉, 〈도깨비재판〉, 〈인생개정안 부결〉, 〈일요일의 불청객〉, 〈꿈먹고 물 마시고〉 등이 이 계열에 속한다.

〈원고지〉나 〈거룩한 직업〉(1961), 〈향교의 손님〉(1988)은 학문보다 번역이나 교수 일로 생계를 세우는 데 여념이 없는 학자를 조롱하고 풍자하는 단막극들이다. 이들 학자는 돈만 아는 가족들에 의해, 또는 도둑이나 거지에 의해 보잘것없는 속물로 풍자된다. 극의 진행과정을 따라 학자는 사회적으로 우월한 위치에서 학문을 팔아 연명하고 낡은 지식으로 학생들의 돈을 도둑질한다는 점에서 도둑이나 거지와 같은 존재로, 마지막엔 그들보다 더 비참한 존재라는 자의식을 갖게 되게끔 신랄하게 풍자된다.

'학자'는 유연한 사고와 행동을 갖지 못한 경직된 인물유형이다. 반면에 도둑이나 거지는 사회적인 일탈자임에도 불구하고 확실한 직업의식을 가지고 있으며 매우 자유로운 사고를 한다. 이처럼 일반적으로 공인된 직업의식과 사회적 신분을 전도시킨 상황설정과 성격묘사에서 희극성이 솟아오른다.

〈낚시터전쟁〉(1988), 〈동쪽을 갈망하는 족속들〉(1960), 〈유실물〉(1969)은 희극적 인물들이 자신이 속한 세계에 대한 무감각에서 깨어나 희망을 찾아 떠나는 상황을 그려 보인다. 〈낚시터전쟁〉에서는 낚시터에서 만난 30대의 젊은이와 60대의 노인이 서로의 나이에 걸맞지 않은 사고와 행동으로 마찰을 보이다가 부상을 입고 함께 협동하여 병원으로 향한다. 〈동쪽을 갈망하는 족속들〉의 등장인물들은 모두 '보결' 인생들로서 그들의 진짜 자리가 있다고 믿는 '동쪽'을 향해 떠나는데, 임시역에서 반대편을 동쪽이라 믿고 향해 가는 늙은 '보결' 인간들과 맞닥뜨린다. 이들은 자신의 일에 최선을 다하는 대신 어딘가에 자기가 인정받을 수 있는 자리가 있다고 믿는 우리 인간의 회화이다. 〈유실물〉에선 백화점 유실물 관리실이란 상징적 공간을 무대로 인간적 삶을 잃고 살아가는 인간의 모습을 풍자한다. 이러한 작품들에 그려진 희극적 세계상은 가치가 전도된 현대사회에 대한 비판을 담고 있으며, 아울러 경직된 편집증이나 망상의식으로부터 인물과 관객을 해방시키는 의미를 지닌다.

〈위대한 실종〉, 〈만복장〉, 〈꿈먹고 물마시고〉는 경쾌한 희극의 세계를 보여 주는 재미있는 극이다. 이 극들은 '삶의 찬미'와, '생각의 가벼운 리듬'[16]을 보여 주는 '밝은 희극'이다. 〈위대한 실종〉(1963)은 음대 교수인 아내의 허영과 독선에 반항하여 집을 나간 서예가 남편이 자신의 사망 기사를 보고 집으로 돌아오는데, 이미 조위금까지 받아 치러지게 될 동상제막식 때문에 결국 부부가 몰래 시골로 떠나간다는 내용이다. 이 극에서도 이근삼의 다른 희극들에서처럼 부부의 위치 전도 및 가정의 붕괴 양상과 속물적 삶의 태도가 풍자적으로 그려진다.

〈만복장〉(1967)은 아들의 대학졸업을 계기로 별장에 갔다가 강도사건에 휘말리는 해프닝을 그린다. 자신의 별장이 자기도 모르게 임대되어 여관으로 바뀌고, 강도와 형사의 정체가 오인되는 등 상황의 전도와 기대감의 불일치, 정체성 오인에서 벌어지는 플롯이 희극성을 자아낸다. 그러나 아들과 아버지가 각각 결혼할 대상을 찾는 결말로 '밝은 희극'의 전형적 특성을 드러낸다.

〈꿈먹고 물 마시고〉(1981)는 뮤지컬적 구조를 갖추고 있는 경쾌한 희극으로, 한 아파트에 세들어 사는 한 남자와 두 여자의 기묘한 생활과 삼각관계를 그린다. 결국 셋 중 아무도 결혼에 골인하지 못한다. 이 극의 희극성은 인물들이 각각 자신들이 가장한 정체가 탄로 나고 삼각관계가 얽히는 소극笑劇다운 구성과 소박한 인간미에 있다. 청춘과 꿈과 사랑을 가볍고 밝게 조명해 본 희극이다.

〈도깨비재판〉, 〈인생개정안 부결〉, 〈일요일의 불청객〉은 물질주의와 출세주의를 좇는 속물들을 풍자한다. 이 희극들은 우리 사회의 세속적이고

---

[16] S. Langer, "The Comic Rhythm", p.82.

물질적인 인물들과 가족에 무관심한 인물들을 조롱한다. 〈도깨비재판〉(1970)은 사기꾼의 갑작스러운 침입을 계기로 붕괴 직전의 가족의 허위적 삶의 실상을 드러낸다. 그 인물들 모두의 허위의식을 폭로하고 야유하는 인물은 '썩은' 인물에게만 보이는 귀신이다. 이들은 그 집안에서 유일하게 따뜻한 인간성을 지닌 가정부 만자를 정신병원에 보냄으로써 그들의 거짓된 생활을 지속해 나간다. "이미 뒤집혀진 친구들은 뒤집혀야만 살 수 있어. 애꾸지게 만자만 뒤집혀졌어. 곧바로 섰던 애가 곧바로 선 것은 만자 하나뿐이고, 뒤집혀진 사람의 수는 많거든. 수가 문제야. 만자는 우리를 살리기 위해 미친 것으로 되어 있어야 해. 우리는 수가 많으니까. 그리구 우린 이대로 사는 거야"라는 마지막 춘일의 대사는 이 극의 역설을 대변한다.

〈인생개정안 부결〉(1963)은 한 사기꾼이 우연히 보르네오의 거부가 형을 찾는다는 말을 듣고 형을 찾아내어 회사를 차리고 사기행각을 벌이다가 결국 감옥에 간다는 내용이다. 이 과정에서 특히 초점이 맞춰진 것은 시골 이장에서 하루아침에 사장이 되어 상류사회의 관습과 비리를 흉내내면서 인간성을 잃어가는 졸부에 대한 풍자이다. 이 극의 플롯 전개는 지나치게 황당하고 우연에 의존하고 있다. 오석구가 아무런 처벌도 받지 않고 시골로 떠나는 것도 희극의 결말로선 부적당하다. 풍자의 중심인물인 만큼 그에 상응하는 전락과정을 겪으며 사회적 제재를 받거나 혹은 용서받고 새로운 사회에 수용되는 화해의 과정을 보여 주는 것이 희극의 비평정신이기 때문이다. 특히 텔레비전 精·냉장고 精·피아노 精 등 문명의 이기인 동시에 물질적 부의 상징인 요정들의 등장이 문명비판적 역할을 하지 못하고 졸부의 허영만 비판하는 가벼운 역할에 머무른 것이 아쉽다.

〈일요일의 불청객〉(1974)은 매사에 이기적이고 무관심한 소시민이 주말을 아무의 간섭도 받지 않고 쉬려다가 오히려 카빈 강도의 침입을 받아 강도로 오인당하고 사형당한다는 내용이다. 이 극은 우리 사회의 소시민적 생활양태를 그리면서, 간섭하기 싫어하고 간섭받기 싫어하는 주인공이 역으로 사회의 주목을 끌고 모의의 주동자로 몰리게 되는 상황의 전도를 그린다. 그가 이기심과 무관심에서 깨어나게 되는 것은 아내를 위해 희생하는 일의 고귀함을 깨닫게 되면서이다. 주인공이 '파르마코스'가 되는 것은 그의 유난한 '소외'에 대한 열망 때문이다.

사회적 인간관계를 문제 삼는 사회적 교정 역할로서의 희극의 기능을 생각할 때, 주인공이 우연히 말려드는 강도사건은 바로 사회적 소외상태에 대한 처벌이란 상징적 의미를 지닌다. 그런 의미에서 주인공을 강도로 만드는 '사나이'는 겉으론 소심하고 무관심한 주인공의 그림자, 즉 사회로부터 소외되려는 자신을 심판하며 오히려 사회의 주목을 끌어 보려는 자신의 다른 에고로 읽을 수 있다.

주몽　　당신은 도대체 누구요?
사나이　……심판관, 너는 피고구.

이 극은 시작부터 배우들이 '환상 속에서 나온' 인물임을 강조하며 자신들의 배역을 설명한다. 따라서 무대 위 인생이 우리 인생과 동일함을 강조하는 동시에 '메타연극'(연극에 관한 연극, 또는 연극임을 현시하는 연극)의 성격을 지니고 있다. 또한 이 극은 사회에 무관심한 소시민이 우발적으로 사건에 휩쓸리고, 범죄자로 만들어지는 과정을 그림으로써 사회적 행동 표준과의 부조화를 문제 삼는 사회희극의 성격을 띠고 있다.

그러나 주몽의 고립이 사회적 관계의 허위성 때문이라는 게 제대로 그려지지 않았고, 그에 대한 항의의 성격을 보여주지 못한다는 점에서 사회희극적 성격이 약화되었다. 주몽이 고립을 원하는 것은 괴벽스런 성격 탓도 아니고, 단순히 주위에 무관심하고 혼자 쉬고 싶기 때문이다. 이러한 성격의 단순성 때문에 사회적 가치나 규범과의 부조화를 비평하는 사회희극적 성격이 부각되지 못한 것이다. 또한 사회를 싫어하는 주몽이 뚜렷한 희극적 결함도 없이 '심판관에게 고발되어' 살인강도로 처형된다는 결말은 그와 사회적 규범과의 갈등을 희극적으로 표현한 과정이 부족하기 때문에 부당하다는 느낌을 지우기 어렵다.

〈국물 있사옵니다〉(1966)는 속물들의 사회를 그린 그의 희극들에서 대표적인 위치를 차지한다. 언제나 평범하고 선량하기 때문에 손해만 보던 소시민 상범이 사회의 '새 상식'을 따르기로 하면서 출세가도를 달리는 과정을 통해 1960년대 우리사회 가치관의 전도현상을 풍자적으로 그린다. 상범은 우연히 사장에게 변소 휴지를 주고, 또 같은 교회에 나간 일이 계기가 되어 사장의 스파이 노릇을 하게 된다. 사장의 며느리인 성아미와 전무와의 불륜을 알고 아미를 협박하여 결혼까지 하게 된다. 상범의 승승장구의 과정에도 한 번 위기가 닥친다. 탱크와 소희의 함정에 빠진 것이지만, 그때 상범은 탱크가 소희를 처치했다는 걸 알자 강도로 위장하여 침입한 탱크를 죽인다. 상범은 아미와의 신혼여행에서 아미가 전무의 아이를 가진 사실을 알게 되며, 아미는 여전히 전무와의 관계를 끊지 않는다. 결국 상범의 출세는 그보다 더 악랄한 '새 상식'을 따르는 이들 때문에 그의 새로운 몰락임이 아이러니컬하게 드러난다.

이 극은 상범이 해설을 겸하기 때문에 주인공의 비정상적인 행동에도 불구하고 공격적인 웃음이나 야유보다는 관객이 그와 자연스럽게 동맹자가 되게 만든다. 잘 짜인 희극적 구조와 유머감각, 다양한 희극적 인물들이 펼치는 '수렵사회'적 면모는 우리 사회를 회의적인 눈을 가지고 바라보게 한다. 특히 상범이 손해만 보다가 새 상식을 활용할 수밖에 없는 상황의 전도가 그의 승리를 보장해 주다가 결말에 가서 무참한 패배로 반전하는 결말은 이 비정상적인 행동에 대한 신랄한 희극적 비평이라 볼 수 있다. 이 희극은 자신이 판 함정에 자신이 걸려든다는 고전적 희극의 기법을 활용하여 주인공의 자기기만의 허구성을 비판적으로 풍자한다. 희극의 선량한 주인공이 악인형으로 변모하고, 또 보편적인 희극의 결말에 나타나는 '보다 나은 사회' 대신 극의 시작에 제시된 사회보다 더 퇴폐적이고 어두운 사회로 대체되는 이 희극은 어떤 의미를 지니는가? 상범은 아미의 아기가 자신의 아이일 수도 있다고 자위함으로써 관객이 공감을 멈추고 조소를 보내게 만든다. 무대 위에서 비합리적인 행동을 하는 주인공을 비웃는 관객은 무대 위 인물보다 우월감을 느끼는 동시에 남의 비웃음을 사는 행동을 해서는 안 된다는 각성에 이르게 된다.

(1) 회복의 감각과 희극성

우리 시대에 필요한 희곡에 대해, 와츠는 우리와 비슷한 종류의 삶을 우리와 비슷한 방식과 스케줄에 따라 영위하는 인물들을 통해 우리가 흔히 범하는 비슷한 잘못을 강조하는 희곡이라고 말한다. 그럴 때 희극은 두 가지의 즐거움을 준다는 것이다. 하나는 인식의 즐거움이며, 다른 하나는 인간적 진실의 제한된 스케일을 수용하는 즐거움이다. 인식의 즐거움은 희극에서 발견되는 대상물과 우리가 비슷한 걸 인식하는 데서 오는 즐거움이다. 두 번째는 희극적 인물의 우리와 비슷한 실수와 어리석음과 욕망을 보면서 인간의 약함을 깨닫고 사회적 적응의 방법을 찾는 회복의 감각을 획득하는 것이다.[17]

속물 사회를 희극적으로 제시하는 이근삼의 희극들은 우리와 비슷한 종류의 삶을 보여주면서 때로는 밝은 결말로, 때로는 주인공의 패배를 통해 우리의 진정한 인간적 삶에 대한 회복의 감각을 일깨운다. 고립을 택했다가 이기심에서 깨어나는 주몽(《일요일의 불청객》), '새 상식'에 의해 결국 불행해지는 상범(《국물 있사옵니다》), 허영을 좇다 자신의 지위를 내놓고 추방당해야 하는 공여사(《위대한 실종》), 산업사회의 새로운 부속품인 기계화된 교수(《원고지》), 자기기만에 빠진 학자(《거룩한 직업》, 〈향교의 손님》), 자기 앞의 인생에 충실한 것이 참인생인 걸 모르고 헤매는 보결인생(《동쪽을 갈망하는 족속들》), 인간적 삶의 향기를 찾는 인물들(《유실물》, 〈꿈먹고 물 마시고〉, 〈만복장》), 혹은 거짓을 생존조건으로 받아들이는 춘

---

17 Harold H. Watts, "The Sense of Regain: A Theory of Comedy", *Comedy: Meaning and Form*, p. 117.

일(《도깨비재판》)은 우리와 비슷한 결함을 가진 인물들이다. 그들의 경우 사회적 부적응의 상태나 기만적 삶의 태도가 더 강조되어 있을 뿐이다. 그들의 희극적 행동양식이나 잘못, 결함은 우리와 비슷하다. 그러나 이들은 욕망을 구현해 가는 과정에서, 혹은 갑자기 조우한 부조리한 삶의 공포에 맞닥뜨려 인간적 진실에 눈을 뜬다. 그들이 겪는 장애의 과정에서 결국 가식적 삶의 태도나 어리석음을 인식한다. 극중 인물들이 이러한 인식에 눈을 뜨는 것은 물론 우리 관객을 겨냥한 것이다. 그들이 끝내 자신의 희극적 망집에서 벗어나지 못하는 경우라도 관객에겐 그 망집을 비판적 거리감을 갖고 인식할 수 있게 한다. 희극은 진실로부터의 도피가 아니라 절망으로부터 도피하여 신념을 갖게 하는 것이며,[18] 우리를 부조리한 인생의 절망감에서 구해 주고 고통스러운 삶을 즐거움으로 전환시켜 주는 해방의 기능을 가지고 있기 때문이다.

우리와 비슷한 결점과 욕망을 가진 인물들을 무대 위에 즐겨 등장시키는 이근삼의 희극들에는 인물들이 겪는 장애의 과정이나 망집을 희화화시켜 우리 자신의 비슷한 약점을 돌아보게 하는 '회복의 감각'이 탁월하게 구현되어 있다.

(2) 희비극적 전망과 희극성

위에서 살펴본 것처럼 속물들의 사회를 그린 그의 희극은 화해의 축제적 결말을 보여 주는 밝은 희극도 있지만, 대부분 '사회희극' 계열의 작품들은 주인공이 추방되거나 씁쓸한 패배를 맛보는 희비극적 전망을 보이고 있다.

《국물 있사옵니다》의 상범이 줄곧 승리를 구가하다가 그의 잘못된 욕망 추구방식의 결과로 불행한 결혼생활에 이른다는 것은 인생이 그처럼 부조리하고 복합적인 것이라는 점을 시사한다. 이근삼은 희극작가이지만 낙관적 인간관을 가진 게 아니라 인간의 자기기만과 속물이 득세하는 사회에

---

[18] Christopher Fry, "Comedy", *Comedy: Meaning and Form*, p. 17.

대한 비관적 전망을 드러낸다. 그 때문에 그의 희극에선 화해와 용서를 궁극적으로 보여주는 전형적인 희극의 축제정신보다는 에이론형 주인공이 패배하고 추방당하는 아이러니적 희극관이 우세하게 나타난다. 이는 우리 사회가 권위적·억압적일 뿐 아니라 잘못된 가치에 물들어 있으며, 인간성이 상실되어 간다고 보는 작가의 부정적 세계관에서 나온 것이라 할 수 있다. 그러나 그의 희비극적 전망은 한 사회의 모습을 인물의 성격 속에 용해시켜 보여 주는 전형성을 제시하지 않는다. 사회의 부정적 세계상을 뒤집어 보여 주는 희극적 상황의 설정에 탁월한데, 희극적 인물들의 성격을 종종 통속적 차원에서 묘사하며 현실인식에 대한 날카로운 풍자와 위트를 보여준다. 예컨대 그의 희극에 나오는 인물들은 대부분 나체 사진이 든 주간지를 즐겨 읽으며 가정부와 연애에 빠지는 등 통속적 인물형으로 사회 문제에는 놀라울 정도로 무관심하다. 이처럼 이근삼은 대체로 통속적이고 현실감각이 없는 인물들을 즐겨 그리며, 그 인물들이 현실과 맞서 성공하거나 패배하는 모습을 그린다. 이때 그가 그리고 있는 세계는 우리 사회의 한 면만이 과장되거나 왜곡된 것이어서 매우 그로테스크한 세계이다. 부조리한 세계의 중심에 서서 희극적 운동을 벌여 나가는 인물들의 성격이 과장이나 괴벽 등 희극적 인물의 특성과는 동떨어진, 지극히 평범한 성격으로 그려진다. 그래서 그의 희비극적 전망은 평범한 우리들의 욕망과 행동을 대변하지만 강력한 희극적 에너지를 추동하는 데는 다소 미약하다.

3) '인생 곧 연극'의 세계 : 서사극 기법과 희극성

이근삼의 희극들은 설명 역을 등장시키거나 등장인물이 해설자를 겸한다든지, 또는 일인 다역을 맡는 서사적 기법을 활용한다. 관객들에게 직접 말을 걸거나 객석에서 등장인물이 등장하는 식으로 무대와 관객 간의 의사소통을 부각시킨다. 이처럼 연극임을 강조하는 메타연극적 무대기법으로 무대 위 인생과 관객의 인생을 대비시키고, 무대의 환상을 의도적으로 파괴함으로써 무대와 객석의 삶을 상호침투시킨다.

〈유랑극단〉(1971)은 설명 역이 직접 관객에게 말을 걸면서 연극을 꾸며 보자고 제안한다.

> 이곳은 텅 빈 무대올시다. 빛도 장식도 없는 메마른 장소. 마치 우리가 처음 태어난 장소와 같습니다. (중략) 우리 잠시나마 이 텅 빈 무대에, 겨울철 콩밭처럼 허전한 우리의 마음에, 즐겁고 유쾌한 인정을 심어 봅시다. 그리하여 우리의 참모습을 느껴 봅시다.

텅빈 무대위에서 만들어지는 연극은 우리들의 참모습과 참인생을 비춰주는 거울이다. 일제시대 유랑극단은 신파극을 공연하다가 점차 민족의식의 각성과 사실적인 내면연기에 대한 자각으로 현실비판적이고 사실주의적인 연극을 지향한다. 이 극은 우리 초창기 연극의 모습과 연극인들의 애환을 보여 준다. 연극 검열을 맡은 조선인 순사가 객석에서 호루라기를 불며 등장해서 연극을 중단하라고 소리치는 장면은, 공연 당시에도 엄존했던 연극검열과 맞물려 지금의 연극 현실을 이중적으로 환기하는 극적 효과를 갖는다. 이처럼 이 극의 희극성은 지난 시대의 연극을 복고풍으로 재현하면서 오늘의 연극과 겹쳐 볼 수 있도록 하는 이중적 연극관에서 솟아나온다. 이 유랑극단은 일제의 연극 탄압이란 벽에 부딪치자 우리의 전통극에서 돌파구를 찾는다. 그러나 계속되는 단원들의 죽음으로 결국 해체된다. 그럼에도 젊은 세대는 수레를 끌며 연극을 계속해 나갈 것을 다짐한다.

이 극은 해설자라는 서사적 자아의 활용, 다양한 역할과 변신, 연극임을 강조하는 극형식, 소외효과, 관객을 향한 대사, 극중극과 노래의 활용 등 서사극적 기법을 최대로 활용한다. 설명 역을 등장시켜 관객에게 말을 걸며 연극을 시작한다는 걸 알려 주는 기능 정도의, 부분적으로만 서사적 기법이 구사되던 다른 작품들과는 달리 이 극에는 서사극 기법에 대한 작가의 의식적인 노력과 성과가 나타난다. 그러나 이 극의 서사적 기법의 활용은 브레히트류의 서사극이 '관객의 비판적 자세'를 견지하도록 하기 위한 의도와는 달리 다양한 연극적 기법을 전시하는 방법으로 주로 희극성을 높이기 휘한 효과를 수행하는 것으로 볼 수 있다. 처음부터 끝까지 관객이 등장인물들이 꾸미는 유랑극단의 연극활동과 애환에 감정이입 당하도록 이끌어 가고 있기 때문이다. 관객의 비판 능력과 성찰을 고취시키는 역할을 수행해야 할 설명 역은 도입부를 지나면 극의 내용에 논평을 가하는 것이 아니라 다역多役으로 변신하여 연기하는 역할로 등장한다.

사실 브레히트 서사극 이론은 희극이론이나 희극의 사회적 의미와 그다지 먼 거리에 있지는 않다. 진정한 희극은 관객에게 무대로부터 거리를 갖게 하여 웃음을 통한 비평의식을 부여한다. 그 결과 사회적 교정작용의 효과와 억압 심리로부터 진정한 해방을 맛보게 한다. 서사극은 희극과 같은 의도와 심리적 기능에서 더 나아가 인간사회를 역사성을 가지고 조망하며, 희극보다 더 의식적인 차원에서 교훈을 오락에 결합시킴으로써 재미있으면서도 관객을 교육시키는 연극을 지향한다.

〈유랑극단〉은 다양한 서사극적 기법을 활용하긴 하지만 그 기법이 서사극적 의도와 목적을 구현했다기보다는 인생이 연극이라는 비유적 연극관으로, 또 당대 현실과 오늘의 연극 현실을 시대착오적 스타일(신파극·신극·전통극)의 연극 만들기를 통해 중첩시킴으로써 희극성을 효과적으로 구현한다.

〈요지경〉(1980)은 병신굿에서 소재를 가져와 마당극 스타일로 '인생 곧 연극'이라는 비유적 세계상을 제시한다. 〈유랑극단〉이 근대극을 정립해가는 과정을 서구적 연극 스타일로 보여 준다면, 이 극은 철저히 전통극을 현대화한 마당극 스타일을 통해 걸쭉한 해학과 풍자를 보여 준다. 돈을 벌어 출세한 머슴 출신 고을갑이 제사를 지내려고 몰락한 전 주인 양반 대주를 부른다. 대주는 을갑의 무식을 이용, 을갑이 보증을 서도록 하여 그의 전 재산을 가로챈다. 그런데 암탉이 운 일로 대주는 신식 무당을 부르고 무당은 굿을 벌이면서 대주를 등쳐 먹는다. 대주와 을갑은 무당의 지시대로 조상 산소로 가다가 개에게 조롱당하고 결국 강물에 빠져 죽는다. 이 병신굿의 내용은 무식한 서민의 양반 흉내를 풍자하면서 형식에 치우친 유교이데올로기를 비판한다. 신분사회가 흔들리고 신분과 가치관이 전도된 세상은 하인들의 입을 통해 "이 세상 재미나. 가문 있고 돈 없는 놈들하고 가문 없고 돈 없는 놈의 싸움"이라는 요지경으로 풍자된다. 또한 가문의 길흉이 자신의 노력보다는 제사를 잘 모시거나 미물들에 의한 길흉의 전조에 달렸다고 믿는 전근대적인 미신적 사고 역시 효과적으로 조롱한다.

이 극의 희극성은 열린 구조의 신명 나는 판을 통해 빠른 템포로 펼쳐지는, 자기기만과 허위의식에 빠진 인물들에 대한 신랄한 풍자와 걸쭉한 재담으로 구현된다. 또한 전통적인 희극 기법인 음모와 상황의 전도가 다채롭게 구사되어 있고 등장인물의 성격의 진실성이나 줄거리의 진실성을 염두에 두지 않은 소극적笑劇的 구성으로 재미를 더해 준다. 그러나 신분사회가 흔들리던 조선 후기의 풍속이 재현되다가 현대적 무당이 등장하는 등 시점의 혼란을 보여서 극의 관점이 흐려지는 결점도 보인다. 풍속에 대한 풍자적 묘사가 우리 전통 민중극의 풍자정신과 재담과 춤으로 힘을 얻고 있지만, 희극적인 중심인물의 성격이 하나의 뚜렷한 유형으로서의 성격을 가질 정도론 구축되어 있지 않다. 그 결과 어리석은 서민과 음흉한 양반의 패러디가 미약하게 표현된다. 형식에 치우치는 유교적 사회와 미신에 지배받는 인간의 어리석음에 대한 반성을 촉구하는 풍자의 비판적 관점이 인간의 어리석은 속성과 인간 운명의 유전流轉에 대한 패러디로까지는 확장되지 못한 것이다.

3. 나가며

희극을 자신의 표현형식으로 의식적으로 택한 이근삼은 무대를 현시대를 폭로하여 고발하는 소송의 자리로 생각한 작가이다. 대부분의 작품은 서사적 기법을 활용하고 객석과 무대를 분리하여 감정이입이 아닌 서사적 거리를 갖게 함으로써 관객의 비판의식을 촉구한다.

그의 희극은 대체로 직접적 현실 공간보다는 가상의 공간 또는 우화적 공간을 무대로 삼고 있다. 그가 제시하고 있는 현실의 비유로서의 세계상은 크게 나누어 독선적 권력의 세계, 속물들의 세계, '인생 곧 연극'인 세계의 세 가지로 볼 수 있다.

그의 희극을 관류하고 있는 정신은 정치권력에 대한 불신이며, 권력의 부도덕과 독선에 대한 냉소적 비판정신이다. 그는 권력의 독선을 조명한 희극들에서 권력자의 가면을 벗겨 내거나 또는 힘 있는 다수가 개인을 희생시키는 비겁함의 문제를 풍자하거나 패러디한다. 권력의 독선, 다수가 한 개인을 희생양 만들기에 가담하는 위선을 그리고 있는 '어두운 희극'은 알라존형 인물에 대한 조롱과 풍자를 보여준다. 독선과 허위의식에 사로잡힌 알라존-방해꾼들은 스스로의 거짓과 광기와 편집증을 깨닫지 못하며 자기인식이 부족한 인물유형으로 아이러니컬하게 조소되고 풍자된다.

또 그의 희극에는 속죄양의 추방이라는 주제가 드러난다. 파르마코스적 인물형은 기만적 인물일 때도 있지만, 선량한 개인일 때도 있다. 그의 희극에서 강조되는 것은 파르마코스(속죄양)를 만드는 일에 다수가 가담하는 비겁성과 위선의 폭로로서, '사회희극'으로서의 면모를 지닌다. 그러나 파르마코스를 동정적으로 그리고 희극적 인물형으로서의 어리석음이나 고정관념을 충분히 제시하지 않은 때문에 아이러니를 통한 희극적 비평정신이 약화된 아쉬움이 있다.

두 번째로 그가 제시한 세계는 속물들의 세계로, 일종의 문명비판적인 관점으로 우리 사회의 비인간화를 비평한다. 그는 우리 사회를 물질주의적 가치관이 팽배한 속물들의 사회로 본다. 그는 속물들의 삶을 우리와 비슷한 종류의 삶으로 그리면서 때로는 밝은 결말로, 때로는 주인공의 패배를 통해 진정한 인간적 삶에 대한 회복의 감각을 일깨운다. 그들의 희극적 행동양식이나 잘못이나 결함은 우리와 비슷하지만 그들은 욕망을 구현해가는 과정에서, 또는 갑자기 조우한 부조리한 삶의 공포에 맞닥쳐 인간적 진실에 눈뜬다.

이근삼의 희극에는 화해와 용서를 궁극적으로 보여 주는 전형적인 희극의 축제정신보다는 에이론형 주인공이 패배하고 추방당하는 아이러니적 희극관이 우세하게 나타난다. 그의 희비극적 전망은 한 사회의 모습을 인물의 성격 속에 용해시켜 보여 주는 전형성을 제시하지 않는다. 그는 억압적이고 가치관이 전도된 우리 사회와 속물들을 뛰어난 연극적 구조와 희극적 상황으로 제시한다. 그러나 희극적 인물의 성격은 그로테스크한 세계를 표상하는 과장적 왜곡적 성격이라기보다는 통속적이고 평범한 성격으로 표현된다. 그 때문에 희비극적 전망과 역설의 세계가 강력한 희극적 에너지를 발하지 못한 아쉬움이 있다.

세 번째로 그는 '인생 곧 연극'이라는 연극관을 다양한 서사극적 기법으로, 또는 우리의 전통극 형식으로 재치 있게 그려낸다. 서구적 연극의 정착 과정을 '유랑극단'의 연극에 압축시켜 시대착오적 스타일의 연극 만들기를 통해 제시하면서 당대 현실과 오늘의 연극 현실을 희극적으로 중첩시킨다. 그러가 하면 전통극을 현대화한 마당극 스타일로 걸쭉한 한국적 해학과 풍자를 보여 주기도 한다.

그의 희극들은 우리의 전통적 희극정신과 기법, 또는 정서에 맥을 대고 있는 게 아니라 서구적인 희극정신과 인물형의 창조 및 희극구조를 수용하고 있다. 그 때문에 그의 희극들은 어느 부분 서구 희극의 구조나 상황을 차용한 것 같은 느낌을 불러일으키기도 한다. 그러나 그는 매우 다양한 희극적 상상력으로 탄탄한 희극적 기교와 연극형식을 창조하여 한국 현대희극의 새 장을 열어 왔다는 점에서 희극이 취약한 우리 연극계의 매우 소중한 희극작가이다.

한국 동시대 극작가들

최 인 훈

한국적 비극의 특수성과 보편성

1. 들어가며

한국에는 왜 비극다운 비극이 드문가? 고대의 연극부터 현대희곡에 이르기까지 우리의 희곡 작품들에는 진정한 의미의 비극이라 부를 수 있을 만한 작품들이 매우 드물다. 어두운 시대현실이나 비극적 상황을 소재로 삼고 있는 작품들이 주류를 이루지만 주로 저항과 풍자라는 방법으로 소재를 다루고 있지,[19] 인간존재의 본질을 운명의 압력과 인간성격의 비극성이란 관점에서 비극적 비전으로 깊이 있게 탐구한 비극적 작품들은 놀랍게도 드물다.

서구의 문학전통에서 비극은 가장 중요한 장르로 인정받고 있으며, 경쟁 장르인 서사시나 희극이 감히 대적할 수 없을 만큼 많은 이론적 천착이나 주의 집중의 대상이 되어 왔다. 이처럼 비극이 광범위하고도 압도적인 감동성을 증거해 온 사실[20]과 비교할 때, 우리 희곡문학에서는 왜 유독 비극이 희소하고 왜소한지 그 원인을 탐구해 볼 필요가 있다.

---

[19] 유민영, 『한국현대희곡사』 (홍성사, 1982), p.526.
[20] 유종호, 『문학이란 무엇인가』 (민음사, 1989), pp.279~80.

　이 글은 우리 연극전통과 극문학에서 비극이 빈약한 이유를 우리의 문화와 인식체계와의 관계를 통해 구명해 보고자 하는 목적을 지닌다. 그리고 그러한 성찰의 토대 위에서 우리 극문학의 대표적인 비극 작품을 대상으로 한국적인 비극은 서구 비극과 달리 그 특성이 어떻게 나타나는지, 또 그 특성이 비극적 감동과 보편성을 가질 수 있는지를 구명해 보고자 한다.

　이를 위해선 먼저 서구적인 개념의 비극이 우리 문화전통에선 왜 찾아보기 어려운 것인지를 개괄적으로나마 분석해 보아야 할 것이다. 물론 서구 비극 역시 시대와 문화, 종교적 이데올로기에 따라 다양한 유형의 비극을 보여 주므로 어느 틀이나 공식에 따라 단순 비교할 수는 없다. 그러나 이 글의 목적이 한국적 비극의 특성을 밝혀보는 데 있으므로, 서구 비극의 대표작이자 비극이론의 전범이 되기도 하며 비극의 원형을 이루고 있는 희랍 비극을 중심으로 단순화시켜 논의하고자 한다. 그리고 한국적 심성과 정서는 어떤 것이고 그러한 문화전통은 어떤 형태의 연극과 인식체계를 만들어냈는지, 그리하여 오늘날의 극작가에게도 어떻게 지속적인 영향력을 행사하고 있는지를 고찰해 볼 것이다. 이러한 과정을 통해 한국적인 심성과 정서에 맞는 새로운 형태의 비극의 가능성과 보편성을 생각해 볼 수 있기 때문이다. 한국적 심성과 정서와 문화전통에 깊은 관심을 가진 극작가는 서구의 비극과는 다른 유형의 비극, 곧 '한국적 비극'을 창조해 낼 것이 당연하다. 그러나 신연극이 시작된 이래 우리의 극작가들이 비극 창조에서 실패를 거듭한 이유의 일단은 서구 비극을 전범으로 삼아 서구적 비극형식과 비극정서를 형상화하려 한 데에 있다고 볼 수 있을 것이다.

　이 글에서는 서구적 비극정서가 아닌 한국적인 정서와 심성으로 우리의 문화전통과의 접맥을 꾀한 '한국적 비극'의 전범이 최인훈崔仁勳(1936~)의 비극 작품들이라 보고, 그의 작품들을 대상으로 '한국적 비극'의 특성과 보편성을 구명해 보고자 한다.

2. 서구적 비극개념과 한국적 비극개념

한국에는 왜 비극의 전통이 없으며, 현대희곡에도 훌륭한 비극 작품이 드문가? 여기에 대해선 세 가지로 생각해 볼 수 있다. 첫째 동양사상과 한국적 정서의 측면에서, 둘째 대화문화의 부재, 셋째 판소리·가면극·인형극 등 우리 전통극이 취하고 있는 열린 마당극의 구조라는 민속전통의 측면에서 고찰해 볼 필요가 있다.

비극이 서구의 문학전통에서 볼 때 희랍에서 탄생했고, 이는 희랍문화가 본질적으로 비극문학을 낳을 수 있는 비극정신을 가지고 있었기 때문이라는 설명은 많은 학자들이 동의하는 사실이다. 비극이 비극적 주인공인 개인과 그 대립관계에 있는 것과의 갈등을 전제로 하는 이상, 개인의 개체의식을 강조하는 희랍문화는 비극정신을 가능케 하는 근원적 바탕을 가지고 있었다는 것이다.[21]

서구적인 개념의 비극의 비전은 어떤 것인가? 비극이나 비극적 비전의 개념은 매우 다양하고 시대에 따라 변천을 겪어 왔기 때문에 전부 다 거론할 수는 없으나 보편적인 개념을 살펴보기로 한다. 비극적 비전은 궁극적으로 존재의 문제를 깊이 있게 상기시키는 것이다. 서구비극이 관중에게 감동 속에서 존재의 떨림을 경험하게 하고 영혼의 정화작용을 일으키게 하는 힘은 바로 인간존재의 본질을 심층적으로 탐구하는 통찰력과 인식의 깊이에 달려 있다. 비극의 비전은 근원적인 비이성과 비합리적인 것의 존재를 인식하게 하며 그것이 주는 압력과 공포를 환기시킨다. 그 비전은 인간을, 자신의 본성과 외부에 존재하는 신비한 악마적인 힘 앞에, 또 죽음과 고통이라는 사실 앞에 홀로 직면한 벌거벗고 화해할 수 없는 질문자로서 인식한다. 이러한 비극적 비전은 인간으로 하여금 자신의 운명에 대항하여 싸우게 하고, 격렬한 고통에 반항하게 하며, 신에게 자신의 처지를 진술하게끔 이끈다. 비극작가는 자신의 작품에서 야스퍼스Jaspers가 '한계상황

---

21 임철규, 「비극적 비전」, 『우리시대의 리얼리즘』 (한길사, 1983), p.40.

boundary situations'이라 부른 바 있는 지경으로, 즉 인간을 그 주권의 한계에로까지 몰고 간다.[22]

서구의 비극 개념은 시대별로 조금씩 변화를 겪지만 가장 본질적이며 보편적인 개념은 인간은 삶의 변덕성, 혹은 개인을 초월하는 힘(운명, 섭리 등)에 의해 설정된 한계 내에서 선택적으로 행동할 수밖에 없다는, 인간과 세계의 철저한 이원론에서 비롯한다.[23]

그러나 우리의 비극개념은 한계상황에 처한 개인의 극한적 고통과 운명의 신비, 또는 악의 제어할 수 없는 파괴력 등을 선명하게 상정하지 않는다. 한국을 비롯한 동양에 비극전통이 뿌리를 내리지 못한 것은 개인과 세계의 대립이라는 비극정신이 첨예하게 존재하지 않았기 때문으로 볼 수밖에 없다. 인간을 우주의 일부분으로, 즉 일원론적 우주관으로 파악하는 동양적 인식의 지평에서는 특별한 개체의식과 개인적 운명이 생성되기 힘들고, 따라서 개인이 자신을 둘러싼 세계를 대립과 갈등이라는 개념을 투사해서 싸워나가는 적극적 대결의지를 갖기가 힘들다. 동양적 인식체계는 예로부터 '천인합일天人合一'이라 하여 자연과 인간의 조화를 이상적인 삶으로 여겨 왔다. 희랍 비극이 인간과 신神 혹은 자연과의 대결이라는 인식체계를 바탕으로 개인과 세계와의 첨예한 갈등을 주제로 발전해 온 것과는 매우 대조적이다.

신화학자 캠벨Joseph Campbell은 신화의 분석을 통해 서양정신과 동양정신의 차이를 이렇게 지적한다. 서양신화는 신과 인간의 관계를 그리고 있으며, 여기서 인간과 신 사이의 긴장이라는 서양사상의 특질이 배태되었다는 것이다. 그러나 동양사상에서는 신과 인간 사이의 분열을 찾아볼 수 없다. 동양신화에서는 인간은 세속의 한계를 초월하려 하며 존재의 신비와 하나를 이루고자 한다.[24]

[22] Richard B. Sewall, "The Vision of Tragedy", Robert W. Corrigan(ed.), *Tragedy: Vision and Form* (New York: Harper and Row, 1981), pp.49~50.
[23] Raymond Williams, *Modern Tragedy,* 임순희 역, 『현대비극론』 (학민사, 1985), pp.21~26 참조.

이처럼 동양적 비전은 서양적 비전처럼 리얼리티를 일련의 끊임없는 변화와 대립의 관계로 보는 게 아니라 존재의 고정된 상태로 보기 때문에 세계와 대결함으로써 존재의미를 찾지 않고 세계와 합일하고자 한다. 끊임없이 변화하는 현상계는 동양적 사고에서는 단지 환각이며 그림자일 뿐이다. 동양의 대표적 종교이며 사상의 근간을 이룬 유불선儒佛仙은 중용과 해탈과 무위자연을 각각 삶의 이상으로 제시하고, 자아와 세계의 근원적인 불화라는 인간의 어쩔 수 없는 삶의 조건을 정면으로 대결하기보다는 마음의 평정을 통한 초월로 조화를 이루도록 가르쳐 온 것이다.

이러한 동양적 사상체계와 인간관은 신과 인간의 대립이라는 사상을 기반으로 형성될 수 있었던 서양비극과는 사뭇 다른 형식의 연극을 발전시켰다. 우리나라의 연극에 국한시켜 살펴보면, 굿·놀이·연극은 이미 원시시대에 미분화된 상태로 등장했고, 신라시대에는 연극적 형식을 갖춘 처용극을 발전시켰다. 이 처용극은 '벽사僻邪'의 제의적 성격을 강하게 지니긴 하지만 후대엔 주술적呪術的 성격보다 관중이 즐기기 위한 오락적 성격이 짙어지면서 결국 탈춤으로 계승되었을 것이라는 점에서[25] 우리 연극의 한 원형으로 볼 수 있다. 『삼국유사』에 전하는 처용극은 우리 연극의 고대적 원형인 동시에 민족심성이 투영된 대표적인 연극인 것이다. 조동일은 처용극을 아내를 빼앗겨 고민하는 사람이 주인공이고 결말이 행복에서 불행으로 반전하는 점을 들어 비극이라고 해석한다. 그러나 독문학자 김승옥은 처용이 싸우지 않고 우회하는 자세, 비극적 싸움의 회피를 통해 비극적 위기상황을 극복하는 결말로 비극이 되지 못하고 있으며, 이러한 결말을 보이는 이유는 대결 없는 한국적 정서 때문이라고 본다. 그는 처용과 같은 이런 정서 때문에 한국에는 서양적인 비극작품이 생산되기 힘들 뿐만 아니라 나아가 비극이 생산되기 힘들다고 보았다. 처용은 역신이 아내를 범하는 비극적인 상황에 처해서 서양비극과는 다른 유형의 반응을 보인

[24] O. G. Brockett, *History of the Theatre* (Boston: Allyn and Bacon Inc., 1977), pp.7~8.
[25] 조동일, 『한국문학통사 1』(지식산업사, 1982), pp.197~208 참조.

다. 오셀로는 단순히 심증만으로 아내의 정절을 의심한 나머지 아내를 죽인다. 그러나 처용은 아내가 부정을 범하는 현장을 보고도 "둘은 내 해다마는 빼앗은 것을 어찌하리오"라고 체념하면서 노래를 부르는 것으로 비극적 상황을 초월하려 한다. 그러나 동양적 체념을 보이는 처용극을 그렇다 해서 비극이 아닌 것으로 볼 순 없을 것이다.[26]

밝은 달에 밤드리 노닐다 집에 들어온 처용의 처지는 아내의 부정을 목격하고 행복에서 불행으로 반전한다. 그의 처지는 '한계상황'에 처한 비극성을 강하게 불러일으킨다. 그러나 처용은 아내나 역신을 벌하는 대신 자신의 좌절과 불행을 노래와 춤으로 극복하며, 현세적 좌절을 초월적 평정으로 전이시킨다. 이와 똑같은 비극적 상황에 처해 있다고 믿은 오셀로와는 달리 마음의 평화를 얻음으로써 고통을 초월하는 처용의 행동은 분명 서구적 비극정신과는 대척에 서 있다. 고통을 인정하고 싸우려 하기보다는 차라리 노래를 부르면서 자신의 처지를 명상하는 처용의 행동은 우리 관객에겐 아이러니와 역설적인 비극성을 느끼게 한다. 극한적 싸움을 피하고 화해를 추구하는 한국적 정서로 볼 때, 비극적 상황을 일단 마음을 다스림으로써 극복하고자 하는 처용의 태도는 관객에게 더욱 공감을 느끼게 했으리라 볼 수 있다. 우리 민족의 한 원형적 사고라고 볼 수 있는 이러한 초월정신이나 처용이라는 원형적 인간상은 '인간은 무엇인가'라는 실존적 질문을 대결정신으로 풀어 보려 한 서구비극과는 다른 형태의 명상적 비극을 배태한 것이다.

두 번째로, 우리에게 비극 작품이 발전하지 못한 것은 수평적인 대화문화가 발전하지 못했기 때문으로 볼 수 있다. 당시 그리스 못지않게 높은 국력과 문화 수준이 있었던 페르시아에선 비극이 창조되지 못하고 그리스에

---

[26] 김승옥의 통찰은 탁월하긴 하지만, 우리 희곡은 이런 대결 없는 한국적 정서를 통해 한국인으로서의 존재의 비극성을 제시하면서 현실을 시적으로 승화시킨다면 서구 비극 못지않은 독특한 비극을 창조해낼 수 있으리라는 반론을 펴게 한다.
조동일, 『탈춤의 역사와 원리』 (홍성사, 1979), p.26.
김승옥, 「한국희곡의 세계문학적 위상」, 『인문논집』 제36집(고대 문과대학, 1991), p.124.

서만 비극이 창조된 원인은 무엇일까? 절대군주체제였던 페르시아와는 달리 일찍이 민주제도를 확립한 그리스에서는 '인간은 만물의 척도'라고 선언한 피타고라스의 명제처럼 인간과 인간의 운명이나 자연에 대한 심층적 탐구가 행해졌다. 그들은 만물의 근원Arche을 탐구하는 방법으로 변증법적 대화술을 발전시켰다. 바로 이 대화술이 비극을 예술적으로 승화시키는 원동력이 된 것이다. 니체는 비극의 근원을 디오니소스 합창단으로 보았으며, 디오니소스가 도취의 신으로 다른 존재 속으로의 몰입이라는 마법적 힘을 가졌다고 보았다. 바로 변신을 통해 본래 자신의 아폴론적 완성으로서의 새로운 환영을 보려고 한 데서 연극이 생겨날 수 있었다고 보았던 것이다. 그리스 비극의 춤은 디오니소스적 요소이며 대화는 아폴론적 부분이다. 그리스인의 모사模寫인 대화는 아폴론적 정확성과 명쾌성과 변증법적 세계관을 지니고 있다.[27]

그러나 우리의 문화권에서는 서로 대등한 관계로 토론하거나 혹은 대화를 통해 문제의 해결에 접근해 가는 태도가 거의 차단되어 있었다. 불교나 도교는 말해진 것은 이미 진리가 아니라고 하여 대화보다는 명상이나 정관靜觀을 중시하였다. 유교에서는 인간관계를 수직적으로 설정했기 때문에 대등한 관계에서의 자유로운 대화문화가 발전하기 어려웠다. 또 우리나라의 유교적 문화전통은 연극을 천시했기 때문에 대중의 오락으로 자리잡기 힘들었고 기층문화에서 자생적으로 발생한 가면극 등도 심미적으로 발전될 수 없었으며, 새로운 희곡작가들이 등장하지 못했다. 내면적 성찰이나 말해지지 않은 내면의 의미를 말해진 대화보다 중시하는 우리 문화권은 문학적 대사를 중심으로 한 서구비극과는 달리, 대사보다는 노래와 춤, 혹은 제례적 성격이 더 두드러진 연극을 발전시킨 것이다.

셋째, 우리 연극의 전통적 형식인 마당극 구조는 극의 치밀한 플롯 전개와 인물성격을 개연성이라는 관점에서 창조해 온 서구비극과는 달리, 놀이의 극대화 효과를 위해서는 자유롭게 개연성을 무시하고 통일성과 일관

---

[27] 니체, 김대경 역, 『비극의 탄생』(청하, 1982), pp.68~71.

성보다는 장면의 독자성을 중시한다. 서구비극은 아리스토텔레스의 이론을 바탕으로 희곡의 문학적 요소(플롯·인물·사상·언어)를 중심으로 발전해 왔으나,[28] 우리의 전통극은 오히려 비문학적 요소인 음악과 장경, 즉 노래와 춤이 중심이 된 가무극 혹은 놀이극의 형태로 발전해 왔다.

우리의 가면극에서 비극적 사건을 다루고 있는 미얄과장이 철저한 비극으로 만들어지지 못한 것은 무슨 이유일까? 삼각관계의 갈등과 싸움으로 본처가 죽는다는 표면적 내용은 매우 비극적이다. 그러나 극은 이런 사건의 전개를 시종일관 희화화시키고 풍자적 톤으로 끌어간다. 앞의 파계승 과장이나 양반과장의 조롱받아 마땅한 인물들과 별로 다를 바 없이, 이 서민 주인공들도 동정을 받기보다 오히려 풍자된다. 심각한 사건의 발생으로 극이 좀 진지해지려 하면 어김없이 과장된 희극적 대사와 풍자가 뒤따라 극 전체의 희극적 톤을 유지한다. 미얄의 죽음마저도 비극적 의미가 심화되지 않고 비속한 대사들로 우스꽝스럽게 희화화된다. 마침내 억울하게 죽은 미얄의 영혼을 위로해 줄 굿을 벌이는데, 이 굿은 서로 독립된 세 과장의 이야기로 이루어진 전체 가면극의 정점을 이루고, 곧이어 연희자와 관중이 함께 어울려 춤추는 뒤풀이로 유도하는 역할을 한다. 미얄의 비극적 죽음과 대립되는 집단의 신명, 바로 이것이 영원한 죽음이 아닌 일회적인 지상에서의 죽음을 받아들이는 우리의 심성이라 할 수도 있지 않을까. 예컨대 상갓집에서 상주를 위안하기 위해 행해지는 '진도다시라기'는 해학적인 놀음으로 죽음의 비극적 정조를 뒤집고 이 지상에서의 삶이 영원한 게 아니고, 또 '다시 나는' 영원회귀의 순환이란 걸 강조한다. 그러나 극의 형식과 관중에게 미치는 효과 면에서 보면, 이 미얄과장의 굿에서 아리스토텔레스가 비극의 효과라고 한 카타르시스를 발견할 수 있다. 우리 가면극의 굿은 제의와 연극이 아직 분리되기 이전의 원형극Ur–drama으로,

---

[28] 아리스토텔레스는 희곡의 구성요소로, 플롯·인물·사상·언어·음악·장경을 들고, 앞의 세 가지를 본질적 요소, 뒤의 세 가지를 비본질적 요소라고 나눠 설명한다.
아리스토텔레스, 천병희 역, 『시학』(문예출판사, 1977), pp.58~61 참조.

가면극의 제의적 기원을 보여 준다. 이 굿은 가면극의 클라이막스 역할을 하는데, 관중과 상호작용을 하면서 삶과 죽음의 문제를 해학적으로 처리함으로써 관중에게 비이성적인 신성한 경험을 체험하게 하는 카타르시스 기능을 하는 것이다.[29]

이처럼 우리의 가면극에선 비극적 인물이나 사건을 다룬 내용이 비극이 되지 못하고 희극으로 변용되는 걸 볼 수 있다. 그 이유는 비극적인 어두운 현실을 직시하고 운명이나 사회적 모순에 실존적 질문을 던지는 비극적 비전 대신, 처용처럼 현실초월적인 화해를 꾀하거나 혹은 현실에 저항하는 걸 체념하고 내세에서의 구원을 소망하는 동양적 비전이 반영되어 있기 때문이라고 볼 수 있지 않을까? 고달픈 현실을 웃음으로 극복해 보고자 한 희극정신이 우리 민족심성에 뿌리 박고 있음을, 즉 우리 연극의 본질이 비극의 극복으로서의 희극에 있음을 드러내는 징표라고 볼 수 있을 것이다. 고전소설이나 판소리, 전통극의 경우 해피 엔딩으로 결말이 처리되며, 또 비극적 상황에서도 인물들을 희극적으로 묘사하거나 역설적으로 뒤집어 위안을 끌어낸다. 이러한 비장과 골계의 스타일 혼합이라는 압도적인 성향이 우리의 원형적 사고를 이루고 있으며, 서구적 연극형식을 받아들인 신연극이 시작된 이후에도 극작가들에게 지속적으로 영향을 미치고 있는 것으로 해석할 수 있다.

이와 같이 형식상의 자유분방함이나 비장과 골계의 스타일상의 혼합이 우리의 연극전통을 이루고 있다. 한국적 심성과 정서에서는 해학을 가미하지 않은 비극이나 현실초월을 통한 구원이나 내세에서의 구원이란 개념을 동반하지 않은 철저한 비극적 비전을 찾아보기 힘들다. 그래서 엄격한 형식적 절제미와 숭고미를 가진 비극형식의 창작이 나오기 힘든 것으로 생각된다.

수잔 랭거에 의하면 희극은 자기보호의 활력적 리듬을, 비극은 자기완성의 비극적 리듬을 제시하는 것이다. 비극적 리듬은 성장·번영·몰락이라

---

[29] 다니엘 A. 키스터, 『무속극과 부조리극』 (서강대출판부, 1986), pp. 44~45

는 인생의 패턴으로, 자연의 활동을 인간행동에 특징적으로 전이시켜 추출해 낸 개념이다. 정신적·정서적 성장과 성숙을 거쳐 마침내 힘이 궁극적으로 소멸되는 과정을 말한다. 힘의 소멸이라는 문제는 주인공의 진정한 '영웅주의', 즉 자기발견을 통해 인생을 완성된 것으로 보는 비전 속에 존재한다. 완전성으로서의 인생에 대한 비전이나 성취감은 주인공을 그의 패배를 초월하는 존재로 승화시킨다.[30]

비극이 희극과 구별되는 주요 특성은 바로 인간생활의 이러한 비극적 리듬의 모방, 또는 퍼거슨이 목적·정열(혹은 수난)·인식이라 부른 바 있는 행동의 비극적 리듬[31]을 구현하고 있는 점이다.

한국적 심성과 정서는 인생을 윤회적이고 그림자적인 환각으로 보는 비전이 우세하기 때문에 인생의 문제를 인간의 힘으로 철저히 탐색하려는 의지의 소산인 목적·정열·인식의 비극적 리듬이 깊이 있게 구현되기 힘들다. 그보다는 삶의 왁자지껄한 활력이 죽음에서 솟아 나옴을 그리거나 혹은 현실을 초월한 세계의 구원을 제시한다. 현상계를 하나의 환각으로 보거나 현실을 꿈 혹은 영원히 회귀하는 윤회의 수레바퀴로 보기 때문에 현실 또는 낡은 질서와 맞서 싸우는 의지보다는 삶과 죽음을 포괄하는 존재의 본질에 대한 명상을 보여 주는 극을 지향한다. 또는 상황의 반복 가능성을 암시하는 원환구조의 극을 배태시킨다. 이러한 정신적 내용과 정서, 비장과 골계의 스타일 혼합이라는 민속전통은 오늘날의 비극 작가에게 무의식적 차원에서 지속적인 영향력을 미치고 있을 것이다. 물론 한국적 정서와 전통을 충실히 따른다고 해서 세계성을 획득할 수는 없다. 마찬가지로 서구적 정서와 연극전통을 충실히 따른다 하여 보편성을 얻지는 못할 것이다. 우리의 민족적 전통과 원형적 심상을 현대적으로 수용하면서 동시에 비극 특유의 비전과 시적 고양감이라는 예술적 성취를 이룬 극작가가

---

[30] Susanne Langer, "The Tragic Rhythm", R. W. Corrigan(ed.), *Tragedy: Vision and Form*, pp.113~16 참조.

[31] 프란시스 퍼거슨, 이경식 역, 『연극의 이념』(현대사상사, 1980), p.37.

범세계적 보편성을 지닌 한국적 비극작가라고 할 수 있을 것이다.

이러한 관점에서 최인훈의 비극은 주목할 필요가 있다. 그는 한국의 설화나 고전을 소재로 우리의 민속전통을 수용한 명상적 비극을 발표하였다. 특히 그는 오늘의 시대의 현실적 문제인 낡은 질서, 정치적 억압의 문제를 시간이 정지된 듯한 고대를 무대로 하여 보편적인 인간의 문제로 조명해 보고자 하였다. 소재뿐만 아니라 내용과 형식 면에서도 한국적 비극을 창조한 최인훈의 작품들을 대상으로 한국적 비극의 특성을 살펴보고 아울러 세계성의 가능성을 고찰해 보기로 한다.

3. 한국적 비극으로서의 최인훈 비극의 특성과 보편성

최인훈은 소설가로서 높이 평가받는 독자적인 작품세계를 구축했지만, 70년대 들어 비극 계열의 희곡들도 연달아 여섯 편 발표했다. 그는 희곡 창작으로 장르의 확대를 꾀하게 된 이유로 "인간의 문명을 직관하게 하기 위해서" 가장 낭비가 적은 예술인 희곡을 택하게 되었다고 밝힌다. 그는 희곡을 "형식적 엄격성과 공연이라는 형태의 테스트"를 견뎌야 하는 양식으로 파악한다. "전통과 집단의 압력이 연극예술의 양식과 감상조건에 제도적으로 내재"해 있다고 보며, 그러한 자각 때문에 희곡을 쓰게 되었다고 밝힌다.[32]

그가 희곡을 택한 이유가 문명과 존재를 직관해 보기 위한 것이란 사실은 그의 희곡이 문명과 존재의 본질을 명상하고 우리의 원형적 삶과 인간형을 한국적 정서와 민속전통을 통해 형상화하려 했음을 시사한다.

최인훈 비극에서는 존재의 본질이 서구비극의 '운명의 수레바퀴'[33]란

---

[32] 최인훈, 「소설과 희곡」, 『꿈의 거울』(우신사, 1990), p.144.

[33] '운명의 수레바퀴'란 역사적이고 임의적인 운명을 말하는 개념으로, 중세 이후 비극의 중심개념이 되었다. 인간은 운명의 수레바퀴에 탄다면 몰락하게 되지만, 그것을 타기 전에 탈 것인가 안 탈 것인가 선택할 수는 있다. 비극의 관심은 희랍 비극의 형이

개념보다는 인연 혹은 업業으로 제시된다. 그것이 제시되는 방법도 관념적으로 제시되는 게 아니라 현실과 꿈을 중첩시킨 구조 속에서 그려진다. 서구비극과는 달리 먼저 꿈이 제시되고 현실은 꿈의 반영으로 나타난다. 그 꿈의 그림자인 현실을 주인공들이 살면서 어렴풋하게밖에 윤곽이 잡히지 않는 꿈의 정체, 즉 인연의 정체를 제대로 파악하지 못해 안타까워한다. 그의 작품들에는 인간의 만남과 사랑의 신비가 인연의 신비로 그려지고, 꿈이 현실보다 더 정말 같은 경지로 표현된다. 현실을 살아가는 인물들은 자신들이 꿈속을 걷고 있다는 생각에 빠지며, 꿈을 살아내기 위해 현실적 삶을 포기한다.

서구비극의 첫 번째 원형인 그리스비극은 존재의 의미, 혹은 "인간은 왜 고통받는가"라는 본질적 물음을 주제로 삼으면서 그것을 인간의 본성과 운명에 결부시켰기 때문에[34] '운명비극'이라 불린다. 그러나 최인훈은 서구비극의 '운명'에 비견될 만한 것으로 우리의 원형적 사고인 '인연'을 그의 비극 작품의 형이상학으로 삼아 심화시킨다.

1) 인연비극 : 〈어디서 무엇이 되어 만나랴〉

그의 첫 번째 비극 〈어디서 무엇이 되어 만나랴〉[35](1970)는 제목이 암시하듯 인간의 운명을 이끌어 가는 알 수 없는 신비한 힘 '인연'을 비극의 핵심으로 형상화하고 있다. 평강공주와 온달 설화를 소재로 한 이 비극이 한국적인 원형적 이미지들이나 정서를 표출하면서도 형식미와 보편적 호소력을 가질 수 있는 것은 비극의 주인공이 고통을 겪고 나서 필연적으로 갖

상학적이고 사회적인 집단경험에서 점차 번영에서 역경으로 떨어지는 개인의 고통과 고결함으로 옮겨지게 되었다. 레이먼드 윌리엄스, 『현대비극론』, pp.22~26 참조.

[34] Richard B. Sewall, *The Vision of Tragedy* (New Haven and London: Yale Univ. Press, 1980), p.29.

[35] 텍스트는 최인훈 전집 10 『옛날 옛적에 훠어이 훠이』(문학과 지성사, 1979)를 택했으며, 앞으로의 인용과 면수는 이 책에 의한 것임.

는 '자기인식'이 바로 인연의 인식으로 이루어져 있기 때문이다.

> 공주 나를 꿈속에서 만나셨다고? 내가 장군을 미리 알았던 것처럼 나를 알고 계셨다고? 왜 이렇게 늦은가? 모든 일이 끝나고 소용없이 되었을 때 진실이 드러나다니?…… 그때의 내 마음, 그 짜증스러움, 알 듯 말 듯하던 심사. 아무리 말을 뱉어도 혀가 짧게 느껴지던 그 마음은 그 탓이었는가? 내가 산 꿈. 산속의 꿈에서 장군과 같이 보낸 나의 시간을 내가 몰랐던 탓이었던가? 분명히 내가 산 세월, 장군을 모시고 다름 아닌 내가 산 세월을 내가 생각해낼 수 없는 까닭에 느낀 안타까움이었던가? (중략) 어디까지 가야 끝날 것이었는가 우리가 우리를 만나기 위해서는. 그리고 장군은 가버리셨군. 어디로? 내가 모르는 어디로. 장군이 살아계실 때 몰랐던 일이, 그 짜증스러움이 지금 알아지고, 지금 가셨는데 장군은 없고, 장군과 내가 한 꿈속에서 살면서도 모르고 지냈다는 것이 또다시 새로운 짜증스러움이 되는구나. 어찌하면 좋은가? 이 일은 어디 가서 풀리는가? 이 새로운 꿈은?

이 비극의 마지막 장면에서 공주가 하는 아름다운 시적인 긴 독백은 인간의 만남과 존재의 신비를 결정짓는 인연의 알 수 없는 힘에 대한 인식이다. 공주는 무엇인지 이상스런 낯익음 때문에 과거의 삶을 다시 되풀이 사는 듯한 '데자뷰 현상'을 느낀다. 그러나 그 느낌은 알 듯 말 듯하면서도 확연히 잡히지 않아 짜증스러움을 일으킨다. 결국 공주는 죽은 온달이 꿈에 나타나 하는 말과 대사의 말을 듣고 비로소 인생이 꿈이요, 전생−현생−내생으로 끝없이 이어지는 어느 한 길일 뿐이라는 인식에 도달한다. 그러나 곧 그녀는 과거와 현재라는 꿈을 비로소 해독하게 되었다 해도 그 깨달음이 다시 새롭게 만들어내는 '새로운 꿈'을 또 어떻게 살아내야 하는지를 몰라서 괴로워한다. 이처럼 공주가 존재의 본질이 인연이라는 것, 그 인연에 의해 삶은 영원히 윤회하는 것이며, 삶 자체가 꿈이란 것을 깨닫게 되는 과정이 이 비극의 극행동의 핵심을 이룬다. 주인공의 고통과 자기인식은 불교적 인식체계에 기반을 두고 있는 형이상학적인 것이다. 물론 극의 소재 원천으로 온달설화와 감은사 보은설화를 가져온 것이나 극의 배경으로 권력투쟁을 설정하여 귀족영웅에게 고귀한 고통과 존엄성을 부여하여 현실을 시적으로 승화시키고 있지만, 이 비극의 궁극적인 의미는 존재의 본질을 인연으로 직관해내면서 거기에 시적 품위와 숭고미를 형상화해낸 데 있다.

인생을 꿈으로 인식하고, 인생길을 "숱한 업들이 닦아 놓은 길"로, 삶의 본질을 "업도 우리를 보지 못하고 우리도 업을 보지 못합니다. 다만 만날 뿐입니다."(p.65)라고 파악하는 불교적 인식체계는 동양에서는 매우 보편적인 것이다.

그러나 운명을 결정짓는 인연의 절대적인 힘만의 강조로는 주인공을 비극적 영웅으로 만드는 자질인 능동성을 부여하긴 힘들다. 오이디푸스는 자신의 운명을 피하기 위해 코린토스를 떠났다가 오히려 더 정확히 운명의 길 가운데로 성큼 걸어 들어와 버리지만, 오이디푸스는 자유의지나 행동에 대한 책임을 강하게 인식하고 있으므로 시종일관 그의 행동은 능동적이다. 위대한 비극은 인간의 운명이 전적으로 그 자신의 손안에 있다는 개념을 강조하지도, 도덕적 관점을 강조하지도 않는다. 오히려 결정론과 자유의지 사이의 균형을 유지한다.[36]

〈어디서 무엇이 되어 만나랴〉에서 공주가 온달의 집 앞에 이르러 그와 결혼하기로 마음먹는 것은 자기도 모르는 인연의 힘에 이끌린 것이지만, 이후의 그녀의 행동은 정적들을 제거하고 온달을 "고구려의 으뜸가는 자리에" 세우기 위해 그를 전장에 보내는 등 매우 적극적인 자유의지에 따라 행해진다. 그러나 극의 전개부는 그러한 그녀의 자유의지에 따른 극행동이 이면으로 처리되어 극행동은 허약해진 약점을 보인다. 극행동이 클라

---

[36] G. J. Watson, Drama: *An Introduction* (London: Macmillan Press, 1983), pp.27~28.

이막스를 향한 갈등으로 뚜렷이 구조화되지 않은 대신, 존재와 만남의 신비를 명상하는 품격 높은 시적 대사들이 부각되어 있다.

불교적 세계관을 바탕으로 존재의 본질에 대한 형이상학적 물음을 던지는 명상적 비극이라는 특성은 다음 작품들에선 종교적 색채를 벗는 대신, 더 토착적이고 원형적인 상황과 인물을 통해 존재와 문명의 근원으로 회귀하려는 변화를 보인다.

2) 메시아 추방의 역설과 아이러니 : 〈옛날 옛적에 훠어이 훠이〉

이 비극(1976)에서 작가는 문명을 권력의 개인에 대한 억압의 역사로 파악한다. 귀족영웅 대신 이름 없는 민중을 역사의 주체로 보고, 민중이 메시아를 기대하면서도 현세적 억압 때문에 스스로 메시아를 제거해 버린다는 비극적 인식을 역설과 아이러니로 그리고 있다. 이 작품은 그의 어느 비극보다도 "피의 순결함이라고 할 원초적인 한국인의 심성"이나 모태회귀적인 이미지들이 극적인 동기가 되어 밑바닥을 흐르고 있다고 평가된다.[37]

이 비극은 신화적인 정지된 공간의 신비, 그 원형적 상황의 저항할 수 없는 거대한 힘 앞에서 그 세력과 대항할 힘을 애초에 가지지 못한 개인의 갈등과 그 비극성을 내밀하게 그린다. 그리스 비극의 비극적 인생관은 인간의 운명의 신비를 강조하며, 곤경의 상황을 제시하고 고통이 완화되기 힘들고 때로는 부당하다는 개념을 강조한다.[38]

서구비극은 고통받는 상황과 고통의 부당성을 인식하는 비극적 주인공을 그림으로써 세계와 대결하는 과정에서 비록 현실적으론 패배하지만 그 패배를 뛰어넘는 진정한 영웅주의에 찬미를 보낸다. 그러나 최인훈의 비극은 세계와의 대결을 극한까지 밀고 나가다가 파멸하는 영웅적 주인공을

---

[37] 여석기, 「꿈을 현실로 만든 큰 힘」, 『70년대 연극평론자료집』1, 한국연극평론가협회 편, p.49.

[38] G. J. Watson, *Drama: An Introduction*, p. 39.

그리는 대신, 즉 세계와 개인의 대결을 팽팽하게 밀고 나가는 플롯 대신 막 강한 주위세력과 대항할 힘을 애초에 가지지 못한 개인의 비극에 초점을 맞춰 그 부당한 비극적 상황에 대해 명상하게 한다. 이 극의 주인공 '남편' 이 심한 말더듬이라는 것은 대항할 힘이나 자유의지를 갖지 못한 민중의 적절한 상징이다. 그의 답답할 정도의 느린 말더듬은 무대에 역사성을 환원시킨 어떤 보편적인 시공간을 창조한다.

융Jung에 의하면 현대인은 원형적 상황을 보면 마치 황홀경에 빠진 것처럼, 또는 어떤 거대한 힘에 의해 사로잡혀 버린 것처럼 갑자기 특이한 해방감을 경험한다고 한다. 이런 순간에 우리는 개인이 아니라 종족이 되며, 그래서 모든 인간의 소리가 우리의 안에서 울려 퍼짐을 느낀다는 것이다.[39]

이 비극은 새로운 사회를 만들 메시아적 인물 아기장수를 부모의 손으로 죽이는 아기장수 설화를 소재로 원형적 인물과 상황을 시적으로 그린다. 아기를 죽인 후 부모는 자살을 하고, 용마를 타고 나타난 아기와 함께 하늘로 올라간다. 마을 사람들은 당장 눈앞의 후환이 사라졌다는 데 안도하고 신명나게 춤을 춘다. 주인공의 비극적 죽음과 집단적 신명이 대립되면서 동시에 어우러지는 이러한 극의 결말은 우리 가면극의 미얄과장의 결말을 강력히 환기시킨다. 작가의 정치극적 메시지는 바로 민중을 구원해 줄 힘이 있는 주인공을 민중의 손으로 죽이고 거기서 현세적 안도감을 얻고 신명난 굿판을 벌이는 상황의 역설과 아이러니에서 효과적으로 승화된다.

설화의 아기장수는 폭압적인 기존질서를 파괴하고 새 시대를 여는 개국영웅을 기다려 온 우리 민족의 한이나 꿈이 상징적으로 만들어 낸 인물이다. 우리 설화 중 민중적 영웅 또는 실패한 영웅의 이야기들은 여러 유형이 있지만, 그중 가장 비참한 것이 태어나자마자 역적이 될까 염려한 부모나 이웃에게 피살되는 아기장수 이야기이다.[40]

[39] K. K. Ruthven, 감명렬 역, 『신화』 (서울대출판부, 1987) p. 30.
[40] 조동일, 『민중영웅 이야기』 (문예출판사, 1992), p. 93.

헤브라이 전통의 메시아 신화는 기존질서로부터의 살생을 모면하고 성인이 된 영웅으로서의 활약상을 그리고 있지만, 우리 설화는 능력을 펼쳐 보이기도 전인 아기 때 살해된다는 점에서 더욱 비극적이다. 그만큼 기존 질서를 절대적으로 여긴 공포가 표상되어 있다 할 것이다.

이 작품에서는 설화의 기본구도에 충실하게 비극적 상황을 부각시키면서도 결국 낡은 질서는 무너질 수밖에 없음을 암시한다. 흉년이 들어 모두 양식 걱정을 하는 가운데 도적이 들끓고, 잡힌 도적의 목이 참수되고, 도적의 어미는 아들의 시체라도 거두기 위해 헤매다닌다. 흉년과 도적과 참수의 모티프는 부모가 아기장수를 죽일 수밖에 없는 극적 동기가 된다. 고전 비극처럼 날카롭게 단순화시킨 플롯 속에 정치하게 재현되고 있는 것은 영아살해 모티프라는 개인적인 비극성과 민중의 억눌린 삶이라는 집단적 비극성의 중첩이며 동시에 대립이다. 또한 개인의 비극성과 집단적인 신명을 역설적으로 중첩시킨 결말의 동시 장면은 문명에 대한 패러디이며 통렬한 아이러니의 세계라 할 수 있다. 주인공들의 움직임이나 대사는 '느릿느릿' '지독히 굼뜨게' 진행된다. 이러한 무대연기는 이 비극의 현실공간을 비현실적인 혹은 상징적인 분위기로 변화시키며, 권력과 민중의 갈등이 시작된 태초의 어떤 시간과 공간으로 환원시킨다.

이 작품의 결말은 민중 주인공의 패배로, 절대권력에 대한 민중의 무력함이라는 절망으로 끝맺지 않는다. 아기장수가 용마에 부모를 태우고 승천하면서 '흉년 들면' 다시 나타날 것이란 자장가를 부르고, 지상에선 굿춤을 추면서 다시 나타나지 말라고 하는 마을 사람들의 대립적 이미지는 메시아 신앙에 대한 역설적 태도를 범세계적 보편성으로 탁월하게 형상화해 낸 것이라 할 수 있다.

3) 낙원회복의 낙천적 세계 : 〈봄이 오면 산에 들에〉

〈봄이 오면 산에 들에〉(1977)는 자연을 정복하기보다는 자연과 조화를 이루며 자연 속의 일부분으로 소박하게 살아가는 전형적인 민중의 삶, 동양적인 낙원에의 향수를 자연의 순환과 조응시켜 그린 작품이다.

동양적 낙원 '십장생도+長生圖'의 한 모서리 같은 산골을 무대로, 달내네 가족은 현실적 폭압을 피해 모두 문둥이가 되어 모여 사는 삶을 선택한다. 이 극의 인물들 역시 〈옛날옛적에 훠어이 훠이〉의 인물들처럼 운명과 맞서 싸울 힘이 없다. 자연처럼 사는 달내네 가족에게 닥친 비극적 상황은 사또가 달내를 소실로 맞아 가려는 데서 발생하지만, 달내가 연인 바우와 도망치려 해도 아비와 문둥이 어미 때문에 그럴 수 없다는 데서 딜레마가 발생한다. 말더듬이 아비와 달내의 극히 '동작더듬이'적인 행동은 시간이 정지된 듯한 침묵의 무대를 만들고, 여기에 바람 소리만이 인상적으로 후비고 다닌다. 바람 소리는 달내네의 삶을 위협하는 모든 현실적 어려움의 상징이며, 동시에 가족과 떨어져 살 수밖에 없는 문둥이 어미의 상징이다. 달내네 가족은 삶의 갈등의 원인을 맞서 싸우지 않고 받아들이고 합일함으로써 비극을 극복한다. 그들의 낙원회복은 세속적 차원의 가치와 욕망을 버림으로써 이루어진다. 문명의 시작과 함께 낙원을 상실한 인간들에게 이 작품은 우리에게 추억처럼 남아 있는 낙원의 이미지를 역사라는 궤도로부터 이탈하여 자연의 뜨락에서 회복할 수 있음을 시적 이미지로 복원시킨다. 달내네 가족이 그동안 추방시켰던 문둥이 어미를 받아들여 함께 사는 삶을 통해 다같이 문둥이가 됨으로써 역설적인 낙원회복을 이루는 극의 결말은 매우 상징적이다. 추한 어미와의 합일은 문명으로부터 근원으로의 회귀이며 모태 회귀욕망의 심리학적 상징인 것이다.

> 달내　　토끼야 노루야 / 겁내지 마라 / 하늘님이 내린 탈을 / 울엄마가 받아 쓰고 / 울엄마가 받아 쓴 탈 / 이 달내가 받아 쓰고 / 이 달내가 받아 쓴 탈 / 울아배가 받아 쓰고 / 하늘님이 내린 탈을 / 식구 고루 나눠 썼네 / 하늘 동티 입은 우리 / 사람동네 살 수 없어 / 이 산속에 찾아와서 / 너희들의 이웃 됐네.

산문적인 문맥으로 보면, 비로소 문둥이가 되어서야 식구들 모두 모여 사는 평화로운 삶을 영위할 수 있는 현실은 여전히 어둡다. 그리하여 그들이 눈부신 봄 햇살 속에서 김을 매며 부르는 이 노래는 아이러니적이다. 그러나 이들은 춥고 어두운 겨울을 견디고 새로운 생명력으로 소생하는 자연의 순환에 상응하며 마음의 평정과 조화를 얻음으로써 진정한 낙원을 회복한다. '실낙원'의 모티프가 영원한 비극의 주제라면, 최인훈은 비극적 상황을 여유롭게 껴안으며 노래와 춤으로 초월적 평정을 이룩했던 처용이라는 민족적 심상처럼, 서구비극이 제시하지 못했던 낙원회복을 자연과 마음의 조화로 그려 보이고 있는 것이다.

그러므로 첫 장면의 무대지시가 "십장생도+長生圖의 한 모서리"였다가 결말에서는 "이때 무대에는 십장생도+長生圖의 모든 인물이 나와 있다"로 끝맺는 것은 의미심장하다. 원형적 상황을 그리고 있는 이 작품의 신화적 상상력은 문둥이 상징을 '성추聖醜'로 변형시켜 제의적 정화 작용의 기능을 하게 한다. 인간사회에 속해 있을 땐 문둥이는 추와 격리의 표지였으나, 그 추함으로 인해 자연 속에 들어오자 그것은 본성 그대로의 미와 조화의 표지로 정화되는 것이다.

4) 꿈과 현실의 착란과 제의 : 〈둥둥 낙랑(樂浪)둥〉

〈둥둥 낙랑둥〉(1978)은 호동과 낙랑공주의 설화를 토대로 근친상간 모티프를 결합함으로써 서구 비극 플롯의 동력인 죄의 문제 혹은 죄의식[41]을 핵심적인 극적 갈등으로 삼고 있다. 그러나 이 극의 비극성은 잃어버린 사랑을 다시 반복해 보려는 왕자의 비극적인 사랑과, 환상을 통한 재현으로나마 사랑을 성취하려는 왕비의 사랑이 결국 죽음으로 치닫는 데서 절정에 달한다. 극의 형식은 굿을 주축으로 한 제의극적 구조를 지니고 있으며, 현실이 곧 꿈이고 꿈이 현실이라는 동양적 정서를 바탕으로 삼고 있다.

---

[41] Eric Bentley, *The Life of the Drama* (New York: Atheneum, 1979), p.261.

　　의붓아들을 사랑하는 근친상간 모티프는 라신느의 〈페드르〉를 연상시키지만, 이 극의 주인공 왕비는 페드르와는 전혀 다른 행동유형을 보인다. 페드르는 의붓아들이 사랑을 거절하자 질투에 휩싸여 남편에게 무고를 하고 자살한다. 그러나 이 작품의 왕비는 쌍둥이 동생 낙랑공주와 호동이 맺었던 사랑을 재연하는 가운데 그동안 억압해 왔던 사랑에 빠지고 근친상간을 범한다. 그녀의 심리는 호동을 위로할 생각으로 '낙랑공주를 살게' 해 주다가 동생에 대한 복수로 바뀌고, 마침내는 호동을 진심으로 사랑하여 그를 따라 자살하는 것으로 바뀐다.

　　호동의 승리를 위해 낙랑의 북을 찢고 죽음을 당한 공주에 대한 호동의 죄의식은 왕비와 근친상간을 범한 후로부터는 '무서운 죄'에 고통 받으면서도 공주와의 사랑을 계속하기 위해 현실을 망각하고 꿈속에 사는 삶을 선택한다. 이 두 주인공은 둘 다 공주와 왕비라는 각기 다른 인물의 정체성을 혼동하고 착란에 빠진다. 극의 도입부에서 호동의 꿈속에 찾아온 공주의 혼령의 말처럼 '삶과 죽음이 낮과 밤 같은' 경지에 빠지는 것이다. 그러므로 극은 죽음으로 영원히 잃어버린 사랑(공주-호동)과 윤리상 이루어질 수 없는 사랑(왕비-호동)을 무한히 반복하고 성취해 보려는 안타까운 욕망을 그리고 있으며, 그들은 둘 다 그 사랑을 이루어 줄 수 있는 '정말이 된 꿈' 속에 빠지는 것이다. 꿈은 현실의 모든 차이를 지워 내고 제약과 규범과 이성의 경계를 무너뜨리며, 의식의 억압의 고삐가 풀린 원초적인 욕망들의 지하실이다.

> **왕비**　　꿈이 정말입니다. 정말이 꿈입니다. 꿈속에 정말이 있고, 정말 속에 꿈이 있습니다.

　　그들은 과거의 사랑을 재연하는 놀이에 빠지면서, 현실을 꿈으로 대체시킨다. 쌍둥이 자매라는 설정 자체가 공주와 왕비의 서로 다른 정체성을 지워 낸다. 사랑을 형성시킨 출발점의 장면, 공주와 호동의 사랑을 왕비가

호동과 함께 재연함을 통해 한없이 재생시킨다. 과거의 사랑 장면들(공주
-호동)을 되풀이하는 가운데 새로운 현재적 사랑(왕비-호동)이 중첩되
어 만들어진다. 호동과 왕비가 그 과정에서 겪게 되는 착란은 현재의 자신
으로부터의 탈출의 소망이 반영된 것이라 할 수 있다. 근친상간에 빠지는
대목에서 호동과 왕비는 마치 꿈을 보고하듯 수동자로서의 자신들을 보고
있다. 스스로를 수동자로 보고 있다는 이미지는 불가항력적인 운명에 저
항하지 않고 스스로를 맡김을 뜻하는데, 그들은 자유의지로 그걸 선택하
고 있다. 현재의 행동은 과거의 행위로 중첩되고, 그들은 스스로를 꿈속의
인물들처럼 바라보며 현재의 자신으로부터 소외시킨다.

> 왕비　　나는 호동과 함께 걸어갑니다. 만세를 부르는 사람들 곁을 지나
> 호동은 활을 메고 곁에서 걸어옵니다. 무엇인가 우리는 다른 길
> 에 들어섰습니다. 꿈보다 더 꿈같은 길입니다. 어떤 일도 일어날
> 수 있는 길입니다. 여기는 낙랑의 산속이 아닙니다. 어딘가 내가
> 모르는 길, 그러면서 내가 제일 잘 아는 길입니다. 아무것도 무섭
> 지 않습니다. (중략) 물속 남자와 물속 여자가 물러나면서 쓰러집
> 니다.

　그들은 '꿈보다 더 꿈같은 길' 속으로 걸어 들어가면서 그들의 에로스의
바탕을 이루고 있는 착란에 빠지게 된다. 공주가 호동의 사주로 북을 찢었
는지의 진실을 알려 하거나 밝히는 것을 포기하는 이유는 '진실보다 사랑
은 더 중한 것'이라 생각하기 때문이다. 왕비와 호동에겐 공주와 왕비의 동
일시와 착란으로 이루어진 사랑을 계속 끌어가고 싶은 욕망만 있을 뿐, 정
체성의 착란에 대한 갈등이나 죄의식을 느끼려 하지 않는다. 왕비는 "아,
내가 누군가, 내가 누군가?"라고 번민하긴 하지만 그 번민이 진정한 자기
정체성 발견과 자기인식으로, 또 죄의식으로 이어지진 않는다. 호동도 그
사랑놀이가 공주에 대한 배반이 된다는 것이나, 꿈과 현실의 차이를 전혀

인식하지 못한다. 도입부에서 호동이 죽은 공주의 혼령과 만나듯이 호동과 왕비는 완전히 공주의 혼을 다시 사는 샤머니즘적 세계 속에 빠져 있다. 왕비가 사회적 차원에서 주몽의 넋을 받는 어미무당의 역할을 하듯이, 개인적 차원에선 공주의 넋과 하나가 되는 것이다. 그러므로 호동은 낙랑귀신과 사통한 혐의로 고발되어 열린 제의에서 '고구려의 북' 대신 '낙랑의 북'을 선택한다. 공주에 대한 속죄로서 죽음을 택하는 것인데, 사실 심층적 의미는 의붓어미인 왕비와의 금지된 사랑 때문에 죽음을 택하는 것이다. 왕비 역시 "나 당신을 본 첫날부터, 그것이 낙랑성 잔치였는지, 고구려 성문 밖이었는지 나는 잊어버렸소"라며 완전히 자신을 공주와 동일시하는 가운데 죽음을 택한다. 물론 이 대사는 왕비가 고구려에 시집온 첫날부터 왕자를 사랑하게 되었으나 그 사랑을 억압해 왔다는 걸 암시한다.

　이처럼 이루어질 수 없는 사랑의 비극성을 차원 높은 극시로 형상화해 내면서 최인훈은 서구비극의 단골 모티프인 근친상간 모티프를 샤머니즘적 정서와 이미지 속에 용해시킨다. 이 극의 제의적 구조나 결말은 굿의 극화라는 측면 외에도 한국적 심성과 이미지로 보편적인 상징성을 획득하고 있다. 호동의 죽음은 표층적 문맥에선 〈어디서 무엇이 되어 만나랴〉의 온달과 공주의 죽음처럼 친척의 참소, 권력투쟁의 음모인 것으로 나타난다. 그것은 쿠데타와 독재 등으로 얼룩진 우리 현대사의 정치적 반영으로 읽히기도 한다. 그러나 심층적 문맥에선 이들 주인공의 죽음은 제의에 바쳐지는 희생양으로서 폭력과 음모로 얼룩진 낡은 기성질서에 정화작용을 하는 것으로 암시된다. 하늘에서 하늘사자가 내려와 그들의 목을 바랑에 주워담고 올라가고, 난장이가 나와 왕자의 관과 왕비의 치마를 입고 흐느낀다. 이 거지 차림의 하늘사자와 난장이의 형상은 매우 그로테스크하다. 그들은 인간세상의 엄숙한 사회질서와 제도, 심지어는 목숨을 건 사랑까지도 무화시키고 희화화한다. 삶과 죽음이 하나요, 혼과 인간이 교감하고 영원이 순간이라는 불교와 도교, 혹은 한국의 토착적인 샤머니즘의 관점에서 보면, 이 비극의 귀족영웅들이 고통하며 과거의 사랑을 현재 속에서 재연해 보려는 안타까운 사랑도 결국 부질없는 꿈임을 이미지로 제시하는 것이다. 난장이는 어릿광대 역할을 하면서 마지막 장면에선 죽음 – 재생 – 윤회라는 생명의 신비를 표상하는 기호가 된다. 호동과 왕비가 낡은 질서의 제단에 바쳐지자 오래 기다려 왔던 비가 쏟아진다. 땅 위에선 우렁찬 풍년가가 울려 퍼진다. 가면극에서의 비극적 인물의 죽음과 집단적 신명의 대립을 우린 여기서도 발견할 수 있다.

이 극은 한국적 정서와 연극전통이 비극을 어떻게 한국적 형식으로 특수화시키는가의 좋은 예가 된다. 라신느의 〈페드르〉에서처럼 서구 비극적 극작술은 왕비의 정체성 문제("아, 내가 누군가?")와 근친상간 모티프를 극행동의 중심에 놓을 것이다. 여기에 모든 갈등이 집약되고, 주인공이 이 거대한 생의 미스터리와 부딪쳐 전력을 다하다가 마침내 자기인식에 이르는 에피파니의 순간에 이르는 지점을 서구비극은 가장 고양된 극적 순간으로 보여줄 것이다.

그러나 이 극은 이 문제가 제시되는 순간 주인공의 갈등을 정점까지 극한으로 몰고 가는 대신 곧 제의의 희생양으로 대치하고 만다. 그 때문에 비극적 리듬이 약화되고, 주인공의 성격과 정념이 운명이라는 부조리에 온몸으로 부딪쳐 사투하는 비극 특유의 본질이 극명하게 드러나지 못한다. 이 점이 한국적 비극의 특수성인 동시에, 보편성을 지니는 데 있어서의 한계라 할 것이다.

5) 현실초월의 비극적 아이러니 : 〈달아 달아 밝은 달아〉

〈달아 달아 밝은 달아〉(1978)는 고전 심청전을 현실주의적 시각으로 패러디한 비극이다. 이 작품은 '한반도의 처절한 역사적 현실을 대입시킨'[42] 비극으로, 원작의 효 이데올로기적인 플롯과 해피 엔딩을 뒤집음으로써

---

42 이상일, 「어눌과 詩的 위전의 작가-최인훈론」, 『한국현역극작가론』1 (한국연극평론가협회 편, 예니, 1988), p.125.

심청이 당하는 성적 수탈을 우리 역사의 수난사라는 상징적 의미구조로 형상화 한다. 심청이 공양미 대신 팔리는 곳은 인당수가 아니라 중국의 용궁이라는 유곽이다. 심청의 갸륵한 효성은 아버지가 뺑덕어미와 벌이는 희화화된 짓거리와 딸을 효녀로 만들기 위한 부모의 희생이라는 역설적 합리화로 그 의미가 무화된다. 판소리적 골계와 비장의 스타일 혼합이 교직되어 있는 것이다. 심청은 유곽에서 뭇 남자의 성적 노리개가 되고, 사랑하는 김서방이 유곽에서 심청을 구해내어 조선으로 태워 보낸 배가 해적에게 습격당하는 바람에 해적의 노리개가 된다. 늙고 눈먼 할머니가 된 심청은 도화동 바닷가에서 자신의 수난을 〈심청전〉의 얘기로 윤색하여 들려준다.

이 극의 플롯이나 행동은 지극히 단선적이고, 대사 또한 절제되어 있다. 심청에게 닥친 비극적 상황이 지나치게 압도적이어서 심청은 마치 인형처럼 수동자로서 감내할 뿐(실제로 무대에서 심청의 성적 수난은 인형으로 대치된다), 그 상황과 대결하거나 회피할 수 있는 힘도 의지도 부여받지 못한다. 심청은 개성화된 주인공이라기보다는 이 땅의 억압받는 민중, 특히 효孝·열烈 이데올로기로 억압받으며 인형처럼 살아왔던 한국 여성의 집단 이미지 혹은 원형으로 재창조되어 있는 것이다.

황후가 된 심청의 행복한 미래를 보장한 〈심청전〉의 '시적 정의'는 이 비극에서 패러디되고 통렬한 아이러니로 전복되어 제시된다. 눈먼 심청이 보이지 않는 눈으로 '갈보처럼' 교태를 지으며 거울을 들여다보는 마지막 장면의 이미지는 이 극의 아이러니의 절정을 이룬다. 효의 대가가 오히려 심청을 눈멀게 하고 갈보가 되게 했다는 것, 여기에 효의 따스한 심성을 노래한 '달아 달아 밝은 달아……'가 배경음처럼 불려지는 결말은 서구비극의 '자기발견'의 대극에 서 있는 이미지이며, 인생의 모순에 대한 비극적 아이러니이다. 오이디푸스가 육체적 시력의 상실과 동시에 진실에 대한 통찰력을 얻은 것과는 반대로, 눈먼 심청은 수동적으로 견딜 수밖에 없었던 압도적인 현실을 꿈과 행복한 환상으로 대치하는 것이다. 오이디푸스의 비극적 영웅으로서의 이미지가 투쟁과 자의식의 극한적 대결을 통해 이루어진 것이라면, 심청의 인고하는 삶과 고통을 환상으로 대치하는 비극적 이미지는 한국적인 서민의 이미지라 할 수 있을 것이다.

이처럼 이 작품 역시 우리 민족의 한 원형인 '심청'을 비극의 주인공으로 재창조하면서 서구비극과는 사뭇 다른 방법을 취한다. 심청은 자신을 둘러싼 부조리한 상황과 맞서 싸우는 능동적인 인물이 아니라, 받아들이며 인고하는 수동자로 창조된다. 그녀는 '자기발견'이나 진실을 인식하는 대신 오히려 환상을 만들어낸다. 상황과의 극한적인 대결과 그에 따른 자기발견 대신 현실을 꿈으로 인식하는 한국적 비전이 강하게 반영되어 있음을 보게 된다. 이러한 한국적 비극의 특성은 우리 민족심성에는 어떤 거대한 힘에 사로잡힌 듯한 특이한 해방감을 주지만, 보편성을 갖는 비극으로서의 자질은 미약하다고 하지 않을 수 없다.

4. 나오며

지금까지 한국에는 왜 비극전통이 뿌리를 내리지 못했으며, 현대희곡에도 탁월한 비극이 드문가를 고찰해 보았다. 그 이유를 대결의지보다는 화해와 조화를 추구하는 동양적 인식체계, 대화보다는 명상과 정관靜觀을 중시한 문화전통, 자유분방한 전통극 형식과 비장과 골계의 스타일 혼합이라는 민속전통에서 살펴보았다.

이러한 인식체계와 한국적 정서는 서구비극과는 다른 형태의 명상적 비극, 또 한국적인 원형에 가까운 비극의 주인공을 창조할 때 보편적 호소력을 높일 수 있음을 고찰해 보았다. 한국적 심성에 자리 잡고 있는 원형은 처용으로 볼 수 있다. 처용은 비극적 상황과 맞서 극한적 대결을 벌이는 게 아니라 마음의 평정을 통한 조화로 현실을 초월한다. 그의 행동은 연민과 공포의 카타르시스 효과를 주는 게 아니라 연민과 아이러니를 창조한다.

이는 가면극이나 판소리 등에서 비극적 상황에 해학적 요소를 중첩시키고, 개인의 비극성과 집단의 신명을 대립시키는 방식의 계승이라 볼 수 있다.

최인훈의 비극은 동양적 세계관, 한국적 정서와 연극전통을 탁월하게 형상화해내어 '한국적 비극'의 전범이라 할 만하며, 시적 언어와 절제의 형식미로 독특한 비극성을 성취했다고 할 수 있다. 그의 비극을 모형으로 한국적 비극의 특성을 분석한 결과는 다음과 같다.

첫째, 그의 비극의 인물들은 서구비극처럼 자의식과 자유의지를 가진 인물이라기보다는 시간이 정지된 듯한 정적靜的인 공간 속에서 비극적 상황을 인고하거나(〈옛날 옛적이 훠어이 훠이〉, 〈달아 달아 밝은 달아〉), 꿈과 현실을 하나로 통합하거나(〈둥둥 낙랑둥〉), 자연과의 조화를 통해 낙원을 회복하는(〈봄이 오면 산에 들에〉), 우리에게 원초적 경험의 세계를 환기시킴으로써 내면으로 돌아가는 길을 상징적으로 보여 주는 명상적 비극이다.

둘째, 서구비극의 신 혹은 운명이라는 개념은 그의 비극에서는 인연이라는 동양적 세계관으로 나타난다(〈어디서 무엇이 되어 만나랴〉). 따라서 그의 극에선 대체로 꿈이 먼저 제시되고, 현실은 꿈의 반영으로 나타난다.

셋째, 인생이 꿈이요, 죽음과 삶이 하나로 이어져 있다는 동양적 인식체계는 그의 극에서 꿈과 현실의 중첩구조, 혹은 현실과 환상의 착란, 현실의 환상으로의 대체라는 비극적 아이러니로 나타난다.

넷째, 민속전통에서처럼 개인의 비극과 집단의 신명을 대립시키고 역설적 아이러니를 창출한다. 개인의 비극이 집단을 정화시키는 희생양으로 나타나기도 하는 제의극적 구조를 보여준다.

다섯째, 그의 비극은 설화 소재와 절제된 대사, 말더듬이 인물과 극히 굼뜨게 진행되는 동작으로 탈역사적인 원형적 상황을 창조하며, 그로 인해 "모든 인간의 소리가 우리 안에서 울려 퍼지는" 보편성을 획득한다.

여섯째, 그의 비극에는 스타일의 단일이 아니라 비장과 골계의 스타일 혼합이 있으며, 독특한 역설과 아이러니 효과를 내도록 구조화되어 있다.

그의 비극은 이처럼 전통과 민족심성의 정수를 추출하여 현대적 감수성과 형식으로 재창조함으로써 시적 차원의 한국적 비극을 제시했다. 비극과 희극, 시적인 것과 서사적인 것이 교묘한 배합을 이루고 있으며, 동적 장면과 정적 장면, 생과 사, 서로 반대의 것이 동시에 결합되는 동양적 음양의 원리를 보여 준다.

그러나 이러한 한국적 비극이 탁월한 예술작품으로 범세계적 보편성을 갖기 위해선 보편적인 비극형식의 본질의 구현에 좀 더 노력해야 할 것임을 시사한다. 우선 한국적 비극은 극행동이 비극적 리듬에 따라 구조화되어 있지 못하다. 극한상황까지 밀고 나가는 극행동의 갈등이 미약하다는 의미이다. 비극은 '운명비극', '성격비극'이라는 용어가 암시하듯이 인물과 운명과의 투쟁을 통해 삶과 인간의 본질을 가장 생동감 있게 계시하는 극형식이다. 최인훈 비극의 주인공은 운명과 맞서 싸우는 힘이나 강력한 성격을 보여 주기보다는 운명의 신비를 맞아들이며, 극한상황과의 대결보다는 꿈이나 환상으로 현실을 치환시킴으로써 역설적인 극복을 시도한다. 그 때문에 운명과 자유의지 사이의 팽팽한 긴장과 균형을 상실한다. 따라서 생의 비극성이 시적 이미지로 제시될 뿐, 비극적 인물이 운명과의 대결을 통해 획득하는 '자기발견'이라는 고양된 에피파니의 순간을 강렬하게 전달하지는 못한다.

이 점이 한국적 비극의 특수성과 한계라 볼 수 있으며, 세계적 공감대를 형성하는 보편성을 획득하기 위해선 극복해야 할 점이라 할 수 있다.

한국 동시대 극작가들

오 태 석

연극의 근원과 역사에 대한 탐색

1. 들어가며

오태석(1940~)은 1967년 조선일보 신춘문예에 〈웨딩드레스〉로 등단한 이래 가장 활발하게 작품 활동과 연출작업을 병행하고 있다. 극단 목화를 창단하였고, 국립극단 예술감독 등을 역임했다. 그의 연극의 특성은 난해하지만 분방하고도 매력적인 상상력, 재기 넘치는 구어체 대사, 재치있으면서도 액션과 놀이성이 넘치는 무대화, 시의성 있는 소재 선택, 전통의 현대화 작업, 한국적 인물형과 한국적 연기스타일 창조 등이라 할 수 있다. 평론가 양혜숙은 오태석을 한국의 토속문화에 대한 원초적 감각으로 오늘의 현실생활을 조명하며, 논리를 초월하는 디오니소스적 열정을 발휘하는 작가-연출가라고 평한다.[43]

그의 작품세계는 크게 여섯 가지 경향으로 분류할 수 있다. 첫 번째 경향은 모더니즘 혹은 부조리극 성향의 극으로 〈환절기〉, 〈유다여 닭이 울기 전에〉 등 초기작이다. 두 번째 경향은 한국의 토속문화와 정감적 정서구조

---

43 양혜숙, 「한국민족의 전통적 심성 추적」, 『오태석 희곡집 1 백마강 달밤에』, 평민사, 1994 참조.

에 대한 탐구이다. 〈초분〉, 〈태〉, 〈춘풍의 처〉, 〈물보라〉, 〈필부의 꿈〉 등이 한국적 심성과 정서의 근원을 찾고자 한 작품들이다. 세 번째 경향은 오늘의 현실을 전통의 시각으로, 혹은 초현실적 감각으로 접근하는 것으로 〈1980년 5월〉, 〈아프리카〉, 〈비닐하우스〉, 〈백마강 달밤에〉, 〈심청이는 왜 두 번 인당수에 몸을 던졌는가〉 등이다. 네 번째 경향은 역사극으로 〈태〉, 〈산수유〉, 〈한만선〉, 〈자전거〉, 〈부자유친〉, 〈도라지〉, 〈천년의 수인〉, 〈잃어버린 강〉, 〈만파식적〉, 〈백년언약〉 등이다. 이 역사극도 소재에 따라 세분하면 3가지 경향, 즉 6·25 전쟁체험 등 자전적 개인사를 다루는 작품군, 먼 과거 역사를 시대배경으로 삼는 작품군, 근현대사적 사건과 인물들을 다루는 작품군으로 분류할 수 있다. 다섯 번째는 생태주의적 경향의 작품으로 〈내 사랑 DMZ〉, 〈갈머리〉, 〈용호상박〉 등이 있다. 여섯 번째는 서구 고전을 한국적 정서와 인물로 번안, 재창작한 극들로 〈쇠뚝이 놀이〉(몰리에르의 〈스카펭의 간계〉), 〈로미오와 줄리엣〉, 〈템페스트〉 등이 있다.

이처럼 오태석의 작품세계는 매우 방대하고, 자유분방한 상상력과 연극성의 놀이를 활용하기 때문에 위와 같은 작품 경향의 분류를 무색하게 만들 정도로 여러 경향들이 뒤섞여 있다. 김방옥은 그의 연극을 "서구적 논리를 뛰어넘은 곳에, 그것도 부조리극식의 반논리가 아니라 무논리와 초논리의 세계에 속해 있으며, 모든 이분법을 뛰어넘어 삶과 죽음, 한과 신명, 진지함과 경박성, 집요함과 너그러움이 한데 뒤섞인"[44] 것이라 말한다. 그리고 그의 연극의 주된 테마를 '부권 부재'로 보면서 "한국사회 집단들의 위계질서의 정점에 있는 바람직한 모습의 가장, 군주, 지사들의 부재를 안타까와 하는 부재의 유희이며 그 질서를 향유하지 못하고 박탈된 자들의 아픔에 대한 연민의 표현"[45]으로 설명한다.

오태석 극 구성의 특성은 다음과 같이 지적된다. 첫째 단선적 구성이 아

---

[44] 김방옥, 「오태석, 〈천년의 수인〉-꿰맨 곳이 보인다」, 『21세기를 여는 연극: 몸, 퍼포먼스, 해체』, 연극과인간, 2003, 329쪽.

[45] 앞 책, 331쪽.

닌 두세 개 이상의 이야기들이 서로 겹치고 꼬이는 다중구조, 둘째 몽타주 형식, 셋째 무의식적 상상력과 몽환적 연상기법, 넷째 생략과 비약과 전도, 다섯째 서사적 혹은 서술적 진행.[46]

오태석은 전통연희의 연극정신과 연극성, 한국적 몸짓과 말에 기반을 둔 한국적 연극 만들기에 주력한다. 우리 연극계에서 오태석만큼 많은 작품을 통해 한결같이 한국인의 원형과 토속적 생활정서를 활기있게 그려낸 연극인은 없다고 해도 과언이 아니다. 그는 아귀가 맞지 않은 구조와 비약적인 내러티브 속에 넘치는 해학과 생활정서를 담아내며, 촌사람들의 에둘러 말하기와 엉뚱한 행동거지, 놀이성을 통해 한국인의 원형을 창조해낸다. 그는 설화, 민속, 역사에서부터 당대의 다양한 사회현실 문제에 이르기까지 예리한 촉수를 들이대어 현실과 판타지를 넘나드는 분방한 상상력과 풍요로운 연극성으로 그만의 스타일로 직조해낸다.

2. 초기 부조리극적 경향 : 〈교행〉

오태석은 1967년 조선일보 신춘문예에 〈웨딩드레스〉로 등단했는데, 이후 발표한 〈환절기〉(1968), 〈유다여 닭이 울기 전에〉(1969) 등 60년대에 발표한 작품들은 난해하고 모호한 내용과 부조리극적 경향을 보여준다.

빼어난 구조의 단막극 〈교행〉(1970)은 경부선 상행 열차의 식당차를 극중 장소로 삼고 있으며, 극중 시간은 오전 10시쯤부터 교행하는 김천역까지 도착하는 약 50여 분 정도이다. 그러니까 이 극은 극중 시간과 실제 공연시간이 거의 동일하게 흐르는 시간구조로 허구와 현실이 겹쳐지는 듯한 독특한 극적 효과를 발산한다. 극의 중심 사건이 부조리하기 때문에 관객에게 더욱 인생의 부조리성에 대한 강렬한 인상을 전달한다. 극은 제목이

---

46 김방옥, 「과거: 잃어버린 것, 잊고 싶은 것들에 관한 유희 − 오태석론」, 『열린 연극의 미학』, 문예마당, 1997.

함축하듯 상행선과 하행선이 교차하며 지나는, 즉 시간과 공간의 교차와 역전逆轉이란 상징에서 연극적 아이디어를 얻은 것으로 보인다. 상행선을 타고 있던 인물들이 교행 시 하행선으로 바꿔 타면 다시 왔던 길을 되돌아가는 결과가 된다. 스피커에서 때때로 울려 나오는 안내방송은 교행의 묘한 매력과 미스터리를 강조하는 데 기여한다. 식당차에는 노인과 노파 부부, 신혼여행 갔다 오는 길인 나정과 상기 부부, 나정의 피아노 레슨 교수였으며 남도로 출장교습 다니는 동숙. 은주와 대빈 커플이 들락거리고, 그외 시중드는 웨이터가 등장한다.

이 극의 중심 사건은 전보를 치러 간 노인이 실종된 일과 스피커에서 반복적으로 방송되는 '서울 청파동 현영미에게 온 급전'의 미스터리이다. 여기 나오는 세 커플은 기차의 전보와 어떻게든 연결되어 있다. 노인은 전보를 치러 갔다가 기차에서 떨어지고, 그 사고로 기차가 정차한다. 동숙은 자신이 발신인으로 되어 있는 현영미에게 보내는 급전을 받고 오는 길에 전보가 바람에 날려 기차 밖으로 떨어지자, 임시 정차한 기차에서 내려 상기에게 현장 증거 사진을 찍어달라고 한다. 그리고 바람에 날려 간 전보를 찾아 철로를 따라 사라진다. 나정 부부는 동숙이 사진을 보내 주라며 적어준 집 주소 쪽지를 식당차에 버려둔 채 교행할 때 하행선으로 바꿔 탄다. 은주는 동숙의 주소 쪽지를 보고 놀란다. 은주와 대빈 커플이 불륜임이 암시되었듯이, 이 말 없는 결말 장면에서 관객은 은주가 동숙의 아내가 아닐까 하는 짐작을 하게 된다. 이렇게 혼선을 보이던 미스터리가 제자리를 잡는가 했더니, 다시금 현영미에게 급전이 와 있다는 안내 방송이 반복됨으로써 미스터리는 오히려 증폭되며 극이 끝난다. 기차의 교행처럼 인물들의 교차하는 관계가 만들어내는 모호함과 여운이 부조리극적 분위기와 매력을 만들어낸다.

데뷔 이후 서구극적 극작술, 모호성과 논리성을 뒤섞은 플롯을 구사하던 오태석은 70년대에 접어들어 극단 드라마센터에서 활동하면서 〈이식수술〉(1971), 〈약장사〉(1974), 〈춘풍의 처〉(1976) 등 전통연희를 활용한 연극양식, 한국인의 원형과 근원을 탐구하는 방향으로 전환한다.

3. 권력과 생명의 영속성을 대비시킨 反史劇 : 〈태〉

　70년대의 대표작으로 꼽히는 오태석의 〈태〉(1974)는 세조의 왕위찬탈
이라는 친숙한 소재를 극화하고 있다. 그러나 이 극의 특이함은 역사적 사
실을 충실하게 재현해왔던 기존의 역사극적 방법론 대신 역사로부터 인간
의 본성을 끌어내어 권력의 일시성과 생명의 영속성을 대비시킨, 이른바
反史劇이란 점에 있다. 또 이 극은 초연 당시 대사보다는 육체, 빛, 소리 등
의 표현을 극대화한 잔혹극적 연출로 〈초분〉(1973)에 이어 새로운 공연문
법의 탄생을 부각시키며 충격을 주기도 했다.

　세조는 단종을 복위시키려는 역모를 꾀한 사육신을 잔인하게 고문하고
그들을 족멸한다. 박팽년의 며느리는 임신 중인 아이를 출산하기 위해 시
조부를 죽여 세조의 허락을 얻어내 출산하고, 그 아이를 자신의 종의 아이
와 바꿔치기하여 대를 잇는다. 신숙주는 세조에게 "다만 상왕 단종이 연명
함을 기화로 단종의 복위를 음모하는 무리가 비등하겠고 그로 하여 인심
이 흉흉하고 조정이 불안하고 또 얼마나 많은 조신들이 대역의 탈을 쓰고
죽어갈 것이오니까."[47]라며, 단종을 죽일 것을 주장한다. 세조는 이를 거절
하지만, 사육신의 망령들에 고통을 당한다. 한편 금부도사 왕방연은 자신
의 단종복위 거사 참여가 발각될 것이 두려워 어명을 사칭하고 단종에게
사약을 내린다. 신숙주는 이 사실을 알고 왕방연을 죽인다. 박팽년의 손을
키우는 종이 세조 앞에 나타나 아이를 먹일 것이 없어 죽이느니 차라리 데
려왔다고 고한다. 세조는 그 손의 이름을 지어주고 "박팽년의 후손으로 대
를 잇도록" 하라는 어명을 내린다.

　이처럼 이 극은 이전의 역사극과는 다른 관점과 형식을 취하고 있다. 한

---

[47]　오태석, 〈태〉, 『아프리카』, 오상, 1986, 119~120쪽.

국인의 뿌리 깊은 '대 잇기' 즉 胎의 상징이 봉건적 충효의 이데올로기를 대체한다. 사육신의 망령들이 박팽년 며느리의 출산을 돕고 태를 받는다. 그런가 하면 신숙주가 더 많은 충신의 죽음이 나오지 않도록 단종을 죽일 것을 주장하는 대목은 형이상학적인 도덕이나 의리보다는 국가안보를 더 중히 여기는 현실주의적 정치관을 보여준다. 특히 사건 중심의 논리적인 연결보다는 사육신 등 집단인물들이 벌이는 신체언어로 '생명의 영속성'을 표현하는 새 형식을 실험한다. 무엇보다도 이 극에선 세조나 신숙주가 도덕적으로 판단되지 않는다. 이 극의 초점은 그처럼 폭력적인 상황에서의 생존과 생명 이어가기에 놓여 있다. 권력은 유한하고 생명은 영원하다. 이 극은 강압적인 정치현실을 세조 시대에 빗대어 생의 근원적인 문제를 역사극다운 정공법이 아닌 우의적인 방법으로 형상화하고 있다고 볼 수 있다. 도덕적 판단을 유보한 세조나 신숙주에 대한 해석이라든지, 사육신을 충이란 이데올로기 대신 끈끈한 한국인 특유의 '대 잇기'라는 이데올로기로 접근한 것은 70년대의 대표적 담론인 '우리 것 찾기'의 영향으로 볼 수 있을 것이다.

이 극에서 형상화된 세조는 잔인한 고문을 직접 행하긴 하지만 선악이 유보된 인물로 그려진다. 신숙주 또한 그의 변절행위에 따른 윤리적 잣대로 그려진 게 아니라 새로운 체제를 공고히 하기 위해 노력하는 경륜 있는 정치가이며, 더 많은 충신들의 희생을 막기 위해 오히려 선왕을 죽이려 할 정도로 봉건적 이념보다는 근대적 의식을 가진 철저한 현실주의자로 창조되어 있다. 사육신도 다른 작가의 작품에서와는 달리 '충 이데올로기'의 대변자로 그려져 있지 않다. 사육신의 망령들은 세조를 따라다니며 괴롭히나, 그들의 역할은 세조가 흘리게 한 피의 대가를 요구하거나 정의를 논의하는 것이 아니라 탯줄을 받는 산파와 같은 역할을 한다. 단종에게 사약을 전달하는 역사적 악역을 맡았던 왕방연은 이 극에선 어명보다 먼저 개인적인 가정사 때문에 어명을 사칭하여 사약을 전달한 것으로 그려진다.

이처럼 역사적 인물이나 사건에 대한 주관적 해석은 명백히 역사적 충실성보다는 극적 자유, 즉 '필수불가결한 시대착오'에 따른 것이다. 이 작품이 의도하고 있는 제의적 성격이나 효과 외에도 이 극은 역사를 매우 자유롭게 현대적 문맥에서 해석하며, 역사적 충실성보다는 극 자체의 분방한 논리에 따라 해체하고 있다. 세조나 신숙주 같이 찬탈자. 변절자라는 윤리적 측면에서 쟁점이 되어왔던 인물이 이 극에 와서는 전혀 정의의 문제라는 측면에서 조명되지 않는다. 따라서 이것은 권력의 정통성이나 정의를 문제 삼지 않는 비역사주의적 이념을 드러내는 듯 보이기도 한다. 그러나 전체적인 흐름으로 볼 때 쿠데타로 정권을 찬탈하고 많은 지식인들을 변절시켜 체제를 유지해온 당시 군사정권의 역사적 갈등이 세조의 찬탈사건에 비유적으로 지시되어 있으며, 한 시대를 지배하는 권력보다는 끝없이 대를 이어가는 민중의 '태'가 진정한 역사의 주체라는 걸 암시한다고 볼 수 있다. 그러나 종이 양반 집안의 대를 잇기 위해 자신의 자식을 기꺼이 희생한다든지, 그 희생에 대한 비통함이나 반성이 무시되어 있다는 것은 이 극이 사실 민중사관을 적극적으로 의식하고 있지 못하다는 반증이다. 한 시대의 구체적인 생활 세부들이나 인물들의 '인간학적' 특징들을 무시해 버린 대신 역사의 극단적인 일반화를 보여준다. 인물들의 역할이 모두 역사에서 평가된 기존의 정형화된 성격에서 유리되어 있기 때문에 '낯설게' 보이며, 이 극이 문제 삼고 있는 생명 이어가기라는 상황 자체가 원형적인 제의성을 부여받는 것이다.

4. 전쟁 기억과 재현 : 〈자전거〉와 〈운상각〉

오태석은 자신의 유년기 전쟁 체험과 아버지의 납북 사건을 일련의 작품들에서 지속적으로 극화했다. 전쟁에 관련된 자전적 기억은 그의 정신적 외상을 이루고 있는 것으로 보인다. 이른바 6·25 3부작으로 꼽히는 〈산

수유〉(1980) 〈자전거〉(1983), 〈운상각〉(1989)을 비롯해서, 후기작인 〈내사
랑 DMZ〉(2002) 〈만파식적〉(2005) 〈갈머리〉(2006) 〈백년언약〉(2008)에 이
르기까지 전쟁기억과 '아버지 찾기' 모티프는 반복적으로 나타나며, 그 상
처와 한에 대한 해원이 주제를 이룬다. 그의 자전적인 전쟁 기억을 극화한
작품 계열에서 첫머리에 위치하는 대표작이 〈자전거〉이다.

　〈자전거〉(1983)는 기억에 관한 극이다. 그러나 기억을 회상해 나가는 형
식이 아니라 혼돈되고 모호한 기억을 서사적으로 재구성해 나가면서 마치
비디오 테이프를 되돌리듯 과거 기억의 단편들을 여러 관점으로 재연하여
기억의 실체, 진실을 조립해 나가는 메타연극이다. 여기서 소환되고 재연
되는 기억은 표면적으론 등기소 제삿날 하루 동안 일어났던 일이지만 궁
극적으론 6·25의 비극과 맞닿아 있다. 기억의 재현 과정에서 되살려진 것
은 과거와 현재의 얽힘, 의식과 무의식의 얽힘이다.

　면사무소 윤서기는 동료 구서기에게 암장된 처녀 때문에 졸도하여 42
일간 결근하게 되었다는 결근계 초안을 보여주면서 합리적인 작성을 도와
달라고 한다. 그래서 구서기는 마치 연출가처럼 윤서기의 기억을 되살려
나가는 일에 동참하여, 때로는 제동을 걸기도 하고 때로는 윤서기 역할을
맡기도 하며 등기소 제삿날 일어난 일들을 재현해 보게 된다. 시골의 교통
수단인 자전거는 이 극에서 시간과 공간의 이동을 암시하는 소도구이다.
자전거의 두 바퀴는 과거(역사)와 현재라는 두 차원의 시간이 중층적으로
굴러감을 상징한다. 그렇기 때문에 이 극에는 시간이 순차적으로 흐르는
게 아니라 과거의 재현에서 현재로 옮겨오기도 하고, 과거와 현재가 겹쳐
지기도 한다. 또 과거 역시 단일한 과거가 아니라 제삿날과 6·25라는 두
차원의 과거이다.

　윤서기는 인공 때 인민군들이 퇴각하면서 마을 어른 127명을 등기소에
가둬놓고 불을 질러 죽인 등기소 제사의 유래를 구서기에게 설명해 준다.
그리고 거위집에 이르러 그 집 둘째애가 가출했다는 사실을 듣게 된다. 그
집 애들이 앞집인 문둥이네 집에서 입적된 사실을 알고 문둥이 공포에 시

달리다가, 큰딸이 둘째 애를 속 편히 살라고 내쫓았다는 것이다. 그래서 윤서기는 그 아이들이 실제로 문둥이집 애들인가를 알아내기 위해 솔매집 쪽으로 가서 솔매(문둥이)를 만나지만 결국 그 말은 묻지 못한다. 그리곤 삼거리 뒷간에 앉은 한의원 유령을 만난다. 제삿날 밤은 귀신들이 바쁘게 돌아다니는 날이라는 점에서 이러한 초현실적 상상력은 매우 재치있고 연극적 재미를 높여준다.

귀신인 한의원을 만나는 장면이나, 수복되었을 때 자전거에 태극기를 꽂고 제일 먼저 달려왔다는 애기를 하는 양조장 황씨 장면 등에서 구서기나 윤서기는 순차적 재현을 정지시키고 다시 현재로 돌아와 논평을 가하기도 하고, 둘은 윤서기의 역할과 연출가의 역할을 서로 돌아가며 하기도 한다. 정확한 기억을 재구성하기 위해 몇 번 과거 장면을 돌려 재현해 본 끝에 윤서기는 갑자기 뛰쳐나온 소에 놀라 쓰러졌다는 것, 그리고 그전에 솔매집의 불길을 보고 거위집 큰딸이 불을 지른 사실을 기억해낸다. 솔매집이 불타는 장면은 6·25 때 등기소 방화와 겹쳐지고, 등기소에 갇혀 죽은 마을 사람들의 이름을 호명하는 소리가 환청처럼 무대를 메운다. 제삿날, 등기소 방화 때 살아남은 예산 당숙과 소관호가 보시기 조각으로 이마를 그으며 자해한다. 이처럼 6·25라는 과거는 흘러간 것이 아니라 치유되지 않은 상처로 남아 여전히 '문둥이'처럼, 혹은 자해한 얼굴에서 흘러내리는 피처럼 현재와 겹쳐져 존재한다.

이 극은 등기소 제삿날 윤서기의 졸도사건을 추적하는 과정을 서사적으로 재연하면서 과거(제삿날과 6·25)와 현재가 교직되고 중첩되는 삼중구조를 취하고 있다. 문둥이 일가의 비극, 거위집 처녀의 방화는 곧 등기소에 불을 지르고 살아남은 당숙의 고통과 등가의 것으로 형상화되어 있다. 문둥이집과 등기소가, 곧 현재적 사건과 과거의 6·25가 불의 이미지에 의해 하나로 중첩된다. 이 불은 한의원을 만났을 때 그어대던 잔 성냥, 자전거에 꽂은 2개의 촛불, 솔매집 불길, 등기소 불로 그 규모와 의미가 확산되며 과거와 현재의 상처가 아직도 치유되지 않고 의식과 무의식 속에서 타오르고 있음을 상징한다.

〈운상각〉(1990) 역시 〈자전거〉처럼 분단과 전쟁의 비극이 각인된 시골 사람들의 상처를 그리는데, 사실주의적 세계관과 무속적 세계관을 교직하고 있다는 점이 흥미롭다. '운상각'은 종묘에서 정전正殿이 있는 댓돌 위로 오르는 층층다리 다섯 개 중에서 바닥으로부터 세 번째 디딤돌에 구름이 그려져 있는 데서 생겨난 이름이다. 따라서 정전은 구름 위의 누각이 되는 셈이자 하늘나라를 상징하게 된다.

이상야릇한 모자와 옷차림을 한 구서방이 실탄은 나가지 않도록 된 총을 쏘면서 등장하고 "자신은 그때 밀고하지 않았다. 그 때문에 40년 동안 잠을 자지 못하노라"고 말하면서 한바탕 법석을 떤다. 구서방의 이 강박관념은 6·25전쟁 때 마을 사람들을 죽인 밀고사건 때문임이 밝혀진다. 할머니 해남댁도 6·25 때 월북한 남편의 제사를 지내겠다고 준비하고, 아들 영기는 생사도 모르는데 무슨 제사냐며 대판 싸움을 벌인다. 손녀 희숙은 읍내 사진관에서 약혼 사진을 찍고 돌아오나 취소하겠노라고 우기는, 약간 모자란 처녀이다. 70이 넘은, 약간 노망기가 있고 천방지축인 할머니의 고집으로 결국 제사를 지내게 된다. 이때 한 남자가 몸을 못 쓰는 여식을 둘러메고 등장한다. 자기 여식이 이 집 제사에 참석해야 한다고 해서 왔으며, 이 집 어른을 모셨다는 얘기를 한다. 할머니는 연지 곤지를 찍고 신부 옷을 입고, 접신한 처녀에게 신랑 사모관대를 입히고는 혼례식을 치르려 한다. 그리고 구서방의 총을 빼앗아 자신을 이해 못 하는 아들에게 공포를 쏘며 위협하여 사진을 찍게 한다. 사진을 찍는 순간 할머니와 신랑(접신한 처녀)은 하늘로 올라가고, 무대에는 거대한 한 장의 낡은 혼례식 사진이 떠오른다.

납북된 아버지 혹은 아버지 찾기 모티프나 해원 모티프는 오태석의 전쟁 기억을 다룬 이후 작품들에 반복적으로 나타난다.

5. 역사에 대한 초논리적 접근과 제의극 : 〈부자유친〉

초현실적 상상력, 자유분방한 연극적 기법, 신체를 주로 활용한 초논리적 제의극으로 〈태〉, 〈초분〉, 〈춘풍의 처〉 등이 있다. 이 일련의 제의극은 고전이나 민속, 무속에서 소재를 취하고 그 전통적 소재를 전혀 새로운 현대적 감각과 기법, 스타일로 변형시킨다.

〈부자유친〉(1987)도 그의 일련의 제의극 실험과 같은 연장선상에 놓여 있는 작품이다. 대체로 문학적 연극, 주제의 역사성 혹은 사회성을 강조하는 연극이 1980년대 연극의 주류를 형성하고 있는 가운데 오태석의 비사실주의적이며 양식적 연극의 실험은 뚜렷한 의미를 지닌다. 연극의 다양성에 기여하고 있다는 일차적 의미 외에도 더욱 중요한 것은 낡고 구시대적이며 평범한 감각으로 생명의 본질이나 인생의 문제, 애증과 같은 보편적 진실이나 개인적 진실을 탐구하는 것이 아닌 신체적 움직임이나 변화하는 리듬, 혹은 무언극적 이미지를 통해 '계시'와 '충격' 같은 제의적 체험을 창출한다는 점이다.

물론 논리를 무시하고 끊임없는 변화를 추구하며 자유분방한 극의 흐름, 생략과 비약 중심의 구조적 전략이 언제나 성공을 거두는 것은 아니다. 때로는 〈필부의 꿈〉처럼 혼돈스럽고 통일된 이미지 구축에 실패할 경우, 질펀한 놀이마당을 벌이긴 했지만 뒷수습이 제대로 마무리되지 못한 느낌을 줄 때도 있다.

〈부자유친〉은 사도세자의 죽음이라는 비극적 사건을 제재로 삼음으로써 비교적 논리적이고 극적인 구성을 취하고 있다. 그리고 이 작품은 서울연극제에서 대상을 탄 이후 재공연을 가지면서 거의 전폭적으로 수정하여 무대화함으로써, 연극이 매 순간 탄생하고 죽고 부활하고 변형되는 것임을 극히 제의적인 방식으로 입증했다. 이 연극의 세계는 『한중록』을 극을 풀어가는 나레이션으로 삼은 바에서 암시되듯 『한중록』에 의거하고 있으며, 또 '부자유친'이란 반어적 제목에서 유추할 수 있듯 영조와 사도세자라는 부자간의 갈등에 초점을 맞추고 있다.

　연극은 개시장면에서 혜경궁 홍씨를 인형으로 대체시키고 한중록의 나레이션 역시 녹음된 목소리로 처리하며, 초연의 경우 등장인물들(배우들)이 역사 속에 박제된 것처럼 부동자세로 등신대 인형들과 섞여 앉거나 서 있는 하나의 타블로로 제시한다. 그리고 인물들이 움직이기 시작하면서 역사 속을 빠져나와 '현재 여기서' 벌어지는 사건으로 현재화하는 연출기법을 구사한다. 이처럼 감각적인 인상을 강렬하게 제시하는 개시장면은 관객에게 일종의 '상황 영사장면'을 제공하며, 역사의 주관적 현재화라는 극의 관점을 명백히 한다. 또 영조와 사도세자가 상하 수직적 위계로 분리된, 발로 가려진 공간 속에 대치하고 있는 장면을 통해 이 극의 주제를 감각적으로 예시한다. 그런데 창무춤터에서의 재공연은 연극이 시작되자마자 배우들이 등장하고 많은 등신대 인형들을 치워버렸으며, 상하의 수직적 위계 공간 대신 나지막한 계단을 가진 좌우대칭의 공간으로 바꾸었는데, 이는 강렬한 주제적 효과라는 점에서 초연보다 못한 수정으로 생각된다.

　이 극은 실제로 극중인물로 등장하지 않으면서도 마치 카메라처럼 관찰자, 보고자의 기능을 부여한 혜경궁 홍씨의 시점으로 진행된다. 영조와 사도세자 두 부자간의 갈등, 두 권력자의 반목으로 군신지의君臣之義의 갈등을 겪고 있는 신하들. 세자의 생모 선희궁, 세자와 그 후궁 빙애와의 관계, 영조가 66세에 새로 맞아들인 정순왕후 등의 성격과 행동양식은 논리적 대사가 아닌 신체적 움직임, 몸짓, 웃음, 놀이, 탈 등의 조형적 장면구성과 풍부한 연극성의 놀이로 전개된다. 특히 작가는 절대적 권력을 휘두르는 아버지와 억압된 아들의 관계라는 정신분석적 관점으로 연극의 갈등구조를 구축한다.

　역사학에서는 사도세자가 죽음을 당하는 '임오화변'의 소인을 당쟁으로 보는 견해가 유력하지만, 혜경궁 홍씨의 『한중록』은 영조의 이상성격 때문에 세자가 희생된 것으로 기술한다. 사십이 넘어 세자를 본 영조는 처

음에는 아들을 사랑했으나, 자신이 비천한 나인 출신이란 콤플렉스 때문
에 세자를 엄격하고 체통 있게 키우기 위해 일찍 별거를 시키고, 자기와 반
대 입장에 섰던 경종비景宗妃의 나인들을 동궁 나인으로 삼았다. 그리고 동
궁 나인들이 거만하게 굴자 그게 못마땅해 동궁에 발을 끊었고, 따라서 세
자는 유년시절에 아버지의 정을 못 느끼고 나인들 손에 자랐다고 한다. 세
자가 부왕에게 서먹서먹하게 대하고 따르지 않자 영조는 아들을 미워하게
되고 병적으로 옹주만을 편애했다. 그 결과 외아들 세자는 아버지에 대해
강박관념, 억압심리를 느끼는 신경증 환자가 되었다는 것이다. 거기에다
영조의 후궁 문숙의의 이간, 신하들의 당파싸움 등이 작용하여 사도세자
의 비극을 만들어냈다고 본다.[48]

연극은 혜경궁 홍씨의 시점을 취하여, 사도세자의 비극에 개입하지 못
한 방관자에 불과한 그녀를 인형으로 제시한다. 또 세자의 생모인 선희궁
(영빈 이씨)도 이 비극을 막는 데 아무 구실도 하지 못한 데다 오히려 영조
에게 세자를 죽이라고 권유했기 때문에 '고목과 같은 형상'으로 제시된다.
연출(오태석)은 선희궁을 남자 배우로 캐스팅하고 종 모양의 치마로 가려
진 휠체어를 타고 다니는, 마치 마네킹이나 거대한 인형처럼 보이게끔 표
현했다. 선희궁은 자신의 행동을 '종사를 위해서', '세손을 구하기 위해서'
라고 말한다. 그러나 어머니의 입으로 차마 아들을 죽이라고 권유한 그 사
실 때문에 "내가 못할 일을 차마 하였으니 내 자취에는 풀도 나지 않으리
라. 세자보다 세손을 보전함이 먼저 일이라. 과히 서운해하지는 마시오."
라고 피를 토하듯이 고하고는 종 모양의 치마 속으로 모습을 감춘다. 이는
선희궁이 자기 처소로 돌아가 그 후 죽을 때까지 나와 보지 않았다는 역사
적 사실을 상징적으로 표현한 것이라 하겠다. 이런 양식화된 표현이나 그
로테스크한 시각 이미지는 제의적 효과를 강화시킨다.

『한중록』의 나레이션은 장면 사이사이에 삽입됨으로써 분절된 각 장면
의 행위들을 통합하는 역할을 한다. 신주 장면에서 세자가 추는 벽사의 춤,

---

48 김용숙, 『한중록 연구』, 정음사, 1987 참조.

정순왕후 간택 장면에서 왕후가 종이탈을 쓰고 등장하여 절을 올리는 장면, 세자의 의대증 장면에서의 양식적인 행위, 조신들이 세자를 죽이려는 영조를 만류하며 벌이는 양식적인 연기 등 강렬한 시청각적 이미지와 신체행동은 생략과 비약을 주조로 한 사건 전개의 빈틈을 채우며 감각적으로 수용하게 만든다.

그러나 재공연에서 세자가 뒤주에 들어가기 직전, 조신들과 시간을 보내는 장면 처리를 화투 '섰다' 놀이로 표현한 것은 장난기가 지나친 인상을 준다. 그러나 뒤주에 들어간 세자가 변기통을 두드리며 "우레다! 우레!"라고 소리 지른다든지, "네가 죽으면 종사는 보존될 것이다"라는 영조의 말을 맞받아 소리 질러 영조의 화를 돋우는 장면, 또 뒤주에 가둔 세자를 죽이려는 영조를 간하다가 죽음을 맞는 신하들을 뒤주 속에 처박히는 인형들로 표현한 장면 등은 매우 인상적으로 이 극의 아이러니적 시각을 드러낸다. 오태석은 아버지가 아들을 죽이는 이 끔찍한 사건을 시종일관 아이러니의 시각으로 형상화 한다. 다시 말해 그는 비극적 소재를 희극적으로 뒤집어놓고 위에서 아래로 내려다보는 것이다. 아이러니의 시각으로 부자간의 갈등을 보기 때문에 영조의 새디스틱하고 변덕 많은 성격이나 세자의 신경증적 성격은 비극적 파국의 절대적 요인으로 제시되는 게 아니라 인간의 본원적 몸짓으로 희화화되어 표현된다. 〈부자유친〉의 인물들은 자신들이 처한 비극성을 의도적으로 배제하며 한판 신나게 놀기로 작정한 사람들같이 연기한다. 그 인물들은 억압된 무의식이나 어린애 같은 잔인성을 풀어놓으며, 성, 살인 등의 대담한 이미지들을 양식적 연기와 춤, 신체적 동작과 목소리, 혹은 탈이나 인형들로 표현한다.

그런데 이 작품은 인간의 '잔인성'에 초점을 맞추면서도 초연과 재공연에서 퍽 다른 감각적 인상으로 형상화 되었다는 점이 흥미롭다. 초연 때는 극의 구성이 초논리적이고 자유분방한 상상력으로 구축되었고, 재공연 때는 극의 흐름을 이해하기 쉽도록 비교적 논리적 구성을 취했다. 두 번째로 달라진 점은 초연 때의 일본색이 극복된 점이다. 등신대 인형들이 연기자

와 섞여 있고, 극이 시작되기 전부터 인형, 마네킹, 연기자가 역사 속에 박
제된 듯 부동자세로 있다가 걸어나와 연기하는 기법, 음악에 맞춰 춤을 추
는 방식은 일본의 분라쿠文樂에 영향받았음을 느끼게 했다. 재공연에서는
일본색이란 비판을 불식시키기 위해 한국적 인형, 종이탈, 복식, 한국적 벽
사춤 등 전통연희적 양식을 풍부하게 활용했다. 그러나 초연 때의 분방한
연극성의 놀이와 충격효과, 인형과 연기자의 병렬 배치로 거둔 역사와 현
실의 상관관계가 소리와 움직임의 연계 속에 강렬하게 생동하지 못한 점
은 아쉽다. 일본색은 탈피했으되 수정 과정에서 영조의 새디스틱한 성격
과 세자의 억압심리가 인간의 본성에 내재한 잔인성의 몸짓이나 행위로
치환될 때의 충격적인 신체언어 또한 축소된 것이다.

6. 역설과 아이러니 기법을 통한 현실 비판 : 〈심청이는 왜 두 번 인당수에 몸을 던졌는가〉

〈심청이는 왜 두 번…〉(1990)은 고전『심청전』의 인물인 심청이와 용왕
을 오늘의 우리 현실로 소환하여 역설의 기법으로 우리 사회의 병폐를 풍
자한다. 고전『심청전』의 신화적 구조가 당시 봉건사회에서 억눌린 민중
의 소망을 투사시킨 꿈의 표현이자 시적 정의가 이루어지는 세계였다면,
오태석은 민중의 억압이나 사회에 팽배한 악이 오히려 확대재생산 되는
지옥 같은 세계임을 폭로한다. 심청과 용왕이 세상에 나와 맞닥뜨린 것은
공중전화를 걸다가 살인하는 사회, 노점상이 소매치기에 의해 발목을 절
단당하고, 화염병을 제조하다 화상을 입는 일이 아무렇지도 않게 벌어지
는 사회이다. 또 인간을 사물화시켜 놀이 도구로 삼고 욕구불만과 증오심
의 발산을 돈으로 매매하는 사회이며, 폭력과 인신매매가 공공연히 행해
지고 인명이나 인간의 존엄성에 대한 경시 풍조, 타인에 대한 불신과 철저
한 무관심으로 가득 찬 사회이다. 오태석은 당시 한국사회에서 벌어진 실

제 사건들을 소재로 한국사회에 만연한 부조리와 물신숭배, 인간성 상실을 역설의 언어로, 풍자와 아이러니를 통해 희극적으로 그려낸다.

이러한 의도를 위해 작가는 중심인물인 심청, 용왕, 세명의 캐릭터를 독특하게 구축한다. 심청은 황후가 되기를 거부하고 자기가 살던 고향 황주골 도화동에 가기를 원하는 매우 소박하고 순수한 인물이다. 그래서 복잡하고 지옥 같은 우리 사회현실을 어린이와 같은 순진한 시각으로 들여다보는 '낯설게 하기'의 시각을 제공한다. 복잡하고 이해할 수 없는 악이 난무하고 양심의 눈이 멀어 있는 시대현실과 이를 낯설게 투시하는 순진무구한 심청의 시선이란 대조 때문에 역설의 효과가 발생한다. 용왕은 고전 『심청전』의 위엄있는 성격과는 대비적으로 희극적 인물로 창조되어 역시 역설과 아이러니를 만들어낸다. 그는 시대에 뒤지지 않기 위해 영어회화를 공부하고 서투른 영어를 아무 데나 갖다 붙여서 웃음을 자아내며, 컴퓨터를 조작하는 승지를 거느리고 있는 등 현대문명을 패러디하는 성격을 부여받고 있다. 용왕은 '공중전화 살인'이란 신문기사를 읽고 대단히 놀라서 세상 구경을 갈 생각을 하게 된다. 그는 마치 브레히트의 〈사천의 착한 여자〉에서 신들이 세상의 선善을 증명하기 위해 착한 여자를 찾았듯, 세명을 선택하여 그에게 온갖 시련을 안긴다.

동대문 노점상이었던 세명은 이 사회의 악이 자신을 결단내도 절망하지 않고 받아들이는 인물이다. 화염병 제조공장에 취직했다가 화상을 입자, '인간 타깃 백가면'이라는 직업을 갖고 인간의 가학심리의 제물이 된다. 새우잡이 배에서는 인신매매 당한 창녀들을 구출해 주기 위해 TV생중계를 위한 인질극을 벌여 인간들의 자비심 혹은 우리 사회의 양심을 일깨우기 위해 노력한다.

오태석은 이런 쓰레기 같은 세계의 단면들을 보여주기 위해 좁은 무대를 신속한 변형이 가능한 박스를 쌓아올린 잡동사니 무대로 꾸몄다. 팝송, 유행가, 아리아 등의 노래와 춤동작으로 장면에 대한 패러디 효과를 의도하고, 비극적 상황을 희극적으로 표현함으로써 역설적 효과와 연극의 놀이성을 강조한다. 박스와 고무줄을 이용해 표현한 감옥이나 공판장의 생선 경매를 패러디해 표현한 인신매매 장면, 넓은 사각 깃발을 가진 창녀들의 동작을 통해 배의 삼각 마스트와 '옐로우 문화'를 상징한다든지, 백가면이 물속에서 백곰처럼 서성이며 공을 맞는 장면을 통해 환락문화와 가학 문명을 효과적으로 형상화한다.

그런데 용왕이 세명에게 시련을 안기면서 의도했던 세상의 정화, 혹은 인간사회에 대한 희망의 메시지는 구체적으로 드러나지 않는다. 짓궂은 방관자로서 웃고 즐기다가 부조리한 세상을 뒤로 하고 용궁으로 돌아가 버리는 결말은 제목이 제기하는 질문이자 주제이기도 한 '양심의 개안'을 역설적으로 부각시킨다. 용왕은 세상의 악에 분개하여 세상 구경을 오지만 오히려 인간사회의 악을 즐기는 듯한 역설적인 입장을 취한다. 그와 대조적으로 심청은 선한 사람이 고통받는 상황과 악에 무감각한 사람들을 안타까워 한다. 이러한 '시각의 대조'는 심각한 주제를 역설의 블랙 코미디로 뒤집어 보려는 의도를 반영한 것으로 우리의 사회적 현실을 '낯설게 만들어' 제시한다. 배금주의와 양심의 상실 풍조에 물들어 흉측하게 일그러진 우리 사회의 모습을 비판적으로 직시하게 만드는 것이다.

7. 아버지 찾기와 잃어버린 역사 찾기 : 〈만파식적〉

〈만파식적〉(2005)은 삼국유사의 '만파식적' 설화와 납북된 아버지 찾기라는 그의 개인사를 교직한 작품이다. 오태석의 주요 경향을 단적으로 축약한다면 '전통(역사)과 전쟁기억(아버지 찾기)'이라 할 수 있는데, 이 극은 바로 이 두 경향을 한 작품 속에서 구현하고 있는 것이다.

그의 연극에는 이전 작품들의 주제나 표현미학이 오버랩되는 경우가 많다. 〈만파식적〉에는 이전 작품들, 예컨대 〈여우와 사랑을〉(1996)이나 〈코소보 그리고 유랑〉(1999), 〈잃어버린 강〉(2000)의 주제나 표현미학이 겹쳐져 있다. 이를테면 연변 조선족의 눈에 비친 우리 사회의 일그러진 세태를 그린다든지, 코소보 전쟁을 통해 6·25의 비극을 조명하는 시각이 그것이다. 이처럼 우리 사회를 타자의 눈을 통해 객관적인 거리감을 부여하면서 동시에 블랙 유머적 과장으로 그리는 방식은 〈만파식적〉에도 되풀이된다. 북한 이복 아우들이 남한 사회의 실상이라고 제시하는 장면은 북한체제의 왜곡된 선전에 의해 굴절된 것이기도 하지만, 그 왜곡이 어떤 면에서 날카로운 진실을 담고 있어서 희극적 아이러니를 불러일으킨다. 젊은이들이 농촌을 떠나기 때문에 씨 뿌리는 농민은 10년 내로 인간문화재가 된다는 등의 과장이 그러하다.

〈만파식적〉에는 다양한 텍스트들이 교직되어 있다. 삼국유사의 '만파식적' 설화, 꼭두각시놀음과 북청사자놀음, 최남선의 『백두산 근참기白頭山 覲參記』와 토문강에 세워진 백두산정계비이다. 〈잃어버린 강〉에서도 중심 내용으로 그려졌던 토문강과 민족의 근원으로서의 백두산 천지가 주요한 의미 공간을 이루고 있다. 역사 속에서, 기억 속에서 망각된 잃어버린 강 '토문강'에는 1712년(조선 숙종조 38년)에 청나라와의 국경을 정한 비문인 백두산정계비가 서 있었다고 하며, 최남선의 『백두산 근참기』는 바로 그 내용을 밝히고 있는 책이다.

따라서 〈만파식적〉에는 이 세 가지 텍스트와 관련된 인물들이 등장한다. 먼저 현실 층위에서는 어머니의 장례를 치른 뒤 납북된 아버지를 모셔 오려는 종수가 있고, 설화 층위에서 일본의 교과서 왜곡과 중국의 동북 공정에 분개하여 만파식적을 찾으러 나온 신문왕, 그리고 전통극 층위에서 신문왕을 모시는 홍동지, 종수와 동행하게 된 북청사자패들이 등장한다. 이 세 유형의 인물들을 한 무대에 등장시킴으로써 자신의 의도와 연극개념을 드러낸다.

오태석은 설화와 현실을 자연스럽게 접목하기 위해 꿈이라는 장치를 활용한다. 북으로 아버지를 찾아 떠나는 여정과 모험은 종수가 꾸는 꿈으로 설정했다. 그러나 굳이 꿈이 아니어도 무방하다. 이 극의 컨셉트가 어차피 시공간을 압축하고 자유롭게 넘나드는 산대놀이의 구조를 차용하고 있으므로 전통극이나 설화 속의 인물들을 만나고 뗏목을 타고 두만강을 넘어가 아버지를 만나는 장면들이 어색하지 않다. 한 판의 굿처럼 놀아지는 연극 속에서는 얼마든지 가능한 판타지이다. 마치 신기한 환상과 모험으로 가득 찬 동화나 판타지에 빠져들어 그 기호들의 놀이를 즐기고 여백을 채워 넣으며 해석하는 일에 기꺼이 동참하게 하는 것과 같다.

오태석 극의 한 특성으로 '부권 부재의 연극' 혹은 '부재하는 아버지'가 지적된 바 있다.[49] 작가는 〈만파식적〉에서 바로 자신의 개인사, 즉 어린 시절에 헤어진 납북된 아버지를 찾는 이야기를 중심내용으로 삼고 있다. 그런데 이 '아버지 찾기'는 잃어버린 역사 찾기, 통일과 실지失地 회복의 염원을 담은 이야기로 의미의 외연이 확장된다.

무대는 상하의 두 무대로 크게 양분되는데, 주로 위 무대에서는 환상적 장면이, 아래 무대에서는 현실 장면이 펼쳐진다. 극은 종수가 어머니의 장례를 치른 뒤 빈 석관을 묻고 거기에 아버지를 모셔오지 못하면 자기라도 대신 묻히겠다는 말을 했다가 저승사자에게 쫓기는 내용으로 시작된다. 어떻게든 아버지를 모셔와 빈 관에 안치하여 어머니의 한을 풀어드려야 하는 것은 종수의 목숨이 걸린 문제가 된다. 이러한 겉틀은 마치 바리데기가 아버지의 목숨을 구하기 위해 험난한 여행을 떠나는 굿의 구조와 동일하다.

여기에 또 한 줄기의 내러티브가 교직된다. 중국의 동북공정과 역사 왜곡에 위기의식을 느낀 신문왕이 아버지 문무대왕을 만나 만파식적을 받고자 아버지를 찾는 여정이다. 대왕암에 잠들었던 문무대왕은 만파식적을 만들기 위해 김유신을 만나러 두만강, 백두산 천지, 토문강으로 떠난다. 이 세 가지 공간은 중국을 통해 북한으로 들어가는 관문으로서의 두만강, 민

---

[49] 윤학로, 「부권 부재의 희곡」, 『오태석의 연극세계』, 현대미학사, 1995.
　　김방옥, 「과거: 잃어버린 것, 잊고 싶은 것들에 관한 유희-오태석론」, 『열린 연극의 미학』, 문예마당, 1997.

족의 근원인 백두산 천지, 잃어버린 국토와 국경이라는 점에서 주제적 의미를 표상하는 공간이다. 뿐만 아니라 대왕암을 떠난 문무대왕의 여정은 종수의 여정과 겹쳐지면서 극의 주제적인 사유를 강화한다. 또 김유신과 문무왕이 만나지 못해 만파식적이 만들어지지 못한다는 전개로 이러한 주제는 더욱 강조된다.

종수와 신문왕의 여정이라는 두 가지 동떨어진 내러티브가 허황함에도 불구하고 그 의미의 중첩이 받아들여지는 것은 중국의 동북 공정과 역사 왜곡이라는 시의적인 소재를 가져온 데다가 두 인물에게 굿의 내러티브와 표현미학을 부여했기 때문이다. 신문왕이나 저승사자를 여자배우가 맡게 함으로써 무당의 이미지를 부여했고, 신문왕은 상여 같은 수레를 타고 등장하며 양옆에 홍동지 인형을 앉혀서 민중의 힘을 부각시켰다. 신문왕이나 저승사자, 신문왕을 호위하는 향도군에겐 얼굴을 가리는 원통형 바구니 모양의 용수를 씌워서 명부의 인물이라는 이미지를 부여했다.

연극적으로 재미있게 유희되고 공감을 주는 장면은 종수의 아버지 찾기에 관련된 장면들이다. 관객에게 역사를 가르치고 각성시키는 계몽성이 두드러진 문무대왕 장면들은 육화되지 못해 생경하다. 그러나 종수의 아버지 찾기에 관련된 장면들은 오태석 특유의 말맛과 한국적인 몸짓을 부여받으며 놀라운 생동감과 과장된 놀이성, 블랙 유머로 연극성이 극대화된다. 이를테면 세 명의 아버지 중 진짜 아버지를 찾는 장면이라든지, 아흔두 살의 아버지와의 대화가 간호사의 통역을 통해 이루어진다든지, 북한 이복동생들의 시각을 통해 제시되는 우리 사회의 왜곡되고 희화화된 장면들, 지하철역의 우산 돌려주기 장면들이 그렇다. 특히 지하철역의 우산 돌려주기 장면은 이 극에서 가장 생동감과 놀이성이 극대화된 빼어난 장면으로, 양심의 회복이 우리 사회를 구원하는 바로미터라고 강조되는 점에서 우화적인 성격까지 함축한다. 삶의 디테일보다는 독립된 장면들의 연극적 놀이와 양식화에 치중하는 이 극에서 이 장면은 전체 극의 균형성이란 측면에선 문제가 있지만 가장 연극적으로 재미있게 유희된, 오태석 특유의 과장과 유머가 넘치는 명장면이다.

그러나 문제는 신문왕의 내러티브와 종수의 내러티브가 연결되는 지점이 극 줄거리 안에서 허약하다는 점이다. 가장 생경하게 두 내러티브가 부딪치며 극적 당위성과 설득력을 만들어내지 못한 장면이 토문강 장면이다. 중국 국경 수비대와 향도군 사이에 전투가 벌어지는 장면은 앞에서 준비된 설정이 있기 때문에 설득력을 갖는다. 그러나 노쇠한 아버지가 아들을 찾아 이곳에 와 사자탈을 쓰고 싸우다가 중국군에게 찔려 죽는 장면은 오태석이 남용하는 지나친 생략과 비약의 예라 할 것이다.

그런가 하면 토문강 장면을 마지막으로 후반부에서는 신문왕 내러티브가 실종하는 것도 구조를 깨트리는 예이다. 이 실종된 내러티브는 극의 마지막에 억지스럽게 끼어들어 융합된다. 종수가 꿈에서 깨어났을 때 향도군이 종수 부친을 데려다 주고, 관에 누워 있던 어머니와 아버지가 사자탈을 쓰고 춤을 출 때 두 대나무가 합해지는 결말로 마무리된다. 아버지와 어머니가 56년 만에, 그것도 죽은 다음에야 만나 함께 사자탈춤을 추는 장면은 아름답고 감동적이다. 모든 죽음은 모든 이별을 가능케 하고 그 만남의 판타지는 환상 속에서 완성되는 것이니만큼 슬프고 황홀하다. 바로 이 판타지 장면에서 두 개의 대나무가 만나 합해지고, 비로소 피리(만파식적) 소리가 배경음악으로 울려 나온다.

오태석은 이 극의 환상적 장면들에서 '피리' 소리 대신 의도적으로 비올라 연주를 보여주었다. 피리 소리가 울려나오지 못했던 것은 종수의 아버지와 어머니의 만남이 이루어지지 못했고, 문무대왕과 김유신이 만나지 못했고, 국권을 포기하겠다는 정신대 할머니들의 문제가 해결되지 않아서였다.

〈만파식적〉은 분단으로 평생을 헤어져 살았던 아버지와 어머니의 만남과 민족의 근원 회복이라는 두 줄기 서사를 형상화한다. 그러나 극 전체적으로 볼 때 '만파식적' 에피소드와 현실의 에피소드를 이어주는 고리는 중반부에 이르러 끊어져 버린다. 종수의 아버지 찾기 이야기는 우산 빌려주기 에피소드에 이르러 신나는 놀이성으로 대체되고 말았다.

물론 이러한 구성에 대해, 이 극의 의도가 분명한 목표를 향해 선조적으로 전개되는 서구적 형식의 극이 아니라 탈춤이나 판소리의 즉흥성과 분방한 구조, 재미있는 장면은 극대화하여 길게 늘이는 '열린 연극'의 구조를 지향하고 있기 때문이라고 긍정적으로 해석할 수도 있겠다. 이 극의 컨셉트가 연극적 유희성에 집중하면서 각 장면의 생동감과 신명 창출에 있기 때문이다. 그러나 극의 전반부와 후반부에서 보이는 심각한 서사적 불균형은 주제적 사유에 대한 공감을 다소 가로막는다. 역사의식을 앞세운 관념적 내러티브와 현실적 내러티브의 불화, 놀이성에 치우친 불균형은 그 자체가 마치 합쳐지지 않은 두 개의 대나무를 은유하는 것 같다.

8. 농촌 현실과 역사의 상처에 대한 해원 : 〈갈머리〉

〈갈머리〉(2006)는 〈용호상박〉(2005)에 이어 농촌을 조명한 극이다. 〈용호상박〉이 산골과 어촌 마을을 배경으로 하되 강사리 범굿이라는 무속의 현재화에 초점을 맞추었다면, 〈갈머리〉는 농촌 마을을 배경으로 6·25 때의 사건의 현재화를 보여준다는 측면에서 〈자전거〉(1983)의 세계와 연결된다. 작가의 고향인 충청도 서천군의 갈머리라는 농촌 마을은 한국 농촌의 현실을 보여주는 축도이면서 오태석 연극의 정서적 연원이자 토속적 언어의 보고寶庫로, 일종의 공간적 페르소나이다.

〈갈머리〉는 산업화 과정에서 변화한 농촌의 현실과 풍속을 매우 실감나게, 특유의 과장된 유머, 캐리커처, 만화적인 상상력과 비약을 통해 그린다. 이를테면 제삿날 소고기 대신 돼지고기를 내놓았다는 이유로 따돌림 당한 끝에 농촌을 떠나는 사람, 도시의 실직 아들 대신 손주를 키워주는 할멈, 경마에 손대는 노인들, 카드빚을 갚기 위한 일환으로 맹도견 훈련을 받는 노인들, 농협에서 돈을 끌어다 도시 관광객 상대로 실장어나 악어 체험

관광 사업을 벌이는 등의 에피소드들이 펼쳐진다. 이 연극에서 오태석의 만화적 아이디어를 보여주는 사례는 노인들이 '불복종 맹도견'이 된다든 지, 지노인이 암장된 시신을 찾아내는 개코를 갖게 되었다는 설정이다.

중심 내러티브는 오태석이 일관되게 천착하고 있는 6·25전쟁의 기억과 관련되어 있다. 그 기억을 현재화시키고 '50년 제자리 현실'을 강조하기 위한 연극적 방법은 현장 검증과 그 과정에서 벌어지는 살인사건이다. 전 쟁 때 살인사건으로 수감되었던 지노인이 50년 만에 출소하여 갈머리를 찾아오는데, 순경들은 지노인의 충격을 완화하기 위해 맹수들이 출현하던 50년 전의 산골을 재현하고자 한다. 마을 사람들은 딸기 포장을 중단하고 50년 전처럼 모시 삼기를 하고, 여러 동물 모양으로 변장하여 야생동물들 이 지천이던 훼손되지 않은 자연을 재현한다. 그러나 현장 검증 과정에서 지노인에게 돌로 맞아 죽은 인물 역을 하던 서노인이 먼저 돌로 쳐 지노인 을 죽인다. '불복종 맹도견'이기 때문이며, 사변 때처럼 서로에 대한 의심 으로 인한 살인사건의 반복이다. 그러나 사변 때와 다르게 마을 사람들은 합심하여 이 사건을 정당방위로 처리하고, 할멈은 두 시신을 거두어 3년 시묘를 지낸다.

오태석은 과거의 역사적 상처에 대한 해원과 화해라는 주제의식을 먼저 설정하고 사건들을 풀어내는 듯 보인다. 그래서 작가의 논리에 따라 엉뚱 한 인물들과 사건들을 작위적으로 풀어나가면서 현실의 모순과 갈등을 극 복하는 연극적 해결, 화해의 결말을 제시한다. 그러나 해원과 화해라는 결 말을 위한 작위적 사건 전개나 설정은 극의 내러티브를 엉성하게 만들고 무대 위의 리얼리티에 동의할 수 없게 만든다. 순경들이 50년 전 사변 때 를 재현한다고 마구 총을 쏘아 닭과 개를 잡는다든지, 이상한 현장 검증, 급작스런 살인사건 등이 그런 예이다. 그러나 그런 작위성에도 불구하고 오태석 극의 묘미는 풍요로운 연극적 놀이와 현실-비현실 사건의 교직, 능청스러운 인물들의 다변과 토속적 대사이다. 때문에 내러티브 상의 억 지에도 불구하고 연극적 리얼리티를 즐길 수 있게 만든다. 그러나 〈갈머리)는 농촌 현실 에피소드들과 지노인 사건의 연결 고리가 약하고, 후반에 등장한 지노인이 별 역할 없이 급작스럽게 타살되어 주제의식을 뒷받침해 주지 못함으로써, 즉 과거 역사의 해원이란 주제의식이 제대로 부각되지 못해 엉성한 구조라는 약점이 보다 노출된 것이다.

무대는 극의 의도와 배경을 표현하는 여러 오브제로 정신없을 정도로 꽉 차 있다. 염소 역의 배우 오브제, 벼농사에 활용되는 오리, 물레방아, 초승 달 같은 물질 오브제, 농촌의 황폐화를 상징하는 듯한 굵은 파이프, 숲을 표 현하는 깃발 같은 흰 천들이 무대 전체를 꽉 메운다. 오태석의 근래의 연극 들은 간결과 절제와 세련을 선호하는 현대미학을 거부하고 복잡과 잉여와 유치의 미학을 추구하는 듯하다. 배우들이 손수 만든 투박하고 거친 오브 제들, 모든 장면의 다양한 배경들을 한 무대에 구현한 무대장치, 허리를 구 부려 등퇴장하는 2층 무대, 맨발의 배우들. 마치 연극이란 원시적 공동체의 수공업 작업이며 동심의 산물이라는 것을 웅변하는 듯하다. 연기력은 다소 미숙하나 에너지가 뛰어난 젊은 배우들이 이 질박한 오브제들과 함께 무대 를 채우는 목화의 연극은 그래서 일견 아마추어 연극 같기도 하다. 그러나 노인이 맹도견이 되어 시바 여왕의 탱화를 발굴하러 타클라마칸 사막으로 떠난다든지, 할멈이 가해자와 피해자의 화해를 위해 3년 시묘를 한다는 발 상, 또 이 시묘를 '체험 관광' 사업을 위해 들여온 악어들이 오히려 '관광'한 다는 기발한 발상은 우리의 좁은 상식과 굳어버린 편견에 충격을 가한다.

9. 나가며

오태석의 대부분의 연극은 생략과 비약으로 이루어진 줄거리와 이미지, 질펀하게 강조된 놀이의 착종으로 혼란스러워 보인다. 논리적이고 개연성 을 가진 꽉 짜인 구성이 아니라 엇박으로 나가거나 딴짓들이 마구 섞이는 줄거리를 아이들의 놀이처럼 풀어놓기 때문이다. 그러나 오태석이 한국연극에서 소중한 작가이며 독보적인 자리를 차지하는 것은, 무대에서 진짜 한국적인 생활습관과 정서와 몸짓과 말을 구현하는 한국인을 창조해내기 때문이라 할 수 있다. 그의 극에는 번역 투의 대사 같은 규격화되고 문어체적인 말이 구사되지 않는다. 그는 "내가 연극을 하는 궁극적 목표는 우리말 찾기"[50]라고까지 말한다. 이처럼 그는 연극을 통해 잃어져 가거나 잊혀가는 우리말과 설화, 역사, 놀이정신 같은 한국인의 근원적인 것을 회복하기 위해 노력하는 작가이다. 딴전 피우며 에둘러 말하는 어법이라든지, 판소리나 사설시조 등에서 영향받은 4·4조 혹은 4·3조의 대사 구사와 토속적인 사투리는 바로 이런 그의 연극정신에서 나온 빛나는 보석들이다.

오태석의 극에 나타나는 가장 두드러진 연극개념은 극 자체를 사실적 재현의 세계가 아닌 굿 혹은 산대와 같은 놀이로 보는 점이다. 그는 연극을 한판의 굿으로, 놀이로 파악한다. 그 때문에 그의 극은 유희적인 장면들이 서사적 내러티브를 압도하며, 놀이를 강조한 장면에서 가장 오태석다운 활기와 신명이 뿜어져 나온다. 오태석 자신이 말하고 있듯이 산대놀이의 정신과 구조가 그의 극의 형식원리이자 미학이 되고 있는 것이다. 관객을 보며 말하는 소위 '논두렁' 연기, 시간과 공간의 자유로운 이동, 생략과 비약의 극 구조와 놀이성의 강조, 서사적 내러티브에 집중하기보다는 딴 길로 빠지거나 엉뚱한 딴짓과 틈새가 많은 점, 전통극이나 굿의 구조, 설화 등의 차용 등이 바로 그러한 연극개념에서 나온 것이다.

그의 연극은 화려한 무대언어와 풍요로운 이미지를 내세우는 대신 사유의 깊이를 상실한 요즈음의 연극 경향에 대해 묵직한 울림을 던져준다. 한국인과 한국적인 것의 근원 혹은 원형에 대한 탐색을 보이면서 예리한 현실인식과 묵직한 역사의식으로 뒷받침된 사유의 깊이를 가지고 있기 때문이다. 그의 극에는 분단된 현실, 6·25가 남긴 상처, 이기적이고 비정한 세태 풍자, 역사와 현대를 꿰뚫는 역사의식 같은 묵직한 주제가 형상화되어 있다.

[50] 오태석·서연호 대담, 『오태석 연극: 실험과 도전의 40년』, 연극과인간, 2002.

　　오태석이 역사와 시대를 말하는 방식은 여느 작가들과 다르다. 그는 집중성과 개연성을 갖는 내러티브와 전통적인 플롯을 거부하고 자유분방한 이미지와 유희적인 무대 만들기로 마치 탈판이나 굿 같은 질펀한 놀이판을 벌이는 데 치중한다. 그리고 오늘의 현실을 살아가는 인물과 역사 속의 인물을 만나게 한다. 같은 시공간에서 만날 수 없는 인물들을 한 무대에서 만나게 하여 과거와 역사를 현재로 끌어내고, 과거와 역사가 과거완료형의 사건이 아니라 바로 현재의 뿌리이자 현재진행형의 사건으로 연속되고 있음을 각인시키고, 뼈아픈 과거와 잘못된 역사의 해원굿을 펼쳐내고자 한다.

이 강 백
알레고리의 시학

1. 환상미학 혹은 알레고리의 시학

이강백(1947~)은 개성적인 자기 목소리와 스타일을 분명하게 가진 우리 시대 몇 안 되는 극작가 중 하나이다. 그의 희곡은 감정을 불러일으키며 심리적 동일시를 의도하는 작품이 아니라 거리 두기와 지적 이해라는 경로를 통해 독자/관객에게 인식된다. 다시 말해 감성에 호소하는 극이 아니라 이성에 호소하는 지적이고 사색적인 극이다. 그의 희곡이 다른 작가들과 구별되는 특성은 현실을 그대로 재현하지 않고 상상적인 세계나 우화의 틀 속에 끌어들여 재구성한다는 점이다.

데뷔작 〈다섯〉(1971)에서 밀항선 선창에 숨어든 인물들이 끊임없이 보이지 않는 선장의 위협에 시달리는 모습을 통해 폭력적 권력을 우회적으로 고발했던 작가는, 최근작 〈황색 여관〉(2007)에서도 사막의 황색 여관에서 벌어지는 세대 간의 싸움과 서로 간의 죽임을 그림으로써 현시대의 가장 큰 위기를 세대갈등과 증오로 제시한다. 판옵티콘의 시각으로 몸을 드러내지 않으면서 밀항자들을 감시하는 선장은 유신시절의 철권통치로 사람들에게 내면화된 공포의 형상화이며, 세대 간의 투쟁과 계층대립으로 모두 죽고 마는 사막의 황색 여관은 신자유주의경제가 가속화시킨 양극화 현상을 비유하는 묵시록이다. 이처럼 이강백은 데뷔 이후 30여 년 동안 줄곧 이 시대의 첨예한 문제점이나 시대정신을 비유의 형식으로 표현했다. 그는 전형적 재현을 통해 총체성을 구현하는 리얼리즘과는 다르게, 파편화되고 개별적인 현실의 조각들을 꿰뚫는 섬광 같은 메타포를 찾아내어 그것을 새로운 틀의 현실로 변형시키는 모더니즘 작가라 할 수 있다.

현실을 어떤 은유적이고 우의적인 틀로 바꾸어 새롭게 현실과 인간을 배치하고 의미를 구성하는 그의 창작원리는 재현미학보다는 환상미학에 더 가깝다. 재현미학이 투명한 현실적 재현을 추구한다면, 환상미학은 신화와 환상성의 세계를 통해 눈에 보이는 현실재현의 한계를 넘어서려는 시도이다. 보이지 않는 것이 보이는 것보다 때로는 더욱 진실일 수 있다는 것이 환상미학의 토대인 것이다. 이강백의 〈물거품〉의 한 인물은 이렇게 말한다. "자, 마음을 진정하고 보이지 않는 것과 화해하게!" 1990년대에 발표된 그의 극들은 이처럼 보이지 않는 것이 보이는 것보다 진실이고 이데아임을 표명한다.

우리 연극사−희곡사를 통해 볼 때 '근대극 수립'의 목표는 리얼리즘극의 토착화였다. 1930년대 유치진이나 함세덕은 말할 것도 없고 1950, 60년대의 차범석이 매달렸던 목표 또한 당대 현실을 사실적으로 반영하는 리얼리즘극의 창작이었다. 그러나 리얼리즘이 현실성, 핍진성, 전형의 창조 등으로 현실의 투명한 재현에 매달리면 매달릴수록 역으로 '재현의 위기'라는 모순에 허덕일 때, 그리고 투명한 재현을 성취한 기술적 매체들인 영화나 TV드라마 등과 경쟁해야 했을 때, 그 탈출구로 작가들이 주목한 것이 바로 환상이었다. 환상은 사실 이성을 중시한 근대가 억압한 것이지 20세기에 새롭게 나타난 것은 아니었다. 오히려 서사문학의 뿌리 자체가 신화나 옛날이야기 같은 환상이므로 이야기의 근원으로 회귀한 것이었다. 소설이나 서구극의 경우엔 20세기 초반에, 그리고 우리 희곡계에서는 1970년대부터 환상은 '억압된 것의 귀환'으로서, 리얼리즘의 안티테제로서 부활한 것이다.

이강백은 데뷔 이후 30년 동안 거의 일관적으로 사실적 재현이 아닌, 은유적이고 상징적인 틀이나 패턴을 통해 재구성한 현실을 그려 왔다. 현실의 외면만을 반영하는 진부한 리얼리즘이 주류를 이루던 1970년대 초에 이강백이 들고 나온 알레고리 기법, 그리고 환상미학은 매우 신선한 충격으로서 관객들의 감각을 강타했다. 이강백이 창조한 등장인물들 또한 1970년대 다른 작가들의 그것과는 전혀 다른 인물들이었다. 그들은 사회적 심리적 인물이 아닌, 관념의 표상으로서의 유형적 인물이었다.

그의 초기작들, 예컨대 체제유지와 안보논리를 내세워 인권탄압과 독재를 합리화해온 박정희 정권을 가공의 이리 습격으로 풍자한 알레고리(《파수꾼》), 파우스트처럼 거래를 통해 청춘을 다시 얻는 보석 세공인(《보석과 여인》), 맹인들의 총 쏘기 게임에서 결코 총에 맞지 않는 인물의 이야기(《셋》) 등은 보르헤스의 단편들이나 브레히트의 비유극을 연상케 하는 알레고리와 환상미학의 빼어난 경지를 보여준다.

사실 그의 작품 목록 전부에서 알레고리 기법, 은유와 상징의 틀로 변형시킨 현실, 설화 소재의 극화 등의 특성들이 나타나는데, 이런 경향은 환상미학에 친근한 그의 작가적 기질에서 연유한 것이라 볼 수 있을 것이다. 그는 유년시절, 신화나 설화 같은 옛이야기가 지배하는 세계 속에서 성장한 작가이기 때문이다. 그는 고향 전주에서 '전생록前生錄'이라는 샤머니즘의 세계를 접하고서 깊은 인상을 받았다고 한다. 전생이나 우주론적 비유로 인생을 풀이하고 예언하는 '전생록'은 현생을 전생이라는 다른 틀의 상징과 해석으로 보여주는 서사구조였다.

> '전생록'을 봐주는 건데, 평생에 걸친 생애를 하나의 서사구조 안에 담아서 얘기해주는 거예요. … 메타포와 상징이 뛰어나죠. 그 자체가 기승전결을 가지고 있고, 삶을 서사구조로 조명하고 해석하고 이해한다는 경험을 하게 됐어요. …

　　설화적 소재를 취했다 해도 그 자체를 극화한 것은 아니에요. 샤머니즘 문화가 갖고 있는 소재를 극화한 것도 아니구요. 다만 사실주의, 사실적 세계가 아닌 또 다른 것이 존재한다, 라는 것이죠.[51]

　이와 같은 작가의 토로는 이강백의 상상력 구조를 이해할 수 있는 길을 열어준다. 그는 '전생록'이 인간의 현재의 생을 전생이라는 다른 틀의 서사와 상징으로 바꾸어 표현하는 것처럼, 자신의 극에서도 그가 재현하고자 하는 현실을 다른 틀의 상징적 세계로 바꾸어 표현하고자 하는 것이다. 그는 "겹치는 시간과 겹치는 공간, 처음과 끝이 겹치는 이야기, 전생과 내생이 겹친 인물들……. 솔직히 말해서, 나는 그것을 탐내고 있다."[52]라고 말한 적이 있고, 바로 이 이야기를 〈영월행 일기〉(1995)에서 훌륭하게 극화하고 있기도 하다. 이처럼 이강백은 전생이나 현생, 내생이 서로 겹치거나 순환하는 동양적 사상이나 이야기 체계에 깊이 침윤되어 있음을 알 수 있다. 그가 무엇보다도 작가로서의 이상형을 세헤라자데로 보고 훌륭한 이야기꾼이 되고자 하는 욕망을 품고 있다는 것, 그리고 세헤라자데의 이야기들이 환상문학의 범주에 들어가는 것이라는 것은 시사하는 바가 크다.

　　언젠가부터 나는 '이런 경우 세헤라자데는 어떠할까?'라고 자문해 보는 버릇이 생겼다. 그건 불교도들이 부처를 닮고 싶어 하고, 기독교도들이 예수를 닮고 싶어 하듯이, 이야기꾼인 나는 가장 탁월한 이야기꾼 세헤라자데를 닮고 싶기 때문이다.[53]

　이강백은 〈천일야화〉의 탁월한 이야기꾼, 이야기를 통해 죽음을 지연하는 '세헤라자데'를 닮고 싶다는 욕망을 피력한다. 그만큼 그의 극작은 탁

---

[51]　필자와의 대담, 2008.5.24.
[52]　이강백, 「지은이의 머리글」, 『이강백희곡전집』4, 평민사, 1992, 3쪽.
[53]　이강백, 「지은이의 머리글」, 『이강백희곡전집』7, 평민사, 2004, 3쪽.

월한 이야기를 만들어내는 데 목표를 맞추고 있다는 얘기다. 그런데 서사문학의 유구한 전통 속에서, 또 수없이 많은 이야기꾼 중에서도 왜 세헤라자데인가?

세헤라자데의 이야기들은 환상미학을 대표한다. 비단 아랍세계뿐 아니라 이 세상의 수많은 구전 이야기들의 집대성이 세헤라자데의 이야기이다. 그 이야기들은 '사실적 세계가 아닌, 또 다른 것이 존재'하는 세계의 이야기이다. 바로 눈에 보이는 사실 세계의 심층에 존재하는 비사실 세계, 환상, 꿈의 이야기이다. 이강백의 많은 작품들은 현실을 해체하고 현실세계 너머의 이야기를 상상하는 환상미학 혹은 알레고리라는 방법론으로 가공해낸 이야기들이라는 점에서 세헤라자데의 이야기와 상통한다. 물론 이강백은 자신의 글이 세헤라자데가 목숨을 구한 것처럼, 자신의 목숨과 다른 사람들의 목숨을 구하는 이야기가 될 것인가에 대해 두려움을 느낀다는 감상을 덧붙였다. "나 자신의 목숨을 구하고 다른 사람들의 목숨을 구할 만한 것인지"라는 자문은 "글이 세상을 구원할 수 있을 것인가?"라는 물음만큼이나 거창하면서도 작가로서는 피할 수 없는 존재론적 물음이기도 하다.

환상이나 알레고리는 리얼리즘과는 다른 의미에서 전복의 힘을 가진다. 리얼리즘이 우리 현실의 구조적 모순을 일깨워 사회 개혁에 대한 각성의 효과를 갖는다면, 환상미학은 우리에게 낯익은 현실이나 질서 너머의 세상을 환기시키고 이를 통해 우리의 자동화되고 무감각한 감각을 일깨운다.

2. 정치사회적 주제와 존재론적 주제

이강백의 초기작들, 1970년대 희곡들을 읽어보면 이강백의 전 작품에 일관되는 알레고리 기법과 환상미학, 주제와 인물들의 성격을 발견할 수 있다. 초기작들이 그의 희곡세계에 일관되게 반복되는 원형인 것이다. 개인과 권력과의 갈등을 그린 정치적 알레고리(〈다섯〉, 〈알〉, 〈파수꾼〉, 〈내마〉)와 인간 삶의 존재론적 성찰을 담은 존재론적 알레고리(〈셋〉, 〈보석과 여인〉, 〈결혼〉)는 그의 희곡세계 전체를 관통하는 핵이다. 그의 두 가지 주제, 즉 정치사회적 주제와 존재론적 주제가 이원적 세계의 갈등이라는 단순명징한 알레고리기법으로 그려져 있는 것이다. 현실을 있는 그대로가 아니라 은유와 상징으로 가공된 다른 틀의 세계로 그려내는 성향은 등장인물 창조에도 마찬가지로 나타난다. 그의 인물들은 사회적·심리적 인물이 아니라 작가의 관념을 표상하는 인물로서, 이원적 대립세계나 대립적 가치관을 대표하는 인물들이다. 그의 전 작품들은 바로 이 두 가지 주제, 혹은 두 가지 주제를 결합한 변주들이라 할 수 있다. 그의 작가적 촉수는 정치적·사회적 문제를 지향하는 원심력과 인간 존재와 내면의 성찰이라는 본질을 파고드는 구심력 사이에 걸쳐 있다. 작품의 구조 역시 이원적 세계의 대립을 메타적으로 반영하는 이원적 구조를 취한다.

　데뷔 이후 줄곧 비사실주의를 지향한 이강백의 작품세계는 〈원고지〉, 〈대왕은 죽기를 거부했다〉, 〈아벨만의 재판〉 등 표현주의와 서사극적 기법, 알레고리 기법을 활용한 이근삼과 비견된다. 알레고리나 비사실주의 스타일을 보면, 이강백은 1960년에 데뷔한 선배 작가 이근삼의 후계자로 보이나, 이들 두 작가의 작품세계는 본질적으로 큰 간극을 보인다. 이근삼이 불합리한 모순투성이의 이 세상을 풍자와 조롱이라는 희극적 장치로 공격했다면, 이강백은 권력에 대한 개인의 저항 혹은 비이성적 집단에 의한 개인의 소외와 패배라는 비극적 인식으로 공격했다. 사회의 구조적 모순, 권력의 위선과 허위, '민중'의 집단이기심과 몰지각, 정의를 가장한 위선 같은 우리 사회의 정치적 사회적 상황에 대해 이근삼이 외면에서 공격했다면, 이강백은 내면에서 우회적으로 공격했던 것이다.

　그런 점에서 이근삼의 인물들이 알록달록한 옷을 입은 피에로를 연상시킨다면, 이강백의 인물들은 극장 무대 위에 선 연기자나 혹은 마리오네트 조종자를 연상시킨다. 〈결혼〉은 옛날 이야기책 속의 주인공이 튀어나와 연기를 하면서, 서사가 어떻게 연극으로 행동화될 수 있는지를 실연해 보여주는 무대 그 자체이다. 〈내마〉는 실성이 신하들에게 자신과 똑같은 고독과 소외의 감정을 느끼도록 강요하는 무대장치 안에서 내마나 다른 인물들이 벌이는 연기의 무대이다. 〈족보〉의 종험은 집안의 죄를 속죄하기 위해 자기 몸을 매다는 연기의 무대를 마련한다. 〈봄날〉의 자식들은 아버지의 권력과 독점적 소유를 결국 해체시키고 분배하게 만드는 플롯의 무대를 만들며, '막간극'의 자식들은 다채로운 봄날의 이미지나 문학, 음악 등 다양한 퍼포먼스를 연기한다. 〈호모 세파라투스〉의 박제사는 분단 체제의 고착화를 꾀하는 기득권층과 통일에 대한 이상주의적 열망을 가진 인물들이라는 두 대립구도로 그 상반되는 욕망을 마리오네트처럼 조종하는 인물이다. 이처럼 그의 극들에 나타나는 연기자로서의 등장인물들은 마침내 〈동지선달 꽃본듯이〉에 이르러 직접 '배우'로 등장한다. 막내는 광대가 되어 존재의 근원인 '어머니'를 광대에서 찾는다. 〈영월행 일기〉에서 조당전은 '형태'를 주고, 대신 '내용'을 소유하기 위해 직접 배우가 되는 연극무대를 설치한다. 〈배우 우배〉에서는 더 나아가, 배우인 등장인물이 허상의 연기자가 아닌 실재의 배우가 되고자 현실이라는 무대로 뛰쳐나와 연기를 한다. 복제(시뮬라크르)가 원본을 대신하는 것, 아니 원본의 부재라는 텅 빈 중심, 다시 말해 세계의 무의미와 허무를 메꾸는 모사물이 바로 배우라는 인식으로까지 나아간다.

이런 관점에서 이강백의 작품들을 짚어보면, 배우들이 얼굴에 분칠을 하고 의상을 바꿔입음으로써 허구의 인물로 변신하듯, 즉 원본보다 더 실재 같은 모사물이 되듯이, 그의 희곡들은 현실에 분칠하고 옷을 입혀서 만든 연극무대 그 자체라 할 수 있다. 이처럼 이강백의 희곡세계에서 연극적 비유는 그의 인물들의 존재의 총체적 조건이 된다. 그의 극들이 메타연극적 특성이나 세계관을 가지고 있는 것은 분명 우연이 아니다.

이강백 희곡세계의 변모양상을 보면, 초기작에서는 현실상황을 우화의 틀 속에 옮겨 재구성하는 기법을 구사하다가 〈족보〉(1980)에서부터 구체적 현실의 극화를 시도한다. 그런가 하면, 〈봄날〉(1984)에서부터는 설화소재를 통해 이원적 대립세계의 화해라는 동양적 세계를 보여준다. 이처럼 가상의 시공간을 그리던 우화극에서 구체적 현실소재극이나 설화소재극으로 변화를 시도한 것은 한 가지 세계만을 고수함으로써 자신의 희곡세계가 고착된 틀에 머무르는 한계를 벗어나기 위한 것이다. 작가는 자신이 즐겨 사용한 우화적 기법의 강점을 보편성과 상징성 획득으로, 그 약점으로는 사실성의 결여와 관념성을 지적한 바 있다. 그러나 〈족보〉나 〈쥬라기의 사람들〉(1981), 〈유토피아를 먹고 잠들다〉(1987) 등에서 볼 수 있는 바와 같이 아무리 구체적 현실을 소재로 사실주의적 접근을 했다 해도 그가 형상화해낸 현실은 자연주의적 재현이 아닌 상징과 은유의 색채로 채색되어 있다. 이는 작가의 기질이 여느 작가들보다 훨씬 시적 상상력이 강하고, 현장취재적 접근보다는 머릿속에서 지성적으로 분석하고 재구성한 현실을 그리는 데서 연유하였을 것이다.

설화소재극인 〈봄날〉(1984)이나 〈동지섣달 꽃본 듯이〉(1991) 같은 작품에서는 설화라는 과거의 공간과 현재의 공간을 겹치고 과거에 현재가 개입되는 이중구조 혹은 다원구조를 펼쳐감으로써 비유적 세계상을 창조한다.

그의 희곡세계는 주제나 기법 면에서 보면 이원적 세계의 대립을 축으로 한 알레고리 혹은 비유극의 세계이지만,[54] 이를 좀 더 세분하면 다섯 가지 경향으로 대별해 볼 수 있다. 첫 번째는 정치사회적 알레고리이고, 두 번째는 존재론적 알레고리, 세 번째는 현실소재극, 네 번째는 설화소재 연극, 다섯 번째는 메타연극, 여섯 번째는 관념극이다. 물론 그의 극들에는 이 여섯 가지 경향이 서로 중첩되기도 한다. 그의 희곡들은 대략 10년 마디로 커다란 변화를 보여왔다. 소재의 변화, 작가의식의 변화, 연극관의 변

---

[54] 김성희, 「이강백론-우의적 기법으로 드러내는 시대정신」, 『한국현역극작가론』, 예니, 1987.
김성희, 「이강백의 희곡세계와 연극미학-'환멸'과 '어머니찾기 모티프' 작품군을 중심으로」, 극예술학회 편, 『한국극예술연구』 제7집, 1997.
김성희, 「이강백의 비유극과 연극적 상상력」, 『한국희곡작가연구』, 태학사, 1997.

화 등을 기준으로 삼아 고찰해 볼 것이다.

1) 초기극 : 알레고리 시학의 정립

(1) 정치적 알레고리 : 〈다섯〉 〈파수꾼〉 〈알〉 〈내마〉 〈미술관에서의 혼 돈과 정리〉

이강백의 1970년대 작품들은 거의 완벽한 수준의 정교한 구조와 시적 상징이 빛을 발하는 알레고리이다. 이 초기극들은 현재까지 그가 발표한 전 작품들을 관통하는 특질들을 배태하고 있는 원형이다. 이를테면 이원 적 세계의 대립구조, 형태와 내용의 대립, 보이는 것과 보이지 않는 것의 대립 같은 주제들이나 관념을 표상하는 유형적 캐릭터 같은 특징이 이미 초기작에서 발아했고, 후속작들을 통해 계속 변주되거나 심화되고 있기 때문이다.

이강백 희곡이 발산하는 매력 중 상당 부분은 정교하게 짜인 우화적 세 계, 혹은 현실을 은유와 상징으로 채색하여 그려놓은 비유적 세계상에 놓 여 있다. 등장하지 않으면서도 인물들을 억압하고 공포에 떨게 하는 선장 (〈다섯〉), 알이 임금이라거나 공룡이라는 등 정보조작을 통해 대중을 통제 하는 박물관장(〈알〉), 체제 유지 명분으로 만들어낸 가상의 이리(〈파수 꾼〉), 절대권력의 상징조작 이미지인 '흑왕'(〈미술관에서의 혼돈과 정리〉) 등은 억압적 정치사회현실과 권력의 횡포를 암시하는 상징들이다. 이강백 은 권력의 횡포 앞에서 진실한 삶을 살려고 노력하는 개인들이 어떻게 파 멸해 가는지, 그리고 정의를 위해 투쟁하는 개인을 짓밟는 민중 집단의 어 리석음을 보여준다. 그리고 이를 우화라는 형식과 아이러니라는 굴절된 거울 속에 투영시키면서 매우 암시적으로 개인의 각성을 촉구한다.

촌장　　마을엔 오지 말아라.
다　　　(침묵)

바람 부는 소리가 거칠게 들려온다.

촌장 난 저 사람들이 싫어. 내 마음은 너와 함께 딸기 따기에 가 있다. 넌 내 추억이야. 너에게는 내가 늘 그리워하던 것이 있다.

(생략)

나 제가 저만큼 바래다 드리지요. 덫도 좀 살펴볼 겸 해서요. (함께 걸어가며) 그런데 말입니다. 양철북을 치던 내 모습이 멋있지 않던가요?

촌장과 파수꾼 나, 퇴장한다. 바람 소리만이 더욱 거칠어진다. 잠시 후, 망루 위의 파수꾼이 「이리떼다!」 외친다. 파수꾼 다는 조용히 양철 북을 두드리기 시작한다. ―〈파수꾼〉

안보논리를 앞세워 폭압통치를 해온 유신정권을 뛰어난 알레고리로 그려낸 〈파수꾼〉(1974)의 결말 장면이다. 마을의 질서유지라는 대의를 위해선 거짓도, 시민의 희생도 필요하다는 촌장의 논리는 승리를 거둔다. 소년 파수꾼은 권력이 자행하는 거짓과 악에 대해 알게 되었지만, 영웅적 행동을 하지 않고 조용히 양철북을 친다. 권력에 대한 증오와 정의를 위한 투쟁은 제기되지 않고, 단지 권력의 하수인으로 전락한 주인공이 무대를 침묵 속에 빠트린다. 이 쓸쓸한 황야에서 일생을 보내야 하는 소년 파수꾼이 거짓에 속아 넘어가고 순응할 때 무대에는 바람 소리만이 거칠게 들려온다. 불의한 권력에 투쟁하지 않는 한 권력의 하수인으로 이용당할 뿐이다. 파수꾼 가나 나처럼, 선량한 시민으로서 자신에게 주어진 역할을 성실하게 수행한다 해도 사회에 대한 통찰과 정의에 대한 각성이 없다면 역시 권력의 하수인으로 이용당할 따름이다. 작가는 이런 뼈아픈 반성적 성찰을 보여주면서도 결코 목소리를 높이지 않는다. 그 헛된 삶, 무가치한 삶에 대한 경고로 '거친 바람 소리'만을 들려줄 뿐이다. 작가는 검열과 연극통제가 극심했던 시절 직접적인 발언 대신 은폐된 발언으로, 청각적 상징으로 관객의 가슴을 뜨겁게 각성하는 전략을 구사했던 것이다.

이강백은 이렇게 1970년대 작품들에서 인간의 신념, 희망, 사랑, 이상 같은 추구가 사회적·정치적 상황과 부딪쳐 좌절하고 더욱 심한 고립상황을 불러온다는 것을 극화한다. 이런 비관적 사회관, 인간관을 갖게 된 것은 전혀 끝장날 것 같지 않았던 1970년대의 폭압적 정치상황 때문이었을 것이다. 그러나 이강백은 폭력적 권력만 비판한 게 아니라 침묵하고 행동하지 않는 시민집단 또한 비판한다. 폭력적 권력에 항거하는 개인을 억압하는 것은 권력만이 아니라 오히려 부화뇌동하는 군중집단이다. 그러니까 독재권력을 공고히 하는 기반은 아이러니하게도 시민집단이라는 것이다. 5.16쿠데타를 비유한 〈알〉(1972)은 사회공동체가 지배계급의 등장과 지배를 합리화하기 위해 날조한 신화에 의해 붕괴되는 과정을 그린다. 이 극에서 비판의 초점은 '알'을 임금으로, 혹은 공룡이라고 조작하면서 시민들을 통제하는 박물관장이라는 부도덕한 권력에만 맞춰져 있지 않다. 알의 진실을 알기 위해 목숨을 걸고 투쟁한 시민 라의 시체를 시민들이 개끌고 가듯 끌고 가는 결말을 통해, 권력악이 바로 민중의 어리석음과 용기 부족에 기생하고 있음을 보여준다.

민중혁명의 변질이나 민중의 어리석음에 대한 비판은 역사극 〈내마〉(1974)에서 본격화된다. 사관 내마는 외롭다는 대답을 강요하는 왕의 압력에도 불구하고 그 대답을 거절한다. 자신의 양심을 지킬 때, 그리고 자신이 속한 민중 집단이 정의롭다고 믿을 때 그는 외롭지 않다고 느끼기 때문이다. 그러나 민중혁명이 승리하여 독재권력이 무너졌을 때 그는 외로움을 느끼게 된다. 혁명의 이상이 변질되고, '국민을 위한 소명'을 내세워 한 개인이 민중혁명으로 쟁취한 권력을 독점하면서 결국 이전의 독재자를 대체하기 때문이다.

〈미술관에서의 혼돈과 정리〉(1975)는 미술관을 배경으로 우리 현대사를 그린 알레고리극이다. 미술품을 도난당한 미술관에서 사람들이 미술품을 대신하여 벽에 서 있다. 이는 일제에 의해 나라를 뺏긴 식민지시대를 상

징한다. 주인이 자유를 선포하자 미술관 고용원 바악은 '흐왕'이라는 공포
이미지를 이용하여 사람들을 통치한다. 흐왕은 '황皇', 곧 일제이고, '바악'
은 박정희를 상징한다. 사람들은 갑작스러운 자유를 맞아 우왕좌왕하다가
결국 자유를 반납하고 바악이 친 울타리 속으로 들어가는 안정을 택한다.
작가는 이 극에서도 그가 늘 그려왔던 주제의식이나 기법을 반복하고 있
다. 현대사를 대표하는 인물들, 작가의 관념을 대표하는 인물들이 나오고,
정치적 폭력과 개인의 좌절이라는 주제가 나타난다. 그러나 이 극에서는
알레고리기법이 초기작보다 훨씬 관념화되고 단순화됨으로써 의미의 두
께를 얻지 못한다. 관념이 노골화될수록 인물들은 시적 상징이 결여된 설
명적이고 메마른 대사를 말하고, 작가의 관념에 충실한 대사와 행위를 하
기 때문에 사유성이 떨어진다.

　그러나 이강백이 1970년대 시대정신인 폭력적 권력에 대한 저항, 민중
혁명의 염원을 극화하면서 동시에 비이성적 민중혁명의 어두운 그림자에
대해서도 날카롭게 경고했다는 점을 보면 그를 예언자적 작가라 부를 수
있을 것이다. 박정희 대통령의 급작스런 서거로 찾아왔던 '서울의 봄'이
다시 전두환 군부독재정권의 등장으로 억압되는 '역사의 반복'이 〈내마〉에
서 그린 상황과 유사하기 때문이다.

(2) 존재론적 알레고리 : 〈셋〉 〈결혼〉 〈보석과 여인〉

　이강백은 정치적 알레고리 작품을 발표하던 시기에 거의 동시적으로 존
재론적 알레고리 작품들도 발표한다. 이 존재론적 알레고리에서는 환상미
학의 상상력이 두드러진다.

　〈셋〉(1972)은 맹인들의 살인게임이라는 부조리극적 상황을 통해 생존
조건의 우연성을 그린다. 목숨을 담보로 돈놀이를 하는 극적 상황이라든
지, 총 쏘는 게임의 인물들이 맹인이라든지, 확률의 법칙이 무시되는 우연
적 상황 등, 인생이 우연적이고 맹목적인 운명('보이지 않는 손')의 지배를
받고 있음을 그린다. 〈결혼〉(1974)에서는 삶이란 시한이 정해져 있는 물건

들을 잠시 빌렸다가 돌려주고 가는 것이란 '空手來空手去'의 사상을 제시한다. 결혼 역시 시한이 정해진 배우자를 빌려서 소중하게 취급하다가 내놓는 것이라는 철학이 탁월한 이야기꾼의 솜씨로 표현된다. 〈보석과 여인〉(1975)은 파우스트적인 딜레마를 제시한다. 완전한 사랑을 완성하기 위해 자신의 가장 고귀한 가치(예술)를 바쳐야 하고, 예술의 완성을 위해 목숨을 바쳐야 하는 존재조건의 딜레마가 인간의 존재론적 비극으로 그려진다.

남자	당신은 잘해왔다고 했잖습니까? 그 말이 맞지 않다는 건 당신이 잘 알 겁니다. 어떤 사람은 그 사랑의 핵심을 빼놓고서도 그저 어물쩍 잘할 수 있어요. 하지만 당신의 경우는 다릅니다. 당신은 완전한 사랑을 위해 완전한 형태의 보석을 깎을 수 있습니다. 이제 와서 당신이 할 수 있는 건 뭐가 있겠습니까? 두 가지 것 중에서 하나를 선택해야 하시겠지요. 즉 완전한 사랑을 포기하고 그 여인과 한평생을 사시든지……
그이	날 괴롭히지 마시오, 제발 좀!
남자	아니면 완전한 사랑으로 죽으시든가…….
그이	죽는다?
남자	표현상의 차이입니다. 당신은 사랑의 진실함을 보이기 위하여 완전한 모양의 보석을 깎으시든가, 그저 깎지 않고서 엉터리 세상을 보시든가, 뭐 이런 거지요. ―〈보석과 여인〉

〈파우스트〉의 모티프를 차용한 이 극에서, 완전한 보석과 완전한 사랑이 서로 대립한다. 완전한 형태의 보석을 깎지 않겠다는 조건으로 남자에게서 젊음을 얻은 보석세공인은 한 여인을 사랑하게 되자 자신의 사랑을 입증하기 위해 완전한 보석을 깎아야 하는 딜레마에 처하게 된다. 결국 보석세공인은 사랑의 마음을 입증하기 위해 완전한 형태의 보석을 깎고 죽

음을 택한다.

　이처럼 형태와 내용, 보이는 것과 보이지 않는 것의 대립은 이미 초기작 〈보석과 여인〉에서 발아하고 있으며, 〈물거품〉(1991), 〈영월행일기〉(1995), 〈뼈와 살〉(1995), 〈느낌, 극락같은〉(1998) 등 1990년대 작품에서 본격적으로 탐색된다. 작가는 인간의 존재론적 조건 자체를 바로 이 두 가지 세계의 대립으로 파악하고 있는 것이다. 그러므로 형태와 내용, 존재와 소유, 이 두 가치를 동시에 갖지 못하는 삶의 조건은 비극적일 수밖에 없다. 바로 이런 비극적 인식은, 마치 '보이지 않는 손'이 책갈피를 넘기듯(〈보석과 여인〉), 또는 인형의 줄을 조종하듯(〈호모 세파라투스〉) 피할 수 없는 운명이 인간에게 예정되어 있다는 것으로 그려진다. 그의 작품들에는 '보이지 않는 손'의 형상화라 할 만한 인물들이 반복적으로 등장한다. 〈보석과 여인〉의 남자, 〈내가 날씨에 따라 변할 사람 같소?〉의 분장사, 〈호모 세파라투스〉의 박제사, 〈비옹사용〉의 신선들은 바로 초월적 상상력이 빚어낸 인물들이다.

2) 이원적 세계의 대립과 합일

　초기작에서 상상력과 미학적 구조에 대해 장인적 수준의 알레고리기법을 구사하던 이강백은 1980년대 들어 새로운 변신을 시도한다. 구체적인 현실공간을 배경으로 한 현실소재의 극과 설화소재 극으로 그 외연을 확장한 것이다. 이러한 변화는 그의 알레고리 작품들의 한계, 즉 현실감의 결여, "리얼리티가 없는 정체불명의 모호함"[55]으로 떨어질 수 있는 위험성에 대한 인식으로부터 나온 것이었다.

　1970년대 희곡이 이원적 세계의 대립이라는 서구적 세계관에 바탕을 둔 것이었다면, 〈봄날〉 같은 설화소재극에 이르면 이원적 세계의 합일을 보여주는 동양적 세계관으로 확장됨을 보여준다.

---

[55]　이강백, 「지은이의 머리글」, 『이강백희곡전집』 1, 평민사, 1976, 4쪽.

어쨌든 1980년대와 1990년대 극의 중요한 구조원리는 이중구조이다. 작품에서 대립축을 이루고 있는 것은 갈등을 벌이고 있는 '이쪽' 세계와 '저쪽' 세계의 등가적인 힘의 균형과 유사성이다.

(1) 이원적 세계의 대립을 그린 사회극 : 〈족보〉 〈쥬라기의 사람들〉 〈호모 세파라투스〉 〈유토피아를 먹고 잠들다〉 〈불지른 남자〉

1980년대에 발표된 현실소재극이나 정치적 알레고리 계열의 극에서 보이는 주제는 개인의 사회에 대한 책임의식이다. 초기작에서는 개인과 사회(권력)는 서로 갈등하는 대립적 존재로서 분리된 관계였지만, 1980년대에 이르면 불의한 사회권력에 대한 책임을 개인이 져야 한다는 주제로 심화된다.

현실소재극의 첫머리에 놓이는 〈족보〉(1980)는 수 대에 걸쳐 탐욕적 행위로 치부한 한 가족의 속죄와 청산되지 못하는 탐욕이라는 내용으로 죄의식 없는 우리 사회의 문제점을 그린다. 작가는 초기극에서 견지해왔던 주제, 즉 개인의 비극이 외부상황의 정치적·사회적 불의 때문에 비롯되었다는 관점에서 벗어나, 정치적·사회적 불의나 모순이 실은 개인의 죄의식 없는 삶의 태도에서 비롯된 것이라는 기독교적 관점을 보인다. 사회적 불의를 기독교적 개념의 '원죄'로 받아들이기, 즉 '내 탓이요!'라는 사회적 책임의식의 촉구를 통해서만 사회적 불의를 개선해 나갈 수 있다는 것이다. 사회적 불의나 독재권력이 개인의 책임과 무관한 게 아니라 개인의 원죄로 받아들이고 참회해야 한다는 인식으로 바뀐 것은 1980년 벽두의 군부정권의 재등장과 관련이 있을 것이다. 박 대통령의 서거로 민주화의 기회가 주어졌으나, 지도자들의 정권 다툼과 민중의 분열로 인해 다시 독재정권이 도래한 것에 대한 뼈아픈 자책인 것이다.

〈쥬라기의 사람들〉(1981)은 사회의 불의가 자신 탓이라는 것을 인정하고, 이기적 유혹을 뿌리치고 사회적 정의를 수립하려는 각성된 개인을 그린다. 광산촌의 갱사고를 소재로, 유일한 생존광부인 만석에게 "하늘이 보

이는" 좋은 자리로의 승진을 미끼로 한 사업주 측의 유혹과 양심이라는 양
자택일의 문제가 다루어진다. 여기에 서브플롯으로 어른사회의 축소판인
학교에서의 합창연습을 배치한다. 아이들 간에도 합창반에 뽑히느냐 못
뽑히느냐의 문제가 미래에 속할 계층을 좌우하는 문제로 제시되면서 첨예
한 갈등이 야기된다. 이 극에 사용된 이중구조는 후속작들에서 더욱 세련
화되고 복잡화되면서 이강백 극의 구조적 특성을 이루게 된다.

〈호모 세파라투스〉(1983)는 알레고리기법으로 분단문제라는 거대담론
을 다룬다. 도시의 유지들은 분단된 '저쪽'에 대한 증오심을 제도화하면서
분단체제를 이용해 자본이익을 얻는다. 반면, 시장은 통일에 대한 이상주
의, 비현실적인 방안만을 내세울 뿐이다. 분단된 도시에 사는 사람들과 호
기심으로 스쳐 가는 관광객들의 교차라는 이원적 구조를 가진 이 극에서,
분단된 사람들의 특징은 다음과 같이 제시된다.

> 학장　여보게, 자네도 그 글에서 지적하였듯이, 사람들을 양쪽으로 나
> 눠 놓으면 서로 안도감을 느끼고 두려워하거든. 더구나 서로를
> 알지 못하게 오랫동안 차단시켜 놓으면, 나뉘어진 사람들은 더욱
> 적대적인 편견과 증오를 나타내는데, 바로 그것이 호모 세파라투
> 스의 특징이지. 호모 세파라투스, 즉 나뉘어진 사람들은 그 신경
> 질적인 증세 때문에 조금만 눈에 거슬리는 건 참지 못하고 트집
> 을 잡아 난폭한 행동을 한다는 점일세.

분단된 양쪽의 사람들은 전쟁 이후 서로 원수가 되었으며, 증오를 키워
가는 도시는 '썩어가는 늪'으로 상징된다. 그런 가운데 하수도를 기어가서
도시 중앙의 썩어가는 늪에서 만나 사랑을 키워가는 남녀가 있다.

> 박제사　양쪽 전체가 사랑한다는 것은 있을 수 없는 일입니다. 오직 개인
> 과 개인의, 다시 말해서 남녀 간의 사랑만이 현실성 있는 거죠. 원

수처럼 증오하는 양쪽의 남녀가 서로 사랑에 의해 결합하게 되고, 그러한 개인 대 개인의 결합이 마침내는 양쪽 전체를 화해시키는 실마리를 풀어주게 될 겁니다. 어떻습니까?

박제사는 통일에 대한 가장 현실적인 비전을 제시함과 동시에 통일을 반대하는 사람들에겐 분단의 박제화(고착화)를 실행하는 상징적 인물이다. 그는 분단된 양쪽 남녀의 사랑과 결혼을 통해, 다시 말해 개인과 개인의 사랑과 화합을 통해서만 통일이 이루어질 수 있음을 말한다. 이데올로기나 제도, 가치관의 양극화로 양쪽 주민 모두 불신과 증오에 사로잡혀 있지만, 남녀의 사랑은 그 증오와 대립을 뛰어넘을 수 있는 유일한 열쇠라는 것이다. 그러나 분단된 도시 남녀의 사랑은 주위 인물들의 증오와 마을 유지들의 반대로 이루어지지 못한다.

작가의 연극적 기교와 작가의 주제의식이 마치 "손과 발에 줄을 매달아 흔드는 듯한" 인물들, 다시 말해 관념적 캐릭터들로 단순명징하게 그려진 이 극은 개인적 차원의 휴머니즘적 교류만이 통일을 가져올 수 있음을 제시한 수작이다. 분단된 양쪽의 화해를 가져올 대안으로 제시된 남녀의 사랑은 공연 당시엔 비현실적으로 보였으나, 오늘날의 관점으로 보면 혜안으로 보인다. 1990년대 후반 김대중 정권의 햇볕정책으로 남북 경제협력과 교류가 결국 현실화되었고, 최근에는 개성공단에서의 남남북녀의 사랑과 결혼 얘기가 이슈화되기도 했으니 말이다. 그런 점에서 이 극 역시 이강백의 예언자적 면모를 보여준 극이라 할 수 있다.

〈족보〉에서 사회악에 대한 개인의 속죄를 강조했던 작가는 〈호모 세파라투스〉에서 분단현실과 통일에 대한 냉소를 보이더니, 〈유토피아를 먹고 잠들다〉(1987)에서는 1980년대 후반의 민주화항쟁과 시대현실에 대해 한결 짙어진 냉소와 환멸을 드러낸다. 이념서적을 주로 번역하는 민의식은 양극적 대립, 즉 투쟁을 통해 민주화를 이룰 수 있다고 생각하는 운동권에 대해서나 이기적 안일을 추구하는 기득권층의 태도 둘 다에 절망한다. '의식'이란 이름이 상징하듯 그는 현실참여의 행동은 전혀 하지 않고 냉소적 의식으로 다른 인물들을 관찰하는 인물이다. 미래적 전망을 상실한 그는 '유토피아'란 수면제를 상습복용하고, 아기마저도 수면제 부작용으로 인해 '보고 듣고 말하지 못하는' 불구이다. 정치적 억압과 시대현실에 대한 절망이 소시민의 희망과 꿈을 잠재우고 불구화시켰다는 것을 아이러니한 이름의 '수면제'로 상징하고 있는 것이다. 치열한 민주화 투쟁과 그 이면의 비민주적 요소와 허위의식을 냉소적으로 그린 이 극은, 결국 모든 인물이 절망하여 수면제를 먹고 잠속에 빠진다는 결말로 시대현실에 대한 전망의 부재를 비관적으로 드러낸다. 불의한 권력에 대한 항거를 촉구했던 1970년대 작품들과는 판이하게 운동권 투사나 지식인계층에게나 모든 인물들에 대한 절망과 비관과 냉소가 두드러진다. 희망을 걸 대상이 없을 때, 선택은 하나뿐이다. 시대에 눈을 감고 잠드는 일. 그러나 이 극의 문제는 전망의 부재나 냉소가 아니라, 현실에 대한 그릇된 인식이라는 점이다. 전두환 정권의 장기집권 음모가 점쳐지고 있었으며, 그를 저지하기 위한 민주화 시위가 격렬했던 1987년을 과연 우리 사회가 수면제를 먹고 모두 잠든 시대라고 말할 수 있는 것인가? 이 극이 6·29선언 이후인 9월에 공연된 작품이라는 점에서 더욱 의아하게 여겨지는 대목이다.

〈불지른 남자〉(1993)는 80년대 사회변혁운동의 회고담 형식을 취하고 있는 후일담희곡으로, 90년대적 환멸을 다루고 있다. 그러나 〈유토피아를…〉과는 달리 인간성과 낙관을 잃지 않으며, 시적 상징이 주제의식과 탄탄하게 결합된 심미적 구조를 갖추고 있다. 이 극은 주인공 정재현의 시선을 빌려 80년대의 신념과 90년대의 변해버린 가치의 대비, 그리고 여전히 되풀이되는 시대적 억압의 모순, 소위 '더 좋아진 세상'의 외양과 실재의 차이를 흥분하지 않고 담담하게 비쳐낸다. 운동권 투사였던 주인공은 석방된 후 3일 동안의 순례에서 요란한 소문과는 달리 '좋아지지 않은' 세상의 단면들과 맞닥뜨린다. 그가 발견한 세상은 탈이념의 소비사회로 바뀌면서, 자신의 희생으로 사회의 변혁 가능성을 믿었던 80년대적 열정과 신념에 조소를 보내는 세상이다. 한편에는 자신으로 인해 파탄에 빠진 누님의 가족, 신념과 열정을 잃고 자학하는 옛친구들이 있다. 매형은 주정뱅이가 되어 있고, 이제 재현이 출세해 보상해주길 기대한다. 누나는 신경쇠약이 되어 있고, 애인은 재현을 고문했던 형사의 애인이 되어 있다. 재현에게 방화를 지시했던 선배는 고위관리가 되어 재현의 행동을 영웅주의와 광기라고 매도한다. 여전히 거리에선 80년대처럼 장기수 석방을 요구하는 시위가 벌어지고 있고, 재현의 방화장면을 그린 민중미술은 지나간 시대의 유물로 취급당한다. 이 극에서 가장 아이러니컬한 장면은 형사가 재현에게 우산을 받쳐주고 전등을 비추며 길을 안내하면서, 그들이 반대 노선을 걸은 것 같지만 실은 더 좋은 세상을 만들기 위한 똑같은 신념에서 방화자와 고문자의 역할을 수행했다는 논리를 펴는 장면이다. 가치관과 기준의 아노미현상을 통해 그로테스크하게 변해버린 90년대적 상황을 매우 인상적으로 표상하는 것이다. 이러한 환멸의 징조에도 불구하고 재현은 끝까지 세상이 좋아졌다는 믿음을 유지하려 노력한다. 그는 양로원에 취직하는데, 여기엔 시대착오적인 치매증 노인들이 살고 있다. 재현은 일제시대나 미군정시대가 더 살기 좋은 시절이었다고 우기는 노인들에 의해 맞아 죽고 만다. 이처럼 중층적으로 쌓아 올려지는 아이러니는 매형의 술집 환영식 장면에서 정점에 달한다. 방화범 재현을 구경하려고 베풀어진 술집 잔치에서 재현의 죽음이 알려지지만, 그들은 단지 귓속말로만 진실을 전달할 뿐 그 죽음을 철저히 외면한다. 재현의 죽음에 냉담한 그들의 행태는 폭탄주 마시는 음주문화, 즉 군사문화로 희화화된다. 재현의 영혼은 누나 재숙의 환상 속에 나타나 성냥불을 켜며 말한다. "나의 작은 불 하나가 캄캄한 이 세상을 밝힐 수 있다고 생각하면서 행복했던 거예요."

이강백이 그려 보이는 90년대 사회는 80년대적 이상과 투쟁을 희화화시키고 소외시키는 환멸의 사회이다. 1990년대 초반에 보였던 그 조짐은 신자유주의 경제와 세계화의 물결 속에서 더욱 거세졌고, 거대담론은 빛을 잃고 말았다. 이강백의 예언자적 혜안을 읽을 수 있는 작품이다.

(2) 동양적 연극 : 〈봄날〉〈비옹사옹〉〈칠산리〉〈동지섣달 꽃본듯이〉

작가는 〈봄날〉(1984)에 이르러 새로운 변모를 시도한다. 설화를 극화한 소재적 변모뿐 아니라 세계관의 변모를 보인다는 점에서 주목을 요한다. 배태 기독교인인 이강백은 1970년대 작품들에서 시종 이원적 세계의 대립을 그려왔고, 〈개뿔〉(1979)에서는 그리스도의 인간구원이란 모티프로 독재권력과 자유를 상실한 개인과의 대립을 그렸다. 초기작부터 〈호모 세파라투스〉에 이르기까지, 작가는 이 세상의 원리와 실존을 이원적 세계의 대립이라는 서구적 세계관으로 파악하고 그려왔던 것이다. 그러다가 동양 설화로 시선을 돌리면서 그는 우리 삶의 패턴이 동양적 정신세계에 바탕을 둔 것임을 발견한다. 권력과 개인의 갈등이란 정치극적 접근은 애초부터 선악의 이원적 갈등구조라는 기독교사상에 기반을 둔 것이다. 그러나 박정희 정권에서 전두환 정권으로 독재자의 이름만 바뀐 군부독재가 1980년대에도 이어지자, 작가의 관심은 독점 권력의 문제가 비단 정치체제나 부도덕한 권력자 개인에 국한된 것이 아니라 민중의 삶 속에서도 뿌리내린 본질적인 것, 즉 인간의 권력본능에 대한 탐색으로 옮겨간다. 〈봄날〉에서 재산과 여자까지 독점하는 아버지, 〈비옹사옹〉에서 소유를 독점하는 옹고집을 통해 인간의 권력본능이나 자본의 독점욕을 극화한다. 그러나 권력과 소유를 독점했던 이들은 결국 자식에게 혹은 민중에게 분배함으로써 평화로운 공존에 이른다. 이처럼 이강백의 원형적 주제라 할 개인과 집단, 소유와 분배, 있음과 없음, 보이는 것과 보이지 않는 것의 갈등이 첨예한 파국으로 치닫지 않고 포용과 화해로 긍정되는 동양적 세계관이 〈봄날〉, 〈비옹사옹〉, 〈칠산리〉, 〈동지섣달 꽃본듯이〉에서 깊이 있게 탐구된다.

〈봄날〉은 아시아의 동녀풍속童女風俗을 모티프로 가부장적 아버지와 모성애적 장남, 병약한 막내와 다섯 명의 형제들을 그린다. 스님들이 맡긴 동녀를 아버지가 회춘하기 위해 차지하자 막내는 상사병에 걸리고, 다른 형제들은 아버지를 실명하게 만들고 돈항아리를 훔쳐 달아난다. 부자父子 사이의 대립, 늙음과 젊음의 대립, 권력과 민중의 대립, 독점과 분배의 대립이라는 패턴이 나타난다. 형식 역시 이중구조로서, 동녀풍속을 둘러싼 설화적 세계와 봄철에 흔한 청소년 가출이라는 현실세계가 병렬되어 있다. 설화적 줄거리의 장면 사이에 봄에 대한 시, 그림, 영화, 연주, 속요, 산문, 약전, 편지 등이 삽입되어 있다. 막간에 펼쳐지는 이 자식들의 퍼포먼스는 매끄러운 서사에 홈을 만들고 비판적 거리를 만드는 서사적 역할을 한다. 또 설화에 현재적 시공간성과 의미를 부여함으로써 현재화시킨다. 이원적 세계의 대립으로 시종했던 극은 결말에 이르러 넉넉한 포용과 화해의 세계를 보여준다. 그런데 흥미로운 것은 분배의 문제를 놓고 대립했던 아버지와 자식 간의 두 세계를 화해시키는 것은 모성 역할의 장남이라는 사실이다.

장남 덕을 베풀면 언젠가는 베푼 사람에게 되돌아와요. 살아생전이 아니면, 죽은 후에라도 꼭 되돌아온다고 백운사 스님들이 그랬어요.
아버지 그까짓 백운사 중놈들 말을 믿을 건 없다.
장남 아까 아버지도 그러셨지요. 어느 해 봄날에 저를 낳은 어머니를 업어드린 것이, 지금은 제 등에 업혀서 가고 있다구요……. 제가 지금 아버지를 업고 있는 게 아니지요. 그 어머니가 지금 제 몸속에 들어와서 아버지를 업어드리고 있어요.
아버지 이놈아, 너 하고 싶다는 그 말이나 해라.
장남 올봄엔 자식들에게 덕을 베푸시지요. 이젠 자식들이 다 컸어요. 각자 자기 땅을 갖고 싶어하구, 그런 자기 땅을 나눠줘야 색시를 맞아들여 살림을 차릴 수 있어요. 아버지, 올봄엔 자식들에게 아버지의 땅을 나눠주세요.

장남은 아버지를 업어주면서, 죽은 어머니가 자기 몸속에 들어와서 업

어주는 것이라고 한다. 전생과 내생이 연결되고 순환하듯이 생명도 자연
도 순환한다. 이렇게 끝없이 순환하는 우주 속에서는 어느 한 세계의 승리
나 독점이 가능하지 않다. 음양의 순환으로 우주가 이루어져 있듯, 세상 이
치도 마찬가지다. 그런데 아버지는 자식들에게 땅을 분배하겠다고 장남과
한 약속을 어기고 회춘하여 영원히 재산과 권력을 독점하려는 탐욕을 부
리다가 자식들에 의해 실명하고 만다. 이 극의 마지막 장에서 늙은 아버지
는 가출한 자식들을 그리워하고, 동녀는 막내와 결혼하여 임신했음을 보
여준다. 막내는 아버지가 되고, 늙은 아버지는 자식들을 그리워한다. 이러
한 결말은 하늘과 땅, 인간이 서로 조응하는 자연스러운 삶의 순환을 보여
준다.

　이러한 세계관은 〈비용사용〉(1985)에서 우주적 섭리와 조화에 대한 신
선들의 노래로 이어진다.

　　　위에 있는 하늘을 보아라. / 아래 있는 땅을 보아라.
　　　가운데 있는 사람을 보아라. / 하늘과 땅과 사람의 오묘한 조화를 보아라.
　　　지나친 것이 있느냐? / 모자란 것이 있느냐? / 보탤 것이 있느냐?
　　　모자라지 않아 보탤 것이 없고 / 지나치지 않아 뺄 것이 없으니
　　　천지 만물의 오묘한 조화가 아름다워라!

　십장생의 신선들의 노래는 바로 '천지인'의 조화를 추구하는 동양적 세
계관의 표현이다. 〈봄날〉의 장남이 모성으로 동생들을 키우고 감싸듯이,
그리고 죽은 어머니 대신 늙은 아버지를 업어주듯이 '모성'은 생명을 잉태
하고 양육하는 사랑과 생명의 원천이다. 권력과 탐욕과 독점과 투쟁의 남
성성에 대응하여 평등과 베풂과 사랑을 상징하는 모성은 후속작들에서 주
요한 모티프로 나타난다. 초기작들에서 남자 주인공들이 주류를 이루었다
면, 동양적 세계관의 연극으로 옮겨가면서 여성주인공(예컨대 영자)이나
'어머니'는 관용과 사랑, 구원 그 자체로 묘사된다. 어머니는 모든 아픔과

분열을 치유하고 화합시키는 구원의 존재로 나타나며, 남성인물들은 자신
들의 상처나 광기를 치유하기 위해 어머니 찾기를 시도한다.

〈칠산리〉(1989)는 작가에 따르면 민주화로 가는 길목에서 "인간이 파괴
당한 상처를 치유하는 역할"로서의 연극과 한국적 정서에 바탕을 둔 연극
이 필요하다는 자각에서 창작되었다고 한다.[56] 내용은 어미가 묻힌 분묘
이장 공고를 보고 7명의 자식들이 면사무소로 찾아오는 이야기이다. 7명
의 자식은 '칠산' 곧 일곱 산과 조응되며, 일곱 형제를 다루고 있는 많은 우
리의 설화를 연상시킴으로써 한국적 정서체계를 환기시킨다. 이들은 마감
시간까지의 세 시간 반 동안 아직 오지 않은 5명의 자식들을 기다리며, 어
머니에 대해 회상한다. 이 '어미'는 분단현실과 이데올로기의 대립이 갈가
리 찢어놓은 상처를 모성애로 감싸 안고 치유하는 화합의 상징이다. 애를
낳지 못하는 그녀는 주워온 딸 간난이와 산에서 버려진 빨갱이 자식들을
데려다 키우고 먹이느라 굶어 죽은, 보살행을 실천한 원형적 어머니이다.
그녀의 행위는 개인적 희생에 그치는 게 아니라, 자식들이 어미의 숭고한
사랑을 회상하며 되살려보는 반추를 통해 사회적 의미를 갖게 된다. '어
미'의 삶을 그리는 과거 장면은 겨울양식용 도토리를 산에서 줍는 장면이
나 굶주림, 먹는 이야기로 허기를 달래는 장면, 팥죽 한 그릇을 자식들에게
만 먹이고 굶어 죽는 어미의 헌신 등 우리의 집단무의식과 감성에 호소하
는 장면들로 이루어져 있다. '자식'들을 축으로 한 현재 장면에서는 이념
대립과 분단의 상처가 주로 논쟁 형식으로 그려진다. 빨갱이와 빨갱이의
자식들에 대한 편견과 흑백논리적 사고가 첨예하게 조명되어, 〈호모세파
라투스〉에서처럼 '이쪽'과 '저쪽'을 선과 악의 이분법적 사고로 재단하는
경직성을 고발한다.

그렇지만 '어미'는 이분법적 사고에 물들지 않고 생명에 대한 무조건적
사랑을 가진 인물이다. 바로 이 절대적 사랑이야말로 경직된 분단사고와
증오를 갖고 있던 자식들의 마음을 열리게 하고 화합과 긍정으로 나아가

---

56 이강백, 「지은이의 머리글」, 『이강백 희곡전집』4, 4~5쪽.

게 한다.

〈동지섣달 꽃본듯이〉(1991) 역시 '어머니 찾기' 모티프를 원용하면서 '어머니'의 의미를 탐색하는 작품이다. 이 극은 〈봄날〉에서 시작되고, 〈칠산리〉를 거치면서 무르익은 이중구조와 코러스 활용을 극대화시킨, 탄탄한 구성과 화려한 연극적 기교가 눈부신 작품이다. 설화적 세계와 현대, 설화적 인물과 배우, 연극과 극중극이 동시무대기법으로 겹쳐지거나 병렬된다. 설화적 사건영역 – 현대 배우의 영역 – 자식들로 이루어진 서사적 화자의 장면이 몇 겹씩 동심원으로 겹쳐지는 메타연극인 것이다. 먼저 이 극은 프롤로그에서 배우들이 '옷'의 상징을 얘기하면서 전체 주제를 암시한다. 옷이 인간의 신분을 상징하듯이 배우도 자신이 입는 옷에 의해 역할이 만들어진다. 바로 옷(운명)과 역할의 관계는, 인생과 연극의 유사성과 조응된다. 인생과 꿈, 연극의 유사성이 동심원처럼 겹쳐지는데, 이 삼중구조 속에서 우리 설화 속에 흔히 등장하는 숫자들의 상징성이 최대한 활용된다. 자식들은 모두 열둘이며, 세 형제가 어머니를 찾으러 떠나고, 미친 아홉 자식들은 꿈을 꾼다. 중심줄거리인 설화세계는 초시간적인 보편의 공간이다. 제주도 설화를 차용한 이 작품에서 자식들은 배가 고파 허겁지겁 죽을 먹고 보니 어머니가 그 솥 안에 빠져 있었음을 알게 된다. 열두 자식 중 죽을 먹지 않은 3명을 제외한 9명은 모두 미쳐버린다. 그래서 세 명의 자식은 십 년 기한으로 어머니를 찾으러 떠난다. 아홉 명의 미친 자식들은 코러스의 역할을 한다. 세 명의 자식들은 세 갈래 길에서 헤어지고, 그것으로 운명이 제각각 달라진다. 맏형은 정승이 되어 '어머니의 모습'을 찾아 돌아오고, 둘째는 성불한 고승이 되어 어머니란 삼라만상 속에 편재하는 존재라는 깨달음을 얻어 돌아오고, 막내는 광대가 되어 어머니의 혼을 육화시켜 돌아온다.

> 막내   우리 몸 안에, 우리 넋 속에, 어머니는 계십니다. 어머니는 우리 몸
>   속에 들어와 춤이 되셨고, 우리 넋 속에 들어와 노래 되셨습니다.

> **맏형**   관리들이 기겁을 하고 전국을 샅샅이 뒤졌으니, 큰 도시와 작은 마을은 물론 깊은 산이며 외딴 섬마저 훑었지요. 가가호호 호구조사가 몇 번이며, 길을 막고 심문하길 몇 번이랴! 사람이라 생긴 것은 남녀노소 막론하고 체에 치듯 걸러냈으니, 마침내 나는 어머니와 똑같은 모습을 찾아냈습니다.
>
> **둘째**   허나 그것은 이 세상의 자욱한 먼지 같은 것, 바람이 불면 그 먼지가 뭉쳐져서 이런 모습도 되고 저런 모습도 되는 것, 어찌 세상의 먼지 속에서 참된 어머니를 찾을 수 있으리오.

맏형은 '어머니 찾기'를 위해 정치가가 되었고, 둘째는 종교인이 되었으며, 막내는 예술가(광대-배우)가 되었다. 정치, 종교, 예술은 세상 사람들이 인생을 거는 대표적 가치들이다. 이들 중 광대가 된 막내가 미친 형제들의 광기를 치유하게 된다. 정치나 종교는 허상에 불과했지만, 막내의 '예술'은 바로 몸과 넋 속에 일체화된 어머니, 진정한 구원의 어머니라는 것이다. 이 극이 '연극영화의 해'를 기념하여 쓰인 작품이란 배경을 모르더라도 '연극예찬'으로 이보다 더 화려하고 매혹적으로 쓰긴 힘들 것이다.

그런데 이렇게 분방한 상상력과 메타연극적 기법의 알레고리를 구축하면서도 작가는 자신의 주제의식과 관념을 설명적 대사로 표출시킨다. 이를테면 맏형의 "어른이 되어서 찾는 어머니는 옛날과는 다른 어머니입니다. 그 어머니는 권력일 수도 있고, 이상일 수도 있으며, 예술일 수도 있습니다." 같은 대사는 관객에게 작가의 메시지나 의도를 노골적으로 설명하는 부분이다. 알레고리는 원래 구체적이고 표면적인 이야기 이면에 작가가 말하고자 하는 의미를 숨겨놓는 기법이다. 작가가 자신의 의도를 구체적으로 설명하는 것은 마치 문제를 내놓고 미처 대답하기도 전에 답을 말해주는 격이다. 이는 의미를 추론하고 상상하고 해석하는 독자/관객의 쾌락을 빼앗을 뿐 아니라, 의미의 두께를 얄팍하게 만든다. 후속작들에서도 알레고리나 상징의 의미를 직설적으로 설명하는 대사들을 배치시키는 경향이 강해지는데, 그만큼 작품의 의미층이 고정되는 결과를 가져온다는 점에서 안타깝게 생각된다. 계몽과 해석의 욕망이 강해진 것일까, 아니면 독자의 오독에 대한 경계의 염이 강해져서일까?

3) 선과 성실함의 근대적 가치 : 〈영자와 진택〉 〈북어대가리〉

1990년대 들어 이강백은 보이는 세계와 보이지 않는 세계의 대립이라는 존재론적 사유극 〈물거품〉을 발표한 후, 근대사회의 삶의 방식을 형상화한 알레고리에도 눈을 돌린다. 연극적 출발이 정치사회적 알레고리와 존재론적 알레고리였듯이, 사회와 존재론이라는 두 가지 주제, 혹은 두 가지가 융합된 주제는 그의 극작 생애 동안 일관되게 반복되는 왕복운동이라 할 수 있다.

〈영자와 진택〉(1992)은 감화원 수용자들이 후원자 앞에서 연극을 공연하는 메타연극이다. 극중극은 〈파우스트〉 서막의 모티프인 신과 악마의 내기에 의한 인간 운명의 예비, 여성적 구원과 사랑이라는 낯익은 주제를 변주한다. 이 극중극은 진택과 수용자들이 공동창작한 내용이며, 극중극의 봉제공장은 수용자의 현실과 조응한다. 관리인을 상대로 감독은 진택을 타락시키겠다고 내기를 건다. 공장장으로 임명된 진택은 도둑질이 난무하는 지옥을 천국으로 변화시켜 보려 하지만 좌절한다. 진택의 애인 영자는 선함과 희생정신으로 여공들의 도둑질을 뒤집어씀으로써 결국 진택이 내기에 지게 된다. 진택은 술주정뱅이가 되어 천국처럼 활짝 핀 복사꽃 과수원에서 자신의 아버지가 어머니에게 그랬던 것처럼 복숭아 가지로 영자를 때린다. 이 결말 장면은 천국처럼 아름다운 지상의 공간에서 죄로 말미암아 지옥의 삶을 꾸려가고 있는 우리 삶의 아이러니에 대한 메타포이다. 이 극에서도 이강백의 특기인 알레고리, 이항대립적 세계, 형이상학적 주제가 선명하게 드러난다. 기독교적 신과 악마, 천국과 지옥의 이미지의 대립, 악의 도전과 그에 무력한 선, 징벌과 희생.

그런데 이 극은 신과 악마, 선악의 표상으로 그려진 중심인물들의 도식성이 두드러지고 알레고리의 상징이 단순하고 노골적이라는 점에서 의미의 확산을 얻지 못한다. 죄가 없는 영자가 매를 맞으며 모든 이의 죄를 대속하듯 인내하는 결말장면은 사회적 의미보다는 종교적 의미를 더 강하게 전달한다. 그런 점에서 이 극의 액자가 되는 감화원 수용자들의 연극 만들기와 구조적 연관성이 미흡하다. 진택이 영자를 때리는 것은 아버지와 동일한 행동의 반복으로, 지옥의 삶이 여전히 되풀이된다는 상징이다. 신과 악마의 내기라는 종교적 모티프와 영자의 선과 자기희생의 종교적 의미가 강조되어 전달되기 때문에 결국 사회적 메시지는 희석되고 만다. 복사꽃과 영자의 희생적인 신체와 마음이 만들어내는 심미적 아름다움은 사회제도적 모순을 망각하게 만든다. 제도적 일탈자들인 수용자들이 만든 연극의 결말이 종교적 구원과 심미성으로 마무리된다는 설정은 극의 틀과 모순이 된다. 영자는 자기희생의 숭고함과 사랑이 가장 아름답게 그려진 여성인물로, 성모 같은 원형적 여성상에 가깝다. 그녀의 대사, "어둔 밤이 그래도 가끔씩 밝아지는 건, 슬픈 달이 울어서 그 눈물로 어둠을 씻어내기 때문이라구요. 그러자 저는 느꼈어요. 제가 죄를 짓고 눈물을 흘릴 때, 이 세상의 무엇인가가 밝아지겠구나……."라는 대사는 종교적 의미를 넘어서 깊은 울림을 전한다. 삶의 진리 한 자락이 울리는 듯하다.

〈북어대가리〉(1993)는 조그만 창고 속에 사는 두 명의 창고지기의 상반된 삶의 태도를 그리면서, 만약 세상 자체가 잘못된 것이라면 개인의 성실과 정직은 무슨 의미가 있는가를 묻는 작품이다. 〈영자와 진택〉에서 영자의 '선'과 자기희생이 오히려 악에게 이용당하고 진택의 타락을 가져왔듯이 개인의 선이나 성실이 사회적 의미와 인정을 받지 못하고, 오히려 불성실과 요령이 세상을 움직이는 축임을 아이러니하게 제시한다. 이 극의 공간인 창고는 부속품이 들어 있는, 일련번호가 매겨진 상자들을 보관하는 장소이다. 자앙은 창고를 이 세상의 축도로 생각하며, 원칙대로 성실하게 상자를 분류하여 쌓는다. 그러나 기임은 불성실하게 일하며, 창고 바깥의

세계를 동경한다. 기임이 상자를 바꿔치기해 내보내자 자앙은 "하나가 잘
못되면 전체가 틀려"진다고 생각하며 걱정한다. 자앙의 걱정과는 달리 세
상에는 아무 일도 일어나지 않고 어떤 반응도 없다. 개인의 정직과 성실이
조롱받는 세상의 이치를 표상하는 인물들이 미스 다링과 그 아버지 트럭
운전수이다. 다링이 누군가의 애를 임신하자 운전수는 딸 다링을 기임과
결혼시키고 기임을 트럭운전수 조수로 삼는다. 기임은 창고를 떠나기 위
해, 다링은 뱃속의 애에게 아버지를 만들어주기 위해 결혼한다. 바뀐 상자
처럼 잘못된 부속품끼리 짝을 맞추는 식의 결혼이다. 기임은 자앙에게 북
어 대가리를 남기고 떠나고, 자앙은 혼자 남아 긴 독백을 말한다.

> 자앙　그래. 나도 너처럼 머리만 남았군. 그저 쓸쓸하고……허무한 생
> 으로 가득 찬……머리만 덜렁……남은 거야. (중략) 그토록 오랜
> 나날……나는 이 어둡고 조그만 창고 속에서……행복했었다. 상
> 자들을 옮겨오고……내보내며……내가 맡고 있는 일을 성실하게
> 잘하고 있다는 뿌듯한……그게 내 삶을 지탱해 왔었는데……그
> 러나 만약에……세상이 엉뚱하게 잘못되고 있는 것이라면……이
> 창고 속에서의 성실함이……무슨 소용 있는 거지? (중략) 덜렁 남
> 은 머릿속의 생각만으로 세상을 잘못됐다구 판단해선 안 돼. (핸
> 들 카에 실린 상자를 서류와 대조하며 혼자서 쌓기 시작한다.) 제
> 자리에 상자들을 옮겨놓아라! 정확하게 쌓아! 틀리면 안 돼!

이 페이소스로 가득 찬 마지막 장면에서 자앙은 개인의 성실과 정직이
무의미하다는 회의와 비애를 극복한다. 그는 세상에 대한 신뢰와 낙관을,
그가 지금까지 의지해왔던 '머리' 즉 이성의 힘에 의해서가 아니라 가슴을
통해 회복한다. 여기에 이르면 '북어대가리'의 비유가 무엇이었는지 알게
된다. '머리'는 이성과 정의로운 원칙에 따르는 자앙이요, '몸'은 욕망을 좇
는 감성적인 기임이다. 둘은 온전한 인간의 두 가지 속성의 분열적 인물인

셈이다. 자앙은 머리가 상실했던 몸의 직관으로 세상을 보면서, 다시 말해 온전한 인간성을 회복함으로써 세상의 잣대가 아닌 내면의 가치에 따른 삶의 방식이 소중함을 깨닫는다.

4) 보이는 세계와 보이지 않는 세계의 대립 : 〈물거품〉〈영월행 일기〉〈뼈와 살〉〈느낌, 극락같은〉

항상 이항대립적 세계관을 토대로 사회와 개인의 갈등, 혹은 존재론적 문제를 초기작에서부터 일관되게 다루어왔던 이강백은 1990년대 들어 존재론적 관념극을 시도한다. 이강백 희곡세계에 거의 일관되게 등장하는 이항대립의 관념적 인물들의 특성은, 이 인물들이 세계의 어느 원리를 대표하고 있으며 각각 일방적 정당성을 갖고 있다는 것이다. 이들이 고수하는 원리 혹은 관념은 양면적 진실로서, 서로 자신의 것만이 옳다고 주장하기 때문에 어느 면선 한 인물의 분열된 목소리와 같다고 할 수 있다. 또 이러한 이항대립적 관념은 일종의 폐쇄회로여서, 두 관념이 변증법적으로 포용됨이 없이 팽팽한 대립과 긴장을 유지한다.

〈물거품〉(1991)은 이강백의 독특한 개성인 관념적 성격창조를 어느 작품보다도 순도 높게 밀고 나간다. 이 극은 설화 소재를 차용하고 있으며, 상징적 이미지들을 시적으로 활용한 철학적 연극이다.

소나기가 쏟아져 낙숫물이 물거품을 만들자 남편이 웃었다. 아내가 그 이유를 묻자 남편이 아내의 전남편을 죽인 사실을 고백했다. 아내는 그 남편을 관가에 고발하여 사형을 받게 하고 자신도 자살했다. 이 사건을 두고 사람들은 아내의 행위를 열녀라고 칭찬하기도 했고, 열녀가 아니라고 비난하기도 했다는 것이 설화의 내용이다.[57] 이 설화가 도덕적 정의와 정절 관념을 강조하고 있다면, 작가는 빗방울이 만들어내었다가 덧없이 사라지

---

[57] 이강백, 「거울과 연못에게 바친다」(작가의 말), 공연팜플렛(1991.9.6~12), 이병훈 연출, 국립극장 대극장.

고 마는 물거품의 이미지에서 현상 이면에 존재하는 본질적 세계의 영원성을 사유한다. 이는 동양적 우주관과도 상통하는 것으로, 눈에 보이는 현상은 다 사라지고 소멸하는 것이요, 눈에 보이진 않지만 그 이면에 본래 존재하는 것이 참우주 '眞如'라는 불교적 사상체계이다.

극은 늙은 '그'와 '나'가 만나는 장면으로 시작한다. '나'가 연꽃을 들고 나와 사라지고 없어진 세계, 곧 죽은 '그녀'에 대한 기억을 끄집어낸다. 있는 것과 없는 것, 보이는 것과 보이지 않는 것의 이항대립의 세계에 균열을 만들어내고 그 틈새를 들여다보게 만드는 것은 바로 시간성이다. 기억은 순간성과 영원성의 대립을 보여주는 매개이자, 기억의 왜곡이라는 문제도 제기한다. 기억은 객관적인 것이 아니라 누구나 자기가 보고 싶은 것만 보고 주관적으로 기억한다는 것이다.

이 극은 우주와 삶의 존재원리를 있는 것과 없는 것, 보이는 것과 보이지 않는 것의 대립으로 제시하며, 거울과 연못이란 이미지로 상징한다. 이미 사라져 버린 과거의 시간을 보이게, 있게 만드는 것은 기억이며, 기억만이 이미 사라져버린 삶의 궤적을 재현할 수 있다는 점에서 삶의 의미에 대한 물음으로 연결된다. 시간성과 함께 중요한 역할을 하는 것은 음악의 서사적 사용이다. 서브플롯을 이루는 '실로폰' 연주는 빗방울 소리, 물방울 소리, 연못의 물거품 소리 등을 만들어내고, 등장인물의 마음의 움직임을 표현하며 눈에 보이지 않는 세계를 현존시킨다.

그녀는 현 남편(그)이 전남편을 죽였다며 "없는 것을 사랑하기보다는 있는 것을 사랑해야 해."라는 강요를 받은 후 '거울의 난반사'의 세계 속에 갇힌다. 그녀는 모든 것을 비춰내지만 그 존재를 담는 '심연'이 없는, 곧 실재를 갖추지 못한 허상인 거울의 세계를 떠나 연못으로 간다. '그'는 연못에 간 아내를 데려오도록 친구이자 변호사인 '나'를 연못에 보낸다. 그래도 그녀는 돌아오지 않는다. 실재가 결여된 현상의 세계인 '거울'은 신뢰가 깨진 가정, TV, 법정으로 그 비유성이 확대된다.

이 극에서 행동을 이끌어가는 것은 두 대립적 인물들의 편집증적 욕망

이다. 보이는 세계에 집착함으로써 그녀를 소유하려는 그나 그로부터 도
망쳐 보이지 않는 세계인 연못의 세계에만 집착하는 그녀는 서로 타협할
수 없는 인물들이다. 이 분리된 세계를 이어주는 변증법적 인물이 '나'이
다. 나는 그의 세계에 속해 있었으나, 그녀의 세계로 옮아온다. 나는 연못
의 그녀를 찾아가, 재판에 증인으로 나와달라면서 "죽은 남편을 위해 산
남편을 죽여야 한다면 그건 지극히 어리석고 헛된 짓"이라고 설득한다. 그
녀로부터 남편과 똑같은 논리를 편다고 비난받은 나는 연못을 응시하며
자신의 삶을 성찰하고 새롭게 삶과 우주를 보는 새로운 깨달음 – 거듭남을
얻게 된다.

> 그녀   선생님은 새로 태어난 눈으로 보세요. 물거품은 끊임없이 사라졌
> 다가, 끊임없이 생겨나요. 저는 매일 밤 이 연못을 바라보았어요.
> 밤의 연못은 죽음만이 가득 고인 듯이 고요하구……. 그걸 살아
> 있게 흔드는 것은 물거품이에요. 저 깊은 밑바닥에서 물거품들이
> 솟아올 때마다 수면 전체가 생기를 띠고 흔들리죠. 그래요, 끊임없
> 이 생겨나고 사라지는 물거품에 의해서 연못 전체가 살아 있어요.
> (중략) 거울에 비춰 보이는 모든 건 저를 받아주지 않았어요. 들어
> 가려고 하면 할수록, 거울에 비추는 모든 건 저를 밀쳐냈었죠. 하
> 지만 이 연못은 저를 편안하게 받아주어요. 손을 내밀면 손이 들어
> 가고, 발을 담그면 발이 들어가요. 제 몸은 이 연못과 같아요. 연못
> 은 저 자신이며 저는 연못이죠. 저는 이 연못에서 물거품처럼 사라
> 지겠지만, 그러나 그 순간 저는 이 연못과 하나가 되는 거예요.

그녀는 연못, 즉 존재의 심연에서 끊임없이 솟아오르는 물거품을 응시
하면서 우주의 원리를 깨닫는다. 눈에 보이는 현상이 전부가 아니라는 것.
오히려 삶이나 현상에 집착할수록 존재는 거부를 당한다는 것을. 삶은 필
연적으로 죽음으로 이동하지만, 그 죽음은 존재의 끝이 아니라 거기서 새

로운 삶이 솟아나오는 끝없는 우주의 순환과정인 것이다. 이러한 인식으로 존재는 우주와 하나가 되고 영원성을 획득하게 된다.

〈영월행 일기〉(1995)는 가상의 영월행일기라는 고서적을 내세워 형태(보이는 것)와 내용(보이지 않는 것)의 소유라는 철학적 문제, 자유와 억압에 대한 실존적 선택이란 주제를 제기한다. 움베르토 에코의 〈장미의 이름〉에서 발상을 얻었겠지만, 같은 모티프가 색다르게 주조된다. 전생과 현생이 겹쳐지는 삶, 그리고 형태의 소유가 아닌 내용의 소유가 참 소유라는 측면에서 일기의 내용에 대한 재현이 이루어지는 메타연극적 구성으로 되어 있는 것이다. "겹치는 시간과 겹치는 공간, 처음과 끝이 겹치는 이야기, 전생과 내생이 겹친 인물들……"[58]을 탐내고 있다고 이미 1992년에 토로한 바 있었던 작가는 이 작품에 이르러 그 이야기를 탁월하게 형상화한다.

고서적연구 동우회 회원인 조당전은 '영월행일기'라는 고서를 입수한다. 일기의 저자는 신숙주의 하인으로서, 주인의 명을 받고 한명회의 여종과 함께 단종을 염탐하러 영월에 3번에 걸쳐 갔다 온 내용을 담고 있다. 이 고서의 진위에 대해 동우회 회원들 사이에 논쟁이 붙고, 회원들은 일기와 함께 〈세조실록〉이나 양성지의 〈해안지록解顏之錄〉을 참조하는데, 〈해안지록〉은 허구의 책이다.[59] 회원들은 신숙주, 한명회, 세조 역 등을 각각 맡아 읽어나가면서 자신과 동일시하게 된다. 고서를 판 당사자인 김시향이 조당전을 찾아와 다시 고서를 돌려달라고 청한다. 시향의 무서운 주인(남편)이 책을 찾아오라고 명령했다는 것이다. 조당전은 책을 돌려주는 대신 내용을 소유하기 위해 둘이서 일기의 내용을 재연하자고 제안한다. 조당전과 김시향은 신숙주의 하인과 한명회의 하인이 되어 당나귀를 타고 3번에 걸친 영월행을 한다. 봄, 여름, 가을에 걸친 3번의 영월행에서 그들은 단종의 3가지 표정, 즉 무표정, 슬픈 표정, 기쁜 표정을 발견한다. 〈해안지록〉에

---

[58] 이강백, 「지은이의 머리글」, 『이강백희곡전집』 4, 1992, 9쪽.

[59] 안치운, 「영월로 가는 옛길」, 『이강백연극제 기념논문집 〈다섯〉에서 〈느낌…〉으로』, 예술의전당, 1998, 228쪽.

서, 세조는 "노산군의 무표정을 견뎠던 내가, 슬픈 표정도 견뎌냈던 내가, 기쁜 표정만은 도저히 견딜 수가 없도다! 만약 노산군의 기쁜 표정을 그대로 두면 온갖 시정잡배마저 제왕과 다름없다 뽐낼 터인즉, 대체 짐이 무엇으로 그들을 다스릴 수 있겠느냐?"라며 사약을 내린다. 신숙주의 하인은 면천되어 자유를 얻으나, 한명회의 여종은 속박에서 벗어나지 못한다. 이 극은 과거와 현재를 병렬시키고 겹쳐가면서 전생과 현생의 겹침을 보여준다. 무표정이나 슬픈 표정은 용납되나 기쁜 표정은 용납할 수 없다는 세조의 분노는 〈장미의 이름〉에서 원리주의자인 도서관장 호르게가 『시학』 2권 〈희극론〉을 금서로 분류하여 수도사들을 죽인 내용과 상통한다. 호르게는 웃음이 신에 대한 경외를 거역하는 행위이며 신과 인간의 차이를 지우는 신성모독적 행위라 생각한다. 단종의 '기쁜 표정'은 왕좌에서 쫓겨나고 신하들이 죽고 청령포에 감금당하는 등의 사건으로 겪은 고통에서 벗어나 진정한 마음의 자유를 얻었음을 말해주는 징표이다. 권력자 세조는 이러한 자유의 선포를 받아들일 수 없는 것이다. 자유와 감금, 내용과 형태, 존재와 소유는 이 극의 철학적 주제이다. 신숙주의 하인-조당전은 자유와 내용의 소유를 얻으나, 한명회의 여종-시향은 "불안한 자유보다는 안전한 목숨"을 선택한다. 작가는 전생과 현생이 겹치는 불교의 윤회사상에 기반한 이야기를 통해 우리의 삶이 영원회귀적이고 순환적이라는 세계관을 제시한다.

이 동양적 세계관은 〈봄날〉이나 〈물거품〉의 계승이기도 하지만, '소유냐 존재냐' 혹은 '자유냐 억압이냐'의 철학적 실존의 문제와 연결된다. 우주의 이치를 음양의 대립, 보이는 것과 보이지 않는 것의 대립, 형태와 내용의 대립으로 보는 이항대립적 사고는 이강백 작품의 일관된 축을 이루고 있으며, 후자를 진리로(당연히!) 선언한다. 두 세계의 팽팽한 대립과 긴장을 통해 '대극의 합일'로서의 만다라적 세계가 열리기보다는, '보이지 않는 세계'가 처음부터 진리로 선포되는 것이다. 두 세계의 대립이라는 형이상학적 주제를 취할 때 작가나 독자/관객 모두가 이미 진리가 어느 세계인가를 익히 알고 있기 때문이다. 우리 삶이 고해라고 불리는 까닭은 진리를 몰라서가 아니라 진리에 이르는 길이 지난하고 실행하기 어렵기 때문이다. 속세의 삶 자체가 '보이는 세계'라는 진흙탕에 구르는 일이다.

〈뼈와 살〉(1995)은 제목만큼이나 명징하게 이 주제를 극화한다. 〈봄날〉과 〈영자와 진택〉, 〈물거품〉의 세계가 혼합된 듯한 이 극에 대해 작가는 이렇게 말한다. "나는 인생을 이렇게 정의한다. 인생은 불균형한 것, 그 불균형을 균형 있게 맞추려고 하는 것이 인생이다."[60] 인생의 불균형성에 대한 작가의 사유는 〈뼈와 살〉 〈느낌, 극락같은〉에서 사랑의 삼각관계로 형상화된다.

극은 임신한 아내 영자와 함께 문신이 고향을 찾으면서 시작된다. 수몰된 호수 위를 배로 건널 때 사공은 물속에 잠겨버린 마을과 기억과 사랑을 보지만, 문신은 아무것도 보지 못한다. 영자가 효식의 애를 뱄기 때문에 문신은 계속 화를 낸다. 문신은 피골이 상접한 효식이 계속 자기를 쫓아오는 환영을 본다. 문신은 조부의 시신이 효식네 집안 무덤에 몰래 매장되어 있었다는 사실이 들통 나서 효식의 조부 최영감이 뼈를 걸어놓고 돌려주지 않는다는 사실을 세 형에게서 듣는다. 결국 문신은 최영감을 찾아가서 영자가 효식의 애를 임신한 사실을 알려주고 뼈를 돌려받는다. 영자와 배를 타고 건너는 호수에서 문신은 드디어 귀와 눈이 열려서 물속에 잠긴 마을과 기억과 사랑과 이 세상의 '참모습'을 보게 된다. "그리고 보니깐 봉긋봉긋한 무덤들이 꼭 우리 마누라 배 속 같군. 어떤가, 자네 눈에도 보이는가? 수천, 수만의 뼈들이 살을 벗고 살을 입네!" 문신의 마지막 대사는 그가 죽음과 탄생이 순환하는 자연의 이치를 깨닫고 편협한 자아에서 벗어나 대아大我를 획득했음을 보여준다. 이 극의 이미지들은 보이지 않는 상상의 세계를 눈앞에 현존시키는 대사들과 피아노 소리 같은 청각이미지들로 짜여서, 그야말로 보이는 세계의 커튼을 젖히고 보이지 않는 세계의 광대무변함을 보여주는 듯하다. 자연의 순환은 뼈와 살의 입고 벗음으로, 죽음과 삶

---

60 이강백, 「지은이의 머리글」, 『이강백희곡전집』 6, 1999, 7쪽.

이 영원히 순환된다. 자연이 변하듯 인간사 모든 것은 변화한다. 순환과 인연의 이치를 깨닫는 순간 인생의 불균형한 요소들은 포용될 수 있고 눈과 마음이 열려서 '보이지 않는 세계'를 보는, '극락 같은 느낌'을 얻게 될 것이다.

〈느낌, 극락같은〉(1998)은 그런 의미에서 〈뼈와 살〉의 세계와 닮아 있다. 불교적 세계를 추구해온 작가는 '형태'와 '내용'의 대립이란 주제가 가장 효과적으로 탐색될 수 있는 불상 제작자들을 주인공으로 삼는다. 함묘진의 제자인 동연과 서연은 각각 형태(육체성)와 내용(정신성)을 표상한다. 그리고 이 둘은 함묘진의 딸 함이정을 동시에 사랑한다. 서연은 불상의 형태를 잘 만들게 된 순간, 부처의 마음을 담지 못한다는 회의에 빠진다. 동연은 묘진의 수제자 자리를 획득하고 함이정마저 겁탈하여 결혼한다. 서연은 떠돌면서 돌을 주워 돌부처를 만들고, 마침내는 물부처를 만든다. 돌멩이를 얹어 만든 돌부처, 나아가 형태가 없는 물부처는 서연의 마음이 매임 없이 천지간에 자유로움을 얻었다는 표징이다. 형태를 중시했던 함묘진은 동연을 수제자로 삼는 순간 마비증세가 나타나고, 죽은 다음에도 극락이나 지옥으로 들어가지 못한다. 동연 역시 함이정이 자길 떠나 서연에게 간 걸 안 순간부터 마비증세가 나타난다.

이 극은 들판의 천막에 마련된 서연의 장례식에 조숭인이 함이정을 찾아오면서 시작된다. 함이정의 아들인 조숭인은 내면에서 벌어지는 육신의 아버지와 정신의 아버지 사이의 다툼 때문에 늘 괴로워하다가 '대극의 합일'을 지향한다. 가업을 이으라는 동연의 명을 어기고 두 아버지의 서로 다른 소리를 합쳐놓기 위해 음악을 선택하는 것이다. 음악의 소리는 동연이고 침묵은 서연이라는 것, 소리와 침묵이 대극이듯 인생은 어차피 불협화음이지만 그걸 아름다운 화음으로 만드는 것에 인생의 의미가 있다는 것이다. 이처럼 조숭인은 형식과 형태를 중시하는 동연의 세계관과 보이지 않는 마음을 추구하는 서연의 세계관을 통합한다. 숭인 자체가 태어나기 전부터 엄마 이정과 느낌으로 교감하고 대화를 나눈 존재로서, 마음—느낌의 형상화이기도 하다.

작가는 〈물거품〉에서부터 〈뼈와 살〉에 이르기까지, '보이지 않는 것'이 진리이며 '보이는 것'의 세계는 허상일 뿐이라고 강조해왔다. 그러나 〈느낌…〉에 이르러서는 비로소 대극의 통합이 전체성, 이른바 '극락의 느낌'을 향유하게 하는 것임을 암시한다. 형태를 위해 내용을 억압하는 것이나, 내용을 위해 형태를 억압하는 것 둘 다 "인생의 불균형"을 균형 잡게 하는 것이 아니라는 것이다. 이 극은 작가가 평생 추구해왔던 존재론적 주제를 매우 탁월하게 형상화하고 있으며 성숙한 주제의식을 보여주고 있다. 그러나 아쉬운 점은 메시지나 관념어를 설명적으로 너무 많이 쏟아내고 있다는 점이다. 시적 상징과 은유 속에 작가의식을 숨길 줄 알았던 이강백은 중기에 이르러선 설교가가 된 듯한 인상을 준다.

3. 밀레니엄 전환기의 시대적 징후들 : 〈물고기 남자〉〈마르고 닳도록〉〈오, 맙소사!〉 〈진땀흘리기〉〈맨드라미꽃〉〈황색여관〉

작가는 이 세상의 불균형성이 이항대립적 세계관의 갈등에 기반을 둔다는 것, 그리고 그 극복을 위해선 음양의 순환과 대극의 합일에 대한 깨달음이 필요하다는 사유를 〈느낌, 극락같은〉을 마지막으로 마무리짓는다. 그리고 그는 다시 '보이는 세계' 속에서 이항대립적 가치와 인물들이 벌이는 갈등으로 돌아온다. 〈느낌, 극락같은〉에서의 서연의 말대로, "사람 사는 곳을 돌아다니면서 보니까, 모든 걸 형태가 결정"하고 있기 때문일 것이다. 동양정신의 궁극이라 할 '도'의 세계에만 탐닉하기엔 1990년대 후반의 사회적 정세가 너무 심각했던 것도 큰 이유일 것이다. 극심한 경제난에 시달렸던 IMF시대, 세기말의 종말론과 혼돈, 환경오염, 신자유주의 경제와 세계화의 위협, 빈부 양극화, 세대갈등 등이 작가가 파악했던 심각한 시대적 징후들이었다.

이강백은 '존재론적 주제'에서 '사회적 주제'로 눈을 돌리고, 환상미학과 알레고리 기법을 원용하여 세기말과 밀레니엄 전환기의 시대적 징후들을 극화한다. 이 작품들은 관념을 표상하는 이항대립적 인물들이 벌이는 단순명징한 알레고리나 사유극이 아니라 구체적 사회현실이나 역사성을 담고 있으며, 어느 정도 질감을 가진 인물창조가 특징적이다.

〈물고기 남자〉(1999)는 적조현상이 심각한 남해 연안의 양식장을 배경으로, 돈이 사람 목숨보다 더 중요하며 돈벌이를 위해선 죄의식 없이 타인을 희생시키는 물질만능 세태를 그린다. 그러나 작가는 이런 소재를 통해, 〈영자와 진택〉 〈북어대가리〉에서처럼 우리는 전혀 모르는 사람과도 깊은 관계를 맺고 있으며 세상 사람들은 모두 연결되어 있다는 휴머니즘을 암시한다.

김진만과 이영복은 양식장 되팔기로 폭리를 취하는 브로커에게 속아 양식장을 산다. 그 양식장에는 상습적으로 적조현상이 일어나 물고기가 떼죽음을 당한다. 브로커는 다시 나타나 자기가 판 값의 1/10 가격에 사겠다고 흥정한다. 이때 유람선이 침몰하고, 유족들은 시신을 찾아주는 보상금으로 큰돈을 제시한다. 김진만은 시신을 건지러 갔다가 살아 있는 남자를 구해 데리고 온다. 그런데 그 남자의 아내는 남자가 죽은 줄 알고 보험금을 받아 새로운 인생을 시작하겠다고 말한다. 남자는 자신의 죽음을 기뻐할 아내나 김진만을 위해 수조에 물을 채운 뒤 빠져서 자살한다. 김진만은 남자의 시신 보상금을 받아 떠나고, 이영복은 양식장을 되사려는 브로커의 제안을 거절한다.

이강백은 언제나 물질적·정신적 극단을 상징하는 인물들을 대립시킴으로써 인간사회의 갈등과 부조화를 표현한다. 물질주의의 극단에 서 있는 브로커나 김진만은 정신주의의 극단에 서있는 이영복, 남자와 대립한다. 물질주의자들은 타인의 고통에 죄의식이 없기 때문에 타인을 희생제물로 삼는다. 이처럼 작가는 IMF시대의 병적 징후로, 이윤을 극대화하기 위해 혹은 곤궁에서 빠져나오기 위해 '모르는 사람'을 죄의식 없이 희생제물로 삼는 현상을 극화한다. 그러나 '남자'가 과거에 자신이 그렸던 '물고기남자'의 그림을 유람선 포스터에서 보고 미래를 보기 위해 배에 탔던 것처럼 과거는 미래에 되풀이되며, 사람들 역시 모르는 사람들과도 깊은 연결을 갖고 있음을 이영복의 입을 빌려 강조한다. 남자가 자신의 '물고기남자' 그림처럼 물속으로 돌아가는 죽음을 선택했을 때, 이영복은 브로커의 제안을 거부하고 이렇게 말한다. "이 세상의 그 어떤 모르는 사람이 괴로우면 나도 괴로워야 당연하고, 그 모르는 사람이 기쁘면 나도 기뻐야 당연하죠." 나와 타자가 연결되어 있다는 이영복의 이 말에는 영자의 "제가 죄를 짓고 눈물을 흘릴 때, 이 세상의 무엇인가가 밝아지겠구나…"(〈영자와 진택〉)라는 대사가 반향하고 있다. 더 멀리 본다면 〈족보〉의 종험이 집안의 죄를 자신의 죄로 받아들이고 속죄하는 행위와 맞닿아 있다.

〈마르고 닳도록〉(2000)은 '국립극단 50주년 기념작'으로, 이강백 작품 중 드물게 관념성에서 벗어나 스피디한 이야기의 활력과 생동감 있는 풍자, 유머가 빛나는 희극이다. 극은 애국가 저작권료를 받기 위한 스페인 마피아들의 다섯 번의 한국 원정기를 통해 33년간의 한국 현대사를 녹여낸다. 1965년부터 1998년까지, 스페인 마피아들은 박정희, 전두환, 노태우, 김영삼, 김대중 대통령과 담판을 지어 돈을 받아내려 고군분투하나 번번이 실패한다. 이 극의 풍자와 희극성은 한국 현대사의 굵직한 사건들이 마피아가 벌이는 허구적 사건과 교직되는 교묘한 왜곡과 패러디의 기발함으로 극대화된다. 마피아로부터 후진국이란 말을 들은 박정희 대통령이 이에 분노해 새마을운동을 일으킨다든지, 성수대교와 삼풍백화점 붕괴사건이 저작권료를 지불하지 않으려는 "꼬레아 정부의 음모"로 일어난 것이라는 마피아의 음모론은 희극성의 극치다. 1979년과 1980년에는 최루탄이 난무하는 시위와 광주항쟁에서 애국가가 불려지는 것을 보고 이를 근거로 사용료를 요구했다가 전두환의 분노를 촉발한다. 서울에서 올림픽이 개최되자 노태우 대통령을 만나지만, '믿어주세요'라는 말뿐이다. 바르셀로나

올림픽 때 애국가 저작권료를 받기로 약속을 받아내지만, 정권이 바뀌면서 또 실패한다. 김영삼 정권 때 원정 온 마피아들은 성수대교 붕괴와 삼풍백화점 붕괴로 죽음을 당한다. 김대중 정부가 IMF 파산상태로 돈을 구하러 다니자, 죽은 마피아들은 금융황제의 꿈에 나타나 저작권료를 먼저 지불하는 조건의 차관을 제시한다. 금 모으기, 달러 모으기 운동으로 국민들이 모금한 돈을 받아든 마피아는 공항에서 돈가방들이 다른 가방과 뒤섞이는 바람에 결국 빈손으로 귀국한다.

이처럼 이 극은 한국 현대사의 굵직한 사건들을 마피아 원정대의 허구적 사건들과 교직, 패러디하여 우리 현대사를 웃음 속에서 돌아보게 한다. 누구나 알고 있는 정치사회적 담론들과 사건을 비틀고 풍자하여 차이와 아이러니를 만들어낸 데 이 극이 주는 재미가 있다. 많은 사건들과 인물들, 시공간의 변화를 담아낸 빠른 장면전환과 빈틈없는 구성, 이야기꾼으로서의 원숙한 재능이 발휘된 극이다.

〈오, 맙소사!〉(2000)는 새천년을 맞아 요란한 축제가 벌어졌는데도 아무것도 변하지 않은 시대[61]를 살아가는 사람들의 종말론적 절망과 허탈을 그린 알레고리이다. 1999년 4월, 갑자기 호수가 말라버린다. 호수에서 유선업을 하던 상준네 가족은 엄청난 충격에 빠진다. 아버지는 종말의 날이 왔다며 주사위를 던져 종말의 날을 계산하고, 배를 만든다. 상준은 이발소 주인을 비롯한 투자가들을 모아 놀이동산을 만들 계획을 세운다. 종말의 날에 상준네 가족 6명과 유골 6구를 실은 배가 하늘로 뜨는지 지켜보기 위해 사람들이 몰려온다. 상희는 돈과 보석을 받고 자신과 의붓딸 자리를 팔고 내려오고, 상준 역시 여자 면도사에게 자리를 주고 내려온다. 그 순간 배가 하늘로 떠오른다. 사람들은 엄청난 절망과 박탈감에 시달리며 어떻게든 기적을 믿지 않으려 하고, 상준은 투자가들을 모아 놀이동산을 건설하려 한다. 투자가들은 중고 기계를 헐값에 사들여 놀이동산을 꾸민다. 절망한 상준은 아버지처럼 주사위를 던져 종말의 날을 계산하기 시작한다.

---

[61] 이강백, 「지은이의 머리글」, 『이강백희곡전집』7, 2004, 8쪽.

요약한 내용으로 알 수 있듯, 이 극이 초점을 맞추고 있는 것은 종말의 날이 맞아떨어진 기적의 신이성이 아니라, 종말을 믿지 않은 자들의 박탈 감과 공허, 그리고 여전히 말세를 만들어가는 사람들의 행태이다. 기적이 일어났음에도 세상은 전혀 달라진 게 없고, 사람들은 쾌락의 상징인 놀이 동산을 건설하면서 위험한 중고기계를 설치한다. 이 극이 보여주는 아이 러니는 배가 하늘로 올라가는 기적이 아니라, 기적을 목도하고도 중고기 계로 놀이동산을 건설하는 사람들의 이기심과 부도덕함이며, 그것이야말 로 가장 확실한 종말의 증거라는 것이다.

〈진땀 흘리기〉(2002)나 〈배우 우배〉(2003), 〈황색여관〉(2007)은 이강백 의 이전 작품들과 비교해 볼 때 다소 실망스러운 작품들이다. 〈진땀 흘리 기〉는 두 패로 나뉘어 선택을 강요하는 신하들을 피해 다니며 진땀을 흘리 는 경종을 통해 오늘의 시대병리적 징후의 하나인 신념의 강요를 그린다. 최근 인터넷의 집단지식이나 담론, 익명성 속에 숨은 거짓 정보나 의견들 이 여론이나 편견을 형성하고 특정인이나 특정 사안에 대해 마녀재판을 하는 등 심각한 선동을 주도하는 현상을 떠올릴 때, 이 극은 역사극이라기 보다는 알레고리로 보인다. 그런데 문제는 이분법적 대립갈등이 너무 도 식적으로, 관념적으로 나타난다는 점이다. 인물들이나 스토리라인이 생기 를 잃고 작가가 설정한 도식적 틀에 따라 전개되기 때문에 관객/독자의 추 론의 여지나 상상이 닫히고, 따라서 극의 의미의 두께는 얄팍해진다.

〈배우 우배〉는 등장인물과 배우라는 이중적 정체성에 번민하던 배우가 극장을 벗어나 현실이라는 무대에서 연기를 하지만, 마침내 극장에서의 연기가 더 진실하다는 것을 깨닫고 정체성의 혼란을 극복한다는 내용이 다. 복제(시뮬라크르)가 원본보다 더 실재적이며, 원본의 부재라는 텅 빈 중심, 다시 말해 세계의 무의미와 허무를 메꾸는 존재가 바로 배우라는 것 이다. 그러나 재벌가의 아들 찾기 플롯이나 생쥐를 무서워하는 제갈조 캐 릭터, 제갈조의 각본에 따라 행동하는 우배의 동기나 개연성, 다시 연극으 로 돌아오는 우배의 선택 등 중심이야기가 설득력이 떨어진다.

이강백의 최근작 〈황색여관〉은 사막의 황사로 뒤덮인 여관을 배경으로 부자와 빈자, 나이 든 세대와 젊은 세대가 패를 나눠 싸우다가 서로 모두 죽이는 내용을 통해 21세기 들어 더욱 심화된 세대 간, 계층 간의 갈등을 그린 알레고리이다. 시작과 마지막 장면은 지하 맨홀 뚜껑을 열고 나온 여관주인 부부가 무대 위를 가득 채우고 있는 지난밤 투숙객들의 시체들을 치우는 장면이다. 21세기 초엽의 한국사회에 대한 작가의 비관과 냉소가 얼마나 지독한지를 짐작할 수 있다. 이 죽음의 난장판 속에서 유일하게 따뜻한 마음을 가진, 분명 '영자'의 후예인 처제는 그래도 희망을 잃지 않고 말한다. "어젠 한 사람도 못 살렸어요. 두고 보세요. 오늘은 꼭 살릴 거예요." 초기작 〈개뿔〉에서 인간의 구원을 노래했던 작가는 새천년이 시작된 인류사회에서 마치 중세를 뒤덮었던 흑사병 같은 죽음의 징조를 보고 있다. 보스니아의 인종 청소, 9.11테러, 이라크전쟁 등 새천년 전환기에 일어난 전쟁과 죽음의 광기가 '황색여관' 같은 전망 부재와 죽음의 상상력을 불러낸 것이리라. 그러나 작가의 이분법적 세계관과 도식적 관념의 틀을 고집하는 글쓰기는 포스트모던 사회로 변화한 1990년대 이후의 새로운 글쓰기에 대한 요구를 반영하고 있지 못하다. 작가의 음울한 현실인식은 극적 언어의 아름다움과 시적 메타포, 그 안에 묘사된 작가의 정치적 입장으로 적절하게 뒷받침되지 못했다. 끔찍하고 잔인한 세상 속에서 촛불처럼 피워 올린 희망이라는 메시지는 여관주인을 비롯한 인물들의 조롱이나 비속어에 묻혀 존재감 자체가 희박하다. 추악하고 경박한 이미지의 난센스가 극 전체를 주도한다.

이상의 세 작품들이 다소 실망스럽다고 한 이유는 이야기의 독창성이나 언어의 매혹 등의 덕목들을 갖추지 못하고 이전 작품들의 스타일을 반복하고 있기 때문이다. 언어는 시적 상징과 은유가 결핍되어 직설적이고 거칠다. 이전 극들에서 독창적이고 정교했던 알레고리나 이야기 구조는 이 작품들에선 도식적으로 짜여져서 비유성이나 설득력이 부족하다. 이항대립적 인물들은 폐쇄적 세계 속에 갇힌, 단지 갈등의 기능에만 충실한 구조물에 불과하다. 이전 극들이 보여주던 언어의 매혹이나 시적 메타포, 정교한 구성과 화려한 연극기법들은 빛을 잃고, 대신 거칠고 직설적인 언어와 인물들이 이분법적 세계를 만들어 나갔기 때문이다. 이 극들은 현실과 환상 사이의 허공, 현실적이지도 환상적이지도 독창적이지도 않은 어정쩡한 공간에 떠있는 격이다. 한쪽 발을 하늘에 쳐들 수 있기 위해서는 한쪽 발은 땅을 딛는 것이 필요하다.

최근작 중 〈맨드라미꽃〉(2005)은 〈결혼〉이나 〈보석과 여인〉 같은 초기작 이후 줄곧 외면해왔던 사랑의 주제를 정면으로 다루고 있는 극이다. 비속한 인물 군상을 희화적으로 그리면서도, 부재하는 사랑에 대해 페이소스에 찬 눈길을 보낸다는 점에서 이전 작품들의 냉철함과는 다른 동정적 시각을 드러낸다.

이 극은 하숙집을 무대로, 허위로 가득 찬 삶 속에서 진정한 사랑이란 무엇인가, 사랑은 구원이 될 수 있는가를 묻는 작품이다. 마당 한구석에 눈에 띄지 않게 피어나는 꽃, 주목받지 못하는 꽃, 못생겼지만 불타오르는 정열의 색깔을 가진 맨드라미 꽃은 보답 받지 못하는 쓸쓸한 사랑을 상징하는 중심 메타포이다. 주혜의 가족은 치매에 걸린 할아버지, 하숙인에게 돈을 뜯도록 시키는 할머니, 몹쓸 병으로 반신불수가 된 아버지 등, 낡은 하숙집만큼이나 비루하다. 하숙생으로 우체국 직원 미스박, 전당포 보디가드 장팔, 사랑 때문에 가출한 정민이 있으며, 정민의 동생 영민이 등장한다.

마치 평면도처럼 바닥에 야광테이프를 붙여 공간들을 구획한 무대로 인해 하숙집은 벽면을 떼어낸 평면의 공간으로 보인다. 모든 방들이 한눈에 펼쳐져 보이고, 최소 가구만 배치했거나 텅 빈 좁은 각각의 방들에 인물들이 하나씩 들어앉아 있는 모습은 마치 '세상에 세들어 살고 있는' 인간의 근원적 고독이나 삶의 조건을 표현주의적으로 표상하는 듯 보인다. 평면의 공간 속에서 인물들은 입체적인 집에서 사는 듯 연기하고, 청각적 음향으로 부재하는 문을 시각화한다. 이러한 무대 지시는 이 극이 현실적 삶을 그린다 해도 일종의 우화로 보게끔 하는 거리 두기 효과를 자아낸다. 그럼에도 관객/독자의 심리학은 거리감 대신 주혜의 입장에 동일시하게 된다. 이러한 이중적 입장을 만들어내는 극의 무대공간은 영화 〈도그빌〉처럼 연극성을 강조하는 인위적 공간인 동시에, 구체적인 현실의 '살'을 발라내고 투명한 '뼈대'만을 말하겠다는 암묵적인 전언으로 보인다.

하숙집 인물들의 행위는 현실의 외양을 한 그로테스크 그 자체이다. 정민과 주혜를 제외한 주변 인물들은 속된 삶의 끔찍함이나 기미조차 느끼지 못하는 인물들이며, 아버지의 등창처럼 추하고 속된 삶의 표상 그 자체이다. 정민은 이런 속된 인물들과 대조를 이루는 순수한 이상주의자다. 그는 아버지의 사업과 재산을 물려받을 수 있는 장남이지만, 아버지가 반대하는 사랑을 위해 모든 것을 버리고 집을 나온다. 그의 이상주의적 사랑은 사랑의 순교를 택하는 데서 절정에 이른다. 애인 미란의 진짜 자살 여부도 불확실하지만, 그는 "살아 있는 사람을 죽은 체하게 할 수는 없다. 그것은 사랑이 아니다. 사랑은, 내가 죽을지라도, 사랑하는 사람은 제대로 살아 있게 하는 것이지."라며 자살을 선택한다. 미란의 진짜 죽음 여부를 알아보러 뛰쳐나가는 대신 하숙집의 놋대야와 면도칼을 빌려 자살하는 행위는 아이러니와 그로테스크의 절정을 이룬다. 그가 빌린 놋대야와 면도칼은 주혜엄마가 하숙인과의 못 이룬 사랑 때문에 자살하는 데 이용한 소도구로 포장되었지만 실은 돈을 뜯기 위한 노파의 날조이기 때문이다. 이렇게 속되고 거짓된 삶은 이상주의적 사랑을 압도한다.

그러나 진실한 사랑의 힘은 시멘트 바닥의 한 귀퉁이에서 맨드라미 꽃을 피워내고, 자신의 삶을 둘러싼 속악성과 허위를 부끄러워하게 만든다. 속악한 삶과 무거운 현실의 중압에 짓눌린 주혜가 맨드라미 꽃을 발견하는 것은 정민에게 관심을 가지면서부터이다. 노파의 강요로 하숙인들에게 돈을 뜯던 그녀는 사랑을 하게 되면서 돈을 받는 일을 부끄러워하게 된다.

이 극에서 그려진 사랑은 정민이 표상하는 이상주의적 사랑과 주혜가 표상하는 가망 없는 사랑이다. 따라서 대립 축은 이상주의적 사랑과 속악한 삶이다. 주혜는 늘 정민의 방 언저리에서 복도나 마루에서 서성이며 정민과 영민과의 대화를 엿듣는다. 주혜가 자신의 사랑을 진실하게 털어놓을 수 있는 자리는 치매걸린 할아버지에게뿐이다. 대화이지만 실은 독백인 고백, 이것이 '다른 사람을 사랑하는 사람'을 사랑하는 자의 운명이다. 그녀가 정민에게 '위안'이 되길 바란다며 윗옷을 벗어 등을 보여줄 때, 이를 비켜가는 정민의 시선은 이들의 관계를 압축적으로 보여준다. 정민이 자살할 때 주혜는 여자는 많고, 자신도 옆에 있다고 소리쳐 보지만, 이 또한 독백에 불과하다. 정민의 귀는 여전히 닫혀 있고, 그의 모든 감각과 생각은 오직 미란을 향해서만 열려 있기 때문이다. 그래서 정민이 자살한 후 주혜가 소리 없이 무너져 앉는 장면은 그녀의 사랑이 사랑하는 사람에게뿐 아니라 자기 자신에게마저 구원이 되지 못한다는 걸 보여준다.

결말에서 작가는 속된 삶의 위력을 다시 강조한다. 정민이 죽은 다음에도 삶은 여전히 계속된다. 사랑의 메타포인 맨드라미가 사라지고, 그마저 풍문으로 남는다. 다른 이들은 맨드라미가 담장 곁에 피어 있었다는 사실을 모르기도 하고, 혹은 해바라기였다고 말한다. 정민이 묵던 방에도 새로운 하숙인이 들어온다. 작가는 이러한 순환적 결말로, 처음으로 피어오른 주혜의 사랑을 속된 삶이 질식시키고 말았음을 암시한다. 그리고 이제 삶은 환멸로 남아 지루하게 반복될 것이다.

4. 포스트모더니즘 시대와 알레고리의 시학

이강백의 40편에 가까운 작품들을 다시 한 번 읽어보는 기회를 가지면서, 그의 극들이 '이강백 표'라 불러도 좋을 강한 개성을 지니고 있음을 재인식할 수 있었다. 독특한 기법과 취향의 각인으로 이루어진 '강한 개성'은 극작가에게 장점인 동시에 한계도 될 것이다. 그는 정치사회적 주제나 존재론적 주제를 다양한 소재와 연극기법으로 변주해 왔으나, 글쓰기 방식은 일관되게 알레고리의 시학에 의존함으로써 우리 연극사에서 유례를 찾기 힘든 개성적인 유파를 형성했다. 그러나 이를 뒤집어 보면 그만큼 그의 극들에는 다양성과 변화가 부족하다는 의미도 된다.

이강백은 사실적인 현실 재현에는 관심이 없다. 그는 세상 자체를 보이는 대로가 아니라 자신이 만든 틀이나 패턴으로 현실세계를 대체하고 새롭게 구성한다. 이런 현실구성 방식은 마치 고대인들이 당대의 역사와 특정 사건들을 표현하는 대신 일종의 신화적이고 원형적인 시간과 사건을 표현하려 한 예술관과 비슷하다고 할 수 있다. 이는 역사적 순간을 초월하고 보편성과 원형을 되살리고픈 욕구와 맞닿아 있는 것이다. 이강백이 알레고리의 시학을 다양하게 변주해나간 결과 '보이지 않는 세계'의 진정성에 매료되고, 그것이야말로 덧없는 현상 세계(보이는 세계)를 초월한 영원한 진리라는 피안의 관념세계에 빠져든 것은 이런 상상력 구조 안에서는 어쩌면 당연한 귀결일지도 모른다. 특정한 역사적 시간을 초월하여 보편적 시간 속에 존재하고자 하는 욕망은 인간의 유한한 한계상황을 극복하기 위한 것이고, 그 한계상황은 곧 우주 속에서의 인간의 위치를 자각하는 데서 의식하게 되는 것이기 때문이다.

모든 예술작품이 재현하는 실제 세계와 어느 정도 거리를 갖는 것은 당연한 일이지만, 이강백의 희곡은 특히 실제 세계와 엄정하고도 일정한 거리를 유지한다. 이러한 실제세계와의 거리 두기, 그리고 세상을 조감하는 틀이나 패턴의 창조는 알레고리 시학에서 나온 것이다. 그러므로 그의 극은 마치 양피지에 겹쳐 쓰여진 글씨처럼 표면이야기와 심층내용이 겹쳐 있다. 관객/독자는 바로 그 이중의 의미놀이에 개입하여 스스로 의미를 생산해낸다. 그러나 작가가 등장인물의 입을 빌려 자신의 목소리를 드러내거나 진리를 단언하는 설교자가 될 때, 텍스트의 의미구조의 모호성과 다의성은 하나의 진리로 환원되고 만다.

사실 그의 알레고리 시학은 진실을 진실이라 언표하지 못하던 권위주의

체제하에서는 매우 강력한 연극성과 힘을 가진 표현수단이었다. 시적 상징과 메타포로서의 세계, 이원적 대립구도, 이분법적 세계관, 관념의 표상으로서의 유형적 인물들, 문학적인 울림을 가진 언어 등 그의 희곡의 특질들은 계속 이야기와 현실의 틀을 바꾸어 반복되면서 근래에 이르러서는 판에 박은 듯한 상투성의 혐의도 얻게 되었다. 초기극의 특징이었던 단순명징한 패턴의 현실구성과 시적 언어는 근래에 오면서 인간적 의미와 생기가 빠진 언어, 관념과 설명이 두드러진 허약한 언어로 굴절된 경향도 보여주었다. 그의 관심은 줄곧 현실을 일종의 원형적이고 보편적 상태의 현실로 바꾸어 구성하는 방식에 있었기 때문에 그는 사회적 심리적 복합체로서의 인물보다 구조물, 관념으로서의 인물을 창조했고, 인생의 다양한 경험과 관계를 명료한 패턴으로 단순화시켰다. 또 인간의 격정과 불합리한 행위의 결과로 인한 사건의 연속으로서의 플롯보다는 명료한 이원적 대립행위로서의 플롯을 만들어냈으며, 말하고 반응하기로서의 언어보다는 관념에 이미지와 형식을 부여하는 수단으로서의 언어를 보여주었다.

그러나 그의 알레고리의 시학이 도식화의 함정과 과도한 관념성에 빠져 연극적 힘을 잃기 시작한 시점이 1990년대 중반 이후라는 점은 중요한 단서를 시사한다. 이 시기는 유럽에서는 '포스트드라마'가 주요 경향으로 대두한 시점이고, 우리나라 역시 포스트모더니즘의 영향으로 다양한 실험들이 행해진 새로운 연극성의 연극들, '포스트모던 연극'이 주류를 이루기 시작한 때이다. 문학적 희곡보다는 공연텍스트로서의 대본, 연출에 의한 텍스트의 지배, 파편화된 장면들의 나열과 시각적 이미지의 중시 같은 특성들이 새롭게 대두한 연극들의 경향이다. "이전의 드라마 연극처럼 텍스트를 정점에 놓고 단일한 의미를 생성하기 위해 연극요소들 사이의 위계질서를 조정하는 대신, 포스트드라마라 일컬어지는 현대연극은 그 요소들 사이의 평등하고 대등한, 즉 민주화된 관계를 전경화함으로써 융합보다는 분열을, 통합적 의미보다는 이질적 인지를, 분명한 인식에 도달보다는 의미화의 다극화를 도모"[62]한다.

1990년대의 새로운 연극 만들기와 글쓰기에 대한 요구는 젊은 극작가와 연출가들에겐 풍부한 기회를 약속했고, 기성극작가와 연출가들에겐 '위기'로 받아들여졌다. 이전에 생산성이 높았던 여러 중견 극작가들이 이러한 연극환경의 변화에 적응하지 못해 뒤안으로 물러났다. 그러나 이강백은 포스트모던한 글쓰기를 지속해온 오태석과 더불어 꿋꿋하게 무대를 지키면서 관객의 호응을 불러일으킨 작가였다. 그렇다 해도 복잡다기한 세계의 변화와 더불어 시각적, 퍼포먼스적, 장르혼종적, 파편적, 분열적 연극으로 변화하는 오늘의 연극경향과 젊은 관객의 취향은 이강백의 단순명징하고 의미의 중심을 가진 알레고리의 시학과 충돌하는 듯 보인다. 〈느낌, 극락같은〉, 〈황색여관〉처럼 이원적 대립으로 명료하게 도식화된 작품들, 그리고 작가의 메시지가 진리로 단언되어 '분명한 인식에 도달'되는 작품들은 믿을 수 없을 만큼 극적이고 복잡한 현실과 대비할 때 시대에 역행하는 글쓰기라는 느낌도 준다. 이원적 세계의 분리를 파괴하고 단순명료한 플롯 대신 복잡한 미로를 설계하는 일, 환상미학의 활용, 다양한 코드와 의미의 다극화 같은 글쓰기 방법으로의 전환은 포스트드라마적 시대와 화해하는 한 대안이 되지 않을까, 조심스럽게 전망해본다.

---

62 김윤철, 「신연극성과 비평의 대응: 유럽의 경우」, 김윤철 편, 『오늘의 세계연극 읽기』, 연극과인간, 2007, 10쪽.

한국 동시대 극작가들

전 진 호

전쟁의 상처와 역사에 대한 책임의식

1. 미완의 작가

전진호(1943~1993)라는 극작가는 오랫동안 잊혀 있었다. 1960년대 후반, 연극계에 혜성같이 등장하여 몇 편의 인상적인 작품들을 남기고 사라진 극작가라는 것이 그에 관한 연극사적 기록의 전부였다. 그가 남긴 5편의 희곡들이 2005년도에 공식적으로 출판되기 전까지는, 그의 극들은 내용이 아니라 공연기록으로서만 알려져 왔던 것이다.

그의 희곡집 『인종자의 손』을 읽으면서 가장 먼저 느끼는 것은 한 불운한 극작가에 대한 짙은 안타까움이다. 시대에 대한 깊은 고민, 연극적 구성력, 생동감있는 인물창조 등 극작가로서의 재능과 실력을 갖추고도 한껏 날개를 다 펼치지 못하고 일찍 접어버린 그의 행로는 말할 수 없는 비감을 느끼게 한다. 20대 초반의 젊은 나이에 수준 높은 희곡들을 발표하며 원숙한 극작가로의 성장 가능성에 대한 기대를 한몸에 모았던 그가 결혼과 함께 미국이민(1975)을 떠난 것은 극작가로선 비극적인 선택이었다. 극작가는 무릇 관객과 더불어 호흡하고 모국어와 모국의 생활정서, 그리고 공연현장이라는 토양 속에 뿌리를 내려야만 공연성 있는 희곡을 쓸 수 있음은 물론 공연현장과의 연계를 통해 지속적으로 작품활동을 할 수 있기 때문이다. 다시 말해 극작가를 키우는 팔 할은 모국어와 공연현장이라 해도 과언이 아닐 것이다.

전진호의 글들, 그리고 그를 아끼는 사람들이 전진호의 삶과 추억에 대해 쓴 글들을 묶은 『숨겨진 전설, 전진호 이야기』를 읽으면, 실존 인물 전진호는 시대의 고난을 상징하는 한 표상으로 여겨진다. 시대의 어둠을 일깨우고자 희곡 쓰기보다는 직접적 행동을 선택한 양심적 지식인의 삶. 그러고 보니 그는 '밤과 같이 높은 벽'인 과거사 미청산의 문제나 억압적 정치체제에 대해 온몸으로 항거하는 '행동의 연극'을 직접 살았던 것으로 여겨진다.

전진호는 1966년에 〈들개〉로 조선일보 신춘문예 당선, 이어서 〈밤과 같이 높은 벽〉으로 국립극장 장막극 공모에 당선했다. 한 해에 단막극과 장막극 두 편을 써냈고, 후자의 극은 이듬해 허규 연출로 국립극단에 의해 공연됨으로써 촉망받는 극작가의 탄생을 선포한 셈이었다. 이어서 〈인종자의 손〉이 임영웅 연출로 국립극단에서 공연(1970)되고, 〈달나라와 딸꾹질〉이 강유정 연출로 여인극장(1972)에서 공연되었다. 이처럼 지속적으로 공연작을 내놓으며 활발한 극작 활동을 하던 전진호는 갑작스러운 결혼과 함께 미국 이민을 떠났다. 1979년에는 일시 귀국해서 뮤지컬 〈밤에만 나는 새〉를 발표(극단 작업, 길명일 연출, 1979)하면서, 앞으로 조국에 남아 극작활동을 지속해나갈 의향을 가지고 있었다고도 한다. 그러나 박정희 대통령 서거에 잇따른 신군부의 등장을 보면서 그는 조국의 정치현실에 절망을 느끼고 다시 미국으로 돌아갔다. 결국 〈밤에만 나는 새〉가 그의 마지막 희곡이 되고 만 것이다.

극작가로서 일찍이 문재를 나타냈던 전진호가 왜 '미완의 작가'로 멈추고 말았을까? 아마도 그 이유의 일단은 전진호의 친우인 호영송의 말을 통해 짐작해 볼 수 있을지도 모른다. "그는 미국에 간 이래로, 완성된 형태로 그의 새 작품을 보여주지 못했다. 그는 소설에도 뜻을 둔 일이 있었지만 이

렇다 하게 나타난 성과물이 없었다."라고 안타까움을 토로하면서, 호영송
은 재능있는 예술가가 조국을 떠나는 일 자체가 끔찍한 비극이라고 진단
한다. "아마도 전진호가 작품을 계속 써내지 못한 이유는 그가 지나칠 만
큼 현실에 대한 적의에 사로잡혀 있었던 것과 상관이 있을지 모른다. 그는
눈앞의 미국과 미국문화를 혐오했고, 그의 동포들이 미국문화에 적응하는
것에 분노했던 것 같다. 그리고 분단된 조국과 신군부의 광주학살과 폭압
정치에 치를 떨었다. (중략) 작가가 역사의식과 비판의식을 갖는 것은 당
연하지만, 원래 의분과 정의감이 강한 전진호는 직설적 비판을 여과시키
고 승화시킬 고뇌와 고독의 시간을 가져야 했다. 그런데 그의 인생은 충분
히 길지 않았다. 이것이 비극이다!"[63]

이처럼 미국에서의 전진호의 삶은 자신이 희곡에서 주창했던 역사에 대
한 책임의식의 실천행위 그 자체였다. 광주 항쟁의 주모자로 수배받다 LA
로 탈출한 윤한봉 등과 '민족학교'를 세우고 초대 교장이 되어 한국계 청소
년들에게 민족정신을 교육했다. 또 한인 동포신문 『코리언 스피릿 저널』에
민족자주정신을 피력하는 '황지강 칼럼'을 연재했다.

작가의 작품세계와 실제 삶이 완벽한 일치를 보이는 경우는 참으로 드
문 일이다. 그것은 작품과 인생을 분리시키지 않는 지극히 순수하고 정직
한 작가에게서만 나타나는 현상이다. 전진호의 희곡들을 읽어보면 기묘하
게도 그의 미래의 삶, '들개' 같은 삶을 예시했다는 데 놀라움을 느끼게 된
다. 아니 그보다는, 작품에서 그가 고뇌했던 문제들을 실제 삶에서도 부여
잡고 실천하며 살았다고 말하는 게 더 합리적일 것이다. 시대의 상처와 아
픔에 대해, 또 역사에 대한 책임의식을 희곡 속에 그렸던 전진호는 미국으
로 삶의 터전을 옮긴 후엔 자신의 삶이란 무대에서 그 문제를 풀어보려 애
썼던 것이 아닐까?

---

[63] 호영송, 「거기 전설처럼 있는 사람, 전진호」, 『숨겨진 전설, 전진호 이야기』, 연극과인
간, 2005, 219쪽.

2. 분단현실의 상처

전진호의 희곡들은 대부분 전쟁의 상처, 과거 역사에 대한 속죄와 책임의식을 문제 삼고 있다. 작품들의 형식이나 스타일을 보면 사실주의극이 3편, 부조리극이 1편, 뮤지컬이 1편이다. 비록 편수는 얼마 안 되지만, 1960, 70년대의 작품경향을 다양하게 시도하고 있다는 점, 시대고에 대한 진지한 문제 제기와 연극적 감각이 뛰어난 작가라는 점에서 젊은 작가 전진호의 대성 가능성을 예고한다. 그래서 그의 희곡들을 읽을 때, 그의 미국 이민과 이른 죽음이 매우 안타깝고 그의 극적인 삶이 작품 읽기에 오버랩되는 걸 피할 수가 없다.

그의 희곡들, 이를테면 〈들개〉, 〈밤과 같이 높은 벽〉, 〈인종자의 손〉은 3부작이라 해도 좋을 정도로 전쟁의 상처와 과거역사에 대한 속죄라는 문제를 진지하게 다룬다.

작가가 그 작품들을 발표한 시기는 1960년대 후반이지만, 극중 배경으로 설정된 시기는 1950년대 말에서 1961년 정도이다. 이 시기는 6·25전쟁의 참혹함이 기억이 아니라 현재형으로 존재한 시기이며, 또 독재정권을 무너뜨린 4.19혁명과 5.16군사 쿠데타가 병존한 시기이기도 하다. 분단의 상처와 전후 현실의 피폐함, 그리고 시민항쟁의 승리로 인한 독재정권의 전복과 이를 대체한 군사정권, 그 암울한 역사의 반복이 표상화된 시기인 것이다. 전진호가 유독 이 시기를 배경으로 3편의 작품들을 연달아 썼다는 것 자체가 시대고와 역사의식에 남달리 민감했던 작가의 문제의식을 말해주는 것이다.

데뷔작 〈들개〉(1966)는 남쪽 어느 항구를 배경으로 이북 실향민의 고통을 통해 분단의 상처를 조명한다. 산등성이에 굴딱지같이 붙은 판자촌 동네, 부두가 내려다보이는 언덕에 자리한 남루한 선술집 평양옥과 진남포, 항구에서 들려오는 뱃고동 소리, 진남포 2층의 하숙생 인철의 기침 소리가 암울한 전후 현실을 암시하는 시청각적 상징으로서의 역할을 한다.

시종 기침을 터트리는 창백한 폐병환자 인철은 병든 전후 현실의 상징이자, 염세적이고 무기력한 남쪽 지식인 세대의 표상이다. 항구에서 뱃고동소리가 들려올 때마다 혹시나 아내가 타고 온 배인가 싶어 항구로 내려가는 태산은 가족과 헤어진 월남 실향민의 비애를 대표한다. 역시 월남한 평양댁은 전쟁통에 과부가 되어 선술집을 꾸려 근근이 살고 있다. 주인공 들개는 가난 때문에 아내의 해산구완을 하지 못해 아내와 막 낳은 아기를 잃고 홀아비로 살아가는 인물이다. 태산과 들개는 비록 지금은 영락한 처지지만, 일제시대에는 만주로 중국으로 쏘다니며 씨름판을 휩쓸었던 장사였다. 들개의 반 동강이 난 손가락은 빈사 상태의 아내를 살리기 위해 피를 먹이려고 자른 것으로, 반 토막이 난 분단현실을 상징하는 기호이기도 하다. 들개는 별명이 암시하듯 아무리 고통스러운 삶이라도 절망하지 않고 살아가는 끈질긴 의지의 인물이다. 그는 전쟁고아 순나를 데려다 친딸처럼 키우고, 부두에서 막노동하며 판잣집을 세우고 술집을 차렸다. 들개가 아내와 자식을 잃은 상처를 전쟁고아를 키우면서 치유했다면, 태산은 분단으로 인한 아내와의 이별과 절망을 끝내 극복하지 못한다. 큰 배가 들어올 때마다 십 년째 아내를 기다려온 그는 결국 절망하여 자살하고 만다. 태산의 죽음을 확인하고 돌아온 들개는 "이 들개래 죽었담 벌써 죽었다. 이리케 살디 않았갔다. 이케 캉캉 짖디 않구 벌써 죽었갔다. (중략) 와…와 죽노……와 죽노 말이다, 와 죽어!"라고 절규한다. 태산의 자살과 그의 절규는 전쟁과 분단으로 가족과 고향을 잃은 이북 실향민의 고통을 생생하게 증언한다.

이 극에는 전통적인 의미에서 극적 사건의 전개는 미약하다. 극히 짧은 시간 동안에 일어나는 매우 단순한 사건을 다루고 있는데, 두드러진 사건이라면 아내를 십 년째 기다리던 태산의 자살 정도이다. 극적 구성은 다소 취약하지만, 그 대신 시대고를 전형적으로 포착한 극적 상황과 인물들의 강렬한 사연, 실향민의 생활정서와 지역성을 빼어나게 살린 이북 사투리 대사가 흡인력을 뿜어낸다.

3. 전쟁의 상처와 극복

전쟁의 상처에 대한 집요한 탐구는 전진호의 첫 장막극인 〈밤과 같이 높은 벽〉(1966, 국립극단, 허규 연출, 1967년 공연)에서도 이어진다. 작가는 신인작가답지 않게 많은 인물들을 내세워 개성이 다양한 성격과 갈등을 비교적 능숙하게 묘사하며 흥미진진한 스토리텔링을 구사한다. 매우 치밀한 구성을 가진 사실주의극임에도 극의 전개가 다소 늘어진다든지, 용국 혼자만이 모든 진실을 다 알고 있어서 마치 전지적 화자처럼 보이는 설정, 아버지의 전쟁 중 행적에 대한 불분명한 묘사, 은혜가 인민군으로부터 당한 강간사건이 아버지나 가족을 지켜주는 역할을 했다는 설정 등 개연성이 부족한 점은 취약점이라 할 것이다.

이 극은 1959년 겨울부터 1960년 4월까지의 시간적 배경을 채택하여 전쟁의 상처로 인한 한 가정의 비극을 조명한다. 남루한 판자촌 술집을 다룬 〈들개〉와는 달리 이 극의 공간은 서양식 저택으로, 하인과 피아노가 있고 스키를 타러 다니는 딸 등 부유층 집안이다. 〈들개〉의 인물들이 이북을 떠나온 후 가족을 잃은 외상과 그리움에서 벗어나지 못하고 살고 있는 것과는 반대로, 이 극은 전쟁의 상처를 허위와 위선으로 포장하여 결국 서로에게 높은 벽을 치고 있는 가족문제에 집중한다.

주 무대인 거실에는 이 가정의 부유한 경제형편이나 문화적 수준을 알려주는 소도구들이 세심하게 배치되어 있는데, 장식적 기능이 아닌 극적 역할을 한다는 점에서 작가의 노련한 연극적 감각을 엿볼 수 있다. 작고한 유명한 사학자 주기덕의 초상화는 벽에서 인물들을 굽어보며 여전히 가장으로서의 권위와 지배력을 발휘한다. 피아노 위에 걸린 음악가의 데드마스크는 지섭에게 죽음의 의지를 불어넣는다. 벽난로 위에 놓인 화물선 아덕호 모형은 선장인 둘째 아들 석빈의 항해를 환기시키는 역할을 한다. 식구들에게 '네 인생의 고래를 잡으라'라는 가르침을 새겨놓은 아버지 주기덕의 초상화가 여전히 이 가정을 지배하고 있다면, 이층에서 들려오는 큰

아들 지섭의 신음소리는 아물지 않은 전쟁의 상처를 들쑤시고 환기시키는 역할을 한다.

가족들의 성격창조나 관계는 주제를 표현하기 위해 치밀하게 구축되어 있다. 어머니는 아버지가 저지른 허위와 위선을 숨기고 가족들에게 훌륭한 아버지상을 주입하려 한다. 큰아들 지섭은 전쟁통에 청력과 남성능력을 상실하고 돌아와 고통에 찬 신음소리를 내지르며 가족들과 절연하고 지낸다. 큰딸 은혜는 성경책을 끼고 교회에 기도하러만 다닐 뿐 시체처럼 지낸다. 셋째 아들 용국은 노상 술에 취해 살면서 미국 이민을 위한 여권이 나오길 기다리고 있다. 넷째 아들 동익은 시인이지만 시를 쓰진 못하고 집에 틀어박혀 책만 읽고 있다. 막내딸 은실은 발랄한 여대생으로 전쟁의 상처나 가족의 그늘을 갖지 않은 인물이다. 지섭의 아내 남정옥은 아이를 낳고 싶어 시동생 석빈과 관계하여 임신한다.

작가는 어느 한 주인공에 초점을 맞추지 않고 여섯 형제와 한 명의 며느리, 어머니로 이루어진 가족들을 비교적 골고루 묘사한다. 극이 시작하면 은실이 스키장에서 돌아오고, 남정옥의 임신 사실이 알려지고, 용국이 허위와 위선으로 가득 찬 이 집안에 '수술'이 필요함을 선포한다. 오랜 항해 끝에 석빈이 돌아오고, 남정옥은 석빈에게 자신의 임신사실을 알린다. 이 극에서 진실을 가장 많이 알고 있으면서 허위와 위선을 '수술'하는 인물은 바로 용국이다. 용국은 자식들에게 '고래를 잡으라'고 설파했던 '훌륭한 아버지'가 사실은 가장 비겁한 사람이라는 것을, 딸 은혜를 희생시킨 인물임을 폭로한다. 사학자인 아버지는 저술활동에 대한 욕심과 가족을 지킨다는 명분으로 딸 은혜가 인민군에게 순결을 짓밟히는 것을 방치했다는 것이다.

이 극은 진실이 무엇인가, 그리고 그 진실이 폭로됐을 때 인물들은 어떤 반응을 보이는가를 주된 플롯으로 삼고 있다. 아내의 임신을 안 지섭은 음악가의 데드마스크와 마주한 끝에 결국 '죽음이라는 고래'를 잡겠다고 생각하고 자살한다. 용국은 집안의 허위를 '수술'하기 위해 미국행을 포기한다. 은혜도 자신의 현실도피적 생활이 약혼자의 전사로 인한 슬픔 때문이라기보다는 전쟁 중에 겪은 치욕 때문이라는 진실을 직면하게 된다. 아이의 임신을 알고 도망치듯 항해를 떠난 석빈은 배가 침몰되어 죽는다. 석빈의 죽음 소식이 알려지는 순간 남정옥은 아이를 낳게 되고, 형제들은 그 아이를 '형제들의 아이'로 받아들인다.

이 극은 전쟁 중에 일어난 비밀과 상처, 허위를 밝혀가는 구성으로 이루어져 있다. 전쟁이 남긴 상처와 아버지가 저지른 허위는 이 집안을 밤과 같이 어두운 '불모'의 집안으로 만들고 만다. 지섭은 전쟁으로 청력과 생식능력을 상실하고 말았고, 은혜는 전쟁 중에 당한 강간의 충격으로 시체와 다름없이 살고 있고, 아이를 낳고 싶은 형수는 시동생과 불륜을 저지른다. 진실을 알지만 이를 인정하지 않고 환상에 매달리고자 했던 어머니나 은혜는 결국 추악한 진실을 마주하게 되며, 지섭은 죽음을 선택함으로써 자존심을 지키고, 석빈은 집을 영원히 떠나는 선택을 한다. 이들의 희생과 수난을 통해 죄와 상처는 정화되고 아물게 된다. 물론 그것은 진실을 직면하고 이를 받아들이는 고통, 즉 "모래와 물의 긴 인내"로 인해서 가능한 것이다. 그래서 새로운 생명의 탄생은 불륜의 씨앗이 아닌 희망의 상징으로 받아들여진다. 새로 태어나는 아이가 "우리 형제들의 피가 흐르는" 아이로 받아들여진다는 것은 이들 가족이 전쟁의 상처와 죄에 대한 책임을 함께 하면서 새로운 미래를 만들어가겠다는 의지의 표명이다. 극의 마지막인 용국의 대사는 전쟁의 상처와 과거 역사를 바라보는 작가의 메시지이기도 하다.

> 용국   (……) 이렇게 많은 희생과 수난을 겪으면서 얻은 우리 형제들의 후예의 울음을 난 언제까지고 듣고 싶다. 고래의 울음 같은 저 아이의 울음을. 그리고 난 우리들의 후예에게 가르치겠다. 우리 형제들의 피가 흐르는 저 아이에게 말해주겠다. 모래와 물의 긴 인내를. 밤과 같이 높았던 벽을……

작가는 〈들개〉나 이 극에서나 전쟁의 상처나 과거역사의 아픔은 잊지 말되 절망하지 말고 인내하며 새로운 미래를 열어야 할 것을 강조한다. 과거의 상처를 딛고 새로운 생명이, 희망이 태어나는 것이므로. 희생과 수난을 겪어온 세대가 할 일은 바로 새로운 세대에게 지난 시대의 고통과 역사를 가르치는 일이라는 것이다.

4. 역사에 대한 책임

과거 역사의 부채에 대한 작가의 탐구는 〈인종자의 손〉(국립극단 공연, 1970, 1973, 임영웅 연출, 1986 이해랑 연출)에서도 계속된다. 1961년 4월 중순, 4월 하순, 5월이라는 시간적 배경은 4.19혁명의 새로운 시대의식을 환기시킨다. 무대는 전통과 현대의 공존을 보여주는 저택이다. 100년 넘는 고택이 이층 현대식 양옥으로 변모된 집의 형태, 벽난로와 전화, 고색창연한 도자기들의 공존을 통해 작가는 우리 근현대 역사를 담아내고자 한다. 구한말 대신인 부친에 대한 핍박을 피하기 위해 아버지가 아들과 동생을 일제의 학병으로 보냈고, 그들이 원자폭탄 피폭자로 돌아온다는 줄거리는 과거 역사의 질곡과 부채에 대한 살아남은 자의 책임문제를 질문하고 있다. 바로 이 질문을 작가는 세 세대의 인물을 통해 전개시킨다.

첫 번째 세대는 일제에 나라를 빼앗긴 구한말 세대이다. 을사조약 때 벼슬을 내놓았으며, 일제강점기엔 항일을 했던 할아버지 김주열은 학병으로 나갔던 아들 김형식을 여전히 기다리고 있다. 두 번째 세대는 일제강점기부터 현재까지 영향력을 행사하는 지식인이자 사회지도층 세대이다. 사학자 김형국은 일제에 협력하지 않은 아버지에게 가해지던 핍박을 피하기 위해 아들과 동생을 학도병으로 내보낸다. 그는 자신의 행동이 어쩔 수 없는 선택이었다고 주장하며, 자신을 적대시하는 아들을 보며 가슴 아파한다. 세 번째 세대는 역사의 격랑에 떠밀려 희생을 당하는 청년 세대이다.

일제 때 학병으로 나간 큰아들 동원, 6·25 때 아버지의 강권으로 미국유학을 떠난 둘째 아들 동호가 이들이다. 취직도 못 하고 백수로 지내는 동호는 6·25 때 도피성 유학을 한 일로 친구들 앞에서도 낯을 들지 못한다. 특히 원폭 피폭자 동원은 자신을 사지로 내몬 아버지와 적대하며 칩거한다. 그는 젊은이들을 '황전'에 내몬 아버지의 연설과 친일행위를 도저히 용서할 수 없다.

이 극의 갈등구조는 큰아들 동원과 아버지 김형국과의 갈등이 큰 축이고, 원폭 피폭자 형식의 생사 여부에 관한 비밀과 그의 죽음이 알려지는 내용으로 이루어져 있다. 학병으로 징병된 아들, 그리고 아들과 동생을 전쟁터로 보내야만 했던 아버지의 갈등은 일제 강점기 지식인이 담당했던 친일행위의 비극을 전형적으로 표상한다. 그 친일행위 역시 강제된 것이었긴 하지만, 많은 젊은이들을 사지로 내몬 역사적 책임을 피할 수는 없다. 이 극은 이처럼 매우 민감한 문제인 친일행위의 양면을 극적으로 제시한다. 동기야 어떻든 적극적인 친일행위를 한 김형국이, 자신의 친일행위의 결과로 전쟁터에 나간 아들과 동생이 가장 비참한 원폭 희생자로 돌아온 사실을 직면하는 것, 그것이 그에게 주어진 징벌이다. 그의 친일행위는 부메랑이 되어 돌아왔고, 그를 가해자인 동시에 피해자로 만들어 결코 친일의 원죄에서 놓여날 수 없게 한다. 그렇다면 이 극이 질문하고 있는 문제는 자명해진다. 과거사 청산이란 문제는 얼마나 어려운 것이며, 가해자와 피해자를 가르는 기준은 얼마나 자의적일 수 있는 것인가 하는 문제이다. 결국 살아남은 자의 책무는 역사와 자신의 행위에 대한 진솔한 속죄, 그리고 '인종자'의 상처와 고통을 함께 어루만지고 껴안아야 한다는 것이다.

이 극은 일제 강점기 학병 지원과 지식인의 친일행위, 원폭 피해자, 6·25 전쟁 때의 도피성 유학 같은 첨예한 역사·사회적 문제들을 제시한다. 소설이나 연극에서 거의 다뤄지지 않았던 한국인 원폭 피폭자 문제와 그 역사적 책임에 대한 문제 제기를 했다는 사실만으로도 이 극은 희곡사적 가치를 지닌다. 바로 그 진지한 주제의식이 다음과 같은 극작상의 단점들을 상당 부분 상쇄시키고 있다. 이를테면 작가의 역사의식이 직설적으로 토로된 다든지, 관념적 논제의 생경한 표출, 심리와 동기가 섬세하게 구축된 인물이라기보다는 관념적 성격과 피상적 행위가 두드러진 캐릭터 같은 단점들.

동원　그때 아버지는 삼촌과 나를 그 많은 학병들 앞에 세워놓고 위대한 대일본제국에 충성을 다짐하는 맹세를 시켰죠. …우리들 황국신민은 충성을 다하여 군국에 보답한다. 우리들 황국신민은 모두 인구단련하여 이 몸을 조국에 바친다. 천지가 떠나갈 듯이 만세를 부르자고 하셨죠. 만세! 만세! 만세! …(처절하게 울부짖으며 흐느낀다) 으흐흑! 으흐흑!……

김형국　우리나라 5천 년 역사 가운데, 우린 건국 이래 900여 차례나 외침을 받아왔다. 그때마다 수많은 사람들이 희생을 당했지. 그러면서 우리는 우리나라 역사의 맥을 이어왔다. (중략) 내게는, 자식으로서 난 네 할아버지를 보호해 드릴 의무가 있었다. 놈들이 시키는 대로 해야만 했다. 그래서 난 마지못해 학병들 앞에 끌려나갔다. (중략) 어차피 우리들 가운데 누군가가 희생되지 않으면 안 되었다. 그 희생이 너희들 세대가 되고 만 것이다. 그 무서운 시대, 이유 없이 젊은이들을 끌어가던 그 몸서리쳐지는 일들! 우리들에겐 희생의 세대가 필요했던 것이다.

이 인용 장면은 이 극이 과도할 정도로 역사의식이나 메시지를 관객에게 강요하고 있음을 뒷받침한다. 그런데 문제는 김형국의 주장이 그다지 설득력을 얻지 못하고 있다는 점이다. 그는 아버지에 대한 효도라는 의무를 위해 아들과 동생을 희생시켰다고 한다. 유교 세대인 그로선 어쩔 수 없는 선택으로 이해된다. 그러나 그의 주장이 다소 엉뚱하다. 우리나라 5000년 역사가 수난의 역사이며 매 고난의 시기마다 희생자들이 바쳐질 수밖에 없었다는 것이다. 이런 논리로, 학병들 앞에서의 지원연설 행위와 학병들의 희생은 역사적 필연성을 가진 것이라고 비약해 버린다. 이러한 주장은 사학자로서의 그의 역사의식을 의심케 할 뿐 아니라, 자신의 친일행위에 대한 매우 교묘한 합리화로도 해석될 여지가 있다. 그는 자신을 증오하는 아들, 송장 같은 모습으로 돌아온 형식의 삶을 몰래 지켜보는 자신의 고통을 피력하며 아들에게 용서를 빈다. "동원아! 용서해다오. 이 모든 걸 이해해다오. 그리고 사랑하도록 하자. 살아 있는 것부터 죽어 있는 것까지 전부를 말이다. 그리고 나서 조용히 생각하자." 김형국은 이 말을 하면서 동원 앞에 무릎을 꿇는다.

김형국이 피력하는 역사의식이나 '희생'에 대한 논리, 그리고 과거의 역사적 상처를 껴안는 방법으로 용서와 사랑을 주장하는 이 장면은 관객들에게 많은 생각을 하게 만들 것이다. 피해자와 가해자의 관계인 아들과 아버지의 '용서와 사랑'이 이루어지는 것은 김형국이 불치병에 걸린 사실이 알려지면서이다. 아들은 그제야 아버지가 안고 살아왔을 번민과 고통을 이해하게 된다. 이처럼 작가는 김형국에 대해 동정적 시선을 견지하고 있다. 그의 뼈를 깎는 속죄 대신 그의 번민과 불치병을 강조하고, 결국 동원의 용서와 화해를 얻는 것으로 그려서 김형국의 역사적, 사회적 책임을 모호하게 처리하고 만다.

김석만은 전진호의 희곡이 "문제 해결의 희곡이 아니라 문제 제기에 관한 희곡"이라고 해석한다. 그의 희곡은 "전쟁과 분단으로 야기된 기억에 담긴 상처의 기록이며, 동시에 당대의 관객들에게 상처를 어떻게 끌어안고 살아가야 하는지 찾아야만 한다는 주장을 담은 처절한 고백"[64]이라는 것이다.

이 극은 역사의 가해자와 피해자를 부자관계로 설정하여 부자갈등의 문제에 도덕성과 역사성의 문제를 겹쳐놓는다. 친일행위도 일제의 억압으로 인한 불가피한 것이므로 가해자도 사실은 피해자일 수 있다는 것이다. 그러나 '희생의 세대'를 만들어낸 가해자가 피해자와 동일한 도덕적 순수성

---

[64] 김석만, 「기억과 상처」, 『인종자의 손』, 228쪽.

을 가질 수는 없으며, 당시 상황에만 책임을 전가할 수는 없다. 가해자가 용서받고 피해자의 해원이 이루어지기 위해서는 무릎 꿇는 참회와 죽음과 같은 희생이 필요하다는 것을 이 극은 암시한다. 역사의 피해자, 비참한 희생의 세대는 이 극에서 참혹한 원폭 환자의 모습으로 형상화되어 있으며, 참혹한 희생을 견뎌온 인종자의 손은 우리 모두에게 역사에 대한 진실된 참회와 책임의식을 요구하고 있는 것이다.

5. 현실과 환상

진지한 문제의식을 제기한 3편의 사실주의극을 발표한 전진호는 방향을 바꾸어 새로운 연극형식에 대한 실험을 시도한다. 1960년대, 70년대는 부조리극, 서사극, 전통의 현대화 공연 등 반사실주의극이 다양하게 시도되었던 시기였다. 그리고 예그린악단의 창작 뮤지컬 〈살짜기 옵서예〉(1966)의 성공 이후, 몇몇 극단들도 번역 뮤지컬, 창작 뮤지컬들을 공연하면서 뮤지컬의 대중성을 점검하던 시기였다.

전진호는 〈달나라와 딸꾹질〉(1972, 여인극장, 강유정 연출)에서 부조리극을 실험하고, 〈밤에만 나는 새〉(1979, 극단 작업, 길명일 연출)에서는 뮤지컬을 시도했다.

〈달나라와 딸꾹질〉은 익명의 인물들을 내세워 의사소통의 부재와 죽음에 대해 그린다. 그다지 성공작이라 할 순 없지만 당시 연극으로서는 새롭게, 죽음을 향해 기어가는 인간 군상을 퍼포먼스적 기법으로 그렸다는 점이 이색적이다.

〈밤에만 나는 새〉는 전진호가 지속적으로 천착해왔던 주제인 전쟁의 상처와 피난민들의 삶을 뮤지컬답게 노래와 춤, 환상이 어우러진 스피디한 전개와 어두운 경쾌함으로 표현한다. 1950년대 부산항이 무대인 이 뮤지컬은 두 개의 대조적인 플롯을 교직한다. 하나는 삼팔 따라지 건달 종구패와 이남 건달 운철패의 세력 다툼이고, 다른 하나는 낭만적인 사랑을 꿈꾸고 기다리는 은주와 노시인, 은주모의 플롯이다. 이렇게 현실 플롯과 환상 플롯을 교직하면서 암울한 전후 현실을 다각적으로 조명한다. 장면들도 화물선 갑판, 부두의 다리, 미군부대 철조망, 빈민가, 바닷가, 조선소 부근, 부두 뒷골목, 공원, 지하실 운철패 아지트, 성당, 유치장 등 다양한 공간을 스피디하게 이동하면서 전후 피난도시의 어둠과 방황, 낭만을 다각적으로 묘사한다.

극의 시작은 휴전 협정이 조인되어 분단이 확정된 날로서, 종구패는 이북 고향에 돌아갈 수 없음을 비감해한다. 은주는 이상적인 사랑이 자기를 찾아올 거라는 환상에 사로잡혀 있고, 종구는 그런 은주를 사모한다. 운철패는 종구패가 그들과 관계를 끊고 손을 씻자 분개해 싸움을 벌인다. 그 싸움에서 운철의 부하 올빼미가 종구의 부하 깜새를 죽인다. 군수물자 도난사건의 용의자로 몰려 종구가 유치장에 갇혀 있는 동안 운철패의 올빼미는 은주에게 흑심을 품고 납치하려다 콩땡과 싸움이 붙는다. 은주는 콩땡 대신 칼을 맞아 죽는다. 이때 종구가 뛰쳐 들어오고, 은주는 자신이 기다리던 사람이 종구라는 것을 깨닫고 그의 품에 안겨 행복하게 죽음을 맞는다.

도시의 뒷골목에서 방황하는 암울한 청춘들, 건달패의 화려한 군무와 패싸움, 죽음의 순간에야 맺어지는 비련 등 이 뮤지컬은 〈웨스트사이드 스토리〉를 연상시킨다. 그러나 삼팔따라지들의 고달픈 삶과 향수, 출구를 찾지 못한 젊음의 방황, 미군부대나 외항선 혹은 폐선 주변에서 벌어지는 건달패의 일탈행위 등은 전후 현실의 어두운 단면을 매우 사실적으로 그려낸다. 그런가 하면 이상적인 연인을 기다리며 아름다운 꿈을 꾸는 소녀, 예술 속에서 현실의 절망을 극복하려는 노시인이나 추억을 찍는 사진사 등은 비현실적인 캐릭터들이지만 몽상과 사랑이 암울한 현실을 견뎌내는 힘이 될 수 있음을 암시한다. 마찬가지로 환상은 실향민들에게도 분단의 아픔과 상처를 달래주는 묘약이기도 하다. 이북 고향과 완전히 단절된 삼팔 따라지들은 외항선을 타고 머나먼 고향으로 떠나는 환상을 노래하기도 한다. 이처럼 이 뮤지컬에 특징적인 것은 어둠과 빛의 대비, 즉 암울한 현실의 좌절과 환상의 찬란함이 만들어내는 뚜렷한 대조이다.

전진호는 이 뮤지컬에서 주제의식의 변화를 보인다. 전쟁의 상처를 치유하고 과거 역사의 책임문제를 해결하기 위해선 허위와 위선, 환상을 폭로하고 현실을 직면해야만 한다는 게 전작들의 주제의식이었다면, 이 뮤지컬은 인생에 필요한 것으로서의 환상에 무게중심을 둔다. 현실과 환상은 대극적인 힘이지만, 서로 배척적인 존재가 아니라 상호보완적 존재가 되어야 한다는 것이다. 전진호의 마지막 작품은 그의 인생에 대한 통찰이 한 단계 더 심화되었음을 보여준다. 뮤지컬의 양식적 특성을 살리기 위해 구상되었을지도 모를 이 환상 플롯은 작가의 의도가 어떠했든 간에, 현실의 좌절과 고통을 견디게 하는 환상의 필요성을 제시한다.

6. 역사의식과 삶의 괴리

전진호의 희곡들은 전쟁과 분단의 상처, 과거 역사에 대한 책임의식을 천착하고 있다. 그의 극에 이북 실향민, 전상자, 사학자가 자주 등장한다는 것은 우연한 설정이 아니다. 이북 실향민이나 전상자, 학병, 전쟁 피해자, 원폭 피폭자들은 전쟁의 비참함, 분단의 냉혹한 현실을 가장 잘 환기시키는 존재이기 때문이다. 무엇보다 사학자의 등장은 과거 역사를 어떻게 바라봐야 할 것인가, 하는 역사의식과 삶의 실천행위를 성찰하게끔 한다.

그런데 전진호가 그린 사학자들은 묘한 이중성을 가진 존재다. 〈밤과 같이 높은 벽〉의 사학자 주기덕은 저술활동을 위해 딸이 인민군들에게 유린당하는 것을 묵인한다. 늘 '고래를 잡으라', 즉 가치 있는 삶을 위해 투신하라는 자신의 신념을 스스로 배신한 위선자이다. 〈인종자의 손〉의 사학자 김형국은 우리 5000년 역사가 수난과 희생으로 이루어져 있고, 그래서 어느 세대든 '희생의 세대'를 감당해야 한다는 역사적 숙명론을 피력한다. 그런 한편, 그는 구한말 러시아 청나라 일본 등 열강들에게 맥없이 유린당했던 과거의 역사에까지 번민하며 책임의식을 느끼는 인물이다. 그러나 그는 효도라는 개인적 가치를 위해 아들과 동생을 학병으로 보내고, 더욱이 학병들 앞에서 황전 지원연설까지 한다. 그런 점에서 그는 지식과 삶의 실천행위가 괴리를 이루는 인물이다. 원폭 피폭자가 되어 돌아온 아들과 동생을 보면서 김형국이 아무리 번민한다 해도 뼈를 깎는 속죄의 의식이 선행되어야 비로소 '용서와 화해'를 말할 수 있을 것이다. 그러나 그는 절실한 속죄 대신 역사적, 개인적 상황의 불가피함을 내세우며 불치병으로 인해 '희생의 세대'인 아들의 용서를 얻어내게 된다.

작가는 이처럼 두 사학자의 이기적이고 허위의식에 가득 찬 역사의식과 실천적 삶의 괴리를 제시한다. 그리고 두 사학자에게 어쨌든 죽음의 징벌을 내린다. 주기덕은 스스로 죽음을 선택한 것으로 암시되며, 김형국 역시 아들의 원자병과 동생의 참혹한 죽음을 감내해야 하고, 자신의 죽음을 앞두게 된다.

작가는 이런 사학자들의 모순적 역사의식과 위선적 실천행위를 제기하여 관객에게 질문을 던지고자 했을 것이다. 여전히 존경받는 사회 지도층, 지식인들의 표리부동한 삶에 죽음의 선고를 내리고, '희생'을 감당해야만 했던 젊은 세대야말로 그 '밤과 같이 높은' 허위와 위선을 깨트리고 새로운 희망의 시대를 열어가야 한다는 염원을 담았던 것은 아닐까.

김 의 경

망각과 결핍에 대한 보상과 각성으로서의 역사극

1. 왜 역사극인가?

연극을 시작한 이래 거의 일관되게 역사극만을 쓴 극작가가 있다. 역사극 장르에서 독특한 영역과 개성을 각인시킨 그 극작가의 이름은 김의경 (1936~)이다. 연출가, 극단 기획자, 극단 대표 등 전방위적 연극인인 그로 하여금 역사극만을 지속적으로 쓰게 한 동인은 무엇일까? 그에게 역사란 무엇이었을까? 그리고 역사의 해석과 상상적 재현이란 작업을 그는 어떻게 하고 있는가? 그의 역사극 작품들을 읽으며 품었던 문제의식들이다. 마찬가지로 최근에 대중문화 분야에 일고 있는 사극 열풍도 오버랩되었다. 역사가 '현재와 과거의 대화'이듯이, '역사(극)이란 무엇인가'를 사유하기 위해서는, 그리고 김의경의 역사극을 본격적으로 살펴보기 위해서는 최근의 사극 열풍 또한 약간의 점검이 필요하다는 생각이 든 것이다.

사극은 요즘 대중문화의 최전선에 자리한 트렌드이다. 국경을 넘어서까지 인기를 얻으며 한류 전파의 첨병 역할을 한 〈대장금〉, 50퍼센트 대의 기록적인 시청률을 올리며 연장 방영된 〈주몽〉, 천이백만 관객을 동원한 영화 〈왕의 남자〉 등은 새로운 문화현상으로 자리 잡았다. 포스트모던한 현대극이나 쿨한 라이프 스타일에 감응하던 대중의 판타지가 왜 갑자기 사극으로 옮겨간 것인가? 영화는 흔히 '꿈의 공장'으로, 방송드라마는 '백일몽의 판타지'로 불린다. 그것은 꿈이 개인 무의식의 표현이듯이, 영화나 방송드라마 역시 사회적 무의식의 표현이라는 것을 의미한다. 〈주몽〉뿐 아니라 〈연개소문〉, 〈대조영〉 등 고구려 시대 배경의 역사극이 방송국 3사에 의해 방영되었거나 방영 중이라는 사실을 단순한 우연의 일치로 볼 수는 없다. 방송 3사가 앞다투어 고구려 사극을 기획했다는 사실은 바로 우리 사회의 억압된 무의식이나 트라우마가 고구려를 통해 돌출했음을 암시한다. 왜 이 시점에서 수많은 과거 역사로부터 하필 고구려가 호출되었는가? 고구려는 우리 역사상 중국과의 싸움에서 당당히 승리를 거두고, 만주를 호령했던 호방한 기상을 뽐냈던 나라이다. 중국이 고구려를 중국사에 편입시키는 '동북공정'을 벌이고 있음에도 그에 항의하지 못하는 '정치사회적 금기'에 맞서 호명된 것이 '고구려 민족주의'인 것이다. 가장 찬란했던 우리 역사의 한 부분을 도둑맞을 위기에 처한 시점에서 자랑스러운 조상 고구려를 재현하고 우리의 민족적 정체성과 연속성을 확인하고자 하는 메시지가 거기 숨어 있는 것이다. 그런 점에서 〈주몽〉이나 〈대조영〉이 새로운 나라를 세우는 영웅의 이야기라는 점은 의미심장하다. 정신분석적 관점으로 본다면 이 영웅들의 이야기는 아들이 새로운 아버지가 되는 오이디푸스 시나리오이기 때문이다.

영화 〈황산벌〉이나 〈왕의 남자〉가 대중의 판타지를 자극하며 흥행에 성공한 것은 역사 서술에서 지워진 목소리, 부재하는 것으로 간주되었던 비주류의 목소리를 전면에 드러냈기 때문이다. 사투리나 전쟁에 동원된 수많은 '거시기'들, 여성, 광대 등은 바로 영웅 중심의 역사 서술에서 배제된 비주류의 복권을 의미하는 것이고, 바로 이것이 비주류 대중의 무의식과 판타지에 공명과 동일시를 만들어낸 것이다. 이 두 영화는 주류─승자 중심의 역사 서술을 전복하고 비주류─패자의 목소리를 전면으로 자리바꿈시킨다. 〈황산벌〉에서는 가족들을 죽이고 전장에 나감으로써 충신의 사표

로 추앙받았던 계백이 아내에 의해 조롱당하며, 장기판의 말처럼 전쟁의
도구로 대상화되었던 '거시기' 곧 민중이 삶의 주역으로 등장한다. 〈왕의
남자〉도 〈황산벌〉과 마찬가지로 역사적 사실fact보다는 허구fiction에 방점
이 놓인 이른바 팩션faction 장르 영화로서 지배계급의 권력과 횡포를 조롱
하고 전복하는 광대들의 예술과 삶을 조명한다.

그렇다면 역사극이란 기존의 역사 서술을 의심해 보는 데서 출발하는
것이 아닐까? 그리고 어떤 역사를 지금 이 자리에 호명하는가 하는 선택의
문제와 그것에 대한 해석의 문제는 결국 현재적 관점과 상상력에 의존하
는 것이 아닌가. 이미 사라진 역사, 과거의 기억을 있는 그대로 재현한다는
'역사적 진실' 추구라는 명제는 사실 불가능한 꿈, 허구일지도 모른다. 이
미 지나가 버린, 사라져버린 역사와 삶을 있는 그대로 재현한다는 것은 불
가능하기 때문이다. 그리고 설령 역사적 사료들에 의존한다 해도 그것이
과연 진실임을 보증하는 '원본'이라고 말할 수 있을 것인가. 이미 과거(역
사)가 기록될 때부터 기록자의 관점에 따라 취사선택되고 승자의 입장에
서 해석된 것일 수 있기 때문이다. 또 설령 과거라는 원본을 인정한다 해
도, 그 역사를 재현하고자 하는 현재의 관점과 입장, 혹은 가치관 등이 끊
임없이 바뀔 수 있기 때문에 역사(극)는 매번 새롭게 다시 쓰일 수 있는 것
이다.

〈주몽〉류의 '고구려 민족주의'나 〈황산벌〉, 〈왕의 남자〉 등이 그리는 '민
중 중심의 역사'가 대중의 판타지에 커다란 울림을 만들어낸 것처럼, 역사
극은 현재의 결핍과 부재를 보상하는 역할을 한다. 그러니까 이 사극 열풍
이 암시하는 것은 현재 우리의 사회문화적 삶이나 정체성이 위기에 처해
있다는 반증인 것이다.

김의경의 역사극들을 관통하는 특성은 기존의 역사 서술이나 소설 같은
관련 텍스트들까지 풍부하게 섭렵하고 역사에서 지워진 목소리나 망각된
사건들을 전면에 부각시킴으로써 역사에 대해 새로운 질문을 던진다는 점
이다. 그의 역사극들은 최근 유행하는 팩션 장르처럼 도발적인 상상력으

로 역사와 허구의 경계를 지워버리는 식의 역사 뒤집기나 다시 쓰기, 혹은 역사에 대한 새로운 해석을 보여주지는 않는다. 어디까지나 역사적 사실 재현에 충실한 '실증주의적 역사가'의 태도를 취하면서 우리가 망각한 과거역사나 현실의 결핍에 대해 준엄한 문제제기를 한다.

2. 패자의 역사와 남성적 서사

우리 연극사를 통틀어 김의경 만큼 역사극을 지속적으로 써낸 극작가는 없다. 그의 역사극의 특징을 거칠게나마 일별한다면 우선 매우 선이 굵은, 소위 남성적 서사를 꼽을 수 있다. 그의 역사극에는 남녀 간의 애정이나 감정의 과잉 같은 멜로드라마적 서사가 등장하지 않는다. 역사적 사건을 재현하면서 멜로드라마적 애정 플롯과 감상주의를 뒤섞는 것은 우리 연극사에서 역사극이 대중 속에 뿌리내린 첫 시기인 1930년대 유치진이나 함세덕의 대표적인 극적 전략이었다. 손쉽게 대중성을 확보할 수 있는 이 전략은 이후 역사극의 계몽성을 호도하기 위한 당의정으로 사용되면서 일종의 '공식'이 되었다. 그런데 김의경의 역사극들에는 건조해 보일 정도로 애정 플롯이 철저히 배제되어 있다. 대신 그 빈자리를 메우는 것은 주요 인물들의 서로 다른 입장 혹은 관점의 정치사회적 담론이거나 치밀한 사료로 뒷받침된 역사적 정보들, 한 시대의 총체성을 대표하는 군상으로서의 많은 조역들이다. 그런 점에서 본다면 김의경은 분방한 상상력으로 허구를 채워 넣기보다는 역사적 고증과 정확성을 중시하는 역사가의 엄정한 태도를 취하고 있는 극작가이다.

두 번째로, 그는 역사를 움직이는 '세계사적 개인' 혹은 영웅보다는 주로 패자들을 조명한다. 그는 역사서술에 의해 부정적으로 평가된 패자들을 호명하여 문제적 개인으로 다룸으로써 '승자의 기록'으로 역할을 해온 역사에 대한 반성적 사유를 불러일으킨다. "승자는 역사를 쓰고 패자는 소설을 쓴다."라는 말이 있다. 김의경은 패자 혹은 부정적으로 평가받은 인물들의 입장에 애정 어린 동일시를 표명한다. 현재적 관점에서 본다면 역사 서술에서 부정적으로 평가된 패자의 입장이 오히려 더 합리적인 것은 아닌가, 하는 불온한 질문을 던지는 것이다. 이를테면 그의 대표작인 〈남한산성〉(1973)은 병자호란 때의 인조의 굴욕을 소재로 하면서, 청에 대한 항복을 권유한 최명길이 오히려 백성을 더욱 사랑한 현실주의적 정치가라고 새롭게 조명한다.

세 번째로 그는 우리가 잊고 싶은 기억들, 망각된 치욕의 역사에 특별한 관심을 보인다. 찬란한 영광의 역사가 아니라 병자호란이나 구한말, 일제 강점기 같은 치욕의 시기를 주로 다루었다는 것은 그의 특별한 역사의식을 읽게 해준다. '고구려'처럼 민족의 자긍심을 드높일 수 있는 영광의 시대를 호명해오는 것이 아니라 병자호란이나 일제 강점기 같은 '패배와 굴욕의 시대'를 호명하여 이를 냉철하게 그려낸다. 그는 1970~90년대에 주로 역사극을 쓰면서 고도성장과 민주화투쟁, 혹은 탈이념으로 요약되는 시대정신에 배제된 역사의 망각과 결핍을 채우고자 했던 것으로 보인다. 그것은 한일관계의 본질, 식민지 시절의 치욕, 구한말과 일제 강점기 시절의 투사들이나 민중의 삶에 대한 총체적인 망각을 일깨우고 싶었기 때문일 것이다. 그는 이 시기를 조명하면서 놀라울 만큼 민족주의적 감정의 가감 없이 냉정하게 그려낸다. 이 때문에 민족주의적 시각에 따른 인물묘사의 이분법, 선인과 악인을 구분하는 태도 역시 배제되어 있다. 예컨대 관동대지진 때의 조선인 학살사건을 소재로 한 〈잃어버린 역사를 찾아서〉를 보면 민족주의적 기개와 저항을 보여주는 지사형 조선인은 찾아보기 힘들다. 오히려 일본인이 조선인보다 더 영웅적 위엄을 갖추어 관객의 감정이입을 받는 인물로 그려져 있기도 하다. 그는 민족감정으로 지나간 과거 역사를 바라보기보다는 그 시대 두 나라 민중의 각기 다른 삶의 태도들을 그려내는 데에 집중한다. 사료를 냉철하게 검증하고 분석하는 역사가의 가차없는 시선을 견지하고 있는 것이다.

네 번째로 그의 역사극은 역사적 사실에 충실하고자 하며 계몽사극의 경향을 띤다. 그는 작가의 상상력과 도발적인 해석으로 역사적 소재들의 틈새를 채우고 주관적으로 사건과 인물들을 해석하기보다는 될 수 있는 대로 객관적으로 재현하고자 한다. 그리고 역사 해석에서도 작가의 선명한 해석을 밀고 나가기보다는 매우 조심스러운 태도를 취한다. "지난 백여 년에 걸친 저들의 비인간적 행위들을 우리 후손들에게 두고두고 얘기해주고 싶다. (중략) 나는 이 얘기들을 가능하면 사실의 역사에서 뽑아다 기술하고 싶다. '시극은 역사와는 달리 있었던 일이 아닌, 있을 수 있는 개연성을 다룬다.'고 한 아리스토텔레스의 태도와는 의도적으로 달리한다. 내 연극 속에서의 사실들은 좀 더 지식 노릇을 하게 하고 싶다."(《반도와 영웅》에 부친 작가의 말) 이러한 발언은 작가가 자신의 역사극을 일종의 역사 교육의 자료로 치부하고 있는 계몽적 태도를 말해준다.

이처럼 그의 작품들은 역사적 사실을 관객에게 알리는('지식 노릇') 역할에 충실하고자 하기 때문에 장면들이 허구적으로 극화되기보다는 주로 역사적 사건들의 나열로 구성된다. 그 때문에 연극적 재미가 부족하고 딱딱한 느낌을 준다. 등장인물도 과감한 상상력으로 새롭게 창조하거나 현대적으로 재창조되기보다는 역사적 사료에 입각한 인물로 객관화시켜 그리고자 하기 때문에 인물의 내면이나 정서가 깊이있게 형상화되지 않는다. 이는 물론 역사적 사건이나 인물을 작가의 주관적 해석과 상상력으로 왜곡하지 않으려는 역사가적 태도에서 나온 것이다. 그러나 '사실에의 충실성'이란 태도를 고수함으로써 대신 연극적인 재미, 생동감있는 캐릭터, 시적·정서적 대사를 약화시키고 만 결과 또한 부인할 수 없다. 그러나 과연 지나가버린 시간인 과거의 '원본'이란 존재하는 것인가? 가장 엄정해 보이는 역사기록이란 것도 사실은 지나가 버린 시대의 복제물이자 주관적 시선이나 입장에 의해 '시뮬라시옹'한 것이란 사실을 받아들인다면, 역사극작가 역시 사료들을 훨씬 더 자유롭게 시뮬라시옹하고 재창조할 수 있지 않을까?

3. 역사극의 이중적 담론

역사극은 이중으로 시대의 거울임을 자처하는 연극이다. 과거의 시대를 모사하면서 동시에 현재의 시대를 비춰내기 때문이다. 김의경이 본격적으로 역사극을 발표하기 시작한 것은 1970년대에 들어와서이다. 그의 역사극들을 일별하면, 〈남한산성〉(1973), 〈함성〉(1974), 〈북벌〉(1978), 〈삭풍의 계절〉(1982), 〈식민지에서 온 아나키스트〉(1984), 〈잃어버린 역사를 찾아서〉(1985) 〈길 떠나는 가족〉(1991), 〈반도와 영웅〉(1996), 〈대한국인 안중근〉(1998) 등이다. 소재별로 살펴보면, 첫째 병자호란을 다룬 극(〈남한산성〉 〈북벌〉), 둘째 항일투쟁을 다룬 극(〈함성〉 〈삭풍의 계절〉 〈대한국인 안중근〉), 셋째 일제 강점기 일본인과 한국인의 관계를 다룬 극(〈식민지에서 온 아나키스트〉 〈잃어버린 역사를 찾아서〉 〈반도와 영웅〉), 넷째 시대와의 관계에서 인물의 일대기를 다룬 극(〈길 떠나는 가족〉) 등으로 분류할 수 있다.

이 글에서는 김의경의 역사극의 특성이 드러나는 〈남한산성〉을 간략하게 살펴보고 나서, 그의 역사극 중 주목되는 작품들인 '망각과 치욕의 역사', 일제 강점기 시대의 3부작이라 할 수 있는 작품들을 살펴보고자 한다. 이 3부작은 탈식민주의적 시각으로 한일관계와 제국주의적 이데올로기에 대한 문제 제기를 의도한다. 특히 작가는 민족주의적 시각에서 그 시대와 식민담론을 바라보는 게 아니라 한국과 일본 양자의 입장을 비슷한 비중으로 그린다. 그리하여 제국주의적 담론의 단성적 목소리와 그에 저항하는 식민주체들의 다성적인 목소리들을 대결시켜 상이한 관점을 전경화시킨다.

▌〈남한산성〉 : 이상주의와 현실주의의 대립

김의경이 주로 대작 위주의 역사극을 발표하기 시작한 1970년대는 역사극이 양적인 팽창을 보인 시기였다. 경직된 정치현실과 검열 강화가 작가의 정공법적 현실비판을 막았기 때문에 역사 소재를 통해 우회적으로 현실을 말하려는 역사극들이 봇물 터지듯 발표되었던 것이다. 그와 동시에 역사극은 국립극장의 국책극 성격을 띠고 많이 공연되기도 했다. 그러니까 국립극장 중심의 '국책극' 성격의 역사극들과 민간극단의 현실저항적 의미를 가진 역사극들이 발표되었던 시기였다. 이처럼 1970년대는 이전 시대의 영웅사관에 입각한 영웅사극(유치진이 대표적)이 점차 쇠퇴하고, 민중을 역사의 주체로 그리는 민중사극이 등장한 시기였다. 특히 기존의 정형화된 해석을 벗어나 역사의 부정적 평가를 받아온 인물에 대한 새로운 해석이 행해졌다. 현실주의적 가치관이 명분과 충을 강조했던 유교적 이념을 대체하는 것이다.

　바로 이러한 변화를 보여준 대표적 역사극이 김의경의 〈남한산성〉이다. 박종화의 역사소설 『대춘부待春賦』를 참조한 듯한 이 극은 병자호란을 배경으로 당리당략에 따른 주전파主戰派와 주화파主和派의 파쟁을 그린다. 그러나 박종화의 『대춘부』가 3학사의 행적을 통해 민족의식을 고취하려 했던 것과는 달리, 〈남한산성〉은 민족적 저항 대신 청에 대한 항복을 권유한 점에서 부정적으로 평가됐던 주화파 최명길을 긍정적으로 그린다. 최명길은 "역사엔 죄인이며 역적으로 기록될지라도" 국권과 백성을 지키기 위해 화친을 주장하는 현실주의적인 정치가로 형상화되어 있는 것이다. 3학사의 이상주의적이고 명분론적인 기개도 훌륭하지만, 전란의 위기 국면에서는 민중의 고통까지 두루 살피는 현실주의적 판단이 더 중요하다는 것이다. 전란과 민중의 고통을 야기한 유교적 명분론의 허위의식을 그려내기 위해 이 극은 부패하고 무능한 지배층, 현실인식이 부족한 사대부들에 관한 에피소드들을 풍부하게 교직시킨다.

　그러나 이 극은 흔히 정사正史를 다룬 역사극들이 그러하듯 극적 갈등과 긴장이 다소 부족하다. 주전파와 주화파의 중심 갈등이 이상주의와 현실주의의 대립이란 측면에서 전형적으로 제시되었어야 함에도, 역사의 죄인을 감수하면서까지 백성을 사랑하는 최명길의 영웅적 충정만이 '정正'이란 입장에서 그려지고 있다. 그러나 민족적 의기와 명분보다는 민족의 생존과 번영이 더 중요하다는 현실주의적 세계관은 1970년대 역사극의 중요한 이념적 성격이다. 바로 이 〈남한산성〉은 그러한 시대정신을 선취한 역사극으로서 중요한 의미를 지닌다고 할 수 있다.

▌〈식민지에서 온 아나키스트〉 : 무정부주의의 극적 재현

이 극은 '작가의 말'에 따르면, 관동대지진에 대한 극(〈잃어버린 역사를 찾아서〉)을 쓰기 위해 취재하는 도중 일본 작가 세토우치 하루미의 『여백의 봄』을 읽은 후 쓰게 되었다고 한다.

전부 8장으로 이루어진 '재판극' 형식의 이 극은 동경에서의 박열 의사의 삶과 아나키스트로서의 사상을 조명한다. 일본 동경을 배경으로, 극중 시간은 관동대지진 때 벌어진 사회주의자, 불령선인 검속으로 체포된 1923년부터 1926년 7월 가네꼬 후미꼬의 죽음까지의 3년간의 시간이다. 이 극은 실제로 3년을 끌었던 재판과정을 극의 형식으로 사용하면서 박열과 그의 애인 가네꼬 후미꼬의 극적인 생애, 후떼이샤不逞社 활동과 아나키즘 사상을 압축적으로 담아낸다. 일왕 암살을 시도했던 독립투사 정도로만 희미하게 알고 있던 박열과 일본인이면서도 박열의 연인으로 일제에 저항해 싸웠던 가네꼬라는 여성의 생애와 사상이 충실한 사료를 바탕으로 선명하게 재현된다. 특히 관동대지진을 계기로 검속되어 취조를 받는 과정에서 드러난, 단지 계획단계의 '미완의 사건'인 일왕 암살기도사건이 3년을 끈 재판과정을 통해 아나키즘과 조선 독립의 정당성을 알리는 진정한 투쟁으로 변모하는 데 극적 묘미가 있다. 두 아나키스트는 무죄를 주장하거나 천황암살기도 사실을 부정하지 않고 정정당당하게 자신들의 계획과 사상을 밝힌다. 그들은 적극적으로 '천황제에 반대하는' 무정부주의자로서의 신념을 들어 자신들의 계획의 정당성을 주장하는 것이다. 이들이 목숨을 두려워하지 않고 당당하게 주장을 펴기 때문에 법정 자체를 진정한 투쟁의 장으로 바꿔놓고 마는 것이다. 그들은 재판과정 자체를 아나키즘과 니힐리즘을 옹호하고 천황제의 모순을 선전하는 장으로 활용한다. 그래서 이들의 미완의 사건은 법정을 통해 완성된다. 다데마쓰 예심판사가 "저들이야말로 승리자다."(6장)라고 내뱉는 대사가 이를 입증한다. 이처럼 이 극이 관객에게 보여주고자 하는 것은 망각하거나 잘 모르고 있는 역사적 사실, 불령선인不逞鮮人'(불온한 조선인)에 대한 새로운 환기이자 역사교육이다.

이 극의 축은 박열과 가네꼬의 아나키스트로서의 사상과 일왕 암살 기도 사건에 대한 재판이다. 이러한 재판극의 외적 틀 속에 두 사람의 만남과 사랑, 동거, 아나키스트사상, 후떼이샤 활동, 그들의 동지들, 폭탄 구입계획을 밀고한 인물들에 관한 에피소드들이 삽입된다. 그리고 이 사건을 맡은 일본인 예심판사와 검사가 합작으로 사건을 과대포장하여 박열에게 사형언도가 떨어지게 조작하는 음모, 민족을 초월하여 아나키스트적 동지로서 박열을 변호하는 후세 변호사의 우정이 그려진다.

딱딱한 재판극 형식으로 구성되어 있음에도 불구하고 극적 흥미를 주는 것은 크게 두 가지 요인이다. 첫 번째는 박열을 둘러싼 두 명의 일본여성과 시대적 관계이고, 두 번째 요인은 1920년대 일본 지식인사회에 유행했던 무정부주의와 허무주의 사상의 극적 재현이라 할 수 있다. 이 극에서 시대에 대한 치열한 고민을 가지며 아나키즘 활동과 관련하여 등장하는 주요 인물들은 모두 이십 대의 젊은이들이다. 특히 23세의 일본여성 가네꼬는 복잡하고 불행한 가정환경으로 사회를 저주하게 되었고 박열의 시를 읽고 나서 자신의 실존적 의미를 자각했다고 한다. 흔히 일제 강점기의 일본인과 조선인의 관계는 권력과 피지배로 단순 분류되어, 고통 받는 일본 민중의 존재는 망각되기 쉽다. 바로 가네꼬는 가난과 비참 속에 살아온 일본 민중을 대표하는 셈이며, 지배계급의 천황이데올로기에 대한 투쟁과 분명한 사상을 지니고 이를 행동으로 옮겼다는 점에서 매우 영웅적인 면모를 지닌다. 그러므로 지금까지 진실한 재현의 기회를 얻지 못했던 일본 민중의 구체적 존재가 이 극에서 생생하게 재현되었다는 점, 그리고 일본인과 한국인의 흑백논리적 대결관계를 넘어서 보편적인 인간성을 그려냈다는 점에서도 의의가 있다. 한편, 또 한 명의 매력적인 일본 여성은 니이야마이다. 그녀는 폐병환자로 죽음을 눈앞에 두고 있다. 박열의 폭탄 구입 계획을 한국인 애인 김중한과 더불어 제보한 당사자이지만, 그녀는 매우 지적인 허무주의자이다. 이 이십 대 초반의 두 일본 여성은 한국인을 사랑하고, 당차게 자신의 사상과 자기표현을 가진 인물들이라는 점에서 현대여성상을 구현해낸다. 박열과 가네꼬가 폭탄 테러로 천황제를 무너뜨리려 한 것은 폭력혁명으로 일체의 부도덕한 제도를 타파하려는 그들의 아나키스트적 신념에서 온 것이기도 하지만, 식민지 상황으로 인한 절망과 가정적 고통이 야기한 허무주의적 삶의 태도에서 나온 것이기도 하다.

두 번째 요인인 무정부주의나 허무주의는 1920년대의 독특한 시대적 분위기와 지식인의 실존적 고민을 현대 관객에게 추체험하게 만드는 코드이다. 박열, 가네꼬, 니이야마 등의 직업은 인력거꾼이나 우편배달부, 오뎅집 종업원이나 인쇄소 문선공, 잡화상 등 노동자이지만, 그들은 여러 종류의 사상잡지를 편집 발간한다. 이처럼 동경에서 하층계급의 생활을 하고 있음에도 불구하고 정신은 드높고 지적이다. 노동을 할지언정 현실적 영합을 거부하고 신념에 따라 목숨을 버리는 것을 두려워하지 않는 그들의 순수한 열정과 사상가로서의 기개가 현대의 나약한 젊은이들에게 경종을 울리는 것이다. "일체의 권력을 부정한다. 그 권력에 깨끗이 희생됨으로써 그 권력의 해악과 타당성이 증명된다. 니힐리즘의 철학적 이론이 완결되는 것입니다."(7장, 가네꼬) 이러한 투철한 사상을 가지고 있기 때문에 그들은 권력이나 제도 앞에서 당당하게 자기주장을 할 수 있었고, 재판과정 자체를 자신들의 신념을 선전하는 장으로 활용했던 것이다.

그러므로 이 극은 박열이 해방 이후 20년간의 투옥 생활을 마치고 어떤 삶을 살았는가, 하는 전기적 사실에 대해서는 관심을 갖지 않는다. '식민지'에서 온 두 명의 아나키스트의 식민지 상황이 초래한 순수한 삶의 태도에만 초점을 맞추고 있기 때문이다. 결말에서, 가네꼬가 감옥에서 타살당한 뒤 박열의 형은 그녀의 뼛가루를 박열의 고향에 뿌리고, 박열은 감옥에서 다음과 같이 독백한다.

> **박열**　나는 참는다. 나는 민족의 원수 천황을 죽이지 않으면 안 된다. 그때까지 철저한 보호색을 펴고 끝내 살아남을 것이다. 내가 살아남기 위해서가 아니다. 오직 뜻있는 끝맺음을 위해서, 오직 죽기 위해서⋯⋯. 나는 아나키스트가 아니다. 그것은 나의 보호색이다. 아마도 나의 이 보호색은 일제가 패망하지 않는 한 영원히 드러나지 않을 것이다. 오, 나의 조국이여, 이러한 운명을 준 나의 조국이여, 나는 너를 원망하지 않는다. 나는 너를 위해 죽을 수 있기만을 열망한다.

박열은 영원한 반려자이자 사상적 동지 가네꼬가 죽었음에도 살아남아야 하는 것이 바로 자신의 운명이라고 말한다. 일제의 패망을 위해 투쟁하는 것이 자신의 삶의 목적이며, 그를 위해 아나키스트라는 보호색이 필요하다는 것이다. 작가는 식민지라는 출구 없는 절망을 뚫고 나가기 위해, 독립투쟁을 위해 당시의 열혈 지식인이 선택하지 않을 수 없었던 사상인 무정부주의와 니힐리즘을 시대적 대응이란 측면에서 조명하고 있는 것이다.

▌〈잃어버린 역사를 찾아서〉 : 망각되고 배제된 역사와 기억

작가는 이 극에 대해 작품집(『길 떠나는 가족』) 서문에서 "매우 애쓴 작품"인데, "공연을 본 평론가가 왜 일본인을 잘 그렸냐는 힐문"을 해서 서운했다는 심정을 토로한다. 실제로 필자도 당시 공연(김상열 연출, 1985)을 보았을 때, 존경과 동일시를 받을 수 있는 일본인 주인공의 성격 구축에 반해 조선인들은 대체로 비루한 인물들로 등장하고, 특히 조선인 깡패들이 활개를 치고 다니는 균형상의 문제 때문에 그런 불편한 느낌을 피력한 바 있었다. 그런데 이번에 희곡을 읽어보니, 일본인과 조선인 묘사에서 작가의 애정이 불균형적으로 보였던 문제는 희곡의 문제가 아니라 공연의 문제라는 것을 발견했다.

4막극인 이 극은 우리가 망각하고 있는, 관동대지진 때 벌어진 조선인 학살 사건을 다루고 있다. 망각을 일깨우고 잘못을 인정할 것을 촉구하는 젊은 세대 일본인과 피해자 대표인 김동기 노인이 가해자 대표격인 도시유끼 영감을 찾아가는 것으로 시작된다. 이 극을 열고 닫는 현재적 시점은 '잃어버린 역사'에 대한 기억을 촉구하는 작가의 문제제기이자 역사의식을 말한다. 60여 년이 지난 지금, 한일 양국에서 망각되고 배제된 사건이 되어버린 관동대지진 때의 7000여 명의 조선인 학살사건의 진상이 밝혀져야 한다는 것, 반드시 가해자 측의 잘못 인정과 피해자 측의 용서, 이에 따른 진혼과정이 있어야만 한다는 것이다. 그러기 위해서는 학살극을 사주한 책임자 규명, 살육에 참여했던 생존 일본인들의 참회, 그리고 후세대의 올바른 역사인식이 뒤따라야 한다는 것이다. 이러한 작가의식은 취재하러 온 기자 이상협의 다음과 같은 대사를 통해서도 토로된다.

> 이 냉혹한 정치현실은 역사로 하여금 아무것도 기억하지 않게 할 수도 있는 것입니다. 역사는 기록되지 않으면 안 되는 것 - - 기록되지 않은 역사는 제구실을 할 수 없는, 정당성이 부여되지 않은 그러한 서자의 푸념 이상은 되지 않을 것입니다.(4막)

작가는 '기록되지 않은 역사', 기억의 망각과 왜곡을 막기 위해서 당시 학살극이 일어나게 된 정치적 배경과 음모 과정을 다큐멘터리적 정밀함으로 재현한다. 수많은 등장인물들을 통해 당대적 삶과 살벌한 분위기를 총체적으로 묘사하면서도 주요 인물들의 사랑과 배신, 억울한 죽음을 초점화하는 탁월한 극적 구성력을 발휘하고 있다. 이 극도 〈식민지에서 온 아나키스트〉와 마찬가지로 민족감정에 따른 이분법적 성격 구축을 하지 않는다. 일본인으로 학살극에 책임 있는 인물들은 악인형으로 그려지고, 조선인을 돕고 절에 들어가 참회하는 휴머니스틱한 인물인 다나까 영감은 가장 공감을 주는 인물로 묘사된다. 치안이 무너진 상태에서 폭동이 벌어질 것을 우려하여 조선인이 우물에 독을 풀었다는 유언비어를 날조한 미즈노 내무대신과 아까이께 경시총감은 사후에도 잘못을 인정하지 않는 가장 악랄한 위선자로 그려진다. 이는 제국 시절 저지른 잘못에 대한 책임을 인정하지 않는 일본정부나 우익의 태도를 표상한다. 민족 감정을 배제하고 최대한 인물들을 공정하게 그리고자 하는 작가의식은 조선인 묘사에서도 다성적인 재현으로 나타난다. 선량하게 살아가는 동기네 가족이 있는가 하면, 노름에 빠져 돈을 탕진하거나 악착같이 저축하며 희망을 키워나가는 노동자, 깡패들을 동원하여 빚을 받아내는 고리대금업자 등 다양한 생존방식들이 제시된다.

　이렇게 많은 인물들을 등장시키면서도 작가는 짧은 에피소드들을 통해 경제적으로 그들의 성격들을 표현해낸다. 그리고 순기와 도시유끼의 애정 플롯을 초점화하여 제국과 식민지, 일본과 한국의 관계를 상징적으로 재현한다. 아들이 딸린 홀아비인 도시유끼는 처녀인 순기와 연애하면서도 부모의 허락을 받지 못했다는 거짓 사유로 청혼을 미룬다. 자경단에 끌려가 갇힌 순기를 만났으나 임신한 그녀를 구해주지 않고 결국 살해당하도록 방치한다. 이러한 도시유끼의 위선적 태도는 애인인 순기와의 관계에도 제국과 식민지라는 권력관계를 적용한 데서 기인한 것이다. 마찬가지로 실직한 일인 노동자가 조선노동자에게 행패 부리는 것, 자경단 조직 후 앞장서서 조선인 학살을 주도하는 것, 지진 발발 후 흉흉한 민심을 식민지인에게 투사시켜 증오의 학살극을 자행하는 일인들의 만행 등이 모두 식민지인에 대한 제국주의자의 시각과 권력관계를 드러낸다.

　이 극의 마지막은 그동안 죄의식을 억압하고 살아왔던 도시유끼가 순기에게 용서를 비는 장면이다. 가해자 측의 잘못 인정과 참회가 뒤따라야 용서와 해원이 이루어질 수 있음을 보여주는 결말이다. 그러나 끔찍한 학살극에 참여했고 자신의 애를 임신한 순기마저 죽음의 길로 몰아넣은 도시유끼의 행위에 비하면 그의 참회는 자못 무덤덤하게 보인다.

> **동기** 저 여인의 말대로 당신의 일본도에 찔려 죽은 영혼들은 이제 극락에 있어요. 그러니 영감님 그렇게 걱정은 말아요.
>
> **도시유끼** 죽은 사람 걱정은 안 해. 내 걱정 때문이지. 동기, 얘기해보게. 순기가 죽기 전에 내 얘기 안 했나?
>
> **동기** 당신을 위해 정을 떼었다고 말하더군.
>
> **도시유끼** 정을 떼? 빌어먹을. 자넨, 아주 당당하구만.
>
> **동기** 나야 당당하구 말구요. 매맞은 놈이 다릴 뻗구 잔답니다.
>
> (중략)
>
> **도시유끼** 아니야. 아니야. 잊어버린 적도 제쳐놓은 적도 없어. 언제나, 간직하고 싶지 않아도 끝내 떠나지 않았어. 아마도 내 육신이 죽어 화장터에서 그 모습이 용해되어도 그 기억만은 없어지지 않을 거야.
>
> **동기** 영감, 잘 말했어. 그런 건 절대로 없어져 버리지 않는 거야. 거기서 도망칠 수 없는 거야. 우리는, 영감은 그러니까 헛고생을 했지. 그것을 잊어버리려고 얼마나 고생을 했소? 영감, 결국 우리에게 잃어버린 역사란 없었던 거예요.
>
> **도시유끼** 그래, 동기, 정말 나는 헛고생만 했어. 끌어안으면 없어질 것들을 피해서 지난 60년을 고생했어.

"끌어안으면 없어질 것들을 피해서" 60년간 죄의식을 안고 살았다는 도시유끼의 말은 참회의 발언치고는 미흡하게 보인다. 자기가 저지른 죄를 진정으로 끌어안으려면, 그는 순기의 임신 사실과 자신의 방치에 의해 살육되었다는 진실을 동기에게 털어놓았어야 했다. 『죄와 벌』에서 라스꼴리니꼬프는 죄를 참회할 때 엎드려 러시아의 흙에 입을 맞춘다. 그러나 도시유끼의 참회는 피해자의 고통과 죽음을 자신의 것처럼 뼈저리게 공감하고 아파 하는 대신, 자신의 죄의식과 고통을 더 강조하는 유아적 태도를 보이는 것이다. 작가는 일본인의 이중성을 표현하기 위해 그를 이렇게 그린 것일까? 어쨌든 가해자가 잘못을 철저히 인정하고 진심으로 참회하지 않는다면 용서하고자 하는 피해자의 진정에 와 닿기 힘들다. '잃어버린 역사'에 대한 꼼꼼하고도 사실적인 재현, 일본인과 한국인에 대한 비교적 공정한 인물묘사, 박진감 넘치는 극적 구성이라는 장점에도 불구하고 결말이 다소 미흡하게 여겨진 것은 바로 가해자 대표인 도시유끼의 참회에 진정성이 부족했기 때문으로 보인다. '정신대' 할머니들의 증언이 잇달아도 계속 무시하거나 망언을 일삼는 일본 정부의 태도에서도 느끼듯이, 가해자 측의 철저한 자기반성과 고백, 참회가 선행되지 않는다면 '잃어버린 역사 끌어안기'는 여전히 힘들다는 것을 이 극은 깊이 사유하게 만든다.

▌〈반도(叛徒)와 영웅〉 : 식민주의가 만들어낸 일그러진 초상

앞에서 살펴본 두 작품이 각각 관동대지진을 소재로 제국주의 이데올로기에 저항한 아나키스트와 제국주의의 희생제물이 된 조선인 노동자의 참상을 그렸다면, 이 극은 인도네시아를 무대로 일본군대에 속한 조선인들을 그린다. 그러므로 이 극은 제국주의 권력과 식민지인에게 내면화된 제국주의 담론과 정체성의 갈등에 초점을 맞춘다. 실화를 바탕으로 매우 꼼꼼하게 재현한, '지식으로서의 역사 교육'이란 작가의식에 충실한 역사극이다.

10장으로 이루어진 이 극은 1975년 가루트시 영웅묘역에 3명의 구 일본군인의 관을 안치하는 인도네시아군의 의식으로 시작된다. 두 명은 일본군인이지만, 한 명은 야나카와 시치세이梁川七星로 불린 조선인 양칠성이다. 조선인이면서도 일본군인으로, 일본 이름으로 불린 그의 이중적 정체성이야말로 식민권력의 헤게모니에 의해 부여받은 타자로서의 종속성을 표상한다. 동시에 그에게 내면화될 수밖에 없는 피식민지적 의식과 식민 담론의 혼성을 상징한다.

태평양 전쟁 때 포로감시요원으로 징용되어 온 양칠성은 종전 후 고국 귀환선을 타지 않고 아오키의 권유대로 인도네시아 독립전쟁에 참전한다. 그가 귀국하지 않고 독립전쟁에 참전한 의도는 몇 가지로 제시된다. 조선인으로서 피식민국인 인도네시아에 대한 동일시, 포로 학대 여부로 전범재판에 부쳐지는 이른바 '모가지 확인', 동거 여성 루카야와의 관계, 직속상관인 아오키에게 절대복종하도록 길들여진 종속성 등이다. 그러나 가장 심층적인 동기는 자신을 철저히 학대하고 개처럼 부린 아오키를 죽이고 싶어서이다.

이 극 역시 한국인, 일본인, 인도네시아인 등 다민족들이 등장하여 민족담론과 제국주의적 담론이 부딪치는 다성성의 공간을 주조해낸다. 수많은 등장인물들, 전범재판, 독립전쟁, 포로수용소의 학대 장면, 조선인과 인도네시아 여자와의 결혼생활의 양상 등 다양한 에피소드들이 사실적으로 재현되는데, 이 중에서 가장 뚜렷하게 초점화되는 내용은 물론 양칠성과 아오키와의 관계이다. 아오키는 철저하게 제국주의 담론을 내면화한 인물이다. 그는 일본이 항복하자 '신성한 제국' 군인의 자존심이 짓밟혔다고 생각하여 귀환하지 않고 인도네시아 독립군으로 합류한다. 포로들을 학대하고 양칠성의 절대복종을 즐기는 동시에 '센징'의 종속성을 미워하고 멸시하는 그의 태도는 제국주의적 권력과 편견을 첨예하게 드러낸다. 아오키와 양칠성은 사디즘과 마조히즘적 관계이다. 이 극의 다른 조선인들은 종전이 되자 일본군 상관에 대해 당당하게 맞서며 주체로서의 정체성을 확립한다. 그러나 양칠성은 여전히 아오키에 대한 복종과 의존적 태도를 버리지 못한다.

양칠성이 주인공이면서도 관객의 공감을 얻어내기 힘든 인물로 시종일관 그려져 있다는 데서 이 극의 역사의식의 모호함이 발생한다. 작가는 매우 치밀한 사실적 배경 속에서 주인공 양칠성을 전혀 미화하지 않고 오히려 그의 비굴함과 수동성을 전경화시킨다. 양칠성의 이중적이고 모순적인 성격은 분명 제국주의적 억압이 만들어낸 것이다. 그는 잔학한 아오키의 명령을 '개'처럼 수행하는 비굴한 꼭두각시이면서도 그를 죽이겠다는 목표를 품고 있다. 그러나 막상 죽일 기회가 오면 복수를 실행하지 못하고 오히려 아오키를 구출한다. 이처럼 양칠성은 제국주의적 억압에 길들여져 노예가 되고 만, 식민화의 표상이다. 정글의 전쟁터에서도 도망치는 대신 부상당한 아오키의 명령대로 그를 구출하려다 포로가 된다. 아마도 이 극에 표현된 양칠성의 행위나 성격은 실존인물 양칠성과 상당 부분 일치할 것이다.

그러나 끝까지 인간적 위엄과 주체로서의 행위를 보여주지 못하는 양칠성은 관객에게 공감을 불러일으키기 힘들다. 그가 죽을 때까지 일본상관의 '개'로서의 역할을 수행하는 극중 행위는 연극적 개연성이 떨어질 뿐 아니라 결국 관객의 반응을 민족주의 담론의 장으로 이동시킨다. 양칠성은 자주 아오키를 죽이고 말겠다고 토로하며, 아오키도 "내가 당하기 전에 놈을 내가 먼저 해치워야 돼. 우리가 그렇게 배우기도 했잖나? 위기상황이 벌어지면 맨 먼저, 반드시 센징을 해치워야 한다고."라고 말한다. 아오키는 양칠성이 "내 등에 칼을 꽂을 놈"이라고까지 단언한다. 이런 진술들이 복선으로 깔려 있기 때문에 관객은 마지막 순간에 양칠성이 아오키에게 복수하는 장면을 기대한다. 그럼에도 끝까지 양칠성이 아오키의 명령에 복종하는 철저한 종속성을 견지할 때 관객의 기대는 배반당하고, 자연스럽게 민족감정이 발동하여 그를 민족비하적 인물로 치부하게 된다.

물론 작가의 의도는 역사적 사실과 실존인물 양칠성에 대해 허구적 가필을 가하지 않고 '있는 그대로' 그리고자 한 데 있을 것이다. 그래서 이런 비루함과 영웅성을 가진 조선인 '반도'의 모습이야말로 일본의 식민주의가 만들어낸 일그러진 초상이라고 제시했을 것이다.

> 아오키 난 널 정말 못살게 굴었다. 상황이 그러했으니 양해해 주기 바란다. 그러나 알 수 없어, 네가 왜 이 몹쓸 아오키를 끝내 따라다녔는지……. 얼마든지 헤어질 수 있는 기회가 있었잖아?
> (중략)

양칠성 (불쑥) 당신을 꼭 내 손으로 죽이고 싶었기 때문이었어요.

　　　(중략)

양칠성 그런데 이렇게 평등하게 묶이지 않았어요?

11발의 총소리
아오키의 몸뚱이는 피투성이가 된다.

양칠성 우린 같이 죽는 거잖아요. (에필로그)

　작가는 양칠성이 아오키와 같이 묶여 함께 죽는다는 점에서 그가 식민권력의 종속적 타자로서의 위치를 탈피, '평등적' 관계를 수립했다고 말하려는 듯하다. 그러나 이는 설득력이 떨어지는 설정이요 대사이다. 더욱이 일본 무관이 예를 갖춰 인도네시아군에게서 두 명의 일본군 유골함을 받아드는 마지막 장면은 '사실의 역사'이지만, 이 역사극의 메시지를 모호하게 만드는 역할을 한다. 국가에 의해 정중한 예우를 받는 일본인 '영웅'과 조국으로부터 망각되고 버림받은 한국인 영웅의 비교는 여전히 민족주의적 담론을 구성한다. 소재의 독특함이나 흥미있는 내용에도 불구하고 관객에게 불편함을 야기하는 이유가 여기에 있다.

4. 역사적 진실과 '이야기'

　역사가나 역사극작가는 사실과 해석에 집중한다. 역사가는 사실에 더 중점을 두어 이야기를 구성하고, 역사극작가는 해석에 더 집중한다. 그런데 김의경은 상상력과 허구를 가미하여 역사적 사실들을 해석하기보다는 역사적 진실에 충실하려는 역사가의 태도를 지니고 '사실로서의 역사'를 무대 위에 재현한다. 그리스어에서 비롯된 역사history라는 단어는 어원적으로 '조사, 탐구'를 의미한다. 그런데 최근의 새로운 역사 개념은 전체사 History－대문자 역사－를 부정한다. 이른바 거대담론의 종말이다. 거대담론을 벗어난 역사history는 '스토리story'와 같은 위상에 놓이게 된다. '이야기로서의 역사' 개념은 1970년대 이후 신문화사, 일상사, 미시사 등으로 자리 잡게 된다.

〈남한산성〉, 〈북벌〉 등 정사正史에서 소재를 취택해서 거대담론History을 그리던 김의경은 1980년대 중반 이후에는 일제 강점기 민중의 이야기story들로 옮겨간다. 김의경의 일제강점기 3부작은 망각되거나 배제된 역사를 재현하고 제국주의와 민족주의에 대한 성찰의 장을 마련한다. 특히 〈식민지에서 온 아나키스트〉는 제국주의 담론의 허구성과 야만성을 해체할 뿐 아니라 그 시기 지식인의 한 초상으로서 아나키즘과 니힐리즘의 정밀한 담론을 보여준다. 〈잃어버린 역사를 찾아서〉는 당대 일본인과 조선인들을 상황적 맥락 안에서 치밀하게 재현하면서 제국주의 이데올로기의 폭력성과 참회를 그린다. 〈반도와 영웅〉은 역사적 사실 재현에 충실한 나머지 탈식민주의적 전략이라는 문제의식 면에서는 불편함과 모호성을 드러내지만, 어쨌든 제국주의 이데올로기와 식민화가 만들어놓은 일그러진 조선인의 초상을 인상적으로 그려낸다. 이 극들은 모두 역사적 진실을 추구하려는 역사가의 관점에서 그려졌으며, 이 치욕의 역사에 대한 기억과 각성을 촉구하는 역사교육적 의도를 드러낸다. 그는 우리 역사에서 억압된 이야기나 인물들, 혹은 부재하는 인물들을 '있는 그대로' 무대 위에 재현함으로써, 즉 '재현된 과거'를 통해 현재와 미래를 투시해 보고자 한다. 그의 역사극에서 드러나는 진실은 역사에 대한 기억과 각성이 우리의 정체성과 미래를 결정하는 코드가 된다는 것이다.

윤 대 성
인생은 연극, 세계는 무대

1. 들어가며

현대예술의 주요한 경향 중의 하나는 예술을 예술로서 드러내기, 예술적 장치를 의도적으로 드러내기이다. 근대 리얼리즘이 충실한 미메시스, 곧 현실반영을 주요 목표로 삼았다면, 20세기의 현대예술은 예술 그 자체를 대상으로 삼음으로써 형식이 주제가 되는 특성을 두드러지게 보인다. 종래의 예술이 감추어 왔던 인위성과 허구성을 일부러 드러내거나 그에 대해 언급함으로써 자의식적 특성을 드러내는 것이다. 연극에 국한시켜 볼 경우, 이러한 자의식적 경향의 연극은 19세기 사실주의극처럼 인생을 충실하게 재현하여 실제 삶을 관객이 몰래 엿보고 있다는 착각을 불러일으키는 게 아니라 무대 위의 현실이 허구임을 드러내며 극장주의적 기법으로 연극이 놀이임을 분명히 한다. 이처럼 극적 환상을 의도적으로 깨트리며 관객에게 연극이 실재reality를 가장하고 있지만 사실은 실재가 아니라는 것, 연극을 보고 있다는 사실을 일깨우는 연극이 메타연극metatheatre이다.

모든 예술이 그 예술형식을 창조한 문화와 시대배경을 반영한다고 할 때 20세기에 메타연극이 어떻게 해서 등장했고 연극의 정체성을 가장 잘

드러내는 대표적인 형식이 되었는가, 또 한국에서는 1960년대부터 오늘날
까지 30여 년 동안 어떤 요인 때문에 가장 인기 있는 연극형식 중의 하나
로 자리 잡았는가를 살펴볼 필요가 있다. 그러한 목적을 위하여 먼저 메타
연극이 태동하게 된 시대적 배경과 미학을 고찰하고 한국의 연극적 상황
에서 메타연극이 특히 인기 있는 형식으로 받아들여진 원인에 대해 생각
해 보고자 한다. 그리고 일찍이 메타연극 기법을 활용하여 뛰어난 연극적
성취를 얻은 윤대성의 메타연극 작품들을 대상으로 삼아 그 주제와 연극
적 효과, 기법들을 분석하고자 한다.

2. 메타연극의 개념과 한국의 메타연극

1) 메타연극의 시대적·정신적 배경과 개념

메타연극은 일반적으로 '연극에 대한 연극'으로서 연극 자체를 무대에
서 재구성하는 것이다. 메타연극의 지시대상이 되는 것은 종래의 연극에
서처럼 세상이나 인생의 일상적 또는 도덕적 문제가 아니고, 연극적 구도
로 짜인 인생 모습의 폭로이거나 극장과 극작술, 그리고 연극에 대한 연극
적 언어행위라고 볼 수 있다.[65] 사실 연극은 일찍이 모방대상인 인생과
가장 유사한 형식 때문에 인생의 메타포로 유추되어 왔다. 그러나 메타
연극은 바로 연극이라는 거울을 통해 연극과 인생을 대비하거나 혹은
실재reality와 환영illusion의 관계를 탐구한다. 이는 셰익스피어 시대에 보
편화되었던 세계관의 계승으로, 세계가 곧 무대요 인생이 연극이라는
'Theatrum Mundi' 사상의 발현이다.

연극의 역사를 보면 크게 두 가지 전통이 있어 왔다. 하나는 연극이 실

---

[65] 송원덕, 「셰익스피어의 메타연극과 현대 메타연극의 동질성에 대한 연구」, 한국드라
마학회 편, 『드라마 논총』 8집, 1996, 100면.

제 삶이라 가장하지 않고 허구라는 걸 표명하는 '자의식적 연극'의 계열이
다. 또 하나의 전통은 무대 위에 꾸며진 허구를 실제 현실로 믿게끔 극적
환상을 구축하는 '재현적 연극'의 계열이다. 물론 자의식적 연극이 재현적
연극보다 리얼리티에 더 가깝다고 말할 순 없지만, 자의식적 연극이 인식
론적 위상에서 현대적인 것은 부인할 수 없는 사실이다. 서구 연극의 경우,
제의에서 시작된 연극이 정교한 플롯과 인물성격의 창조에 의한 문학적
연극으로 뿌리를 내리면서 후자의 전통이 주류를 이루어왔다. 무대 위 현
실이 꾸며낸 허구이고 연극 자체가 한판의 놀이라는 것을 분명히 하는 전
자의 연극전통은 연극의 기원과 가장 밀접한 관련을 맺으면서 연극 본연
의 리얼리티를 드러낸다는 점에서 진실에 더 가까운 것이지만, 연극이 '인
생의 모방'이란 명제를 문자 그대로 추종하면서 이 전통은 억압되어 왔거
나 또는 민중극에서만 연면히 맥을 이어왔던 것이다. 그러나 극적 환상을
의도적으로 깨뜨리거나 자의식을 드러내는 메타연극의 전통은 서구 드라
마의 역사에서 연극의 위대한 시기마다 활짝 개화했다. 극에 논평이나 해
설을 하거나 또는 관객의 입장을 대변하는 그리스 비극의 코러스는 극작
가의 예술적 자의식을 표명하고 있는 것으로 연극사상 첫 번째로 출현한
메타연극 기법이라 할 수 있다. 또 중세 드라마나 중세극의 전통을 이어받
은 영국 극 역시 극적 환상을 깨뜨리는 연극을 고수해 왔다. 16세기 말부
터 17세기 초의 영국 연극은 공공연히 극작가의 자의식을 드러내는데, 이
를테면 프롤로그와 에필로그, 방백, 관객을 향한 직접 진술, 극중극 등이
바로 그 대표적인 예이다. 이러한 기법은 관객에게 연극이 실재를 가장하
고 있을 뿐 실재가 아니며, 관객은 실제 삶이 아닌 연극을 보고 있다는 걸
일깨우는 것이다.[66] 20세기 초의 현대극에도 극중 인물이 작가의 대변자
로서, 즉 허구적 인물의 역을 수행하면서 동시에 작가의 철학적·사회적 사
상을 표명하는 역할을 하는 작품들이 드물지 않다. 버나드 쇼의 〈파니의

---

[66] June Schlueter, *Metafictional Characters in Modern Drama*, New York: Columbia
Univ. Press, pp.2~4.

첫 번째 극)(Fanny's First Play; 1910)에서는 인물들이 장난스럽게 쇼의 토론극에 대해 논쟁한다. 손튼 와일더의 〈우리 읍내〉(Our Town)에서는 무대감독이 연극 전체를 주재하며, 〈위기일발〉(The Skin of Our Teeth)에 서는 극중인물 사비나가 그녀의 역할에서 걸어나와 자신이 극의 참여자라 는 자의식을 드러내면서 관중에게 직접 이야기한다.

이러한 극적 환상의 공공연한 무시는 현대예술의 전반적 특징인 자의식 현상과 관련 있는 것이다. 특히 현대예술의 자의식은 그 초점을 내면으로 맞추는 경향이 있고, 자의식을 극단으로 추구하면 예술작품의 형식이 곧 내용이나 주제를 이루게 되기도 한다.[67] 연극에 국한하면 연극이란 형식을 통해 연극을 말하는 작품들이 이 경우로서, 연극 만들기나 극중극이란 형 식을 통해 인생과 연극의 동질성이란 내용 및 주제를 만들어내는 것이다. 인생이나 세계에 대한 모방 대신 무대 위에서 행해지는 연극 만들기나 연 극적 형식으로 재구축한 인생의 리얼리티를 보면서 관객은 무대라는 거울 에 투영된 자신의 모습을 보게 된다. 메타연극의 등장인물들이 극중인물 인 동시에 배우임을 드러내는 모습, 또 극중극에서 배우가 관객의 역할을 맡는 모습을 보며 우리 역시 인생이라는 무대의 배우임을 깨닫게 되는 것 이다.

작가가 직접 작품 속에 끼어들어 작품에 대한 자의식적 진술을 늘어놓 는 현대예술의 자의식적 경향을 우리는 버지니아 울프, 제임스 조이스부 터 존 바스에 이르는 모더니즘 및 포스트모더니즘 작가군의 소설에서 볼 수 있다. 극작품도 '작가의 진술'을 직접 작품의 플롯 속에 결합시켜 놓은 작품들이 많이 쏟아져 나왔다.[68] 브레히트나 손튼 와일더의 서사극 등은 물론, 버나드 쇼, 피란델로 등의 사상극, 사무엘 베케트, 핀터 등의 부조리 극, 또 장 주네, 톰 스토파드, 에드워드 올비, 한트케 등의 많은 작품들이 극작가 의식이나 연극 만들기, 혹은 연극과 인생의 동질성을 표명하는 메

[67] 앞 책, 3면.
[68] 황계정, 『메타드라마』, 연세대출판부, 1992, 6~8면.

타연극 작품들이다. 그 외에도 많은 현대작가들이 극장주의적 기법으로 연극임을 현시하거나 연극의 놀이성을 강조하는 태도, 극중극 기법 등을 보편적으로 활용하고 있어서, 확실히 20세기 후반의 연극은 재현적 연극보다는 메타연극이 주류를 이루고 있다고 볼 수 있다.

그렇다면 현대연극에 나타난 자의식적 경향은 어떠한 시대적·정신적 토대 위에서 배태되었으며, 어떤 연극미학과 관련을 갖는 것일까?

첫 번째로는 존재의 이원론, 정체성의 혼돈, 실재와 환영 사이의 문제 등을 인식론의 주요 주제로 삼게 된 지적·철학적 태도를 들 수 있다. 20세기는 양차 세계대전과 정치, 경제, 사회적 격변과 급속한 과학발전의 시대였다. 물질문명의 발전과 대중소비사회로의 진입은 현대인에게 가치관의 혼란과 정체성 상실, 기성 가치에 대한 회의를 갖게 했으며 그로 말미암아 소외와 불안을 느끼게 하였다. 존재가치의 근원인 신의 죽음으로 중심과 확실성을 잃은 현대인은 허무주의와 함께 불확실성, 정체의 상실감을 느끼게 되었고, 그 결과 정체성의 추구나 꿈과 현실의 갈등, 진실의 상대성, 역할놀이 등이 주요 테마와 형식으로 대두하게 된 것이다.

이와 같이 20세기 예술의 주요 주제는 극단적으로 대립된 것의 통일과 가장 모순된 것들의 종합이다.[69] 현대연극에서 '새로운 형식의 연극' 곧 메타연극의 장을 연 피란델로의 〈작가를 찾는 6명의 등장인물〉(1921)은 작가가 쓰다가 그만두어 버린 희곡의 등장인물 6명이 한 연극 리허설 무대에 나타나 배우들에게 자신들의 이야기를 연극으로 만들어 미완성의 존재인 그들을 완성해달라고 요구하는 내용이다. 작가와 등장인물 사이의, 아니 허구적인 존재와 '실제적'인 존재 사이의 관계가 그 주제이며 형식인 것이다. 작가는 우리가 극적 환상의 조작을 통해서, 불신의 정지를 통해서 현실 자체라고 믿는 연극을 벗어나 그 바깥쪽에 있는 리얼리티의 이미지라는 가식을 철저히 부숴 버린다.[70] 작가의 상상력의 소산인 허구적 등장인물이

---

69 아놀드 하우저, 백낙청·염무웅 역, 『문학과 예술의 사회사-현대편』, 창작과비평사, 1977, 237면.

연습 중인 무대에 나와서 자신들의 멜로드라마틱한 이야기를 공연해 달라고 요구하는 상황, 그리고 배우들이 등장인물들의 진정한 정체성을 표현해내지 못함으로써 촉발된 이들 간의 논쟁은 바로 이 극이 연극과 인생과의 관계를 문제 삼고 있는 지극히 새로운 형식의 연극이라는 걸 웅변한다. 근대 리얼리즘과는 달리 인생 자체를 연극적인 것으로 보는 관점,[71] 그리고 실제적 존재인 배우actor와 허구적 존재인 등장인물character의 갈등이라는 구도로 실재와 환영 사이의 연극미학적 갈등을 형상화해냄으로써 본격 메타연극의 미학이 바로 시대정신의 산물이라는 것을 전 세계에 알렸던 것이다. 이처럼 1차 세계대전 직후에 등장한 피란델로의 〈작가를 찾는 6명의 등장인물〉 뿐 아니라 〈당신이 그렇게 생각한다면 당신이 옳아〉[72] 같은 메타연극에서도 정체성의 문제와 진실의 상대성이란 문제적 주제를 발견할 수 있다.

두 번째로는 무대에 불어닥친 혁명적인 예술사조상의 변혁을 들 수 있다. 20세기 초에는 외부 세계를 객관적으로 재현하는 근대 리얼리즘에 대한 반동이 일어나 눈에 보이지 않는 내면세계를 탐구하는 표현주의, 상징주의, 초현실주의, 다다 등이 실험되었다. 또 이 과정에서 예술의 대상은 오직 예술일 뿐이라는 극단적 미학도 나오게 되었다. 모더니즘 문학의 자의식성과 궤를 같이하여 연극에도 자기반영적 경향이 나타났으며, 피란델

---

[70] 리처드 길만, 김진식·박용목·이광용 역, 『현대드라마의 형성』, 현대미학사, 1995, 200~201면.

[71] 프란시스 퍼거슨, 이경식 역, 『연극의 이념』, 현대사상사, 1980, 269면.

[72] 이 작품은 가정 통속극이란 장르와 중심인물들의 정체확인에 관련된 미스터리를 파헤치는 플롯을 가지고 있는데, 특히 '피란델로적'이란 명칭을 얻게 한 중요한 특성을 드러낸다. 그것은 재래의 낯익은 장르의 문법을 비튼 데서 만들어진 것이다. 가정 통속극의 관습에 따르면, 극의 궁극적 '액션'은 미스터리를 말끔히 해소시키는 것이고, 표면 아래에 숨어 있는 진실을 밝혀내는 것이다. 그러나 이 극은 그런 관객의 기대감을 배반하고 오히려 극의 결말에 가서 혼란된 정체를 명백히 가려주는 대신 자신이 그렇게 생각한다면 다 옳다고 말함으로써 인간에 관한 정확한 진실은 알 수 없다는 것, 따라서 진실은 상대적이라는 주제를 제시한다.
리처드 길만, 앞의 책, 194면.

로가 대표하듯이 연극에서 연극 자체를 반영하는 연극적 실험이 빈번하게 시도되었다. 그리하여 예술의 세계 재현 가능성을 믿지 않게 된 현대의 연극 형식으로 메타연극이 매우 적절하다는 것이 확인된 것이다. 특히 영화나 텔레비전 드라마 같은 현실 재현기능이 빼어난 영상 드라마에 관객을 뺏기고 있는 현대극으로선 메타연극이 연극의 고유한 정체성을 확인시켜 주는 대안이었기 때문이다.

세 번째로 20세기 연극무대에 영향을 미친 요인은 리얼리티에 대한 인식의 변화로 대두한 주관성의 강조이다. 현대의 인식론에서 리얼리티는 절대적, 불변적, 객관적 실체가 아니고 상대적, 가변적, 주관적으로 인식된다.[73] 자아나 주관성의 문제는 서구 휴머니즘 전통의 근간을 이루어온 매우 중요한 개념이다. 20세기 초반의 모더니즘은 자아와 주관성, 그리고 그것에 기초하고 있는 개인주의를 중시했다. 그러나 니체가 일찍이 '주체'를 허구에 불과한 것으로 파악한 이래, 20세기 중반 이후 지배적 미학이 된 포스트모더니즘은 자아나 주체의 소멸을 그 출발점으로 삼고 있다.[74] 이처럼 서구문화의 지주가 되어왔던 자아에 대한 확고한 신념과 확실성이 깨어지게 되자 중심center 혹은 근원origin이라 그동안 믿어왔던 것이 그 권위를 상실하게 된 것이다. 이때 등장한 프로이트의 무의식이론과 아인슈타인의 상대성이론 등은 절대적 진실은 있을 수 없으며, 리얼리티도 주관적이란 생각을 확산시켰다. 이런 정신적 기반에서는 정체성identity도 고정된 실재가 아니며 개인의 의식에 의존하는 극히 주관적인 것이 되는데, 이제 객관적 실재란 것은 없고 단지 개인의 의식만이 리얼리티로 인식된다. 또 그 의식은 개인들에 따라 다르고, 한 개인의 의식도 일관적이지 않고 가변적이므로 정체성은 상대성을 띠게 된다.[75] 따라서 작가의 의식과 상상력에

[73] 송원덕, 앞의 글, 111면.
[74] 김욱동, 「포스트모더니즘의 개념과 본질」, 김욱동 편, 『포스트모더니즘의 이해』, 문학과 지성사, 1991, 433~434면.
[75] June Schlueter, 앞책, 10~11면.

서 창조된 극과 리얼리티는 모두 인간 의식의 투영에 불과한 것이므로 결국 실재와 환영의 구별이 모호하게 되어 버린다.[76]

　이러한 시대정신적 상황에서 배태된 메타연극은 연극이 연극일 수밖에 없음을 인정하고 연극이라는 형식 안에서 연극과 현실의 괴리를 좁혀보려는 시도를 한다. 즉 작가와 텍스트의 존재를 인정하고 배우와 관객의 관계에서도 관객이 배우(등장인물)에 동일시하게 하는 게 아니라 서로의 구분을 뚜렷이 한다. 연극이라는 장치를 의도적으로 드러내는 연극적 세계 안에서 현실과 연극을 넘나드는 극중인물들을 내세움으로써 연극과 현실의 구분을 희석시킨다. 그러므로 사조상으로 보면 형식을 고수한다는 점에선 모더니즘에 속하지만, 연극은 단순히 현실의 모방과 재현으로써 존재한다는 전통적 사고를 배제하고 연극세계 그 자체와 연극이 안고 있는 문제, 즉 연극과 현실의 관계를 연극의 주제로 삼고 있다는 점에서 포스트모더니즘에 속한다. 이는 달리 말하면 현실을 다각도로 비추되 거울의 존재 자체를 감추는 게 모더니즘의 특성이라면, 그 거울을 표면화시키고 극중인물과 실제 관객에게 거울과 거울이 만드는 세계를 대면하도록 하는 시도가 포스트모더니즘의 특성이라 할 수 있는 것이다.[77]

　메타연극에 관한 개념은 비평가에 따라 크게 두 가지로 대별된다. 첫째는 콜더우드Calderwood가 대표하는 '반영극metadrama' 개념인데, 극의 허구성은 그대로 유지시키면서 극 예술에 대한 시학을 작품 안에 은유적으로 반영한 극을 의미한다. 콜더우드는 연극의 메타포와 연극 자체 사이에 의미있는 상호작용이 있으며, 극행동과 극의 언어 사이에 상호작용이 드러나는 작품, 은유적으로 창작행위와 그 과정을 반영시키고 있는 연극을 메타드라마로 정의한다.[78] 두 번째는 에이블Lionel Abel이 새로운 장르로

[76] 송원덕, 앞의 글, 111면.
[77] 김진나, 「포스트모더니즘과 연극」, 김욱동 편, 『포스트모더니즘과 예술』, 청하, 1991, 123면.
[78] J. L. Calderwood, *Shkespearean Metadrama*, Minneapolis: Univ. of Minnesota Press, 1971, pp.5~6.

주창한 '메타연극metatheatre' 개념으로서, 극작가나 등장인물들이 '인생은 연극'이라는 사상을 투철하게 지니고 있어서 주요 등장인물들 개개인이 극작가 의식을 가지고 플롯의 속박을 벗어나 자유자재로 사색하고 행동하는 극을 의미한다.[79] 그에 의하면 메타연극은 기존의 장르를 벗어난다는 점에서 하나의 새로운 장르로 제안되며, 작가가 창조한 극중인물이 허구 밖으로 나와서 관객의 환영을 깨는 역할을 하는 연극을 지칭한다. 이런 인물의 자의식적 언행은 환영과 실재의 구별을 모호하게 할 뿐 아니라 인생과 예술이 하나의 형태로 어우러지게 한다. 극과 인생에 대한 작가의 예술적 자의식이 극중극 또는 역할행위 등 환영적 극작 기법에 의해 표현되는 것이다. 연극은 인생의 연극적 속성을 비추는 거울이며 극장은 인생에 대한 메타포가 된다. 작가는 무대와 관객을 격리시키던 벽을 허물어 관객이 연극을 보고 있다는 의식을 일깨워서 인생의 연극적 특질과 극장, 배우, 관객 등 연극의 매체에 대한 작가의 자의식을 전달하는 것이다.[80]

그러나 위에서 살펴본 이 두 가지 용어나 개념은 뚜렷이 구별된다기보다는 혼용되어 사용된다. 샤피로Michael Shapiro는 정체와 역할, 환영과 실재, 무대와 관객의 문제를 다루는 극을 메타드라마의 범주 안에 포함시키고 있으며, 혼비Richard Hornby는 극중극, 극중 의식ritual, 역할 속의 역할, 극중 문학 및 실생활에 대한 지시, 자기 지시 등을 포함한 극을 메타드라마로 부르고 있다.[81] 이와 같이 연극적 자의식을 드러내는 연극은 메타드라마와 메타연극이란 용어로 비평가에 따라 혼용되고 있음을 알 수 있다. 본고에서는 메타연극이 메타드라마라는 용어보다 연극성이나 공연을 더 강조하는 용어이기 때문에 메타연극이란 용어를 받아들이면서, 동시에 두 가지 개념을 포함시킨 연극을 지칭하는 연극이란 의미로 사용할 것이다.

---

[79] 황계정, 앞의 책, 10~14쪽.

[80] 송원덕, 앞의 글, 100면.

[81] 송원덕, 앞의 글, 101~102면.

2) 메타연극의 등장인물

메타연극의 등장인물은 일반 연극의 등장인물과 어떻게 다른가?

일반 연극의 등장인물은 배우actor와 인물성격character의 이중적 성격을 지닌다. 연극은 관객으로 하여금 이런 이중성을 인식하면서도 우리 앞에 묘사된 인물성격을 실제 인물로 받아들이도록 극적 환상을 제공한다. 그러나 메타연극은 환상에 대한 관습적 몰입보다는 극중인물의 허구적 본질을 잊지 않도록 연극이라는 의식을 일깨우는 연극이다. 이때 관객이 극의 인물에 대해 갖는 이중 초점의 시각은 바로 실재와 환영의 변증법 그 자체이다. 진짜 자아essential self인 배우와 역할role‑playing self인 등장인물dramatic character 사이의 균열을 강조하는 것이 바로 메타연극인 것이다. 실재reality와 환영illusion의 분리 또는 결합이나 현실real과 허구fiction 두 차원의 분리 또는 결합은 연극뿐 아니라 인생에서도 존재한다. 왜냐하면 연극에서 배우가 자신의 자아에 가면을 씌워 역할을 창조함으로써 허구적 인물이 되듯이, 인생에서도 우리는 사회적 역할을 하기 위해 스스로의 자아에 가면을 씌우기 때문이다. 메타연극에 대한 심도 있는 연구서를 남긴 슐루어터는 2차 대전 후의 연극의 특성을 '메타픽션적 인물metafictional character'의 등장이라고 말한다. 이 메타연극의 등장인물인 '메타픽션적 인물'은 일반 극의 등장인물dramatic character과 달리 2개의 허구적 정체성을 가지고 있다. 하나는 전통적 역할인 등장인물이고, 또 하나는 '현실'과 '허구'가 혼용된 이중적인 허구적 정체성이다. 바로 이 이중성이 현대예술가들에게 가장 큰 관심인 메타포를 만들어내는 데 기여한다. 그러므로 연극은 등장인물을 창조해내는 데에 두 가지 전통을 가지고 있는 셈이다. 하나는 허구적 인물 창조의 전통이고, 또 하나는 현실과 허구가 융합된 이중적 인물 창조의 전통인 것이다.[82]

---

[82] June Schlueter, 앞의 책, 13~16면.

3) 한국의 메타연극

오늘날 공연되는 연극들을 보면, 메타연극이 매우 인기 있는 형식이라는 것을 인정하게 된다. 거칠게 일반화시켜 보면 60년대에는 부조리극이, 70년대에는 전통 수용 연극이, 80년대에는 서사극과 마당극이, 90년대에는 메타연극이 특징적 현상을 이루고 있는 것으로 보인다. 90년대에 메타연극이 유행하게 된 것은 문화적 주체성 찾기 혹은 암울한 정치현실에 대한 비판의 틀로 전통수용 연극이나 서사극을 채용하던 70~80년대와는 매우 달라진 시대정신과 관련이 있을 것이다. 흔히 탈이념의 시대로 불리며 포스트모더니즘이 맹위를 떨치는 90년대의 문화적 현상은 무거움보다는 가벼움을 지향하고, 진지한 주제를 파고들기보다는 놀이의 가능성을 추구하며 영상매체나 가상현실의 리얼리티가 그러하듯 현실과 허구가 뒤섞인 세계를 담아낸다. 특히 포스트모던 미학은 실제 삶에 가깝게 모방하여 환상을 만들어내는 게 아니라 오히려 예술적 장치를 폭로함으로써 우리를 둘러싼 현실도 인위적이고 허구적이라는 인식을 전달하고자 한다.[83] 연극의 경우, 일부러 연극적 장치를 폭로한다든지 관객에게 잘 알려진 고전이나 역사적 사건을 '연극 만들기'라는 액자와 극중극으로 만드는 작업[84] 등은 오늘의 시각과 감각으로 리얼리티를 재구성하려는 시도라 볼 수 있다.

이처럼 오늘의 한국연극에서 메타연극이 주요한 양식으로 자리 잡은 이유는 무엇일까? 그 이유로 필자는 다음의 두 가지를 들고자 한다. 첫째는 번역극의 영향이다. 앞에서 고찰한 바와 같이 1960년대 이후의 서구 연극에서 베케트, 올비를 비롯한 많은 극작가들이 메타연극 계열의 작품을 발

---

[83] 처음엔 고급예술 분야에서 파격적으로 실험된 이 미학은 대중예술에 파급되어 보편화되었다. 쇼, 혹은 방송 코미디나 시트콤 등에서 흔히 보여주는, 연출가 드러내기나 'N.G 모음' 등이 그 예이다.

[84] 이런 액자극의 구조는 창작극뿐 아니라 번역극을 새롭게 번안하는 놀이형식의 연극에 두드러지게 시도된다. 특히 젊은 연극인들에 의한 셰익스피어의 〈햄릿〉〈로미오와 줄리엣〉〈리어왕〉 등의 번안 공연은 90년대에 와서 메타연극을 그 형식으로 채택하는 경우가 많다.

표하였으며, 또 많은 창의적인 연출가들이 셰익스피어를 비롯한 고전 작품들을 메타연극 기법으로 재창조했다. 특히 메타연극이 선호된 이유는 연극이 세계 재현 능력으로는 영화 등 영상매체 드라마와 경쟁할 수 없게 된 오늘의 시대의 한 대안으로서, 또 그 때문에 더욱 연극의 본질적 정체성과 존재이유를 탐구해야 한다는 문제의식에 적절한 형식이었기 때문이라고 볼 수 있다. 두 번째는 메타연극이 우리의 전통극의 미학과 민족정서에 맞기 때문이라 생각된다. 우리의 전통극은 주지하듯이 연극의 놀이성을 강조하며 극적 환상을 고의적으로 깨트리는 자의식적 연극이다. 일반적으로 우리 민족정서가 해학과 풍자, 신명이라고 하듯, 연극에서도 창조 측이나 관객 양자가 논리적 구성보다는 분방한 구성을, 관객의 몰입과 카타르시스보다는 극의 구조 속에 함께 참여하는 신명풀이식 연극을 편안하게 느끼는 경향을 보여왔다. 이러한 가정은 서사극이나 부조리극, 마당극, 총체극 등이 공연 측면에서도 성공하고 관객의 호응이란 측면에서도 성공한 사실로도 입증된다고 하겠다. 또 이근삼, 윤대성, 오태석, 이강백, 이현화 등 많은 극작가들이 서사적 극작이나 메타연극 스타일의 희곡을 발표하고 작품성을 인정받은 점에서도 확인할 수 있다. 이와 같이 작가나 연출가, 관객 모두가 잘 짜인 환영주의 연극보다는 연극적 장치를 의도적으로 드러내는 연극, 분방한 줄거리 전개, 현실과 허구를 넘나드는 등장인물, 연극과 현실의 관계를 문제 삼는 연극을 좋아하는 한국인의 성향이 메타연극의 유행을 가져온 것으로 생각해도 무리가 아닐 것이다.

　우리나라에서 메타연극은 신명순의 〈전하〉(1962)를 필두로 1960년대부터 본격적으로 시도되었다. 물론 1950년대 후반 이용찬의 희곡들이나 1960년에 발표된 이근삼의 「원고지」 같은 경우에도 해설자를 등장시켜 관객에게 직접 진술하고 있다는 점에서 메타연극 기법이 보이지만, 연극 만들기 형식이나 인생을 연극적 구도로 구성하여 정체성과 역할, 환영과 실재, 무대와 관객의 문제를 주제로 다루고 있는 것이 본격 메타연극이란 의미에서 보면 〈전하〉를 그 첫머리로 볼 수 있는 것이다. 〈전하〉는 세조의 왕위찬탈과 그에 대한 신숙주와 성삼문의 대응태도라는, 우리 역사극에서 자주 다뤄온 사건을 소재로 삼고 있다.[85] 그러나 이 극의 새로운 점은 학자와 학생들이 연극 만들기 형식을 통해 기존의 역사 해석을 탈피해 보고자 하는 시각에 있다. 이 극은 먼저 학자와 학생 신숙주 – 그는 역사적 인물 세조나 신숙주의 행동에 대해 가장 비판적인 학생이다 – 간의 역사 해석에 대한 토론을 액자로 해서 중심극main play인 역사극이 펼쳐지는 구성을 취하고 있다. 중심 줄거리인 역사적 사건이 극중극 형식으로 펼쳐지지만, 끝에 가서 극중 현실인 학자 – 학생들 장면으로 돌아가면서 극이 완결되는 형식을 취하고 있지는 않다. 아마도 학자 – 학생들 플롯으로 돌아가서 끝맺었다면 구조적 완벽성을 줄지는 몰라도, 이미 관객들이 알게 된 작의를 관념적으로 설명하는 사족이 되고 말았을 것이다.

어쨌든 이런 '액자 장치framing device'를 시도하여 작가가 얻고자 한 효과는 무엇이었을까? 이는 극이 추구하는 리얼리티를 서로 반대 방향으로 비추어 봄으로써 궁극적으로 정체와 역할, 환영과 실재, 무대와 관객의 문제를 전경화foregrounding하려는 효과를 노린 것으로 해석할 수 있다. 우리가 믿어온 권위 있는 역사해석이라는 것도, 절대적 진리라는 것도 실재가 아니라 허구일 수도 있다는 것이다.

기존의 역사해석만을 금과옥조처럼 믿는 학생 신숙주는 "역사는 왕왕 자체의 타당성을 위해 진실을 은폐"한다는 사실을 깨닫지 못하고 기성의 권위에만 매달려 있는 인물이다. 내부 극inner play은 찬탈과 반역이란 측면에서 부정적으로 해석되어 왔던 세조와 신숙주란 인물의 성격구현이 중심 줄거리로서, 그들은 '인습과 관습'에 저항하는 진보적 개혁주의자로 매우 매력적으로 그려진다. 이처럼 인물의 해석이란 어떤 절대적 룰이 있는게 아니라 상대적이고 주관적인 것이다. 학생들의 이름이 개별적 고유명사로 명명되어 있지 않고 숙주나 세조, 성삼문 등으로 지칭되고 있는 사실

---

85 이 극에 대한 해석으로는 김성희, 「한국역사극의 이념적 성격과 그 변모」, 『연극의 사회학, 희곡의 해석학』, 문예마당, 1995, 365~368면을 참조할 것.

을 보더라도 이 극의 인물들이 객관적이고 절대적인 주체가 소멸된, 현실
과 허구가 융합된 이중적 정체를 가진 메타연극적 인물이라는 것을 말하
고 있다.

1960년대는 번역극 공연이 양적으로 무척 많이 늘어난 시기이다. 여전
히 사실주의극이 주류를 이루긴 하나, 셰익스피어의 대부분의 극작품들과
이오네스코, 베케트, 뒤렌마트, 아누이, 올비 등 부조리극과 서사극 계열의
메타연극들이 공연되었다. 또 1970년대에도 사실주의극이 지배적인 가운
데 이오네스코, 베케트, 뒤렌마트, 핀터, 올비, 한트케 등의 부조리극이 선
호되었다.[86] 이들 극은 연극을 인생의 메타포로 취하며 극적 환영을 고의
로 깨트리는 자의식적 기법을 쓰고 있다. 또 중심주제도 진실이나 정체성
의 상대성, 환영과 실재의 변증법, 인생의 연극적 성격이며, 등장인물들이
극작가의식을 드러낸다. 이와 같이 60~70년대에 집중적으로 수용된 메타
연극 계열의 번역극의 영향으로 창작극에도 메타연극기법이 시도되기 시
작한 것이다.

1980년대의 번역극 수용 양상을 보면, 전반부에는 표현주의 수법이 가
미된 사실주의극(윌리엄스, 셰퍼, 뷔흐너, 밀러, 놋트, 입센, 커비, 토마)이
주를 이루었지만, 후반부에는 뮤지컬(버로우스의 「아가씨와 건달들」)과
대중극(사이먼)이 연극계를 휩쓸었다. 한편 60~70년대에 강세를 보였던
부조리극은 약세를 보이고 대신 브레히트의 서사극이 상당한 관심을 불러
일으키게 된다.[87] 브레히트의 서사극은 그가 공산주의자란 이유로 80년대
말까지 공연금지 되었지만 대학가에선 열렬히 수용되었으며, 제도권 연극
에서는 본격 서사극의 장을 연 〈한씨연대기〉(1985) 등 주로 연우무대를 통
한 일련의 정치참여극에 연극적 방법론을 제공했다. 특히 메타연극기법을
세련되게 구사함으로써 연극계에 커다란 반향을 불러일으킨 아돌 후가

---

[86] 신현숙, 「광복 50년의 번역극과 그 수용 양상」, 한국연극학회 편, 『한국연극학』제7
호, 1995, 302~303면.
[87] 앞의 글, 310면.

드의 〈아일랜드〉나 피터 셰퍼의 〈에쿠우스〉 등은 장기흥행에 돌입하기도
했다.

80년대의 연극현상 중 가장 괄목할 만한 것이 민중극인 마당극의 확산
이다. 마당극은 전통적 연극미학에 서사극 방법론을 접목시킨 것으로, 전
통극의 에피소드적 구성이나 창, 춤 등의 기법과 민족정서를 현실참여의
내용에 담은 '민족극'이다. 이 마당극은 70년대에 일어난 전통의 현대적
수용 운동과 현실비판과 참여의 방편으로서의 미학적 효용성이 맞물려 큰
호응을 얻은 것인데, 사실 마당극의 원형인 우리 가면극이나 탈춤 자체가
메타연극 전통이기 때문에 마당극 스타일의 많은 창작극이 메타연극 기법
을 활용하고 있는 것은 당연하다 하겠다. 극 자체가 실제의 삶을 가장하지
않고 허구임을 드러내는 연극, 또 관객을 극 구조로 끌어들여 연극에 참여
시키는 메타연극은 20세기의 서구극에선 새로운 형식의 실험으로 받아들
여질 정도로 충격을 주었으나, 우리에겐 전통적으로 아주 친숙한 연극 정
서와 무대 개념을 담고 있는 연극형태이기 때문에 자연스럽게 오늘날 인
기 있는 연극양식이 된 것으로 생각된다. 리얼리즘극의 수립은 신극 초창
기부터의 한결같은 목표였으나, 지금까지 창조 측이나 관객의 반응 양면
에서 성공과 호응을 얻지 못했음은 주지의 사실이다. 반면에 대조적으로
마당극이나 서사극 스타일의 메타연극 계통의 수용이 그처럼 빨리 열렬
한 추종과 성취를 거둔 사실을 보면, 메타연극이 우리 연극전통과 민족정
서와 관련 있다는 가정이 무리가 아님을 알 수 있다. 윤대성의 〈망나
니〉(1969)[88], 〈노비문서〉(1973)를 필두로 해서 최인훈의 〈옛날 옛적에 훠

---

[88] 윤대성이 가면극과 서구적 극술을 결합하여 창작한 극이 〈망나니〉이다. 1969년 실험
극장에 의해 공연(연출 김동훈)되었는데, 윤대성의 진술에 의하면 "우리나라에서 처
음으로 시나위 악사들이 무대에 앉아 직접 연주하고 배우들은 가면을 쓰고 우리의 몸
짓으로 연극을 한 첫 실험무대"였으며, "관객의 호응도 컸던 만큼 신랄한 비평도 많았
다. 나는 내 시도가 실패였음을 자인했다. 형식만 어설프게 우리 것을 도입했을 뿐 극
전개는 셰익스피어의 극술에 불과했기 때문이다."(윤대성, 「나의 작품을 위한 몇 가
지 변명」, 『한국연극』, 1993.4, 18면.)
이 진술은 1960년대 말에 불기 시작한 탈춤부흥운동, 우리것 찾기 운동이란 문화적
배경과 60년대에 가장 많은 빈도수를 차지했던 셰익스피어극 공연의 영향이 극작가

어이 훠이)(1979) 등의 성공 이후 마당극 스타일의 작품들이 잇따라 창작되었던 것도, 암울한 정치현실에 대한 비판이란 주제를 적절히 담아낼 수 있는 연극미학적 틀을 전통극의 열린 구조와 메타연극 기법에서 찾아냈기 때문이라 할 수 있다.

메타연극 기법을 일찍이 활용했던 윤대성(1939~)은 1980년대에 이르면 연극 만들기 형식 혹은 극중극이란 장치로 연극의 본질과 형식에 대한 자의식을 드러내는 본격적인 메타연극작품들을 발표한다. 〈꿈꾸는 별들〉을 위시한 '별들' 3부작이라든지 〈사의 찬미〉 등은 인생과 연극의 동질성, 무대와 관객, 환영과 실재의 문제를 주제로 삼고 있다. 그런가 하면 오태석은 몰리에르의 희극 〈스카펭의 간계〉를 마당극 스타일로 번안한 〈쇠뚝이놀이〉(1972)를 비롯해서 〈춘풍의 처〉, 〈약장수〉 등의 마당극 계열의 작품을 발표한 후 〈자전거〉, 〈심청이는 왜 두 번 인당수에 몸을 던졌나〉 등 자기반영적 성격의 본격 메타연극작품을 발표한다. 이현화의 〈불가불가〉, 〈카덴자〉, 이강백의 〈동지섣달 꽃본 듯이〉, 〈영자와 진택〉, 〈영월행 일기〉, 이근삼의 〈유랑극단〉, 〈이성계의 부동산〉 등도 인생의 연극적 특질을 연극이라는 거울로 비춰보고 있는 메타연극의 대표작이라 할 수 있다.

3. 윤대성의 메타연극, 그 주제와 형식

윤대성의 많은 희곡들은 인생이 곧 연극이고 세계가 무대로서 유추되며 인간은 배우라는 메타연극적 세계관을 드러내고 있다. 이런 연극과 현실의 상호치환성을 극단으로 밀고 나가면 연극이 인생을 모방한다기보다는 오히려 인생이 연극을 모방한다는 것으로 표현된다.[89] 그는 연극과 현실의 등가관계를 연극 메타포, 환영 깨트리기, 극중극, 극작가의식, 역할행

의 창작 방향에 절대적 영향을 미쳤다는 사실을 알게 해준다.
[89] 김성희, 「현실과 연극의 겹침구조」, 『연극의 사회학, 희곡의 해석학』, 496면.

위, 연극에 대한 언급, 극장주의적 제시 기법 등으로 표현해내고 있다. 따라서 그의 희곡에는 연극의 자기반영적 성향을 지닌 메타연극적 인물들이 많이 등장한다. 〈출세기〉의 홍기자나 매니저 등 매스컴의 역기능을 상징하는 인물들은 배우인 동시에 다른 인물의 역할 행위를 지시한다는 점에서 극작가(연출가)의식을 가진, 이중성을 지닌 인물이다. 〈신화 1900〉의 '작가'는 전체 극을 통괄하는 작가 윤대성의 자기반영적 인물로서 극작가의식을 드러내는 인물이며, 극작가-배우-관객의 역할을 행함으로써 한 연극을 구성하는 삼자의 관계를 인식하게 만든다. 인생의 연극성 개념이 가장 확대되어 나타나는 작품인 〈사의 찬미〉에서 난파와 연출가는 환영과 현실, 혹은 극과 인생을 다룬 두 개의 플롯에서 각각 극작가-배우-관객이란 3중의 성격을 지닌다. 또 윤대성의 청소년극 3부작, 소위 〈별들〉 시리즈도 연극 만들기나 극중극 기법을 활용하는 메타연극이다. 그러나 이 글에서는 〈출세기〉, 〈신화 1900〉, 〈사의 찬미〉에 국한하여 심층적으로 분석해 보고자 한다.

1) 인생의 연극성 : 〈출세기〉(1974)

이 작품은 현대인이 겪고 있는 정체성 상실과 인생의 연극적 성격을 뛰어난 희극적 감각과 메타연극적 기법으로 그리고 있다. 현대 대중사회가 부여한 허구적 정체가 한 인간의 자아를 어떻게 역할로 바꾸어 버리는가, 즉 배우로 만들어 버리는가를 그리고 있는 것이다. 실화사건[90]을 소재로 취하고 있지만, "매몰 탄광부와 매스콤의 관계"를 통해 "매스콤의 역기능"[91]을 그리려 한 작가의도는 이 소재를 확대되고 일그러진 거울로 비추어냄으로써 오히려 현대사회의 본질에 대한 인식을 관객이 성찰하게끔 하

---

[90] 이 극의 소재는 1967년 광산이 무너져 지하 1500미터의 갱내에 16일 동안 갇혀 있다가 극적으로 구조된 광부 양창선의 실화이다.

[91] 윤대성, 「나의 작품을 위한 몇 가지 변명」, 『한국연극』, 1993년 5월호, 48~49면.

는 데 성공하고 있다.

이 극의 구조는 전형적인 '상승-하강rise and fall' 플롯을 취하고 있다. '주인공의 매몰-구출(출세)-출세(세속적 출세)-몰락'으로 이루어진 본 줄거리(주인공의 사회적 관계)에 아기의 임신-사산을 중심으로 한 주인공의 가족사가 겹쳐진 구성, 달리 말하면 매스컴 플롯과 김창호 가족 플롯의 두 가지가 교직된 구성이다. 거기에 텔레비전 드라마처럼 많은 장면으로의 분절과 빠른 장면 전환이란 자기지시적 형식을 취하여 형식과 내용(텔레비전 비판)을 일치시키는 전략을 구사하고 있다. 홍기자의 선정적 보도 태도나 다른 방송기자들의 취재 경쟁, 또는 TV쇼 등 일종의 극중극을 이루고 있는 '텔레비전 메타포'를 통해 우리 현실에 깊숙이 침투해 들어와 있는 텔레비전이란 매체가 그려내는 리얼리티의 허구성과 상업성을 폭로한다. 영향력이란 측면에서 우리 사회와 문화를 규정짓는 TV가 우리에게 바람직한 정체성과 가치관 형성보다는 허상의 이미지와 역할을 제공함으로써 오히려 진정한 자아로부터 소외시키고 마는 데 대한 비판의 메시지를 담고 있는 것이다.

말하자면 이 극은 우리 사회의 출세신화가 어떤 이미지 조작을 통해 만들어지고 단기간 냄비 끓듯 각광을 받다가 곧 스포트라이트의 어둠 저편으로 사라져가는가 하는 과정을 희극적 과장과 패러디를 통해 생동감 있게 형상화한다. 주인공 김창호가 유명해진 후 광부라는 자신의 정체성을 버리고 새롭게 부여된 역할로 정체성을 바꾸어나가는 배우 같은 모습은 인생의 연극적 성격을 보여주는 것이며, 텔레비전 쇼 장면, 인터뷰, 현장 뉴스 등의 패러디 장면들은 우리를 둘러싼 현실의 인위성과 허위성을 폭로시키는 것이다.

윤대성은 현대사회에서의 매스컴의 위력과 영향력을 보여주기 위해 매스컴과 관련된 인물들이 극작가-연출가가 되어 다른 인물들에게 배역과 무대지시를 주고, 나머지 인물들이 주어진 역할에 따라 배우처럼 움직이는 모습을 희화적으로 그린다. 방송국 기자인 홍기자, 다른 방송기자, 의사들, 공개홀 장면의 사회자, 매니저 등은 김창호에게 배역을 주고 역할을 지시한다는 점에서 극작가 의식을 보여주는 인물들이다. 이 중 가장 두드러진 인물인 홍기자는 텔레비전 마이크와 녹음기를 들고 매몰 현장에 나타나 김창호 가족들이나 광부들, 현장소장, 다른 신문기자들에게 방송에 나갈 말을 지시한다. 그는 다른 인물들의 행동을 지시하고 역할을 부여하고 여러 무대지시를 한다는 점에서 극작가 혹은 연출가이기도 하지만, 또한 방송의 위력을 맹신하고 추종하는 배우의 역할도 한다.

> 홍기자   (흥분했다) 16일간 세계 기록을 수립하고 지하 갱 속에서 굶주림
> 과 추위를 이겨낸 초인적인 사나이 김창호 선수의 모습이 서서히
> 지상에 나타나기 시작합니다. 5미터, 3미터…2미터…(250면)[92]

이와 같이 16일 만에 구조되는 광부 김창호의 초인적 인내력을 선정적인 스포츠 중계 스타일로 패러디하는 장면이라든가, 혹은 대중사회의 영웅으로 조작하는 과정이 장엄한 어조로 중계되는 패러디 장면의 과장과 인위성은 무대 위 현실의 비현실성을 폭로함으로써 연극을 보고 있다는 걸 일깨운다.

이와 같이 홍기자는 매스컴의 은유적 인물로서, 선정적이고 상업적 속성을 보여주는 매스컴 플롯의 연출가 역할뿐 아니라 스스로 매스컴에 대한 메타비평을 시도하는 평론가 역할을 겸한다. 그 때문에 이 인물의 허위성과 이중성이 두드러지게 강조된다. 특히 순진한 광부였던 김창호의 출세와 타락, 몰락을 연출한 장본인이 매스컴의 인간 부재의 성향에 경종을 울리는 메시지를 낭독하는 것은 이 극의 일관된 시각인 아이러니의 극치를 이룬다.

---

[92] 본 논문에서 인용되는 윤대성의 작품은 『윤대성 희곡집』(청하, 1990)에서이며, 면수만 밝히겠음.

> 홍기자 (…) 매스컴은 20세기적인 종교가 되었고 종래의 어떤 종교나 예
> 술보다 긴요한 현실적 가치로 받아들여지고 있다. 그러나 우리는
> 그 무한한 기능으로 인해 인간 부재의 매스컴에 이르지 않는가를
> 부단히 경계하고 자각해야 할 것이다. 매스 커뮤니케이션! 매스
> 컴! 이 얼마나 위대한 단어냐? (270면)

이 극에서 가장 핵심이 되는 인물은 물론 김창호이다. 그는 매스컴 플롯
이나 가족 플롯에서 정체성의 상실과 혼돈을 겪는 가련한 배우로서 정체
와 역할, 실재와 환상, 현실과 허구 사이에서 방황하는 현대 소시민의 모습
을 표상한다. 그는 무너진 갱에 갇혀 있을 때 소장이나 의사, 홍기자, 비서
관 등의 연출 지시를 받는다. 그 지시는 김창호의 생존에 대한 인간적 애정
과 진심 어린 걱정에서 나온 것이 아니라 회사의 경제적 이익을 위한 계산
혹은 상품성에 대한 고려에서 나온 것이다. 그들뿐만 아니라 현장에 몰려
든 종교인들, 기자들, 장사치들, 다방 마담, 구경꾼 등이 벌이는 떠들썩한
난장판은 현대 사회를 움직이는 메커니즘이 상업주의화한 종교와 소비와
매스컴이란 것을 확대된 거울로 비쳐 보여주는 장면이다.

구출된 후 김창호는 가족과 만날 겨를도 없이 진료실로 끌려가 의학계
에 보고할 자료를 위해 진료받고, 또 기자들과 인터뷰하게 된다. 이러한 영
웅화 과정(출세)과 이미지 조작과정을 거치면서 김창호는 내적 자아를 상
실하고 매스컴이 새롭게 부여한 배역을 맡는 배우가 되는 것이다. 창호는
기자들의 주문대로 능숙한 포즈를 취하며 사진을 찍고, 집에 온 소감을 말
하라는 주문에 "국민 여러분, 대단히 감사합니다."라는 통속화된 영웅의
말을 흉내 낸다. 또 극중극인 텔레비전 쇼프로에 출연해서는 "개선장군 마
냥 손을 흔들며" 나온다. 이제 그는 매스컴 종사자들의 무대지시를 받고
출연자 역을 하는 숙련된 배우가 되는 것이다. 그러나 그의 출세는 일회적
화제성 뉴스로 갑작스러운 조명을 받고 급조된 것이었기 때문에 상품가치
가 떨어진 순간 매스컴으로부터 거부당한다. 이 극의 주제는 김창호가 방

송이 만들어낸 허상의 이미지를 진짜 자신의 정체로 믿음으로써 진정한 자신의 정체를 상실해 버린다는 것이다. 그의 비극은 거짓된 사회가 부여한 역할행위를 자신의 존재양식으로 받아들인 데서 온 것이다. 그러므로 마지막 장면에서 광부들의 매몰사고가 난 순간 김창호의 존재가 매스컴에 의해 어떤 식으로 이용당하고 결국은 소외당하는가가 통렬한 아이러니 수법으로 배치되어 있는 것이다.

> **홍기자**　시청자 여러분! 여러분 기억에도 새로운 매몰 광부 김창호 씨가
> 　　　　이 자리에 나오셨습니다. 지난해 10월 갱구 매몰로 16일간 갱구에
> 　　　　갇혀 있다 무쇠 같은 의지와 강인한 육체로 살아남은 김창호 씨!
> 　　　　구경꾼들 일제히 김창호 씨에게 시선 주며 박수 친다. 김창호는 머뭇
> 　　　　거린다. 웃으며 손을 들어 답례한다. (272면)

김창호가 새롭게 부여받은 정체성과 존재가치를 확인받을 수 있는 순간, 생존자의 사망이 알려진다. 그러자 홍기자는 김창호의 마이크를 빼앗고 카메라를 치운다. 구경꾼들은 이젠 흥미없다는 듯 카메라를 따라 나간다. 박수를 치다가 카메라를 따라나가는 무대 위 구경꾼들은 바로 연극을 보는 관객 자신의 모습으로 비치게 된다. TV의 리얼리티와 가치관을 만들어내는 제작자와 배우, 무비판적으로 추종하고 받아들이는 시청자라는 삼자의 관계는 물론 연극의 극작가(연출가), 배우, 관객의 관계를 은유적으로 함축하고 있는 것일 수도 있다.

2) 무대 위 거울들의 동심원 : 〈신화 1900〉(1982)

이 극은 환자들의 사이코드라마 공연이라는 극중극 기법을 능숙하게 구사함으로써 리얼리티가 오히려 환영의 틀 안에서 밝혀질 수 있다는 것, 역할놀이를 통해 사회가 진실로 포장하고 있는 허위를 벗겨 낼 수 있다는 것

을 보여준다. 이 작품 역시 살인 누명을 쓰고 수감되어 고문으로 파괴된 한 인간의 실화사건을 소재로 다루고 있다. 이 작품의 형식에 대해서 작가는, 고문으로 인간을 황폐화시킨 법 집행의 모순과 암울했던 한 시대의 아픔을 정면으로 다루기엔 80년대의 시대상황과 검열이 엄혹했으므로 영화 〈뻐꾸기 둥지 위를 날아간 새〉에서 힌트를 얻어 사이코드라마로 구성했다고 술회한 바 있다.[93] 어쨌든 이 극의 특이성은 환자들의 공연이 극중극으로 내부극을 형성하면서 메타연극적 인물들의 다중성을 창조한다는 데 있으며, 극중인물인 '작가'가 실제 작가 윤대성의 자기반영적 인물로 등장하여 연극의 창조과정과 창조행위 및 연출을 은유적으로 보여준다는 점에 있다. 극중극 자체가 극작가, 연기자, 관객을 지니고 있는 하나의 연극의 형식이므로 실제 연극의 자기지시적 형식이다. 이는 공연에서 관객에게 보이지 않는 존재인 작가와 연출가의 역할에 대해 생각하게 만든다. 그뿐만 아니라 배우가 맡고 있는 무대 위의 관객들을 보며 관객 역시 자신도 인생이라는 무대에서 맡고 있는 배우와 관객으로서의 역할을 인식하게 한다. 그러므로 이 극에서 극중극 형식은 우리가 일상적으로 역할 행위를 해야 하는 사회적 구조와 관습에 대해, 그리고 사회제도가 표출하는 진실과 허구의 문제, 인간성에 대해 정상과 광증의 문제를 생각하게 만드는 주제적 효과를 창출하는 것이다.

1장에서 정신과 의사 서박사는 살인누명을 쓰고 사형언도를 받았던 충격으로 발작을 일으킨 환자 김기창을 치료하기 위해 작가에게 "그 사람이 겪었던 사건 경험의 내용을 재구성해서 그 속에 환자를 집어넣는 방법을 시도"(278~279면)하겠다며, 사이코드라마를 써줄 것을 제안한다. 이 작품의 대부분을 이루는 극중극에서 작가는 극작가와 연출가를 겸하면서 다

---

93   윤대성, 「나의 작품을 위한 몇 가지 변명」, 앞의 글, 51면.
   그러나 정신병원에서 환자들의 극중극을 통해 정상인들의 허위와 광기를 역으로 고발한다는 발상은 페터 바이스의 「마라/사드」를 연상시키며, 남자간호사가 스스로 믿는 정의의 법에 따라 김기창을 처형하는 결말, 곧 정신병자를 치료하는 정상인이 오히려 정신병자라는 반전의 결말은 뒤렌마트의 〈물리학자들〉을 연상시킨다.

른 환자들과 서박사 등에게 배역을 나누어 주고, 스스로도 재판장 역을 맡은 배우가 된다. 또 극중 현실과 극중극을 넘나들기도 하고, 동시에 실제 관객에게 직접 진술하는 등 실제 배우와 극중인물로서의 이중적 정체성을 지닌다. 그러므로 전체 극의 이야기 구조는 극중 현실과 극중극, 극중-극중극을 넘나들며 진행된다.

> 작가 (나레이터) (…) 한 인간이 전혀 자신의 책임으로서가 아니라 타인에 의해 살인자가 되는 과정이 저를 놀라게 한 것입니다. 그 타인 중에는 여기 앉아 계신 여러분과 저도 포함이 되어 있습니다. 이제부터 환자 김기창 씨의 사건 내용을 때로는 재판극으로 때로는 현장으로 재구성해 보겠습니다. 먼저 양해드리고 싶은 것은 이 재판극이 실제 재판의 모든 절차를 무시하고 진행된다는 사실입니다. (2장; 281면)

액자극frame play의 서막 격인 1장과 극중극의 서막 격인 2장의 작가의 해설을 종합해보면 〈신화 1900〉의 구조가 드러난다. 서박사-작가 플롯에서는 서박사가 연극의 제작자가 되고, 극중극인 작가-김기창 플롯에서는 작가가 극작가 겸 연출가이고 다른 환자나 간호원 등은 연기자 및 관객이 된다. 그리고 끝으로 이 극 전체를 총괄하는 극작가 윤대성이 있고, 이 극의 등장인물 모두가 연기자이며, 이 극을 관람하는 실제 관객들이 있게 된다. 그리고 환자들이 연기하는 도중 현실과 허구 혹은 자기 배역과 정체성에 혼동을 일으키며 소란스러울 때마다 의사와 간호원이 개입하여 극을 중단시키고 극중 현실로 돌아온다. 또 극중극은 재판극의 형식으로 이루어지기 때문에 배우들은 좀 높은 연단에 착석하는데, 이는 실제 인생무대에서의 배우이며 관중인 스스로의 모습을 무대라는 거울로 비추어 보게 하는 효과를 지닌다.

이 극의 인물들은 메타연극적인 이중성을 가진다. 의사니 작가니 환자니 하는 인물들은 허구적 자아로서 일반 연극의 인물과 다를 바 없다. 그러나 이들은 연극의 성질과 배우로서의 정체성을 자각하는 인물들이라는 점에서 메타연극적 인물들이다. 이 극의 각 인물은 허구적 세계 안에 이중적 정체성을 소유하고 있다. 예를 들면, 극이라는 허구 세계 속에서 '환자 3'은 환자라는 실제 정체성과 역할놀이 속의 배역인 기자라는 허구적 정체성을 자각하고 있다.

> 환자3 재판장님. 신문이란 건 시간 시간을 다투며 만들어내는 대중매체입니다. 돈벌이 상업성이 우선한다는 점을 잊지 말아 주십시오. (…)
>
> 환자3 아니, 할 얘기 더 있어요. 나도 신문에 대해 일가견이 있단 말이오. 더구나 오늘 이 연극에 대비해서 연구하라고 하지 않았소? 짚고 넘어갈 것은 짚고 갑시다.
>
> 작가 아니, 글쎄 그만하면 됐다니까요.
>
> 환자3 야, 니가 신문이란 것이 무언지 그걸 얘기하래서 열심히 연구해서 나왔는데 중간에서 끊어? 야, 이 새끼야. 난 적어도 진실하게 연구했어. 이거 도무지 내가 얘길 하면 모두 중간에서 끊어버리는데……나 내 마누라 죽지 않았어. 보트가 뒤집혔을 뿐야……그때 내가 술에 취해서……그런데 남들이 날 미친 놈이라구 제 여편넬 죽였다구 손가락질하는 게 견딜 수 없어…… (2장; 283~284면)

환자3은 기자 역을 맡은 연극배우로서 자신의 역할놀이에 충실하나, 작가(극작가-연출가)가 자꾸 중단시키자 현실의 정체로 돌아와 자신에게 씌워진 누명에 대해 항거한다. 이는 실제 연극에서 배우의 자의식을 억누르는 극작가-연출가에 대한 배우의 반항과 동일시되는 이중적 문맥을 지닌다.

기창은 삐뚤어진 소영웅주의에 빠진 한돌과 순범의 무고로 유괴사건의 범인으로 잡혀간다. 이 재판극에서 작가와 서박사는 재판장과 변호사라는 배우 역할을 맡는다. 작가와 서박사가 기창 편에 서서 무죄를 입증해나가는 배역은 치료자가 환자의 정신적 아버지 역할을 한다는 점과 조응한다.

진실을 투시하기 위한 무대 위 거울 역할을 하는 이 극중극 속에는 또 하나의 거울이 존재하는데, 이는 극중-극중극play-within-a-play-within-a-play기법이다. 이 거울은 검사역의 환자1이 극작가가 되어 비추어내는 것으로서, 철수의 혼령을 불러내 용의자인 삼촌에게 항의하는 장면을 연출하여 용의자의 양심에 호소, 자백하게 하려는 의도를 지닌 거울이다. 그러나 실제 진실이 아니라 조작이라는 점에서 역설적으로 연극에서의 거울의 역할을 강조한다. 말하자면 극중극은 진실을 투사해내는 거울이지만, 거울을 비추는 사람의 의도에 따라서는 역으로 허구를 만들어낼 수도 있다는 이중성을 보여주는 것이다.

성우   나 또 놀러 가고 싶어. 아저씨! 왜 날 죽였어요? 난 아저씨를 이렇게 좋아하는데 아저씨!
이동욱   (통곡하며 주저앉는다) 철수야, 나 좀 살려다오!
환자1   보십시오. 울면서 자백했습니다. (3장; 296면)

이 극중-극중극은 혼령을 등장시킨다든지, 여자 간호원이 죽은 철수 역을 맡는다든지 하는 점에서 매우 비현실적이고 인위적인데, 바로 그 점을 통해 환자1(검사)이 극작가가 되어 연출하는 이 장면이 비현실적이고 거짓이라는 것을 폭로한다. 그뿐만 아니라 재판 과정에서 혼령까지 등장시켜 용의자들의 살인을 기정사실화해버리는 검사 측의 선입견과 심증수사를 고발하고 있다.

다음에 이어지는 현장검증 장면에서도 김한돌과 정순범의 배우로서의 자의식이 두드러지게 나타난다. 탤런트가 된 것 같다든지, 마이크에 대고 영웅처럼 우쭐대며 상투적인 말을 늘어놓는 장면은 소시민이 매스컴에 대해 갖는 선망의식의 패러디이다. 이러한 여러 형태의 연극적 패러디는 그 자체가 역시 일종의 거울 역할을 하는 것이며, 이 과장되고 일그러진 거울이 바로 무대와의 거리를 만들어내면서 관객의 심리적 동화작용을 차단하는 소외효과를 만들어낸다.

5장에서 작가는 자신의 문학관을 관객에게 직접 진술하는데, 이는 작가 윤대성의 자의식을 드러내는 것이기도 하다. 그는 예술을 사회와의 관련 하에서 인식하고 있으며 예술과 사회, 작품과 관중, 등장인물과 작가라는 이원적 세계에 대한 작가의 입장을 표출하고 있다.[94] 김기창을 포함한 환자들이 사이코드라마를 하는 과정에서 환자들이 현실과 허구를 혼동하고 너무 흥분하자 서박사는 중단하려고 한다. 그러나 연극에 대한 강한 신뢰를 가진 작가는 김기창을 포함한 다른 환자들도 "이 연극 속에서 자기 훈련을 하고 있"다는 점을 들어 사이코드라마를 밀고 나간다. 그리고는 마침내 연극이란 거울로 진실을 밝혀내고 예술을 통해 사회의 거짓을 바로잡을 수 있다는 자신의 믿음을 증명하는 데 성공한다.

이처럼 이 작품은 '연극 메타포play metaphor'를 매개로 리얼리티를 비추는 두 개의 거울을 서로 반대의 방향에서 비춤으로써 진실과 거짓을 대

---

[94] 작가가 극중극에서 빠져나와 관객에게 직접진술의 형태로 하는 대사를 통해 바로 세 가지를 확인할 수 있다. "나는 내가 살아 있는 동안에 가치를 부여하기 위해 그래서 내가 존재한다는 의미를 확인하기 위해 글을" 쓴다는 진술, "좀 더 나은 사회, 좀 더 올바른 인간생활을 위해 창조에 열을 올립니다."라는 진술은 먼저 이 극의 작가 혹은 실제 작가인 윤대성의 문학관을 말하고 있다. 즉 자신의 창작목표가 사회의 개선을 위한 것이라는 것으로서 예술과 사회의 관계를 규정하고 있다.
"오늘 이 연극의 주인공 김기창이란 인간 우리 주변에 흔한 소시민, 어쩌면 나 자신일 수도 있는 한 인간의 몸부림과 그를 무참히 짓밟아 버리는 제도, 법, 폭력!"이라는 진술은 두 번째로 작가와 자신이 창조한 등장인물 사이의 관계를 말하고 있다. 등장인물은 작가 자신의 반영일 수 있다.
"나는 어쩌면 패배하기 위해 글을 씁니다. 나는 절망하기 위해 창조합니다. 나는 울기 위해 수없이 공허한 웃음을 웃어댑니다. 때로는 여러분과 같이……김기창과 같이……"라는 진술에서 세 번째로 작품과 관중, 등장인물과 관중 사이의 관계를 말하고 있다. 작품은 생산과정이 중요한 것이 아니라 관중에게 어떻게 수용되느냐, 그리고 어떤 영향력을 갖느냐가 중요하다는 것이다.

조시키고 있다. 첫 번째는 작가가 진실을 밝히기 위해 극작가 – 연출가가 되어 만들어가는 재판극과 김한돌과 정순범이 극작가가 되어 만든 거짓의 연극과의 대조이다.

> 김한돌 지금까지 한 모든 내 진술은 거짓입니다. 난 연극을 한 겁니다. 난 죄 없는 이 사람들 끌어들여서 연극을 해본 겁니다. (제7장; 311면)

> 정순범 (…) 평생에 신문에 얼굴 내보긴 처음이었어요. 배우가 되려던 제 소원을 풀 것 같았어요. (제7장; 313~314면)

이 극중극에는 두 개의 줄거리를 가진 연극이 서로 반대방향에서 거울을 비추어대고 있다. 하나는 유명해지고 배우가 되고 싶었던 김한돌과 정순범이 극작가가 되어 만든 연극으로 김기창을 살인범으로 무고하는 내용이다. 또 하나의 줄거리는 이 연극의 거짓을 밝히기 위해 작가가 극작가 – 연출가가 되어 만들어나가는 재판극이다. 그런데 이 두 개의 거울은 다시 각 장면마다 무수히 증식하여, 마치 수많은 거울을 무대에 세워놓은 것 같은 효과를 만들어낸다. 검사 역의 환자1이 극작가가 되어 만들어내는 극중 – 극중극(3장)이라든지, 검사와 변호사가 극작가가 되는 증인 신문 장면들, 현장검증 장면에서 범인들과 기자들이 극작가 또는 연출가가 되어 배역을 주고 행동을 지시하는 장면 등 무수한 거울들이 연속되는 장면들을 통해 마치 양파껍질이 하나씩 벗겨지듯 진실이 조금씩 맨얼굴을 드러내는 것이다. 여기에는 연극이란 방편이 진실을 밝혀나가는 데에도, 그 역으로 거짓을 만들어가는 데에도 유용하게 쓰인다는 인식이 반영되어 있다. 따라서 관객은 현실이 연극을 닮았다는 점과 사회구조나 제도 역시 넓게 보면 거대한 극장이고 연극이라는 걸 깨닫게 된다.

두 번째로는 극중 현실과 극중극, 극중 – 극중극을 넘나드는 구조, 또 역할 바꾸기 기법을 통해 연극 자체가 무수한 거울들의 동심원으로 이루어진 것이란 사실을 깨닫게 해준다. 극 속에 또 하나의 극이, 그 극 속에 또 다른 하나의 극이 들어 있는 무수한 '거울'의 반복작용임을 나타내주는 것이다.[95]

> 김기창   그런데도 고문당하지 않았다고 진술한 이유는 무엇이지?
>
> 작가   그 정도 맞는 것은 고문 축에도 들지 않았습니다. 나를 정말 고문하고 괴롭힌 것은 신문입니다. 나를 살인범으로 몰고 내 가족과 친지들을 들볶아서 살 수 없도록 만든 신문기자들! 그 펜 끝이 더 아팠습니다. 수사관의 매보다도……내 친구의 어처구니 없는 무고보다도!
>
> …(중략)…
>
> 김기창   그만! 그만 해요! 피고인은 바보다! 죽어 마땅해! 차라리 혀를 깨물고 죽어 버려라!
>
> 작가   재판장! 정의의 심판을 내려주십시오! 억울한 생명이 암흑 속에서 고통 받지 않도록……그래서 이 땅에 다시는 나 같은 사람이 생기지 않도록 현명한 판결을 내려주십시오.
>
> 김기창   (정신 차린다) 철수군 유괴 살해사건에 대해 판결한다. 피고인은…… 무죄! (제7장; 315면)

작가는 극중극 속에서 또 하나의 극중극(극중-극중극)을 만들고 배역을 바꾼다. 즉 자신이 맡았던 재판장 역을 김기창에게 주고, 자신은 피고 김기창 역으로 역할을 바꾸는 것이다. 그러므로 액자극에서는 서박사가 제작자이고, 그 속의 극인 극중극에서는 작가가 극작가-연출가이며, 극중-극중극에서는 김기창이 극작가(재판장 역)가 되어 자신의 배역을 맡은 작가에게 무죄를 선고하는 것이다. 스스로에게 잘못 내려진 재판 판결을 뒤집어 정의를 실현하는 '환상 재판'을 통해 김기창의 광증은 치유될

---

[95] 여석기, 「환각과 현실」, 여석기 외, 『환각과 현실』, 동화출판공사, 1982, 16~17면.

수 있을 것이다. 그것이 바로 역할전환기법을 고안하고 연출한 작가의 기대였다. 실재 인물(김기창)과 연기된 인물(작가)의 대면은 마치 거울 앞에서서 자신의 모습을 보고 있는 것 같은 효과를 자아낸다. 이러한 이중 역할 행위는 역할과 정체성이 환영 속에서 뒤섞이게 하여 관객에게 거울에 비치는 정체의 무수한 반사상들을 경험하게 하는 것이다.

그러나 기창이 무죄를 선고한 후의 극중 현실은 여전히 그를 '살인자', '전과자'로 대하는 편견으로 가득 찬 사회이다. 그 때문에 기창은 정신병 발작을 일으킨다. 이처럼 기창의 발작과 전기 충격이 가해지던 극의 서막의 시점으로 돌아가는 순환구조를 통해 관객은 다시 거울의 무수한 반복 작용을 인식하게 된다. 정체성과 역할이 서로 자리를 바꾸고 행위의 이분화를 보였던 것처럼 정상과 광증의 이분화된 구분도 그 자리를 바꾸고 그 경계를 지워 버린다. 남자간호원이 기창의 '사형집행'을 했노라며 미친 듯이 웃어대는 결말 장면은, 의료인과 환자가 그 상징적 층위에서 각각 사회와 감금된 자를 표상한다고 볼 때 결국 사회가 병든 사회, 미친 사회임을 의미하는 것이다. 그러므로 작가가 객석을 향해 "오늘 우리의 신들은 누구입니까? (…) 신과 인간이 함께 숨 쉬며 살았던 그 시절의 신화는 이미 막을 내렸습니다. 오늘의 신화는 파괴의 신화일 뿐입니다."라고 하는 진술은 곧 파괴원리에 따라 움직이면서도 첨단 문명을 자랑하는 현대사회의 신화에 대한 해체이며 인간성이 병든 현대사회의 정체에 대한 고발인 것이다.

3) 인생은 연극을 모방한다 : 〈사의 찬미〉(1988)

연극(예술)은 인생을 모방하지만 인생 또한 연극(예술)을 모방한다. 아리스토텔레스의 미메시스론에 대한 오스카 와일드의 이 유명한 역설을 떠올리게 하는 메타연극이 〈사의 찬미〉이다.

이 극은 한 극단의 사무실과 분장실, 그리고 극중극으로서의 공연 장면을 병렬시키는 이원구조로 이루어져 있다. 사무실과 분장실 공간에서 벌

어지는 현실 플롯의 연극과 1920년대 김우진－윤심덕 플롯의 연극이 극중
극으로 병렬되고, 또 그 안에 조명희의 〈김영일의 사〉가 극중－극중극으로
들어 있다. 그러므로 이 극 역시 〈신화 1900〉처럼 극중 현실과 극적 환상이
동심원의 형태를 이루고 있다. 그러나 〈신화 1900〉의 구조가 정상과 광증,
진실과 거짓이라는 서로 다른 거울을 각기 반대편에서 비쳐대는 대립적
형태였다면, 〈사의 찬미〉는 극중 현실과 극중극, 극중－극중극들의 거울을
서로 마주 보게 세워놓아 무수한 거울에 비치는 반사상들이 대칭으로 늘
어서게 한 형태이다. 실존 선각 예술가 김우진과 윤심덕의 비극적 사랑과
숨 막힐 것 같은 식민지 상황, 예술에 몰이해한 사회구조, 인습, 스캔들, 극
장문제 등은 오늘의 극단과 배우들이 처한 현실과 거울을 맞댄 것처럼 대
칭적으로 조응된다. 극중 현실과 극중극을 조각보처럼 대칭적으로 이어나
가는 병렬 테크닉은 극의 외부와 내부의 경계를 허물고 현실 플롯의 극과
극중극이, 극중극과 극중－극중극이 서로를 반영하는 무수한 거울을 의미
심장하게 증식시킨다. 그래서 예술(연극) 안에 내재한 질서의 역동적 패턴
이 리얼리티, 즉 실제 현실 안에 실현되는 구조를 보여준다.[96] 따라서 현실
차원의 극과 극중극이 서로 동심원의 형태를 이루면서 두 극에 참여하는
극중인물에게 행위의 이분화가 일어나게 된다. 현실 플롯의 등장인물들
(배우들)이 다 김우진, 윤심덕, 홍난파, 후미꼬 등 극중극의 등장인물의 이
름으로 명명되어 있듯이 현실과 연극(극중극)이 거울을 맞대어 비추고 있
는 것처럼 서로 닮아 있는 것이다. 또 극중극 안에서는 또 하나의 극인 〈김
영일의 사〉가 공연되고, 김영일의 체제비판적 대사가 문제 되어 공연이 중
지되는, 연극과 극중 현실과의 넘나듦이 일어난다. 그런가 하면 극중극보
다 더 큰 둘레의 극인 현실 플롯의 극에서는 극중극이 끝난 다음 배우들이
나와 무대인사를 한다. 실제로 이 모든 동심원 형태의 극중극들을 포괄하
는 전체극 〈사의 찬미〉 공연이 끝난 후에는 실제 배우들의 무대인사가 다
시 반복될 것이다. 극중극의 배우들과 관객들이 다 퇴장한 무대에 연출가

---

[96] Robert Egan, *Drama Within Drama*, New York: Columbia Univ. Press, 1972, p.3.

와 조연출만이 남아 연극과 현실에 대해 얘기를 나누는 결말의 장면은 다시 전체극이 끝나고 관객이 퇴장한 후 실제 연출가에 의해 똑같이 반복될 것이다. 그리고 도망갔던 배우 김우진과 윤심덕은 다시 돌아와 연극 무대에 설 것이고, "연극에서 제대로 감정을 살리기 위해선 둘이 연애해야 한다"(16면)는 연출가의 말처럼 그들이 공연하는 무대 위의 허구에 스스로를 일치시킬 것이다.

이처럼 몇 개의 연극과 현실을 서로 맞대는 무수한 거울의 반복작용은 관객으로 하여금 극적 환상과 리얼리티와의 관계, 연극과 인생과의 동질성을 생각해 보게 한다. 연극 안에 연극이 공연되는 자기반영적 극작기법은 연극과 인생, 예술과 현실 사이의 갈등, 허구적 존재와 현실적 존재 사이의 관계를 효과적으로 밝혀준다. 환영과 현실, 연극과 인생의 두 공간을 넘나드는 메타연극적 인물들의 이중성이 형상화되어 있으므로 관객들은 무대 밖에서 벌어지는 인생도 연극의 구조를 닮아 있다는 인식을 하게 된다. 달리 말하면 연극이 무대 위에서만 일어나는 게 아니라, 무대와 객석 사이, 그리고 분장실과 사무실이라는 인생무대에서도 일어나는 것이라는 걸 깨닫게 되는 것이다.

연극이 인생보다 더 진실하다는 것, 세계의 참모습은 연극이라는 거울을 통해서만 드러난다는 윤대성의 일관된 연극관은 이 작품에서 〈신화 1900〉 못지않게 '연극 메타포'의 능숙한 사용을 통해 드러나고 있다. 이 '연극 메타포'는 앤 라이터Anne Righter에 의하면 3가지 기능을 가진다. 첫째는 연극 안에 연극을 끌어옴으로써 세계가 연극에 비유되고 인생이 연극으로 유추되게끔 하여 연극 세계 자체의 리얼리티와 깊이를 규정하는 데 기여한다. 두 번째는 실제 관객은 극중극의 배우─관객을 봄으로써 연극이 대표하는 가상세계와 관중이 대표하는 현실과의 관계를 생각하게 한다. 세 번째는 관중을 연극의 가상 세계에 참여시킴으로써 인생의 연극적 성질을 일깨우며, 나아가 인생과 무대 사이에 유사성이 있다는 것을 인식하게 한다.[97]

이 극의 인물들은 모두 연극적 언행과 연극적 사고를 하고 있다는 점에서 연극적 자의식을 드러내는 이중적 인물들이다. 김우진, 윤심덕, 홍난파, 후미꼬는 인생과 연극 두 차원에 동시에 참여하여 극중인물로서의 정체성과 현실의 배우라는 정체성을 동시에 가진 메타연극적 인물들이다.

분장실과 사무실 공간에서 벌어지는 현실 차원의 연극과 무대 공간에서 펼쳐지는 극중극의 각 장면은 마치 거울을 맞대어놓은 것처럼 대칭적으로 일치한다. 즉 연기하는 역할이 실제 배우의 인생을 반영하면서 극행동을 이끌어간다. 따라서 연극과 인생(현실) 사이의 구별이 희미해지며, 연극이 인생의 모방일 뿐 아니라 오히려 인생이 연극을 모방하는 경향을 드러내 보여준다. 곧 연극과 연극이 거울로 비추어내는 현실은 하나로 겹쳐지는 것이다. 실존인물 김우진과 윤심덕의 연극을 하면서 배우 김우진과 윤심덕은 불륜의 사랑에 빠지고, 그들의 스캔들이 주간지에 폭로된다. 극중극의 결말인 김우진과 윤심덕의 현해탄 정사 사건은 실제로 연극이 끝난 후두 배우가 함께 달아나는 것으로, 상징적 차원에서 실현된다.

이 극의 등장인물들이 살고 있는 사실과 허구, 실제적 자아와 역할이라는 이분화된 이중의 세계는 무대 안과 무대 밖의 공간(분장실과 사무실)이 한 무대 위에 마련됨으로써 시각적으로 구현되며, 이 이분화된 공간구조가 연극과 현실을 서로 비추어주는 거울 역할을 한다.

> 김우진 나가주시죠. 지금 공연 중이에요.
> 박사장 관객이 무대 뒤를 볼 수 있다면 이쪽이 더 흥미진진한 멜로드라마가 있는 걸 알 텐데 유감이군.
> …(중략)…
> 윤심덕 오늘로 연극은 그만이야. 본격적으로 벗는 영화에 출연할 거야. 거기선 스캔들이 빛나는 곳이니까……

[97] Anne Righter, *Shakespeare and the Idea of the Play*, Penguin Shakespeare Library, 1967, pp.61~78.

김우진   무너지면 안 돼. 싸워서 이겨내야 돼. 연극이 뭔데? 삶의 어려움
　　　　을 극복해내는 시험장이야. 배우가 뭔데? 배우는 자기의 몸을 태
　　　　워 세상을 밝히는 촛불이라고 했잖아?

윤심덕   바람 앞에 쉽게 꺼지는 촛불?

김우진   내가 막아주지. 어떤 바람이든! 꺼지면 다시 불꽃을 일으키지. 우
　　　　린 무대 위에서 재가 돼야 해.

　　　　윤심덕, 보다가 김우진에게 안긴다. 조연출 고개 내민다.

조연출   뭐하세요. 윤심덕 등장할 차례예요! 야, 이건 어느 쪽이 진짜 연극
　　　　하는 건지 모르겠구나. (52~53면)

　　무대 위보다 무대 뒤가 '더 흥미진진한 멜로드라마'라는 박사장의 대사
나 '어느 쪽이 진짜 연극인지 모르겠'다는 조연출의 말처럼 배역과 현실이
일치하고 무대 위 장면과 무대 밖 장면이 서로의 거울이 되는 상황을 보여
주고 있다. 이처럼 현실차원의 이야기와 극중극의 허구 이야기가 병렬되
어 나가는 이 극의 구조는 '거울' 구조라는 용어로도 설명할 수 있다. 거울
구조는 두 개 또는 그 이상의 거의 비슷한 비중을 가진 이야기가 독립해서
진행되어 나가나, 테마의 동일 유사성으로 때로는 병행하고 때로는 날카
로운 대조를 이루는 형식을 말한다. 마치 하나가 거울의 이미지이고 다른
하나가 현실인 것처럼 주제적 비교, 보완, 대응의 관계를 갖는 것이다.[98]
　　극적 환상과 현실, 두 차원의 장면들이 서로의 거울이 되는 구조는 바로
현실의 세계 역시 연극과 마찬가지로 허구적이며 '연극'과 같은 것이라는
생각을 일깨우게 된다. 극중극이 끝나고 무대인사 시간에 배우 김우진과
윤심덕이 없어진 사실을 알고 연출은 막을 닫으려 하지만, 막이 고장 나서
닫히지 않는다. 무대인사하는 배우들과 관객 사이를 가리고 구분 짓는 경
계인 막이 고장 나서 열려 있는 상황은 무대와 객석의 경계를 지우며 나아
가 무대와 관객의 리얼리티, 연극과 세계(인생)의 리얼리티가 동일한 것으

---

[98] 여석기, 「환각과 현실」, 23면.

로 확장되는 느낌을 준다. 극중극(연극)은 끝났지만 현실의 연극은 끝나지 않은 것이다. 그래서 연출가는 조명을 꺼서 극중극의 관객을 돌려보낸 다음 텅 빈 무대에서 객석을 바라보며 연극에 대해 조연출과 대화를 나눈다.

> **연출가** 배우는 늘 있어. 집집마다 드라마가 있는 것처럼……사람들은 모두 자기 얘기를 해주기를 바래! 자긴, 자살을 꿈꾸면서 절대 자살은 안 하는 게 인간이야. 무대에서 배우가 대신 죽어주길 바라지.
> …(중략)…
> **조연출** 두 사람 진짜 자살하는 거 아니에요? 김우진과 윤심덕처럼.
> **연출가** 그런 용기가 있을까? 아마 다시 나타날걸? 무대와 그 주변의 술집과 다방 연습장이 그 사람들의 삶이야. 그 밖엔 다 허구다. 두 사람의 사랑, 그것도 무대 밖에선 허구일 뿐이야. 그리구 이 시대는 말야, 멋지게 죽을 줄 아는 사람도 없어. 구차하게 살려구 발버둥치는 속물들 뿐.
> …(중략)…
> **연출가** 믿음을 갖는다는 거 자체가 중요한 거야. 난 인생은 못 믿지만 연극은 믿는다. 거기선 배신이 단죄되니까. (62~63면)

연출가의 연극에 대한 강한 믿음은 인간의 본질이 곧 인생무대에서 배우이며, 인생보다 연극이 더 진실하다는 언명으로 표출되고 있다. 바로 중심구조를 이루는 '연극 메타포'를 통해 윤대성은 자신의 연극에 대한 예술적 자의식을 다양하게 표현하고 있는 것이다. 연출가는 공연을 완성한다는 점에서 극작가와 등가이고, 연극이 공연되는 극장은 분장실이나 사무실이 상징하는 현실, 곧 세계의 축도가 된다. 허구와 현실이라는 두 개의 줄거리가 서로 거울이 되어 비추어내는 양자의 관계는 실제 관객으로 하여금 인생도 연극 못지않게 환영적 성격을 갖고 있음을 일깨우면서 무대 뒤의 세계에 대한 시각을 갖게 하는 것이다.

4. 나오며

이 글은 윤대성의 희곡을 통해 현대연극의 주요한 양식으로 대두한 메타연극의 개념과 그 시대적 배경 및 대표작품을 살펴보고자 하였다. 인생을 연극으로 보고 세계를 무대에 유추하는 연극관에서 태동한 메타연극은 극적 환상을 고의적으로 깨트리는 자의식적 기법을 사용하고 환영과 실재, 정체와 역할, 무대와 관객의 관계를 주로 탐구하며, 현실과 허구가 융합된 이중적 성격의 인물들이 등장한다. 사실 메타연극이 현대극의 주요한 경향으로 자리 잡은 것은 리얼리티를 상대적이고 가변적, 주관적으로 인식하는 현대의 지적, 철학적 분위기와 포스트모더니즘 사조와 관련이 깊다.

한국에서도 오늘날 메타연극이 인기 있는 형식으로 자리 잡은 것은 60년대 이후부터 메타연극 계열의 번역극들이 활발하게 공연되어 서구에서의 메타연극의 붐과 맥을 같이 하게 된 점과 우리의 전통적인 연극미학의 개념과 민족 정서에 친숙한 형식이기 때문으로 추정할 수 있다.

이 글은 영화나 TV드라마 등 세계재현능력이 빼어난 영상예술과 경쟁해야 하는 현대극으로선 리얼리스틱한 재현보다는 메타연극이 연극의 고유한 정체성과 본질을 확인할 수 있는 대안이 되기 때문에 중요한 장르로 부상했다고 보고, 메타연극의 미학을 심층적으로 분석해 보고자 했다. 그리고 윤대성의 대표작 세 편을 텍스트로 삼아 메타연극이란 관점에서 새롭게 작품 해석을 시도해 보았다. 이러한 접근방법과 시각은 한국의 희곡 작품 분석에서 처음으로 본격적으로 행해지는 것이며, 작품 읽기에 풍부하고도 다양한 스펙트럼을 제공한다는 점에서 그 의미를 찾을 수 있으리라 생각한다.

한국 동시대 극작가들

이 반
바다와 실향의식

1. 리얼리즘과 '전면적 진실'

올더스 헉슬리는 〈비극과 전면적 진실〉이라는 에세이에서 비극과 산문 정신의 차이에 대해 논한다. 헉슬리는 예증을 위해 호머의 『오디세이아』 12장의 종결부분을 인용했다. "갈증과 시장기를 채우자, 그네들은 정다웠던 친구들을 생각하고 울었다. 눈물을 뿌리는 중에 졸음이 왔다." 이 장면은 항해 중 마녀 씨라에게 오디세이의 부하 여섯 명이 잡혀먹힌 후 오디세이와 남은 부하들이 시실리 해안에 상륙하여 저녁 식사를 하는 풍경이다. 헉슬리는 바로 이 부분이 호머가 그린 '전면적 진실'의 예라고 설명한다. 그들은 동료들이 잡아먹히는 참상을 목도한 후에도 안전한 곳에 도착하자 제일 먼저 밥을 지어먹는다. 비로소 배가 부른 후에야 동료들의 불행에 눈물을 흘리고, 비탄하는 중에 졸음이 찾아오자 잠에 빠져든다. 아무리 가까운 사람이 죽었더라도 사람은 먹어야 살고, 배가 불러야 비탄할 여유가 생긴다는 사실, 식후의 비애는 그러므로 일종의 사치라는 사실, 그리고 피로는 비애를 압도한다는 사실을 호머는 그린 것이다. 다른 비극작가들이라면 비탄에 빠져 식음을 전폐했다는 식으로 그렸을 소재를, 호머는 비탄 중에도 먹고 마시고 잠드는 인간 그 자체를 그림으로써 인간 경험의 전면적 진실을 그려낸 것이다. 이 전면적 진실이란, 우리의 현실적, 잠재적 경험과 일치하는 내용을 의미한다. 그러나 비극은 인간 경험의 총체 중에서 한 요소만을 고립시켜서 집중적으로 조명한다. 비극은 전면적 진실로부터 발췌한 일면적 진실이며, 시 정신에 가깝다.[99]

이반의 희곡세계는 비극정신을 추구한다기보다는, 헉슬리가 말한 '전면적 진실'을 추구하는 산문정신, 혹은 리얼리즘정신에 가깝다. 그의 극은 주제의 비극적 처리보다는 기본적 욕망의 충족과 생존이 우선시되는 현실경험 묘사에 충실하다. 승화된 정의감이나 도덕성보다는 거친 바다, 전쟁, 실향민의 고통과 고향회귀욕망, 생존의 문제 등 구체적 현실경험을 박진감 있게 그린다. 〈아버지 바다〉에서처럼 가끔 메시지가 관념적으로 도드라지는 경우가 있긴 하지만, 그러나 대체로 일관되게 나타나는 작가정신은 거칠고 투박한 삶을 이어나가는 인간 경험의 총체, 즉 '전면적 진실' 묘사에 치중한다.

이를테면, 제목이나 소재의 유사성에서 존 밀링턴 싱의 〈바다로 가는 기사들〉을 연상시키는 단막극 〈바다로 나가는 사람들〉(1970)을 살펴보면, 그가 견지하고 있는 작가정신이 집약적으로 드러난다. 〈바다로 가는 기사들〉은 아일랜드의 아란섬을 배경으로, 바다와의 불가항력적 투쟁에서 시아버지와 남편, 여섯 아들을 차례로 잃어버리나 절망을 비극적 체념으로 승화시켜 내면적 승리를 거두는 여인의 모습을 그린다. 집안의 마지막 남은 사내인 막내아들이 바다에 나갔다가 시신으로 돌아왔을 때, 모오리어는 엄청난 슬픔을 초극하고 현실을 받아들인다. 이제 바다에 풍랑이 쳐도 자신은 더 이상 잃을 것이 없으므로 괴로워하지 않을 것이며, 사람은 누구나 한 번은 죽는 것이므로 아들들의 죽음을 더 이상 슬퍼하지 않겠다는 놀라운 통찰을 보이는 것이다. 이 비극적 체념이나 통찰은 보통의 인간이 다다를 수 있는

99 유종호, 「산문정신고」, 권영민 편, 『한국의 문학비평 2 : 1945-1990』, 민음사, 1995, 145-147쪽.

경지는 물론 아니다. 이는 작가가 소재를 비극정신에 의해 다루었음을 말해 준다.

그러나 이반의 〈바다로 나가는 사람들〉에서는 둘째 아들이 바다에 나갔다가 시신으로 돌아오자, 노모는 며느리에게 빨리 나가서 조금 전에 나간 나그네를 찾아오라고 소리친다. 추운 겨울밤 정체를 숨기고 들른 나그네가 바로 십 년 전 바다에 나갔다가 실종된 큰아들임을 알아보고서도 노모는 그를 모른척하고 내보냈었던 것이다. 왜냐하면 세 아이를 둔 며느리가 그동안 둘째 아들과 재혼하여 살고 있었기 때문이다. 둘째가 죽어 돌아오자, 노모는 비탄에 젖기 전에 시급하게 장남을 찾아야 한다는 현실적 선택을 한다. 부도덕하고 관습에 위배되는 노모나 며느리의 이런 선택에는 인생의 통찰이나 삶의 고통에 대한 인식은 결여되어 있지만, 무엇보다 생존을 우선시해야 하는 척박한 삶의 조건을 일깨운다. 둘째 아들의 죽음에 대한 비탄으로 큰아들까지 잃어버리는 대신, 얼른 큰아들을 찾아와서 삶을 이어가려는 노모나 며느리의 현실주의는 비극성의 광휘는 내뿜지 못하지만, 어떻게든 누추한 삶을 꾸려가야 하는 생존의지의 절실함을 전달한다. 주제의 비극적 처리를 위해 사실이나 경험을 희생하는 게 아니라, '바다로 나가' 고기를 잡음으로써 생계를 도모할 수 있는 남자의 존재가 여인네들의 생존에 절대적으로 필요한 경험적 현실을 묘사하고 있는 것이다. 그 때문에 싱의 작품에서처럼 비극적 심도와 보편적 감동은 그려내지 못하지만, 척박한 삶에 대처하는 억센 현실주의적 삶의 방식을 인상적으로 그려내는 데는 성공한 것이다.

2. 이야기하기의 충동과 연극적 충동

이반은 과작의 작가이다. 1960년대 말에 소극장 '탈'의 동인으로 극작 활동을 시작한 이래 거의 40년간 희곡집 두 권과 그 외 몇 편의 극작품[100]

이 발표 목록의 전부인 것이다. 그가 대학에 몸담고 있다는 점, 그리고 취재와 체험에서 우러나온 인간경험의 전면적 진실을 그리는 리얼리스트라는 점이 과작의 이유가 아니었을까 짐작해 본다. 어쨌든 그의 작품세계를 일별해 보면, 그는 분명히 상상과 기교에 의지해 쓰는 작가가 아니라 체험과 취재를 통해 삶의 구체적 현실을 그리는 작가이다.

나는 어렸을 때부터 이야기 보기와 이야기하기를 매우 좋아했다. 할머니나 할아버지로부터 또는 부모님에게서 옛날이야기를 들은 기억은 별로 없다. 그들을 비롯한 내 주위의 모든 사람들은 행동으로 이야기를 만들고 있었다. 그들은 한가한 삶을 살아간 사람들이 아니고 행동하는 사람들이었다. (중략) 그들의 행동에 대한 기억은 명주 실타래처럼 가는 것이지만, 결말은 끝을 보이지 않고 영원한 이야기로 계속되었다. 그래서 가끔 '사람은 곧 이야기구나'하고 감탄할 때가 있었다. (희곡집 2권－작가의 말)

우리나라의 십여 톤 급 배를 타고 바다로 나가면 우리는 가끔 일본오징어잡이 배를 만나곤 했다. 우리는 낚시를 겨우 여섯 개를 사용하고 있을 때인데, 일본 사람들은 삼십여 개의 낚시를 사용하고 있었다. (중략) 그래서 나는 한일회담 반대 데모만은 매우 열심히 했다. 계엄령이 내리고 내게 수배령이 떨어졌다고 들었다. 그래서 나는 청량리에서 기차를 타고 묵호로 도망쳤다. (중략) 묵호역에서 내린 나는 그 후 여섯 달 동안 발한리의 판잣집 방 한 칸을 세내어 어부 생활을 하며 그 우울한 시대를 넘겼다. (희곡집 1권－후기 : 소극장 '탈' 시대 산물들)

위에 인용한 '작가의 말'에서도 드러나듯, 이반은 주변의 '행동하는 사

---

100 이반 희곡집 1권『샛바람』(단막극 8편 수록), 2권『아버지 바다』(1979-1989년에 걸쳐 초연된 장막극 4편 수록)이 종로서적에서 1994년 발간되었다, 그 외『난지도의 성자 황광은』, 〈하늘, 별, 바람 그리고 학〉(2007년 공연) 등이 있다.

람들'의 생활체험의 이야기나 자신의 경험세계를 주로 그려온 리얼리스트이다. 그가 바다나 어촌, 뱃사람들의 생활, 실향민의 삶이란 독특한 소재를 개척해온 데에는 바로 그의 자전적 경험이 밑바탕을 이루고 있는 것이다. 바로 이 점 때문에 이반은 과작의 작가임에도 한국연극사나 희곡사의 지형도 속에서 한 독특한 위상을 차지한다. 분단 이후 남한 연극에서는 망각되고 만 함경도 사투리와 이북지방 생활정서의 복원, 실향민의 전쟁체험과 실향의식, 분단의 비극성과 통일 염원을 실향민으로서의 정체성을 가지고 그 누구보다도 생생하고도 절실하게 그려냈기 때문이다. 물론 어촌 소재 극이라면 일찍이 함세덕이 일제 강점기 인천 무의도를 배경으로 어촌마을의 궁핍상을 처절하게 묘파했고(〈산허구리〉, 〈무의도 기행〉), 천승세의 1964년 작품 〈만선〉이 남해안을 배경으로 어부의 만선에 대한 집념과 그 가족의 비극을 그린 바 있었다. 어촌소재극으로 리얼리즘극의 한 정점을 보여주는 이 작품들의 뒤를 이어, 이반은 분단 이후 맥이 끊긴 함경도 사투리와 실향민의 생활정서를 생생하게 재현한 어촌 소재 리얼리즘극을 통해 새롭고도 개성적인 경지를 개척한 것이다.

이반의 극세계를 조감할 때 특징적인 것은 체험에 바탕을 둔 매우 현실감 있고 생동감 넘치는 어촌과 바다 소재의 극화이며, 억센 함경도 사투리를 말맛과 리듬감 넘치게 구사하고 이북지방 사람들의 야성적 기질과 투박한 생활정서를 생생하게 형상화했다는 점이다. 〈그날, 그날에〉(1979)나 〈아버지 바다〉(1989)에 등장하는 월남 실향민들은 이북에서 가장 가까운 동해안 어촌에 '피난민'처럼 살면서 고향으로 돌아갈 날만을 기다린다. 이들은 남쪽 지방 사람들보다 더 억센 기질, 의존하거나 타협하지 않는 야성적 생활방식을 드러낸다. 〈바다로 나가는 사람들〉에서, 둘째의 죽음을 안 순간 즉시 첫째아들을 찾아오려는 노모나 며느리, 〈그날, 그날에〉에서, 늘 이북 고향으로 배를 돌리는 박아바이 선장, 이북 고향에 묻어달라는 아내의 시신을 천장 다락에 몇십 년 동안 보관하는 김노인, 억센 기질의 북청댁, 〈아버지 바다〉에서 악덕 선주와 맞서 싸우는 길모나 성자, 월북을 불사했던 형철, 오로지 뱃일을 삶의 의미로 생각하는 선장 동호 등이 그러하다.

두 번째 특징으로, 이반의 희곡에는 이야기하기의 충동과 연극적 충동, 이 두 가지의 상이한 형식충동이 공존한다. 앞에 인용한 '작가의 말', "어렸을 때부터 이야기 보기와 이야기하기를 매우 좋아했다"는 그의 취향이 극에도 두 개의 형식충동으로 나타나 있는 것이다. 그의 극에는 대체로 이야기하기의 충동이 연극적 충동을 압도하는 경우가 많이 나타난다. 대체로 시공간적 집중을 고수하는 고전적 극작술을 구사하고 있음에도 극적 행동을 긴박하게 밀어붙이는 타이트한 전개보다는 등장인물들 간에 수다스러울 정도로 주고받는 이야기가 승하게 나타난다. 흥에 겨운 듯한 인물들의 과도한 이야기충동이 극적 사건을 지연시키고 때로는 템포를 완만하게 만들기도 하고, 행동보다는 설명적 대사들로 극 줄거리를 이끌어가기도 한다.

〈그날, 그날에〉를 예로 들어보면, 복합적인 이야기구조를 가지고 있지만 그 내용은 "1) 선장 박노인이 자꾸만 배를 이북으로 끌고 가자 선주 김노인은 그를 배에서 내리게 하려 한다. 2) 박선장은 북으로 가지 않겠다고 약속하고 출항하나, 결국 북한에 납치된다. 3) 서울에서 내려온 아들이 집을 헐고 새집을 짓겠다고 하자, 김노인은 천장 다락에 숨겨두었던 아내의 시신을 공개한다." 라는 핵 단위로 이루어져 있다. 장막극임에도 중심 사건은 매우 단순하다. 바로 그 극적 사건의 단순성을 메꾸어 나가는 것은 극적 상황이나 성격, 관계, 인물들의 목표, 삶의 가치, 주어진 현실 등 풍부한 디테일을 전달하는 인물들의 대사들이다. "사람이 곧 이야기구나"라는 작가의 깨달음처럼, 인물들은 자신들의 사연이나 서로의 관계, 생활정서 등에 대해 끊임없이 이야기하고 있는 것이다. 그 때문에 극적 행동이 야기하는 긴장감이나 서스펜스는 약화되고, 대신 인간경험의 총체라 할 '전면적 진실' 묘사가 풍부해진다.

이는 〈아버지 바다〉에서도 마찬가지이다. 극의 중심사건은 "1) 30년 만에 형철이 어촌으로 돌아온다. 2) 선주와 선원들 사이에 배당금 미지급 문제로 분규가 일어난다. 3) 기관장, 길모가 선주와 맞서 싸운다. 4) 선장 동호는 선원들을 설득하여 출항한다."라는 핵 단위를 갖고 있다. 어판장의 구조적 비리라는 현재 사건에 형철의 과거 월북 사건과 전쟁 때 형철 아버지의 죽음의 진실이 교직되어 있다. 이처럼 현재 사건과 과거 사건을 교직시켜 나간 극 줄거리는 잘 짜인 기승전결의 구조로 유기적이고 긴박감있게 구성되어 있다기보다는 등장인물들 간의 장황한 대화를 통해 관객에게 설명적으로, 관념적으로 전달되는 부분들이 많다. 외부인물인 형철의 과거 사연, 전쟁 때의 형철아버지의 총살 같은 과거사가 현재 사건들과 조응하고 있긴 하지만, 과거사가 현재 사건들에 유기적으로 녹아 있는 게 아니라 작가의 관념을 위해 설정된 듯한 무리가 보이는 것이다.

그렇다면 이야기하기의 충동과 연극적 충동은 서로 조화를 이룰 수 없는 형식충동인가? 물론 그렇지 않다. 작가는 이 두 가지 상이한 형식충동들을 충돌시키는 듯하지만, 관념적·설명적 대사들이 두드러진 〈아버지 바다〉나, 제주와 조선이 한민족이라는 민족주의를 내세워 스스로 제물이 되고 마는 이재수를 그린 〈바람타는 성〉(1982) 등을 제외하고는 대체로 두 형식충동의 얽힘이 어느 정도 균형을 맞추고 있으며, 그 때문에 현실세계의 '전면적 진실'들을 활달하고 풍부하게 보여줄 수 있다고 생각된다.

3. 전쟁소재 극 : 도덕적 책임과 휴머니즘

이반의 작품세계를 소재나 장르별로 일별해 보면 다음과 같이 분류해 볼 수 있다.

1) 어촌 3부작 : 〈바다로 나가는 사람들〉 〈그날, 그날에〉 〈아버지 바다〉
2) 전쟁 체험 : 〈샛바람〉 〈나자의 소리〉 〈동창생〉
3) 역사극 : 〈바람타는 성〉(이재수의 난)
4) 우화극 : 〈웁살라〉, 〈노을빛 오징어〉 〈황무지〉

5) 근현대사 : 〈난지도의 성자 황광은〉〈하늘, 별, 바람 그리고 학〉

이 중에서 이반이란 작가의 개성을 드러내는 동시에 작품성이 뛰어난 극들은 1) 어촌소재 극들과 2) 전쟁소재 극이다.

전쟁체험을 다룬 〈샛바람〉, 〈나자裸者의 소리〉, 〈동창생〉은 1950년대 중반 이후 쏟아져 나왔던 유치진, 차범석, 오상원, 임희재, 이용찬 등의 전후 희곡들과는 매우 다른 접근방식으로 전쟁체험을 다루었다는 점에 그 유니크함이 있다. 유치진이나 차범석은 주로 전쟁의 참혹상이나 전후의 병든 현실을 사실적으로 그려냈고, 오상원은 전쟁으로 불구가 되고 가정이 붕괴되는 현실을 실존주의적 허무로 그려냈으며, 임희재는 피난민이나 도시 빈민의 궁핍한 삶을 애상적으로 그렸고, 이용찬은 전쟁의 격변기로 야기된 부자간의 갈등을 그렸다. 이들 작가가 상이군인, 가정의 붕괴, 경제적 파탄 등 전쟁의 파괴적 결과와 전후 현실의 비참상에 초점을 맞추고 있다면, 이반은 전쟁 중 바다에서의 생계유지나 비인간적 전술의 책임문제, 휴머니즘을 다루었다. 공습으로 생명의 위협을 받으면서도 꽁치잡이를 하여 생계를 책임져야 하는 어린이들(〈샛바람〉), 전쟁 중 인명 희생에 대한 도덕적 책임문제(〈나자의 소리〉), 이북 출신의 군인이 고향 동창생을 형제처럼 아끼는 인간애(〈동창생〉)를 그리고 있는 것이다.

〈나자의 소리〉(1969)는 전쟁 소재를 다룬 문제작이라 할 만하다. 이 극은 전쟁의 배신행위와 진실, 지식인의 허위의식이 양파껍질처럼 벗겨지며 폭로되는 잘 짜인 극적 구조를 가지고 있다. 전쟁이 끝난 지 20년 후의 현재를 배경으로, 동료들을 죽음으로 몰고 간 상급자의 도덕적, 인도적 책임을 묻는 상이군인과 그 상급자와의 대면이 팽팽한 갈등을 만들어낸다. 화상을 입고 다리도 저는 사내(가)는 사내(나)와 마주쳐 대화를 나누는 동안 바로 그가 자신이 찾던 최소위라는 것을 눈치챈다. 성공한 소설가가 된 사내(나)는 데뷔작 〈전장〉의 내용을 자신이 전쟁터에서 체험한 진실이라고 말한다. 사내(나)는 적의 화약고를 폭파하기 위해 네명이 지원, 특공대로 파견되었으며, 그들은 임무를 무사히 마쳤으나 애초부터 특공대의 구출작전은 없었노라고 말한다. 구명보트도, 군함도 그들을 기다리지 않은 것은 개인적 배신행위가 아니라 바로 전쟁의 '배신'이라는 것이며, 무전병이었던 자신은 지금도 그들의 피맺힌 절규를 잊을 수 없노라고 말한다. 이에 사내(가)는 그의 허위의식을 공격하며 진실을 밝힌다. 지원 특공대는 장교를 포함 다섯이었으며, 장교는 구명보트에 남아 있었노라고. 네 명의 특공대가 폭파를 마치고 돌아왔을 때 구명보트가 도망가버려서, 그들은 바다 가운데 군함이 기다리고 있는 걸 보면서도 타지 못했다고 말한다.

사내(가) 내가 이 처참한 꼴을 해가지고 왜 살아남았는지를 알아? 보고하기 위해서였어. 넌 왜 도망갔어? 공포에 떨려서? 아니면 그 알량한 소설 때문이야?

사내(나) 아냐, 너희들의 구출작전은 처음부터 계획되지 않았어. 전쟁은 그런 거야.

사내(가) 전쟁? 우리가 이렇게 된 것은 너의 책임이야.

사내(나) 아냐, 그렇지 않아. 전쟁의 책임이야. 그곳에는 인간이란 없어. 동물적인 증오가 있을 뿐이야.

(중략)

사내(나) 책임? 그건 내가 질 수 없어. 전쟁 속이었으니까.

사내(가) 책임을 질 수 없으면 난 어떻게 해야 돼? 이십 년 동안 난 내 책임을 다하기 위해 살아왔어. ((나)에게로 점점 육박한다) 넌 나의 직속 상관이었어. 나의 보고만 받으면 그것으로 네 책임은 끝나.

사내(나) 아냐, 난 그 보고를 받을 수 없어. 그 책임을 내 개인이 질 것이 아냐.

사내(가) (험상궂게 소리친다) 보고드리겠습니다.

사내(나) (관중 속으로 뒷걸음쳐 사라지며) 아냐, 난, 난, 나만의 죄가 아냐.

사내(가) (관중들을 똑바로 바라보며 거수경례를 하며 보고한다) 적의 화약고 폭파 특수공작대 박중사 보고드리겠습니다. 우리들은.....

위 인용 장면은 극의 결말 장면이다. 비겁하게 도망쳤던 사내(나)는 나중에 그 사건을 윤색하여 소설을 발표했던 것이다. 자신의 윤색을 진실이라고 우기고, 동료들의 죽음도 전쟁이 책임져야 할 문제라고 회피하는 데서 그의 양심과 도덕의식의 마비를 볼 수 있다. 사내(가)는 동료들의 죽음과 자신의 부상에 대해 책임을 지라며 상관이었던 사내(나)를 압박하고, 사내(나)는 개인의 책임이 아니라 전쟁이란 상황의 책임임을 강변한다. 사내(가)는 (나)에게 보고를 하는 동시에 관중들에게 보고한다. 전쟁에서 빚어진 인명 희생이나 배신행위는 개인의 책임뿐 아니라 사회 전체의 책임이기도 하다는 것이다. 결국 이 극은 전쟁이 끝난 지 20년 후라 해도, 전쟁 때 빚어진 인명 희생이나 배신행위에 대한 사회 전체의 도덕적 책임이나 회개가 없다면 전쟁은 지금도 진행 중임을 말하고 있다. '나자'가 최소위, 혹은 관객에게 하는 보고는 당시 월남전에 투입된 한국군의 전쟁 수행에 대한 환기이자 세계 도처에서 벌어지고 있는 전쟁의 비인간성과 배신행위를 질타하는 보고이기도 하다. 이 극이 주는 전언은 바로 전쟁이 가져온 신체적·도덕적 측면의 훼손이며, 그 훼손이 아직 치유된 것이 아니라는 것이다. 신체가 훼손된 '나자'나 도덕성이 마비된 최소위의 대결이 이를 함축한다. 또하나의 전언은, 삶에서 무서운 것은 인간이 자기가 범한 잘못을 반성하지 않는 것이지, 잘못을 범한 데 있는 건 아니라는 것이다.

〈샛바람〉은 바다를 배경으로 12세 소년 소녀의 눈으로 전쟁과 어린이들의 생존의지를 서정적으로 조명한 극이라는 점에서 독특하다. 특히 이 극은 작가 이반의 자전적 체험을 바탕으로 하고 있을 뿐 아니라 어촌 3부작의 모태를 이루고 있는 작품이다. 기식과 기호 형제, 수련은 전마선을 타고 바다로 나간다. 서울 피난민인 수련은 처음 배를 타고 나가는 것이라 기호에게 어디로 가는지, 또 바다에서 보고 듣는 것들에 대해 묻는다. 하늘에선 B-29나 미그기, 구루망 전투기 등이 나타나 그들에게 위협사격을 가하기도 한다. 아이들은 배에 엎드리기도 하고, 때로는 비행기에 따라 태극기나 인민공화국 기를 번갈아 흔들기도 하고, 팔뚝질을 먹이기도 한다. 수련은 교사였던 아버진 군인으로 나가고, 피난지 부산에서 엄마는 다른 남자와 도망을 가버려서 지금 친할머니와 살고 있다는 사연을 말한다. 기호는 어부인 아버지와 삼촌이 징발선을 타고 바다로 전쟁하러 갔다는 말을 한다. 소년들은 바다에 해초를 뿌리고, 그 해초에 꽁치들이 몰려와 알을 까는 동안 손을 넣어 꽁치를 건져 올린다. 고아가 된 수련은 "우리는 왜 꽁치를 잡는 거야? 니들은 꽁치가 불쌍하지도 않아? 엄마 아빠 꽁치를 마구 잡으면 새끼 꽁치들은 어떻게 돼?"라며 소리친다. 기호는 "우리가 꽁치를 잡지 않으면 포구에 있는 사람들이 다 굶어 죽어. 지금 포구에는 정신 나간 늙은이들과 여자들밖에 없어."라고 답변한다. 그리고 말 한마디도 없던 기식은 집이 폭격을 맞았을 때 기호를 감싸 안아 자신은 귀머거리에 벙어리가 됐다는 사실이 밝혀진다.

이 극은 순진한 어린이들의 시각으로 전쟁의 비참함, 전쟁터에 나간 어른들을 대신해서 밥벌이를 해야 하는 어린이들의 상황을 서정적이고도 휴머니즘적으로 조명한다. 군함과 적기가 출몰하는 바다 위에서 지혜롭게 생존원리를 터득해가는 어린이들, 그러나 십자가 모양의 돛을 부여잡은 기식의 모습을 통해 평생 불구라는 십자가를 지고 살아야 하는 전쟁 부상자의 운명을 암시한다. 결말장면에서 급작스럽게 불어닥친 샛바람과 비는 파멸과 훼손을 가져오는 전쟁의 광기와 공포를 암시한다. 이제 이 아이들이 어른이 되면 손으로 꽁치를 건져 올리는 대신 배를 타고 나가 고기잡이를 할 것이며, 실향민으로서의 뿌리뽑힌 삶을 십자가처럼 지고 살아가게 될 것이다.

4. 어촌 3부작 : 이북 실향민과 바다

이반의 작가적 개성과 작품성이 두드러진 극들은 '어촌 3부작'이라 할 수 있는 〈바다로 나가는 사람들〉〈그날, 그날에〉〈아버지 바다〉이다. 이 극들은 리듬감과 말맛을 갖춘 함경도 사투리 대사, 강인한 이북 생활정서와 야성적 기질, 실감 있게 창조된 캐릭터들, 망향의 정서, 체험에서 우러나온 경험 현실의 총체를 그린 탄탄한 서사와 리얼리스틱한 재현 등에서 특유의 개성을 발휘한다. 작가가 그리고 있는 바다는 〈심청전〉에서처럼 모성의 공간이나 재생의 공간이 아니다. 이 바다는 '아버지 바다'이자 '아버지의 바다'이다. 뱃일을 삶의 목표와 의미로 삼는 남성적 공간이자, 이북 고향에서 피난 나와 죽을 때까지, 혹은 죽어서라도 고향으로 돌아가고자 하는 아바이들의 염원이 서린 공간이다.

〈바다로 나가는 사람들〉(1970)은 압축적인 시간 사용, 바다와의 대결이라는 주제, 불길한 전조와 그 실현, 바다에서 죽어 돌아오는 아들 같은 내러티브가 싱의 〈바다로 가는 기사들〉을 연상시킨다. 그러나 그 차이 또한 두드러지는데, 그것은 바로 캐릭터들의 생활정서와 환경적 요인의 차이에서 기인한다. 극은 '겨울 새벽', '같은 날 깊은 밤', 두 장면으로 이루어져 있다. 노파는 아들 길수를 깨워 배를 태우려고 하는데, 며느리 쌍가매는 불길한 꿈을 꿨다며 오늘만은 바다에 보내지 말라고 간청한다. 그러나 노파는 "새벽부터 꿈 이야기를 하면 험한 일을 당한다"고 나무라고, 길수 역시 "날씨도 잠잠한데 별 걱정맙세. 꿈이 나쁘다고 바다에 아이 나가구 기분이 좋다구 가물에 배를 띄우지 않으면 바다에 뉘기 나가겠소? 뱃사람은 궂으나 좋으나 꾀를 부려서는 아이 되오."라며 바다로 나간다.

그날 밤, 눈보라와 파도가 세차지자 쌍가매는 불안해하며 희미한 호롱불 아래 속옷의 이를 잡고 있다. 이때 털모자를 눌러쓴 나그네가 주막에 쉬어가겠다며 들르고, 쌍가매는 10년 전 동리 배 다섯 채와 배에 탄 사람들 모두가 행방불명이 된 사건 이후로 주막을 하지 않는다고 말한다. 나그네가 은근히 캐묻는 말에, 쌍가매는 남편도 그때 행방불명이 되었고, 그 후 애 셋을 키우기 위해 시동생과 결혼했다고 말한다.[101] 이 극이 충격을 주는

---

[101] 며느리 이름을 '쌍가매'로 명명한 것도, 통상 쌍가마가 있는 여자는 두 번 가마를 탄다고, 곧 결혼을 두 번 한다는 속설을 반영한 것이다.

것은 바로 도덕윤리나 관습을 뛰어넘는 며느리와 시동생의 재혼이다. 그러나 그 재혼은 뱃일로 생계를 유지할 수밖에 없는 벽촌에서는 부도덕이 아니라 어쩔 수 없는 생존논리라는 데 미묘함이 있다.

쌍가매   (생략) 우리 식구들은 다 아파하는 얘기란 말이오. 아이들을 섯씩이나 데리고 있는 과부를 뉘기 데리고 가겠소? 아이 그렇소, 서이 중하면 그 조캐도 중할끼 아이오? 오디갈디 없는 어마이는 어떻기 하구 장개 가겠소? 그렇다구 총각으로 늙어 죽을 수두 없구. (생략)

나그네   다른 데 재혼할 데는 없었소?

쌍가매   재혼 같은 말은 하지두 맙세, 그 일이 있은 다음 우리 동리 과부가 몇인 줄 아오? 스물 일곱이었음메, 사내라구 씨도 마를 뻔 했지비.

바다로 나간 사내들의 떼죽음으로 과부들이 양산된 데다, 어린애 셋 달린 과부는 재혼할 수도, 생계를 유지할 방편도 없다. 그래서 시동생은 형네 가족들을 돌보기 위해 형수와 재혼하고 조카들을 친자식처럼 키워왔다는 것인데, 이는 가족의 붕괴를 막으려는 모가장 노모의 제안으로 이루어졌을 것이다. 이처럼 원시부족의 결혼관습을 이어받은 듯한 가족의 구성은 눈보라 속에 고립된 바닷가 초가라는 공간 설정과 어우러져 일종의 신화적, 원형적 분위기를 만들어낸다. 이렇게 이 극은 잘 알려진 소재를 재생산한 듯하지만, 소재를 다루는 방식에서 작가가 관객보다 한 발자국 앞에서 서사를 끌어가고, 또 통상적인 관습이나 도덕보다는 원초적이고 신화적인 삶의 방식을 그리고 있기 때문에 참신한 충격을 던진다. 두 번째 놀라움은 노파와 나그네와의 대면에서 일어난다. 노파는 나그네로부터 그가 10년 전 가물에 난파한 배의 선장이며, 그 후로 고향에 돌아올 수 없었다는 과거 사연을 들으며 자신의 장남이라는 것을 짐작한다. 그러나 포구에 나갔던 쌍가매가 길수가 탄 배가 돌아온다는 말을 전하자 노파는 서둘러 그를 배응한다. 노파는 아들을 알아보고도 기약 없이 그를 떠나보낸다. 노파가 자신의 속내나 모정을 드러내지 않기 때문에 마지막 장면에서 노파가 아들임을 알아보고도 그를 붙잡지 않았다는 사실이 밝혀질 때 커다란 충격을 주는 것이다. 세 번째 놀라움은 길수의 시신을 보고 비탄에 잠기거나 매장하는 대신 어부들에게 수장하도록 하고 며느리더러는 나그네를 빨리 데려오라고 채근하는 노파의 현실주의적 행동이다.

> 노파   야, 이 눈먼 씽취 같은 간나야. 그기 어찌 처음 보는 사람이니? 그기 너이 서방이다. 십년 전에 바다에 나갔다 아이 돌아온 너이 서방이다. 이 간나야.
>
> 쌍가매   아이 그러문 그 사람이.....
>
> 노파   너이 아이들 애비다. 날래가서 데려와야 한다. 날래 잡아야 된다.
>   (생략)
>
> 노파   야 이 새끼들아. 뉘기 시신을 여기 가져오라구 했니? 뉘기? 대답을 해라, 대답을.
>
> 어부   뭍에서 자겠다구 뱃전을 따라 오는 걸 어떻게 하겠소?
>
> 노파   (시신을 가리키며) 야아는 뭍에서 자겠다구 할 그런 아아가 아이다.
>
> 어부   이전 뱃사람도 뭍에서 자고 싶어하오.
>
> 노파   아이 된다. 빨리 바다로 내어보내. 가아는 육지에서 잠들 아아가 아이다.
>   (생략)
>
> 어부   (시신을 향하여) 서미미 바다로 갑세. (그들은 다시 바다로 나간다.)
>
> 노파   나가라. 가서 거기서 살아라.

위 인용문은 극의 마지막 장면이다. 〈바다로 가는 기사들〉에서 노모는 막내아들의 시신에 성수를 뿌리며 모든 죽은 자와 산 자에게 평안을 달라고 기도했지만, 이 극의 노모는 바다에서 죽은 아들은 바다에 수장하라 명하고, 집안엔 뱃일을 하며 그들 가족을 부양할 산 자를 받아들인다. 이러한 결말의 차이는 일차적으로 아란섬의 종교적 생활정서와 한국의 궁벽한 북쪽 어촌의 생활풍습의 차이로 볼 수 있을 것이다. 그러나 그보다 더 중요한 차이는 이북사람들의 억척스러운 생존의지와 현세적 삶의 긍정이 아닐까. '바다로 나가는 사람들'은 살아서도 죽어서도 영원히 바다에 닻을 내린 '아바이', 바다가 고향이자 바다에서의 죽음을 운명으로 받아들이는 남자들이다. 바다가 이렇게 남자들의 공간으로 특권화되어 있다면, 가정은 여성들의 공간으로 특권화되어 있다. 가정의 주도권을 잡고 있는 것은 여성들이다. 바다에 나간 장남이 실종되자 노파는 며느리로 하여금 둘째 아들과 재혼하게 하여 아이 셋과 여자들을 부양하게 한다. 이 극에서 특히 인상적인 것은 여성인물의 재현방식이다. 쌍가매나 노파는 매우 억세고 생활력이 강한, 야성적 기질의 여성들이다. 그들은 윤리나 관습, 주변 사람들의 소문이나 평판, 혹은 이미 죽은 자에 대한 의무 같은 것들에 얽매이지 않는다. 그녀들은 가족의 결속과 행복, 산 자의 삶을 우선시한다. 그들의 심지 굳은 현실주의적 삶의 방식이 투박한 함경도 사투리와 조화를 이루어 한국희곡사에 기억될 강인한 여성상을 보여주고 있는 것이다.

〈그날, 그날에〉(1979)는 월남 피난민 1세대의 귀향의 염원과 2세대의 현실적응적 삶 사이에서 벌어지는 갈등을 축으로 한 사실주의극이다. 월남 1세대는 고향에서 가장 가까운 동해안에 임시로 판잣집을 지어 살고 있으며, 곧 통일이 되어 고향의 가족을 만나게 되거나 혹은 고향집을 새로 지을 생각에 사로잡혀 있다. 그러나 그 자식세대는 고향에 대한 애착을 갖고 있지도 않을 뿐 아니라, 바닷가 궁벽한 판잣집을 헐어버리고 새집을 짓거나 또는 도시로 가서 살고 싶어 한다. 이 극이 캐릭터들의 생생한 실감과 리얼리티를 획득하는 것은 바로 두 세대 간의 삶의 방식이나 가치관을 매우 예리하게 대조시키고 있기 때문이다.

아내와 자식들을 데리고 함께 월남하지 못한 박노인이나, 남편이 탄 배가 북한에 체포되는 바람에 혼자 내려온 북청댁은 말할 것도 없고, 아내와 아들과 함께 내려온 김노인도 20년 동안 한결같이 이북 고향으로 돌아가는 비원을 품고 살고 있다. 김노인의 아내는 거제도 포로수용소에서 숨을 거두었고, 북청댁은 김노인의 주막을 운영하며 거처하고 있다.

1막에서는 선장 박노인이 자꾸만 배를 이북으로 몰고 가는 바람에 명태도 못 잡는다며 피난민 2세대인 어부들이 불만을 터트린다. 선주인 김노인이 그들의 말을 듣고 박노인이 이제 그만 배를 타게 해야겠다고 거든다. 어부들이 북쪽으로 가는 자기네 배를 가리켜 귀신이 붙은 배라고들 한다고 하자, 김노인은 천장을 올려다본다. 이 극은 의미심장하게 천장에 관련된 미스터리를 숨겨놓고 조금씩 암시해가는 기법을 활용한다. 2막에서는 김노인이 박노인에게 배를 그만 타라고 해서 논쟁이 벌어진다.

> **박노인** 손이 말을 아이 듣는다. 뱃머리를 새로 돌리고 싶지만, 배가 그쪽으로 아이 가고 이북으로만 가는 걸 낸들 어떻기 하겠니? 샌 줄 알고 가다 보면 북쪽 바다인 걸 나들 어떻기 하겠니?

북쪽 바다로 가는 배를 자신이 결코 제어할 수 없다는 박노인의 이 말은 고향에 대한 실향민의 운명적인 이끌림, 절절한 그리움을 말하고 있을 뿐 아니라 죽은 자의 염원까지 암시하고 있다. 박노인은 이번에 명태를 잡아오지 못하면 다시는 배를 타지 않겠다고 김노인과 약속하고 출항한다. 서울에서 대학을 졸업한 김노인의 아들 창길이 등장해서 은행에 취직했음을 알린다. 김노인은 기뻐하는 게 아니라 오히려 "이 동해 바다는 물론이지만 남해나 서해에서까지 알아주는 김사공 아들이 배를 아이 타고 은행원이 되다니. 남새스럽지비."라고 말한다. 자식이 도시에 나가 번듯한 사무직을 갖길 원하는 게 아니라 대를 이어 뱃사람이 되길 원하는 '아바이'의 캐릭터는 이북 뱃사람 특유의 억센 기질을 드러내는 것처럼 보인다. 이어 어부들이 등장해서 박노인이 탄 배가 또 북쪽으로 갔다는 것을 알린다. 3막에서는 김노인과 창길의 갈등이 주를 이룬다. 창길은 이곳을 정리하고 서울이나 도회지로 떠나자고 종용하고, 김노인은 이곳이 고향과 제일 가까운 곳이기 때문에 떠날 수 없다고 대립한다.

창길   (...) 제 생각으로는 고향은 아버님의 생을 앗아갔어요.

김노인   야, 힘든 문자 쓰지 말아. 생이라는 기 무시기니, 생이라는 기? 고향이 내 생을 앗아갔다구? 니는 처음부터 잘못 생각했다. 내기 있어서, 아이 나쁜이 아이다. 박 아바이나 북청 아지미에게 있어서 생이라는 것은 말이다. 그기 고향을 그리는 맴하고 다른기 아이다.

김노인은 실향민에게 있어 생은 "바로 고향을 그리는 맴"이라고 단언한다. 일곱 살에 고향을 떠난 창길에겐 갈 수 없는 고향에 대한 애착이 없을 뿐 아니라, 바로 그 애착이 아버지 세대가 생을 허비하게 만들었다고 생각한다. 피난민 1세대와 2세대는 무엇보다도 고향에 대한 정서에서 뚜렷하게 대립한다. 창길은 이곳을 떠날 수 없다면, "사람이 사는 곳"이라고 할 수 없는 이 헌 집을 헐고 새집을 짓자고 말한다. 김노인은 창가에 가서 실향민들의 판잣집들을 가리키며, 왜 실향민들이 몇십 년 동안 돼지우리 같은 판잣집에서 사는지 그 이유를 설명한다.

김노인   저기 왼쪽에 모여 있는 집들이 있쟨니? 그기 신포마을이다. 그리구, 그 옆이 몇 가호가 아이 되지? 그기 홍원 마을이다. 가운디가 서호진, 삼호, 북청읍이구, 저쪽 끝이 이원 마을이다.

창길   몇십 년을 저렇게 사는 사람들이 어디 있어요? 도대체 발전이라는 게 없지 않아요? 저기에 무슨 행복이 있고 생활이 있겠어요! 저게 뭐예요? 최소한 사람들이 생활할 수 있는 공간을 형성해야 될 게 아네요?

김노인   그렇다. 저기는 행복이란기 없지비. 나두 저 사람들과 마찬가지지비. 고향을 떠나던 그날부터 우리에게는 생활이구, 행복이구다 없어졌지비. 그저 죽지 못해… 아이, 아이지비. 고향에 가는 그 날, 그날이 올 때를 기다리며 사는 거지비. 고향으로 갈 때까진 개처럼 살면 어떻구, 돼지처럼 살면 어떻니? 그런 거는 문제두 아이 된다.

봉당 하나에 방이 두 개뿐인 허름한 판잣집에서 실향민들은 통일을 기다리며 살고 있다는 것이다. 월남 1세대는 몇십 년 전의 고향 마을을 그대로 재현해놓은 판자촌에서 그야말로 피난민으로서 '임시로 살면서' 통일이 되어 고향에 갈 수 있는 날만을 기다리고 있다. 그러나 2세대는 기약 없는 기다림으로 현재를 저당잡힌 채 산다는 것은 생을 허비하는 일이라고 맞선다. 1세대는 통일이 곧 올 것이라는 환상으로 생을 지탱해 가는 반면, 2세대는 강대국의 이해관계에 따라 분단 고착이 지속될 것이라는 냉정한 현실인식으로 아버지 세대의 신념과 맞선다. 이어서 박노인의 배가 이북에 체포되었다는 소식이 전해진다. 이는 1세대가 지닌 환상이 얼마나 허망한 것이며 통일은 얼마나 요원한 것인가를 입증하는 것이다. 창길은 이곳을 떠나지 못한다면, 반드시 헌 집을 헐고 새집을 지어야겠다고 고집을 부린다. 그러자 김노인은 창길로 하여금 천장 다락에 올라가 보게 한다. 바로 이 극이 1막에서부터 감춰오고 있던 진실이 폭로되는 장면이다. 다락 위에는 바로 거제도에서 죽은 창길 어머니의 시신이 안치되어 있었던 것이다. "그 어미의 유언이 무시긴 줄 아니? 마지막 말이 무시긴 줄 아는가 말이다. 이남 흙을 아이 쓰구 고향 흙을 쓰구 자겠다는 기다. 저 귀신이 고향 흙을 쓰구 자겠다구 저기서 지드럭을 쓰구 아이 내려온다. 고향에 가는 날이나 저기서 내려오겠다구, 저러구 있다." 시신이라도 고향에 묻히겠다는 염원, 몇십 년 동안 시신을 천장에 안치하고 살아온 실향민의 삶은 귀향만이 그들 삶의 목표이자 의미라는 것을 웅변한다.

이 극이 주는 감동은 실향민 1세대의 고향에 대한 간절한 그리움과 생활방식, 뱃일에 대한 사실적 디테일 묘사와 개연성 있는 사건 전개로 생생한 실감을 전달하는 데서 온다. 실제로 속초의 이북 피난민들이 모여 사는 마을을 본 적이 있는 관객이라면 극의 내용과 캐릭터들에 진한 공감을 느끼지 않을 수 없다. 그들의 삶은 바로 고통의 세계에서 고통을 껴안기이다. 귀향에 대한 기다림으로 현재의 시간을 유보시킨 삶이다.

〈아버지 바다〉(1989) 역시 〈그날, 그날에〉에서처럼 이북과 가까운 동해안 어촌을 배경으로 한 사실주의극이다. 〈그날, 그날에〉가 실향민 1세대의 삶에 초점을 맞췄다면, 이 극은 2세대의 삶에 초점을 맞추고 있다. 선주와 선원들의 갈등과 출항의 문제가 서사의 동력이지만, 동시에 분단상황과 전쟁의 상처라는 묵직한 주제의식이 떠받치고 있다. 군대 시절 월북행위로 20년 동안 수감되었던 형철의 과거와 등대지기의 직분을 다하다 전쟁 때 처형된 형철아버지의 사연이 오버랩되면서 현재 어판장의 비리사건과 짝을 이룬다.

이 극의 서사구조의 핵심적인 대립항은 선주와 선원들의 대립이 아니라 국민학교 동창생 길모와 형철, 동호 사이에서 이루어진다. 어판장 경비원 길모는 어판장의 구조적 비리에 맞서 싸워나가는 쪽이고, 선장 동호는 무슨 일이 있더라도 배를 타는 일의 본분을 지켜야 한다는 것이고, 20년 옥살이를 한 형철은 분단의 벽을 허무는 일에 몸을 바쳐야겠다는 것이다.

1막은 바닷가 성자의 포장마차에 30년 동안 이곳을 떠나 있었던 형철이 찾아오는 것으로 시작된다. 형철은 국민학교 동창인 길모, 성자와 재회하고, 형철이 감시대상이라는 사실이 암시된다. 2막은 선주가 선원들의 배당금 지급을 미루고 몰래 새 철선을 계약한 사실, 그리고 그 때문에 기관장 장근이 주축이 되어 선주와 대립하는 내용으로 전개된다. 그날 밤 길모와 동호, 형철은 전쟁 직후 바다에서 놀던 일을 회상하면서 이북에 남아 있는 가족을 그리워한다. 그리고 등대지기 형철아버지의 죽음을 떠올리며, 지금 어판장에서 벌어지는 비리를 해결하려면 형철아버지의 결단 같은 것이 필요하다고 얘기한다. 군인들이 등대지기로서의 직분을 다한 형철 아버지를 이적행위 불순분자라고 처형할 때, 마을 사람들은 침묵을 지켰던 것이다. 그러므로 이 극은 과거 아버지 세대의 비겁함과 현재 아들 세대가 어판장의 구조적 비리와 맞서 싸우지 않는 것을 등가의 잘못으로 대응시키고 있다. 또 형철의 월북 행위 역시 실향민들의 귀향의지와 통일의 비원을 표상한다.

길모　너는 사내새끼로 태어나서 후회할 일을 어째서 했니? 그 일이 후회로써 끝날 일이니? 지키라는 휴전선은 아이 지키구 이북은 어째 들어갔니? 소대원들까지 데리구 거기는 어째 갔니? 갔으면 적의 귀라도 짤라 가지구 나올 일이지, 그 사람들과 씨름하구 어째서 엉켜서 놀았니? 어째 춤을 추고 놀았느냐 말이다.
(중략)

형철　나는 말이다. 휴전선에 가로놓인 철조망이, 그게 무시긴데 한 가족을 그 오랜 세월 동안 만나지 못하게 하는지 이해할 수가 없었어.
(중략)

형철　사회의 법도 사람을 위해 있어. 인간의 기본권을 박탈하는 법은 법이 아니야. 그래 무슨 짓을 하지 않고는 가만있을 수가 없었어. 우선 만나서 상대를 확인하고 싶었어. 그들의 혈관에도 나와 같은 피가 흐르고, 그들의 가슴도 나와 같이 뛰는지 안아 보고 싶었어. 그같은 확인 작업이야말로 벽을 허무는 출발점이라고 생각했어. 나는 사람이 되고 싶었어. 우리에 갇힌 동물이 아닌, 자유스러운 인간이 되고 싶었어.

형철은 휴전선에서 군복무를 할 때, 이북 군인들도 자신들과 같은 인간인지 확인하고 싶었으며 그것이 분단의 벽을 허무는 일이라 생각하여 소대원들과 월북했고, 같은 동족임을 확인한 순간 그들과 껴안고 춤을 췄다는 것이다. 바로 이 장면은 2000년에 상영된 영화 〈공동경비구역 JSA〉(박찬욱 감독)를 연상시킨다. 남북의 분단과 대치상황이 가져오는 비극성, 그리고 개인적 접촉으로 동족의 동질성과 휴머니즘을 확인한다 해도 분단의

벽을 허물 수 없음은 1989년 공연작인 〈아버지 바다〉에서나 2000년 영화
인 〈JSA〉에서나 마찬가지로 확인된다. 이반의 극들에 등장하는 실향민들
은 이남에서의 현재 삶을 임시적 삶으로 여기고 '피난민'으로서의 정체성
을 고수한다. 그들이 '아버지 바다'에서 뱃사람으로 살아가는 것은 바로
바다엔 휴전선이 없기 때문이다. 선장 동호의 "가물에는 휴전선이 없다이.
물은 새에서 마루, 마에서 새루 자유롭게 흐르는데 우리는 이기 무시기
니?"라는 말이 곧 이를 대변한다.

3막에는 길모와 선주와의 대립, 그리고 출항을 고집하는 선장 동호와
선원들의 대립이 전개된다. 길모는 앞으로 힘을 합쳐 어판장 부정을 해결
하자면서 자신이 앞장서겠다고 한다. 동호는 뱃사람은 "뱃사람이 가야 할
길"을 가야 한다며 출항을 고집한다. 뱃사람이 배를 타고 고기를 잡는 일
은 형철아버지가 어두운 바다를 밝히기 위해 어떤 상황에도 굴하지 않고
등댓불을 밝힌 것과 동일시된다.

> **동호**   그만, 그만들 하오! 모든 사람들에게 자기가 가야 할 길이 있는 것
> 처럼, 우리 뱃사람들에게도 뱃사람이 가야 할 길이 있소. 전쟁 때,
> 형철 아부지는 등대지기였소. 아부지는, 어떤 일이 일어나도 어
> 둠이 몰려오면 등대지기는 등대불을 밝혀야 된다고 했소. 군인들
> 이 작전의 성공을 위해 등대불을 밝히지 말라고 했지만 형철이
> 아부지는 그 명령에 따르지 않고 불을 밝혔소.

형철아버지가 처형당할 때 이 "개안의 모든 사람들"은 침묵을 지켰다는
것이다. 그 비겁함의 결과 등대는 군작전용 신호가 되고 말았고, 그 후 어
선들은 포구의 어귀를 찾지 못해 난파하는 일이 부지기수였다는 것이다.
바로 이 과거의 비겁함에 대한 반성은 현재 벌어지는 어판장 비리에 맞서
싸울 용기와 행동력을 요구한다. 길모나 동호, 형철은 각자 다른 방식으로
현실과 맞서 싸우고자 한다. 길모는 출항하는 선원들을 대신해서 선주와

싸우는 수호자이자 어판장의 구조적 비리와 대결하는 현실주의자로서, 동
호는 선장의 직분을 소명의식으로 받아들임으로써, 그리고 형철은 요원들
이 자신을 추적하고 있음에도 통일운동에 몸을 바치겠다는 결심을 언명한
다. 이 중에서 형철의 결단은 분단체제의 고착을 획책하는 정권에 적대적
인 것이므로 "가시밭길"이다. 그러나 형철은 "민족이 한데 어울려서 벌리
는 춤판과 씨름판을 생각해 봐. 이제 난, 주저할 수 없어. 생각만 해도 신명
이 나. 그 길이 아무리 험하다구 해도 이제는 피하지 않구 뚫고 나가겠어."
라고 결연히 말한다. 이들 실향민 2세대 3명은 각자 다른 방식으로 '아버
지 바다'로 출항하는 것이다.

　이처럼 이 극이 견지하는 서사구조나 주제의식은 과거와 현재의 겹침구
조, 그리고 민족의 동질성과 휴머니즘의 회복으로 분단의 벽을 허무는 통
일의 의지이다. 이러한 통일 지향의 주제의식 속에서 인물들은 생동하는
인물들이라기보다는 각각 맹목적인 의지를 지닌 하나의 비유나 기호에 불
과하다. 실향민 2세대, 40대의 그들은 각각 고정되고 규정된 세 개의 기호
로서 서사구조 속에서 기능한다. 길모는 자신이 어판장의 구조적 비리를
해결할 수 있는 영웅적 힘과 전략을 가지고 있다고 믿으며, 다른 이들도 그
의 능력에 대해 의문을 제기하지 않는다. 그래서 그가 선주의 새 철선 계약
서 사본을 어떻게 입수했는지도 제시되지 않는다. 동호는 선주가 배당금
지급을 계속 미루고 그 때문에 선원들이 출항을 거부하며 선주와 싸우고
자 해도, 뱃사람은 배를 타서 고기를 잡아야만 한다고 맹목적인 소신을 피
력한다. 이 중 가장 극렬한 이상주의자이자 비현실적인 인물은 형철이다.
20년의 옥살이, 정보요원들의 감시를 받으면서도 그는 전쟁 중 아버지의
영웅적인 행동을 본받아 평생 "이 세상을 밝히는 길을 걸어야"겠다고 다
짐한다. 반공이데올로기가 서슬 퍼런 시대에 어떻게 통일운동에 헌신할
것인지, 그 현실주의적 방법론에 대해서는 성찰하지 않는다. 그에게 중요
한 것은 목적의 순수함이지 방법의 현실성은 아닌 것이다. 어촌의 현실에
대한 매우 사실적인 디테일 묘사, 어판장의 구조적 비리, 유통의 불합리함

등 매우 현실적인 취재에 바탕을 뒀음에도 이 극이 관념적으로 느껴지는 것은 실향민 2세대들이 육화된 인물이라기보다는 도식적 인물들로 재현되었다는 점, 그리고 분단상황과 통일의 염원에 대한 반성적 담론이 다소 미흡하기 때문이라 할 것이다.

5. 고향 회귀욕망과 통일

우리 희곡사에서 분단문제와 통일이란 주제를 지속적으로 다룬 극작가로는 이반 외에도 박조열과 이재현을 꼽을 수 있다. 그러나 이 중 이반은 실향민을 주인공으로 삼아 분단 이후 맥이 끊긴 이북 생활정서와 사투리를 극 속에 생생하게 재현해냄으로써 독특한 경지를 열어 보였다. '아버지 바다'라는 남성적 공간이자 실향민의 공간, 월남 피난민의 절절한 귀향 염원과 생활방식, 함경도 사투리 대사의 생생한 재현, 강인한 이북 생활정서와 야성적인 캐릭터 구축이 생생함과 리얼리티를 구축했기 때문이다.

희곡에 나타난 이반의 세계관은 "1) 이북 실향민의 이곳에서의 삶은 피난민의 삶이다. 2) 고향으로 돌아가고 싶다 3) 바다는 이북 고향 혹은 통일조국의 상징이다."라는 핵심적 단위로 요약될 수 있다. 이북 고향에 가장 가까운 바닷가에서 주로 뱃일을 하면서 사는 등장인물들은 이곳의 삶을 임시로 사는 피난민의 거처로 생각한다. 고향으로 돌아가고 싶은 염원으로 이북출신의 '아바이'들은 바다로 배를 띄우고 북쪽으로 나아간다. 그러나 통일의 염원이나 고향회귀욕망은 이루어지지 않기 때문에 고통의 세계는 사라지지 않는다. 따라서 그들의 삶은 결국 고통을 껴안기와 다름없게 된다. 그러나 그들은 고통의 세계를 인식하면서도 현세적 삶을 긍정하고, 이북 고향에 다가가는 바다에서 다시 현실로 귀환한다는 점에서 현실주의이다. 부정적 세계를 부정하려는 부정성을 간직하고 있는 현실주의라 할 것이다.

한국 동시대 극작가들

윤 조 병
역사적 삶과 존재론적 삶

1. 들어가며

시나 소설이나 희곡은 작가가 인생을 어떻게 파악하며 체험하고, 또 의미를 창조하고 있는가를 신비스러울 정도의 상상력으로 펼쳐 준다. 그러므로 우리는 실제의 생生을 볼 때보다 작품으로 창조된 생을 볼 때 더욱 명확하게 인생의 의미를 깨닫게 되고, 끝없이 이어지는 생의 순환과 우주적 질서를 깨닫고 체득하게 된다.

시가 정신이나 삶의 압축된 표현형식이라면, 희곡은 생의 가장 본질적인 순간만을 포착하여 역동적인 충돌을 드러내는 데 주력하는 양식이라는 점에서 시와 통한다. 소설이 구체적 삶을 토대로 생의 총체적 진실을 드러내는 장르라면, 희곡 또한 구체적 삶을 토대로 생의 핵심적 진실을 드러내는 장르라는 점에서 소설과도 통한다. 그러나 희곡은 일체의 비본질적인 순간들은 사상해 버리고 가장 본질적인 순간만을 포착하여 생의 역동적 충돌을 뚜렷이 드러냄으로써 생의 핵심적 진실을 형상화하는 장르라 할 수 있다.

이러한 희곡의 본령에 매우 충실한 작가가 바로 윤조병(1939~)이다. 그는 데뷔작인 〈건널목삽화〉를 발표할 때부터 주목을 받았으며, 〈농토〉(1981)를 발표하면서 리얼리즘 희곡의 중요한 작가로 위치를 굳혔다.

그의 초기작부터 개인의 역사적 삶에 대한 관심이 보이지 않는 바는 아니지만 극작가로서의 위치와 명성을 공고히 해준 작품인 〈농토〉, 〈농녀〉, 〈풍금소리〉는 특히 일상적 삶 속에 내재한 과거의 시간이 오늘의 현실에 어떤 그림자를 던지며 영향을 주고 있는가 하는 점을 뛰어난 극작술로 그려낸 작품이다.

그런가 하면 〈겨울이야기〉, 〈휘파람새〉, 〈모닥불 아침이슬〉 등은 우리 희곡에서 매우 드문 주제인 죽음의 문제를 다루고 있다. 삶과 죽음이 동전의 안팎처럼 동일한 것이고 끝없이 이어지는 것이라는 삶에 대한 존재론적 성찰은 시적詩的 다이얼로그로 짜여진 함축과 상징의 작품들의 격을 높인다.

이 글에서는 윤조병의 희곡 세계를 이러한 두 가지 맥락, 즉 개인의 역사적 삶에 대한 관심과 삶에 대한 존재론적 성찰을 드러내는 작품군으로 나누어 고찰해 보고자 한다.

2. 역사적 삶에 대한 관심

윤조병이 개인의 삶을 역사성으로 파악하여 강렬한 무대언어로 그려낸 성공작은 〈농토〉〈농녀〉〈풍금소리〉로 볼 수 있다. 과거의 역사가 오늘의 현실을 사는 현대인에게 어떤 영향력을 행사하고 또 도덕적 인식력을 요구하느냐 하는 문제를 윤조병은 그의 작품 세계에서 진지하게, 그리고 끈질기게 천착하고 있다.

개인의 삶을 역사성으로 파악하는 그의 작가정신이 뚜렷하고 성공적인 형상화로 나타나는 것은 농촌 3부작으로 쓰인 〈농토〉(1981)에서부터이지만, 그러한 작가의식의 편린은 데뷔작인 〈건널목삽화〉에서도 나타난다.

〈건널목삽화〉(1970)는 분단 현실을 두 다리가 없는 사내와 두 팔이 없는 사내의 기묘한 합일생활로 상징한다. 작품의 주인공인 사나이의 비극은 전쟁과 분단이라는 과거의 역사적 사건에서 연유한 것이다. 그러나 이 단막극에는 과거의 비극이 하나의 삽화처럼 제시되어 있을 뿐, 현재의 삶에 드리워져 어떻게 그 삶을 구속하고 조종하는가에 대한 보다 본질적인 충돌은 그려져 있지 않다. 그러므로 작가가 의도한 불구의 주인공으로 표상되는 분단 현실이 오늘의 삶의 질곡과 아픔으로 와 닿는 폭이 미흡하다.

그러나 장막극인 〈참새와 기관차〉(1977)는 전쟁이라는 비극적 상황으로 인해 마멸되어가는 인간성과 진실의 문제를 다루면서, 반드시 진실은 밝혀지는 게 옳은 것인가 하는 물음을 던짐으로써 과거의 사건이 오늘의 삶에 던지는 질곡을 보다 선명하게 부각시키고 있다.

이 극은 남편을 죽인 죄로 3년 만에 출옥하는 송재희의 귀가로부터 시작된다. 그러나 이 사건에 의혹을 품고 재수사를 펴는 검찰은 두 번째 남편의 희곡을 단서로 과연 송재희가 남편을 죽인 범인인가 하는 진실을 밝혀내려고 한다. 그래서 구성은 추리극적인 면모를 띠기도 한다. 두 번째 남편의 희곡의 내용을 극중극 형식으로 재현하면서 진실에 대한 탐색으로 전개되어 간다.

송재희는 전쟁 중에 남편을 잃고 시아버지의 권유로 남편의 친구와 재혼한다. 그러나 이 두 번째 남편은 참전했다가 성불구자가 된 사람으로 이를 괴로워하다가 어느 날 밤 아내를 다른 남자와 동침하게 한다. 그 결과 딸이 태어났는데, 딸은 이 사실을 모르고 성장한다. 그런데 어느 날 갑자기 죽은 줄로만 알았던 첫 남편이 정신병자가 되어 나타난다. 두 번째 남편은 그를 데리고 다니며 기억을 되찾게 해주려 애를 쓴다. 첫 번째 남편이 두 번째 남편을 달려오는 기차에 밀어서 죽게 했다는 것이 바로 밝혀진 진실이다.

이 작품은 그동안 진실이라고 믿어왔던 것이 오히려 거짓이고 거짓에 토대한 삶은 결국 무너지고 만다는 것을 보여준다. 또한 생 전체가 하나의 허구라는 사실을 인식하게 해준다. 진실을 탐색해나가는 극의 전개는 마치 〈오이디푸스왕〉처럼 보이는 것과 안 보이는 것의 대비, 허구와 진실의 첨예한 대비를 통해 극적 긴장을 자아낸다. 그러나 이 작품에서 보편적 감동의 폭을 약화시킨 요인은 각 등장인물에게 드리워진 과거의 사건(진실)이 현재의 사건(허구)과 필연적인 유기적 관련성을 획득하지 못한 데 있다. 다시 말하면 이러한 진실 탐색의 주제가 한 여인의 기구한 운명이라는 멜로드라마적 차원에 머무르고 말았기 때문이다. 허구의 꺼풀이 벗겨지고 진실이 드러났을 때 그 밝혀진 잔실이 등장인물들을 각각 어떻게 변화시키고 도덕적 인식력을 작용시키는가, 그리고 그 진실이 어떤 보편적 운명을 말해주고 있는가 하는 점이 그려져 있지 않기 때문에 주제적 의미가 악화되고 만 것이다.

윤조병은 〈농토〉를 발표하면서 이전의 작품들에서 추구해 왔던 개인의 역사적 삶을 휴머니즘의 바탕 위에 적절히 교직함으로써 한국 농민의 전형을 리얼하게 창조한다. 〈농토〉는, 특히 초기에 주로 도시 소시민의 꿈과 좌절, 현실과 허구의 갈등을 그려온 그로서는 소재 면에서도 일대 전환을 이룬 작품이다.

농촌을 소재로 한 리얼리즘 희곡을 발표하여 한국 리얼리즘극의 개척자로 평가되는 유치진이 일제의 식민지정책으로 피폐해가는 농촌 사람들의 몰락을 다루었다면, 윤조병은 근대화의 미명 아래 피폐해가는 농촌의 실상을 근대사의 굵직한 사건들과 관련시켜 휴머니스틱하게 그렸다.

〈농토〉는 노비 3대의 이야기와 그 주인인 양반 3대의 이야기를 대비적으로 그린다. 소 한 마리에 덤으로 붙어와 양반집 노비생활을 시작한 덤쇠와 그의 아들 한쇠, 또 그의 아들 돌쇠의 비원悲願은 한 뙈기의 땅이라도 자신의 것을 마련하고자 하는 것이다. 그래서 노비생활을 하는 틈틈이 대를 이어가며 돌산을 일구어 마침내 돌쇠 대에 와서는 돌산 봉답을 마련하기에 이른다. 동학란이 났을 때는 덤쇠는 주인을 구해줬으며, 태평양전쟁이 났을 때는 덤쇠의 두 아들은 주인의 아들들을 대신하여 지원병으로 가야 했고, 육이오가 발발하자 돌쇠는 피난 간 주인을 대신하여 집을 지키고 군대도 가야 했다. 이처럼 노비 3대는 난리가 날 때마다 주인에게 목숨을 바쳐가며 헌신했지만, 주인은 매번 위기 때마다 주었던 노비문서와 구렁논 땅문서를 빼앗아 버리고 그들을 이용만 해왔다. 3대에 걸쳐 마련한 돌산 봉답도 그 마을이 수몰지구로 정해지자 주인이 그 돌산에 별장을 짓기로 한 사실이 마지막에 가서 밝혀진다. 3대에 걸친 농토 마련의 비원이 끝내 양반의 배신으로 물거품이 된 것이다. 그러나 돌쇠는 양반에게 저항하지 않고 또다시 새로운 농토를 일굴 결심을 한다.

> 돌쇠 　……헌디, 아부지 한쇠씨가 나헌티 하신 말씀이 있어. (사이) 시상 물건에는 다 임자가 있는 거여. 그런디 정을 주는 사람이 참말 임자여. 무슨 원혼 맺히는 일이 있어도 궁성대지 말구 땅에다 정을 줘야 혀. 땅은 정을 주는 사람의 땅이여. 시상에 태어나서 워디 다든지 지가 갖구 있는 정을 다 쏟아주구 가믄 되는 거여. (자신으로 돌아와) 그래서 그런 것여…….

이 장면은 돌쇠의 비극성을 심화시키고 인고忍苦의 농민상의 전형화에 기여하고 있으며, 〈농토〉의 의미를 가장 감동적으로 전달한다. 땅에 정을 주는 사람이 땅 임자라는 돌쇠의 생각은 바로 돌쇠 3대의 기구한 삶이 개인적 차원의 가혹한 운명에만 머무르지 않고, 보편적 공감대를 획득하게 만든다. 흔히 핍박하는 지주에 대한 농민의 저항이라는 도식적 주제에 떨어질 위험이 있는 소재를 가지고, 작가는 비극적 역사로 점철된 삶을 받아들이고 인생에 대한 깊은 통찰을 보여주는 한국인의 전형을 창조해낸 것이다.

물론 한 개인의 삶에 구한말(동학란)에서 일제시대와 육이오를 거쳐 현재까지 이르는 민족의 역사를 압축시켜 표현하려는 작가의식이 관념적으로 전제되어 있기 때문에 이 역사적 삶이 휴머니즘과 적절한 관련을 맺지는 못하고 있다. 또 지주계급 3대와 노비계급 3대의 대립을 선악의 대립으로 도식적으로 몰고 간 설정 자체도 자못 작위적이다.

그러나 작가가 도식성의 위험을 감수하면서까지 계층에 따라 인물성격을 흑백논리로 설정한 이유는 무엇인가. 바로 이 이유야말로 작가의 역사의식을 드러내는 것일 터이다. 작가는 우리 근대사의 뼈아픈 민족적 수난과 또 근대화 과정에서 더욱 심화된 사회적·경제적 모순의 원인이 바로 지주에 의한 소작인 수탈이라는 봉건 잔재이고, 다시 자본가의 노동자·농민에 대한 착취로 외양만 바뀌어 되풀이되고 있음을 보여주려 한 것이다.

주인공의 생애묘사가 주변인물의 장황한 대사에 의해 설명되는 데 반해 돌쇠의 행동이 상대적으로 강렬하게 구축되어 있지 않기 때문에 그 역사적 삶이 서사적 스케일에도 불구하고 평면적으로만 전달될 뿐, 핵심적 충돌을 가져오지 못한 아쉬움이 있다. 그러나 주인공들의 삶을 깊이 있게, 그리고 비극적으로 제시하고 떠받쳐 준 주변 인물들의 친숙하고 리얼한 성격창조는 이 희곡에 생명력을 주는 탁월한 것이다.

개인의 역사적 삶에 대한 작가의식은 다음 작품인 〈농녀〉(1983)에서 한결 더 육화되고 성숙한 모습으로 나타난다. 이 작품에서는 날줄인 역사의식과 씨줄인 휴머니즘이 거의 균형된 조화를 이루고 있다.

〈농녀〉는 방아머슴 3대의 이야기를 바우할멈이라는 한 인물에 집약적으로 구축하고 있다. 〈농토〉에서도 근대화되어가는 와중에서의 농민의 고통을 다루었듯이 〈농녀〉 역시 디딜방아, 물레방아, 발동기방아의 변천으로 표상되는 농촌의 근대화를 배경으로, 한恨을 간직한 채 끈질긴 생명력으로 살아온 바우할멈과 농기구를 도시의 장식품으로 빼다 팔 궁리만 하는 이기적인 자식 간의 갈등을 부각시킨다.

젠네할배의 죽음과 젠네할배가 남긴 유언장이 밝혀지면서 비로소 바우할멈의 과거가 자식들에게 바우할멈의 입을 통해 드러난다. 그 유언장은 젠네 할배가 글을 모르기 때문에 그림으로 그린 것으로, 해독해 보니 논밭을 팔아 젖이 큰 여자(젖녀)를 병원으로 보내라는 내용이다. 여기서 젖녀가 바로 바우할멈이라는 것이 밝혀지게 된다. 그녀는 근본도 모르는 집에서 태어나 대여섯 살 때부터 부잣집 몸종 노릇을 하다가 열다섯 살에는 젖어미가 되었고, 임신을 위한 주인의 성적 노리개 역할을 하다가, 몇 번의 임신 중절의 후유증으로 죽게 되자 산에 버려진다. 그때 그녀는 양반에게 남근을 잘리고 산막에서 살고 있던 젠네할배에게 구조되어 살아났고, 방아머슴에게 시집을 가게 된다. 디딜방아, 연자방아를 만들기까지의 지독한 고생, 일제시대엔 남편이 쿠우슈우 광부로 갔다 돌아온 일, 육이오로 인한 남편의 실종, 서독광부로 간 장남의 사망, 월남전에 참전했다 반병신이 되어 돌아온 셋째 아들의 죽음, 방앗간을 팔고 도시에 투자하자는 막내아들의 허욕 등이 바우할멈이라는 농촌 여인의 삶을 통해 펼쳐진다.

이처럼 희곡의 내용은 민족 수난의 근대사를 개인의 삶에 응축시켜 한 농촌여인의 질긴 생명력과 한을 표현한다. 그리고 그 과거의 시간이 현재의 시간과 긴밀히 연결되고, 또 무대 전면에 펼쳐지는 현재의 삶과 유기적 관계를 갖고 있으며, 희곡의 구조가 바우할멈과 젠네할배의 생애의 비밀을 풀어나가는 서사적 구조를 취하기 때문에 극적 긴장과 재미를 만들어 낸다.

특히 이 희곡이 감동을 주는 것은 바우할멈이나 젠네할배, 과부며느리 길례네 등의 비극적 삶이 작가의 휴머니즘과 토속적 대사에 의해 따뜻하게 그려져 있기 때문이다. 바우할멈은 길례네가 동네 남정네들과 정사를 벌여도 한창때의 육체적 요구라 생각하여 이해를 하고 며느리를 포용한다. 그 때문에 이기적인 아들 동오나 학교 교사인 둘째 아들 동이는 어머니나 아버지가 겪어온 고통스러운 삶─바로 그것은 우리 민족의 역사와도 동일시되는 것인데─을 비로소 이해하고, 자신의 삶으로 받아들이게 된다. 민족의 역사를 자신의 삶과 무관하게 생각하고 있던 인물들의 자각은 바로 과거의 역사를 오늘의 아픈 상처로 되살려 생각하게 되었다는 뜻이지만, 아직 이 아픔을 어떻게 삭이고 극복하고 화해하느냐는 문제는 제시되지 않은 채 막이 내려진다.

이러한 과거의 역사에 대한 극복과 화해의 주제가 더욱 성숙한 모습으로 확장 심화되어 나타난 작품이 〈풍금소리〉(1985)이다.

〈풍금소리〉는 탄광촌을 소재로 한 작품으로, 풍금다방을 경영하는 풍금할미(길녀)와 이웃에 사는 감꽃할미(분이)의 생애를 두 축으로 해서 탄광촌의 일상과 막장사고의 긴박한 상황을 교직하는데 작가의 잘 계산된 꽉 짜인 구조가 특징적이다. 특히 〈농토〉나 〈농녀〉에서는 과거의 역사적 삶이 현재의 삶에 고통을 던져주긴 하지만 현재의 삶에 직접적인 영향력을 행사하지 못하고 현재의 삶을 변화시키진 않기 때문에 과거와 현재가 유리되어 있었던 극작상의 결점을 〈풍금소리〉는 극복하고 있다. 따라서 이 작품은 그의 리얼리즘 희곡의 대표작이라 할 만하다.

한적한 다방을 경영하는 풍금할미는 풍금 소리를 듣고 싶어하는 이들에게 풍금을 쳐주는 교양있는 할머니이다. 그녀에게는 갱부인 두 아들과 선탄부로 일하는 며느리, 초등학교 교사 발령을 기다리는 손녀 신옥이 있다. 감꽃할미는 규폐증으로 앓아누운 남편과, 탄광사고로 아들을 잃고 과부가 된 며느리 영재어미와 살고 있다. 영재어미는 바람이 나서 외박하고 들어오고, 신옥은 마침 교사 발령을 받는다. 풍금할미가 신옥의 취직 축하잔치를 여는데, 이때 갱이 무너지는 굉음이 들린다.

탄광사고 때문에 식구와 마을 사람들이 걱정과 슬픔에 싸이고 풍금할미는 그들을 진정시키려 애쓴다. 이때 감꽃할미가 머리를 깎인 며느리를 끌고 들어온다. 감꽃할미는 풍금할미가 자신의 과거를 소문냈다고 오해하고 풍금할미의 과거를 폭로한다. 감꽃할미는 일제시대에 정신대로 끌려갔는데 풍금할미는 친일 모리배인 아버지 덕분에 모면했고, 해방 직후엔 일인의 아이까지 낳았으나 독립운동하다 돌아온 오빠 덕분에 화를 면했다. 6·25 때에는 분이(감꽃할미)가 길녀(풍금할미) 남매를 고발하나, 그때도 길녀는 미모 덕분에 목숨을 건진다. 전쟁 후에는 분이가 인민군 장교였던 길녀의 동생과 올케를 고발하지만, 이번엔 미군장교의 호의로 목숨을 건진다.

이처럼 역사의 파랑에 깊숙이 휩쓸렸던 풍금할미의 떳떳치 못한 과거의 폭로로 인해 결국 마을 전체에 소문이 퍼져 신옥의 교사발령까지 취소케 하는 사태로 번진다. 풍금할미는 과거의 역사적 파랑 속에서 살아남기 위하여 견뎌온 치욕적 삶이 현재의 삶을 구속하고 뒤틀리게 하는 것에 저항한다.

> 길녀　(언성을 높여) 그 사람들 몇 살이냐? 그 사람들은 경험도 없고 역
> 　　　사도 모른다더냐? 한국 땅에서 안 살고 하늘에서 떨어진 별종이
> 　　　라더냐?

길녀가 정확한 정황도 모르면서 이분적인 흑백논리로 단죄하는 교육장에게 항의하고 자기 과거를 떳떳하게 해명하는 장면은 복잡하고 험한 역사의 파랑을 헤치며 살아온 모든 억눌린 자들의 항변을 대표한다.

길녀가 감꽃할미의 며느리인 영재어미와 자신의 둘째 아들을 결혼시키겠다고 말을 함으로써 그동안 전개되어 왔던 갈등들은 감동적으로 해결된다. 이 양가가 결혼으로 맺어지는 것은 묵은 원한을 삭히고 피처럼 진한 화해와 사랑으로 오랜 상처를 싸안겠다는 결의인 것이다.

풍금할미는 과거의 성처를, 식민지적 삶과 좌우 이데올로기의 대립 등으로 빚어진 역사의 파랑 속에서 생존하기 위한 불가피한 삶의 선택이었다고 받아들인다. 이러한 그녀의 성숙한 인생관 때문에 김꽃할미가 진술한 과거의 모든 갈등들이 해소되는 것이며, 단순히 비참하고 누추할 뿐인 삶을 장엄한 비극적 삶으로 끌어 올린다. 과거의 비참한 상처를 지닌 막연한 타인에서 비참함을 서로 나누어 갖고 공유하는 관계로 발전하고, 바로 자신이 비극의 역사에 대해 책임을 져야 한다는 자각에 이르는 것이 이 희곡의 뛰어난 점이라 할 수 있다. 신옥이나 기타 주변인물들도 과거의 상처를 자신의 상처로 얼싸안게 되며 그 비참함을 자각하지 않은 상태에서 비참함을 자각하며, 자기 삶에 대한 무지에서 발전하여 과거 삶의 축적 위에 현재의 삶이 있다는 인식의 차원을 보여준다. 그러한 자각과 인식은 자신

의 삶의 비극 뿐 아니라 수난의 역사가 불러일으킨 비극까지도 해원하는 과정에 이르게 한다. 이 해원도 바로 막장사고라는 한계상황 뒤에 일어나는 것이므로 더욱 극적 감동을 안겨준다.

풍금할미나 신기료는 속죄의 삶을 사는 인물이다. 풍금할미가 부유하고 친일파인 아버지 밑에서 자라났다는 것은 선택받은 자의 위치를 부여하지만, 그녀가 탄광촌의 삭막함 속에서 낡은 풍금을 치며 남을 위로하는 삶을 사는 것은 분명 선택받은 자로서는 가장 밑바닥 삶을 살고 있다고 할 수 있다. 그녀가 저주받은 삶을 살게 되는 것은 그녀 자신에 원인이 있는 것이 아니라 친일파인 아버지, 인민군 여성당원인 동생 등 그녀의 혈연들에 있다.

신기료도 속죄의 삶을 사는 인물인데, 그는 과거에 왜병의 앞잡이 노릇을 한 인물이며 정신대로 나가는 처녀들을 먼저 욕보인 인물이다. 자신이 살아남기 위해 남을 죽인다든지, 남을 짓밟는다든지 하는 행위들은 역사적 격변기에는 합리화될 수 있으나, 평화의 시기가 오면 그 과거의 잘못은 철저한 악인이 아니라면 죄의식으로 굳어지고, 피해자 쪽에는 원한으로 남아 있게 된다. 신기료와 감꽃할미의 대립관계가 그것이다. 풍금할미는 자신의 과거의 상처뿐만 아니라 남의 잘못까지도 다 같은 역사의 피해자라는 성숙한 인식으로 포용한다.

그러나 감꽃할미의 경우는 다르다. 그녀는 아무것도 가진 게 없고 저항할 힘도 없고 신분적 특혜도 없었기 때문에 철저히 역사적 수난을 당하기만 한 인물이다. 그 때문에 풍금할미와 똑같은 역사적 피해자이면서도 오히려 윤리적인 면에서는 가장 당당할 수 있다. 그녀가 마을에서 교양있고 인심을 얻고 있는 풍금할미를 무너뜨리기 위해 과거를 폭로하는 것도 바로 자신이 철저하게 피해를 입은 것에 대한 심리적 보상행위이다. 며느리가 수절하지 못하고 바람피운다는 사실이 감꽃할미의 '정신대' 과거라는 트라우마를 반복 체험케 하기 때문이다.

〈풍금소리〉는 작가가 그동안 추구해온 과거의 비극적 삶이 현재의 삶에 어떻게 영향을 미치고 압박하는가 하는 주제를 해원과 화해의 마당으로 끌어올렸다는 점에서 성숙한 작가의식을 보인다. 〈농토〉에서는 지주 대 농민의 관계가 도식적인 흑백논리로 나타났던 데 반해 일체의 관념적인 흑백논리를 벗어났다는 점도 이 희곡의 장점이다. 친일파나 부역자, 또는 적이나 동지가 선악으로 이분되지 않고 작가의 휴머니즘에 의해 똑같이 역사의 형량을 짊어지고 있는 인간으로 그려져 있다.

이 작품에서 특기할 만한 것은 작가가 서정적 민요조 삽입으로 암시한 바와 같이 두 노파의 해원을 분단된 남과 북의 해원의 차원으로 끌어올린 점이다.

> 길녀　구정물은 흘러가고 / 말강물은 솟아나고
> 옹달샘아 맑아라 / 두레샘아 맑아라
> 남촌색시 물 길러온다
> 구정물은 흘러가고 / 말강물은 솟아나고
> 앞냇물아 맑아라 / 뒷냇물아 맑아라
> 북촌색시 물 길러온다.

여기서 남촌색시와 북촌색시는 분단된 남과 북을 상징한다. 그의 데뷔작인 〈건널목 삽화〉에서 상징되었던 분단현실의 극복은 〈풍금소리〉에 와서는 두 노파의 해원과 화해로. 그리고 북촌색시와 남촌색시의 화합이라는 상징으로 그려지고 있다. 이는 분단현실을 경직된 이념 논리로 접근하던 당대의 통념적 시각을 뛰어넘는 독특한 시각이라 하지 않을 수 없다. 역사의 피해자인 두 노파의 한의 응어리를 풀어내어 묵은 원한일랑 구정물처럼 흘려보내고, 화합의 맑은 물이 솟기를 염원하는 이 희곡의 결말부는 지금까지 구축되어온 두 노파의 비극적 삶의 무게가 상대적으로 무거웠기 때문에 더욱 진한 감동을 준다.

조화로운 인간관계의 추구는 그의 탄광촌 소재의 세 번째 작품인 〈초승에서 그믐까지〉(1986)에 이어진다. 이 작품의 구조는 도착과 떠남이라는 다분히 체호프적인 패턴으로 구성되어 있다. 규폐증을 앓는 가장 한규가 요양원에서 집으로 돌아와서부터 다시 집을 떠나기까지 일어나는 사건이 이 희곡의 극적 행위를 이룬다. 작품 전면에 드러나진 않지만, 딸 계희의 약혼자인 준태가 돌아오고 다시 경찰에 잡혀 떠나는 또 하나의 구조도 교직되어 있다. 여기서 한규의 도착과 떠남은 가족에게 커다란 영향을 미치지는 않지만, 준태의 도착과 떠남의 구조는 이질적인 배경을 가진 등장인물들의 조화로운 결속과 사랑을 송두리째 흔들리게 한다. 한규의 떠남은 자신의 꿈을 좇아 떠나는 극히 개인적인 것이기 때문에 남은 사람들에게 기다림이나 회한의 정서만을 남길 뿐이다. 더구나 노두광상을 찾아 버새를 타고 병약한 몸으로 떠나는 그의 길이 부질없고 어쩌면 돌아올 수 없을지도 모른다는 것을 알고 있기에 다분히 비극적이다. 그러나 한규는 자신의 꿈의 헛됨을 믿으려 하지 않는다. 자신의 꿈의 헛됨을 인정하는 것은 곧 덕대로서, 광부로서 살아온 생애, 또한 태백탄광의 역사라고 할 수 있는 자기 부친의 생애를 부정하는 것이 되기 때문이다. 그러므로 한규는 윤조병의 초기 희곡에서부터 줄기차게 나오는 꿈을 추구하는 주인공의 계승이며, 그가 서사적 삶에 관심을 가진 이래 개인의 삶에 역사적 무게를 부여한 인물의 계승이기도 하다. 그러나 성격 창조면에서 보면 한규를 리얼리스틱한 삶의 형상화를 부여했음에도 불구하고 로맨티시스트이며 이상주의자이다.

봉녀는 풍금할미의 계승이며, 작가가 추구하는 조화로운 삶의 중심에 서 있는 인물이다. 봉녀는 탄광의 역사를 말해주는 누덕누덕 기운 집에서 요양원에 가있는 남편을 기다리며 하숙을 치고 두 딸과 두 아들을 데리고 살아간다. 한규가 인생을 "산간이나 바다 복판에서 만나는 폭풍우"라고 인식하고 있는 것처럼, 봉녀도 "오직 잊고 사는 법, 죽어 사는 법"을 배우면서 살아왔다고 말한다. 한쪽 날개가 없는 원앙 한 쌍이 상징하듯이 부부란 같이 있어야만 완전해질 수 있다고 봉녀는 생각한다. 그러므로 남편과 떨어져 산 세월이 더 많고 끝내 서로 맴돌기만 한 생애는 봉녀에게 기다림과 회한의 세월이다. 봉녀는 한국적 어머니처럼 언제까지나 기다리고 인고하는 인물로 감동적으로 창조되어 있다.

큰딸 계희는 광업소 노사분규 때 두 다리를 잃고 기러기를 조각하고 하모니카를 불며 지내는 비극적 인물이다. 노사분규의 대표적인 희생자이면서도 빼앗긴 다리를 찾아달라고는 하지 않는, 사랑을 기다리는 인물이므로 노사분쟁과 해결될 수 없는 현실이라는 부차적 주제의 비극성을 더욱 높이는 역할을 한다. 그러나 계희의 대사는 육화된 체험으로 표현되지 않고 너무 낭만적으로 흘러서, 노사분쟁의 희생자라는 상징적 이미지를 부각시키지 못했다.

둘째 딸 영희는 남극탐험을 꿈꾸는 아마추어 사진가이다. 그녀는 탄가루를 순백의 눈가루로 볼만큼 어두운 탄광촌을 꿈으로 채색하는 상징적 의미를 지닌 인물이다. 그러나 그녀의 꿈은 사춘기 소녀의 꿈으로 보기에는 너무나 실현 불가능한 꿈이기에 희곡의 주제나 구조와 긴밀한 연관을 가진다기보다는 장식적 기능밖에 하지 못한다.

동근과 동식은 노동현장의 젊은이로서 현실개선의 의지를 보이고 있다는 점에서 이 희곡의 부차적 주제를 이루는 인물들이다. 그들은 한규의 부친이나 한규가 일제시대부터 해방 후의 오늘날까지 이르기까지 열악한 작업환경과 생활조건에서 노동하면서도 저항할 엄두를 못 냈던 것, 또 봉녀가 탄광촌을 떠나야만 힘든 현실을 피할 수 있다고 생각하는 소극적 사고와는 달리, 탄광촌에 남아서 일하면서 생활조건 개선을 위해 투쟁하려는 젊은이들이다. 그러나 이 희곡에서 동근과 동식은 무대에 등장하지 않는 준태의 그림자 정도의 역할밖에 하지 못하며, 계희나 영희보다 훨씬 덜 생동감 있게 성격창조가 되어 있기 때문에 큰 효과를 얻지 못하고 있다. 물론 노동현실이나 노사분규를 무대 위에 생동감 있게 표출할 수 없는 제약여건을 감안한다면, 사실 이 정도로나마 노동문제를 생경하지 않게 희곡에서 다루었다는 것도 하나의 진전이라고 볼 수는 있다. 동근이 체포되는 것과 연루되어, 동근의 집에 하숙하고 있던 교사 강경희가 "내가 너무 비겁해"라고 하면서 집을 떠나는 것은 이러한 제약적 현실에 대한 알레고리를 이룬다.

이밖에 이 희곡은 몇 가지 사랑의 동심원을 그림으로써 작가의 조화로운 삶의 추구를 대변한다. 한규와 봉녀, 준태와 계희, 동근과 미스민, 동식과 경희 등은 서로 사랑의 관계를 형성한다. 이 희곡이 한규의 광주鑛主로서 못 이룬 꿈의 추구와 노동현실의 부각이라는 두 가지 주제의 패턴을 가지면서도 이 두 주제가 집중화된 구조로 구성된 것은 바로 작가의 이러한 의식 때문인 것으로 보인다. 여러 계층의 사람, 여러 다양한 꿈과 사고를 지닌 사람들이 만나서 사랑하고 어우러져 사는 삶이 바로 실제 인생이 아니겠는가 하는 비전을 펼친 것으로 보인다. 즉 인생이란 극적인 사건만으로 점철된 것도 아니고, 절대 악인도 없으며, 또 하층인물이라고 해서 시적이고 품위있는 대사를 못하는 것은 아니라고 생각한 듯하다.

그러나 이러한 작가적 비전이 성숙한 것임을 인정한다 해도, 희곡이 성공하려면 리얼리스틱한 디테일에의 극히 치밀한 주의력과 형식에 대한 예민한 감각의 결합으로 형상화하지 않으면 안 된다. 이 희곡이 리얼리스틱한 생의 체험을 다루면서도 시적 대사에만 의존했을 뿐, 리얼리스틱한 디테일의 장면 형상화에 실패했기 때문에 시적 대사가 힘을 잃고 때로는 공허하고 감상적으로 보이기까지 하는 것이다.

3. 삶에 대한 존재론적 성찰

그의 〈겨울이야기〉나 〈휘파람새〉는 삶에 대한 서사적 접근으로 일관했던 이전의 작품 경향과는 완전히 다른 면모를 보여 준다. 이야기와 사건 중심으로 드라마가 전개되는 것이 아니라 존재와 삶과 죽음에 대한 철학적 명상을 극히 상징적이고 함축적인 대사 속에서 추구하고 있다. 그 때문에 극적 긴장이 구축되지 않을 위험성도 내포하고 있긴 하지만, 작가가 적절하게 짜 넣은 상징물의 틀 속에서 시적 울림을 갖는 대사의 묘미가 단단하게 희곡을 떠받쳐 주고 있다.

이러한 시도는 그가 삶을 서사적으로 보고 그 서사성 속에 내재하고 있는 비극을 추출해 온 작품 경향과는 바로 대극에 서는 것으로, 삶을 서정적으로 보고 그 서정성 속에 내재하고 있는 상징적·철학적 의미를 극화하였다는 의미를 지닌다. 삶의 서정적 접근은 아직 우리 희곡 속에 성숙하게 형상화된 적이 거의 없었기 때문에 그만큼 한국희곡의 지평을 넓혔다고 할 수 있다.

〈겨울이야기〉나 〈휘파람새〉는 삶과 죽음에 대한 존재론적 물음을 던지고 그 물음을 탐색해 나가는 과정으로 이루어져 있다.

먼저 〈겨울이야기〉(1983)는 노인문제를 소재로, 제목이 암시하는 바 계절 상징을 토대로 죽음을 정면으로 다룬다. 그러나 그 죽음에 대한 인식은 다분히 불교적인 것으로((풍금소리)가 기독교적 원죄의식을 담고 있는 것과 대조된다), 삶과 죽음이 잇닿아 있고 우주의 시작과 끝이 하나라는 우주론적 명상을 담고 있다.

인간이 태어나고 죽는 것은 가시적(可視的) 사건이 분명한데도 우리는 갓 태어나는 아이의 삶 저쪽 뒤가 우주의 시작과 닿아 있고, 방금 숨을 거두는 노인의 죽음 저쪽 앞이 우주의 끝과 닿아 있다는 생각을 가진다. 그래서 우리는 우주의 저 무한한 공간 속 어딘가에 우리 인생의 시작과 끝이 있음을 문득문득 느끼면서 살아가고 있다.

위의 '작가의 말'을 보더라도 그는 삶에 내재한 비극적 서사성을 천착하던 시선을 보다 인간의 본원적인 삶 그 자체, 예컨대 탄생과 성장과 결혼과 죽음이라는 존재론적 차원에 돌린 것을 알 수 있다.

〈겨울이야기〉는 회혼식回婚式을 눈앞에 둔 노부부가 자식들의 무관심 속에 스스로 죽음의 준비를 하고 죽음을 선택한다는 내용을 그리고 있다. 이

영감과 할멈은 시골 출신으로, 성공한 자식들이 마련해 준 도시의 아파트에서 외롭게 시간을 보낸다. 그들에게 위안이 되는 것은 오직 같은 아파트 단지의 맨 꼭대기 층에서 들려오는 어느 노인이 부는 나팔 소리이다. 이 도시의 나팔소리는 그들의 유년시절 곡마단의 기억, 즉 잃어버린 유년의 추억을 환기시킨다. 그들 노부부는 일체 외부나 인간들과 거의 단절된 채 살아가고 있다. 그들이 대화를 시도하려 하면 할수록 젊은이들은 냉정하게 달아나 버린다. 할멈이 중풍에 걸려 하체를 쓰지 못하면서 이 노부부는 아파트에 감금된 신세가 되었다. 영감과 할멈은 과거의 시간 속에서 살고, 유년시절의 꿈을 회상하면서 외로움을 극복하고자 한다. 그러나 영감의 친구인 장노인의 자살과 나팔 부는 노인의 자살은 결국 이 노부부가 참고 견디며 살아온 고독과 허무감에 대해 더 이상 저항할 기력을 잃게 만든다. 영감은 그동안 모아 두었던 수면제를 먹고 자살을 하고, 할멈도 동시에 전화줄에 목을 매달아 죽는다.

이처럼 〈겨울이야기〉는 노인의 고독과 회상과 죽음의 극이다. 특히 다변작가多變作家였던 윤조병이 극도로 압축을 시도하여 극적 긴장과 시적 분위기를 창출한다. 대사와 대사 사이의 침묵, 행동과 행동 사이의 공백을 통해 삶과 죽음이 동일한 것이라는 인식을 자연스럽게 전달하고 있다는 것은 주목할 만한 변화이다.

노인 세대와 젊은 세대의 갈등과 단절, 의사소통의 불능을 통해 작가가 제시하고 있는 것은 존재의 고독이다. 동시에 과거를 현재에 도입시키는 구성(각 장면의 끝에 유년 시절의 추억을 오버랩시킨 구성)으로써 작가가 말하려고 하는 것은 우주의 끝과 우주의 시작이 맞닿아 있다는 인식이다.

> **할멈**   다시 시작하겠군요. (사이) 아기로 태어나고 성장해서 다시 시작할 거예요.
>
> **영감**   아니오. 그건 두려운 일이오. 끔찍스러운 일이오.

> **할멈** 괜찮아요. 모든 걸 다시 배우게 되니까 괜찮을 거예요.
>
> **영감** 그래도 같은 길이오. 후회와 두려움…… 영혼, 그대로 있는 게 좋아요.
>
> **할멈** 영혼이라는 게 있다면 그렇겠지요.

할멈은 죽음 자체로 생이 끝나지 않고 다시 탄생으로 이어진다는 윤회론적 사고를 가지고 있다. 그러나 영감은 생에 대해 어떠한 희망도, 구원의 가능성도 가질 수 없기 때문에 죽음 자체로 무화無化되기를 바란다.

이러한 죽음에 대한 상반된 견해는, 사실 인간이 죽음에 대해 생각하는 두 가지의 대표적 견해인데, 탄광촌의 막장사고를 소재로 한 〈모닥불 아침이슬〉(1984)에도 나타난다. 죽음의 기습을 받았을 때 인간이 느끼는 절망감과 생에의 기대, 환상, 죽음의 공포, 허무감을 광부들의 여러 다양한 행동양식과 반응을 통해 그린다.

> **만석** 죽어서는 인연이라는 게 없으면 해요. 인연은 아프거든요. 바깥하고의 인연 때문에…… 우린 더 힘들었어요…….
>
> **병국** 네, 힘들었어요. 이제 괜찮아요. 죽음은 모든 인연을 태워 버리는 거예요.
>
> **만석** 태워도 재가 남으면 어쩌지요.
>
> **병국** 물건이 타면 재가 남지만 정이 타면 아무것도 남지 않아요.
>
> **만석** 그래, 그랬으면 쓰겠어요.

모닥불처럼 피어올랐다가 아침이슬처럼 스러지는 것이 바로 삶이라는 허무의식이 짙게 깔려 있는 이 작품은 특히 마지막 장면에서 병국과 만석이 삶의 기대를 버리고 난 후 초탈하게 주고받는 장면묘사가 압권이다. 삶에의 집착을 버리지 못한 상황 속에서 인간의 존엄성을 지키기 위해 노력하고, 또 죽음과 삶에 대해 명상함으로써 죽음을 받아들이는 이 장면은 가

파른 삶을 견뎌 왔던 광부들의 삶의 무게가 겹쳐져 강렬한 감동을 불러일으킨다.

〈겨울이야기〉가 죽음의 문제를 다루면서도 두 노부부의 내면적 심리 묘사에 치중했기 때문에 극적 긴장이 표출되지 못한 데 반해, 이 〈모닥불 아침이슬〉은 극한 상황을 설정했기 때문에 극적 긴장을 탄탄하게 유지한다. 회상 장면으로 삽입되는 서정성의 효과는 정서적 이완작용을 하며, 마지막에 인물들이 끝내 구출되지 못하고 죽음을 맞는 결말은 비극성을 더욱 높인다. 특히 인물들이 자기 삶의 무지로부터 깨어나 삶과 죽음에 대한 성찰을 하고 인간의 존재 조건에 대한 인식에 이른다는 결말은 희랍비극과 같은 장엄함마저 주고 있다.

삶에 대한 서정적 접근으로, 주제 면에서나 구성이나 대사에서 가장 원숙한 작품은 〈휘파람새〉(1984)이다. 이 작품은 결혼을 모티프로 삶과 죽음의 의미를 탐색한다.

예식장을 뛰쳐나온 신랑신부가 존재의 시원始原을 찾아 한여름의 낮부터 다음날 새벽까지 들길·철로·강나루·거룻배·호수·철교·황톳길을 헤매면서 자연과 만나고, 우주를 인식하고, 인간의 존재 조건에 대한 인식에 이른다는 내용이다.

이 〈휘파람새〉는 〈겨울이야기〉와 여러 가지로 비교된다. 함축적이고 상상력을 자극시키는 언어, 부부의 등장, 단조로움을 극복하기 위한 분신의 등장 등 유사한 기법을 드러낸다.

그러나 〈겨울이야기〉가 아파트라는 밀폐된 공간을 배경으로 노인의 죽음 문제를 다루고 있다면, 〈휘파람새〉는 여름이라는 계절적 상징이 결혼을 표상하고 있는 바처럼 '여름이야기'로 부를 만한, 막 결혼식을 올린 젊은이들의 이야기이다. 〈겨울이야기〉가 삶보다는 죽음에 초점이 맞춰져 있다면 〈휘파람새〉는 삶에 초점이 맞춰져 있고 죽음은 그 삶의 일부로서 우수의 그림자를 던지고 있다.

〈휘파람새〉의 태진과 혜숙은 태진의 유년의 추억의 장소를 찾아 헤맨다.

그 꿈과 시원의 장소를 찾아 헤매는 것은 잃어버린 건강한 생명력의 회복을 위해서이다. 태진은 자신이 원초적이고 건강한 생명력, 혹은 존재의 시원에서 멀리 떨어져 있다는 것을 자각하고 그것을 회복하려 하나, 혜숙은 그 원초적 생명력의 상실을 자각하지 못한다. 유년 시절을 농촌에서 보내며 그 생명력과 접하고 살았던 태진과는 달리 혜숙은 도시에서만 살아왔기 때문이다. 혜숙은 소유욕이 강하고 외형적 삶에 충실한 인간형이며 물질에 행복의 척도를 두고 있다.

사랑하지만 상반된 가치관을 가진 두 남녀는 들길을 헤매며 상여꾼을 만나고 농부들의 노동요를 들으며, 사공과 외딴네라는 시골 아낙을 만난다. 실제 희곡의 전면에 등장하는 상여꾼과 사공과 시골 아낙은 시골이나 자연의 원초적 생명력과 일체된 삶을 사는 전형적 인물들이다. 이들 인물은 상징적 배경으로서의 자연과 함께 상여꾼은 죽음, 사공은 삶의 도정, 외딴네는 탄생을 상징한다. 〈휘파람새〉는 자연의 심상, 예컨대 강변·둑길·철로·철교·강나루·벼랑과 물돌기·나룻배·묘지 옆의 호수·성황당·황톳길 등의 때 묻지 않은 순수자연의 이미지나 전형적 인간형이 주는 상징성에 주로 의탁하고 있다. 또한 대부분의 상징의 틀은 작가에 의해 새롭게 이루어진 게 아니라 보편화된 이미지들을 적절하게 구축함으로써 이루어진 것이다. 별 의미가 없어 보이는 각 장면의 전개가 작가의 치밀한 계산 아래 일관된 상징의 틀을 이루고 있는 것이 이 희곡의 탁월한 점이다.

혜숙   합강인가요?

상여꾼   샛강인디유.

혜숙   (태진을 바라본다)

태진   냇물이 모이는 곳이라 모듬내라고도 하고 합강이라고도 하죠.

상여꾼   그야 냇물도 즈이들끼리 오순도순 모아져야 강이 되니께 그렇게 부르기도 하겠지유.

이 장면에서처럼 샛강과 합강의 이미지는 바로 주인공 남녀가 개체로서의 샛강으로서의 삶을 살다가 결혼 이후 합강으로서의 삶을 살아갈 것을 암시한다.

양지골이나 반딧불의 이미지는 결혼과 잉태를 상징한다. 반딧불이 여자의 은밀한 곳에 들어갔다든지, 비가 갑자기 와서 우산살 위에 웨딩드레스를 씌워 우산을 만든다든지 하는 장면은 남성상징과 여성상징의 신화적 결합을 뜻하며, 곧 결말에 나타날 잉태를 암시한다.

물론 이 희곡의 상징틀이 언제나 적절하게 짜여 있는 것만은 아니다. 사공과 외딴네의 대사에서 자주 나타나는 꽃뱀의 이미지는 토속적이고 설화적 정서를 가지고 있긴 하지만 탄생의 불확실성이라는 의미로까지는 확산되지 못하기 때문에 상징성이 심화되지 못한다. 외딴네가 말하는 '저승빛'의 상징도 죄나 생의 무게를 의미하는 것이지만, 사생아를 잉태하고 있는 외딴네의 고통에 이르기까지 의미가 확산되지 못하기 때문에 푸념이 되어버린다.

대체로 무리 없이 이어져 오던 상징체계가 깨어지는 대목은 결말부에 가서 웅녀나 단군, 아폴로, 불곰의 이미지에 이르러서이다. 자연의 심상과 전형적 인간형이 제시하는 상징체계가 주인공의 탐색과정에 육화되어 있다면, 이 이미지들은 개연성 없이 등장하여 작가의 작위성을 노골적으로 드러낸다.

그러나 나룻배를 타고 가다가 물 돌기에 휩쓸려 위기를 맞는다든가, 철길에 누워 있을 때 기차가 달려와 웨딩드레스 한 자락이 찢긴다든지 하는 위기의 장면은 잔잔한 삶의 도정에 급작스럽게 찾아드는 죽음의 공포를 효과적으로 표현한다. 희로애락이 삶의 도정에 파노라마처럼 깔리는데, 그 역할을 이 희곡에서 자연의 심상이 해내고 있는 것은 정말 놀라운 일이며 작가적 재능의 탁월성을 입증한다.

이 희곡은 결혼식장에서 도망쳐 나온 두 남녀가 하룻밤을 지내는 사이에 인간이 일생에 겪는 희로애락과 조우하는 것을 극화한 것이다. 여기에

는 전형적인 세 인물이 등장하여 주인공의 생을 확산시키고, 원형적 삶을
회복하게 하는 역할을 한다.

주인공들의 분신이 등장하여 삶과 죽음에 대한 철학적 인식을 예시하는
꿈 장면은 재생 모티브의 원형성을 표현해내는 탁월한 장면이다. 이 꿈 장
면은 주인공들이 원시적 생명력에 합일하는 과정으로서 자연의 본성인 생
로병사에 교감하는 의미를 지닌다. 그 탄생-성장-결혼-죽음의 통과의
례를 상징하는 격렬한 꿈은 바로 언뜻 본 생의 예시이다. 자연의 섭리이며,
언뜻 본 자기 미래의 모습이다. 생은 허무한 것만도 행복만도 아니며, 빛만
도 아니고 어둠만도 아닌, 그 모든 것이 혼융된 것이라는 이 꿈의 예시는
바로 상여꾼이나 사공, 외딴네와의 얘기들이 경험으로 응축되어 나타난
것이기 때문에 극적 효과가 매우 강렬하다. 이 꿈은 어린애 상태이던 두 사
람을 성숙시킨다. 그러므로 두 주인공은 꿈에서 깨어난 후엔 이전보다 한
단계 높아지고 성숙한 시선으로 생을 응시하고 받아들이게 된다.

태진	세계에서 제일 느린 게 뭔지 알아?
혜숙	거북이 걸음이지 뭐.
태진	거북이 보다 백 배나 느린 게 바로 그 달팽이야.
혜숙	오, 이런…….
태진	시속 4미터야.
혜숙	4미터?
태진	한 시간 내내 쉬지 않고 기어야 4미터니까 하룻밤에 얼마나 가겠어.

이 달팽이 상징은 주인공의 자기암시의 상징물이다. 이 희곡의 시간적
배경이 만 하루인 것처럼 달팽이가 느릿느릿 온종일 걸어가는 이미지는
바로 생의 먼 도정을 느릿느릿, 그러나 꾸준히 걸어가는 자신들의 모습인
것이다. 이처럼 꿈을 꾸고 난 후 주인공들은 생을 보는 시각이 성숙해지고,
또 자연의 일부분으로서의 인간의 모습을 담담하게 받아들이고 관조할 수

있게 된다.

> 태진   오늘 아침 아무도 밟지 않은 길을 밟고…
> 혜숙   오늘 아침 아무도 밟지 않은 길을 밟고…
>
> 그들은 손을 잡고 걷는다.
>
> 혜숙   오, 이슬방울 좀 봐!
> 태진   개구리 오줌처럼 큰 방울졌군!
> 혜숙   자기 우주같애.
> 태진   자기 우주야.
> 혜숙   우리들의 우주… (하다가) 이슬에 아침빛이 쏟아지고 있어.

이 마지막 장면을 보면, 응석받이이고 소유욕이 강했던 혜숙이 이슬을 우주로 인식하게 되며, 또 '내 우주'가 아닌 '자기(태진) 우주', '우리 우주'로 지칭하는, 시각의 폭이 넓고 성숙한 모습으로 변화한 것을 보게 된다. 이제 태진은 건강한 원초적 생명력을 회복한 것이고, 혜숙은 그 생명력을 자각하고 얻은 것이다.

이 〈휘파람새〉는 결론적으로 이데아적 삶에 대한 서정적 접근이라고 할 수 있다. 서정의 육화를 통해 아름답게 짜여 있는 이 작품의 상징체계는 철학적 깊이를 더해 준다. 그러나 상징체계를 이루는 테제와 안티테제의 두 축이 같은 무게를 지니고 대립적으로 구축되어 있지 않기 때문에 극적 긴장이 약하고, 상징효과를 반감시킨 점이 아쉽다. 상징체계는 삶의 긍정적 측면을 상징하는 이미지와 부정적 측면을 상징하는 이미지들이 적절히 교직되어야 결말부의 인식이 보다 보편적인 공감을 가져올 수 있는 것인데, 부정적 이미지나 상징이 부족하기 때문에 주인공 나름대로 생을 관조하는 것으로 보이는 것이다. 꽃뱀의 부정적 이미지나 상여꾼의 부정적 이미지가 확산되지 못한 것이 상징체계의 약화 요인으로 보인다.

4. 나가며

이상에서 윤조병의 희곡들을 역사적 삶에 대한 관심이라는 갈래와 삶에 대한 존재론적 관심을 보이는 갈래의 작품군으로 나누어 살펴보았다. 삶을 서사적으로 접근했을 때, 작가는 과거의 역사적 사건이 개인의 현재의 삶에 어떤 영향력을 행사하며 구속을 하는가에 대한 주제를 천착하고 있다. 그리고 삶을 서정적으로 접근했을 때, 작가는 상징체계를 통해 삶과 죽음에 대한 존재론적 성찰을 시도하고 있다.

그의 희곡세계의 첫 번째 특징은 작가의식에서 보자면 이상적으로 생각하는 삶에 대한 추구라 할 수 있다. 과거의 상처나 해묵은 한을 극복하고 해원하고 화해하는 주제는 전적으로 서사적 희곡에 맞는 틀로서의 현실을 보는 작가적 안목에 바탕을 두고 있기 때문에 성과를 얻을 수 있었다. 시대고時代苦에 대한 작가의 체험의 깊이와 성숙한 작가관이 도식적 결말이 아닌 감동적인 결말로 이끌 수 있었다고 본다.

두 번째 특성은 능숙한 극작술로서, 과거의 사건과 현재의 사건을 교차시킨다든지 자연의 심상과 내면적 심리를 교차시킨다든지 하는, 상황과 분위기의 적재적소한 창조능력이다. 민요조의 노래 삽입, 토속적 대사, 설화적 세계의 삽입, 신화적 상징체계의 구사 등 다양한 이미지와 상징성 창조 능력은 매우 탁월하다. 때로는 너무 많은 이미지와 상징성의 부여로 의미의 혼란과 극행동의 약화를 초래할 때도 있긴 하다.

세 번째 특성은 대사 처리의 능숙함이다. 윤조병은 우리말의 묘미를 매우 잘 아는 극작가이며, 시적 재능이 뛰어나 언어의 생략과 반복이 주는 의미의 다층성을 잘 살리고 있다. 특히 토속적이고 환경에서 우러나오는 듯한 자연스럽고 정감이 넘치는 대사들은 인물들의 육화에 큰 기여를 한다.

그러나 역사적 삶을 다룬 희곡의 경우, 사건의 전개를 거의 전적으로 대사에 의존하고 있어서 몇 마디 대사를 놓치면 극의 흐름을 따라가지 못할 정도이다. 이 지나친 대사에의 의존은 앞으로 그가 극복해야 할 문제이다.

윤조병은 삶을 서로 어울려 사는 마당으로 인식하고 있으며, 특히 건강한 삶에 대한 추구의식이 매우 강하다. 〈휘파람새〉의 경우엔 한 지식인의 탐색 과정을 통해 건강한 삶의 자리로 갔으며, 〈풍금소리〉의 경우엔 오랜 역사의 응어리를 가해자나 피해자나 모두 똑같이 역사의 짐을 진 자라는 성숙한 깨달음의 해원 과정을 통해 그쪽으로 갔다. 이러한 삶의 마당을 가기 위한 과정까지만 제시되어 있는 것이 그의 지금까지의 작품세계이다. 그의 희곡은 생의 각성을 보여 주지만, 각성 후의 삶을 보여 주지는 못하고 있다. 대부분의 희곡이나 소설에서 가장 감동을 받을 때는 대개 독자나 관객이 유사한 경험의 세계를 발견할 때이다. 갈등을 어떻게 극복할 것이며, 어떠한 선택을 할 것인가 하는 점을 우리는 희곡이나 소설에서 가장 주의 깊게 읽게 된다. 윤조병의 희곡에서는 그 갈등이 대체로 서사적으로 이야기되는 갈등으로 나타나기 때문에 극적이라기보다는 소설적이다. 무대에서 대사로 펼쳐지는 이야기의 무게가 극적이기 때문에 연극적 효과를 얻는 것이지, 극중 인물이 무대에서 부딪치고 갈등과 파국을 겪고 나서 대단원에 이름으로써 관객에게 주는 고양된 정서의 폭은 약한 편이다. 그러나 그의 〈농토〉나 〈풍금소리〉는 서사적 구조가 극적 구조로 환원되고 있음을 보여 준 수작秀作이며, 특히 과거의 역사나 분단현실을 보는 작가의 성숙한 의식을 보여 준 작품이다.

이 현 화

폭력의 악몽과 역사의 소환

1. 이현화 희곡의 특성

극작가 이현화(1943~)는 1970년에 데뷔한 이래 특유의 낯설고 새로운 연극문법을 선보여왔다. 그의 작품들은 지금의 시각으로 보아도 매우 아방가르드한 형식과 부조리성, 파격을 지니고 있다. 1970년대 본격적인 현대극을 꽃피운 주요 극작가는 오태석, 이강백, 이현화였다. 오태석이 도시적 감성의 부조리극으로 출발하여 전통의 현대화 실험에 치중했다면, 이강백은 문학성이 뛰어난 알레고리극을 탐구했다. 이현화는 일상에 틈입하는 폭력과 공포, 성적 판타지를 충격적인 연극성의 놀이와 언어유희로 그려냈다. 도시적 삶에 내재한 위협과 억눌린 현대인의 무의식을 대변한 것이다. 이현화는 현대인의 악몽과 폭력이 만연한 부조리한 세계를 포스트모던한 기법으로 그려냈다는 점에서 90년대에 본격 개화하게 되는 포스트모던 연극을 선취한 작가라고 볼 수 있다.

그의 극에서 반복되는 가장 두드러진 모티프는 폭력과 정체성의 문제, 그리고 역사이다. 그의 초기 극들은 악몽과 망상의 세계를 그린 부조리극 계열이다. 70년대의 시대적 특징이 급속한 산업화와 정치적 억압이라 했

을 때, 그의 극에 나타난 도회적 삶과 폭력, 가학-피학의 성적 판타지는
바로 이러한 시대현실과 무의식을 공포의 충격요법으로 재현한 것이다.
폭력과 공포, 위협과 불안을 그린 초기 극들은 외양만 보면 세련된 번역극
같아서 한국적 현실이나 정치성은 배제된 것처럼 보인다. 그러나 그 심층
을 들여다보면, 평온한 일상에 급작스럽게 틈입하여 폭력을 행사하고 폭
력에 길들여지게 만드는 플롯구조가 독재체제의 폭력적 권력과 감시, 통
제를 은유하고 있음을 알게 된다. 현대 도시 남녀의 불안한 일상, 감시받는
자의 불안과 공포, 동기 없는 사디즘, 폭력에 길들여져 폭력을 재생산하는
분열증적 인물들을 그린 무대는 한 마디로 악몽을 닮았다. 그러나 도시가
거대화되고 개인의 정체성이 익명화되고 단자화될수록 이유 없는 악의와
위협, 폭력은 일상화된다. 그렇다면 악몽을 그린 것 같은 그의 연극은 그러
한 현대사회를 일그러진 거울로 비추어낸 것이라 할 수 있다.

그의 극들을 발표 순서대로 살펴보면 계속 반복 변주되는 2가지 모티프
를 발견할 수 있다. 데뷔작 〈요한을 찾습니다〉(1969 탈고/1970 초연), 〈라
마 사박다니〉(1969), 〈누구세요?〉(1974/1977), 〈쉬-쉬-쉬-잇〉(1976),
〈우리들끼리만의 한번〉(1978), 〈0.917〉(1980/1981), 〈산씻김〉(1981)은 폭력
과 정체성의 문제를 주된 모티프로 삼고 있다. 그런가 하면 〈카덴자〉
(1978), 〈오스트라키스모스〉(1979), 〈불가불가〉(1982/1987), 〈넋씨〉(1991),
〈키리에〉(1994/1995), 〈협종망치〉(2000)[102]는 역사를 소재로 하고 있다. 사
육신 소재를 잔혹극적 현대극으로 변주해낸 〈카덴자〉를 계기로 1980년대
이후엔 주로 역사 소재로 방향을 돌린 것이다.

그는 인생을 사실적으로 재현하는 데는 관심이 없다. 그의 연극은 철저
히 연극성의 놀이를 지향한다. 인생에서 일어날 법한 개연성의 논리를 따
르는 것이 아니라 어떤 황당한 상황을 설정하고 거기서 꼬리를 물고 일어
나는 잔혹한 상황들의 연쇄를 만들어 나간다. 그런 점에서 그의 극의 중심

---

102 괄호 안의 연대는 앞의 것이 희곡 탈고 연도, 뒤의 것이 초연 연도를 나타낸다. 한 연도
만 표기된 것은 두 가지가 일치하는 경우이다.

에 자리 잡고 있는 것은 연극성에 대한 탐구이며 퍼포먼스적 요소이다. 장면이 바뀔 때마다 충격효과를 위한 새로운 상황과 행동으로의 반전은 이현화의 연극이 다분히 퍼포먼스적 성격을 지니고 있음을 시사한다. 이를테면 여자를 산 제물로 포박하고 갖은 고문을 가하면서 씻김굿을 행하는 여인들의 행동을 그린 〈산씻김〉은 그 자체가 퍼포먼스인 잔혹제의극이다. 역사극을 공연하는 듯하더니 여자 관객을 무대로 끌어내어 여러 극중 역할을 강요하는 〈카덴자〉의 극행동 역시 퍼포먼스의 성격을 지니고 있다.

2. 미친 폭력과 공포

폭력과 공포를 그린 극들, 특히 여성의 몸에 가해지는 사디즘적 폭력성 때문에 이현화는 종종 '여성학대자', '미친…' 혹은 '사디스트'라는 달갑지 않은 칭호를 받기도 했다. 무대 위에서 잔혹한 폭력으로 옷이 찢기고 훼손되는 여성의 몸과 섹슈얼리티는 병적 에로티시즘의 발로라는 혐의도 주었다. 또 〈0.917〉에서처럼 어린이가 어른을 유혹하고 성애를 벌이는 파격적인 내용은 적어도 외양으론 엄격한 윤리적 기준을 고수하는 한국사회의 금기를 깨트린 것이었다.

> 10여년 전 〈쉬-쉬-쉬잇〉이 공연되었을 땐 그래도 "도대체 무슨 수작이야?" 정도였던 것이 먼젓번 작품집 『누구세요?』를 펴냈을 때부턴 아예 미친 뭐시깽이로 굳어져 버리게 됐던 모양이다. (중략)
> 더욱이 〈산씻김〉, 〈0.917〉, 〈카덴자〉가 연이어 공연되면서부터는 예의 그 "미친…"을 넘어서 "여성학대취미자" 내지는 "새디스트"로까지 번져나가게끔 되어버린 모양이다.[103]

---

[103] 이현화, 「저자 후기: 그렇게도 미쳐 보일까?」, 『이현화희곡집 0.917』, 청하, 1985, 445면.

　이현화는 독자들에게 "나무를 보지 말고 숲을 보라"고 주문한다. 작품의 외양만 보지 말고 알맹이를 읽어달라는 것이다. "내가 미쳤던가 아니면 미쳐 보이게끔 한 시대상황이 정말로 미쳐 돌아가고 있다던가 둘 중의 하나"라고 덧붙인다. 유신정권의 엄혹한 독재와 검열, 그에 대한 저항운동이 시대의 코드였던 1970년대에 이현화가 택한 전략은 미친 폭력을 무대 위에 소름 끼치게 현현하는 도발이었던 셈이다.

　이현화의 데뷔작 〈요한을 찾습니다〉[104]는 1970년 중앙일보 신춘문예 당선작이다. 이 단막극은 이현화의 후속 작품들에 보이는 근원적 주제와 독특한 기법을 이미 배태하고 있다. 신의 상실 이후 분열되어 버린 현대인, 정체성 상실, 광기, 추리극적 구조, 도회적 감성, 익명성, 이중적 정체성, 폭력의 파괴성, 아이러니적 어조의 언어 등을 담고 있는 것이다. 요한을 찾으러 온 현이 동일인물이면서도 이중적 자아로 분열되어 있듯이, 〈누구세요?〉에서도 부부가 서로를 알아보지 못하고 '가짜/진짜 실랑이'를 벌인다. 또 〈쉬－쉬－쉬－잇〉, 〈카덴자〉, 〈산씻김〉, 〈불가불가〉 등에서도 폭력의 희생자는 결국 자아분열을 일으킨다. 이처럼 〈요한을 찾습니다〉의 중심 모티프인 자아분열과 광기, 추리극적 요소, 폭력, 익명성은 이현화의 극에서 끊임없이 나타난다. 이현화의 극에는 고유명사인 이름을 부여받은, 개인성을 가진 인물들은 거의 등장하지 않는다.

　〈요한을 찾습니다〉는 정신병원에서 탈출한 청년이 요한을 찾는 내용으로 이루어져 있는데, 매우 잘 짜인 극작술을 보인다. 인근 성당에서 부활절의 성가가 들려오는 가운데 청년(현)이 찾는 요한이 동일인물로 밝혀지는 추리극적 구조가 시종 긴장과 아이러니를 형성한다. 여인(젬마)은 그의 기억을 되살리고 청년이 요한임을 깨닫게 하고자 하나, 청년은 끝까지 분열증을 벗어나지 못한다. 청년이 정신분열에 걸린 이유는 복합적이다. 오누

---

[104]　이 글에서 대상으로 삼은 작품집은 서연호·임준서 공편, 『이현화 희곡·시나리오 전집』(1~5), 연극과인간, 2007이다. 이 전집에 실린 작품들은 이전 판본을 작가가 다소 손본 것이다. 특히 〈요한을 찾습니다〉의 경우, 초판본의 도발적 언어가 다소 완화되어 있다.

이처럼 자랐던 젬마에 대한 근친상간적 사랑, 신부가 되라는 집안의 요청을 거부하고 결혼한데다, 신앙을 상실한 후의 방황과 타락, 성모상을 깨트리고 이에 충격을 받아 쓰러진 어머니를 죽였다고 생각한 죄책감 등이다. 세례명인 요한과 현이 동일인이 아닌 타인이라고 생각하는 청년의 분열증은 신의 상실이 가져온 현대인의 방황과 분열을 상징한다.

〈라마 사박다니〉는 지하감방에 갇힌 세 명의 사형수를 그린다. 이들은 당번에게서 얻은 매점 여자의 속옷을 철창에 걸고 자기들끼리 재판극을 벌인다. 이 재판극 과정에서 그들의 죄목이 드러난다. 1호, 2호, 3호의 죄목은 서로 다르지만 모두 침략자에 저항하거나 불복종한 공통점을 가지고 있다. 사형집행인이 1호를 데리러 오자, 1호는 속옷을 팔에 걸고 웨딩마치에 맞춰 사형대를 향해 간다. 이 극의 제목은 예수가 십자가에서 죽음을 맞이할 때 했던 "어찌하여 나를 버리시나이까?"라는 뜻이다. 이 세 명의 사형수들은 여자 속옷을 놓고 시시덕거리기도 하고 여신으로 숭배하는 우스꽝스러운 행동을 한다. 그러나 이들의 유치한 에로틱 판타지도 그들이 정치범이자 휴머니스트라는 사실이 밝혀지는 순간 그들을 폭력적 권력의 속죄양으로 환치시킨다. 이 극에서 구사한 감방 은어들과 간결한 대사감각은 다른 작가들과 매우 차별되는 그만의 개성이라 볼 수 있다. 번역극의 영향으로 당시 창작극들의 대사는 대체로 입에 붙지 않는 긴 호흡의 문학적인 대사였던 데 반해, 이현화는 핑퐁게임을 하듯 재기 발랄한 언어감각과 말놀이를 선보였다. 그러나 정치범 사형수들이 여자 속옷을 걸어놓고 종교적 대사나 재판극을 진행하는 상황 설정은 유치한 장난임이 더 강조됨으로써 희극성 발휘보다는 극의 알레고리적 성격을 약화시키는 역작용을 한다.

〈누구세요?〉는 이현화의 그 후 작품들에서 볼 수 있는 스타일의 중요한 특징들을 세련되고 재치있게 구사한다. 정체성의 혼돈, 위협과 폭력의 주제, 획일적 공간에서 벌어지는 자아와 타자의 혼돈, 반복기법, 인간관계의 대체 가능성, 가학-피학적 성 등이 그려져 있다. 또 전화벨 소리, 차임벨 소리, 비바람 소리, 칼이나 깨진 병, 벨트 같은 위협과 긴장을 자아내는 시청각적 요소들을 적절하게 사용한다.

서로 알아보지 못하는 부부라는 모티프는 이오네스코의 〈대머리 여가수〉를 연상시키며, 갑자기 침입하는 타인과 위협이란 모티프는 핀터의 부조리극의 영향이 느껴진다. 이 극의 무대는 아파트이다. 이현화의 특기인 도회적 감성과 폭력성, 관능적 쾌락이 아파트라는 획일화된 공간에서 펼쳐진다. 똑같은 구조의 아파트에서 집을 잘못 찾아 들어가기도 하고, 고유한 개인성을 상실하고 익명적 존재로 살아가는 현대인은 동일한 말과 행동을 한다. 심지어는 서로 다른 아내와 남편으로 대체되기도 한다. 그러니까 인물들이 서로에게 던지는 '누구세요?'라는 물음은 타인의 정체에 대한 물음이라기보다는 똑같은 일상을 반복하는 현대인의 획일적인 삶에 대해 질문하는 의미를 담고 있는 것이다. 애인과 바다 휴가를 즐기고 아파트로 돌아온 여자는 남편을 찾는 여자의 전화와 방금 헤어진 애인의 전화를 받는다. 열쇠로 문을 열고 들어온 남자도 아내를 찾는 남자의 전화와 방금 헤어진 애인의 전화를 받는다. 이들이 혼자 있을 때 하는 대사는 똑같다. 남자와 여자는 부부임에도 서로 알아보지 못한다. 그들은 서로 자기 집이라 주장하고 싸우다가, 판정을 부탁하기 위해 옆집 여자를 부른다. 다음엔 옆집 여자의 정부인 남자A가 집을 잘못 찾아 들어와 남자와 여자를 묶고 위협한다. 이런 소동 끝에 남자와 여자만 남게 되었을 때, 남자는 술을 마시며 자신의 내면을 털어놓는다.

> 남자　(술잔을 두 손으로 움켜쥐며 시선을 흩뜨리기 시작한다) 난, 난, 밤마다 샤넬로 커버한 아내의 침대에 파묻혀 아내의 두 손에서, 두 다리에서 섬뜩한 악어의 비늘을 느끼곤 했죠. 아내는 한없이 자라나는 커다란 입을 가지고 있어요. 시뻘건 혓바닥을 널름거리며 쩍 벌리는 커다란 악어의 아가리를……. 난, 난, 그 흉물스런 혓바닥에 시달리며 위축된 몸뚱이를 바둥바둥…….

서류더미에 파묻혀 사는 은행원인 남자는 평소에 자신을 돈 벌어오는 기계로 치부하는 아내에게 위축되어 남성성을 발휘하지 못했다는 것이다. 남자는 피를 온몸에 묻히면서 여자에게 욕망을 느낀다며 거칠게 달려든다. 남자는 가죽벨트를 집어들고 "싱싱한 도마 위의 생선처럼 바닥에서 팔딱이는 여자를 계속 내리친다." 여자는 술병을 깨어 반항하다가 "길게 몸을 펼치며 내려 퍼붓는 그 매서운 혀끝의 짜릿한 애무를 온몸의 살갗에 받아들인다." 다음 장면은 남편의 출장이 끝나는 날이다. 여자는 아무 일도 없었다는 듯이 괘종시계에 밥을 주고 시계를 맞춘다. 남자가 출장에서 돌아온다.

그렇다면 지금까지의 사건들은 그들의 악몽이었을까? 여자는 남편과 똑같은 옷을 입은 사람이 찾아와 제집이라고 우기다가 자기 실수를 깨닫고 달아났다고 전한다. 남자와 여자는 서로 뭔가 달라졌고 무언가를 숨긴다는 사실을 느끼지만 모른 척한다. 이전에 일어났던 악몽 같은 사건을 암시하는 것은 "다음 출장은 언젠가요? 바다 올림"이라는 수상쩍은 전보뿐이다. 여자는 장 보러 나가고, 열쇠 돌리는 소리가 나더니 장바구니를 든 여자A가 들어온다. 목욕을 마치고 나온 남자와 여자A는 서로 보는 순간 "누구세요?"라는 질문을 던지다가 부부 혹은 애인처럼 포옹하고 침실로 간다. 또 다른 짝짓기 놀이가 시작되는 것이다.

이 극은 개연성과 논리를 거부하는 부조리극이다. 배경과 정보와 동기를 극도로 제한하는 바람에 매우 난해하게 보인다. 논리적인 스토리텔링 대신 끊임없이 드라마틱한 상황, 남자와 여자가 대결하는 원초적 상황으로 인물들을 몰고 가서 극적 긴장과 흥미를 지속시킨다. 부부가 서로 못 알아보는 부조리한 상황은 그들의 심리적 상태와 권태에 빠진 부부관계를 말해준다. 기계적인 회사 일과 아내의 무관심으로 남성성이 억압됐던 남편은 아내를 때리는 가학적 성을 통해 야성을 회복하며, 아내 역시 피학적 관계를 통해 강한 남성으로서의 남편을 받아들이게 된다. 남자와 여자가 벌이는 가학－피학의 도착적 성, 환상인지 현실인지 모호한 사건, 남자와 여자A로 짝이 바뀌는 관계 등, 이 극은 난폭한 폭력과 도착적인 판타지로 관객에게 충격을 가하고 도발한다. 인물들의 고정된 정체성과 역할을 해체하고 짝짓기를 뒤집는다든지, 반복적인 대사나 장면, 위기의 순간에 인물들의 정지동작을 배치하면서 장면을 마무리하는 등 퍼포먼스적 연극 놀이를 펼쳐 보인다.

이 극은 "누구세요?"라고 서로 묻지만 결코 자신을 증명할 수 없는 현대인들의 비극을 연극놀이로 그린 것이다. 서로 피상적 관계를 맺고 사는 획일적 세계에서는 부부나 애인, 말과 행위, 거주 공간이 교환 가능하다. 부부는 서로 못 알아볼 정도의 타자이다. 그러나 도시화가 급진전된 70년대적 상황을 현대적 감각으로 재치있게 그리고는 있지만, '누구세요?'라는 물음이 일상적 의미를 넘어서 철학적 물음으로 보다 깊이 있게 확장되지 못한 아쉬움이 있다. 남성에 의해 대상화된 여성의 섹슈얼리티, 남성의 지배가 행사되는 여성의 성을 그리고 있는 남성 중심적 성담론 역시 일정한 한계를 지닌다고 하겠다.

〈쉬-쉬-쉬-잇〉은 일상에 틈입한 폭력이 희생자를 길들여 폭력의 재생산을 낳는 순환을 그린다. 여기서도 〈누구세요?〉에 이어서 방 하나와 문, 외부의 침입자, 그리고 부부와 타인의 교체 가능성을 보게 된다. 신혼부부(남자와 여자)의 호텔방에 사내와 여인이 번갈아가며 침입하여 그들을 위협한다. 사내와 여인은 물리적인 폭력을 사용하여 공포감을 조성하고, 주사약으로 마취시켜 재우기도 하고, 신혼부부인 양 행세하기도 하고, 똑같은 구조의 다른 호텔방으로 옮겨놓기도 하는 등 신혼부부에게 온갖 교묘한 방식의 폭력을 행사한다. 이들의 정체나 폭력의 동기가 모호하게 숨겨져 있기 때문에 더욱 음산한 불안과 공포를 유발한다. 욕실의 물소리, 전화벨 소리, 노크 소리, 칼로 찍는 소리, 쿵쿵 소리 등 스릴러극다운 음향효과를 십분 활용하면서 시종 팽팽한 긴장과 불안을 유지한다. 신혼부부를 장난감처럼 갖고 놀던 사내와 여인은 부부의 식사를 대신 먹어치우고 욕실에 들어가 쾌락을 즐긴다. 그들이 사라진 후 잠든 척하고 있던 남편은 그들이 남긴 술을 '고맙게' 마시고 아내를 욕실로 부른다. 희생자가 가해자의 행동방식을 모방하는 것이다. 그러나 여자는 연속된 폭력성에 굴종하여 마침내는 그들을 숭배하게 되고, 같은 희생자인 남편을 향해 자신이 받은 폭력을 되갚는다.

> 여자　(문 옆에 비켜서 도사리고 바늘을 문쪽으로 겨누며 기다린다. 비로소 쉰 목소리로) 흥, 어리석은 것, 그분들이 그 정도의 배반을 짐작 못 했을 줄 알구? 가여운 것, 그분들은 이미 다 예측하고 떠나기 전에 내게 준비시켰단 말야.
>
> 남자의 소리　히히… 나보고 데리고 들어가 달란 얘기군?
>
> 여자　(질질 끌리는 쇳소리) 어리석은 인간, 그분들은 다 알고 계셔. 다 알고 계셔-. (문득 마룻바닥에 떨어져 있는 칼을 발견했다. 히쭉-. 칼을 집어들고 탁자로 간다. 주사기를 음식보 밑에 숨겨놓고 날카로운 칼날을 응시한다. 히쭉히쭉……. 갑자기 감귤 꾸러미 위에 칼을 쾅 하고 내려찍는다)

희생자가 가해자를 모방하고, 같은 희생자에게 폭력을 되갚는 가공할 만한 폭력성의 전도 혹은 자리바꿈을 그렸다는 점에서 이 극은 스릴러물 장르의 특성을 넘어서는 강력한 현대성을 보여준다. 이어지는 마지막 장(6경)은 〈누구세요?〉에서와 같은 재치있는 반전을 제시한다. 이번엔 남자가 주먹을 내려치고 있고, 목욕탕 문이 열리면서 여자가 가운 차림으로 나타난다. 그동안의 사건들은 여자가 목욕하는 동안 남자가 꾸었던 끔찍한 악몽이었던 듯하다. 여자는 프런트의 전화를 받고 나가고, 남자가 문을 열자 사내가 들어와 문을 닫거던다. 또다시 악몽이 되풀이된다는 암시다.

이 극은 꿈과 현실을 뫼비우스의 띠처럼 맞물려 놓은 순환구조로 꿈과 현실의 경계를 지우며, 끝없는 폭력의 반복을 암시한다. 정체와 동기를 알 수 없는 폭력이 평온한 일상에 침입한다는 것, 과거를 샅샅이 알고 있는 타자들의 감시와 폭력이 연쇄적으로 폭력의 구조를 만들어내는 위험한 현대사회를 충격적으로 제시한다. "쉬-쉬-쉬-잇 (중략) 창 너머 그늘에서 누군가 보고 있어요"라는 노래처럼 잠재적인 위험에 노출된 현대의 불안한 삶, 감시받는 삶의 공포를 충격적으로 환기시킨다. 섬세하게 형상화한 공포, 아이러니컬하고 재기발랄한 대사, 스릴러와 부조리극을 혼합한 극작술, 희비극적 감각, 열린 결말 등 이 극은 70년대 한국희곡사에서 유례를 찾기 힘든 매우 이색적인 현대감각을 과시한다.

〈우리들끼리만의 한번〉에도 하나의 방과 감시받는 여인, 그 여인과 레즈비언적 애정을 나누게 되는 소녀가 등장한다. 전작처럼 폭력의 감시와 처벌을 주제로 하고 있으며, 배경과 정보를 극도로 제한했음에도 추리극 플롯과 플래시백 기법으로 과거를 재연하는 구성으로 이루어져 있기 때문에 그다지 모호하지 않다. 사내1은 사내2에게 "개인을 깨닫기 시작"한, 조직을 배신한 여자를 처벌하라는 명령을 내린다. 우유배달원 소녀가 여인의 시신을 발견하고 경찰에 신고한다. 형사는 소녀를 용의자로 의심하고 취조하며, 소녀는 결백을 주장하기 위해 여인과의 사연을 밝힌다. 이 극에서 폭력은 정체를 드러내지 않고 다만 소리로만 존재할 뿐이다. 보이지 않는, 소리로만 존재하는 폭력이기에 이 폭력은 더욱 무섭고 음산하다. 그리고 모습을 감춘 폭력성은 환청처럼 떠돌면서 사람들에게 전염된다. 여인에게서 소녀에게로, 그리고 형사에게까지 옮겨간다. 폭력은 "어떤 사교의 검은 향불처럼" 이 세상에 편재하고 있다는 것이다. 배신 같은 구체적인 죄를 짓지 않았다 해도 보이지 않는 폭력에 노출된 채 살아가는 현대사회의 실상이 섬뜩하게 형상화되어 있다.

〈0.917〉은 7세의 소녀와 소년이 각각 성인 남녀를 유혹하는 내용으로 이루어진 충격적인 작품이다. 초연 때 어린이 배우가 맡았던 에로틱한 연기 때문에 심각한 도덕성 논란을 낳기도 했다. 이현화는 난해한 제목을 즐겨 사용하는데, 0.917은 물 밑에 잠겨 있는 빙산의 비중 수치이다. 우리는 수면에 나와 있는 빙산의 일각(0.083)만을 볼 뿐이지만, 수면 밑에는 보이지 않는 엄청난 덩어리의 얼음이 존재한다. 작가는 바로 우리 사회의 현상 이면에 은폐된 진실을 악몽의 형식으로 혹은 공포 스릴러물의 형식으로 제시한다. 〈쉬-쉬-쉬-잇〉에서의 무서운 침입자 사내와 여인이 이 극에서는 7살짜리 소녀와 소년으로 모습을 바꾸어 등장한다. 방과 정체를 알 수 없는 침입자라는 구도는 여전하다. 여름밤 숙직실에 노크소리와 함께 소녀가 들어온다. 7살짜리 소녀는 요부 같은 농밀한 몸짓과 말로 남자를 유혹한다. 밖에서는 기적소리가 꿈결처럼 들려오다가 소녀의 성적 유혹의 강도가 짙어지면서 무대를 압도한다. 2번째 장면은 남자의 아내인 여자의 방에 미리 들어와 있던 7살짜리 소년이 여자를 유혹하는 내용이다. 소년은 처음엔 가련한 어린애같은 포즈를 취하다가 나중엔 술을 마시며 여자를 지배한다. 세 번째 장면은 소년과 소녀의 시각으로 '철없는' 어리석은 어른들을 비꼬는 내용으로 이루어져 있다. 어른들은 "숨기는 게 많으면 많을수록 스스로 점점 더 외로워진다는 걸" 모르고 있기 때문에 그들은 어린애를 의심하고 속인다는 것이다. 어른들이 숨기는 것, 어린애의 존재는 수면 밑 빙산 덩어리 같은 어른의 내면을 상징한다. 이처럼 이 극도 〈누구세요?〉처럼 권태로운 일상을 영위하는 중년 남녀의 성적 판타지를 도발적으로 까발리고 있다. 위악적인 '앙팡 떼리블'은 바로 어른 내면에 은폐된 도덕적 타락 욕망이며 그 비중은 표면보다 엄청나게 큰 0.917인 것이다.

〈산씻김〉은 산자의 씻김굿을 연행하는 퍼포먼스적 제의극이다. 원래 씻김굿은 죽은 자의 혼을 씻어 극락정토로 보내는 무속 의식이며, 산씻김굿은 생전에 미리 하는 씻김굿이다. 이 극은 이현화 특유의 섬뜩한 잔혹과 공포를 발산하면서 폭력의 순환성이란 주제를 강조한다. 극의 플롯은 전작들처럼 밀폐된 방에서 정체를 알 수 없는 이들로부터 이유를 알 수 없는 폭력을 당하는 과정으로 이루어져 있다. 한 여자가 자동차 고장으로 고속도로 변의 한 사무실에 들어간다. 갑자기 여인이 등장하여 모든 출입문을 잠근다. 여인은 층계 위 철문을 향해 경배를 하고 나서는, 가방에서 여러 가지 물건들을 꺼내어 굿을 올릴 채비를 한다. 경건하게 가방에서 꺼낸 물건들은 청진기, 줄자, 쇠망치, 밧줄, 수술가위, 유인제 약통, 곤충채집병, 핀셋, 수술용 메스 등이다. 모두 섬뜩한 공포를 유발하는 물건들이다. 여인과 소복 입은 소녀 2명은 무가를 부르거나 주문을 외우면서 제상을 차리고, 여자를 묶어 제물로 삼아 굿을 집행한다. 가방 속에서 꺼낸 물건들을 사용하여 여인을 묶고, 링거병의 물방울이 여자 이마에 떨어지게 한다. 가위로 여자의 옷을 오려 층계 위 철문을 향해 한 계단씩 옷가지들을 놓는다. 여자의 몸에 바퀴벌레를 뿌리고는 "모든 고통으로부터 해방을 베푸실 텐데…" 하는 주문을 외우고는 핀셋으로 벌레들을 떼어낸다.

매우 잔혹하고 기괴해 보이는 제의지만 원 씻김굿의 제례를 현대적으로 변형한 것이다. 링거병에서 떨어지는 물방울, 물그릇에 담갔던 빗자루로 몸을 쓰는 행위는 씻김 의식이다. 오려놓은 옷가지들은 저승길을 닦는 '질 닦음' 의식이며, 신칼로 여자의 몸에 묶인 밧줄을 끊는 행위는 고풀이(죽은 자가 이승의 원한에서 풀려 자유로워지는 의식)이다. 제물로 묶여 있던 여자는 여인이 얼굴을 맞댔을 때 불시에 입을 물어뜯고 여인을 무참하게 폭행한다. 꼼짝없이 산 제물로 폭력을 당해야 했던 여자가 가해자에게 폭력을 되갚은 것이다. 그러나 작가는 언제나 그렇듯 충격적인 반전의 클라이막스 다음의 마지막 장면에 놀라운 엔딩을 마련한다. 여자는 심한 폭력을 당해 쓰러져 있다가 소녀들의 "님이시여" 하는 간절한 주문에 휘청거리며 일어난다. 징소리와 함께 층계 위 철문이 활짝 열리고 빛이 쏟아져 나올 때, 여자는 "오오…" 뜨거운 감읍의 눈물을 흘리며 "님이시여……"하며 환희의 두 손을 치켜든다. 〈누구세요?〉나 〈쉬-쉬-쉬-잇〉에서처럼 〈산씻김〉에서도 폭력에 의한 희생자의 순응 혹은 길들이기를 보여준다. 이 희곡이 원형문화인 굿을 현대적으로 변형하여 다의적 의미를 지닌 잔혹제례극으로 쓰여졌기 때문에 연출가들은 공연에서 다양한 해석을 뽑아냈다. 이를테면 1988년 바탕골소극장 공연에서 연출을 맡았던 이윤택은 정치사회적으로 해석하여 여자를 밧줄로 묶은 형태를 한반도로 표현, 통일을 기원하는 씻김굿을 시도했다.

작가가 여러 작품에서 일관되게 폭력의 충격, 공포와 전율을 그린 이유는 무엇일까? 아마도 이 극의 부제가 '하나의 오보에를 위한 A'라는 것이 실마리가 될지 모른다. "튜닝이라는 거 있잖아요. 연주 전 막 뒤에서 악기들의 목청을 가다듬는 거 말씀입니다."(작가의 말) 오보에의 절대음 A에 맞춰 모든 악기를 조율하는 연주 형태처럼, 사람들의 행동방식을 규율하고 통제하는 절대권력에 대한 비판의식을 은유하고 있는 듯하다. 폭력의 주재자임에도 '님'이라는 호칭으로 숭배의 대상이 되는 아이러니는 관객-독자의 성찰을 자극한다. 아르토가 제의적 기원으로부터 분리되지 않은 동양연극에서 자신의 잔혹연극의 개념과 형식을 찾았듯이, 이현화 또한 전통무속의 형식을 빌어오면서 아르토적인 잔혹성을 결합시킨 것으로 보인다. 아르토는 잔혹성을 사디즘도 피도 아니며 생명의 욕망, 창조와 우주의 엄격함, 거역 불가능한 필연성이라고 주장했다. 그리고 그 안에는 언제나 '악'이 존재한다.[105] 이현화의 극에도 사디즘, 피, 악이 포함된 잔혹성이 그려지며, 그것은 생명의 욕망, 새로운 창조의 세계와 연관된다. 〈누구세요?〉에서 억압된 일상을 영위하던 남자는 끔찍한 잔혹성의 경험 이후 생명의 욕망을 느낀다. 〈산씻김〉에서도 여자는 잔혹한 감각적 체험을 겪으면서 새로운 사제로 거듭난다. 그러나 이현화의 극이 아르토와 갈라지는 지점은 정체와 이유를 알 수 없는 폭력, 악이 존재하는 현대사회의 위험성에 초점을 맞추고 있다는 점이다. 이현화는 역사와 현실을 배제한 듯한 모호한 배경의 현대극을 표방하면서도 독자-관객이 그가 일부러 은폐해놓은 0.917(수면 밑의 빙산)을 제대로 읽어주길 원한 것이다. 그가 의도한 0.917은 개인에게 가해진 잔혹성과 공포가 바로 독재 권력의 폭력성과 악의 은유라는 것이다. 그런 맥락에서 이현화가 〈카덴자〉를 필두로 모호한 배경의 현대물 대신 직접 역사를 소환하여 '권력악'과 개인의 대결을 문제 삼은 이유를 짐작할 수 있다.

---

[105] 안치운, 「앙토냉 아르토: 연극의 꿈, 꿈의 연극을 찾아서」, 『20세기 전반기 유럽의 연출가들』, 연극과인간, 2001, 390쪽.

3. 역사의 현재화와 역사에 대한 책임의식

〈카덴자〉는 시종일관 고문이 행해지는 제의적인 퍼포먼스이다. '카덴자'는 음악 용어로 연주자가 기교를 발휘하는 화려하고 즉흥적인 프레이즈를 의미한다. 제목처럼 세조의 성삼문 고문 장면이 여자관객 대상의 고문장면으로 다양하게 변주되는 반복기법이 이 극의 형식이다. 이 극이 놀라운 것은 형식의 독창성이다. 1970년대 희곡들이 독재체제에 대한 대항담론으로 역사극을 시도하고 있을 때, 이 극은 역사와 현실의 경계 지우기로 역사를 유희한다. 극은 망나니들이 등장하여 북과 징을 치고, 왕이 선비를 문초하는 장면으로 시작된다. "네가 네 죄를 알렸다!" 하는 왕의 문초에 망나니들은 무자비하게 선비를 고문한다. 세조가 성삼문을 문초하는 시대적 상황이라는 최소한의 정보만 주어진다. 잔인한 고문을 하다가 갑자기 망나니들은 객석에서 여자관객(배우)을 끌고 온다. 이번에는 왕이 여자관객을 향해 똑같이 문초하고, 망나니들의 고문이 이어진다. 선비는 여자 관객의 머리를 헤치고 오물들을 부으며 여자관객을 향해 지조 높은 선비의 대사를 말한다. 선비의 대사와 여자관객의 몸이 이원화된 기괴한 역할놀이가 펼쳐지는 것이다. 왕과 선비, 망나니들은 여자관객을 고문하면서 서로 여러 역할을 바꾸고 여자관객에게 왕의 역할을 부여하는 등 역할들을 옮겨 다니는 연극놀이를 지속한다. 무대 위 잔인한 고문의 희생자로 전시되는 것은 여자관객의 몸이다. 옷을 찢고 인두로 지지고 뺨을 때리고 전기밥솥에 발을 집어넣는 등 온갖 잔혹한 고문으로 여자관객의 몸은 훼손된 섹슈얼리티로 전시되는 것이다.[106] 여자관객은 처음엔 관객이라며 소리치고 법을 들먹이며 항의한다. 그러나 자신에 대한 부당한 고문이 성삼문과 단종 폐위사건과 동일한 의미층위에서 행해지는 것임을 깨닫게 되면서 점차 극중 역할에 동화된다. 세조의 왕위찬탈이란 폭력적

---

[106] 이 때문에 이 연극은 공연 당시 여성의 몸과 섹슈얼리티를 상품화한다는 일각의 비판도 받았다.

역사에 의분을 느끼게 되는 것이다. 강렬한 불빛과 볼륨을 높인 녹음기 소리 등 여자관객을 향한 고문은 잔혹의 극치를 달린다. 마지막에 여자관객은 "내가 내 죄를 알겠소."라며 죄를 인정하고, 올가미에 목을 집어넣는다. 지나간 역사와 무관한 현대의 관객이 역사를 직접 체험하면서 자신의 삶으로 현재화하게 되고, 지나간 역사와 현재의 역사적 상황이 별개의 것이 아닌 서로를 비추는 거울임을 깨닫는 것이다. 역사의 방관자, 현재의 정치적 상황의 방관자－구경꾼으로 앉아 있던 관객은 자신이 그 역사의 부분이자 현재의 역사를 만들어내는 주체임을 자각하게 된다. 무대 위 관객의 자각은 객석에서 연극을 관람하는 진짜 관객의 자각과 역사에 대한 성찰로 이어지게 만든다. 연극 중에, 그리고 연극이 끝나 퇴장하는 중에도 계속 울리는 "집단의 육중한 발소리"는 과거의 역사뿐 아니라 현대사에서도 되풀이돼왔던 쿠데타의 군화 소리와 동일시된다.

　이 극도 이전의 작품들에서처럼 여전히 폭력성을 중심에 놓고 있다. 그러나 이전의 극들이 희생자의 폭력에 대한 감염이나 굴종을 그렸다면, 이 극은 폭력이라는 잔혹한 감각적 경험을 통해 역사에 대한 책임의식을 갖는 주체로의 변환을 그린다. 더욱이 메타연극적 구성으로 현실 관객의 의식변화를 촉구했다는 점에서 작가의 성숙한 역사의식과 효과적인 글쓰기 전략을 볼 수 있다.

　〈오스트라키스모스〉는 한 명의 화자가 관극경험을 보고하는 방식으로 이루어진 독특한 형식의 작품이다. 나레이터 역을 맡은 1인칭 화자는 어떤 연극을 보러 가게 된 배경과 정황을 요설로 풀어놓는다. 연극은 공연장 정문 앞에서부터 극장 현관, 극장 로비, 객석 등 장소를 옮겨 다니며 진행된다. 무대와 객석의 경계를 허물었다 해도 극 행동이 주로 무대 위에서만 벌어지던 〈카덴자〉보다 더 광범하고 적극적으로 공연장소를 확장시킨 셈이다. 〈카덴자〉에서 현실 관객은 무대와 분리되어 있었던 것과는 달리, 이 극에서는 다양한 극중 역할을 부여받는다. 로마시대의 시민, 원로원 의원 등으로 취급당하고, 배우들과 함께 연극을 만들어나가게 된다. 현실과 연극이 상호소통하는 메타연극으로서, 극중 현실은 부루투스의 시저 암살 사건을 다루고 있다. 실제 관객과 섞여 앉은 관객 역의 배우들이 극중 현실에 동화되어 "자유 만세!"를 외치는 행동은 현실 관객의 현실참여 의식을 촉구한다. 극중 관객들은 "우린 지금까지 시저의 노예였대."라고 웅성거리면서 그동안 살아온 노예로서의 삶을 반성한다. 바로 그 순간 수위들이 가죽채찍을 휘두르며 달려나와 관객들을 제압한다. 수위들은 극중 관객을 후려치며 외친다. "빨리 돌아가 네놈 새끼 자리로! 꾸물대면 죽여버릴 테다. 이 더러운 노예 놈의 새끼들!" 자유 만세를 외쳤던 관객들은 다시 "한심한 노예 처지"가 되어 객석의 제자리에 얌전히 앉는다. 관객들이 폭력적 권력에 맞서 저항하지 않는 한 '더러운 노예' 신세를 벗어나지 못한다는 것을 통렬한 아이러니로 보여주는 것이다. 1979년 1월에 쓰여진 이 작품은 유신정권의 철권통치를 로마 시저 시대에 빗대면서 시민들의 저항을 촉구한 정치극이다. 79년 10.26으로 박정희는 서거했으나 80년에 다시 전두환군사정권이 대두하여 시민에게 채찍을 휘두른 역사의 흐름을 떠올릴 때 이 작품의 예언자적 면모를 높이 평가하게 된다.

〈불가불가〉는 현실과 역사와 연극이 겹치는 3중 구조를 원숙한 형식과 내용 속에 담아낸 메타연극이다. 이현화의 모든 극작 역량과 스타일의 실험, 주제의식이 발휘된 대표작이라 할 수 있다. 치열한 자기반성이 없었기 때문에 치욕적인 역사가 반복되어 왔다는 작가의 역사의식은 여러 국난의 상황을 병렬하고 반복기법을 사용하는 것으로 강조된다. 이 연극의 메시지는 〈카덴자〉나 〈오스트라키스모스〉와 동궤의 것으로, 관객의 역사에 대한 책임의식을 일깨우는 것이다. 이 극은 연극의 리허설 과정을 플롯으로 삼고 있다. 배우들은 국난의 위기상황에서 관련 인물들의 행동양식을 보여주는 5개의 장면들, ①황산벌 싸움 직전의 '계백과 부인의 장면'(배우1, 여배우) ②임진왜란 전의 '10만 양병 논쟁 장면'(배우2, 3, 4, 5) ③병자호란 때의 '주전파/주화파의 갈등 장면'(배우2, 3, 4, 5) ④고려 무신란 때의 '무신/문신의 갈등 장면'(배우2, 3, 4, 5, 6, 7) ⑤을사보호조약 때의 '고종

-대신들/일본 공사의 갈등 장면'(배우2, 3, 4, 5, 6, 7, 11, 12)[107], ⑥일경에게 고문받는 '독립군 포로와 부인의 장면'(배우1, 여배우, 배우11, 12, 13)을 연습한다. 이 중에서 배우1이 연습하는 ①장면이 가장 특권화된 장면으로서, 다른 장면들과 병렬되면서 여러 번 반복된다. 특히 ⑥장면은 계백의 캐릭터에 동화되지 못하던 배우1이 부인 역의 여배우와 함께 독립군 포로 캐릭터를 맡아 훌륭히 연기를 소화해내는 장면이다. 이 ⑥장면은 ①장면과 시대나 상황은 다르지만, 대의를 위해 아내가 먼저 결연히 목숨을 바치는 점에서 ①장면과 동일한 의미층위를 지니는 변주장면이라 할 수 있다. 배우1은 자신이 쉽게 이해하고 동화될 수 있는 ⑥장면을 거치면서 비로소 계백 캐릭터를 완전히 이해하게 된다.

이 극은 연극 리허설을 시공간으로 다루면서 6개의 장면 연습을 병치하고, 배우들의 사적인 관계들과 방송국의 촬영까지 겹쳐놓기 때문에 구조는 매우 복잡한 퍼즐처럼 보인다. 정교한 계산으로 주제의식과 극적 효과를 위해 장면들을 퍼즐처럼 병렬하고 있지만, 메인 플롯은 매우 단순하다. 극중 역할 '계백'에 동화되지 못하던 배우1이 연습과정에서 어떻게 변화하는가를 다루고 있기 때문이다. 배우1은 계백이 질 게 뻔한 싸움에 처자를 죽이면서까지 출전하는 상황을 이해하지 못한다. 그래서 캐릭터를 소화해내지 못하고 연출가에게 연속 야단을 맞아 히스테릭해진다. 나머지 네 장면의 연습장면을 지켜보면서 배우1은 매번 '불가불가'라는 모호한 견해를 표명하는 배우5의 캐릭터에 분개하게 된다. 개인과 나라의 생사가 달린 결단의 자리마다 배우5가 맡은 캐릭터는 항상 '가'도 '불가'도 '불가불가'도 아닌 모호한 대답으로 책임을 회피한다. 보신을 위한 애매한 태도를 견지하여 역사적 책임을 지지 않으려는 배우5 캐릭터의 행동은 처자를 죽이면서까지 결사항전하는 계백과 강렬한 대조를 이룬다. 배우1은 반복되는 연습과정, 그리고 독립군 포로의 역할을 하면서 극중 역할에 지나치

---

107 이상우, 「폭력과 성스러움-이현화론」, 『이현화 희곡·시나리오전집 2』, 연극과인간, 2007, 241쪽.

게 동화된다. 지나치게 과도한 캐릭터 동화로 인해, 국난의 위기 때마다 반복되어온 비겁한 처신이 결국 치욕적인 망국으로까지 이어졌다고 자각하게 된 그는 한일병합문제를 결의하는 자리에서 '불가불가'로 대답하는 배우5를 칼로 친다. 이렇듯 이 극은 역사를 현재화하면서 연극과 현실, 역사와 현재의 동일성을 제시한다. 극중 연출가가 현실 관객에게 "당신들 뭐요? 빨리 나가요!!"라고 소리 지르는 마지막 장면은 구경꾼인 현실 관객의 방관자적 태도를 질책하는 것으로 읽힌다.

〈불가불가〉 탈고 이후 한동안 침묵을 지키던 이현화는 국립극장의 의뢰를 받고 〈넋씨〉를 발표한다. 〈넋씨〉의 장면구성은 〈불가불가〉처럼 국난의 위기상황 5가지로 이루어져 있다. ①6.25동란 ②병자호란 ③임진왜란 ④고려 시대 몽고란 ⑤고조선 시대 연燕의 난 ⑥6.25 동란 장면으로서, 역순의 시간순서로 짜여진 순환적 구조이다. 각 장면마다 난리를 피해 주막에 피난 온 종갓집 사연을 반복적으로 변주한다. 조부모와 어머니는 전쟁터에 나간 종손의 휴가를 간청하여 주막으로 데려와 처녀와의 합방을 강요한다. 대를 이을 자식을 보기 위해서이다. 종손과 처녀는 처음엔 씨받이 역할을 거부한다. 그러나 거듭되는 국난의 위기를 겪으면서 종손과 처녀의 생각은 변화된다. 나라와 민족이 연면히 이어져 올 수 있었던 것은 역사에 대한 자기반성과 민족혼의 계승이 있었기 때문이라는 것이다. 그러므로 대를 잇는 행위는 단순한 씨받이의 차원이 아니라 민족혼의 계승, 즉 '넋씨'로 치환된다. 여러 국난의 위기상황을 병렬하면서 메인 플롯인 종손과 처녀의 결합에 관한 내용을 자연스럽게 풀어나간 극작술이 돋보이는 작품이다.

〈키리에〉는 대학 모의국회의 반민족행위자 조사 청문회로 시작된다. 봉건시대 어투와 고문방식 등을 과장되게 사용한 소극 형식으로 청문회를 진행하다가 극중 관객의 항의를 받고 중단하게 된다. 학생들은 청문회의 조롱 대상으로 삼았던 악덕 형사 김태덕의 출신과 행적에 의심쩍은 부분이 있음을 깨닫는다. 학생들은 '독립군 우편행낭 습격사건'에 관한 자료를 면밀히 조사한 후 진실을 파악하기 위해 토론과 연극을 병행한다. 극중극을 통해 밝혀진 진실은 자못 충격적이다. 우편차의 현금을 노린 단순 강도를 김태덕은 독립투사로 날조하고 그를 감화시켜 자살하도록 했다는 것이다.

> **가네야마** …그래서 난 어린놈이 어쭙잖게 스스로 호를 하나 지어 가졌다네. 김산이라고. 김산, 김산……. 즉 김산 선생님 같은 그 훌륭한 정신이 내 호처럼 항상 내 곁에 붙어 있어달라고. 하지만 내겐 이제껏 한 번도 독립투사를 몰래 풀어줄 일이 생기지 않았지. 물론 체포되지 않는 것이 가장 좋은 일이지만, 체포당할 만한 분들이 과연 얼마나 계신 걸까 하는 회의가……. 그래서 새로운 마음을 갖기 시작했지. 민족을 일깨우자, 매를 맞으면서도 굴종하고 체념하는 이 민족의 청년들을 일깨우자. 그래서, 그래서, 난 나약한 청년들에게 귀감이 되고 용기를 줄 독립투사들을 만들어 갔던 것이지. 어릴 적 그 훌륭하셨던 김산 선생님과 같은 애국투사들을……

김태덕은 한범부 같은 '인간쓰레기'를 민족 영웅으로 날조했던 것이다. 독립투사의 의기 높은 죽음이 민족혼을 일깨우는 귀감이 되기 때문이다. 그는 한범부의 딸을 데려다 친딸처럼 키우고, 해방 후에는 성당 청소부가 되어 속죄의 삶을 살아간다.

이렇듯 학생들이 자료조사와 '연극 재연'을 통해 도달한 진실은 자못 충격적이다. 독립투사와 악덕 형사의 실체가 서로 뒤바뀌기 때문이다. 이 극의 부제가 '위대한 위증'이며 제목이 〈레퀴엠〉 중 미사곡 '키리에'로 붙여진 것은 이런 충격적 진실을 암시하는 것이다. 이 극은 과연 누가 그 시대의 정확한 진실을 알 수 있겠는가, 라는 무거운 질문을 던진다. '과거사 청산'이나 민족정기의 확립은 역사 바로세우기의 전제조건이다. 그러나 작가는 과거시대의 진실과 거짓은 결코 정확하게 알 수 없는 것이라는 상대주의적 역사관을 제기한다. 〈카덴자〉나 〈불가불가〉에서 역사에 대한 책임의식을 현대인에게 준엄하게 묻던 이현화의 작가정신은 이 극에 이르러서 역사적 기록과 진실의 상관관계에 대한 의문으로 확장된 것을 보게 된다.

〈협종망치〉는 이현화 작품들 중에서 매우 명료한 사건 전개와 작가의식을 보여주는 작품으로, 부패한 역사에 대한 심판을 그린다. 이현화의 초기작에서처럼 방과 여자, 갑자기 침입하는 여자라는 낯익은 '위협극'의 구도가 다시 나타난다. 극은 문근형의 국회의원 선거사무소와 내연녀 강나리의 오피스텔, 두 장소를 오가면서 진행된다. 문근형의 선거운동을 헌신적으로 벌여왔던 권선희가 강나리의 오피스텔에 침입한다. 당선이 확실시되면서 문근형도 오피스텔에 도착한다. 이들의 대화를 통해 권선희의 문근형에 대한 복수 동기가 밝혀진다. 과거 형사였던 문근형은 운동권 여학생 권선희를 악랄하게 성고문했던 당사자였다. '운동권 여학생의 성고문사건' 실화를 소재로 하고 있지만 작가는 특유의 반전 플롯으로 변형시킨다. 막상 복수의 방아쇠를 당긴 사람은 권선희가 아니라 강나리라는 데서 작가의 메시지를 읽어낼 수 있다. 젊은 육체와 미모를 밑천으로 '인간쓰레기처럼' 살아온 강나리가 권선희를 만나 의식의 변화를 겪는 것이다. 피해 당사자의 복수가 아니라, 개인적 안일만을 추구하며 살아온 소시민의 자각과 행동만이 잘못된 역사와 부패한 현실과 제도를 바로잡을 수 있다는 것이다. 권력악의 하수인이자 부도덕한 인물이 국회의원에 당선된다는 극적 설정 자체도 소시민의 책임 있는 선택과 지혜가 필요함을 역설하고 있다.

4. 아방가르드적 도발과 자유로운 상상력

1970년에 데뷔하여 꾸준히 희곡과 시나리오를 발표해온 이현화의 작가적 특성을 압축한다면 도발과 자유로움이라 할 수 있을 것이다. 그는 늘 아 방가르드적인 불온한 상상력과 표현을 무대 위에 형상화한 작가이다. 그는 우리가 지닌 아주 내밀한 성적 욕망과 판타지, 불온하고 파괴적인 폭력 욕구를 매우 현대적인 감각으로 형상화했다. 그의 이러한 도발은 70, 80년 대 한국연극의 주류를 이루었던 경향, 거대담론을 무겁고 도덕적으로 다루던 연극들과는 전혀 다른 새로운 길을 내었다. 이현화는 급격한 경제개 발과 자본주의가 만들어낸 화려한 도시적 삶의 이면에 자리 잡은 어두운 그림자를 무대화했다. 평온한 일상의 표면 밑바닥에서 꿈틀거리는 악몽과 어두운 그림자를 무대화함으로써 부르주아 관객을 충격에 빠트리고자 했 다. 바로 그 도발은 잠재된 세계의 위험과 폭력성, 경직된 규범, 폭력적인 독재권력, 위선적인 도덕, 억압적 사회구조를 해체하고 충격을 주기 위한 것이라 할 수 있다.

그의 극들에는 몇 가지 익숙한 주제와 구도, 기법, 스타일이 계속 변주 됨을 볼 수 있다. 그러나 그것이 그의 창조성을 제한하는 요인은 아니다. 그는 비슷한 전략을 사용하면서 매번 충격적인 변주를 감행하여 관객에게 놀라움을 주었다. 가장 현대적인 감각과 스타일로 현대인의 내면에 억압 된 사디스틱한 폭력성과 성적 판타지, 악몽을 그리던 그는 역사 소재로 전 환하여 역사를 현재화하는 글쓰기를 실험했다. 오늘의 현재를 만들어온 역사에 대한 자각과 현대인의 책임의식을 그리면서 그는 전통적인 글쓰기 방식을 사용하지 않았다. 역사 속 인물과 똑같은 잔혹한 고문을 당하는 현 대인, 동일하게 반복되는 국난의 위기상황에 대한 강조, 혹은 진실과 거짓 의 실체가 뒤집힌 역사의 기록 등을 소환하면서 반복기법, 메타연극기법, 충격효과 등 새로운 표현방식을 실험했던 것이다. 아르토적인 잔혹한 감 각의 자극을 통해 현대 관객이 역사의 방관자가 아니라 역사에 책임을 져 야 하는 주체로의 변환을 의도한 것이다.

그의 극들에는 몇몇 특장들이 여러 형태의 변주를 통해 지속적으로 반복 된다. 재기발랄한 말의 유희와 반복기법, 콜라주, 사디즘의 폭력과 공포, 스릴러극적 긴장, 열린 결말, 순환적 구성, 충격적인 반전, 불안과 공포를 야기하는 시청각적 이미지 등이 변주된다. 유사한 방법론을 통해 동일한 주제를 지속적으로 변주하는 방식이다. 그럼에도 이현화의 극들이 지루한 동어반복으로 느껴지지 않는 이유는 파격적인 상상력과 가학적인 무대, 퍼포먼스적 요소로 관객의 고정관념을 해체하고 충격을 주기 때문이다. 그는 무엇을 말할 것인가 하는 점보다는 무대에서 의미가 어떻게 만들어지는가, 관객에게 어떻게 받아들여지는가에 집중한다. 극행동이나 인물의 동기 등 중요한 정보들을 제공하지 않고 잔혹한 사건들을 끌어나가는 그의 연극은 관객들의 상상력을 자극한다. 이러한 연극문법은 논리성과 인과성을 근간으로 하는 사실주의 미학을 거부한 것이며, 더 나아가 사실주의극이 주류를 이룬 70년대 초반의 연극문법을 전복하고 해체한 것이다.

이현화의 희곡은 지금 읽어도 새롭고 불온하다. 기존의 도덕과 고정관념을 파괴하는 형식과 내용의 새로움, 재기발랄한 언어감각이 그의 희곡의 매혹의 원천이다. 그러나 극의 배경과 정보, 인물들의 심리와 동기를 극도로 제한하여 제시하기 때문에 극은 매우 건조하고 차갑다. 비슷하면서도 다른 장면들이 반복 변주되는 장면구성은 기하학적 퍼즐처럼 보인다. 모호한 상황과 인물들이 벌이는 잔혹한 폭력, 감각적 자극, 섹슈얼리티를 극한대로 끌어가기 위해 작가가 너무 도발적 테크닉에 의존하는 건 아닌가 하는 혐의를 안겨주기도 한다. 여성의 몸을 피학적 대상으로 잔혹하게 다루고 전시하는 섹슈얼리티의 문제도 남성중심적 시각을 드러내 보인다. 세계의 폭력성이나 내면의 폭력성에 대한 형상화가 보다 보편적인 울림을 가지려면 일상적 삶과의 연관성이 좀 더 강조되었어야 할 것이다.

오 태 영
통일연극과 전복적 상상력

1. 아웃사이더 극작가

오태영(1948~)은 데뷔 초부터 현재까지 주로 우화나 풍자극의 형식으로 현실이나 사회 정치상황을 비틀어 풍자한 극들을 발표해왔다. 일관되게 아웃사이더의 시각으로 기존 질서나 제도적 권력, 사회적 모순들을 풍자해온 그의 작품들은 때때로 공연불가 판정을 받거나 혹은 사회적 논쟁거리를 생산해내기도 했다. 이를테면 초기작 〈빵〉(1983)은 빵 경연대회 심사위원들의 부당한 권력을 신랄하게 풍자한 작품인데, 이는 서울연극제 경연 심사를 빗댄 것이어서 주류 연극계와 마찰을 빚었다. 성도덕의 타락이라는 사회병리현상을 과장과 거친 풍자로 다룬 〈매춘〉(1988)은 공연윤리위원회로부터 공연불가 판정을 받았으나, 극단 측이 공연을 감행하고 '표현의 자유'를 내세워 법정투쟁을 벌였다. 외설 시비도 있었지만 '표현의 자유' 논란을 일으킨 이 공연(채승훈 연출)은 많은 연극인들의 지지 성명에 힘입어 결국 일제 강점기의 악습인 '공연예술대본 사전심의제도'를 철폐시키는 도화선이 되었다.

이렇게 〈매춘〉은 예술의 창조성의 근원이라 할 '표현의 자유'와 1990년대 개방화 시대를 여는 촉매 역할을 함으로써 한국연극사의 한 획을 긋는 공연이 되었다. 그러나 이 극이 이룩한 사회적 성과와는 대비적으로 작품성이 떨어진다는 평가와, 이후 〈미란다〉 등 소위 '벗기는 연극'의 유행이라는 부정적 영향과 아울러 예술과 외설의 관계에 대한 연극담론을 촉발시키기도 했다.

그런데 오태영은 뜻밖에도 그때부터 10년간 희곡을 발표하지 않고 침묵을 선택했다. 한 인터뷰에 의하면, 그는 〈매춘〉 이후 사회비판적 내용을 자유롭게 표현하게 되어 다른 작가들이 다투어 쓰게 되자 오히려 자신은 뭘 써야 좋을지 알 수 없어서 붓을 놓았다고 한다. 공산권이 붕괴되고 탈이념의 시대, 민주화 시대가 오면서 그는 풍자하고 공격해야 할 대상인 '적'에 대한 적의를 잃어버려서 창작의지를 상실했던 것으로 생각된다.

1990년대가 저물어갈 무렵, 오태영은 통일 주제의 풍자극을 들고 홀연히 재등장한다. 탈이념과 포스트모더니즘의 영향으로 가볍고 감각적인 연극들이 주류를 이루고 있는 연극계에 통일과 분단문제라는 무거운 주제를 다룬 작품들을 들고 나와 자신의 개성을 각인시키는 데 성공한 것이다. 성공의 요인은 바로 이 무거운 주제를 풍자와 역설, 패러디 기법의 희극으로 가볍게 다루기, 그리고 속도감 있는 서사와 감각적인 연극언어에 있었다. 이러한 연극언어는 90년대 연극의 새로운 패러다임인 포스트모던한 연극성의 반영으로서 세대 간의 갭을 넘어서서 신세대 관객과의 소통에 성공했던 것이다.

2. 통일 연극 시리즈

오태영이 근래에 발표한 작품들을 보면 크게 두 가지 계열로 나누어 볼 수 있다. 첫 번째가 통일 주제를 다룬 작품들로서 〈통일 익스프레스〉(1998년 발표, 1999년에 이상우 연출로 극단 차이무 공연, 이후엔 〈조통면옥〉이란 제목으로 공연됨), 〈돼지 비계〉(2000년 박근형 연출, 극단 대학로극장 공연), 〈불타는 소파〉(2001년 김영환 연출, 극단 사조 공연) 등이 있다. 그리고 두 번째로는 세계화시대가 가속화되면서 더욱 첨예화된 자본주의의 모순을 그린 우화극인 〈수레바퀴〉, 〈미국 가는 길〉 등이 있다.

이 중에서 통일 연극 시리즈는 남북한 화해 무드와 햇볕정책, 이산가족 상봉, 통일에 관한 논의 등 중요한 사회적 담론을 시의성있게 담아낸 사회극이란 점에서 중요한 의의를 지닌다. 이 극들은 분단체제가 고착되어온 50여 년 동안 국민을 통제하고 규율해왔던 레드 콤플렉스, 분단체제의 정치적 이용, 통일 담론 등 금기시되어 왔던 주제들을 희화화되고 패러디된 부정적 인물들이라는 일그러진 거울을 통해 그려내고 있다.

오태영의 통일 연극 시리즈는 삶과 의식뿐 아니라 예술마저 분단의 벽에 갇혀야 했던 이 시대 연극을 해방시키는 매우 뚜렷한 가능성을 보여준다. 그가 펼쳐 보이는 전복적 상상력은 입으론 통일을 외치면서도 분단 체제의 고착화를 기도하는 음험한 세력이나 주변 열강의 속내를 시원하게 까발리고 조롱한다. 그가 그리는 연극공간이나 극적 상황은 기발하고 그로테스크하며 온갖 사회적·정치적 비리가 총체적으로 결집된 절망적인 풍경이기도 하다. 그러나 인물들이 벌이는 행동이나 대사는 희극적 활기와 성적 에너지가 넘치고 경쾌하다. 이 극들은 반통일 세력과 부패한 정치권력을 표상하는 부정적 인물에게 통일을 지향하는 긍정적 인물이 결국 패배하고 마는 희비극의 구조를 취하고 있다. 반통일 세력과 부패한 정치권력의 의기양양한 승리와 민중의 비참한 패배를 그리는 것은 관객으로 하여금 오늘의 분단 현실에 대한 냉철한 인식과 사유를 촉구하기 위한 것이다.

그의 통일 연극들은 비현실적인 우화극의 구조를 갖고 있으며, 인물 설정은 만화적이다. 첫 번째 작품인 〈통일 익스프레스〉(차이무 공연대본)는 군사분계선 근처의 남북 왕래 비밀통로라는 기발한 극적 공간에서 펼쳐진다. '조통면옥'이란 음식점을 위장 운영하는 우보와 북쪽의 행동대원 갑산

은 이 비밀 왕래 사업으로 큰돈을 벌고 있다. 그러던 어느 날, 모 재벌 회장
이 소떼를 몰고 방북한 뒤 정부가 조통면옥 옆에 공식 왕래 창구를 개설한
다. 잘 나가던 사업은 그때부터 파리를 날리게 된다. 그러나 분단체제 고착
을 노리는 기관원과 무기 판매업 재벌이 찾아오고, 이들 네 명은 서로 머리
를 맞대고 통일 반대 모임을 결성한다. 극은 이들이 각각 '통, 일, 반, 대' 한
글자씩을 가져와서 서로 맞추는 장면으로 이들의 결탁을 희화화시켜 보여
준다. 통일을 저지하기 위해 잠수함을 띄우거나 국지전을 도발하자는 이
들의 모의는 바로 분단현실의 통렬한 풍자이다. 정부의 공식 남북 왕래 창
구는 신청자에게 각종 서류들과 까다로운 조건들을 요구하고, 이 때문에
기다리다 지친 노인들이 숨져간다. 이는 정부의 대북정책에 대한 신랄한
야유이다. 다시 조통면옥의 사업은 활기를 띠게 되고, 이 네 명은 희희낙락
하며 축배를 든다. 이들이 찍찍거리는 쥐가 되어 구멍 속으로 들어가는 마
지막 장면이 상징하듯이, 오태영은 통일반대 세력을 여기저기 숨어서 암
약하는 음험한 쥐와 같은 존재로 표현한다. 한편, 이들과 대조적인 자리에
늘 '우리의 소원은 통일'이란 노래를 부르는 순진한 옥화가 자리한다. 옥
화는 갑산의 도움으로 비밀통로를 통해 탈북한 처녀로, '통일 사업의 역
군'으로 동분서주하지만 우보에게 이용당하는 인물이다.

작가는 극 속에 통일을 둘러싼 세 그룹의 인물을 포진시킨다. 입으론 통
일을 외치면서도 내심은 분단 고착을 획책하는 그룹, 그리고 또 하나는 냉
철한 현실인식을 결여한 이상주의자의 우둔성, 나머지 하나는 이산가족 1
세대의 희생이다. 돈벌이나 기득권을 위해 '통일 반대'라는 구호를 외치되
적나라하게 외치지는 못하고 '통, 일, 음, 음,' 하고 음흉하게 속내를 숨기는
'쥐'와 같은 인물들의 일그러진 초상은 바로 우리 분단 현실의 시각적 형
상화라 할 것이다.

〈돼지 비계〉는 분단현실을 정치적으로 이용하는 부패한 정치권력에 풍
자의 초점이 맞춰져 있다. 타락한 정치판을 야유하고 조롱하기 위해 이 극
도 우화적 형식과 만화적인 캐릭터를 설정한다. 극의 서사는 깡패 출신의

부패한 정치인 대촌과 삼류 건달 비계의 활동을 중심으로 전개된다. 비계는 나라를 위해 큰일을 하려는 사명감으로 불타지만, 그의 민주주의 수호는 '때려잡자 공산당'의 범주에 머물러 있다. 대촌은 자신과 얼굴이 닮은 비계를 선거 유세장에서 자기 대신 테러를 당하거나 혹은 테러를 가하는 인물로 이용한다. 상대당 후보를 빨갱이로 매도하는 선거 유세와 테러 조작극으로 대촌은 국회의원 3선에 성공한다.

이 극에도 세 유형의 인물들이 등장한다. 먼저, 부패한 정치인의 모든 부정적인 속성을 한 인물 속에 녹여낸 만화적 캐릭터인 대촌이 있다. 깡패 대촌은 딸기코가 붙은 어릿광대 안경을 쓰면 국회의원 대두로 변신한다. 그는 늘 바지 지퍼를 내리고 있으며, 여자만 보면 덤벼드는 색한이다. 또 대선 승리를 위해 비계에게 총을 주고 판문점으로 가서 전쟁을 도발하라고 명령한다. 이처럼 이 극은 정치인에게 깡패 출신, 색깔론, 색한, 뇌물, 북풍 조장 등 우리 현대정치사에 명멸해온 '총체적 부패'의 속성들을 부여하고 있다. 두 번째 유형의 인물은 독재 권력이 체제 유지와 분단 고착을 위해 내세운 반공이념의 맹목적인 추종자인 비계이다. 세 번째 유형은 반공이념의 허위성을 꿰뚫어 보고 통일을 염원하는 인물인 비계의 누이동생이다. 그녀는, 대촌의 사주를 받고 북풍을 일으키기 위해 총을 들고 람보처럼 떠나는 비계의 판문점 행을 저지하다가 비계의 총에 죽는다. 통일을 염원하는 동생이 부패한 반통일 권력의 하수인이 된 오빠에 의해 죽임을 당하는 결말을 통해 작가는 남북의 독재권력에 의해 희생되는 민중, 그리고 분단이 고착화되는 현실에 대한 비판적 인식을 촉구하고 있다.

이 극의 제목이기도 한 '돼지 비계'는 여러 가지 상징성을 띠고 있다. 우선 부패한 정치권력의 하수인으로 이용당하는 인물이 이 별명을 갖고 있는 것에서도 알 수 있듯이 우둔한 현실인식을 상징한다. 두 번째로 테러 조작극을 위해 복부에 두르는 '방탄조끼' 역할의 돼지 비계가 상징하는 것은 두꺼운 거짓이다. 세 번째로 대촌이 복부에 두르고 있는 비계는 정치인의 탐욕을 상징하며, 이 비계가 썩어가며 풍기는 악취는 부패한 정치권력의 악취와 다름없다.

이 극에서 대촌과 비계가 서로 닮은 얼굴로 깡패와 의원, 하수인을 오가며 변신하는 만화적 발상이라든지, 매춘부연합 룸싸롱 분과 사무국장이 의원실에 찾아와 대촌과 정사를 벌이며 도덕적 재무장을 외치는 장면, 인간쓰레기들을 치워 나라의 법과 도덕을 바로 세워야 한다는 구실하에 무기 판매 로비를 벌이는 장면은 성과 폭력과 위선이 뒤범벅되어 악취를 풍기는 현실 정치판에 대한 지극히 원색적인 야유이고 조롱이다. 이처럼 음모와 야합과 협잡이 판치는 정치판에 대한 작가의 야유와 조롱은 지나치게 거칠고 원색적인 데다 성적 표현과 결부되어 있어서 통속취미를 드러낸다. 풍자는 비판 대상의 결점을 폭로하고 공격하는 기법이지만 어디까지나 건강한 해학을 무기로 사용한다. 부정적 대상에 대한 공격과 항의를 웃음을 통해 에둘러 표현함으로써 관객-독자의 공감과 설득을 얻어내야 한다. 그 때문에 풍자는 '예술화된 항의'로 불리는 것이며, 풍자의 궁극적 목표는 비판 대상의 교정이나 치유인 것이다.

〈불타는 소파〉는 남남북녀의 결혼이라는 소재를 통해 통일을 저해하는 세력들의 야합을 풍자한 우화극이다. 통일을 가로막고 분단체제를 고착화시키려는 남북 정부와 주변 열강들을 의인화한 몇 명의 알레고리적 인물들이 등장한다. 남북 화합 차원에서 정략적으로 결혼한 남식과 옥화는 사랑하지만 서로 다른 이념과 환경의 차이로 갈등을 벌인다. 이를 빌미로 부모는 '별거 합의 협정서'를 작성하고 아파트를 반으로 분할하는 휴전선을 긋는다. 이 과정에서 결혼 당사자의 의사는 완전히 무시된다. 또 화장품 외판원인 일본여자는 남식과 옥화를 충동질해서 무기를 판매한다. 옥화와 남식이 재결합하려다 다시 싸우자, 이번엔 부모가 각기 재혼한 배우자와 동생의 배우자까지도 데려와서 회담을 하겠다고 덤빈다. 신혼부부의 부모, 그리고 그들의 배우자와 올케인 미국인, 일본인, 중국인, 러시아인, 도합 6명이 소파에 앉아 6자 회담을 열다가 나중에는 부모를 쫓아내고 4자 회담을 연다. 옥화가 임신한 사실을 알자 그들은 강제로 낙태까지 시킨다.

〈통일 익스프레스〉에서 반통일세력의 야합을 국내 현실에 국한시켰다면, 〈불타는 소파〉에서는 국제 정세로까지 시선을 확장시킨다. 남북통일을 상징하는 남남북녀의 결혼이라든지 남북 정치세력을 상징하는 부모, 주변 열강을 관념적으로 은유한 인물 구성, '소파'의 상징성에서 이러한 작가의 의도가 확연하게 드러난다. 이를테면 이 극의 제목이자 주요 행동이 이루어지는 '소파'는 이 극의 핵심 상징이다. 이 소파는 부모의 금지에도 불구하고 신혼부부가 사랑을 나누는 장소이다. 남북 민족의 화합과 통일의 희망을 상징한다. 그러나 이들이 불화하자 소파는 부부의 별거를 결정짓기 위한 부모의 회담 장소가 된다. 분단체제의 고착화를 남북의 정치세력이 획책하는 것이다. 부부의 임신과 재결합을 놓고, 이번에는 외세가 부모까지 배제하고 회담을 연다. 이러한 불평등한 회담은 동음이의어인 소파(SOFA: 한미 주둔군 지위협정)로까지 의미가 확장된다.

이와 같이 이 극은 기발한 상황과 알레고리적 인물 설정으로 분단과 통일을 둘러싼 복잡한 정치적 이해관계와 외세의 역할에 대한 관객의 사유를 불러일으킨다. 그렇지만 상징과 메시지가 직설적으로 명료하게 드러나기 때문에 알레고리극 특유의 숨은 의미망의 해독에서 오는 연극적 재미를 약화시킨다.

3. 부정성의 세계와 예술적 절제

오태영은 그동안 정치적, 사회적 금기를 건드리는 민감한 소재들을 주로 우화의 틀 안에 담아냈다. 그의 연극은 만화적 인물들과 성적 모티브, 그리고 전복적 상상력이 유희를 벌이는 공간이다. 그의 극에 충만한 것은 부정의 대상들이 쓰고 있는 가면의 외피를 찢어내고 본 얼굴을 드러내려는 전복의 에너지이다. 그의 작품들이 보여주는 기발한 극적 상황, 희극적 활기와 거친 에너지, 신랄한 풍자와 역설은 바로 전복적 상상력에서 비롯된다. 그가 그리고 있는 세계는 거짓과 위선과 음모로 가득 찬 세계이다. 그리고 긍정적 가치를 표상하는 인물들은 부정적 인물들에게 패배한다. 그 때문에 그의 연극은 부정성의 세계이다. 리얼리즘과는 달리 세상을 일그러진 거울에 비쳐보이는 부정성의 세계는 풍자와 야유의 유희를 위한 토대인 동시에, 관객이 비판적 거리를 갖고 현실을 바라보게 한다.

그러나 그의 극들은 때로는 지나치게 원색적인 희화화와 얄팍한 알레고리적 인물 설정, 거친 언어와 노골적인 성적 표현으로 인해 통속성을 오가면서 미학적 수준과 사유의 깊이를 잃고 있기도 하다. 때로는 반통일 세력이나 부패한 정치판, 혹은 자본주의의 모순에 대한 거칠고 원색적인 풍자, 지나친 성적 표현, 섬뜩하기까지 한 증오와 폭력성이 드러나기도 한다. 문학이나 연극은 현실반영과 현실비판의 양 축 사이에 위치한다. 그런데 현실비판이란 의도로 현실을 지나치게 왜곡하고 감각적, 즉물적, 소비적으로 그려낼 때에는 영화나 만화, 통속 소설 등의 대중문화와의 차이를 발견하기 힘들게 된다. 연극이 예술작품이며 문화라 할 때, 연극은 문화적이어야지 문화 소비적이어서는 안된다고 생각된다. 문화적이라는 것은 이 시대를 통찰하고 문화를 생산하고 창조하며 비판적 정신을 갖는다는 의미이다. 문화 소비적이라는 것은 향락적이고 소비적인 통속성, 관객의 저급취향에의 영합성을 의미한다. 한쪽엔 우상파괴, 가면 벗기기라는 도전적 날개를, 다른 한쪽엔 미학적 수준과 절제라는 날개를 달고 균형을 맞추며 날아갈 때 그의 극작품은 높이 비상할 것이다.

풍자극이라는 형식 역시 웃음과 비판정신의 양 날개를 달 때 높은 수준으로 비상한다. 이때의 웃음은 즉각적인 웃음이 아닌, 사유에서 나오는 웃음이다. 시대의 모순을 우상파괴와 가면 벗기기라는 전복적 상상력으로 그려내면서도 예술적 절제와 깊은 사유를 길어올리는 대사로 떠받쳐진,

그리하여 시대의 날카로운 통찰과 창조적 문화를 생산해가는 극작품을 기대해 본다. 그것이 젊은 극작가들의 감각적이고 소비지향적인 극들과 구별되는, 중후한 새로움의 세계일 것이다.

한국 동시대 극작가들

한국 동시대 극작가들

조 광 화

비극적 열정과 강렬한 연극적 에너지

1. 90년대 '젊은 연극'의 기수 조광화

1990년대는 21세기 연극계의 주역으로 부상한 일군의 신인 극작가－연출가들이 대거 등장한 시기이다. 그들은 이념이나 민족, 역사, 혹은 철학적인 거대담론으로부터 벗어나서 가족문제나 주변현실, 판타지를 신세대적 감성이나 B급 감성으로, 또 영상세대·만화세대다운 상상력으로 캐릭터나 서사, 장면들을 그려냈다. 이는 연극 관객 대다수를 차지하고 있는 젊은 관객과 감수성의 코드가 일치하게 되었다는 점을 의미한다. 달리 말하면 우리 연극이 상상력과 표현 방식에 있어 한국연극사상 가장 거침없고 젊어졌다는 것, 하위문화적 캐릭터와 B급 감성의 장면 만들기, 표현들이 주류로 자리 잡았음을 의미한다. 이 '하위문화적 연극'을 주도한 일군의 젊은 극작가들 한가운데 조광화(1965~)가 있었다. 그의 〈남자충동〉(1997)은 1990년대를 대표하는 연극일 뿐 아니라 다양한 하위문화적 스타일과 담론들을 재현하고 재생산해내는 최근 경향의 분수령이 된 연극이라 할 만하다. 사회문화적 맥락에서 볼 때도 가부장제 이데올로기인 '강한 남성'의 판타지에 짓눌린 채 그 힘을 상실해가는 동시대 남성상을 인상적으로 재현했다는 의미가 있다.

조광화의 연극에는 등단작부터 최근작인 뮤지컬 〈천사의 발톱〉에 이르기까지 되풀이되는 주제나 모티브, 형식들이 있다. 그것은 아버지와 아들, 오누이 관계로 짜이는 오이디푸스 서사 혹은 가족극, 조직폭력배나 무협의 세계, '강한 남성' 혹은 '강한 힘'에 대한 왜곡된 판타지, 폭력과 살인, 인간의 야수성과 이중성, 비극적 정열, 강렬한 연극적 에너지, 소통의 단절, 인간 내면의 어둠과 허무, 젊음의 정열과 불안 등이다. 그의 극들에는 빈번하게 폭력과 싸움, 살인 등이 나오고 남성들의 액션이 강조되는 느와르적 취향이 엿보인다.

〈남자충동〉은 희화화된 가족극이면서 조직폭력배의 범죄를 다루고 있다는 점에서 느와르 서사가 혼합된 극이다. 마찬가지로 뮤지컬 〈락 햄릿〉(1999)이나 〈철안붓다〉(1999), 〈생존도시〉(2001), 〈천사의 발톱〉(2007) 등도 가족극적 주제와 느와르 주제, 활극적 형식이 혼종되어 있다. 〈미친 키스〉(1996)는 소통의 단절이란 주제와 느와르 주제를 겹쳐놓는다. 〈황구도〉(1993), 〈아, 이상!〉(1994), 〈오필리어〉(1995), 〈락 햄릿〉은 상황과 불화하는 젊음의 에너지와 행동이란 주제와 가족극의 주제, 액션 연극의 형식적 특성을 뒤섞고 있다.

이처럼 가족극과 느와르 서사를 뒤섞는 경향이야말로 조광화 극의 독특한 개성을 형성한다. 이는 그가 어린 시절 만홧가게를 한 집안 내력으로 만화를 많이 보았다든지 위인전, SF 소설, 무협소설 등을 많이 읽었던 독서 경험에서 기인한 취향일 것이다. 그의 극에서 캐릭터들이 뿜어내는 '비극적 열정'과 강렬한 연극적 에너지, 폭력과 살인의 모티프는 인간 내면의 짙고 광포한 어둠과 야수성을 드러내며, 그가 그리는 가족들은 오이디푸스적 서사의 틀 안에서 '아버지-되기', 또는 '아버지 찾기'를 욕망한다.

또 한 가지 특징적인 극작술로는 방백의 활용을 들 수 있다. 그는 고전극의 서랍에 얹혀 있던 낡은 기법인 방백을 끄집어내려 캐릭터들의 행동과 내면의 분열을 효과적으로 표현한다. 서로 얼굴을 맞대면하면서도 상대방에겐 들리지 않는 방백을 내뱉는 캐릭터들은 관계에 있어 소통의 단절을 겪는 인물의 기호가 될 뿐 아니라 희극적 효과를 발휘하기도 한다. 또 가부장제 사회가 부여한 행동규범과 내면의 욕구 사이에서 분열을 겪는 인물들의 심리적 현실을 극적으로 표현해내는 장치가 된다.

2. 가족극, 혹은 '강한 힘'을 추구하는 남성 주인공

그의 가족극들에 두루 등장하는 공통적인 캐릭터들은 강한 힘과 지배를 추구하는 주인공(장정), 가부장적 권위를 내세우지만 무책임한 아버지(이씨), 헌신적으로 가계를 꾸려오다 집을 나가는 어머니(박씨), 여성성과 자아 정체성을 확립한 남성(단단), 가부장제의 희생자 혹은 처벌자로서의 여성(달래) 등이다. 작가의 자전적 배경이 투영된 이 아버지상은 박근형의 가족극들에도 자주 등장하는 아버지상으로, 가족을 버리고 떠나거나 혹은 가족에 대한 책임을 지지 않는 이기적인 아버지이다. 조광화의 가족극에 등장하는 아버지나 어머니 캐릭터는 우리 정서나 체험에 매우 낯익은 인물형으로서, 가부장적 전통이 뿌리 깊게 존속해온 우리나라 가족의 전형이 반영된 것이다.

그의 주요 작품들을 대상으로 조광화의 연극세계를 조명해 보기로 한다.

▌〈장마〉 : 조광화 가족극의 원형

신춘문예 당선작 〈장마〉(1993)는 자전적인 소재로, 거친 성격 묘사와 감상주의 등의 약점을 가지고 있지만 아버지와 아들의 갈등, 근친상간적 오누이 관계, 대립적 성격의 형제, 가족의 결합 추구와 해체, 폭력과 살인 같은 모티프를 담고 있으며 이후 쓰여지는 가족극들의 원형이 되는 작품이다. 대학 연극반(중앙대 영죽무대)에서 연극에 빠져 살 때 많이 읽었던 유진 오닐의 영향이 긴 지문, 대립적인 성격의 형제의 갈등, 치밀한 구성, 상 징 등에서 짙게 드러나는 극이기도 하다.

이 극은 수재민 대피소인 학교를 무대로 한 가족의 붕괴를 그린 비극이 다. 끊임없이 내리는 비에 갇힌 무대공간은 폐쇄적인 공간, 고립의 분위기 를 표출한다. 이 극은 떠나려는 자와 머무는 자의 갈등을 주축으로 삼고 있 다. 딸 혜진은 여행가방을 꾸려놓고 집을 떠나려 하며, 밖에서는 그녀를 기 다리는 애인의 휘파람 소리가 계속 들려온다. 그러나 철호는 수문장처럼 혜진의 떠남을 극구 저지한다. 이들이 벌이는 떠남과 머무름의 갈등의 심 층에는 바로 무기력한 가장인 아버지 영우가 자리 잡고 있다. 젊었을 때 아 버지는 가족들을 버리고 나가 첩살림을 했었고, 3년 전의 수해 때에는 큰 아들 경호를 죽음으로 몰았다. 수해로 지붕에 피신해 있던 아버지를 구하 러 뗏목을 타고 온 경호는 뗏목이 뒤집혀 죽었으며, 아버지는 물에 휩쓸리 는 경호를 버려둔 채 혼자 도망쳤던 것이다. 연호는 그런 아버지에 실망하 고 집을 떠났다. 혜진도 집을 떠나기 전에 가장 사랑하는 오빠인 연호를 만 나고 가려고 가출을 지연하고 있다. 그런데 철호가 혜진의 가출을 극력 저 지하는 것은 옛날 처자식을 버려두고 떠났던 아버지의 무책임한 행위, 가 족 해체의 행위를 재연하고 있다고 믿기 때문이다.

이 가정의 경제는 시장에서 장사하는 어머니가 책임지고 있으며, 아버 지는 습진투성이인 채 텔레비전만 보며 소일한다. 철호는 늙고 무기력해 진 아버지를 대신해서 강한 힘과 젊음을 무기로 새로운 가장이 되어 군림 한다. 폭군적 가장이 된 철호는 힘을 상실한 아버지, 가족을 보호하지 못하 고 오히려 죽게 만든 죄를 범한 아버지에게 고통을 가한다. 동시에 그는 가 족의 어느 누구도 집을 떠나서는 안 된다는 것을 강제한다. 집을 떠나는 것 은 곧 가족의 해체를 의미하는 것이며, 아버지의 죄를 되풀이하는 것으로 여기기 때문이다.

집을 떠났던 연호가 돌아오지만, 혜진의 기대와는 달리 초라한 몰골에 병든 모습이다. 연호는 개천가 반지하방에 사는 가족들을 데리고 살 땅을 사기 위해 돈을 훔쳐 돌아왔으나, 제복에게 체포되고 만다. 철호는 혜진이 떠나지 못하도록 애인을 살해하고 돌아온다. 이처럼 이 극은 수해로 무너진 집을 통해 가족의 해체를 암시하며, 동시에 가족의 굴레로부터 그 누구도 벗어날 수 없다는 것을 그려낸다.

이 단막극의 내용을 자세히 소개한 것은 흥미롭게도 이 데뷔작이 조광화 작품들의 원형이기 때문이다. 무기력한 가장인 아버지를 대신해서 아들은 새로운 아버지(가장)가 되고자 하며, 딸은 아들을 낳아 아버지를 대체하고자 한다. 가족극이란 구조, 무능하고 이기적인 아버지, 그런 아버지를 대신해서 새로운 가장이 되고자 하는 아들의 서사나 캐릭터는 이후 조광화의 극들에 계속 반복된다.

▌〈종로 고양이〉 : '강한 힘'을 숭상하는 남성 캐릭터의 등장과 대중적 코드

〈종로 고양이〉(1992)는 대중에게 극작가 조광화의 이름을 알린 작품으로, 그의 글쓰기가 대중적 코드와 일치함을 확인시켰다. 이 극은 종삼 거리와 낙원다방을 주 무대로, 고향이자 삶의 터전으로서의 종로를 지키려는 인물과 다양한 외지인의 갈등을 고양이들의 본능적 생존력과 대응시켜 그린다. 고양이 캐릭터들은 투쟁적인 생명력을 암시할 뿐 아니라 서사적 자아처럼 장면들을 연결하기도 하고, 인물들에 대한 논평을 가하기도 하고, 극중 사건에 개입하기도 한다. 중심인물인 시부와 화가 두성은 힘과 예술이라는 상반된 두 세계를 표상하는 인물이며, 동시에 '종로 고양이'를 각각 상징한다는 점에서 유사성을 갖고 있기도 하다. 시부는 폭력을 통해 잃어버린 터전을 찾는다는 점에서 길 고양이의 생명력을 닮았고, 두성은 고양이를 그리는 화가로서 '종묘'라는 호를 얻는다. 또 그들은 '낙원동'이나 '낙원다방'이란 이름이 표상하듯 이곳을 삶 혹은 예술의 근원으로 여긴다. 시부는 고향이자 삶의 터전인 종로를 지키고자 하는 인물로서, 강한 힘으로 부모의 땅을 찾고 외지인들을 몰아내려고 한다. 그의 어머니는 사기당해 땅을 다 뺏기고 술집에서 일하다가 남자들에게 겁탈당하고 자살했던 것이다. 어머니의 땅인 낙원다방을 되찾은 날, 시부는 매춘 장사치 기출에게 잡혀가던 삼화를 구해주고, 나중엔 기출을 살해하고 쫓기게 된다. 삼화도 시부를 쫓아가다가 홍훈이 내리치는 파이프를 대신 맞고 쓰러진다. 안양교도소에서 13년간 복역한 시부는 다시 종로로 돌아온다. 두성이 인수한 낙원 다방에 경찰이 피 흘리는 시부를 업고 들어옴으로써 두 사람은 13년만에 다시 해후한다. 그리고 정신이 이상해진 삼화도 다시 만난다. 그녀는 노인 상대의 매춘을 하며 종로에 살고 있었던 것이다. 삼화를 사랑하는 시부는 그녀를 거리에서 목 졸라 죽이고 자신도 동사한다. 시부와 삼화의 사랑과 죽음, 그들 위로 쏟아져 내리는 눈, 혹은 폭력배와의 싸움과 추적, 살인 같은 모티프는 멜로드라마적 분위기와 앞으로 본격화될 조광화의 느와르적 취향을 암시한다는 점에서 흥미롭다.

시부가 죽은 어머니에 집착하며 복수하는 서사는 오이디푸스 드라마를 만들어낸다. 그는 삼화와의 정사로 영원한 결합과 종로에서의 영원한 삶을 욕망하고, 이를 "어머니도 좋아할 거야."라고 말한다. 그의 욕망은 죽은 어머니의 욕망이라는 점에서 오이디푸스적인 욕망이며, 자신의 고향인 종로에서 죽음을 선택함으로써, 즉 삼화와의 상징적 결합으로 '아버지'가 되는 것을 택한다.

이 극은 현재와 과거를 잇는 중심인물 두성과 시부, 삼화의 삼각관계, 그리고 귀 큰 고양이와 늙은 고양이 캐릭터를 활용하여 종삼의 토박이 인물과 부유하는 인물들의 갈등, 뿌리내리려는 삶과 부유하는 삶의 이미지, 과거와 현재의 변화를 치밀한 관찰력으로 사실적으로 재현해낸다. 과거의 종삼은 삼화 같은 어린 소녀들을 유인하여 매춘하는 곳이었다면, 현재의 종삼은 파고다 공원 앞에 중국 교포들이 약 좌판을 벌여놓고 매춘을 하는 곳이며, 동성애자들이 모여드는 곳이기도 하다.

기법상 특징적인 것은 대중적 코드나 영화에 영향받은 다양한 연극성을 실험하고 있다는 것이다. 극의 시작 장면은 종로 노인회의 농악대 장면인데, 나팔을 부는 노인만 소리를 낼 뿐, 징, 꽹과리, 북, 소고, 장고 등을 든

노인들은 어깻짓만 할 뿐 두드리질 않는다. 마치 마임과 같은 두 번의 농악대 장면은 영화 〈블로우 업〉의 테니스 장면을 연상시킨다. 영화는 공은 보이지 않는데 열심히 테니스를 치는 젊은이들의 장면을 통해 현실과 환상의 모호성이라는 주제를 시각적으로 강화시킨다. 그러나 이 극에서 이 장면은 주제를 강력히 뒷받침하지 못하고 단순히 부유하는 인물들이 점령해버린 '늙은 종로'의 상징으로서의 캐리커처로, 재치있는 미장센 차원에만 머문다는 것이 아쉽다. 고양이 캐릭터들의 등장을 영사막 투영으로 보여준다든지, 다방 장면에서 여러 인물들의 이야기가 동시다발적으로 진행되는 장면들은 종로의 부유하는 군상들의 총체성 묘사에 기여한다.

소설, 연극, 영화 등에서 가정이나 가족문제는 주요한 소재가 되어 왔다. 연극에서 보자면, 가족 문제를 다루는 여러 극작가들 중 특히 박근형과 조광화가 돋보인다. 박근형은 궁상맞고 절망적인 가족을 그리면서도 그 안에 피어나는 애정을 통해 가족의 소중함을 주로 다룬다면, 조광화는 가부장제 가족의 모순과 잘못된 가치를 풍자적으로 비판한다. 그 의도가 가장 특징적으로 드러난 작품들은 '가부장제 3부작'으로 볼 수 있는 〈꽃뱀이 나더러 다리를 감아보자 하여〉, 〈가마〉, 〈남자충동〉이다. 이들 3편 중 앞의 두 편은 신화 혹은 신화적 배경을 소재로 삼고 있으며, 〈남자충동〉은 현대의 강한 남성 신화 '알 파치노' 콤플렉스를 소재로 하고 있다.

▌〈꽃뱀이 나더러 다리를 감아보자 하여〉: 바리데기 설화를 재해석한 모노드라마

〈꽃뱀…〉(1995)은 '여배우를 위한 일인극'으로, 내용이나 형식에 있어서 설화의 현대적 해석과 전통연희의 현대적 실험이란 측면에서 주목되는 극이다. 판소리처럼 연희자(여성)와 고수(남성)와의 연희로 짜여 있고, 여배우는 바리데기, 화사, 돌중, 여섯 언니 등 다역을 창과 재담 넘치는 사설, 춤, 연기, 인형 등으로 다양하게 표현한다. 무속신화 '바리데기 공주'의 여러 이본들 중에서도 유교적 변용이 가해지지 않은 원시적인 신화를 소재로 삼고 있으며, 가부장제의 폭력성을 비판, 전복하는 독창적 재해석을 해내고 있다. 그 원시적인 신화란 바리데기가 친부모를 살리는 과정에서 자매들을 비롯한 수많은 생명을 죽여야 하는 내용으로 짜여 있다.

조광화의 오이디푸스적 서사를 그린 극들이 남성 주인공들을 내세워 가장 혹은 '아버지 – 되기'를 그렸다면, 이 극은 여성 주인공을 내세워 '아버지 찾기'를 그리고 있다. 바리데기는 늙은 양부모의 병환을 고치려고 화사를 찾아갔다가 화사가 다리에 달라붙어 같이 생활하게 된다. 친부모 오구대왕 내외를 살리기 위해 바리데기는 양부모를 죽이게 되고, 또 생명수를 만들기 위해 일곱 아들을 자궁 안에서 죽인다. 부모가 죽길 기다리며 세간을 나누는 여섯 언니와 싸움이 벌어져 여섯 언니마저 죽인다. 생부모의 관을 열고 보니 썩어 문드러진 것이, 그녀가 죽인 다른 많은 생명들과 다를 바가 없다. 자신의 생명을 연장하기 위해 다른 생명을 죽인다는 것이야말로 진짜 폭력이라는 것을 깨닫고, 생명수를 쏟아버린다.

이처럼 이 극의 결말은 바리데기 신화의 결말을 전복한다. 부모가 버린 딸이 부모를 위해 온갖 고난을 겪어내고 생명수를 얻어와 부모를 살린다는 신화의 내용은 가부장제 존속을 위한 효 이데올로기를 반영한다.

〈꽃뱀이…〉에서는 바리데기를 가부장제의 희생자이자 헌신자로서의 여성, 혹은 남성의 조력자가 아닌 주체적인 여성상으로 창조하고 있다. 그녀는 생존을 위해서는 처녀성을 주저 없이 스스로 훼손하는 용기를 갖고 있으며, 생명수를 만들기 위해 스스로 남자들을 맞아들여 자식들을 생산한다. 그녀의 성은 남자에게 종속되거나 이용당하는 성이 아니라 생명을 생산하는 성인 것이다. 화사가 들어간 자궁의 샘물은 삶의 근원으로서 '생명의 모태'를 상징한다. 화사의 승천과 생명수를 만들어내는 것은 바로 생명을 창조하는 여성성에 의해서이다. 그녀는 계급적 위계질서로 이루어진 가부장제의 이데올로기를 거부한다. 가부장제 조직을 벗어나 존재하는 여성의 힘, 모든 생명은 똑같이 소중하고 수평적 관계라는 자각이 가부장제 사회의 폭력성을 전복하는 대안으로 제시된다.

▌〈가마〉 : 가부장제에서의 딸들의 비극

〈여자의 적들〉(1996)이란 다른 제목이 암시하듯, 이 극은 아버지-아들이 지배자, 어머니-딸이 피지배자로 위계가 세워진 가부장제의 모순과 비극을 신화적 배경과 상징, 원형적 인물들, 전라도 사투리, 민요 등 토속적 분위기를 통해 매우 탁월하게 형상화해낸다. 5막극으로, 겁탈-아들-혈통-전쟁-살모로 구성되어 있다. 이 극에 등장하는 모두 3개의 가마는 가부장제와 자본주의를 상징하는 주요한 오브제이자 극적 장치이다. 서민 가정의 가마에는 가장인 이씨가 타고 있고, 부인(박씨)과 딸 달래가 메고 있다. 또 하나의 가마에는 장군이 타고 있고, 두 아들 장충과 차효가 메고 전쟁을 하러 다닌다. 세 번째 가마는 상인이 기녀들을 데리고 다니며 여자 장사를 하는 가마이다. 가부장제 사회는 단순화시키면 가족(백성)-군대(지배층)-자본주의(상업)의 세 축으로 이루어져 있으며, 남자가 여자를 지배하는 구조이다. 이 세 개의 가마가 다 계급은 달라도 그 위계의 정점에 아버지(가장)가 위치하여 아내와 자식을 지배하고 있으며, 자본주의 시스템 역시 남자 상인이 여자들을 지배하고 있다. 그리고 아버지의 사후, 아들은 아버지의 권력을 승계하는 식으로 가부장제는 존속된다.

이 극은 '딸' 달래의 비극을 중심 서사로 삼아 가부장제에서 희생되는 여자들의 비극과 남성의 폭력을 대조시킨다. 달래는 장군의 가마와 맞닥뜨렸을 때 장충과 차효에게 겁탈을 당한다. 엄마 박씨는 가장이 없으면 처자식은 살 수 없다는 가부장제 이데올로기가 내면화된 인물로, 남편을 살리기 위해 달래를 그들에게 내준다. 달래는 아들 장정을 낳고 아들의 영원한 어미로서만 살아갈 것을 맹세한다. 달래는 장충과 차효로부터 도망쳐 상인의 가마에 의탁한다. 15년 후 달래는 다시 장군의 가마와 마주치고, 장충과 차효는 상인을 죽인다. 장정은 달래의 지시대로 장충과 차효를 죽인다. 살아남은 장군은 장정에게 자신의 손자라며 자손들을 많이 낳아 장군의 혈통을 이으라고 말한다. 장정이 장군이 되기 위해 장가가서 자식들을 낳겠다고 하자, 달래는 장정을 뺏기지 않기 위해 남근을 잘라버린다. 장정은 달래를 죽이고, 기녀들을 거느린 가마의 주인이 되어 떠난다. 박씨는 장대에 걸린 달래의 목을 보고서 딸을 버렸던 자신의 잘못을 뉘우치고 가마에 달래의 목을 안치하고, 이씨와 결별하고 떠난다.

이 극의 인물들은 가부장제의 모순과 폭력을 표상하는 원형적 인물들로, 캐릭터가 곧 주제를 형상하고 있다. 이씨는 이기적인 가장으로 처자의 희생과 헌신을 당연하게 받아들이고 강요하는 아버지이다. 박씨는 가장 없인 가족이 존속할 수 없으며, 여자는 정조를 앗아간 남자를 섬겨야 한다는 가부장제 이데올로기가 철두철미하게 체화된 인물이다. 그러나 그녀의 모성은 딸의 죽음을 본 직후 가부장제 이데올로기의 거짓을 바로 보게 이끈다. 가족에 대한 상호적 사랑 없이 복종과 헌신만의 강요는 여성에 대한 억압이요, 거짓 가치라는 것을 깨닫고 주체성을 확립하는 여성주의적 자각에 이르게 된다. 장군이나 장충, 차효는 가부장제하의 가족관계를 사회적 조직으로 확대한 개념적 인물들이다. 이들이 가부장적 위계가 극단화된 군대라는 조직을 이루고 있다든지, 장자와 차자가 충, 효로 이루어진 이름을 부여받고 있다는 것이 이를 드러낸다. 장군은 전쟁을 하기 위해 아들들을 부하로 거느리고 다니며, 장충이나 차효도 달래나 다른 여자들로부터 자식들을 낳아 부하들을 만들려고 한다. 이 극의 남자들, 장충이나 차효, 상인, 장정은 아들을 낳아 새로운 가장이 되기 위해서 모두 '아버지-되기'를 욕망한다. 그리고 이 남자들은 상인만을 제외하고는 아버지가 되기 위해 여성에게 겁탈이나 폭력을 사용한다. 이 남자들은 여성에게 폭력을 행사함을 통해 남성성과 지배력을 확인하려 들지만, 결국 그 폭력 때문에 죽거나 남근이 잘리는 거세를 당한다. 그런 점에서 남자들 역시 가부장제의 수혜자로 보이지만, 그들 역시 희생자인 것이다.

이 극에서 달래의 캐릭터는 아들을 영원히 소유하려는, 정신분석학의 용어로 '남근적 어머니'로 그려져 있다는 점에서 매우 문제적이다. 달래의 아들에 대한 욕망은 일반적인 모자관계를 넘어선 근친상간적 욕망이다.

이러한 아들에 대한 비정상적인 사랑은 팔루스의 결여로 인해 거부되고 버려진 딸로서의 트라우마에서 나온 것이며, 이 팔루스의 결여를 아들을 통해 충족하려는 것이다. 이 '아들을 삼키는 어머니' 이미지는 부자관계로 권력이나 핏줄(혈통)이 세습되는 가부장제 사회의 근원에 자리한 공포를 암시하는 어두운 무의식이며, 융의 용어로는 '그림자' 원형이라 볼 수 있다. 달래가 자신의 성을 아들에게 물려주고 모계 혈통을 세우려는 욕망은 부계 혈통인 장군, 장충, 차효의 개입에 의해 좌절되고, 결국 아들에게 죽임을 당하는 비극으로 끝난다. 그런 점에서 보면 장군의 가마와 달래의 가마와의 전쟁은 부권사회와 모권사회의 싸움으로 볼 수 있으며, 장정이 어머니를 죽이고 가마의 주인이 되는 결말은 모계사회에 대한 부계사회의 승리를 의미한다. 달래가 아들을 낳았을 때, 그리고 달래가 죽었을 때 등장하는 '큰머리'는 삼신할미나 저승신을 상징하는 동시에, 부계사회에 패배하여 권력을 넘겨주고 만 모계사회를 상징한다. 아들 하나가 모자라서, 아들 백 명을 못 채워서 남자들에게 세상이 넘어가 버린 패배한 여왕, 그래서 억울함과 한을 노래하는 큰머리는 '딸들의 어머니신', 모가장이다.

바로 이 지점에서, 〈여자의 적들〉이라는 제목이 의미심장하다. '여자의 적들'은 무엇인가? 가부장사회가 여자에게 가하는 억압이나 폭력도 적이지만, 보다 근원적이고 진정한 적은 아들에 대한 집착이다. 달래나 큰머리는 아들에 집착함으로써 주체적인 여성성을 상실했던 것이다. 그녀들의 아들에 대한 집착은 결국 가부장제를 재생산하기 위한 도구로서의 어머니 역할인 동시에 가부장제 사고로의 퇴행을 의미한다. 바리데기가 가부장제의 폭력을 넘어서는 여성의 생존력과 힘을 획득한 것은 여성의 자궁이 생명의 근원이자 죽은 생명까지 살리는 생명수임을 자각했기 때문이며, 모든 생명이 똑같이 소중하다는 인식에 이르렀기 때문이다. 가부장적 폭력을 이기는 길은 아들을 낳아 자신을 지켜줄 가부장을 만드는 것이 아니라 극의 결말에서 박씨의 변화된 행위가 보여준 것처럼 자아 정체성의 확립인 것이다.

▌〈남자충동〉 : 폭력충동과 '강한 남성' 판타지

〈남자충동〉(1997)에 작가는 '주먹 쥔 아들들의 폭력충동'이란 부제를 붙였다. 〈가마〉에서 원형적 인물들로 형상화되었던 남자들의 폭력과 '강한 남자' 콤플렉스가 이 극에서는 목포 배경의 사실주의적 세트, 폭력의 극단적 조직인 조폭이란 소재 속에 표현된다. 영화 〈대부〉의 알 파치노를 숭배하는 장정이 가족과 조폭 '패밀리'를 둘 다 건사하려다 파멸하는 내용이다. 그러므로 극의 전반부는 장정이 가정의 붕괴를 가져온 아버지 대신 가장이 되어 가족을 융합하고 조폭의 보스로서의 입지를 다지려는 노력, 후반부는 출감 후 조폭 위계질서를 세우고 해체된 가족의 결속을 위해 노력하는 내용이다. 그런데 장정은 그 결속을 위한 수단으로 사랑이나 관용이 아닌 마초적 폭력에만 의지하기 때문에, 그가 결합을 위해 노력하면 할수록 가족이나 폭력조직은 오히려 와해되는 아이러니를 낳게 된다. 그리고 그 귀결은 조폭 부하들로부터도 생명의 위협을 받고, 또 그가 가장 사랑하는 여동생 달래에 의해 목숨까지 잃는 것이다.

이 극에는 한국사회가 안고 있는 다양한 상황, 즉 가부장적 가정의 붕괴, 폭력을 미화하는 대중문화의 영향, 성 정체성의 혼돈, 강한 남자 콤플렉스, 여성의 자각 등이 그려져 있다. 탄탄한 구성, 운율과 말맛을 살린 목포 사투리[108]와 방백, 생생한 인물창조, 희극적 리듬과 아이러니, 음악과 막간 보드빌 등은 이 극에 놀라울 정도의 생동감과 희극성, 리듬감을 부여한다. 또 극의 내용을 시각적으로 떠받치는 무대와 다양한 연극성의 활용이 돋보인다. 무대는 대립하는 두 세계인 장정의 일본식 가옥과 단단의 카페로 분할되어 있고, 무대 앞뒤로 골목길을 배치하여 건달들의 행동 공간을 설정하고 있다. 장정의 가족들은 이미 서로에 대한 배려와 사랑을 결여

---

[108] 전라도 출신이지만, 작가는 이 극을 쓸 때 전라도 사투리를 본격적으로 공부했다고 한다. 거친 분위기와 가부장적 의식을 표현하는 데 목포 사투리가 적합해서 선택했고, 예스러운 목포 말을 구사하기 위해 박상륭의 소설 『뙤약볕』을 읽으며 참고했다고 한다. (조광화와의 인터뷰–2007. 2. 14)

하고 있다. 아버지 이씨는 화투에 미쳐서 집을 저당 잡히며, 늘 참고 살던 어머니 박씨도 폭력적인 남편과 아들들에게 실망해서 가출하고 만다. 동생 유정은 형과는 달리 약하고 부드러운 남자지만, 강한 남자 콤플렉스에 빠져 장정의 조직에 들어가고 싶어한다. 가족의 붕괴를 초래한 원인이 아버지의 무책임과 이기적 행동에 있다고 본 장정은 이씨의 손을 자르고, 유정을 단단에게서 떼어놓으려 한다. 이처럼 장정은 가족을 붕괴시키는 무책임한 가장인 아버지 대신 자신이 새로운 가장이 되고자 한다.

한편, 단단의 카페는 음악과 노래가 흐르는 여성적인 공간이다. 이곳은 힘이 추앙받는 세계가 아니라, 인간 내면의 아름다움과 사랑, "있는 그대로의 모습"이 인정받는 공간이다. 유정과 연인관계인 단단이 여장 남자라는 것이 장정의 겁탈 장면에서 밝혀지는데, 이 '여성성을 가진 남자'의 설정은 '강한 남자들'이 만들어내는 폭력적 세계를 비판적으로 바라보게 하는 역할을 한다. 이뿐만 아니라 그/그녀는 가부장제 이데올로기가 부여한 이분법적 성차나 역할모델과 여성의 타자화를 전복시키는 캐릭터이다. 단단은 유정과 살림을 차리지만, 동성애라는 코드는 이 극에서 강조되지 않는다. 작가는 이 극에서 단단의 입을 빌려 약한 것이 부끄러운 것이 아니며, 이기고 지는 싸움에만 매달리는 폭력충동이 불쌍한 것이라고 말한다.

그런가 하면 이 극에도 설화의 상징성은 중요한 역할을 한다. 단단의 점괘인 '달래 고개에서 붉은 뱀에 물린 오누이'나 단단이 부르는 '달래 고개 설화' 노래는 앞으로 전개될 극의 서사와 장정-달래 남매의 무의식적 애정관계를 암시한다. 장정의 단단에 대한 폭력, 건달 달수의 성폭행 시도, 장정의 유정에 대한 폭력 등을 지켜보거나 겪으면서 자폐아 달래는 폭력과 성폭행 자체를 '붉은 뱀'으로 인식한다. '붉은 뱀'의 신화적 공포에 휩싸인 달래는 장정을 '붉은 뱀'이라며 칼로 찌른다. 결국 가족에 대한 사랑을 물리적인 힘으로밖에 표현할 줄 몰랐고 폭력을 남성의 가치로 파악했던 장정은 그 때문에 죽음을 맞는다. 장정은 칼을 맞은 순간 그의 우상 알 파치노의 브로마이드 아래로 가서 달래와의 행복했던 시절을 회상한다. 달래를 바보라고 놀리는 애들을 혼내주기 위해서 강한 힘을 기르고 싶었다는 고백이나 달래가 처음으로 한 말이 "나 성이 참말루 좋아라."라는 말이었다는 대사는 어릿광대 같았던 장정에게 감정이입의 순간을 만들어낸다. 〈가마〉의 장정이 폭력에 대한 아무런 성찰이 없었던 것과는 대조적이다. 또 이 극이 재치있는 '조폭 코미디'로 떨어지지 않고 웃음 뒤에 진지한 사회적 성찰을 제시하는 것은 바로 이 극의 캐릭터들이 우리 시대를 비추는 거울이자, 가부장적 사회의 낯익은 전형들로 생명력을 얻고 있기 때문이다.

이 극의 폭력과 강간, 살인의 모티브나 건달들의 에피소드들은 우리 사회에 만연한 남성우월주의와 가부장제의 폭력성을 고발하는 극적 장치이다. 그러나 한편 지나치게 강조된 마초적 남성성과 폭력성은 그에 대한 비판이라는 주제의식을 배반하고 매력적인 활기와 역동적인 장면화로 주제를 압도하는 역설을 보여준다. '강한 남성' 신화를 전복하고자 하는 의도와는 달리, 실제 재현된 남성적 서사가 동물적인 생동감과 카니발적 유희로 넘치는 데서 생겨난 역설이다.

3. 소통에의 열망과 단절

〈미친 키스〉(1998)는 사랑하는 상대방을 붙잡고자 하나 실패하는 내용으로, 미친 듯한 접촉에의 열망을 그린 극이다. 외로움이나 허기, 결핍감으로 타인과의 접촉과 소통을 열망하나, 오직 육체적 접촉만 가능할 뿐 진정한 소통은 이루어지지 않는다. 육체적 소통을 상징하는 침대가 무대 중앙에 위치하며, 인물들이 열중하는 키스나 섹스는 허기진 소통, 상대방의 열정을 불러일으키려는, 그러나 본질적으로 불가능한 소통의 기호이다.

이 극의 인물군은 장정을 중심으로 서로 연결된다. 장정과 애인 신희, 장정의 여동생 은정, 심부름센터 직원이 된 장정이 업무상 만난 영애와 그 남편 인호, 신희와 교수 인호의 연인관계, 매춘을 시작한 은정과 고객 인호의 관계로 맞물린다.

장정은 신희와 섹스 파트너가 아니라 결혼하여 신뢰하는 사랑을 나누고 싶어한다. 장정은 『폭풍의 언덕』의 히스클리프의 열정으로 그녀를 원하나, 신희는 장정의 거친 정열과 애인이란 틀에서 벗어나 자유로워지고자 한다. 한쪽이 미칠 듯이 집착할수록 상대방은 옭아매는 사랑으로부터 벗어나고자 한다. 그 때문에 단절과 외로움, 절망이 남는다. 장정을 둘러싼 인물들은 장정의 외로움이나 허기, 결핍을 이해하려거나 소통하려 하지 않고 모두 이기적으로 대한다. 영애는 장정에게 애인이 되어 줄 것을 요구하지만, 실연한 장정이 위로받고 싶다고 말할 때 거절한다. 장정이 부양하는 은정은 존재의 이유나 삶의 목표를 찾을 수 없기에 매춘을 선택하고, 쇼핑중독에 빠진다. 영애와 인호의 관계는 열정이나 사랑이 죽어버린, 껍데기만의 부부이다. 영애는 젊은 시절 그녀에게 보였던 인호의 열정적인 사랑이 실은 욕정이었음을 깨닫는다. 그러나 인호는 욕정도 정열이라며, "당신하고 섹스할 때라야, 그때만큼은 당신과 마음이 닿았어. 그때라야, 우린 하나라는, 사랑을 나누고 있다는 확신이었지. 당신 몸을 만질 때에야, 겨우, 당신을 느낄 수 있었어."라고 말한다. 이 말은 장정이 신희에게 하던 말과 동일하다.

이 극의 남자들은 정열적 사랑을 통해 여자와의 진정한 소통을 원하지만, 결국 느끼는 것은 '벽'이다. 섹스를 통해서만 몸의 소통을 이룰 뿐, 그 이상의 마음의 소통, 합일을 이룰 수 없는 것이다. 장정은 은정이 매춘하는 호텔로, 함께 여행을 떠나려는 인호와 신희를 불러 모은다. 은정과 인호의 관계를 신희가 목격하게 하여 신희의 인호에 대한 낭만적 환상을 깨트린다. 이처럼 장정은 모든 수단을 가리지 않고 신희를 악착같이 붙잡으려 하지만, 신희는 그것을 '폭력'으로 규정하고 떠나버린다. 장정은 은정의 자살 시도를 방관하고, 은정의 시신을 껴안고 키스를 퍼붓는다. 그리고 혼자 남은 그는 공허함과 외로움으로 자기 몸에 키스를 한다.

이 극은 육체적 사랑에 탐닉해도 진정한 소통을 이루지 못하는 도시인의 황폐한 삶과 소외, 고독을 그린다. '미친 키스'와 성애장면들, 감각적인 대사들이 주도적인 이 극이 보여주고자 하는 것이 접촉에의 열망의 강도에 비례하여 쌓이는 고독과 소외이다. 조광화가 가족극에서 그렸던 폭력적인 '강한 남자'는 〈미친 키스〉에서는 거친 정열 때문에 여자로부터 거부당하는 남자로 등장한다.

이 극의 특징을 좀 더 읽어본다면 다음과 같다. 첫째, 장정은 히스클리프의 열정적 사랑을 추구하며, 캐시와 히스클리프가 "너는 나야."라고 느꼈던 합일의 소통을 열망한다. 삶에서 열정이 가장 중요하다는 장정의 신념이나 각 인물들이 매달리는 접촉에의 열망은 프로이트나 라캉이 말하는 '신경증'이며, '반복강박'이다. 서사를 이루는 각 장면들은 장정과 신희의, 신희와 인호의, 영애와 장정의, 은정과 인호의, 장정과 은정의 접촉에 대한 열망으로 변주된다. 다르게 말하면 반복의 형식으로 작동하는 구조를 이룬다. 그 때문에 무대 중앙의 침대는 호텔, 여관, 영애의 방 등 여러 인물들의 관계를 보여주는 다양성과 동일성을 표현하는 특권적 기호가 된다. 두 번째로, 이들의 접촉 열망이 이루어지지 않는 것은 욕망의 대상과 욕망 사이에 틈새가 있기 때문이다. 욕망은 라캉에 따르면 '환상의 기표'이며, 욕망의 대상을 손에 잡았다고 느끼는 순간 늘 욕망은 공백을 남기며 다른 대상으로 미끄러진다. 자신의 욕망의 대상과 진정한 욕망 사이의 메워질 수 없는 틈새와 분열. 그것은 모든 인간의 삶의 조건이기도 하다. 세 번째로, 시나리오 작가 장정이 흥신소 직원이 되어 여동생과 인호, 신희의 사생활을 조사하고 개입하는 내용에서 그의 느와르 취향을 읽을 수 있으며, 장정이 은정에게 보이는 근친상간적 욕망 역시 〈오필리어〉, 〈락 햄릿〉 등 그의 극에 자주 등장하는 모티브이다.

4. 젊음의 열정과 불안

〈오필리어〉(1995)를 토대로 락 뮤지컬 〈락 햄릿〉(1999)이 쓰였기 때문에 두 극은 비슷한 서사와 캐릭터들을 가진다. 조광화의 '햄릿' 다시 쓰기는 오필리어와 레어티즈에 초점을 맞춘다. 〈아, 이상!〉에서도 시대와 불화하는 청년의 고뇌와 불안을 그린 바 있는 작가는 〈오필리어〉와 〈락 햄릿〉에서 아버지의 망령에 휘둘려 젊은이다운 삶의 즐거움을 누리지 못하는 햄릿과, 햄릿의 복수 와중에 엉뚱하게 희생당하고 마는 오필리어 남매를 그린다. 이 두 작품은 원작의 내용과 캐릭터들을 단순화시키고 이들 세 사람의 관계로 압축시킨다. 〈오필리어〉를 중심으로 살펴본다면, 원작에서의 사색적이고 우유부단한 햄릿은 이 극에서 복수를 위해서는 수단과 방법을 가리지 않는, 거친 폭력 충동의 강박증적 인물로 변신한다. 레어티즈는 오필리어에게 근친상간적 욕망을 숨기지 않는 인물로 등장하여 햄릿과 대결을 벌이고, 아버지의 유령은 오필리어에게 빙의되어 끊임없이 복수를 명한다.

〈오필리어〉에는 햄릿과 레어티즈, 오필리어 3명의 주인공과 수도승 3명만이 등장한다. 이러한 설정은 원작의 복잡한 정치사회적 혹은 철학적 의미나 갈등의 축을 배제하고 3명의 젊은이의 삼각관계에 초점을 맞추게 한다. 오필리어는 햄릿을 사랑하고, 레어티즈는 오필리어를 사랑한다. 월명사의 '제망매가'를 개사한 노래를 극의 시작과 마지막 장면에 배치하여 이 모티브를 강조하고 있다. 햄릿은 끊임없이 울려오는 죽은 아버지의 명령에 씌워 칼을 들고 다니며 클로디어스를 추적한다. 이처럼 오이디푸스 구조의 폐쇄회로에 갇힌 '행동하는 햄릿', 무사로서의 햄릿이 강조된다. 그러나 그는 숙부를 죽이지는 못하고 폴로니어스, 오필리어, 레어티즈를 죽이거나 죽게 한다. 숙부는 이 극에 부재하는 인물로서, 햄릿에게 모습을 드러내지 않는, 마치 환영 속의 인물 같다. 복수의 의무를 끊임없이 명령받고 추적하나, 적은 눈앞에 등장하지 않기 때문에 복수는 끝없이 지연되며, 햄릿의 강박증은 해소될 수가 없다.

　햄릿의 오이디푸스 콤플렉스나 레어티즈의 오필리어에 대한 근친상간적 욕망은 프로이트학파에 의해 분석된 바 있고, 최근의 〈햄릿〉 공연들은 레어티즈의 근친상간적 욕망을 강조한 경우가 많다. 조광화의 '햄릿 다시 쓰기'도 이러한 정신분석적 성격과 심리묘사에 중점을 두면서 그의 느와르 취향이 가미된 극으로 보인다. 붉은 색조의 카펫이 빈틈없이 깔린 무대는 피와 근친상간의 죄의식을 상징한다. 또 페인트가 벗겨진 앙상한 건물 벽, 그 벽 속으로 스며들고 스며 나오는 듯한 배우들의 연기는 내면의 불안과 폐쇄회로에 갇혀버린 강박증을 상징한다. 세상으로부터 고립된 어둡고 황량한 수도원이나 어두운 명상의 숲, 빛과 어둠의 시각적 대조, 칼을 들고 돌아다니는 인물들, 유령의 명령에 쫓겨 다니는 햄릿은 바로 폭력과 살인으로 가득한 어둡고 불안한 세상에 대한 불안과 환멸을 표상한다. 원작에서 햄릿이 죽을 때 복수가 성취되고 정의가 이루어짐으로써 새로운 질서가 도래하는 것과는 달리, 이 극에서는 사회적 구원 대신 복수가 끝없이 이어질 것이며, 개인은 영원히 저주받은 고독과 소외 속에 사로잡혀 있을 것임을 암시한다. 그런 점에서 이 극은 느와르 장르와 활극적 특성을 보이고 있다.

　락 뮤지컬 〈락 햄릿〉은 〈오필리어〉의 서사를 기둥으로 삼으면서, 〈오필리어〉에는 생략되었던 원작의 주요 인물들 클로디어스, 거트루드. 폴로니어스, 호레이쇼, 길더스텐, 로젠크란츠를 등장시킨다. 〈오필리어〉의 뼈대를 계승하고 있기 때문에 햄릿, 레어티즈, 오필리어의 삼각관계나 레어티즈의 근친상간적 욕망, 수도사와 '제망매가' 모티브는 그대로 수용된다. 뮤지컬이기 때문에 스펙터클과 노래가 강조된 것은 필연이지만, 이 뮤지컬 각색의 독특한 주안점은 오렌지들이나 호레이쇼 같은 청년들의 노래로 강조되는 바처럼 '젊음의 즐거움'에 대한 찬가에 놓여 있다. 원작의 햄릿이 아버지의 복수라는 의무를 짊어지고 우울하고 염세적으로 살아가는 데 대한 작가의 전복적 관점은 호레이쇼의 "너무 기나긴 기나긴 / 기나긴 국상이야 / 우리들 청춘에게 / 슬픔은 강요말아" 나, "너무 가혹한 가혹한 / 가혹한 시간이야 / 우리들 짧은 청춘 / 시들어 가-잖-아-"라든지, 오렌지들의 "우리의 특권, 방탕 / 우리의 장기, 관능 / 우리의 축복, 사랑 " 같은 노래로 강조된다. "락 햄릿 락 햄릿 / 즐거운 햄릿을 보고 싶어 /유쾌한 햄릿이 참 좋아"라는 노래라든지 제목이 암시하듯, 작가는 기성세대가 부과한 혼돈과 불의, 그리고 그것을 바로잡으라는 '아버지의 법' 때문에 청춘과 꿈을 잃고 시들어가는 젊은이들의 거세를 그리고 있는 것이다.

이처럼 햄릿을 비롯한 청년들이 파멸하는 원인이 기성세대가 부여한 의무와 간교함 때문으로 보고 있기 때문에 작가는 결말을 급진적으로 뒤집는다. 햄릿은 클로디어스를 맞아 싸우나, 거트루드가 "네 어미의 남편"이니 차라리 자기를 찌르라며 개입하고, 또 클로디어스의 어린 아들인 클로디어스 주니어가 빤히 바라보는 탓에 주저하다가 클로디어스에게 찔려 죽는다. 클로디어스가 승리하고, 클로디어스 주니어는 "구경은 끝났다. 소년기는 끝났다."라고 선언한다. 이처럼 햄릿은 복수를 완성하지 못하고 바다로 상징된 지옥 속으로 떨어지며, 클로디어스와 아들의 권력은 굳건하게 수호된다. 클로디어스 주니어는 물론 원작의 포틴브라스를 변형한 인물이다. 햄릿과 오필리어, 레어티즈는 희생되지만, 불의와 혼돈을 가져온 당사자들인 클로디어스와 거트루드는 살아남는다.

이러한 느와르적 결말은 덴마크의 왕권이 이웃 나라 포틴브라스에게 승계되는 원작의 모호한 결말보다도 더한층 관객에게 불안과 불편함을 안겨준다. 햄릿은 바닷속 지옥에서 피투성이인 채로 여전히 클로디어스에게 복수를 하겠다고 외치고, 레어티즈는 오필리어와 배를 타고 연인의 맹세를 한다. 햄릿은 "나도 한때는 꿈이 있었다. / 복수만이 능사는 아니었다."라고 외치고 물속으로 빨려 들어간다. 오필리어에게 빙의되었던 아버지의 유령도 더 이상 나타나지 않으며, 가정 비극을 만들어낸 팜므파탈 거트루드도 햄릿의 죽음에 대한 어떠한 대가도 치르지 않으며, 연적이었던 레어티즈는 죽어서 연인 오필리어를 영원히 얻는다. 청춘의 특권인 꿈과 자유와 사랑을 포기하고 부재하는 아버지 대신 스스로 '아버지-되기'를 택했던 햄릿은 바로 그 오이디푸스적 구조 안의 희생양이 되고 마는 것이다. 클로디어스 주니어가 아버지의 죄악을 목도하면서 순진무구한 소년기가 종말을 고하고 성인으로의 입사식을 받아들이듯이, 햄릿이 '아버지-되기'를 욕망할 때 코러스 역의 오렌지들은 "청춘은 벌써 끝났다. / 깨달은들 이미 늦으리"를 합창하는 것이다.

5. 불교적 상상력의 SF 연극

무협 연극 〈생존도시〉(2001)에서도 폐허를 배경으로 음울한 세기말적 상상력을 펼친 바 있지만, 그의 문명 비평적, 디스토피아 비전이 방대한 스케일로 그려진 역작은 〈철안 붓다〉(1999)이다.

이 극은 유전자공해로 문명은 황폐화되고 인간의 자연번식력은 거의 불가능해진 2456년의 미래사회를 음울하게 그린다. 동물 키메라 등 수많은 변종 유전자족들과 실리콘을 생체화한 '철안족'들의 등장으로 인간들은 거의 멸망하고 복제인간들로 가득 찬 시대이다. 매우 복잡한 서사와 급변하는 시공간, 특수효과를 요하는 시각적 요소들, 신들과 동물 키메라, 야차 등 힌두 신화적 인물들의 등장, 빈번한 전투와 살인 등의 활극적 요소들로 SF 판타지 영화를 연상시킨다. 프롤로그는 죽음의 신 칼리가 인간들의 종말의 시간을 선포하자, 다른 힌두신들의 축복 속에 비슈누가 붓다가 되어 인간을 멸망에서 구원하고 깨달음을 주기 위해 인간 세계로 갈 것이 제시된다.

이 복잡한 이야기의 기본 축은, 제1부 출가와 제2부 항마성도降魔成道로 짜인 데서도 짐작되듯이 붓다의 일대기와 대응하며 전개된다. 이 극의 주요 인물군은 다음과 같다. 첫째는 닥터와 시원 부자. 이들 이름이 암시하듯 닥터는 복제인간들을 만들어낸 인간족으로, 창조주와 같은 경배를 받는다. 그는 인간의 영혼을 다른 육체에 전생시켜 영원히 살게 하는 기계인 전생수轉生樹를 만들었으며, 아들 이름 시원始原은 인간족의 번성에 대한 염원을 나타낸다. 두 번째는 실리콘바이오(철안족)인 복제인간이다. 남녀 양성 유전자를 가진 불모는 혼자서 수만 명의 복제인간들을 낳은 그들의 부모이자 지도자이다. 그런데 창조될 때 입력된 수명이 4년밖에 남지 않았기 때문에 그는 닥터에게 전생수를 가동시켜 달라고 찾아온다. 세 번째는 불모의 후계자 안회이다. 예언자 자암스님이 안회가 세상을 멸망하게 할 종결자라는 예언을 한 후, 불모는 안회의 후계자 지명을 철회한다. 네 번째는 동물 키메라 혹은 결함 있는 복제인간들이다. 코끼리 키메라인 상후는 닥터와 아들을 보호하기 위해 창조되었고, 식인귀 야차들은 결함있는 클론들로서 오염된 고원에 살며 안회를 추종한다. 다섯 번째는 유리에 사는 수도자들로서 모두 복제인간들이다. 시원의 어머니의 복제인 자암스님은 고행하는 수행자로 장례를 주도하며, 달규 등의 수도자들은 색과 육식을 탐한다. 여섯 번째는 인간사회를 지켜주려는 힌두신들과 전생수에서 생성된 파괴의 신 칼리가 있다.

매우 복잡한 인물들이 등장하지만, 이 극의 기본축은 '종결자' 시원과 안회의 대립으로 볼 수 있다. 인간족을 증오하는 안회는 시원을 죽이고, 상후는 안회를 쓰러트린다. 닥터는 아들 시원을 전생시키기 위해 전생수에 두 명을 집어넣는다. 그 결과, 안회의 아트만(영혼, 자아)이 시원의 육신을 입고 나오고, 시원의 아트만은 안회의 육신에 깃들게 된다. 두 사람의 영혼과 육신이 바뀐 것이다. 인간중심주의자이자 복제인간 차별주의자인 닥터는 누구를 아들로 받아들일 것인지 혼돈에 빠진다. 시원의 아트만이 깃든 안회는 전생수에서 인간만이 아닌 만물에 아트만이 있다는 것을 보았다고 말한다. 안회는 유리로 가서 수행을 하고, 관능과 다산 등 마귀들의 유혹을 이겨내고 마침내 '철안족 붓다'가 된다. 시원과 닥터는 방사능에 오염되어 육신이 썩게 되고, 시원은 전생수에서 생성된 죽음의 신 칼리와 함께 모든 생명들을 멸망시키려 든다. 닥터는 인간의 육체와 인간족의 번성에만 집착하나, 시원과 안회 둘 중에서 한 명의 죽음을 선택해야 할 때 시원을 죽인다. 최후의 인간 닥터의 죽음으로 인간족은 멸망하고, 지구에는 복제인간들만이 남아 새로운 문명을 이룩한다.

이 극의 주요 모티프는 힌두신화와 붓다의 해탈 외에도, 복제인간과 인간의 영육이 바뀌는 서사가 내포하는 '중복성'과 정체성의 혼란이다. 시원과 안회의 영육이 바뀌는 순간, 닥터는 누구를 인간으로 인정해야 할 것인가의 혼란에 빠진다. 또 한 가지 주요 모티프는 조광화의 극에서 자주 등장하는 오이디푸스 구조이다. 인간족과 복제인간의 관계는 신과 인간의 관계처럼 창조주로서의 경배를 받는다. 프롤로그에서 비슈누가 붓다의 화신이 될 것이 암시되는 장면 역시 신과 인간의 관계, 아버지와 아들의 관계를 암시한다. 4, 5만 명의 복제인간들을 낳은 불모는 '아버지−어머니'의 양성적 존재로, 수명을 연장하기 위해 전생수를 발명한 인간 닥터를 찾아온다. 마치 성경에서 탕아가 아버지를 찾아오는 것과 동일한 서사이다. 또 그의 후계자이자 아들 안회와 시원이 닥터의 영과 육의 차원에서 아들이 되고, 그들의 생명을 앗아갈 수 있는 능력은 오직 그들의 아버지인 닥터만이 갖고 있다는 설정 역시 오이디푸스 구조를 만들어낸다. 최후의 인간 닥터를 시원이 죽이는 설정은 그런 점에서 아비 살해의 오이디푸스 신화이다.

인간이 아닌 복제인간 철안족에서 붓다가 나오고 결국 문명을 그들이 이어간다는 극의 메시지는 다양한 사유를 촉발한다. 첫 번째는 닥터가 표상하는 바의 인간중심주의가 얼마나 이기적이고 문명파괴적인 것인가 하는 점이다. 인간의 영혼을 가진 복제인간이라면 더 이상 인간과 복제인간을 구분하는 논리나 위계가 성립할 수 없다. 그 구분과 편견이야말로 역사상 되풀이되면서 살육을 거듭해온 인종차별, 민족차별 등의 위험한 주의와 다르지 않다는 전언을 읽을 수 있다. 두 번째는 영육이 바뀌었을 때, 나와 타자를 명확하게 구분하는 것이 가능한가 하는 문제를 던지고 있다. 그런데 그것은 어디까지나 '나'를 대상으로서 바라보는 사람들의 인식의 문제다. 이 극에서 주체와 동일성의 문제는 다루어지지 않고 있다. 시원이나 안회는 육신은 바뀌었어도, 여전히 자신의 정체성을 유지하며 그에 대한 번민이나 혼돈을 갖지 않는다. 세 번째로 복제인간이나 동물 키메라 등을 만들어내어 노예처럼 부린다든지 사회적 착취의 대상으로 삼고 있다는 설정은 곧 소수민족이나 사회적 약자에 대한 현시대의 착취를 암시한다. 네번째로 결함 클론들이 야차와 나찰이 되어 인간이나 철안족을 무차별 공격하는 증오와 적대 행위는 복제 과학이 만들어낼 생명경시현상과 음울한 디스토피아를 암시한다.

6. 자기 세계로부터의 탈주가 필요하다

지금까지 살펴본 것처럼 조광화는 많은 작품들을 발표했는데, 그가 그린 극들의 인물들은 대체로 두 가지 부류이다. 한 부류는 비극적 열정을 가진 뜨거운 존재로서의 인간, 그러면서도 외로운 인간들이고, 또 한 부류는 부유하는, 감각적이면서도 차가운 인물이다. 데뷔작 〈장마〉에서부터 최근작 〈천사의 발톱〉에 이르기까지, 그는 오이디푸스적 서사를 주로 채택하면서 아버지와 아들의 갈등, 혹은 아들의 '아버지-되기'나 '아버지 찾기'를 그려왔다. 특히 대표작 〈남자충동〉의 경우, 1990년대 한국 연극의 지형도를 바꾸어놓은 극이라는 평가를 받을 정도로 강렬한 연극적 에너지와 대중문화적 감성을 결합하여 한국사회의 가부장적 남성상과 그 붕괴를 매우 빼어나게 그렸다.

그는 작품세계의 폭이 매우 넓은 작가이다. 소통에의 열망과 단절을 치열한 성애의 몸짓으로 극화했는가 하면, 복제과학이 가져올지도 모를 미래사회의 디스토피아를 불교적 상상력의 결합으로 방대한 스케일로 구축하기도 했다. 선 굵은 남성적 서사와 느와르 취향, 영화를 연상시키는 활극, 폭력과 살인, 신화적 모티프들, 인간의 이중성, 기성세대에 의해 스러지는 젊음의 정열과 인생의 즐거움 같은 주제나 기법들을 천착해 왔다. 이러한 특징으로 인해 그의 극들은 원시적 생명력과 열정, 연극적 에너지로 넘친다. 거칠면서도 강렬한 매력, 사유보다는 행동과 집착을 보여주는 캐릭터들로 인해 그의 극들은 이전 세대 극작가들과 구별되며, 2000년대에 활동하는 신진 세대 극작가들과도 구별된다. 이 다양한 특성을 갖는 극작가들의 경향을 단언할 수는 없지만 일반화의 오류를 무릅쓰고 구분할 때, 조광화가 그전 혹은 그 후 세대와 구별되는 지점은 곧 그만의 극작가적 개성이 무대 위에 펼치는 거친 에너지와 활극적 성향, 폭력, 범죄, 살인 등의 느와르적 서사에 있다고 할 수 있다.

  젊은 열정과 패기로 1990년대 후반 연극의 지형도를 바꾸어 놓았던 그도 어느덧 중년이 되었다. 최신작인 뮤지컬 〈천사의 발톱〉(2007)은 쌍둥이 모티프로 인간의 이중성과 야수성을 느와르적 서사 안에서 무겁게 다루었다. 그러나 조직폭력, 사랑과 배신, 집착, 폭력과 살인, 위험한 정열 등 〈남자충동〉의 세계가 반복되고 있다는 점은 그의 개성이자 한계로 보인다. 반복은 창조성의 적이다. 새로운 작품세계로 한 단계 더 도약하기 위해서는 지금까지 성공을 약속했던, 익숙했던 세계로부터의 과감한 탈주가 필요하다. 비극적 열정과 원시적 생명력에 경도된 뜨거운 에너지를 깊이 있는 인생에 대한 사유로 뒷받침해나가면서 새로운 영토를 개척하기를 기대한다.

박근형
일상성과 그로테스크, 극사실과 부조리

1. 들어가며

1990년대에 연출 활동을 시작한 박근형(1963~)은 요즘 우리 연극계에서 가장 생산적인 작가이자 연출가이며 한국연극의 대표 주자로 꼽힌다. 그의 연극은 자신만의 독특한 무대어법과 언어, 파격적인 상상력과 자유분방한 연극감각을 보임으로써 '박근형 표' 연극이란 브랜드네임을 얻었다. 그의 연극의 개성이라 하면 서민의 궁상맞은 삶의 재현, 쉽게 전달되는 이야기, 기발한 상상력과 재치있는 연극성의 놀이, 풍부한 희극성과 사유성, 어떤 장르나 스타일에 매이지 않는 자유로움이라 할 것이다. 이를테면 〈청춘예찬〉은 생생한 일상언어와 생활세계의 감각, 소극장 연극의 구조원리를 탁월하게 구현해냄으로써 2000년대 일상극의 유행을 선도했다.[109] 그는 주로 소극장에서 공연을 올렸는데, 영세한 무대구조와 물질성을 적극적으로 활용한다. 관객과의 친밀한 거리와 작은 무대에 걸맞은 배우들의 꾸미지 않는 연기와 양식화된 연기의 혼용, 간소한 소품을 다양한 연극

---

[109] 김성희, 「한국 일상극의 글쓰기와 공연방식」, 『90년대 이후 한국연극의 미학적 경향』, 푸른사상, 2011, 30쪽.

적 용도로 사용하는 연출전략으로 소극장 특유의 현장감과 맛을 만들어낸
다. 작품성과 뚜렷한 개성이란 두 가지 덕목을 지닌 박근형 연극은 평단과
대중의 호응을 동시에 얻었고, 많은 논문과 평론이 쏟아져 나왔다.[110]

박근형 연극은 구체적인 생활 현실을 재현하는 무대를 보이지만 기존의
사실주의극과 차이를 보인다. 그의 연극에는 현실적 상황에 느닷없이 부
조리하거나 초현실적 사건들이 끼어들고, 거기에 '전혀 놀라지 않고' 천연
덕스럽게 대응하는 인물들이 등장한다. 그래서 논리성과 개연성을 따르는
사실주의극의 틀이나, 부조리하거나 무의미한 행동을 하는 인물을 그리는
부조리극의 틀 또한 깨트린다. 배우들은 상황에 따라 재현적 연기, 또는 연
극임을 현시하는 극장주의적 연기나 양식화된 연기를 오가기도 하고, 음
악과 춤, 간소한 오브제들과 더불어 자유분방한 연극성의 놀이를 벌인다.
간단한 대사나 동작, 혹은 음악이나 조명만으로 시공간을 전환하거나 압
축하고, 이질적인 장면의 병치를 통해 특수한 연극적 효과를 창출하며, 익
숙한 사물이나 사건을 낯선 맥락 속에 위치하게 하여 그로테스크나 언캐
니uncanny 효과를 만들어내는 등 다양한 연극성의 놀이를 펼친다.

그 때문에 그의 연극은 사실주의나 부조리극, 희극 등 어떤 연극양식 하
나로 규정할 수 없다. 희극과 비극, 극사실과 부조리성, 재현주의와 극장주
의[111], 일상과 그로테스크가 뒤섞인 장르와 양식의 혼합을 보이는 바, 이것

---

[110] 주요 논문을 살펴보면 다음과 같다.
최영주는 박근형 연극의 특성을 '현실주의 상상력과 일상의 재현'으로 보면서, 서사
의 수행성과 미학적 실천을 분석했다.(최영주, 「박근형의 〈청춘예찬〉에서의 현실주
의 상상력과 일상의 재현 – 서사의 수행성을 중심으로」, 『한국연극학』 28호, 2006)
김방옥은 박근형 연극의 특성을 일상적으로 재현하는 듯하면서 동시에 의뭉하고 능
청스러운 이중성을 띠고 있으며, 그 근저에 경계성, 즉흥성, 과정성, 물질성, 환유성, 관
객과의 소통 등의 특성을 깔고 있다며, 퍼포먼스적 연극으로서의 특성을 거론한다.(김
방옥, 「삶/일상극, 그 경계의 퍼포먼스」, 『한국연극학』 39호, 2009)
김영학은 박근형의 〈백무동에서〉와 〈너무 놀라지 마라〉 2편을 대상으로, 바흐친의 그
로테스크 육체개념을 끌어와 분석하고 '그로테스크 미학'이란 특성을 거론한다.
김정숙은 박근형의 대표작 3편 〈청춘예찬〉, 〈경숙이, 경숙아버지〉, 〈너무 놀라지 마
라〉를 대상으로 몸성과 공간성, 주체의 개념을 분석한다. (김정숙, 「박근형의 연극의
몸성, 공간성 그리고 주체」, 『한국연극학』 43호, 2011)

이 그의 작품세계와 연출미학의 특징이라 할 수 있을 것이다.

2. 공연 희곡 쓰기와 연극 미학

　박근형의 연극 이력은 연극 현장에서부터 출발한다. 대부분의 연출가가 대학에서의 교육과 실습을 통해 연극계에 입문하는 경로와는 달리, 박근형은 일찍 극단에 들어가 연극 만들기에 관한 현장 경험을 두루 쌓았다. 그는 고등학교 졸업을 앞두고 장충동의 동인극장을 찾아가 입단했다. 고교 시절 연극반 활동을 한 것도 아니고 연극을 많이 본 것도 아니었지만, 평소 유랑극단에 대한 낭만적인 동경을 품고 있었기 때문에 연극을 자신의 길로 선택했다.[112] 처음엔 배우를 지망했으나, 배우란 성실함과 재능뿐 아니라 여러 분야의 공부가 필요한 '정말 대단한 존재'라는 걸 깨닫게 되면서 스태프로 방향을 선회한다.

　그에게 가장 큰 영향을 준 연출가는 기국서이다. 박근형은 1985년 신촌에 위치한 76극단에 입단하여 활동하면서 그의 극작 스타일과 연출미학을 형성하게 된 중요한 몇 가지 배움을 얻게 된다. 처음 박근형은 연극과 삶은 별개의 것이라고 생각했다. 일을 하고 일이 끝나면 노는 것처럼 생활과 연극은 분리된 세계라고 생각했었다. 기국서는 산다는 것에 관해 끊임없이 질문하고, 예술을 위한 예술이 아니라 '삶 속에 있는 예술'에 대해 탐구하게 했다. 박근형은 이때 "연극하고 현실하고 같이 맞물려서 돌아간다는" 것을 배웠고, 주변 현실에 대한 주의 깊은 관찰과 냉철한 현실인식을 하게

---

[111] 'theatricalism'은 흔히 극장주의나 연극주의로 번역된다. 이 글에서 굳이 '극장주의'나 극장성(theatricality)이란 용어를 사용하는 것은 박근형 연극이 극장의 물질성과 관객의 존재를 중요시하고 연극적으로 활용하고 있기 때문에, 다시 말해 연극이 형상화되는 공간이자 관객이 교감하며 함께 연극을 만들어가는 공간으로서의 '극장'이란 개념을 강조하기 위해 '극장주의'란 용어를 사용한다.

[112] 김성희, 「박근형과의 인터뷰」, 2011.8.25, 카페 엘빈.

되었다. 생활과 분리된 연극이 아닌, 현실과 밀착된 연극에의 지향은 자연스럽게 주변 현실에 대한 구체적인 관찰과 인식으로 이어지게 된다.

박근형의 작품세계와 연극미학에서 가장 지배적인 요소는 드라마, 배우, 관객으로 볼 수 있다. 물론 무대장치, 음악, 조명, 의상 등 공연의 시청각적 요소들도 중요하게 사용하지만, 직접 공연희곡을 쓰고 자신의 극단 골목길 배우들과 함께 수행적으로 공연텍스트를 구성해 나가기 때문에, 희곡과 배우는 서로 유기적 관련성을 가진 공연텍스트 구성 인자이다. 또한 박근형의 연극작업은 공연의 수신자인 관객과의 소통을 가장 중요시할 뿐 아니라, 공연의 구성요소이자 참여자로 인식한다.

1) 수행적 텍스트 구성

박근형의 연극 만들기에서 중 특징적인 것은 공연 텍스트 구성방식이다. 그가 공연텍스트를 구성할 때 가장 염두에 두는 원칙은 관객과의 관계이며 관객의 반응이다. "보는 사람이 쉽게"[113] 이야기를 풀어가는 방식을 사용하는 것이다. 연극이 가진 사회적 발언도 중요하지만, 연극을 처음 보는 관객도 이해하고 즐길 수 있는 연극, 다시 말해 연극의 기본 줄거리는 쉽게 풀고, 쉬운 이야기 속에 사회적 메시지나 삶의 성찰을 함축하는 연극을 지향한다. 쉽고 재미있게 연극을 관람하고, 극장 문을 나선 후 연극이 의미하는 바에 대한 생각을 각자 할 수 있게 하는 연극 만들기를 목표로 삼는다.

그는 배우들에게 자신의 삶이나 경험을 써오라는 과제를 내곤 한다. 배우들의 실제 삶이나 개성에 기반을 둔 에피소드나 캐릭터를 희곡 쓰기에 반영하기도 한다. 먼저 간략하게 쓴 초고 대본을 바탕으로 배우들과 연습해 나가면서 서사의 방향을 만들어가고, 배우들의 아이디어와 즉흥적 연기를 끌어내어 다양한 장면 만들기와 표현방식을 실험하고 그중 가장 적

---

[113] 앞의 인터뷰.

절한 것을 선택하고 배치한다. 산만해질 수 있는 공동작업을 자신의 연출 컨셉과 서사의 방향에 따라 미학적 틀을 세워 지휘하고 조율하며, 연습 과정에서 만들어진 장면과 표현양식, 대사를 써나가는 식으로 공연희곡을 구성한다. 제작과정에서 희곡 쓰기와 공연 만들기는 유기적으로 결합되어 있는 것이다. 그 때문에 박근형의 희곡에는 연습장의 현장성에서 얻어진 글쓰기와 장면 구성, 표현방식이 다 들어 있다. 그가 대사를 쓰는 방식은 "전부 입으로 해보고 해보고… 그리고 웬만하면 다 지우"는 방식이다. 문학적이고 수사적인 대사를 다 지우고 "쉬운 말, 가장 쉬운 대화법"[114]으로 다듬는 것이다. 자본주의적 풍요에서 소외되어 살아가는 서민의 생활을 간결한 구어체 경상도 사투리 대사로 표현한다든지, 희극적 과장과 유머로 이루어진 촌철살인적 대사, 일상과 생활감각을 구현하는 연극적 표현은 박근형 이전의 연극에서는 찾아볼 수 없는 특성들이다. 생생한 구어체 대사와 일상세계의 감각, 극장공간의 물질성은 극의 구조나 장면 만들기에 반영된다. 그의 텍스트에 재현되는 서민층의 남루한 삶은 영세한 소극장의 물질성과 조응한다. 좁은 무대에 이불을 깔고 누울 때 꽉 차는 공간(《청춘예찬》)은 비좁고 초라한 서민층의 일상 공간을 공감각적으로 표현한다. 또 몇 개의 간소한 소품들을 다양한 용도로 활용하는 방식은 연습현장에서 나온 아이디어라 할 것이다. 이를테면 전화벨이 울리자 마시던 술병을 귀에 대고 통화하는 아버지(《청춘예찬》), 박스들을 이불 속, 출산, 이삿짐(《경숙이, 경숙아버지》) 등 다양한 용도로 사용하는 것이 그 예이다.

소극장연극을 주로 작업해온 박근형은 공간의 친밀성과 구조를 염두에 두고 쉽고 간결한 서사, 귀에 쏙쏙 들어오는 짧고 간결한 구어체 대사, 적은 수의 등장인물, 재미있는 표현방식을 선호한다. 그의 텍스트 구성이나 연출 메소드를 관통하는 특징은 일상세계의 감각과 공연공간의 현장적 감각이다. 일상적 생활감각을 중심에 놓고 초현실적이고 부조리한 사건이나 상황을 다루기 때문에 그의 연극은 일상과 그로테스크가 뒤섞인 양상으로

---

[114] 앞 인터뷰.

나타난다. 그로테스크한 세계가 일상 세계와 쌍생아처럼 맞붙어 표현되는
것이다. 박근형 이전의 연극들에는 이렇게 시침 뚝 떼고 일상과 그로테스
크를 혼연일체로 뒤섞어 놓는 경우가 거의 없었다. 〈너무 놀라지 마라〉는
이 말을 유서로 남긴 친구 아버지의 죽음에서 소재를 끌어오고 있는데, 시
신이 말을 하는 부조리한 상황을 인물들은 일상적 사건인 양 반응한다.

2) 재현적/양식적/극장주의적 메소드

박근형이 배우들과 작업하는 방식은 배우를 진짜 '동료'로 대하는 수평
적 관계이다. 그는 평소에 사적인 대화들을 많이 나누면서 인간적인 관계
를 유지한다. 그는 공연텍스트의 구성에 배우가 가장 큰 몫을 한다고 토로
한다. 그가 제목과 이야기를 만들어 오면 연습이 시작된다. 그가 배우들에
게 대강의 상황과 인물 간의 관계를 제시하면, 배우들이 즉흥적으로 여러
가지 장면과 캐릭터의 관계, 리액션, 연극적 표현 등을 만들어내며 연기를
수행한다. 박근형은 이 과정에서 가장 좋은 아이디어나 연극적 표현, 연기
양식을 선택하거나 수정하고, 새로운 방향을 제시한다. 이런 수행적 과정
을 거치면서 공연 텍스트의 글쓰기와 장면 구성이 만들어진다[115]. 배우들
의 즉흥성, 배우들의 몸과 개성, 수행성이 어우러진 퍼포먼스적 텍스트가
구성되는 것인데, 물론 이야기와 극 전체의 방향을 만들고 연극적 언어를
다듬고 표현 양식을 결정하는 것은 박근형이다.

나는 이쪽 방향으로 가겠다, 어느 쪽이다, 애초부터 선을 긋고 작업을
하고 있지는 않거든요. 최종 목표는 관객이니까, 관객들이 내가 하고자 하
는 이야기를 잘 받아들이기 위해서 하는… 딱히 애초부터 어떤 컬러를 정
해가지고 한쪽으로 가거나 그러진 않아요. 하다가 바뀌기도 하고… 어떨

---

[115] 미니 인터뷰, 「관객을 많이 생각하게 된 요즈음 연극 작업이 더 재밌다」, 『공연과 리뷰』
통 55호, 116쪽.

땐 혼란스럽죠.[116]

그의 연출메소드에서 최우선적으로 고려되는 것은 배우와 관객 양자이
며, 이 둘과의 관계이다. 연극의 최종 목표를 관객으로 삼기 때문에 연출
스타일을 사실주의나 다른 어떤 것 하나에 한정하기보다는 관객에게 어떤
것이 더 잘 전달되는가를 기준으로 삼아 여러 양식을 뒤섞는다.

그는 자신의 연출작업에서 체계적이고 조직화된 특별한 메소드는 없다
고 말한다. 그러나 배우로부터 최대한의 창조성을 끌어내는 즉흥성, 배우
들과의 수행적 작업을 통해 연극을 완성해가는 작업방식에서 그의 연출
메소드를 추론해낼 수 있다.

> 자기 말 하라는 거죠, 배우한테. 남이 해온 거 하지 말고 흉내 내지 말고.
> 저는 누구나 다 배우가 될 수 있다고 생각해요. (중략)
> 제게 배우들한테 하는 거는 일종의 최면 아닌 최면이에요. "네가 최고
> 다. 전 세계에 너 같은 배우는 너 하나다. 그런데 왜 안 하냐?" 그거예요. 그
> 리고 "네가 이미 최고이기 때문에, 네가 평상시에 하는 말로 해라. 단, 관객
> 에게 들리게. 네 생각을." 제가 얘기하는 게 그거예요. "남의 말 하지 마라.
> 그래서 너는 너의 방식대로 슬프고, 너의 방식대로 기쁘고, 너의 방식대로
> 분노해라. 남처럼 하지 마라. 그건 없는 거다." (중략)
> "노력해라. 배우는 아무것도 없는 상태에서 사람들한테 여기를 높은,
> 8,000미터 높은 산으로 보이게 할 수도 있고, 너의 말 한 마디에 의해서, 그
> 리고 아주 깊은 심해 바닷속으로 관객들을 상상하게 데려갈 수도 있다. 네
> 가 먼저 믿어야 된다." 그런 얘기 하죠.[117]

박근형은 배우에게 관습적인 연기나 모방연기가 아닌, 자신의 고유한 말

---

[116] 김성희 인터뷰.
[117] 앞 인터뷰.

과 감정으로 표현하는 자연스러운 연기를 주문한다. 다른 인물로 변신하려 하지 말고 '자기 자신'으로 연기하라는 것, 다시 말해 연극적으로 꾸미는 연기를 하지 말고 평상시 말하고 행동하듯 연기하라는 것이다. 이는 박근형 연극의 재현적 연기가 기존의 사실주의극의 그것과 차별화되는 요인을 만들어내는 메소드이다. 후자의 재현적 연기는 극 중 인물의 심리와 행동을 가장 잘 표현해내기 위해 분장, 의상, 음악 등의 시청각적 요소들과 더불어 배역의 인물 이미지를 만들어내며 극 중 캐릭터로 완벽하게 변신하는 것을 목표로 삼는다. 그러나 박근형의 재현주의는 분장을 하지 않은 맨얼굴의 배우 이미지를 그대로 노출시키고 일상적인 말하기와 행동으로 이루어진 캐릭터 재현을 목표로 삼는다. 일상적이고 자연스러운 연기와 조응하여, 진짜 소품이나 일상세계의 물건들을 직접 사용한다. 또 중요한 극적 사건을 소재로 삼는 사실주의극과는 달리, 박근형은 극히 일상적이거나 사소한 행동들을 무대화한다. 이전의 연극들에서 배우들이 빈 그릇을 놓고 먹는 연기를 했다면, 녹차 티백을 담근 소주병으로 술을 따라 마신다든지(《청춘예찬》), 화장실에서 배설하는 장면(《너무 놀라지 마라》)들이 재현된다.

일상적이고 자연스러운 재현주의 메소드와 더불어 활용되는 연출 방법론은 극장주의적이고 양식적인 연출/연기술이다. 그는 관습적 표현이나 일상의 모방을 벗어난 연기를 강조한다. 실제 삶의 모방적 표현과는 다른, 자유로운 상상에 의한 색다른 표현방식과 양식적 연기를 추구한다.

> 배우에게 무엇을 주문할 때도 "<u>다른 방법은 없냐?</u>"라는 거죠. 가령 "남녀가 춤을 춘다. 그럼 그 보폭으로 가서 춤추는 자세가 꼭 그렇게만 춤을 춰야 되냐?" 라는 의문 같은 거를 갖기 시작했죠. "왜 꼭 저렇게만 해야 될까? 다른 방법은 없을까?" 움직임이라든가 어떤 양식적인 표현방법에 있어서 끊임없이 질문을 저한테 던졌죠. "꼭 저 방법밖에 없나?" "<u>왜 저렇게 해야만 하지? 다른 건 없나?</u>" 이런 질문 던지는 게, 제가 저한테 질문을 많<u>이 던졌죠.</u>[118]

이렇게 그는 항상 배우에게나 작가/연출가로서의 자신에게 상식이나
기존의 관습을 깨트리는 '다른 표현'이나 상상력을 요구하고 질문을 던진
다. 그의 연극에 특이한 양식적 연기[119]나 초현실적 상황, 혹은 그로테스크
가 흔하게 나타나는 것은 바로 기존의 상식과 관습적 표현에 반하는 연출/
연기메소드를 의식적으로 채택하기 때문이다. 재현과 표현, 현실과 비현
실, 일상과 그로테스크를 넘나들고, 이질적인 장면들을 병치하여 다양한
기표들의 놀이를 벌이기 때문에 관객은 벤야민이 현대적 지각의 특성으로
꼽은 '산만함'을 즐기게 된다.

연기 메소드와 관련하여 특기할 만한 것은 배우의 존재감을 강력하게
창조해낸다는 점이다. 배우의 존재감은 배우가 인상적인 캐릭터를 탁월한
연기력으로 소화해 내거나 강렬한 카리스마를 내뿜을 때 전달되는 것이
통상적이지만, 박근형은 텅 빈 무대에서 배우가 아무 연기도 하지 않고 가
만히, 오랫동안 머물게 하는 것만으로도 만들어낸다. 혼자 계단형 세트에
앉아 오랫동안 객석을 응시하는 〈청춘예찬〉의 청년(배우 박해일, 혹은 김
영민)이나 〈아침드라마〉의 시작과 끝을 열고 닫는 해설자(배우 서이숙)가
그 대표적인 예이다.

또 하나, 박근형의 연출미학을 만들어내는 중요한 메소드는 관객을 공
연의 구성요소이자 참여자로 간주한다는 점이다. 자연스러운 재현연기와
더불어 배우들은 객석을 바라보며 연기하는 극장주의적 연기를 자주 수행
한다. 그런가 하면 소극장 객석을 본뜬 무대장치(〈청춘예찬〉)를 세워서 무
대와 객석이 서로를 반영하는 거울상이며, 무대 위 현실이 관객의 현실과
동일하다는 메타연극적 콘셉트를 표현한다. 또 객석 통로로 배우들이 등
장하는 방식(〈경숙이, 경숙아버지〉 등)이나, 관객에게 직접 이야기를 건네
는 해설자를 사용(〈아침드라마〉)하여 연극공간을 객석으로까지 확장하는

---

[118] 앞 인터뷰.
[119] 이를테면, 〈아침드라마〉에서 딸과 신랑의 결혼생활은 춤으로 표현되는데, 서로 스텝
이 맞지 않는 춤으로 그들 결혼생활의 불화가 표현된다. 임신은 딸이 머리에 쓴 밀가
루반죽 모자로 표현된다.

동시에 관객을 연극의 구성요소로 삼는다.

3. 박근형의 작품세계와 연극미학

박근형이 극작·연출 활동을 시작한 1990년대는 현실사회주의 붕괴로 인한 탈이념과 포스트모더니즘이 압도적인 영향을 발휘한 시기이다. 포스트모더니즘 미학은 메타담화의 부재, 다원성, 불연속성과 우연성, 일상성 혹은 대중주의, 즉흥성과 퍼포먼스, 비정치성, 주변적인 것의 부상, 탈장르화, 패러디와 패스티시, 퍼즐 혹은 콜라주 구성, 자기반영적 경향 등의 특성을 지닌다.[120] 박근형의 90년대 대표작 〈쥐〉(1998)와 〈청춘예찬〉(1999)을 비롯해서 박근형 연극들은 이와 같은 포스트모던 미학을 드러낸다. 〈쥐〉와 〈청춘예찬〉은 그동안 한국연극에서 배제되어 왔던 주변부의 현실과 하위문화를 일상적 삶의 맥락에서 다룬다. 극중 인물들은 고정되고 본질적인 정체성이 없고 파편화된 주체라는 점에서 포스트모던적 주체이다. 이들의 정체성은 일관성을 가진 통합된 주체가 아니라 그들을 둘러싼 문화체계 속에서 재현되거나 다뤄지는 방식과 관련하여 형성되고 변형된다.[121] 〈경숙이 경숙아버지〉(2006)에서 자야는 경숙아베의 애인에서 청요리의 애인으로, 나중에는 유사가족관계인 경숙의 이모가 된다. 꺽꺽아재 역시 경숙아베의 은인, 경숙이네 집의 가장, 어메의 애인, 유사가족관계인 경숙의 삼촌으로 계속 그 정체성이 변형된다. 〈청춘예찬〉의 아버지, 청년, 용필 등도 역시 문화적 재현체계에 따라 정체성이 유동하는 파편화된 주체이다.

박근형 연극의 구조 또한 비선형적 구조와 분절된 장면 구성, 시공간의

---

120 신현숙, 『20세기 프랑스 연극』, 문학과 지성사, 1997, 228쪽.
121 스튜어트 홀, 「문화적 정체성의 문제」, 전효관 외 역, 『모더니티의 미래』, 현실문화연구, 2000, 325쪽.

오버랩이나 이질적 장면의 병치, 콜라주 등 불연속성을 지닌다. 리얼리즘
극이 조직화된 경험과 감각을 통해 재현을 목표로 삼는다면, 그의 극은 낮
익은 일상 속에 사물이나 사건의 특이성을 생산함으로써 재현을 넘어 새
로운 현실을 생성한다. 극사실적 무대에서 인물들은 부조리하거나 엽기적
인, 혹은 초현실적 상황과 맞닥뜨리고, 인물들은 아무렇지도 않게 반응하
거나 상식이나 관객의 예상을 깨트리는 행위를 천연덕스럽게 벌여나간다.
이처럼 기표들의 충돌과 양극적 스타일의 혼성, 차이의 놀이로 생성된 연
극적 현실은 의미를 여러 갈래로 분기하게 만든다. 재현적 연기와 극장주
의적 연기의 혼성, 극사실주의 미학과 부조리극 혹은 초현실주의 미학의
혼성을 통해 그의 연극은 재현과 표현의 여러 층이 혼종된 다원화 경향을
띤다. 또한 그의 연극에는 장면들의 불연속성, 오버랩, 파편화, 현실에 대
한 상이한 관점, 느닷없이 끼어드는 다른 목소리에 의한 단절과 의식의 상
호침투 등이 나타난다. 시간, 공간, 의식의 상호침투를 통해 포스트모던한
현실인식과 세계상을 보여주는 것이다.[122]

1) 극사실과 부조리의 혼성

박근형 〈쥐〉(1998)의 무대는 등장인물들의 실제 삶의 환경으로서 극사
실적으로 재현된 무대이다. 장작이 활활 타고 있는 난로, 집안에 설치된 민
간 라디오 방송실과 수북이 쌓인 오래된 레코드판들, 신발장에 가득 정리
된 각종 사이즈의 낡은 신발들, 무대 한편에 놓인 성경책까지 무대를 가득
채우고 있는 것은 실제의 사물들이며 그 사물들이 내뿜는 생생한 물질성
이다. 집 한편에 사설 방송국을 차려 방송하는 큰아들과 만삭의 며느리는
사랑의 말을 속삭인다. 이렇게 극은 따스한 가족의 풍경으로 시작되는데,
물양동이를 들고 어머니가 등장하면서 이야기는 전혀 예측하지 못한 방향
으로 전환한다. 비는 끝없이 내리고, 창궐하는 쥐떼는 배수관까지 갉아먹

---

122 김성희, 「한국 일상극의 글쓰기와 공연방식」, 41-42쪽.

어 집이 언제 물에 잠길지도 모르는 상황이 알려진다. 강둑에 나갔던 작은 아들과 막내딸이 아이를 사냥하여 돌아오고, 가족은 경건한 기도를 올리고 인육 식사를 한다. 며느리 뱃속의 애는 큰아들의 앤지 작은아들의 앤지 모를 지경이고, 작은아들과 막내딸 역시 근친상간 관계이다. 실종된 아이를 찾는 방송을 부탁하러 온 방문객은 가족이 대접한 음식을 딸의 요리인 줄도 모르고 맛있게 먹는다. 그녀 역시 이 가족의 다음 식사 재료가 된다. 무대 한쪽 신발장에 그득한 신발들은 이 가족의 인육 식사가 오랫동안 지속되어 왔음을 말해주는 기호이다. 이 연극의 중심 아이러니는 희망의 메시지를 전하는 사설방송이 사실은 방문객을 유인하여 식량으로 삼기 위한 수단이라는 점이다. 인육을 먹고 근친상간 관계를 맺는 삶의 방식에 대해 이 가족은 전혀 죄의식이 없다. 이들은 모든 것을 갉아먹어 종말의 시대를 가져온 '쥐'와 동일한 존재이다. 방송이란 덫을 쳐놓고 방문객을 잡아먹는 무대 위 낯선 세계는 극도의 이기적 탐욕이 팽배한 우리 사회의 메타포임이 분명하다.

〈쥐〉는 극사실적 무대에 부조리극 같은 사건을 전개해 나가고 거기에 일상적으로 대응하는 인물들을 제시함으로써 실재적인 것과 상상적인 것이 결합된 세계를 낯설게 제시한다. 이 연극에서 사용된 전략은 언어와 행위의 어긋남, 기표들의 충돌, 인물들의 행위를 관습적 맥락에서 이탈하여 생소한 맥락에 재배치하기 등이다. 이로써 연극무대는 그로테스크 혹은 언캐니(uncanny) 효과를 생성하고, 우리의 인식기반을 급진적으로 전복하면서 낯선 사유를 촉발한다. 아무 죄의식 없이 근친상간하고 방송으로 사람을 유인해 인육을 먹는, '쥐'와 다를 바 없는 그들이 자본주의 시대 극도의 탐욕과 이기심으로 살아가는 현대인의 삶의 방식과 너무나 닮았다는 점을 문득 깨달을 때 언캐니 효과가 발생한다.

〈너무 놀라지 마라〉(2009) 역시 화장실, 수건을 걸어놓은 옷걸이, 술병들이 놓인 찬장, 꼭지를 틀면 물이 쏟아지는 실물 수도, 낮은 서랍장, 신발장, 의자 등 궁상맞은 서민층의 거실 겸 부엌을 극사실적으로 재현한다. 이 남루하기 짝이 없는 거실과 초라한 살림살이는 매우 낯익은 것이어서 실제 현실의 투명한 재현으로 보인다. 그러나 꼼꼼히 보면 이 연극의 무대는 재현이 아닌 시뮬라크르이다. 재현은 원본을 전제하며 유사성의 원리에 종속된다. 시뮬라크르는 원본이 없는 복제(벤야민), 원본과의 일치가 중요하지 않은 복제(들뢰즈), 원본보다 더 실제적인 복제(보드리야르)를 가리킨다.[123] 〈너무 놀라지 마라〉의 무대는 얼핏 보면 낯익은 현실의 복제로 보이지만, 엄밀히 따지면 이 무대는 원본 없는 복제인 시뮬라크르이다. 화장실이 거실 중앙에 자리 잡고 주방 찬장과 나란히 붙어 있는 구조가 차이를 말해준다. 시뮬라시옹이 일반화되어 가상과 실재의 구별이 사라진 현대사회에서는 사실성의 거짓 재현 여부를 가리는 게 중요한 게 아니라 "실재가 더 이상 실재가 아니라는 사실"[124]을 숨기는 극사실주의의 전략에 주목하는 게 필요하다.

　연극은 변비로 화장실을 들락거리는 둘째, 노래방 도우미로 술에 취해 들어와 술주정을 부리는 며느리, 양복을 입고 화장실에 들어가 자살하는 아버지에 이르기까지 극사실적으로 일상적 삶을 재현한다. 그러나 화장실에 매달린 아버지의 시신이 눈을 뜨고 자기를 내려달라고 말을 하면서부터 초현실적 상황으로 급변한다. 놀라운 것은 인물들이 이 초현실적 상황에도 전혀 놀라지 않고 전혀 변하지도 않으며 여전히 자기 세계에 갇혀 비루한 일상을 영위해 나간다는 점이다. 영화감독인 형은 남루한 현실을 직시하거나 장례를 치르려 하지도 않으며, 아버지의 장례비만 챙긴다. 심지어는 아내의 자해에도 불구하고 전혀 꿈쩍하지 않고 자신의 'SF환타지 영화'로 도피한다. 현실과의 관련성을 놓고 본다면 가족의 생계를 책임지느라 노래방 도우미를 하며 매춘하는 며느리를 제외하고 형(영화감독)이나 둘째(은둔형외톨이)는 시신이나 마찬가지 존재이다. 이 연극 역시 실재적인 것과 상상적인 것을 서로 결합함으로써, 또 양극적인 스타일을 혼성함

123　진중권, 『현대미학 강의』, 아트북스, 2003, 155쪽.
124　진중권, 앞 책, 266쪽.

으로써, 언어와 인물의 행위를 문화적 재현체계와 상충하게 함으로써 희극성과 그로테스크 효과를 생성한다.

> 둘째   내가 그 애 아버지인 게 그렇게 중요해?
>
> 남편이 아버지가 되지 못하는 건 중요하지 않고?
>
> 남자   남편! 우리 언니 남편 맞네
>
> 형   어쨌든 고맙습니다
>
> 내가 저 사람 남편이란 사실을 확인시켜줘서
>
> 남자   와 오늘은 계속 놀라게 하네
>
> 처음엔 시동생 그다음엔 행방불명된 영화감독 남편
>
> 다음엔 누군데? 자고 계신 시아버지?
>
>   화장실 문을 연다
>
> 아버지 총각~ 총각~
>
> 남자   매달려 있는 시신 손을 들었다가 떨어뜨려 본다
>
> 남자   정말 사람 놀라게 하네
>
> 며느리 안 무서워?
>
> 남자   무섭다니? 사람이 사람 보는데 뭐가 무서워?
>
> 며느리 그래도 죽은 사람이잖아
>
> 남자   우린 안 죽나?[125]

형수와 관계해 애까지 낳게 한 시동생은 형에게 오히려 남편 역할을 못하는 게 더 큰 문제라고 공박하고, 형은 아내가 매춘상대로 데려온 남자가 자신을 남편으로 인정하는 데 대해 감사를 표한다. 인용 장면은 인물들의 역전된 관계와 비상식적인 행위, 남자에게 말을 거는 시신, '놀라게 한다'는 말을 내뱉긴 하지만 전혀 놀라지 않고 마치 집안의 주인처럼 행세하는 남자 등으로 인해 의외성의 효과와 웃음을 유발한다. 동시에 인습적 사고

---

[125] 박근형, 『너무 놀라지 마라』, 애플리즘, 2009, 141-142쪽.

를 깨트리게 하는 질문을 관객에게 던진다. 판타지 영화를 만든답시고 현실에 눈을 감고 가상현실에 빠져 사는 형은 자기 대신 생계를 책임지고 있는 아내를 가리켜 "니 형순 다 좋은데 삶이 거짓말이다"라고 말한다. '거짓'의 삶을 살고 있는 사람은 과연 누구인가, 관객에게 던지는 질문이 곳곳에 숨어 있다. 현실과 비현실을 혼성하는 연출전략은 실재와 가상, 진짜 삶과 거짓 삶이 전도된 세계를, 그리고 의미가 다양하게 분기하는 이미지들을 생성해낸다.

극사실적으로 재현된 무대는 실재 같으면서도 실재가 아니다. 참조대상이 없고 자기충족적인 하이퍼리얼리티에서 현실은 기호에 의해 지워지고 대체된다.[126] 하이퍼리얼리티와 부조리성의 혼성은 언캐니와 '낯설게 하기' 효과를 발생하며, 우리가 사는 현실에 대해 새롭게 사유하도록 촉발한다. 디테일의 정교한 재현으로 현실에 과장적으로 충실하면서 동시에 왜곡을 통해 현실을 넘어서기 때문이다. 박근형 연극이 그리는 현실은 철저하게 비속하고 남루하고 반미학적이고 끔찍한 것이기까지 하다. 그러나 연극 밖의 현실세계는 광고와 영화와 백화점의 상품들이 표상하듯 소비자본주의의 찬란한 미학을 과시한다. 이는 형이 만들고 있는 'SF판타지' 영화 〈제3의 방랑자〉의 환상적 미학과 등가의 것이기도 하다. 세계를 미학화하고 이미지화하는 것, 그래서 현실 재현이 아닌 가상현실로서의 시뮬라크르를 만들어내는 것이 형의 영화이다. 박근형 연극은 실제 삶과 극중극으로서의 영화를 대비시키고, 하이퍼리얼한 무대와 부조리한 상황을 중첩함으로써 '예술과 삶의 경계를 허무는' 포스트모던한 미학을 사용한다. 이는 재현再現에서 그 '재'를 제거하고 현실 혹은 삶을 스스로 상상하게 만들기[127] 위한 것이며, 현실에 대한 과장적 충실성과 부조리의 혼성으로 실제 현실의 왜곡성을 깨닫게 하기 위한 것이다.

---

126 박정자, 『마이클 잭슨에서 데리다까지』, 기파랑, 2009, 148쪽.
127 레지스 드브레, 『이미지의 삶과 죽음』, 시각과 언어, 1994, 79쪽.

2) 재현주의와 극장주의의 혼융

박근형의 연극에는 재현적 연기와 극장주의적 연기가 혼융된다. 전자는
극적 환상과 동화효과를 목표로 하고, 후자는 환상 깨트리기와 이화효과
를 목표로 한다는 점에서 대립적인 연기양식이다. 박근형은 한 연극 안에
대립적이고 이질적인 연기양식과 기표들의 충돌을 통해 삶과 연극의 경계
를 허물고, 연극과 현실을 등가의 것으로 만들며 생동하는 기표들의 놀이
를 만들어낸다.

〈청춘예찬〉의 무대는 3개의 계단으로 이루어진 구조물이 하나 놓인 빈
공간이다. 객석을 마주 보는 이 계단 구조물은 연극이 공연되는 소극장 객
석과 닮은 꼴이다. 서사가 다 종결되면 연극이 마무리되는 관습에서 벗어
나, 이 연극의 마지막 장면은 청년이 계단형 세트에 앉아서 〈청춘예찬〉 프
로그램을 들춰보며 객석을 바라보는 장면이다. 이러한 구성은 이 연극이
극의 허구성은 그대로 유지시키면서 연극 매체적 성격을 의식하는 반영
극[128]이란 점을 말해준다. 허구적인 현실 재현과 극장주의적 시각이 혼융
된 구성으로서, 이러한 연출전략의 효과는 무대(허구 재현)와 현실 관객이
서로 얼굴을 마주 보면서 연극이 던진 질문을 관객이 대답하고 사유할 것
을, 즉 우리를 둘러싼 현실의 삶에 대해 사유할 것을 촉구하는 것이다.

〈청춘예찬〉은 성장과 경쟁 위주의 자본주의사회에서 누락되고 일탈한
빈민층과 불량학생 등 개인주체를 등장시켜 현실의 남루함과 소소한 일상
을 정밀하게 재현한다. 현실을 재현하고 개인주체의 일상을 공간화하는
서사와 플롯은 선조적 글쓰기가 아니라 구술행위로서 수행적 기능을 지닌
다.[129] 일상을 재현하는 장면들은 파편화되어 다음 장면과 오버랩되기도
하고, 한 시공간에 이질적인 목소리가 끼어들거나 비실재적인 요소들이

---

[128] James L. Calderwood, *Shakespearean Metadrama*, Minneapolis: University of
    Minnesota Press, 1972, pp.11.

[129] 최영주, 「박근형의 〈청춘예찬〉에서의 현실주의 상상력과 일상의 재현」, 『한국연극학』
    28, 2006, 279쪽.

중첩된다.[130]

> **용필**　아! 씨발.
> 　　　　조명이 왜 이렇게 밝아![131]

분절과 이질적 요소들을 삽입하는 서사 – 연출전략 중에서 두드러지는 특성은 바로 위 인용장면처럼 극장주의적 대사와 행동이다. 용필이 불량 친구들과 노는 장면의 끝에서 느닷없이 "조명이 왜 이렇게 밝아!"라고 외치자, 조명은 곧 어슴푸레한 청색으로 바뀌고 용필이 둥근 탁자를 둘러메고 나오면서 다방 장면으로 전환된다. 재현성과 극장성의 중첩이 이런 식으로 신속하고도 자연스럽게 이루어진다.

> **용필**　씨발 완전히 좋았다. 연극이 코메디가 없어!
> 　　　　영화나 연극이 뭐냐? 재미 아니냐? 액션과 스펙타클!
> 　　　　사람들이 말야 응?
> 　　　　비싼 돈 내고 뭐 빨랐다고 거길 가겠냐 응?
> 　　　　인생이 답답하고 재미없으니까 극장을 가는 거 아냐? 응
> 　　　　뭔가 새로운 그 무언가를 맛보려고 응?
> 　　　　근데 이건 처음부터 끝까지 질질 짜면서 항아리 깨는 소리나 하고. 제목은 좋더만 벚꽃동산! (중략)
> 　　　　관객이 원하는데 씨발 써비스 정신이 하나도 없어!
> 　　　　프로야구나 청춘의 덫이 백배 낫다 씹째끼들!
> 　　　　단체 관람이 뭐 호군 줄 아냐? 오천 원이 땅파면 나오냐?[132]

130　김성희, 「한국 일상극의 글쓰기와 공연방식」, 40쪽.
131　박근형, 『박근형 희곡집1』, 연극과인간, 2007, 18쪽.
132　앞 책, 35쪽.

위 장면은 청년과 아버지, 간질이 한 장의 이불을 덮고 잠을 잘 때, 용필 혼자 플래시로 자신의 얼굴을 비추며 하는 대사이다. 어둠에 잠긴 무대에서 플래시 불빛을 받은 용필의 얼굴만이 기괴하게 떠있는 가운데 발화되는 이 대사는 용필이 스스로 연극을 미메시스하고 있음을 보여준다. 용필은 플래시 조명으로 자신의 얼굴을 비추면서 스스로가 주연이자 스태프인 연극을 만들고 있는 중이다. 용필이 생각하는 연극이란 답답하고 재미없는 인생과 대비되는, 재미와 액션과 스펙터클이 있고, 새로운 무언가가 있는 연극, 관객에 대한 서비스정신이 있는 연극이다. 이 장면은 극중인물이 연극을 만드는 행위를 보여줄 뿐 아니라, 연극에 대한 발언과 작가의 자의식을 표출하는 메타연극적 성격을 드러낸다. 이와같이 〈청춘예찬〉은 주변부 인생의 일상에 대한 허구적 재현에 오버랩하여 극장성을 현현한다. 일탈적인 학생들, 술만 마시는 백수로 이혼한 아내에게 거짓말을 해 돈을 뜯는 아버지, 염산을 뿌린 폭력남편 때문에 맹인이 되어 안마시술사가 된 엄마, 우리 사회에 절망하고 이민 떠나는 선생 등 현실의 부정적 측면을 재현한다. 그러나 비판적 리얼리즘처럼 구조적 모순에 대한 성토와 개선을 촉구하고 있지 않으며, 사회주의 리얼리즘처럼 전망을 내세운 화해의 상태를 제시하고 있지도 않다. 박근형의 연극은 현실의 부정성을 재현하지만 거기에 극장주의 미학을 혼용함으로써 재현된 현실로부터 거리를 갖고 부정성을 바라보게 한다. 물론 그것의 효과는 관객으로 하여금 끔찍한 삶의 조건을 인식하고 깨어 있게 만드는 것이다.

박근형이 현실의 부정성을 비판하고 성찰하게 만드는 방식은 부조리극처럼 현실을 추상화하고 의미의 거부와 소통의 부재를 전경화하여 예술의 타자성을 보여주는 방식이 아니다. 그는 재현미학을 통해 현실을 구상화하며, '이야기를 쉽게 전달'하려는 자신의 연출관에 입각, 관객과의 소통을 원활하게 만드는 것이다. 그러나 용필의 대사처럼 재현미학에 갇혀 있는 〈벚꽃동산〉이나 방송드라마 〈청춘의 덫〉과 다르게, 박근형은 극장성을 현시하는 연출전략을 사용함으로써, 또 코미디와 액션을 버무려 넣어 관

객에의 서비스정신을 발휘하면서 '새로운 그 무언가'를 보여주고자 하는
것이다. 극장주의적 연기나 장면들, 오브제와 음악, 춤 등으로 만들어내는
기표들의 놀이는 그 효과로 재미와 코미디, 액션 등을 창출한다. '답답한
인생'을 재현하는 장면들과 극장주의적 요소들을 혼용하여 박근형은 '가
상성'을 파괴하고 '연극적 가상', 곧 '참으로서의 가상성'을 현현시키고자
한다.

　재현주의와 극장주의를 혼용하는 연출전략은 그의 연극 전반에 나타나
는 두드러진 특성으로서, 박근형 연극미학의 특성을 이룬다. 〈경숙이, 경
숙아버지〉(2006)의 경우에도, 난산 끝에 애를 낳은 경숙이 아들을 보며
'아버지'를 연상하는 순간, 객석 통로를 통해 군화를 둘러맨 경숙아버지가
장구를 치고 춤을 추며 등장한다. 그래서 이 연극은 경숙이 회상하는 '기억
의 극'이기도 하다. 아베의 경상도 사투리는 군사정권시대와 권위주의적
가장을, 군화는 떠돌이 삶을 상징하며, 장구와 춤은 늘 바깥으로 떠돌며 살
아온 한량으로서의 아버지를 표상하는 이미지이다. 이러한 아베의 이미지
는 경숙아버지만의 특수한 것이 아니라 산업자본주의가 정착되기 전까지
우리나라 보편적인 아버지상이라는 점에서 문화적 기억으로서의 상징이
기도 하다. 상징의 힘을 획득하게 되는 기억은 자신의 인생을 거꾸로 더듬
어 가서 해석함으로써 확인되며 일정한 의미 맥락과 관련된다.[133] 아베를
마치 한 장의 그림처럼 상상력을 자극하는, 각인력이 뛰어난 능동적 이미
지로 연출한 극장주의적 이미지 전략은 아베의 삶을 재현한 장면들을 몇
개 늘어놓는 것보다 훨씬 효과적인 것으로, 성격화의 '감각적 현현'이라
할 만하다. 그 외에도 이 연극에서 재현성과 극장성이 적극적으로 혼성된
장면들을 많이 찾아볼 수 있다. 이 연극의 무대는 극사실이 아닌, 빈 공간
에 어지럽게 쌓인 상자 몇 개가 전부인 미니멀리즘을 지향한다. 경숙이는
재현적 연기를 하다가 아버지가 "이불 속에 퍼뜩 안 들어가나!"라고 호통

[133] 알라이다 아스만, 변학수, 백설자, 채연숙 역, 『기억의 공간』, 경북대출판부, 2003, 333쪽.

치면 이불을 뒤집어쓰며 상자 속으로 들어간다. 이사 장면도 상자들을 들고 무대를 빙빙 도는 것으로 처리된다. 이런 연출방식은 한국 가면극을 비롯한 극장주의적 연극에서 흔히 사용되는 방식이라 그다지 새로울 것은 없다.

이 연극에서 박근형의 극장주의적 미학이 창의적이고 재치있게 발휘된 방식은 심각하거나 비장한 장면에 키치적 이미지들을 배치하는 전략이다. 평범한 사람들의 삶에 가장 밀착된 표현방식인 키치적 이미지, 즉 미적으로 저급하거나 조악한 이미지를 극적이고 비장한 장면에 배치함으로써 비장함은 희극성으로 전환되고, 연극을 삶과 일상성의 맥락에서 바라보게 만든다. 특히 예술이 간과하는 삶의 실체로서의 가벼움, 무의미, 통속성[134] 이 키치적 이미지 연출로 전달되는 것이다. 경숙어메의 출산과 애가 죽는 장면은 무대 뒤편 상자에서 기저귀를 찬 남자가 만세를 부르며 나와 무대 가운데로 걸어오다가 쓰러지는 것으로 연출되는데, 이는 만화적 상상력에 의한 키치적 이미지이다. 또 아베가 데려온 자야가 덥다고 하자 경숙은 대야를 들고 부채질한다. 오브제의 생김새는 비슷하지만 그 기능이나 물질성은 전혀 다른 무거운 것(대야)으로 가벼운 부채의 기능을 행하게 함으로써 이 상황에서 경숙이 느끼는 삶의 무거움을 촉각적 효과로 전달한다. '청요리와 자야'(10장) 장면에서는 경숙어메가 "내도 니처럼 노래 잘하고 싶었다 / 내도 뾰족구두 신고, 입술연지 바르고/ 우리 신랑 노래할 때 젓가락 장단 맞춤서 내도 사랑받고 싶었다 내도 여자 아이가!"라며 자신의 배를 칼로 찌른다. 배우의 의도적으로 과장된 신파적 연기로 센티멘탈리티가 분출하는 장면에서 갑자기 인물들은 엉뚱하게 '강남달' 노래를 부르다가 그 멜로디로 찬송가 가사를 부른다. 한복 입은 예수가 웅장한 찬송가 소리와 함께 객석 통로를 통해 등장한다. 성령이 임하는 순간을 극장주의적 방식으로 표현한 이 장면은 사랑을 주지 않는 남편, 늘 밖으로만 나도는 남편에 절망하여 교회에 의지하는 한국 어머니의 한을 '한복 입은 예수'라는

---

[134] 양효실, 「키치」, 『현대의 예술과 미학』(미학대계3), 서울대출판부, 2007, 369-370쪽.

키치적 이미지로 표현한 것이다. 예수는 어메가 들고 있던 칼을 들고 "네 이웃을 네 몸과 같이 사랑해라!"라고 외친다. 흉기로서의 칼과 성경의 사랑의 메시지를 병치한 이 장면은 박근형식 블랙 유머이자 그로테스크 효과를 발생한다. 칼부림의 현장이 은혜의 현장으로 바뀌고 연적 관계였던 어메와 자야는 형님-동생의 유사가족이 되지만, 아베는 혼자 소외된다. 근대화 과정에서 혼자 가정을 꾸려왔던 서러운 세월을 어머니는 교회에 다님으로써 보상받고자 하고, 가장의 권위를 내세우지만 늘 바깥으로 나돌았던 아버지는 결국 교회에 매달리는 아내에게 소외당한다. 문화적 기억으로서의 보편적인 한국의 아버지, 어머니의 초상이 극장주의적 연출로 강력하게 현현하는 것이다.

〈백무동에서〉(2007)의 무대는 링거가 달린 병원 침대 3개와 주사, 약품 등을 놓는 이동식 선반으로 병실을 재현한다. 그러나 이러한 극사실적 재현무대를 음향효과나 간단한 오브제 등을 활용하여 전혀 다른 공간, 곧 상림(숲)이나 공항, 달리는 차 안 등으로 전환한다. 무대 왼편에는 공항 카트에 짐가방을 올려놓고 배우들이 앉거나 옆에 서 있는 것으로 차의 실내, 혹은 달리는 차를 표현한다. 무대 오른편에는 산짐승들의 울음소리와 더불어 갓과 도포를 쓴 유림들이 병실 침대에 앉아 약품 이동선반에 휴대용 가스레인지를 놓고 불을 피우는 것으로 '상림'이란 숲 속 공간을 연출한다. 링거가 매달린 병원 침대라는 재현 공간의 물질성을 그대로 유지하면서 거기에 간소한 오브제와 음향효과의 사용으로 전혀 다른 공간으로 전환하는, 다시 말해 관객의 상상력을 적극적으로 끌어들이는 연출전략을 사용하는 것이다. 근대의 미학인 재현이 현실의 반영 이미지를 의미한다면, 박근형의 연출전략은 가상이 현실을 지배하고 결정한다는 포스트모던 미학을 보여준다. 원본을 대신하는 시뮬라크르의 놀이를 보여주는 것이다. 병실 침대가 놓인 하이퍼리얼한 무대를 그대로 사용하면서 간단한 오브제나 음향효과의 첨가만으로 다른 공간으로 전환하는 극장주의적 연출과, 상이한 맥락으로 전유된 공간과 오브제를 가지고 배우들이 천연덕스럽게 벌이

는 재현적 연기를 결합시키는 것이 박근형의 가장 특징적인 연출미학이라
할 수 있다.

3) 일상과 그로테스크가 혼합된 카니발적 세계

(1) 카니발적 세계와 전도된 기호들

박근형의 연극세계는 일상과 그로테스크의 미학과 양식을 뒤섞음으로
써 일종의 카니발적 세계를 만들어낸다. 카니발적 세계는 민중적 시각으
로 기존질서를 뒤집거나 패러디하고, 감각적이고 유희적 성격을 가지며
전도된 기호들을 활용한다. 바흐친에 따르면 카니발은 지배적 진리들과
현존하는 제도들로부터 일시적으로 해방되는 민중축제로서, 모든 계층 질
서적 관계, 특권, 규범, 금지의 일시적 파기가 흥겹게 일어난다. 따라서 카
니발의 형식과 상징은 지배적인 진리와 권위에 대해 유쾌한 뒤집기를 보
여주는 것으로, '거꾸로' 뒤집은 논리, 패러디와 풍자적 개작, 격하, 모독
같은 특성을 지닌다.[135] 카니발적 예술은 기성 예술이 규범으로 삼고 있는
모든 공식적인 법칙이나 형식을 깨트린다. 바흐친은 카니발의 핵심이 "예
술과 삶 자체의 경계 선상에 위치"하는 것이며 "독특한 놀이의 이미지에
의해 형식화된 삶 자체"[136]라고 말한다. 박근형의 연극이 기존 질서를 해
체하거나 패러디하고 하위문화를 형상화하며, 민중 생활을 희극적으로 형
상화한다는 점, 또 삶을 재현하는 듯 보이지만 실제로는 유희의 패턴에 따
라 구성된 놀이를 펼친다는 점에서 카니발과 상통한다.

민속문화나 카니발의 형성원리 중 가장 기본적인 것이 웃음이다. 바흐
친은 카니발의 웃음의 특징을 3가지로 설명한다. 첫째, 웃음은 민중적·집
단적인 것으로 모든 사람들이 공유하는 '세계에 대한 웃음'이다. 둘째로

---

[135] 바흐친,『프랑수아 라블레의 작품과 중세 및 르네상스의 민중문화』, 아카넷, 2001,
32-34쪽.
[136] 앞 책, 28쪽.

웃음은 보편적인 것으로, 세계 자체는 익살스럽게 제시되며 웃는 자신까지도 웃음의 대상이 된다. 셋째로 웃음은 양면적 가치를 지닌다. 유쾌한 동시에 조소적이고, 부정하기도 하고 긍정하기도 하며, 매장되기도 하며 부활하기도 한다.[137] 모든 제도의 모순과 한계성을 강조하는 카니발의 웃음은 확실한 것을 불확실한 것으로, 안정된 것을 불안정한 것으로 바꾸어 놓는다.[138]

박근형의 연극은 끊임없이 웃음을 유발한다. 그런데 그 웃음은 인간의 어리석음이나 탐욕, 위선 등 인간의 약점을 풍자하고 자신을 웃음의 대상보다 우월한 입장에 놓음으로써 자신을 풍자의 대상에서 제외하는 통상적인 희극의 웃음과는 차이가 있다. 이를테면 〈경숙이, 경숙아버지〉에서의 아베는 현실세계의 모순을 풍자하는 웃음의 주체인 동시에 자신도 모순을 유발하는 웃음의 대상이 된다. 한국전쟁이 나자 아베는 혼자 피난을 떠나면서, 자신은 '쏠로'이기 때문에 외로운 사람이라며 익살스럽게 전도된 논리를 들먹인다.

> 아베   깝깝한 년! 니 시간 없는데 자꾸 와 이라노?
>
>   니는 어메가 옆에 안 있나?
>
>   너희는 둘! 내는 쏠로! 진정 외로운 사람은 내다!
>
>   니도 자식 나면 내 맘 안다
>
>   간다!
>
>   경숙이 아베 다리 붙들고 놓지 않는다
>
> 경숙   내도 데리고 가이소 아부지!
>
> 아베   울지 마라 이 년아! 너는 내를 닮아 운이 있다!
>
>   운명을 믿고 집에 있그라
>
> 경숙   아부지, 아부지!

---

[137] 앞 책, 35-36쪽.
[138] 김욱동, 『대화적 상상력』, 문학과 지성사, 1988, 244쪽.

아베   토 달지 말고 빨리 이불 속으로 안 드가나!

경숙   무서워요 아부지!

아베   인생은 평생 무서운 기다 이 깝깝한 년아

            아부지 올 때까지 꼼짝말고 집 잘 지키고 알아서 살고 있으라[139]

    아베는 가족을 집에 두고 혼자 피난 가기 위해 세 명의 가족 중 자신을 '쏠로'라고 분리하며, 자식 낳으면 자기 맘 알 거라는, 기존의 상식이나 규범을 뒤집은 말을 한다. 전쟁 중이라 집에 있기가 무섭다는 말엔 "인생은 평생 무서운" 것이라 응수한다. 아베가 습관처럼 잘 쓰는 "깝깝한 년"이란 욕이나, 가장의 권위를 내세우면서도 의무와 책임은 도외시하는 아베의 언행은 웃음의 주체인 동시에 웃음의 대상이 된다. 이처럼 박근형은 일상적 생활감각을 뒤집는 역설이나 패러디, 촌철살인적 대사, 예상이나 기대치를 깨트리는 언행, 터무니없는 희화화, 반어적 대응 등을 사용한다.

    〈대대손손〉(2000)은 4대에 걸친 조씨 가문의 역사를 역순구조, 과거와 현재를 교차하는 구조로 보여주면서 '단일민족 신화'의 허구성을 희극적으로 폭로한다. 이대는 고조부(사대)가 의병장 최익현의 왼편에서 상소문을 쓴 애국지사라고 말하지만, 실제로 사대는 일본인에게 아내를 상납하여 일본인의 피를 받은 삼대와 삼순을 얻었고 일본인에 아부하며 식민지 시대를 살아간 인물이다. 이대 역시 삼대가 일본 게이샤와의 사이에 낳은 아들이고, 이대도 베트남전 참전 중 베트남여자와의 사이에 아이를 낳는다. 이렇게 이 연극은 한 가족사를 통해서 한국역사를 표상하며 '단일민족 신화'의 허구성을 해체함으로써 지배적인 진리를 유쾌하게 뒤집는다. 사대는 일본인의 피를 받은 아이들에게 "뿌리 깊은 우리 가문의 내력"을 종족 기원신화를 패러디한 장엄한 과장법으로 설명한 후 "제사 준비를 하도록 하자" 라고 말한다. 이에 인물들은 모두 '스지 큐' 음악에 맞춰 슬로우 모션의 춤을 춘다. 엄숙해야 할 제사 준비는 미국문화를 상징하는 팝송과

---

[139] 박근형, 『너무 놀라지 마라』, 27쪽.

춤에 의해 무질서한 축제로 전환된다. 이처럼 그로테스크한 기호들의 놀이는 일본 종속의 시대를 거쳐 이제 미국 종속의 시대로 전환되었음을 보여주는 전략이다. 이어지는 장면(마지막 장면)은 현재 시점으로 돌아와 이대가 일대를 데리고 제사를 지내는 장면이다. 사대는 "다들 모였구나. 이 애비는 참으로 흐뭇하다"며 연설을 한다. 앞 장면에서 밝혀진 사대의 실체는 자식을 못 낳아 일본인에게 아내를 상납한 인물이기 때문에 부조리한 웃음을 자아낸다.

> 사대   산에는 나무만 있는 것이 아니다. 노루도 있고 꿩도 있고 죽은 비
>   둘기 시체도 있다. 개울가 바위틈에는 너희들이 다가오기만을 기
>   다리며 혀를 낼름거리는 독사도 숨어 있다. 이처럼 산이란 넓고
>   도 깊은 것이다. 시대를 읽어야 한다. 시대를 조심해라. 가문을 지
>   켜야 한다. 알겠느냐? (중략)
> 육대   예, 저희 선조들의 업적에 대해 얘기해주고 있었습니다.
> 칠대   그래? 다들 잘 들거라. 우리 집안은 대대손손..... [140]

이 장면의 희극성은 '선조들의 업적'과 '대대손손' 이어져 온 조씨 가문의 찬란한 역사를 자랑하면서, 가문을 지키기 위해선 "시대를 읽어야" 하고 "시대를 조심"해야 한다는 것을 강조하는 아이러니에서 나온다. 산에 나무만 있는 게 아니라 죽은 비둘기 시체, 심지어 호시탐탐 노리는 독사도 있다는, 굴곡진 세상과 시대에 대한 비유는 부조리한 직관으로서의 웃음을 전달한다. 또한 대대손손 이어져 온 한국인의 '단일민족 신화'가 사실이 가문의 내력처럼 얼마나 허구인가, 대대손손 얼마나 많은 폭력과 비굴과 거짓이 점철되어 왔는가를 함축한다. 성스러운 '단일민족 신화'의 조롱과 신성모독, 바흐친적 개념으로 본다면 공식적 가치를 카니발적으로 전복함으로써 가치의 상대성, 권위에 대한 의심, 즐거운 무정부상태, 모든 독

---

[140] 박근형, 『박근형 희곡집1』, 86-87쪽.

단에 대한 조롱을 보여주는 것이다.[141]

〈경숙이 경숙아버지〉에서도 일상과 그로테스크가 혼합된 카니발적 혼돈을 보여준다. 그중 자야와 아베가 경숙이에게 양은밥상을 들게 하고 신나게 젓가락 장단 두드리며 춤추는 장면과 경숙어메의 출산, 아기의 죽음이 동시에 일어나는 장면은 압권이다. 자야는 한복 저고리를 옷 위에 겹쳐 입고, 아베에게도 입혀 주고 장단치고 춤을 춘다. 일상복 위에 한복 저고리를 겹쳐 입은 모습은 카니발의 야누스 가면과 같은 역할을 한다. 이중적 가면은 변화와 재생의 기쁨, 즐거운 상대성, 단일성과 유사성의 즐거운 부정을 생성하는 그로테스크한 향연[142]을 만들어낸다. 그들의 노래와 춤이 광란을 향해 치달을 때, 밭일하던 만삭의 어메가 들어와 산통 끝에 출산한다. 화류계와 풍류의 삶으로 함축되는 아베 - 자야 한 쌍의 광란의 카니발, 그리고 노동과 출산으로 함축되는 어메 - 꺽꺽아재 한 쌍이 삶의 야누스적 양상을 표상하며 그로테스크한 대조를 이루는 것이다. 어메의 출산과 갓난애는 상자에서 나온 알몸의 기저귀 찬 남자가 응애응애 울며 만세 부르고 몇 걸음 걷다가 푹 쓰러지는 것으로 갓난애의 죽음을 연기한다. 성인 남자로 하여금 갓난애를 연기하게 하고 출산장면을 만세부르며 응애응애 걷는 것으로 연출한 장면은 전도된 기호의 놀이로서 카니발적 웃음을 안겨준다. 바흐친은 카니발적인 것의 진행과정에서 더블double의 주제는 결정적인 역할을 한다고 말한다. 카니발에서 모든 진지한 것은 희극적 더블과 결합되어 표현된다는 것이다.[143]

출산과 죽음이란 진지한 문제는 박근형 연극에서 희극적인 표현과 결합되어 연출된다. '임신한 죽음이며 생명을 주는 죽음'의 이미지인 출산과 죽음은 삶이 서로 모순되는 양면의 과정 안에서 동시에 일어난다는 것을

---

[141] 레나테 라흐만, 「축제와 민중문화」, 여홍상 편, 『바흐친과 문화이론』, 문학과지성사, 1995, 60-61쪽.

[142] 클라크, 홀퀴스트, 이득재 역, 『바흐친』, 문학세계사, 1993, 294쪽.

[143] 도미니크 라카프라, 「바흐친, 마르크스주의, 그리고 축제적인 것」, 여홍상 편, 『바흐친과 문화이론』, 193쪽.

보여주는 이미지이다. 경숙이 밥상을 들고 아베와 새엄마의 광란의 노래와 춤을 견뎌야 하는 시간, 그 옆에서 어메가 출산하고 아기가 죽는 시간의 중첩은 규범화된 삶의 질서를 해체하는 카니발적 시간이다. 육체의 제한된 공간을 뚫고 또 다른 육체가 나오고, 육체와 세계의 경계가 해체된다는 점에서 카니발적 시간인 것이며, 이는 생성의 자리인 그로테스크한 육체를 현현시킨다. 어메 역을 연기한 고수희의 뚱뚱한 몸이 만삭으로 더욱 부푼 몸의 물질성이 강조되고 알몸에 기저귀 찬 성인 남자의 갓난애 연기는 진지한 것을 키치적 이미지로 뒤집는 전도를 통해 웃음과 그로테스크 미학을 생성한다.

〈선착장에서〉(2005)의 경우, 대부분의 무대 공간이 울릉도 선착장과 다방으로 설정되어 있는데, 인물들은 창밖 혹은 바다로 설정된 객석을 바라보며 욕설과 신랄한 풍자, 분노를 표출한다. 재현성과 극장성이 교묘하게 중첩된 극적 설정을 이용하여 전도된 기호들의 놀이를 다양하게 변주한다. 울릉도를 한국사회의 축도로 비유한 무대, 재현성과 극장성을 중첩한 연출을 통해 박근형은 한국 사회의 부패한 정치현실을 비판하고 동시에 관객의 비판의식과 책임을 촉구한다. 항상 쉽고 재미있는 이야기의 외피 속에 자신의 정치성, 현실 발언을 숨겨놓던 박근형은 그러나 〈선착장에서〉나 〈백무동에서〉를 통해선 인물들을 통해 날이 선 비판과 풍자, 신랄한 야유를 퍼붓고 박근형 자신의 정치성을 드러낸다. 그런데 신랄한 비판과 야유를 퍼붓는 인물들이 바로 한국사회의 부패와 부정의 화신이라는 것, 자신이 퍼붓는 야유가 부메랑처럼 스스로에게 돌아가는, 다시 말해 풍자의 주체가 곧 풍자의 대상으로 겹쳐지는 카니발적 웃음을 유발한다.

> 엄사장　봐라 봐라~ 그래 종말이 안 왔나
> 　　　　남편이 돈 때문에 마누라하고 처자식 다 쳐죽이고
> 　　　　자식새끼가 아버지 패는 세상 아이가....
> 　　　　마 노무현이 글마가 나라 꼴 망쳐부니까 하늘이 안 돌았나?

> 마 그냥 다 팍팍 쓸어버리야 한다
>
> 하늘이 안 노했나? (〈선착장에서〉, 239쪽)

    기세등등하게 노무현 전 대통령의 실정을 비판하고 현실에서 일어나는 패륜을 목청 높여 비판하며 자신의 정의감을 하늘의 뜻과 동일시하던 엄 사장은 곧 다방 레지 향숙을 끌어안는 행동으로 부도덕성의 기호가 된다.

주완	세금 억수 올라가 먹구 살기 힘들다
인영	직장 몬 구해가 다들 죽어난다
	자살률 1위다 (중략)
주완	그래도 글마들 정신 몬차린다
	세금 뜯어가 북쪽아들한테 다 바친다 (중략)
인영	새끼들 나라 완전히 들어먹었다
성일	그럼 느그들 요번에 투표하겠네
모두	미쳤나?
주완	우리가 또라이들이가
	한가하게 그런 거 할 시간 어딨노? (〈백무동에서〉, 190-191쪽)

    임신한 시아버지의 그로테스크한 몸, 시아버지의 출산을 돕는 아들 부부 등 남자도 임신하고 애를 낳는 그로테스크한 세계로 그려진 이 연극에서, 백무동 유지의 네 자식들은 공항에서 함께 차를 몰고 돌아오면서 한국 사회의 현실, 노무현 대통령을 신랄하게 풍자한다. 그러나 그들은 투표처럼 세상을 바꿀 수 있는 노력은 전혀 하지 않고 한국 사회의 '질서 개판'을 비꼬면서 자신들은 신호위반, 속도위반에 마약까지 한 채로 운전하다가 택시 기사를 치어 죽이기까지 한다. 그들이 풍자하는 '세상 개판'을 만드는 인물들이 바로 그들 자신임을 폭로하는 전도된 기호가 된다. 그들이 "세상 개판 된 게 우들 책임이가?"라며 책임을 회피하는 데서 풍자의 칼날

은 바로 관객을 향하게 된다. 부정적 인물을 내세워 현실을 풍자하는 연극들에서 전도된 기호들을 활용하는 박근형의 전략은 최종적으로 관객을 향하고 있는 것이다.

(2) 차이의 놀이

〈너무 놀라지 마라〉 역시 과장과 전도의 희극성, 그로테스크한 몸 등 카니발적 세계를 만들어내는 연출전략들이 도처에 편재한다. 먼저 이 연극에는 다리를 저는 몸, 배설하는 몸, 들보에 매달린 시신, 노래방 음악과 동시에 신발장에서 뛰쳐나와 춤추는 머리끈 동여맨 남자, 싱크대 찬장에서 상체만 불쑥 튀어나오는 선글라스(맹인)의 백발도사, 자해하는 몸 등 유독 배설하고 다리를 절고, 춤추고, 고통을 호소하고, 가위에 찔린 피 흘리는 몸, 맹인 등 본능적이고 노골적인 육체성, 그로테스크한 몸이 강조된다.[144] 바흐친은 카니발의 제1요소로 "육체들이 자유롭게 뒤얽히는 것", 배설, 교미, 노동, 출산 등 육체의 기능들이 눈에 보이게 전시되는 것, 육체와 외부 세계가 자유롭게 상호교류하는 것을 꼽는다.[145] 심지어는 판타지의 인물까지도 직접 튀어나와 현실의 인물의 머리를 쥐어뜯으며 육체적 고통을 가한다. 싱크대 찬장 문에서 튀어나온 백발의 예언자는 "이 악취 나는 세상을 구원할 유일한 인간"이라며 둘째의 머리를 붙잡고 흔든다.

이 연극에서 인물들은 모두 자기의 관점과 세계관으로 각각 이야기를 만듦으로써 다중적 목소리를 보여주는데, 그 이야기들은 모두 그로테스크한 육체와 과장, 전도된 기호와 이미지들로 가득 차 있다. 연극에는 몇 개의 극중극들이 차이를 현시하면서 그로테스크한 과장과 떠들썩한 카니발

---

[144] 김영학도 박근형의 〈백무동에서〉와 〈너무 놀라지 마라〉 2편을 중심으로, 그동안 무대 위에서 좀체 시도하지 않았던 행위 (출산장면, 자살한 사람의 몸 전시, 똥 싸는 행위, 만취한 여주인공, 장애인 배우 채용)이 관객에게 혐오감과 즐거움을 동시에 준다고 지적하면서, 바흐친의 그로테스크 육체 개념으로 작품 해석을 시도한다. 김영학, 「박근형 연극에 나타난 그로테스크 연구」, 『드라마연구』 32호, 2010.

[145] 클라크, 홀퀴스트, 『바흐친』, 302쪽.

적 놀이로 재연된다. 둘째가 자신을 심해의 문어로 동일시하는 이야기, 며느리가 히키코모리인 시동생의 카운셀러를 자처하며 노래방 경험으로 둘째를 치유하려는 장면, 둘째가 자신의 일기는 가족사의 기록일 뿐 아니라 창조적 영감이 담긴 작품들이 가득 차 있다고 주장하는 장면, 아버지의 자살이 며느리의 알코올중독 때문이라는 이야기를 만드는 형제 등 이 연극은 다성적인 목소리들을 보여준다. 이 중에서 떠들썩한 카니발적 활력과 희극성을 가장 잘 보여주는 장면은 형의 영화 재연 장면과 며느리의 재연 장면이다. 형의 SF판타지는 비현실적인 만화적, 무협적 상상력과 전도된 기호들로 구성된다. 3013년의 미래 시대를 배경으로 하지만 전개되는 이야기는 신탁, 예언자 등 고대의 모티브와 무협적 이미지로 가득 차 있다. 그러나 형은 세트장에서의 감독 일에 대해선 "초를 다투고 피가 마르는 촬영현장의 최전선이지 / 가자 지구의 팔레스타인과 유태인 새끼들처럼"이라고 비유한다. 황당무계한 영화의 재현 이미지들은 형이 언급한 제작현장의 치열함, 그리고 비유된 가자지구의 치열한 정치성과 강력한 대조를 이룬다. 악의 제국과 그에 맞서 싸우는 제3의 방랑자라는 영화의 대립구도는 가자지구에서의 이스라엘과 팔레스타인과의 대립구도와 의미론적 등가관계를 이룬다. 그런가 하면, 형의 삶의 태도는 자신이 만드는 황당무계한 영화와 등가를 이룬다. 그런 의미에서 형은 카니발의 야누스 가면처럼 이중의 가면을 쓰고 있다. 박근형은 의도적으로 형의 성격창조에 진지함과 희극적 더블을 결합함으로써 전도된 기호의 카니발적 인물을 만들어낸다. 형은 생계의 짐을 아내에게 떠넘기고 심지어는 매춘까지 용인하는 인물이면서도 아내의 삶을 거짓의 삶으로 단정한다. 궁상맞고 추악하기까지 한 현실에는 눈을 감고 판타지영화의 세계 구원 모티프에 빠져 사는 비현실적 인물인가 하면, 동생의 비행이나 심리까지 꿰뚫어보는 인물이기도 하다. 그는 진지함과 신파성을 극도로 과장한 언행으로 상황에 대한 전도된 기호가 되어 희극성을 자아낸다. 그는 영화 얘기만 하고 나가려 하다가 둘째가 아버지의 시신을 보라고 하자, "이보다 더한 비극이 어느 가문에

있을까?"라고, 판타지 영화의 과장된 수사법으로 말하면서 진지한 어조로
과장된 슬픔을 연기한다.

아버지	첫째야 나 좀 내려줘 목 아파 죽겠다
형	죄송합니다 불효자 지금 왔습니다
	(중략)
	(오열하며) 아버지 미워요! 우린 어떻게 살라고 아버지! 아버지!
	대롱대롱 매달린 아버지 엉덩이를 때리며 오열하는 형과 동생
	(정색하며) 근데 아버지 눈에 이건 뭐야?
둘째	보기 흉하지? 뗄까?
형	뭐? 니가? 니가 사람이냐?
	아버지가 널 얼마나 사랑했는데
둘째	진물이 자꾸 흘러 나와서
형	못된 새끼! 그냥 놔두는 게 좋겠다
	코에서도 나오네
둘째	그래도 생각보다 건강하시지?
형	그러게 꼭 생전의 모습 같다
둘째	살아 계실 때보다 지금이 훨씬 나아
	옷도 말끔하게 입으시고
	봐! 손톱 발톱 때 하나도 없어 아버지
형	정말이네
	10년은 젊어 뵌다 진작 이렇게 깔끔하게 사시지

(『너무 놀라지 마라』, 111 – 112쪽)

아버지의 시신은 내려달라고 애원하는데, 형은 아랑곳하지 않고 '불효
자'라며 과장되게 오열한다. 형제는 시신이 건강하다는 둥, 살아계실 때보
다 지금이 훨씬 낫고 젊어 보인다는 둥 넌센스적 대화를 나눈다. 이처럼 상

황에 걸맞지 않은 인물들의 전도된 반응과 언어의 유희는 웃음을 유발하면서 동시에 죽음에 대한 공식적 태도인 음울한 진지함으로부터 인간을 해방시킨다. 시신은 장례를 애처롭게 요청하지만, 자식들은 진지한 애도의 의례 대신 시신의 엉덩이를 때리며 시신의 건강 운운하는 언어의 유희를 늘어놓으며 슬픔을 과장한 희극적 놀이를 벌이는 것이다.

한편, 며느리가 만들어낸 이야기는 '멜로 신파 사극'이다. 며느리는 집으로 데려온 매춘 대상의 남자가 남편이 무슨 영화를 찍느냐고 묻자 '전설의 고향'을 패러디한 내용을 과장되게 재연하면서 희극적 놀이를 벌인다. 며느리 역의 장영남 배우가 장씨 부인 역을, 매춘하러 온 남자가 늑대 역을 맡음으로써 현실/가상이 중첩된 이중적 가면을 만들어낸다. 며느리의 '멜로 신파'는 자식의 죽음으로 유발된 여인의 광기와 사내의 유혹이란 플롯을 가진 것으로 며느리의 일상을 반영한 것이고, 형의 판타지는 세상을 구원하는 거대서사 플롯의 판타지로서 강렬한 대비를 만들어낸다. 이 두 극중극은 통속적이고 대중적인 이야기를 패러디하고 있다는 점에서 원본없는 복제인 시뮬라크르이다. 그리고 이 이야기들은 대중예술의 통속성과 상투성을 패러디하는 차이의 놀이를 통해 희극성을 만들어낸다. 차이의 놀이는 연극 곳곳에 포진하여 웃음을 유발하고 관객의 고정관념을 해체한다. 아버지의 친구가 자살하며 쓴 유서 '너무 놀라지 마라'는 극의 배음을 이룬다. 아버지는 친구를 모방하여 자살하지만 유서를 쓰는 대신 둘째에게 말로 전한다. 이처럼 다양한 형태의 변주를 보여주는 차이의 놀이는 '놀라움'과 역전을 속성으로 하는 카니발적 희극성을 만들어내면서, 관객으로 하여금 무대 위 현실에 대한 관습적 이해에서 벗어나 새로운 시각으로 보게 만드는 효과를 생성한다. 차이의 놀이를 통해 상식과 통념을 해체, 조롱, 패러디하는 연출전략은 그의 모든 연극들에서 활용된다.

〈아침드라마〉(2010)도 세 가지 서사로 차이의 놀이를 벌인다. 첫 번째 서사는 나레이터가 나와 관객에게 들려주는 설화, 두 번째 서사는 나레이터의 해설과 더불어 배우들이 희화적으로, 빠른 속도로 패러디하는 '아침드라마', 세 번째 서사는 재현적 연기로 펼치는 '우리 동네 이야기'이다. 첫 번째 서사는 작품 전체의 의미를 상징하는 일종의 '전제'로서의 역할, 극 중극 형식인 두 번째 '아침드라마'와 세 번째 '우리 동네 이야기'는 서로 왜곡된 거울상이자 대조의 역할로 배치된다. 이 중 '아침드라마' 서사는 박근형 특유의 희극적 과장과 전도된 기호들의 놀이, 블랙유머로 연출된다. 실제 방송극의 멜로드라마의 서사를 압축하고 극단적으로 양식화함으로써 그로테스크와 생소화 효과를 만들어낸다. 이는 물론 방송드라마의 비현실성과 허위를 인식하게 만들기 위한 전략이다. 집안의 몰락, 신분차이로 인한 갈등, 혼전임신과 결혼, 신분상승, 우연적 사고, 해피엔딩 같은 전형적 서사가 10분 정도의 짧은 시간으로 압축되고 '빠르게 감기'식의 양식화된 연기로 표현된다. 현실의 모방처럼 보이지만 실제로는 현실과 동떨어진 드라마의 허구성은 인생과 인물을 미화하는 나레이터의 과장된 해설과 이를 전복하는 배우들의 비속한 말과 성적 제스처, 통속적인 행동의 병치로, 다시 말해 전도된 기호들을 통해 폭로된다. 딸이 구두 닦는 행위는 노골적인 성적 서비스 행위로, 출산은 밀가루반죽 모자로, 삼대독자는 눈이 셋 달린 아이로, 부부 갈등은 남편과 아내 사이의 스텝이 맞지 않는 춤으로 기호화된다. 이렇게 극중극 '아침드라마'는 현실과 드라마 사이의 '차이의 놀이'를 양식화된 연출로 표현한다.

세 번째 서사인 '우리 동네 이야기'는 '아침뉴스'에 나오는 현실적 사건을 소재로 한 것으로, 현실성이란 맥락에서 '아침드라마'와 차이의 놀이를 펼친다. 드라마에서는 혼전 임신이 주인공의 신분상승을 위해, 청소차 교통사고는 불륜의 방해자인 남편을 제거하는 방법으로 사용되었다면, 현실세계에서는 혼전 임신 때문에 신혼여행을 거부하는 철없는 아들이 등장하고, 아침에 약수를 뜨러 가던 교장선생이 청소차에 치여 사망한다. '우리동네 이야기'의 결말은 꿈과 현실의 경계를 모호하게 흐리면서, '무심하면죽는다'라는 직설적 메시지와 함께 남자의 '현실에 대한 무감각'을 처벌하는 결말로 처리한다. 충분히 개연성 있는, 현실사회에서 벌어짐 직한 악몽

같은 이야기를 보여주다가 나중에 꿈이라고 뒤집고, 다시 그것이 꿈이 아닌 현실이라고 뒤집는다. 꿈과 현실의 경계를 흐리는 서사 패턴은 환상성이나 모호함의 효과를 위해 흔히 차용되는 전략으로, 텍스트에 균열을 내고 단성적인 관점을 파열시키는 효과를 발휘한다.

4) 장면 전환, 음악, 무대장치

박근형의 연출기법 중 특징적인 것으로 시공간의 압축 혹은 오버랩 기법을 들 수 있는데, 이 역시 기호들의 놀이를 통해 연출된다. 세트가 거의 없는 오브제 몇 개만의 미니멀한 무대든, 혹은 하이퍼리얼하게 재현된 무대이든 간에 박근형은 시공간을 압축하거나 포개는 기법을 사용하여 포스트모던 미학과 극장주의적 연출을 수행한다. 공간 표현이나 장면 만들기에서 박근형은 꼭 필수적인 것만 표현하는 생략과 집중의 미니멀한 연출 전략을 사용한다. 〈청춘예찬〉의 교실장면(2장)은 강의하는 선생에게만 조명을 비추고 나머지 공간을 어둡게 처리함으로써 극적 역할이 없는 학생들을 등장시키지 않으면서도 선생만 클로즈업한 듯한 효과로 교실장면의 리얼리티를 만들어낸다. 선생이 강의하며 던지는 질문에, 어둠에 잠긴 무대 우측에서 불쑥 용필이 등장하여 담배 연기를 뿜어대며 질문에 답한다. '힘은 용가리 아가리에서 나온다'는 용필의 불손한 대답은 선생의 "너희들! 용가리 봤나?"라는 대사로 이어져 이질적 목소리의 상호침투를 보여준다. 이 장면에서 선생이 청년을 매질하고 청년이 매 숫자를 세는 순간 암전되며, 용필이 친구들과 담배를 피우는 학교 부근 장면으로 전환된다. 시간적 간격이나 공간의 변화 없이 두 장면을 매끄럽게 연결하는 장면전환은 숫자를 세는 소리의 연속성에 의해 이루어진다.

청년　　하나, 둘, 셋
용필　　넷, 다섯, 여섯, 세븐, 여덟…… 열아홉, 스물

아 씨발 왜 담배는 스무 가치야
한 달은 30일인데(『박근형 희곡집1』, 14쪽)

　이런 식으로 박근형은 연상이나 환유, 오버랩, 비약, 교차, 몽타주 등의
기법 혹은 가요나 팝송 같은 음악, 무대를 몇 발짝 이동하는 배우들의 걸음
걸이를 통해 시공간을 압축하거나 단절 없이 장면 전환을 한다. 이를테면
〈경숙이 경숙아버지〉에서 이사장면은 꺽꺽아재의 "나를 따르라"는 대사와
상자(이삿짐)들을 들고 몇 발짝 움직이는 것, 그리곤 "경숙아 새집이 어떻
노?"라고 말하는 것으로 신속 간결하게 처리된다. 마찬가지로 청요리집으
로 자야를 찾아 쳐들어가는 에피소드도 배우들이 몇 발짝 움직이곤 "여
다!"라는 아베의 대사와 동시에 청요리가 무대 좌측에서 등장하여 상자 위
에 앉는 것으로 장면전환이 연출된다. 〈선착장에서〉의 관광승합차 여행은
대사를 부여받은 배우들만 등장하여 무대 좌측에서 중간, 우측으로 이동
하는 것으로 연출된다. 운전하는 영필과 안내멘트하는 성효 두 인물에게
만 스포트라이트를 비추고 나머지 무대는 어둠 속에 잠기게 함으로써 울
릉도 일주 버스여행이란 상황을 전달한다. 극적 기능이 없는 여행객들을
생략하고도 연극적 리얼리티를 살리는 연출전략을 사용한다.
　박근형은 장면전환에 흔히 음악, 특히 대중가요를 사용한다. 음악은 극
의 공간적, 시간적 배경이나 분위기를 표현하고 극적 상황에 악센트나 리
듬감, 혹은 유머를 만들어낸다. 울릉도를 배경으로 한 〈선착장에서〉는 '울
릉도 트위스트'가 배음을 이루면서 공간적 배경을 암시한다. 〈대대손손〉은
현재와 다양한 과거 시간, 일본과 한국을 넘나드는 공간의 교차로 이루어
져 있는데, 70년대 장면으로의 전환에는 '목련화'가, 베트남 장면으로의
전환에는 짐 모리슨의 음악이, 일본 장면에선 일본 노래가, 미국 종속의 한
국 현대사를 상징하는 '수지 큐' 노래가 사용된다. 〈경숙이 경숙아버지〉에
서는 대중가요가 유머와 희극성을 만들어내는 기호로 사용된다. 병원, 경
숙의 난산 장면에서 유사가족들은 함께 모여 상황에 어울리지 않게 '강남

달' 노래를 부름으로써 전도된 기호와 유머를 만들어낸다. 또 경숙어메가 자야 앞에서 남편으로부터 사랑받고 싶었던 심정을 절절이 토로하며 칼로 배를 찌르는 장면에서 인물들은 '강남달' 노래를 부르다가 그 멜로디로 찬송가를 부른다. 대중이 기쁠 때나 괴로울 때 부르면서 위안을 받았던 대중가요의 역할을 교회, 혹은 찬송가가 대체하게 됨을 보여주는 절묘한 연출기법인 것이다.

　박근형의 무대장치는 하이퍼리얼한 것에서부터 간소한 세트와 상징적 오브제에 이르기까지 기호들의 연극성을 적극 활용한다. 〈너무 놀라지 마라〉처럼 극사실적 무대에서 현실에 대한 과장적 충실성과 화장실에 매달린 시신이 말을 하는 초현실적 상황의 상충성은 블랙 유머와 전도된 기호들의 연극성을 적극 이끌어내는 기능을 한다. 특히 무대 중앙에 위치한 화장실과 변비, 고장 난 환풍기, 부패하는 시신을 통해 강조되는 공감각적 악취와 부패의 분위기는 이 극의 중심이 몸성과 공간성에 있음을 언표한다.[146] 스펙트럼의 양극단에 위치한 미학을 맞붙여놓음으로써 현실성과 부조리성이란 두 개의 거울이 서로를 비추는 아이러니 효과를 만들어내는 것이다. 싱크대 찬장이나 신발장에서 환상의 인물이 튀어나오고 싱크대 밑으로 둘째가 들어가 숨는 등 구체적인 세트와 오브제를 의외의 용도로 사용함으로써 연극성의 놀이를 보여준다. 〈청춘예찬〉의 무대 세트인 3개의 계단형 구조물은 소극장 객석의 시뮬라크르로서 연극과 현실에 대한 메타연극적 성찰을 이끌어낸다. 〈경숙이 경숙아버지〉에서의 상자들은 가재도구, 이삿짐, 의자, 가방, 이불 속, 출산하는 태내 등 다양한 기호들로 변신하며 연극성의 놀이를 연출한다. 〈선착장에서〉는 작은 탁자 하나만 놓고서 이를 상황에 따라 의자로 또는 관으로 사용한다. 이렇게 박근형은 미니멀하고 기능적인 세트나 오브제들을 활용하여 다양한 공간을 표현하고 다양한 용도로 사용하는 연극성의 놀이를 보여준다.

[146] 김정숙, 「박근형의 연극의 몸성, 공간성 그리고 주체」, 『한국연극학』, 43호, 2011, 71쪽.

4. 나오며

이상에서 살펴본 것처럼 박근형의 희곡과 연출기법은 재현주의와 극장주의, 일상과 그로테스크, 극사실과 부조리성, 희극과 비극 같은 양극단의 미학을 혼용하는 것이다. 극단 '골목길'을 이끌면서 배우들의 개성을 캐릭터 창조에 적극 활용하고, 소극장의 영세한 구조와 물질성을 이용하는 연출전략, 배우들의 즉흥성과 창조성을 이끌어내어 공연텍스트를 완성해가는 수행적인 연극 만들기 방식은 그가 퍼포먼스적 연출미학에 기대고 있음을 말해준다.

그렇다면 박근형의 연극은 한국 연극사에서 어떤 맥락과 지점 속에 위치하는가? 우선 서민의 궁핍한 일상을 재현하면서 신자유주의 체제로 개편된 한국현실의 부정성을 은근하게 담아내는 그의 작품은 독재체제나 사회현실에 대한 저항의식을 담아냈던 70, 80년대 연극과 주제의식이나 리얼리즘미학 면에서 뿌리가 닿아 있다고 볼 수 있다. 70, 80년대 연출가들이 거대담론을 리얼리즘 미학으로, 혹은 '전통의 현대화' 양식으로 표현했다면, 박근형은 리얼리즘미학에 초현실과 부조리 미학을 혼용하고 미시적 서사의 이면에 사회와 역사를 환유하며, 연극성의 놀이를 적극 활용하는 극작/연출 전략을 사용한다. 한편, 90년대 연극이 현실사회주의 붕괴와 문민정부 수립으로 인한 탈이념과 포스트모더니즘 열풍 속에서 주로 형식실험이나 해체, 연극성의 과도한 탐닉을 보여줬다면, 90년대 후반에 등장한 박근형 연극은 '서사의 귀환'을 지향한다. 그는 일상적 현실을 극화하면서 포스트모던 미학의 영향 하에 주변성, 일상성, 즉흥성, 불연속성, 우연성, 콜라주 구성, 퍼포먼스, 대중미학, 인접장르들의 삽입 등의 극작/연출전략을 보인다. 특히 박근형은 소극장 무대와 관객간의 친밀한 거리를 염두에 두고 그에 조응하는 미시적 서사와 일상생활감각을 투영한 연출양식, 간소한 소품을 다양한 용도로 사용하는 연극성의 놀이, 자연스러운 재현적 연기와 양식적 연기의 조합, 비움의 미학을 활용한 연출 메소드를 정립했다. 이는 2000년대 주류 연극으로 부상한 일상극이나 소극장연극의 모델을 이루었는데, 박근형 연극이 2000년대 연극에 끼친 영향력과 중요성을 말해주는 것이다.

최근 박근형 연극은 초기의 신선도와 밀도를 잃고 변질이 시작되었다는 지적을 받기도 한다.[147] 초창기부터 함께 작업하던 숙련된 배우들이 빠져나가고, 경험이 부족한 젊은 배우들 중심으로 극단이 개편된 것이 그 이유 중의 하나일 것이다.

모든 작품이 다 성공작이 될 수는 없는 일이지만, 최근 그의 극작/연출작에서 작품의 완성도와 연극적 밀도가 떨어지는 것은 우려할 만한 징후이다. 〈처음처럼〉(2011) 〈70년 전〉(2011) 등은 작위적인 설정, 쓰다만 듯한 서사와 제대로 구축되지 않은 캐릭터, 모호함과 직설적 메시지가 혼합된 세계, 매너리즘에 빠진 무대세트와 자기복제적 연출전략 등의 허점을 보인다. 미시적 일상 속에 담아내는 거시적 조망, 지배적 규범이나 현실의 부정성에 대한 기발한 패러디와 역동적인 전복 같은 예술적 혁신과 치열함을 기대한다.

[147] 김방옥, 「삶/일상극, 그 경계의 퍼포먼스」, 『한국연극학』 39호, 2009, 73쪽.

고 선 웅
안티 히어로를 내세운 인간탐구

1. 새로운 극작가들의 등장과 그들의 징후

1990년대 이후의 한국연극은 뚜렷한 세대교체의 징후를 드러낸다. 새로운 극작가들이 대거 등장한 것이다. 이 일군의 신세대 극작가들은 차범석, 이근삼, 윤조병, 오태석, 이강백, 윤대성, 박조열, 노경식, 정복근 등 기성 극작가들과는 다른 감수성과 문화적 코드로 현실을 해석하거나 재현해 낸다. 세상사가 논리보다 우연성의 지배를 받을 때가 많듯이, 한국연극사를 보면 극작가나 연출가들이 한번에 몰아서 쏟아져 나오는 시대가 있다.

신극이 시작된 이래 늘 극작가의 빈곤으로 초라함을 면치 못했던 연극계에 극작가들이 대거 등장하여 다양한 작품세계로 연극의 자양분이 되어 주었던 시대가 1970년대이다. 그리고 1990년대는 극작가들과 연출가들이 쏟아져 나온 시대라고 생각된다.

1990년대에 등장한 극작가들의 특성은 연출과 극작, 심지어는 배우까지 겸하고 있는 '멀티 플레이어'들이 많다는 것이다. 이러한 사실은 이제 극작이 서재에서 혼자 하거나 주문 생산으로 이루어지는 것이 아니라, 연극 현장과 끈끈한 관계를 맺거나 혹은 그 구성원으로서 그야말로 연극을 만들기 위한 대본으로 쓰인다는 걸 의미한다. 이 말은 곧 선배 세대들이 대체로 문학에 기반을 둔 극작을 했다면, 90년대 이후의 새로운 극작가군은 연극성을 우선으로 하는 글쓰기를 보여주고 있다는 것이다.

90년대에 데뷔한 이 새로운 극작가들, 이를테면 이윤택, 윤영선, 박상현, 박근형, 김태수, 조광화, 장진, 고선웅, 김태웅, 이해제, 차근호, 김윤미, 김명화, 장성희, 장우재, 고연옥 등을 거칠게 일반화시켜 말한다면, 이 신세대 극작가들이 선배 작가들과 갈라서는 지점은 내용이나 주제의식이 아니라 현실을 재현하는 방식이나 시각이다.

이들은 논리적이고 인과적 구성을 가진, 잘 짜인 글쓰기가 아니라 파편화된 연극적 장면들을 연결하거나 퍼포먼스적 글쓰기를 보인다. 현실과 판타지를 뒤섞고 만화, 영화, 대중가요, 춤 등의 대중문화 코드를 천연덕스럽게 뒤섞으며, 다양한 장르들을 뒤섞은 '퓨전의 연극'을 선보인다.

이들은 똑같은 현실이라 해도 선배 작가들과 다르게 보며, 그 현실에 감각적이고 즉물적으로 반응하는, 그래서 희극적이거나 황폐해 보이는 어찌 보면 '비정상적인' 캐릭터들을 창조한다.

이 캐릭터들은 자신의 욕망이나 분노를 통제하지 않고 노출시키거나 폭발시킨다는 점에서, 그리고 대중문화적 희화성을 띠고 있다는 점에서 요즘의 영화와 만화, 게임 캐릭터 혹은 영상세대나 인터넷 세대를 반영하고 있다. 그뿐만 아니라, 이들 캐릭터들은 비극적 상황 속에서 과장된 희극적인 언행을 하거나 편집증적 집착을 보임으로써 희극적 아이러니를 유발하고 관객에게 이중적인 정서적 반응을 불러일으킨다. 그런가 하면, 소통을 거부하거나 일탈적이고 비정상적인 인물들을 전경화시켜 인습과 기성 질서에 대한 강한 거부와 반항을 드러내기도 한다.

2. 연극을 운명으로 받아들인 극작가

1999년 한국일보 신춘문예에 〈우울한 풍경 속의 여자〉가 당선되어 데뷔한 고선웅(1968~)은 왕성하게 많은 공연작을 선보이면서 동시에 연출가로서도 뛰어난 역량을 발휘하고 있다.

그의 작품 연보를 대략 살펴보면 다음과 같다.

〈락희맨 쇼〉(연우무대, 최우진 연출, 1999), 〈살색 안개〉(연우무대, 김종연 연출, 2000), 〈서브웨이〉(작은신화, 최용훈 연출, 2000), 〈송경철의 건달 이야기 – 맨홀 추락사건〉(김태수 연출, 2000), 〈藥TERROR樂〉(최용훈 연출, 2000), 〈(뮤지컬)젊은 베르테르의 슬픔〉(김광보 연출, 2000), 〈이발사 박봉구〉(최우진 연출, 2002), 〈칼리굴라 1237호〉(박근형 연출, 2002), 〈(뮤지컬)카르멘〉(2002. 2005년 공연은 고선웅 연출), 〈성인용 황금박쥐〉(악어 컴퍼니, 남동훈 연출, 2003). 이외에 아직 공연되지 않은 작품으로 〈떠도는 자, 정여립〉(국립극장 장막극 공모당선작, 1999), 〈천적공존기〉(옥랑희곡상 수상작, 2001), 〈들소의 달〉, 〈벽〉 등이 있다.

그는 1968년 여주에서 출생했다. 2남 1녀 중 막내인 그는 군인인 아버지 덕에 여러 지방을 전전하다가 아버지가 전역한 후 아버지의 고향인 전라도 무안에 정착했는데, 그때가 중학교 3학년 때였다. 그리고 광주 조선대 부속고등학교를 졸업했다. 그의 작품들에 흔히 보이는 걸쭉한 전라도 사투리와 해학적인 표현들은 바로 작가가 전라도에서 학창시절을 보낸 삶의 여정에서 나온 것이었다.

그를 극작가로 만든 데에는 고등학교 시절의 시 공부와 초등학교 때부터 해온 웅변이 밑거름이 되었다. 그는 고등학생 시절 문학반에 들어가 활동했는데, 이 시기는 그의 표현에 따르면 '시에 미친 시절'이었다. 이처럼 고등학생 시절의 시 창작 수련은 그의 희곡들이나 뮤지컬에 나오는 많은 시적 대사나 노래, 리듬, 상징, 은유가 함축된 대사들을 가능하게 했다.

그는 연극영화과를 지망했으나 '딴따라과'라는 부모의 반대에 부딪혀

신문방송과로 진로를 틀어서 중앙대에 1987년에 입학했다. 그러나 입학하 자마자 중앙대 연극반인 '영죽무대'에 들어가서 연극에의 꿈을 불사르기 시작했고, 연극은 그 후 그의 운명이 되었다.

대학을 졸업한 후 광고회사에 취직하여 4년 동안 직장생활을 했으나, 이렇게 꿈을 버리고 살아서는 안 되겠다는 생각을 하고 회사를 사직했다. 그리곤 옥탑방에 틀어박혀 18개월 동안 18편의 작품을 썼다.

데뷔작을 비롯하여 2000년에 연달아 공연한 그의 작품들이 다 이 시절 준비한 작품들이다. 그의 데뷔작 〈우울한 풍경 속의 여자〉는 끊임없이 말 을 거는 남자와 한마디도 안 하는 여자를 보여준다. 데뷔작부터가 일종의 형식 실험을 하고 있는 것처럼, 그의 작품들은 다양한 연극적 형식을 실험 하고 있으며, 관객의 예상과 기대를 깨트리는 극의 전개나 연극적 형태를 보여준다.

3. 작품세계의 특성

그의 공연작들을 보면 대략 코미디, 정극, 뮤지컬의 세 가지 계열로 나 뉜다. 〈락희맨 쇼〉, 〈맨홀 추락사건〉, 〈약테러락〉이 코미디인데, 이 극들은 엉뚱한 만화적 발상이나 대중문화적 코드, 노래와 춤, 콜라주적 기법 등으 로 웃음을 유발하는 극들이다. 이후 그는 코미디에서 방향을 선회해서, 사 회현상이나 인간성에 대한 탐구를 그린 극 〈이발사 박봉구〉, 〈칼리굴라 1237호〉, 〈성인용 황금박쥐〉 등 문제작을 발표한다.

연극의 기법상의 특성을 보면 우선 시각적, 청각적 효과와 이미지를 중 시한다는 점이다. 그의 연극들에는 시각적인 이미지, 노래, 음향효과, 춤 등이 뛰어난 감수성으로 표현된다. 만화적 인물 '락희맨'이 등장해 노래와 춤을 추고 카툰이 영사되는 〈락희맨 쇼〉, 락 스코어가 장면들을 이어나가 는 〈약테러락〉 같은 가벼운 코미디뿐 아니라 〈이발사 박봉구〉나 〈황금박쥐)에서도 노래나 시각적 이미지는 중요한 역할을 한다.

〈이발사 박봉구〉에서는 '메기의 추억'이란 노래의 연상으로 술집 수족관의 메기가 연결되고, '산타루치아'라는 노래로 요트가 연상되고, 포장마차로 요트를 만들어 죽은 은영을 태우고 바다로 떠나는 장면이 이어진다. 〈성인용 황금박쥐〉에서는 아내가 아기를 안고 자장가를 부르자, 불임 남편이 군가 '최후의 5분'을 부르면서 자신의 복잡한 심경을 표현한다.

그런가 하면 언어를 초월하는 시각적 이미지를 통해 고선웅은 강렬하게 자신의 메시지를 전달한다. 두 남녀가 애인, 어머니와 아들, 어머니와 아버지, 아들과 창녀의 역할 등을 바꾸어가며 연기하는 〈살색 안개〉에서 방역작업의 안개, 옥탑방이 타오르는 연기, 여자의 등뼈를 애무하며 목 졸라 죽이는 시각적 이미지, 〈이발사…〉에서 포장마차로 만든 요트를 타고 바다로 떠나는 판타지 장면, 〈칼리굴라 1237〉에서 자신의 혀를 잘라내는 칼리굴라, 〈황금박쥐〉에서 날개를 편 황금박쥐의 환상과 박쥐가 되어 날아가는 왕기 등의 이미지는 고선웅을 시각적 스타일리스트로서 불러도 좋을 정도이다.

두 번째로 그의 작품들에는 죽음이나 폭력이 빈번히 등장한다. 대부분의 작품들에 건달들이 등장하여 폭력성 혹은 폭력과 결합된 희극적 디테일을 보여주고 있으며, 〈살색 안개〉, 〈이발사…〉, 〈칼리굴라…〉에서는 사랑하는 사람을 죽인다. 이 폭력이나 죽음은 인간 내면에 억압된 폭력성의 분출인 동시에 관객의 원초적인 무의식과 반응에 충격을 주려는 연극적 장치라 할 수 있다.

세 번째 특징은 전통적 극 구성에서 벗어난 콜라주적 구성, 파편화된 구조, 퍼포먼스적 글쓰기라는 점이다. 〈락희맨 쇼〉는 노래, 만화, 춤 등을 결합한 퍼포먼스로서의 성격이 강하고, 〈약테러락〉 역시 퍼포먼스적 장면 구성이면서, 약국에 대한 테러라는 본 줄거리와 전혀 동떨어진 두 개의 이야기('구두회사 사장의 비애', '공장수의 꿈')가 막간극으로 끼어든 콜라주적 구성을 보여준다. 〈이발사…〉의 첫 장면은 살인을 저지르고 이발소에 앉아 있는 박봉구와 동시적 진행으로 커튼 뒤에서 은영에게 안마받고 있는 경찰(반장)의 장면을 배치한다.

이러한 장면 구성은 이미 봉구가 은영을 죽인 다음 경찰의 도착을 기다리고 있는 상황이기 때문에 비현실적이지만, 이처럼 시공간적으로 동떨어진 장면을 같이 콜라주함으로써 현실과 판타지를 이어붙이고, 극의 마지막 장면과 겹쳐진다. 마지막 장면은 봉구가 술집 여주인과 은영을 죽인 후 요트를 끌고 메기와 함께 사라지는 판타지 장면과 반장이 형사의 핸드폰을 받는 현실 장면을 병렬시킨다.

네 번째 특징은 사회 부적응자나 주변부 인물들을 주인공으로 내세워 '안티 히어로'로 그리면서 한국사회의 주류 저변에 놓인 사회의 모습이나 병리현상을 비틀어 그리고 있다는 점이다.

꿈의 상실, 자본주의 사회의 성적 타락, 소외, 편집증과 왜곡된 가치관, 인간성의 황폐함, 억압된 폭력성의 분출과 폭력의 전이 등의 주제가 매우 독특한 감수성으로 그려지고 있다. 퇴폐 이발소와 미용실에 밀려 고객을 잃어버린 이발사, 해고된 회사원, 불임의 열등감으로 고통 받는 지하철 기관사 등은 사회에서의 소외와 외로움, 좌절감을 폭력이나 환상으로 보상받고자 한다. 그런데 이 안티 히어로들은 내면에 억압되어 있던 분노나 좌절을 폭력성으로 표출함으로써 일종의 정신적 승리와 해방을 얻는다. 이처럼 난폭한 극적 액션을 그리면서 무대 위에 독특한 시적 이미지와 강렬한 카타르시스를 만들어낸 것은 이 작가 특유의 개성이라 할 것이다.

다섯 번째 특징은 현실과 판타지의 결합이다. 〈이발사…〉나 〈칼리굴라 1237〉에서 시도된 바 있지만, 특히 박쥐가 되어 날아가는 주인공을 그린 〈황금박쥐〉에서는 현실을 극복하고 좌절을 승리로 바꾸는 판타지의 힘을 인상적으로 제시한다.

작가는 그동안 다양한 형식 추구를 해왔던 작품들을 통해 자신이 진정 쓰고 싶고 자신에게 맞는 형식을 찾았다면서, 그것이 바로 '마술적 리얼리즘'이라고 말한다(작가와의 인터뷰, 2006. 3. 9).

여섯 번째 특징은 싱싱한 구어를 종횡무진으로 구사하는 대사의 재미라 할 수 있다. 그의 극은 펄떡이는 언어들의 성찬이라 할 정도로 재치있고 재미있는 대사, 싱싱한 길거리 언어나 은어, 사투리, 동음이의어를 이용한 말장난들이 펼쳐지면서 상징과 다의적 함축을 엮어내기도 하고, 때로는 핑퐁 게임처럼 치고받는 간결한 대사가 속도감과 긴장감을 높인다.

4. 주요 작품

▮주변부 인물의 왜곡된 성공신화와 좌절 : 〈이발사 박봉구〉(2002)

이 극은 독특한 감수성으로 사회성 주제와 연극적 메시지를 그려냄으로써 가벼운 희극작가가 아닌, 자기 세계를 가진 극작가 고선웅을 자리매김한 작품이다. 물론 이 작품에도 〈맨홀 추락사건〉, 〈악테러락〉 등에서 등장했던 건달들이나 전과자, 경찰, 백수 등이 등장하여 대도시의 그늘을 과장된 희극적 제스처와 희극적 무드로 표현하며, 리드미컬한 전라도 사투리와 은어가 싱싱하게 비늘을 펄떡인다.

지하 이발소를 무대로 전면에는 피묻은 손에 면도칼을 든 박봉구를, 무대 후면에는 안마를 받는 (수사)반장과 은영을 배치한 첫 장면부터가 이극의 주제와 기법을 시각화한다.

이 극은 주변부 인생의 패배를 통해 물질주의화한 한국 주변부 인물들이 가진 왜곡된 성공신화를 그린다. 이발사 박봉구가 표상하는 성공에의 꿈은 '용자를 다듬는' 이발기술로 빌딩을 산다는 거창한 것으로, 한국 사회의 성공신화가 오로지 부의 축적이라는 왜곡되고 타락한 가치로 나타남을 보여준다. 그러나 이 극의 희극적 아이러니와 디테일들은 대체로 '박빵꾸'라는 별명을 가진 촌스러운 전과자 박봉구가 시대의 변화에 아랑곳없이 유지하는 이발기술에 대한 편집증적인 집착과 낙관, 그리고 건달, 백수 등의 캐릭터로부터 온다.

11년간 감옥생활을 하고 출소한 뒤 가위로 세상을 평정하겠다는 무협만화적 꿈을 가진 인물 박봉구는 이발기술을 신성한 '천재(天才: 하늘이 내린 재주)'로 여긴다. 그러나 세상은 이미 변해서, 이발소는 머리 깎는 곳이 아니라 성적 서비스를 받는 퇴폐 이발소가 되었다.

서사는 신성한 이발기술을 자신의 존재가치로 삼는 박봉구가 변해버린 시대의 타락한 풍속과 맞서 싸우려다 좌절하는 구조로 이루어져 있고, 이 '가위질'에 대한 주인공의 편집증적 집착과 좌절에 관객이 '정서적으로 반응'하도록 플롯을 구성하고 있다. 그래서 무대인 이발소는 한국 사회의 축소판으로서, 박봉구가 표상하는 근대와 퇴폐 이발소가 표상하는 탈근대사회가 서로 충돌하는 공간이다.

이발기술로 빌딩을 산다는 허황된 꿈과 과장된 희극적 캐릭터로서의 박봉구를 관객은 웃으며 보다가 그의 꿈과 좌절에 공감하게 되는 것은 바로 박봉구가 한국 소시민의 한 전형으로서 자기 자신과 상당 부분 겹침을 인식하게 되기 때문이다.

박봉구의 캐릭터는 나폴레옹 같은 영웅을 모방하는 언행과 신념으로 가득 차 있다. 세상의 변화를 수용하려 들지 않는 시대착오적 편집증과 터무니없는 영웅주의적 허세가 이 극의 희극성을 만들어낸다. 이 극의 플롯은 봉구가 이발소를 통해 이 시대에 이루려 했던 꿈과 그 좌절의 궤적을 희비극적으로 뒤쫓아간다. 이발기술을 통해 자아실현과 부를 축적하려던 그의 꿈은 퇴폐영업을 원하는 이 시대 타락한 욕망 때문에 좌절된다. 어쩔 수 없이 퇴폐 이발소로 방향을 바꾸었던 그는 재벌 회장을 만나 전용 이발사가 된다는 예의 영웅주의적 꿈을 다시 불태우나 성적 서비스로 무장한 여성 이발사 때문에 좌절된다.

봉구는 술집에 들렀다가 수족관의 메기가 굶어 죽었다는 것을 알고 술집 아줌마를 면도칼로 죽인다. 그리고 이 오염된 세상에 은영을 남겨둘 수 없기에 그녀를 죽이고 포장마차로 만든 요트에 태워 바다로 노를 저어 간다. 메기를 굶겨 죽였다는 하찮은 사실 때문에 아줌마를 죽이는 장면은 폭력의 남용이나 비약처럼 보이기도 하지만, 거대하고 불의한 사회를 향해 억눌러왔던 폭력성을 주변 인물에게 전이하는 심리를 그린 것이다.

이 극에서 그려 보이는 사회는 '용자勇姿를 다듬는', 곧 건전한 삶이나 가치가 아니라 퇴폐적 삶, 성적 타락으로 오염된 사회이다. 작가는 희극적 인물 봉구, 양연, 세단, 백수들의 장면을 통해 풍성한 희극성이 솟아나오게 하면서도 곳곳에 상징적 장치와 디테일들을 배치하여, 가벼운 희비극을 넘어 관객의 가슴에 울림을 남기는 작품성을 만들어낸다. 메기는 이 극에서 주요한 상징이며 시각적 이미지이다.

이발사의 꿈이 좌절되면서 박봉구는 술집 수족관의 메기와 자신을 동일시한다. 은영이 안마하며 흥얼거리던 노래 '메기의 추억'은 '손을 쓰는' 천재天才로 자기실현을 할 수 있었던 '옛날의 좋았던 시절'을 환기시키며, 동음이의어인 술집 수족관의 메기와 동일시된다.

은영이 부르는 노래 '산타루치아'의 배, 요트는 창녀의 삶을 사는 은영의 이상적인 삶에 대한 동경을 상징한다. 형사가 읽는 신문기사의 '동면인간'은 추위에 적응하기 위해 동면을 선택한 것처럼 봉구가 끝내 화해할 수 없는 이 시대의 욕망에 적응하기 위한 긴 잠 혹은 사라짐을 선택하는 것으로 상징된다. 박봉구는 살인 후 일본 영화 〈우나기〉를 들먹이는데, 이 역시 주인공이 이발사라는 점, 아내의 외도 때문에 살인한 전력 등으로 인해 심리적 동일시를 이루며, 은영의 살해라는 행동을 이끄는 무의식적 동기가 된다.

그러나 공연 당시 여러 공연평에서 지적된 것은 봉구의 살인 장면이 지나친 비약이며 동기가 충분히 부여되지 않았다는 것이다. 사실 희극적 무드가 줄곧 지배하던 이 극에서 봉구가 술집 여주인을 살해하고 은영까지 죽이는 클라이맥스 장면은 그 거친 난폭성으로 충격을 준다. 그러나 봉구가 포장마차를 요트로 꾸며 은영을 싣고 낙원으로 떠나는 판타지 장면은 장엄한 아름다움과 해방감, 그리고 연민을 획득한다.

은영을 사랑하기 때문에 더 이상 은영의 창녀 역할을 감내할 수 없어 일종의 '안락사'를 시키는 봉구의 심리, 현실에서 결코 자신의 꿈을 실현할 수 없음을 깨닫고만 봉구의 절망이 여러 상징 장치와 플롯의 전개를 통해 나름대로 축적되어 있기 때문이다.

그러나 박봉구는 은영까지 죽이고도 끝내 자신의 영웅주의적인 잘못된 가치를 깨닫지 못하고 허위의식을 벗어나지 못한다. 자신의 꿈이 영웅주의적 허세와 타락한 사회의 물질주의적 성공을 모방한 왜곡된 가치란 것을 깨닫지 못하는 봉구는 사랑하는 여자를 죽이는 극단적 경험을 하고도 자기 자신을 정직하게 들여다보는 자기인식의 과정이나 재생의 과정으로 나아가지 못한다. 그것이 물질만능과 양극화 현상으로 치닫는 우리 사회 주변부 계층의 암울한 초상일 것이다.

▌상반된 페르소나와 폭력성 : 〈칼리굴라 1237호〉(2002)

이 극은 해고된 회사원이 폭군이 되어 폭력을 휘두르다가 자멸하는 과정을 통해 현대인의 내면에 억압되어 있는 폭력성의 문제를 탐구한다. SF 영화적인 이 극의 틀은 고객이 테마파크 칼리랜드의 가상체험 프로그램에 지원하여 칼리굴라가 되고, 로마시대 황제의 상황과 상대역들을 거느리게 된다는 것으로, 이는 연극과 현실이 서로를 거울처럼 반영하는 메타드라마적 특징을 띤다.

칼리굴라에 1237번째로 지원한 회사원 '칼리'는 게임 시간(공연시간과 완벽하게 겹치는) 동안 칼리굴라의 절대권력을 누리면서 로마황제의 삶을 모방하고, 그러면서 구조조정으로 해고된 현실 속에서의 자기 정체성과 심리를 간간이 드러내 보인다. 이 극은 카뮈의 〈칼리굴라〉를 참조는 하고 있되, 주제나 성격은 아주 다르다.

카뮈의 극은 부조리를 인식한 황제 칼리굴라의 의도적인 폭정을 통해 '반항하는 인간'을 그리고 있다면, 이 극은 나약함과 고독을 폭력성의 분출로 보상받으려다 결국 죽음에 이르고 마는 현대인을 그린다. 그러니까 카뮈의 극이 작가의 사상을 표현하는 등장인물을 그리고 있다면, 이 극은 현대인의 뒤틀린 내면심리에 초점을 맞추고 있는 것이다.

플롯은 회사원이 칼리굴라 황제가 되어 휘두르는 절대권력의 자행과 자멸의 과정을 좇아간다. 그는 귀족들의 특권을 박탈하고 맘에 들지 않는다고 사람들을 죽인다. 해고당한 '사회 부적응자' 주인공이 자신의 손에 권력이 주어졌을 때 거침없이 벌이는 가해나 폭력은 인간의 본성에 대한 문제제기로 보인다. 잔인함과 나약함은 마치 '지킬과 하이드씨'처럼 인간의 이중성일 수도 있으며, 가장 잔인한 자가 고독한 자라는 것을 암시한다. 이처럼 칼리굴라의 가상현실을 극의 틀로 삼고 있으니만큼 극은 사건의 전개와 해결로 나아가는 구성이 아니라, 가상현실 프로그램이라는 정지된 상황하에서 정체성과 존재의 의미를 필사적으로 찾고자 한 인간을 그리고 있다.

'칼리'는 자신의 해고가 단순하고 사납게 살지 못한 나약한 삶의 방식 때문이라고 생각하고, 그에 대한 보상으로 내면에 억압되어 있던 잔인성과 폭력성을 마구 분출한다.

"우리는 모두 교육으로 인해 자비로운 것일 뿐 사실은 전혀 자비롭지 않아. 인간들은 모두 폭력적이야. 단지 모르거나 모르는 척할 뿐이지. 자신에 대한 확신도 없으면서…."

이처럼 인간의 본성을 폭력성으로 규정지어 보지만 그는 여전히 자신의 자의식이나 공허에서 벗어날 수 없다. 그는 관습과 제도 혹은 타인의 기준에 따라 살아온 과거의 삶을 부인하고 본능에 따른 자유로운 삶을 살고자 한다. 그러나 그럼에도 그는 자신이 '망가진 로봇'인지 '망가뜨려진 로봇'인지를 알 수가 없다. 아무리 삶을 자유의지나 본능만으로 조종하고자 해도 제도나 관습, 타인의 기준은 막강한 힘으로 삶을 조종한다. 그 균열에서 복잡한 자의식과 불평불만이 나오고, 이 때문에 삶은 망가지거나 망가뜨려 진다.

'칼리'는 결국 타인에게 폭력을 가하면 가할수록 자신에게 남는 것은 공허와 고독이라는 것을 인식한다. 결국 그는 분노와 불안과 불평을 쏟아놓던 혀를 잘라내고 침묵을 택한다.

왜소한 사회 부적응자와 폭군 칼리굴라를 한 인물로 결합시켜 서로 상반되고 모순되는 두 개의 페르소나를 시각화한 이 극의 발상은 신선하고, 대사 또한 고전극처럼 장중하고 수사적이고 유려하다. 그러나 칼리의 세상에 대한 분노, 죽음을 미리 결심하고 가상 프로그램에 접속하는 동기가 직장 해고 외에는 구체적으로 그려져 있지 않아서, 엄청난 에너지로 폭력성과 자의식을 분출하는 주인공에 대한 공감을 다소 떨어뜨린다.

또 칼리는 메타드라마적 인물로서 현실과 연극을 오가는 인물인 반면, 게임의 조력자이자 귀족 역할인 서브나 카에조니아의 메타드라마적 성격 창조가 부족해서 균형감이 떨어진다.

그러나 아르토 식의 충격과 잔혹극적 요소가 관객의 표면적인 안온한 일상을 불안하게 뒤흔들며 무의식을 일깨우고 충격을 던져준다. 이 강렬한 폭력성은 사회에서 받는 억압이나 불의를 침묵시키는 우리의 이성과 문화에 대한 저항을 상징적으로 보여주기 때문이다. 극이 보여주는 것은 바로 자신이 가진 본성과 세상의 잣대가 다를 때 일어나는 부적응과 폭력성의 문제를 극단적으로 밀고 나감으로써 우리 모두가 억압하고 있던 '그림자'(융의 심리학 용어로, 평소엔 억압되어 있는 인격의 어두운 부분)를 일깨운다. 폭포처럼 쏟아지는 수많은 의미심장한 대사들보다도 비언어적 요소들, 즉 폭력, 가상프로그램에 접속하는 장치, 살인, 조명, 버저 소리, 심벌 소리, 감전용 투구, 혀를 자르고 부들부들 떠는 장면 등의 시각적 청각적 이미지가 언어를 초월하는 강렬한 잔상으로 남는 것은 그 때문일 것이다.

▌사회적 소외와 구원 : 〈성인용 황금박쥐〉(2003)

이 극은 불임 남편이 가부장제 가치 속에서 사회적 소외에 시달리다가 결국 박쥐가 되어 날아간다는 내용을 통해서 구원의 가능성을 탐색한다. 작가는 이 극의 소재를 실화에서 취했다고 한다. 한 불임 남편이 아내를 다른 남자와 관계하게 해서 12살, 6살의 아이 둘을 얻었으나, 고통에 시달린 나머지 결국 아내를 살해한 실화로부터 구상했다는 것이다.

사실주의극적 플롯 속에 환상을 섞어놓은 이 극의 플롯은 지하철 기관 사인 왕기의 방황과 가정적, 사회적 소외와 단절을 뒤쫓아 간다. 그가 처한 상황은 크게 세 가지로 요약된다.

첫 번째는 마치 동굴 같은 지하 터널을 왕복하는 기관사 왕기가 황금박 쥐의 환상에 사로잡히고 박쥐와 자신을 동일시하게 되는 과정이다. 두 번 째로 그는 불임 남편으로서 가부장제 가치인 남성의 성적 지배와 씨내림 역할에 대한 열등감을 갖고 있다. 왜곡된 남성상에 시달리던 그는 건달에 게 돈을 주고 아내와 관계시켜 애를 얻는다. 그러나 애를 낳은 후 그는 더 극심한 가정적, 사회적 소외를 겪는다. 가부장제의 왜곡된 남성 역할과 가 치가 내면화시킨 것은 아내의 자식이 정당한 자기 애여야만 '부권'과 '남 편의 권리'를 가질 수 있다는 것이다. 그러므로 그는 아내가 아기를 안고 자장가를 부를 때, 장인 장모 앞에서 자신의 굴욕감을 돌파하려는 심정을 담아 '최후의 5분'이라는 군가를 부른다. 세 번째로 그는 상사들의 볼 보이 역할을 할 정도로 직장 내 부적응과 소외에 시달린다. 사회에서도 남성의 성적 능력은 우월한 사회적 위치 및 지배력과 등가인 것이다.

왕기는 자신을 둘러싼 가정적, 사회적 억압과 소외로부터 도피하기 위 해 거리를 방황한다. 그의 방황은 가정, 직장 등 자신을 구속하는 공간을 떠나 자신의 정체성과 삶의 의미를 확인하고 자유를 얻기 위한 여정이다. 박쥐와 동일시하는 그는 바에 들러 술을 마시다가 파일럿이나 양아치와 싸움을 벌이고, 새를 다룬 무용극 '윙스' 연극공연에 가서 날아오르려 하 고, 거리에서 황금박쥐 의상을 주문하며, 결국 박쥐가 되어 하늘로 날아간 다. 그는 자신을 구속하는 공간을 떠나 거리를 부유하면서 박쥐의 날갯짓 과 습성을 배워서 왜곡되고 비인간화된 사회에서 해방되고 자유로움을 획 득한다. 그러므로 이 극은 억압과 소외에 시달리던 소심한 소시민의 해방 과 자유찾기에 대한 연극이라 할 수 있다.

그런데 이 극은 낯익은 사실주의적 틀과 사건 전개로 끌어가다가 결말에 판타지를 끌어옴으로써 관객의 기대를 전복시키고 낯선 결말을 만들어 내고 있다. 고선웅 특유의 재치있는 구어와 유머, 재미있는 스토리텔링에 환상성이 접목됨으로써 이 극은 마술적 리얼리즘의 경향을 띠며, 한편으로는 일종의 우화로도 받아들여지게 된다.

지하 터널만을 왕복하던 지하철 기관사가 자신을 박쥐와 동일시하게 되고 마침내 박쥐가 되어 밤의 하늘로 날아가 버리는 결말, 또 아내도 박쥐처럼 '지연착상'의 임신을 하게 되고 박쥐로서의 남편을 기다리는 결말은 왜곡된 가치가 지배하는 인간사회에서 인간의 몸을 벗어버리고 박쥐가 됨으로써 오히려 해방과 자유를 얻는다는 아이러니를 보여준다. 이 극에서 박쥐의 상징성은 의미심장하다.

박쥐가 밤에만 볼 수 있고 활동하는 동물이란 점에서, 주인공은 낮이 표상하는 이성과 규범의 세계로부터 밤이 표상하는 감성과 자유의 세계로 옮겨갔음을 상징한다. 또한 박쥐는 새와 쥐의 특성을 동시에 지닌 이중적 정체성을 지닌다.

왕기 역시 자신의 남성능력으로서가 아니라 다른 남자의 능력을 빌어 아이를 생산한다는 점에서 이중적 정체성 혹은 자아 혼돈을 지니게 되며, 주변 인물들로부터 '싸이코'로 멸시당하고 거리를 부유하는 경계인이다.

그러나 그가 자신을 멸시했던 파일럿이나 바텐더 앞에서 황금박쥐 의상의 날개를 퍼덕이며 진짜 박쥐가 되어 날아가는 환상적 장면이라든지, 아내에게 박쥐의 생태를 닮은 임신을 시키게 되는 결말은 그에게 알을 깨고 나오는 아프락사스, 좁은 자아의 껍데기로부터 나와 재생을 이룩하는 신화적 상징성을 부여한다.

▮ 사회적 불안과 스트레스 : 〈팔인〉〈강철왕〉

〈팔인〉(2008)은 8명의 인물들이 서로 얽히고 설키는 관계를 맺게 되는 과정, 그럼에도 깊이있는 소통을 하지 못하는 인간적 관계의 부재를 풍자한다. 여기서 8인의 관계는 주어진 운명을 의미하는 팔자를 연상시킴으로써 '관계가 곧 운명'이라는 의미로 확장된다. 또 친척, 친구, 연인, 연적, 동거인 등으로 얽히고 꼬이는 8명의 관계는 인터넷, SNS 등의 네트워크사회를 표상한다. 21세기를 설명하는 여러 용어 중 '네트워크 사회'라는 용어는 널리 쓰인다. 인터넷을 기반으로 한 소셜 네트워크의 보편화는 개인이 속한 시공간적 한계를 넘어서 전지구적 차원의 관계맺기와 소통을 가능하게 만든다. 그러나 인간관계의 질이나 친밀도는 익명성을 기반으로 하는 만큼 일회적이고 깊이가 얕으며 인간소외적 측면이 높다. 이 극의 인물들도 우연히 만나 일회적 관계를 맺거나 연인이 되지만, 8명이 꼬리를 물고 연적이나 불륜, 스토킹, 싸움과 증오 등의 관계로 얽혀 있음을 알게 된다. 직접 얼굴을 마주하게 되자 8인은 이런 관계의 얽힘을 받아들일 수 없어 정신병원으로 가게 되고, 한 인물이 쏜 총에 맞아 모두 죽음을 맞이한다. 이처럼 이 극은 21세기 네트워크 사회가 가져온 사회적 불안, 즉 소셜 네트워크로 인한 인간관계의 부재와 고독 같은 인간 소외, 그리고 우리가 살고 있는 시대의 불확실성(유동적 근대)을 형상화한다.

〈강철왕〉(2008)은 댄서가 되고 싶은 아들과 신자유주의적 자본주의의 욕망에 가득찬 아버지와의 갈등을 중심플롯으로 삼는다. 왕기는 무용가를 꿈꾸는 댄서지만, 아버지 성국의 강요로 아버지의 열처리공장에 취직한다. 성국의 경영방식은 철저하게 산업자본주의적 논리에 의한 강도 높은 노동시간, 저임금, 효율성을 강요하는 노동자 착취에 기반을 두고 있다. 경영 컨설팅을 받은 결과, 글로벌한 신자유주의 경제질서 속의 무한경쟁에서 살아남기 위해서는 선진국과 기술제휴를 하고 최첨단 장비를 구입해야 한다는 제안을 받는다. "더블류티오 시대에 맞게 해외 경쟁력을 키워 나가야 합니다. 인건비라도 건지겠다는 발상을 내던지십시오. 완전자동화 시스템을 통해서 현재의 노동인력을 과감히 줄일 수 있습니다." 성국은 노동자들을 대량해고하고 독일에서 최첨단 자동화 열처리기계를 도입한다. 분노한 노동자들은 왕기를 열처리 기계에 집어넣고 성국에게 복직과 임금인상을 요구한다. 성국이 노동자들의 요구를 수락하고 왕기를 꺼내려 하지만 독일어와 작동법을 몰라서 오히려 기계를 작동시키는 결과가 되고 만다. 뜻밖에도 기계에서 나온 왕기는 죽지 않고 몸이 강철(스텐레스)로 변하는 기적이 일어나 언론의 집중 조명을 받게 된다. 왕기는 의학계의 연구대상이 되고, 수분을 섭취하면 내부 장기가 녹스는 것을 알게 된다. 기업들은 그를 광고모델로 섭외하려고 앞다투어 거액을 제시한다. 성국은 엄청난 돈에 탐이 나서 광고 찍을 것을 강요하고, 왕기는 물 CF 찍는 중에 진짜로 물을 마심으로써 자살을 택한다. 이 극은 명백히 신자유주의적 시장경제체제 하의 냉혹한 기업경영과 비인간적인 자본가를 풍자한다. 노동자에 대한 착취와 구조조정, 사람을 돈벌이 수단으로만 인식하는 인간소외, 기계가 인간을 대체하는 현실, 기업간의 무한경쟁, 개인의 꿈이나 가치보다 시장주의적 성과를 강요하는 스트레스적 상황. 〈강철왕〉은 바로 이것이 우리가 당면한 사회적 불안임을 희극적 과장과 판타지를 통해 형상화한다.

▌노년에 대한 상투적인 표상체계의 전복 : 〈늙어가는 기술〉

〈늙어가는 기술〉(2012)은 〈팔인〉과 흡사하게 11명의 인물들을 각기 다른 욕망과 맥락의 배치 속에 놓고 이들을 관계망이란 매트릭스 위에서 접속하고 부딪치게 함으로써 살아간다는 일의 곤경과, 삶이란 관계로 구성되는 것임을 형상화한다. 등장인물들은 때밀이, 늙은 건달, 사채업자, 알콜중독자, 우울증 주부, 도박 하우스방 운영자이자 동성애자, 제비, 유한마담, 상가 관리소장, 격투기 파이터와 트레이너이다. 이 인물들은 고선웅의 연극세계를 특징짓는 주변부 인물, 서벌턴, 사회적 타자, 비정상적 소수자들이다. 인물들은 하루 동안 서로 스쳐가기도 하고, 만나기도 하고, 물고 물리는 관계이기도 하고, 새로 관계를 맺기도 하고, 깊숙이 서로의 삶에 개입하기도 한다. 관계의 부재, 혹은 거짓된 관계, 배반과 돈과 성과주의에 의해 매개된 관계들, 삶의 방향성이나 꿈, 욕망, 정체성을 직시하지 못하고 방황하는 것, 이것이 파편화된 사회에서 파편화된 관계를 맺고 살아가는 개인들이 느끼는 불안의 정체이다.

고령화시대를 맞아 노년문제는 중요한 사회적 담론으로 떠오르고 있다. 현대인은 그 어느 시대보다 생애의 가장 오랜 시기를 노년으로 지내야 한다. 누구나 늙어가기에 늙음의 문제는 사회적 문제만이 아니라 실존적 문제이기도 하다. 시몬느 드 보봐르는 62세에 집필한 『노년: 나이듦의 의미와 그 위대함』이라는 방대한 저서에서, "노인의 지위는 결코 자신이 정복해 취득하는 것이 아니라 그에게 주어지는 것"이라며, 노년담론은 당대 사회의 담론의 질서가 만들어낸 산물이라고 보았다. 전근대 사회에서 노인이 지혜를 겸비한 존경받는 존재로 받아들여졌다면, 능력과 효율을 중시하는 근대 문명은 늙음을 폄하하고 추방하는 현실주의적 태도를 견지한다. 그 결과 노년은 자연스러운 삶의 한 과정이 아니라 '젊음의 상실'을 드러내는 부정적인 단계로 인식된다. 그래서 늙어가는 사람들은 "나이는 단지 숫자에 불과하다"라는 주장을 내세우며 '안티 에이징' 혹은 '늙지 않는 기술'을 연마해야 하는 처지에 이르렀다. 세상 어디에도 '노인을 위한 나라'는 없는 현실에서, 늙어가는 사람들은 '안 늙는 기술' 혹은 '잘 늙어가는 기술' 같은 대중적 담론에 초연할 수 없다. 그러나 그 대중적 담론들의 문제는 젊음을 숭상하는 현대적 가치관을 더욱 강화함으로써 노년을 이중으로 소외시킨다는 점이다. 안티 에이징이란 신체적 이상과 고상한 노년이란 정신적 이상을 내세우는 대중적 노년담론은 노년들을 젊음에서 밀려난 집단으로, 그리고 노년집단을 다시 계급으로 나누는 역할을 한다.

〈늙어가는 기술〉은 바로 우리 사회의 첨예한 이슈인 노년 문제를 연극화하면서, 대중담론의 상투적인 표상체계를 따르지 않는다는 점에서 신선한 충격과 재미를 준다. 노년의 낯익은 표상을 전복함으로써 노년과 젊음으로 이분화된 경계를 허물 뿐 아니라 이를 통해 웃음과 유머를 만들어내고, 관객에게 사유의 공간을 제공한다. 이는 늙어가는 존재들을 다루고 있는 고선웅의 독특한 시선으로부터 나온다. 그는 관객이 기대하는 '늙어가는 기술'에 대한 실용적 지식이나 노년에 대한 회한을 극화하는 대신 늙어가는 중년, 노년들이 여전히 가지고 있는 욕망의 판타지와 그 불가능성을 다룬다. 40대에서 60대에 이르는 11명의 인물이 등장하는데, 이 극의 내용이나 캐릭터는 우리에게 낯익은 노년 이미지나 다큐멘터리적인 삶의 재현이 아닌, 고선웅 특유의 독특한 세계와 전복적 시선을 보여준다. 〈이발사 박봉구〉 〈황금박쥐〉 〈들소의 달〉 〈강철왕〉 등 고선웅의 세계는 자본과 통속화된 욕망을 좇는 타락한 세상과 사회적 타자인 주인공의 욕망의 판타지가 대립한다. 그리고 이 대립을 매우 독특하고 낯선 상황과 맥락 속에 배치하기 때문에 도발적인 리얼리티와 강렬한 극적 에너지가 만들어진다.

연극은 11명의 인물들이 서로 얽히고 설키는, 물고 물리는, 끌어당김과 배척이란 관계망 속에서 접속하는 하루 동안을 보여준다. 무대는 마치 설치미술처럼 다양한 공간들을 표상하는 대도구들, 이를테면 옥상, 흔들의자, 캐비닛(샤워 부스, 모텔 문 등으로 활용되는), 욕조, 침대, 벤치, 흔들의자, 썬탠의자, 샌드백, 고목, 파라솔 등과 화단이 한 무대 위에 모두 설치되어 있다. 그래서 무대는 다양한 인물들의 삶이 제각기 펼쳐지는 다양한 극적 장소로 사용되며, 대도시의 복잡한 이미지를 암시한다. 그런가 하면 인물들이 설치된 대도구들 옆으로, 혹은 교차하면서 분주하게 오가는 거리 장면을 표현하거나, 인물들이 비슷한 상황과 정서 속에서 동시적으로 발화할 때는 파편화된 삶을 살아가는 도시인들의 소외를 효과적으로 표상한다.

18년 동안 때밀이를 하며 목욕탕을 인수한 순옥은 갑자기 애인이 강남으로 떠나버린 통에 꿈과 의욕을 잃어버린다. 그래서 오늘 만큼은 때밀이를 하지 않겠다고 버티면서 때를 밀러 온 늙은 건달 승갑과 싱갱이를 벌인다. 사채업자 찬봉은 아내 현순에겐 모질게 대하지만 남자같이 박력있는 알콜중독자 태분에게 반해서 좇아다닌다. 우울증에 빠진 현순은 옥상에서 애지중지 키우던 닭을 날린다고 떨어뜨린다. 찬봉은 순옥과 춘기에게 전화를 걸어 사채 130만원을 당장 갚으라고 닦달한다. 태분의 남편이자 도박 하우스방을 운영하는 무칠은 근래 동성애 취향이 발동하여 가출한 상태로, 사채빚으로 고심하는 순옥에게 돈을 주겠다며 치근거린다. 제비인 춘기는 유한마담 옥녀를 유혹하기 위해 승갑과 작전을 짠다. 승갑의 아들 이자 상가 관리소장인 길섭은 20년 연상의 옥녀를 좋아한다. 격투기 파이 터 창수와 트레이너 철동은 시합에서 형편없이 져서 언쟁을 벌인다. 태분 은 창수의 팬이라며 체육관에 쫓아오고, 무칠에게 화대 30만원을 받은 순 옥도 모멸감에 체육관을 찾아온다.

이들이 어떤 상황과 맥락 속에 배치되느냐에 따라 다양한 이야기와 관 계, 욕망의 맞물리는 구도들이 만들어지며, 관객의 기대와 예측을 깨트리 는 전복적 사유가 희극적 효과를 만들어낸다. 인물들은 각자 욕망의 판타 지를 쫓고 있거나, 깊은 소외와 고독 속에 침잠해 있다. 몇 십년의 연륜과 경험을 가지고도 매 시기에 닥쳐오는 삶의 문제를 푸는 기술을 가질 수 없 다는 것, 나이가 들었다 해서 욕망으로부터 자유로워지거나 초연해지지 않는다는 것, 나이와 무관하게 삶이란 매트릭스 위에서 좌충우돌하며 살 아가고 있을 뿐이라는 것. 이는 바로 노년에 대한 상투적인 표상체계의 전 복인 것이다. 대중담론에서 노년을 지혜와 자비를 가진, 욕망에 초연한 인 물로 이상화하거나 혹은 지나치게 비하하는 것과는 달리 이 극은 정직한 노년의 리얼리티를 제시한다. 날지 못하고 죽어버린 닭처럼, 사는 동안에 는 욕망의 판타지에서 벗어나지 못하고 진정한 자신의 욕망이나 정체성을 알지 못한다는 것. 이 인물들의 공통점은 "내가 누구인지를 모르겠다"는 것이다. 대부분 직업과 취향, 정서 등에서 평범한 사회인들과 다른 비정상 적인 소수자들로 설정되었지만 이들은 자신의 꿈과 욕망, 정체성을 직시 하지 못한다는 점에서 보통 사람들을 표상한다. 이들 중 길섭은 유일한 지 식인이자 낙관주의자로서 안정된 삶의 비전을 가지고 있다. 삶은 여행이 고 우리는 여행자이므로 마음가는 대로 살다 떠나야 한다는 '희망'의 비전 을 설파한다. 현순은 닭을 화단에 묻는 의식을 치르면서 비로소 진정한 자 기에 대한 깨달음을 얻는다. 그녀는 "더 이상은 나를 무시하면서" 살지 않 겠다고 찬봉에게 선언한다.

극의 마지막 장면은 옥상의 목마가 하늘로 날아가고, 길섭과 옥녀가 탄 거대한 오리배가 등장하고, 태분 부부가 화해하고, 철동과 창수가 시골로 귀향하고, 현순이 화단에 병아리를 풀어놓는 화사한 희망과 낙관의 판타지를 보여준다. 여전히 자본과 욕망의 판타지에 예속되어 있는 찬봉은 사채빚 대신 인수한 욕탕의 때밀이 역할로 전락한다. 내가 누구인지를 깨닫는 것, 바로 진정한 자신과의 직면을 통해 삶을 새롭게 구성하는 것, 그것이 바로 늙어가는 기술인 것이다.

5. 나가며

고선웅은 다양한 경향의 작품들과 문제작을 발표하면서 작가 특유의 개성과 덕목을 각인시켰다는 점에서 앞으로의 활동이 더욱 주목되는 작가이다. 극작가로서 그의 장점은 재미있는 스토리텔링, 펄떡이는 싱싱한 구어 구사와 유머감각, 연극적 상상력이 뛰어난 장면과 이미지, 희극적 캐릭터 창조, 주변부 인물의 특징적인 묘사 등이다.

그의 작품들은 희극부터 진지한 극, 뮤지컬의 각색에 이르기까지 다양한 장르나 형식을 섭렵하고 있으며, 글쓰기가 연극성에 기초해 있고 재기가 넘친다. 〈이발사 박봉구〉나 〈황금박쥐〉는 사실주의와 환상을 어느 정도 결합하고 있으며, 희극적 인물들을 배치하여 재치있는 언어의 유희나 풍성한 희극정신을 보여준다. 그러나 그의 작품들에 나오는 주변 인물들이 건달이나 양아치, 경찰, 창녀 등이고 성적 욕망을 내보이는 인물들로 거의 유사성을 보인다는 점은 앞으로 경계해야 할 점이다.

연극무대가 인생과 세계의 축도라면, 캐릭터들은 작가가 바라보는 바의 세계상을 표상한다. 어떤 유형의 캐릭터들이 등장하느냐에 따라 그 세계는 단순하고 피상적일 수도, 혹은 광대하거나 심층적으로도 여겨지게 된다.

　고선웅의 작품들은 신자유주의적 자본의 논리와 통속화된 욕망을 좇는 타락한 세상과 사회적 타자인 주인공의 욕망의 판타지가 대립한다. 그리고 이 대립은 매우 독특하고 낯선 상황과 맥락 속에 배치하기 때문에 사회적 불안이 도발적 이미지와 강렬한 연극적 에너지로 형상화 된다.

　고선웅은 〈성인용 황금박쥐〉에서부터 본격적으로 사실과 환상을 결합한 바 있는데, 그는 '마술적 리얼리즘' 쪽으로 작품 방향을 설정했다. 테크놀로지가 엄청난 속도로 발달하고 컴퓨터와 가상현실, 영상 이미지 시대를 살고 있는 오늘날, 우린 현실이 더 환상 같고 환상이 더 현실 같은 시대를 살고 있다.

　환상성은 이야기가 시작된 신화시대부터 첨단 테크놀로지의 시대인 오늘날까지 내러티브의 주요한 요소가 되어 왔다. 그러나 사실과 환상이 몸을 섞고 삶의 본질이나 인간 실존의 문제에 대해 일종의 우화 같은 물음을 던지는 '마술적 리얼리즘'의 성공 여부는 환상성이 곧 사실성의 이면의 얼굴이라는 것을 얼마나 설득력 있게 그리느냐에 달려 있다고 할 것이다.

　환상이란 밤에 우리가 꾸는 꿈이고, 그 꿈이란 낮의 삶에 기반을 둔 것이기 때문이다.

한국 동시대 극작가들

이 해 제

삶의 모순과 인간성에 대한 사유와 시적 언어

1. 들어가는 말

연출가이자 극작가인 이해제(1971~)는 젊은 나이에 이미 자신의 개성적인 작품세계를 각인시킨 작가이다. 탁월한 줄거리와 정교한 구조, 뛰어난 언어감각, 연극성 등을 보여준 〈흥가에 볕들어라〉(1999)는 극작가 이해제의 이름과 재능을 확고하게 알린 성공작이다. 부산 가마골 소극장의 워크숍에 참가하면서 연극을 시작한 그는 1990년대 초반부터 각색 작업에 참여했고, 90년대 중반에 이르러서는 〈곡마단 이야기〉(극단 인혁의 창단작, 이기도 연출, 1995), 〈꽃밭〉(극단 인혁, 2회 공연작, 이기도 연출, 1996)을 발표하며 극작가의 길을 걷기 시작했다.

그의 희곡들은 비사실주의와 사실주의라는 두 경향을 오가고 있다. 어느 경우에도 그의 극에 나타나는 가장 중요한 특징은 언어에 대한 깊은 관심과 사회의식이라 할 수 있다. 그는 시적, 문학적 언어와 연극적 언어의 접점을 찾기 위해 노력하며, 사회의 모순이나 삶의 질문을 풀어가기 위해 극을 쓰는 작가이다. 그는 대사 중 많은 부분을 시로 쓰는 것은 물론, 무대에서 비언어기호로 형상화되는 지문까지도 종종 운문으로 쓸 만큼 시적

은유와 정서적 고양, 운율을 중요시한다. 〈흉가에 볕들어라〉나 〈설공찬전〉
의 대사는 일상어와 시로 쓴 대사를 혼용하고 있으며, 〈흉가....〉나 〈오르골〉
의 지문들은 시, 혹은 판소리체 운문으로 쓰여 있다. 이러한 시극 지향성은
그의 문학수업을 통해 얻어진 것이다. 그는 일상어 대사의 경우에도 말맛
과 구어체의 리듬감, 생활정서를 살린 언어를 자연스럽게 구사한다. 〈흉
가....〉에서는 경상도 사투리가, 〈지리다도파도파 설공찬전〉에서는 전라도
사투리가, 〈해일〉에서는 이북 사투리가 능숙하게 활용되어 토속성과 캐릭
터의 생동감을 살려낸다.

　이해제는 부산 출생(1971년생)으로, 고등학교 시절에 문예부 활동을 하
면서 문학에 빠졌다. 훌륭한 국어 교사들의 영향을 받아 문학이 갖춰야 할
중요한 덕목이 미학적 구조라는 것을 깨우쳤고, 시 한 편을 읽더라도 의미
론적, 통사론적으로까지 해석할 만큼 철저하고 정확하게 읽는 방식과 논
리적 분석력을 길렀다. 이 시기에 그는 특이하게도 소설보다는 문학비평
서들을 많이 읽었고, 주로 시를 습작하면서 시인을 꿈꾸었다. 문학 비평서
를 많이 읽은 독서 이력은 희곡을 쓸 때 미학적, 구조적 완벽성을 추구하도
록 이끌었고, 또 꾸준한 시 습작은 희곡을 쓸 때 대사나 지문을 시에 가깝
게 쓰는, 이른바 시극 지향성을 갖게 했다.

　그는 희곡을 쓰는 데 있어 두 가지를 염두에 둔다고 한다. 하나는 극을
자신이 풀어야 할 삶의 문제로 접근하는 태도이고, 또 하나는 미학적 완성
도이다. 그는 간단한 아이디어로부터 이야기를 상상하고, 그다음엔 인물
들을 설정하고 구조를 짠다고 한다. 그러면 그다음에는 인물들이 스스로
이야기를 시작한다는 것이다.

2. 작품 경향

　이해제의 작품들을 살펴보면, 사실주의와 비사실주의극 두 경향으로 나

넌다. 그러나 그의 작품들을 관통하는 정신세계는 삶과 죽음, 현실과 환상, 꿈과 생시가 이원론적 대립이 아니라 서로 맞물려 있다고 인식하는 동양 사상에 맥을 대고 있다. 그 때문에 비사실주의극에도 사실과 비현실, 혹은 꿈과 현실이 명확하게 분리되어 있지 않고 두 세계의 그림이 덧칠한 것처럼 오버랩되어 있다.

극작가로서의 공식 데뷔작은 〈곡마단 이야기〉인데, 이 작품은 대본이 남아 있지 않다. 두 번째 작품인 〈꽃밭〉은 꿈의 왕夢君이 아름다운 꽃밭이 있는 현실세계로 찾아오는 환상적인 소재를 다루고 있다. 사랑을 위해 꿈속 안락한 세계를 버리고 갈등의 세계인 현실을 택하지만, 결국 비극적인 죽음을 맞는 이 극의 내용은 작가 이해제의 정신세계와 연극관을 어느 정도 암시하고 있는 것으로 보인다. 그는 꿈과 현실, 혹은 인생과 연극, 삶과 죽음 같은 서로 대극적인 세계가 갈등을 일으키는 이원론적 세계가 아니라 뫼비우스의 띠처럼 이어져 안과 밖을 구분할 수 없는 세계로 인식한다. "장자가 나비 꿈을 꾼 것인가, 혹은 장자가 된 꿈을 꾸고 있는 나비인가?" 라는 물음을 던졌던 '호접몽'의 장자처럼.

이를테면, 〈흥가에 볕들어라〉는 죽었으면서도 자신이 죽은 줄 모르고 영원히 일상을 되풀이 하고 있는 가신－잡귀신들을 그리고 있다. 이들은 생시의 탐욕에 붙들린 존재로, 죽었음에도 욕심과 집착을 버리지 못해 똑같은 삶을 반복한다. 죽었으되 살아 있는死中生 가신들의 삶에 개입해서 그들이 죽은 귀신이라는 존재성을 일깨워줘야 하는 사명을 부여받은 파묵승이는 반 실성 상태인 '살아 있되 죽은生中死' 존재이다. 이처럼 이해제는 생과 사의 경계를 뫼비우스의 띠처럼 이어붙인 '장자의 호접몽'의 세계를 제시한다.

마찬가지로 〈지리다도파도파 설공찬전〉에서도 혼령이 타자의 몸을 빙의의 방식으로서만 존재성을 가지는 환상적 내용을 통해 현실과 환상, 삶과 죽음, 나와 타자의 경계를 허물고 서로 소통하는 것으로 제시한다. 이처럼 현실과 환상의 경계, 직선적인 시간의 해체, 자아와 타자의 경계 해체를 표현하는 경향은 사실주의 극작품들에도 편린을 드러낸다.

그동안 발표한 10여 편의 극작품들을 보면, 그는 가족문제나 일상적 삶의 묘사에는 그다지 관심을 보이지 않는 것을 알 수 있다. 그는 당대의 현실에서 살짝 발을 빼고 멀찍이 물러서서, 거시적 시각으로 삶의 모순이나 인간성에 대한 질문을 던지고 그에 대한 사유성을 담아낸다. 이를테면 〈흉가에 볕들어라〉나 〈오르골〉 〈바다에 가면〉 같은 작품은 과거와 현재라는 두 개의 시간을 대비시키거나 병치시키는 방법으로 현실 배후에 작동하는 긴 시간성이라든지, 탐욕과 집착, 혹은 개인의 삶에 영향을 미치는 사회 역사적 문맥에 시선을 돌리게 한다.

그의 극을 소재나 형식에 따라 거칠게나마 구분해 보면 대략 3가지 경향으로 구분할 수 있다.

먼저 판타지와 현실을 결합시킨 극. 그는 눈에 보이는 현상보다는 현상 배후의 세계, 혹은 현실의 모순을 만들어내는 탐욕이나 권력욕, 위선과 부도덕 등을 드러내기 위해 귀신, 빙의, 가신家神 모티브 등의 판타지나 민속적 요소들을 끌어온다. 특히 그의 극작품에서 돋보이는 것은 풍부한 인문학적 배경과 시적 언어, 정교한 구성과 독특한 무대적 상상력이다. 그의 대표작 〈흉가에 볕들어라〉는 가신 모티브와 토속적 배경을 통해 인간의 끝없는 욕심을 풍자하고 있으며, 〈지라다도파도파 설공찬전〉 역시 '빙의'라는 모티브를 통해 권력에 대한 끝없는 욕망을 조롱하고 있다. 이해제는 판타지가 전경화되는 비사실주의극에서도 배후에 사회적 배경이나 정치적 배경을 깔아놓아 사회성과 역사성, 리얼리티를 만들어낸다. 이를테면 〈흉가....〉의 시대적 배경은 1948년으로, 지주의 땅을 소작인에게 분배하는 농지개혁법이 몰고 온 사회적 분위기를 암암리에 반영하고 있으며, 〈설공찬전〉에서도 중종반정의 정치적 배경이 극중 사건이나 캐릭터들과 직접적 관련을 맺고 있다.

두 번째 경향은 리얼리즘 계열이다. 다양한 인물군상의 묘사를 통해 사회의 모순들을 총체적으로 그려내는 〈나체질주자 수사본부〉, 상류층의 부도덕을 은유하는 극적 장치로서의 포커와 러시안룰렛 게임을 통해 캐릭터와 내러티브를 그려낸 〈육분의 륙〉, 일과 삶에 관한 7편의 에피소드를 연결한 옴니버스극 〈달토끼가 말했어〉 등이 있다.

세 번째 경향은 언어극이다. 쇠사슬에 묶여 참호 속에 갇힌 두 인민군이 죽음의 공포를 말로 풀어가는 〈해일〉, 두 남녀가 어린 시절부터 50여 년에 걸쳐 주고받는 편지들을 통해 개인적 삶 속에 현대사를 담아낸 〈오르골〉은 그의 언어적 재능과 시적 서정이 잘 어우러진 극이다. 두 남녀의 삶과 사랑 같은 미시사에, 한국 현대사와 우주 개발 같은 국내외적 거대 담론을 결부시킴으로써 개인의 삶을 사회적, 우주적 차원으로 확장시키고자 한 의미부여와 디테일 묘사가 돋보인다. 특히 이 극의 지문은 〈흉가....〉에서처럼 시로 쓰여 있으며, 여러 겹의 시간성을 제시하는 역할을 한다. 50여 년의 세월이 흐른 현재, 그동안 주고받았던 편지 묶음을 통해 추억을 반추하고 그 당시의 상황이나 심리를 나직하게 토로하는 늙은 화자의 시점이 매개됨으로써 과거의 시간과 삶의 경험이 현재의 관점에서 재해석되게 만든다.

3. 주요 작품

이해제의 작품들에서 주로 다루어진 주제는 크게 보아 욕심과 인간관계, 두 가지이다. 〈흉가에 볕들어라〉에서 "인간사 인생사가 아무리 기구하고 다사다난하다지만 내 눈에는 한 이야기인 것 같네. 욕심 말일세, 욕심!"이라는 업구렁이의 대사에서처럼, 이 욕심의 주제는 작품에 따라 재물욕, 탐욕, 욕정, 권력욕 등으로 변주되어 나타난다.

또 한 가지 주제는 인간관계, 혹은 이를 더 확장한 사회와의 관계이다. 극한상황에서의 두 인물의 관계, 남녀 관계, 재벌가의 복잡한 가족관계, 군인들 간의 관계, 다양한 사회 계층 간의 관계 등으로 변형되어 표현되면서 황폐한 인간적 유대관계나 사회적 모순, 혹은 사랑이나 따스한 동료애 등을 그려내고 있다.

▌〈흉가에 볕들어라〉: 가신 모티브로 풍자한 인간의 욕심

〈흉가에 볕들어라〉(1999)는 가신 모티브와 정교한 구조, 해학적 캐릭터들을 통해 다양한 인간의 욕망을 그려낸다. 남부잣집의 가솔들 8명이 한날에 죽은 사연, 또 그들이 죽은 줄 모르는 가신－잡귀가 되어 똑같은 삶을 반복하는 사연이 남부자와 파북숭이의 내기를 매개로 밝혀지는 구성을 취하고 있다. 시와 판소리 사설 양식으로 쓰인 지문, 그리고 구수한 입담과 운율의 경상도 사투리, 전래 민속 신앙, 토속적이고도 해학적인 캐릭터들이 어우러져 개성적인 한국적 연극을 창조해냈다.

이 극에서 특징적인 것은 놀랄 만큼 정교한 구조 외에도, 남부자의 독백이나 서사적 화자로서의 해설이 지문으로 수용되어 있다는 점이다. 마치 판소리 광대가 소리로 불렀음 직한 사설과 시가 마당극에서처럼 해설자나 등장인물의 대사로 사용되지 않고 지문으로 처리되어 있는 것이다. 이는 지문이나 대사를 극히 절제된 언어, 운문으로 쓰면서 침묵과 상징의 세계를 창조하려 한 최인훈의 시극들과도 구별된다. 분량이나 극적 역할의 면에서 커다란 비중을 지문에 부여하여 시극을 시도한 희곡은 이 작품이 거의 유일하다. 연극으로 무대화될 때에는 배우들의 몸짓이나 표정, 행위 등의 비언어적 기호들로 형상화되고 말 이 지문들을 이해제는 미학적 완성도를 갖춘 극시로 표현했다. 이는 읽히는 극텍스트로서의 문학성뿐 아니라, 다양한 연출적 접근에 따라 음악극이나 모노드라마, 이미지극 등등으로 다양하게 변주될 수 있는 연극언어의 가능성을 탐색한 것이다.

반 실성하여 떠돌던 파북숭이가 어느 그믐밤, 30년 만에 남부잣집에 돌아오는 것으로 극은 시작된다. 대문 귀신이 되어 그를 기다리고 있던 남부자의 시점과 대사로 파북숭이와 집귀신들이 소개되고 극의 상황이나 행동, 무대, 배경 등이 묘사된다.

파북숭이는 흉가에서 파를 까면서 연인 화출이에게 말하듯 팔 칸이 팔 관棺이 된 사연을 읊조린다. 그러다 변소각시와 맞닥뜨리자 흉가에 왔음을 깨닫고 도망치려 한다. 남부자는 30년 동안 그를 기다렸다며, 자신이 죽고 난 후 왜 갑자기 가솔들이 죽어 잡귀가 되어 머물고 있는지, 그리고 왜 잡귀들이 파북숭이를 기다리고 있는지를 알고 싶어 한다. 남부자는 파북숭이가 집안을 망하게 한 데 책임이 있다며 그를 위협하여 내기를 제안한다. 잡귀들이 스스로 죽었다는 사실을 알게 해서 집을 떠나게 할 것과 그 과정에 남부자를 끌어들이지 말 것, 새벽까지 파북숭이가 살아 있어야 할 것, 이 세 가지를 조건으로 내세운다.

극의 진행 시간은 귀신들이 활동하는 밤부터 새벽까지이다. 동이 틀 때까지 이 귀신들은 30년 전 그들이 모두 죽은 그날의 삶을 날마다 반복하고 있다. 이 극의 결말도 귀신들이 시간을 멈춰 살고 있는 그 하루가 또다시 반복될 것임을 암시함으로써 순환적 구조를 취하고 있다. 집귀신이 되어 그들이 죽은 날 하루의 삶을 영원히 반복하고 있다는 것은, 곧 이 극이 현실과 환상, 삶과 죽음, 생시와 꿈이 뫼비우스의 띠나 장자의 나비꿈처럼 서로 맞물려 있다는 인식을 보여준다.

또 하나 특징적인 것은 8명의 가솔들이 모두 생시 때의 성격과 생활 장소를 계승한 가신이 되어 있으며, 생시에 탐욕을 부렸던 것들에 여전히 집착을 하고 있다는 것이다. 행랑아범은 노적지신이 되어 마당을 쓸고 있는데, 그가 쓸어내는 것은 가랑잎이 아닌 지전들이다. 돈에 대한 탐욕과 집착이 지전으로 나타난 것이다. 행랑 과부 오맞이댁은 용왕신이 되어 우물가에서 빨래를 하고 있다. 생전에 손주 보는 것이 한이었던 마님은 삼승할망이 되어 갓난애들을 주렁주렁 업고 있다. 며느리 희중이 처는 변소각시, 희중이 첩으로 내정된 부엌데기 화출이는 부엌을 지키는 조왕신이 되어 있다. 청지기 황씨는 장독대 귀신인 용龍단지가 되어 있으며, 마름 뻐꾸기 아재는 대들보의 성주신이 되어 있다. 지붕에 올라 먼 곳을 바래기 하던 아편쟁이 아들 희중이는 지붕신이 되어 악악거리며 지붕 위를 쏘

다니고 있다.

이들 집귀신들이 남부자의 설명으로 소개된 후, "요강 비아라!" 하는 벽력같은 삼승할망의 소리로 30년 전(1948년)의 그날, 30년 동안 한결같이 반복되어온 그날의 아침이 시작된다. 남부자는 파북숭이와 집귀신들의 행동을 보면서 왜 집귀신들이 파북숭이를 기다리고 있었는지, 또 어떻게 해서 이들이 한날에 죽게 되었는지를 알게 된다.

남부자 사후 마름, 청지기, 행랑아범, 행랑어멈 등 하인들은 재산을 차지할 궁리를 한다. 파북숭이는 이들의 욕심에 각각 장단을 맞춰주면서 요령을 귀띔해 준다. 용단지가 땅문서를 담보로 돈을 빌려 온 것도, 노적신과 용왕신이 단지에 청산가리를 발라 놓아 용단지의 눈을 멀게 만든 것도 파북숭이의 의견을 듣고 제멋대로 해석해서 저지른 일들이다. '내 땅'임을 주장하는 성주신에게도 파북숭이는 농지개혁법을 들먹이며 기분을 맞춰준다. 그런가 하면, 남부자 혼령의 말을 거짓으로 꾸며대어 손주를 바라는 삼승할망의 기분도 맞춰준다. 삼승할망은 희중이와 화출이의 초례를 준비하고, 파북숭이에게 모든 문서를 내놓고 희중이와 손주 뒤를 봐달라고 부탁한다. 파북숭이는 그 문서들이 모두 가짜라는 것을 알아차린다. 사실 진짜 문서가 든 보자기는 남부자가 희중이 속바지에 기워주었던 것이다.

애를 낳아야 한다는 생각에 다급해진 변소각시는 파북숭이를 변소로 유인해 관계를 가진 후 문서들을 챙기고는 새벽에 도망가자고 한다. 사내구실을 못하는 희중이는 신방에 파북숭이를 불러들여 자기 대신 화출이와 초야를 치르게 한다. 이 과정에서 화출이 배가 만삭이 된 것이 알려지고, 이 소란 틈에 노적과 용왕은 단지를 빼돌린다. 성주신은 문서를 뺏기 위해 변소각시를 죽이고, 성주신은 용단지에게 살해된다. 용단지는 노적에 의해 죽고, 노적과 용왕도 서로 싸우다가 함께 죽는다. 화출이를 임신시킨 사람이 남부자임이 밝혀지자 삼승할망은 화출이를 폭행하여 숨지게 하고, 파북숭이는 삼승할망을 죽인다.

이를 지켜보던 업구렁이와 업두꺼비, 남부자는 귀신도 죽는다는 사실에 놀라워한다. 파복숭이는 "우리는 죄를 죽어서 덮을 수 없심더, 고마 잊아 묵으쁩시더. 그기 과오라고 한답니더."라는 말을 남기고 자살한다.

그 순간, "요강 비아라!"하는 삼승할망의 소리와 함께 죽었던 집귀신들이 하나씩 깨어나 또 하루가 반복된다. 흉가가 된 사연을 모두 알게 된 남부자가 귀신들에게 소리치지만 결코 개입할 수 없다. 왜냐하면 그들은 남부자 사후의 하루를 반복하며 살고 있기 때문이다. 새벽닭이 울고 아침 햇볕이 비치자, 파복숭이가 잠에서 깨어난다. 그는 간밤에 호된 꿈을 꾸었다고 느낀다. 반 실성 상태로 자기도 모르게 흉가를 찾아왔던 파복숭이는 바로 이 제의적 죽음을 거치고는 흉가에 머무르겠다는 결심을 한다.

비교적 길게 요약한 줄거리를 통해 알 수 있듯이 이 극에서 시간은 현재, 과거, 미래가 분리된 것, 직선적인 것이 아니라 서로 중첩되어 있고 정지되어 있으며 순환적인 것이다. 죽어 귀신이 되어서도 생시의 욕심에 얽매여 '과거의 죄(과오)'를 되풀이하는 인물들을 통해 작가는 우리 삶을 거리를 두고 바라보도록 한다. 우리의 삶은 햇볕에 사라져 버리는 귀신들처럼 헛것이며, 파복숭이의 일장춘몽과도 같다. 욕심과 집착에 붙들린다면 시간이 멈춰버린 화석과 같은 삶이 되고 만다.

그런 의미에서 이 극의 인물들은 우리 인간의 가지각색 욕심들을 표상하는 일종의 원형적 인물들이다. 남부잣집이 하루아침에 흉가가 되어 버린 이유는 이들의 눈멀고 귀 먼 물욕, 자손에 대한 욕심, 욕정 때문이었음이 드러난다. 그러므로 이 흉가는 온갖 종류의 욕심으로 들끓고 있는 한국 사회를 상징한다.

▌〈지리다도파도파 설공찬전〉: 거짓을 폭로하는 타자의 목소리

이 극은 조선 시대의 금서로 소각 처분을 받았던 채수의 고전소설 〈설공찬전〉을 바탕으로 한 재창작극이다. 〈흉가.....)에 이어 귀신 모티브가 빙의로, 욕심의 주제가 권력욕으로 변주된다. 16세기 초 조선 중종 때 창작된 원작 소설은 '저승'을 빌려 중종반정에 가담한 신흥 사림파를 비판한 소설

이다.[148]

이해제의 〈지리다도파도파 설공찬전〉(2003)은 권력에 조아리는 세태를 풍자하고 세상의 불의와 거짓에 맞서 침묵을 선택할 수밖에 없는 진실을 대비적으로 그린다. 그러므로 이 극은 저승의 신이한 이야기 전달에 초점이 맞춰진 원작과는 달리, 권력을 얻기 위해 아부하고 거짓을 꾸며대는 현세 사람들의 희극적인 행위에 초점이 놓인다. 설공찬의 혼령이 빙의되었을 때 주문으로 외우는 '지리다도파도파智理多都波都波'는 신라 헌강왕 때 남산의 신이 왕 앞에서 춤을 추며 말했다는 예언에서 따온 것이다. "지혜로 나라를 다스리는 사람들이 미리 알고 도망하여 도읍이 파괴된다(나라가 망한다)."라는 뜻이다. 작가는 우리 일상에서 여러 층위로 작동하는 권력에 대한 욕망과 아부가 삶의 모순과 거짓을 만들어내는 요인이라는 것을 무대화한다. 공찬의 혼령이 머리를 조아리는 인물에게만 들어갈 수 있다는 설정과 진실한 인물인 설충란이 "세상과 말이 통하지 않는다"며 침묵을 선택하는 행위가 바로 그 상징적 함의이다.

이 극은 공찬의 혼령이 여러 인물들의 몸 속을 드나들면서 빚어지는 소동을 희극적 기법으로 다룬다. 공찬의 혼령이 빙의되는 인물들이 연기하는 '이중의 자아'가 독특한 연극성과 풍자효과를 발휘하는 것이다. 권력에 아부하던 인물들이 공찬의 혼령으로 인해 이전의 자기를 부정하는 일탈적인 타자의 목소리를 드러내게 되고, 이를 통해 자신의 거짓과 위선을 스스

[148] 원작 소설의 내용은 다음과 같다. 순창에 살던 설충란에게 남매가 있었는데 딸은 혼인하자마자 죽고, 아들 공찬도 장가들기 전에 병으로 죽는다. 딸의 혼령이 설충수의 아들 공침에게 빙의되자 충수는 주술사 김석산을 부른다. 그러자 딸의 혼령은 물러가고 대신 공찬의 혼령이 왕래하기 시작한다. 공찬의 혼령은 사촌들에게 저승 단월국 소식을 전해 준다. 소설의 대부분은 저승 소식으로 이루어져 있으며, 특히 반역으로 정권을 잡은 사람은 지옥에 떨어진다고 한 대목이 당시 문제가 되었다. 임금에게 충성하여 간하다 죽은 사람은 저승에 가서도 좋은 벼슬을 한다는 것이다. 또 "이승에서 비록 여인네였어도 글을 잘하면 저승에서 소임을 맡아 잘 지낸다"고, 저승에서는 남존여비가 없음을 전하는 내용도 당대의 가치관으로 볼 때 획기적이다.
실존 인물과 허구적 인물을 적절히 배합한 이 소설은 특히 연산군을 축출하고 중종반정에 가담했던 신흥사림파를 비판하고자 하는 정치적 의도가 엿보인다. 영혼과 저승을 소재로 당대의 정치와 사회 및 유교 이념의 한계를 비판한 소설이다.

로 폭로한다.

공찬의 혼령이 빙의되는 인물들인 공침, 충수, 서임, 이필, 이들은 공침 -공찬의 말대로 "비뚤어진 입의 세상"을 표상하는 인물들이다. 이를테면 권력자 정익로에게 온갖 아부를 늘어놓던 충수는 공찬의 혼령에 빙의되자 육두문자로 익로의 권세를 조롱한다. 왕비로 간택되기 위해 '내훈'을 외우 던 서임 역시 빙의되자 외설스런 언행을 하고 담배까지 피운다. 이는 그들 의 위장, 혹은 쓰고 있던 가면이 벗겨진 것을 보여준다. 이처럼 일상에서 작동하는 권력구조의 속성은 거짓과 위선에 기초하고 있음을 이 전복적인 타자의 목소리로 드러내는 것이다.

이 중에서 공침은 타자의 목소리, 또 그와 싸우는 자신의 목소리가 혼재 되어 있는 '연기하는 육체'로서 관객의 시선을 집중시킨다. 그는 다른 인 물들보다 더 복잡한 역할과 여러 겹의 자아상을 제시한다. 공침은 공찬의 혼령이 가장 빈번하게 드나드는 몸으로서, 여기엔 세 겹의 목소리가 혼재 한다. 공침의 자아, 공찬의 혼령, 공찬과 싸우는 공침의 자아가 혼재하는 이중 삼중의 자아이자 연기하는 자아이다. 하녀 얽님을 겁탈할 정도의 뻔 뻔하고 부도덕한 인물이 정의를 실행하고자 하는 공찬의 매개자가 되고, 이중, 삼중의 자아로 분열하는 설정은 연극이라는 매체 자체에 대한 사유 와 연극놀이의 효과를 일깨운다. 말하자면 관객은 여러 자아를 연기하는 극중인물을 보면서 자기 안의 여러 자아, 혹은 연기하는 자아에 대해 생각 하게 된다. 그 때문에 이 극은 혼령의 빙의로 빚어지는 희극적 소동을 그린 데서 나아가 연극하기에 관한 연극, 메타연극이 된다.

충란이 침묵을 선택했다가 공찬의 혼령을 저승으로 떠나보내기 위해 다 시 말문을 열듯이, 거짓과 불의에 대해 침묵하는 것이 과연 최선인가, 혹은 의도와는 달리 거짓의 세상에 공조하는 결과를 만들어내지는 않는가에 대 한 사유 또한 촉구한다. 선과 악, 현실과 환상, 삶과 죽음, 진실과 거짓 같 은 이분법적인 사고체계와 그 존재성은 서로에게 기대고 있는 것이기 때 문이다.

▮〈해일〉: 극한상황에 처한 인간의 실존

〈해일〉(2004)은 크게 보면 인간관계의 주제를 다룬 극이라 할 수 있다. 6·25 때의 실화를 소재로 인민군이 퇴각하면서 적군의 방패막이용으로 쇠사슬에 묶어 참호에 남겨놓은 두 명의 인민군을 그린다. 이들이 묶여 있기 때문에 행동이 제한되어 있는 대신 언어가 중요해진다. 특히 두 주인공의 출신 배경이나 대조적인 성격 때문에 각기 다르게 구사하는 언어의 묘미가 이 극의 흡인력과 밀도를 만들어낸다. 그들은 죽음의 공포를 이기기 위해 끊임없이 말하고, 그리운 고향에 대한 추억이나 환상으로 현실의 억압과 공포에서 도피하고자 하기 때문이다.

이들이 움직이지 못하고 묶여 있다거나 폐쇄적 상황은 베케트의 연극을 얼핏 연상시키지만, 인간 존재를 은유하는 부조리극적 상황과 이들의 현실적으로 부조리한 상황은 매우 다르다. 인민을 해방한다는 부대가 적군 방어용으로 각 참호마다 두 명씩을 묶어 놓고 실탄 50여 발만 지급한 채 퇴각했다는 사실은 6·25 전쟁의 참혹하고도 비인간적인 성격을 가차 없이 고발한다. 이념이나 명분이 어떻든지 간에 인권과 인간성 자체를 짓밟는 전쟁 그 자체에 대해 혐오하도록 촉구하는 것이다.

이 극의 특징은 특별한 외적 사건의 개입이 없이, 또 기승전결이나 인과적 서사구조 없이 두 주인공의 대사만으로 극을 전개시키고 있다는 점이다. 두 캐릭터의 대조적 성격과 극한상황에 대한 반응과 심리, 죽음의 공포와 환상, 죽음의 선택에 이르는 과정이 극적 사건에 의해서가 아니라 토속적 어휘의 이북 사투리와 지식인의 표준어 대사 사이의 연극적 대결로 보일 정도이다.

만필은 채삼꾼으로 약초를 팔러 저자에 나왔다가 인민군에 갑자기 끌려온 30대의 남자이다. 인민군의 상투적인 이념과 전쟁용어를 외쳐댈 때를 제외하고는, 토속적인 이북 사투리와 정감 넘치는 생활언어로 구사되는 고향이나 자연에 대한 대사를 통해 순박한 자연인을 현시함으로써 역설적으로 전쟁의 비인간화를 고발한다. 하현은 남한 출신의 지식인으로, 인민 해방에 앞장선다는 신념으로 북을 선택한 공산주의자이다. 그는 죽음이 예정되어 있는 자신들의 운명, 또 주변의 참호에서 자살하고 마는 다른 군인들의 선택을 보면서 자기가 믿었던 신념이 허상이라는 것을 깨닫는다. 그러나 그 깨달음을 반전의 계몽적 메시지로 토로하는 게 아니라 바람에 흔들리는 억새밭, 밤하늘을 날아가는 쇠기러기떼, 고향의 추억과 그리움, 아편을 통한 환상 등의 회한으로 표현한다. 특히 이 극의 제목이기도 한, 어린 시절 고향 바다에 불어닥친 '해일'의 추억은 그의 실존을 송두리째 뒤집어버린 이 전쟁을 상징하는 것이기도 하다. 그래서 공산주의 혁명의 순수성을 믿었던 때 가고 싶었던 '롸씨아' 대신, "색이 없는 곳으로 갈 겁니다. 인간이 색을 입히지 않은 곳으로", 즉 이념을 내세우지 않는 곳으로 가겠다고 생각하는 것이다.

그런 의미에서 이 극은 6·25전쟁이나 인민군의 비인간적 만행을 사실적으로 고발하려 한 작품이라기보다는, 빠져나갈 수 없는 극한상황에 처한 인간의 실존을 극대화한 상징으로 읽을 수 있을 것이다.

▌〈나체질주자 수사본부〉 : 사회적 모순과 불의에 대한 슬픈 항거

〈나체질주자 수사본부〉(2004)는 인간관계라는 주제를 사회적 차원에서 확장시킨 극으로, 이해제의 작품 중 가장 사회성이 짙은 극이다. 이 극의 무대인 탑골공원은 독립선언이 선포되었던 역사적 공간이지만, 현재는 사회의 주변부 인생이 모여 북적거리는 곳이다. 야바위와 협잡, 싸구려 매춘, 장기매매 등이 행해지는, 한국 자본주의 현실의 모순과 허위를 상징하는 공간이다. 사회적 불의와 모순에 항의하기 위해 발가벗고 뛰는 것만이 유일한 무기인 귀갑을 중심으로 다양한 주변부 인간형들이 서로 얽혀 하나의 만화경을 이룬다.

등장인물들은 그들의 별명이 함축하듯 하나같이 비정한 도시의 생존경쟁에서 패배하여 주변부 인생으로 전락한 인물들이다. 명품 중독의 신용 불량자로 콩팥을 떼어 파는 미스 구찌, 아코디언을 연주하며 푼돈을 버는 해병대 출신 개병대, 노인들의 돈을 우려내는 야바위꾼, 싸구려 매춘을 하는 박카스 아줌마, 오토바이 사고로 반신불수가 된 초판맨, 고소공포증으로 직장을 잃은 통신기술자 왕거미 등이 등장한다. 나체질주자를 잡기 위해 파견된 두 명의 경찰도 비주류이긴 마찬가지이다. 한 명은 한물간 형사이고, 또 하나는 매일 구타하던 정신병환자인 친부와 부정한 방법으로 돈을 번 양부 때문에 괴로워하는 오바루끄 형사이다.

플롯은 탑골공원의 다양한 인물들과 귀갑과의 만남, 형사들의 수사와 이들의 대결로 구성된다. 귀갑을 영웅으로 착각해 조직을 만들자고 찾아온 초판맨, 왕거미와 형사들이 서로 대치하는 장면은 이 극의 클라이맥스를 이룬다. 총과 칼로 서로 위협하는 험악한 위기 상황에서 이들의 억울한 사정이나 사회적 모순들에 대한 분노에 찬 항의가 소리높여 발화된다. 그러나 극은 긴장과 직설적인 분노의 목소리에 부드러움과 비애의 목소리를 교직하여 이중적인 시각을 만들어낸다. 극에 달한 대결의 상황에서, 귀갑은 미스 구찌가 "시체가 여기 있어요!"라고 속 시원히 외치도록 하고, 자신은 장난감 전화로 딸에게 통화를 한다. 그리곤 자신의 머리를 쏜 한 방의 총성으로 대결 장면을 종결시킨다. 그러므로 귀갑이 화약총을 쏘았다는 게 밝혀지는 결말 장면은 재치있는 극적 농담이자, 이 극의 희극성을 계속 유지시키는 요인이기도 하다.

주인공 귀갑은 웃음 뒤에 눈물을, 희극적 행위 뒤에 짙은 페이소스를 드리우는 채플린 같은 인물이다. 그는 비싼 약값을 대지 못해 어린 딸을 잃은 후 주변에서 벌어지는 작은 모순들에 항의하는 수단으로 알몸 시위를 벌이는 것이다. 홍경래 장군의 외손이라고 믿는 그는 바바리를 벗어젖히고 알몸을 드러낼 때 홍경래 장군의 은빛 갑옷을 드러내는 것으로 여긴다. 마치 보물을 보여주듯 엄숙하게 바바리를 젖히고 은빛 갑옷을 드러내는 그의 과장되고도 어리석은 행위는 그 자체로 희극적이면서도 동시에 비애를 띤다. 평소엔 매우 수줍은 성격인 그는 노숙자 무료급식의 부실한 반찬에 항의하기 위해 알몸을 드러내며 독립선언서를 낭독하기도 하고, 짝사랑으로 가슴앓이 하는 개병대를 위해 스트리킹을 하기도 한다. 이처럼 그는 자기 권리나 주장을 표현도 못 하고 억눌려 사는 서민들의 대변자로서 알몸 항의를 한다. 귀갑의 일탈행위는 사회적 약자들에게 공감을 얻는다. 그의 '반사회적' 노출행위가 이타적인 목적을 위해 행해지기 때문이며, 제도의 금지를 깨트리고 반항하는 자체가 대리만족을 주기 때문이다.

그러나 그는 영웅심리나 권력욕, 혹은 사회적 분노와 증오의 표출을 위해 투쟁하는 사회운동가들과는 확연히 다르게 창조되어 있다. 오로지 주변 인물들의 행복해질 권리, 최소한의 인간적 존엄을 인정받을 권리를 위해 알몸 갑옷을 드러내는 인물이기 때문에 그는 미스 구찌의 사랑을 얻는다. 아울러 우리 관객(독자)의 공감과 애정을 획득한다. 그러나 우리의 삶을 견고하게 둘러싸고 있는 사회적 모순이나 불의에 저항하여 살만한 세상으로 변화시키고자 하는 그의 시도는 "잡힐 듯 말 듯한 풍선 같은 희망"이며 동시에 "터질 듯 말 듯한 풍선 같은 슬픔"일 것이다.

▮〈오르골〉: 편지로 복원해낸 긴 인생의 통과의례, 엇갈린 사랑에 대한 회한

〈오르골〉(2004)은 50여 년간 두 남녀가 주고받은 편지로 이루어진 언어극이다. 극적 행동을 대신한 시적 언어의 힘이, 편지로 복원된 일상적 삶의 진솔함과 디테일들이, 말해지지 않은 행간의 감정들이 여운을 남기며 커다란 감동을 준다. 겉으론 평범해 보이는 삶이지만, 그 삶 속에는 개인적 차원의 삶과 사회적 삶이 교직되어 있다. 그래서 그들의 삶은 성장, 궁핍, 꿈, 사춘기, 사랑, 대학 생활, 군 입대, 유학, 결혼, 이혼, 배우자와의 사별 등의 개인적 삶을 씨줄로, 6·25전쟁, 4·19, 5·16과 계엄, 사라호 태풍, 소련과 미국의 우주 탐사, 카뮈의 죽음 등의 자연적, 사회적, 우주적 사건들을 날줄로 해서 짜이는 아라베스크 천과 같다.

이 극은 이정이 죽은 후 늙은 수인이 편지 묶음을 받아들고 오며 그동안의 세월을 회상하는 시점으로 시작된다. 과거의 시간들, 삶의 기록들을 담고 있는 편지들의 낭독 사이사이에 끼어들어 그때의 상황이나 배경, 말해지지 않은 감정들에 대해 주석 달듯 설명해주는 회고의 시선이 바로 이 극의 지문을 이룬다. 이 시로 이루어진 지문, 고백과 절제 사이에서 머뭇거리는 회고적 자아의 목소리는 오르골의 음악처럼 아름답고 슬픈 정서, 안타까운 회한으로 가득 차 있다.

이정이 준 오르골은, 첫사랑을 느꼈으면서도 굳이 우정이라며 거리를 두었던, 그래서 영원히 어긋나고 말았던 그들의 인생을 상징하는 소도구이다. 그 오르골은 투명한 유리구 속에 작은 목마 하나가 더 자그만 초승달을 뒤쫓아가는 풍경으로 이루어져 있다. 목마가 뒤뚱거리며 달려갈 때마다 눈꽃이 일어나 흩날리고, 달은 자꾸만 달아난다. 그처럼 두 사람의 인생과 사랑은 늘 엇갈리고 떠나고 헤어지기를 반복한다.

두 남녀가 주고받는 편지는 성장, 사랑, 결혼, 죽음 같은 인생의 통과의례를 함축하고 있을 뿐 아니라 부모나 형제, 주변인물들의 이야기, 심지어는 굵직한 역사적 사건이나 우주탐사 사건까지 아우르고 있다. 그래서 우리의 작은 인생이 사실은 얼마나 풍요롭고 우주적 규모로까지 확대될 수 있는 것인가를 보여준다. 이 극이 만들어내는 시적 서정과 아름다움과 감동은 오래된 과거의 삶과 일상을 세밀하게 복원해낸 복고적 디테일 묘사를 넘어서서, 인생의 내면을 깊이 있게 묘사해낸 언어의 힘에 있다. 목마와 초승달처럼 서로 엇갈리는 두 남녀의 사랑이나 이루어지지 못한 꿈, 그들의 수많은 선택과 역사와의 부딪침은 바로 우리의 비슷한 삶의 경험을 들추어낸다. 우리의 내면에 깊숙이 묻어두었던 추억, 혹은 어긋난 인생의 행로, 사랑보다 가정에 대한 의무를 선택해야 했던 회한 등등이 그들의 편지 언어와 함께 고스란히 되살아나는 경험을 하는 것이다. 외적인 행동 없이 편지 낭독만으로 이루어졌음에도 단조로움이 아닌 강력한 연극성을 발휘하는 것은 이처럼 그 편지들이 우리 내면의 현을 건드려 깊은 공명을 만들어내기 때문이다.

▮ 〈육분의 륙〉 : 게임의 룰로 그려낸 비정한 가족관계

〈육분의 륙(6/6)〉(2005)은 카드게임과 러시안룰렛게임을 극적 장치로 활용하여 상류층 가족의 비정한 경쟁관계를 하드 보일드하게 그린 극이다. 이 독특한 제목은 러시안룰렛게임의 죽을 확률 1/6과 살육한다는 의미의 륙殺을 조합한 것, 혹은 주인공의 계획살인 6/6의 확률을 의미한다.

이 극에 등장하는 6명의 인물들은 복잡한 인척 혹은 치정관계로 얽혀 있다. 무대는 민부의 펜트하우스이고 피라니아 수족관, 선인장들이 놓여 있다. 금붕어를 잡아먹는 피라니아나, 가시로 찌르는 선인장은 인척관계이면서 비즈니스의 경쟁자이자 천적인 이들을 상징한다. 민부는 아버지의 사십구재 날 이들을 불러모아 러시안룰렛을 하자고 유도하여 자신까지 포함한 5명을 모두 죽일 계획을 세운다. 이 살육의 현장에 입회할 증인으로 초대한 사람은 바로 자신의 약혼녀 음이경이다.

관객은 극의 시작부에서 카드게임을 하는 이들을 보게 되고, 민부의 해설을 통해 5명의 캐릭터와 "비즈니스로 만들어진 가계도"에 대한 정보를 듣게 된다. 민부는 자신의 계획살인을 예고하지만, 왜 그들의 자살을 유도하려 하는지 그 심층적인 동기에 대해서는 밝히지 않는다. 바로 이 극의 긴장과 재미는 민부가 어떻게 게임의 룰을 가지고 이들을 자살하게 하는지, 또 그 숨겨진 동기는 무엇인지를 지켜보는 미스터리에 놓여 있다.

작가는 바로 이러한 미스터리를 구축하는 데에 정교한 구성력과 게임의 룰, 인간심리의 복잡성과 그들의 얽힌 관계를 적절하게 활용한다. 카드게임이 펼쳐지는 테이블은 곧 그들의 관계와 애증, 경쟁관계, 비열함이나 야욕, 성격이 드러나는 각축장이다. 또한 약자를 잡아먹는 피라니아의 수족관과 동일시되기도 한다. 교묘하게 여러 개의 총으로 러시안룰렛게임의 확률 조작을 함으로써 그들의 경쟁심과 자만심을 부추겨 결국 모두 죽게 만드는 민부의 계략은 치밀한 게임의 룰로 뒷받침되어 있다. 그러나 마지막에 밝혀지는 민부의 계획살인의 동기는, 개연성을 가지고 있음에도 너무 심리적 요인이 절제되어 있어서 관객의 공감을 끌어내기엔 다소 부족하다는 인상을 준다. 민부의 약혼녀는 이복형인 대철이 소개한 여자인데, 알고 보니 대철이 농락했던 여자였다. 민부는 그녀를 사랑했기에 대철을 용서할 수 없었고, 나아가 서로의 천적인 인척들을 모두 죽이겠다는 결심을 한 것이라는 게 마지막에 밝혀진 진상이다.

그러나 이 처참한 살육극에 사랑하는 여자를 증인으로 입회하게 한 것은 연극적 구도로서는 탁월한 선택이지만, 민부의 사랑의 진정성이 느껴지지 않는다는 모순을 만들어낸다. 그러나 무엇보다도 문제는 '러시안룰렛게임으로 모두 파멸하는 상류층 가족의 이야기'라는 원안(유지태)에 매달려, 이해제 작품 특유의 인간적 온기와 시적 서정을 포기한 데서 공감의 폭이 줄어들었다는 데 있다. "사실 난 독하게 살기 싫어. (중략) 어릴 땐 시규 형을 이기고 싶었고, 커서는 형을 이기고 싶었고, 대찬 한주를 이기고 싶었고, 삼촌의 비열함을 이기고 싶었고…… 그러면서 닮아버린 거지. 그 지독스러움을 말이야! …난 그게 싫은 거야. 나도 모르게 만들어진 내가 말이야." 형제나 인척이 아니라 서로 천적이라고, 그래서 미워하며 닮아버렸다는 민부의 말은 바로 이 극의 주제를 암시한다. 형제나 가족은 사랑과 경쟁의 관계이다. 그러므로 이 극은 특수한 상류층 가족의 문제를 내세우곤 있으나, 궁극적으로는 사랑은 없고 경쟁만 남은 가족관계의 쓸쓸함, 허무함에 대한 극이다. 그들의 야비함이나 경쟁심 이면에 깊숙이 자리한 외로움이나 약점 같은 것들까지 그려냈더라면, 이 극은 좀 더 보편적인 가족의 이야기로 공감의 폭이 확대되었을 것이다.

4. 나가는 말

앞에서 살펴본 것처럼 이해제는 시적 언어와 사회의식이 뛰어난 작가이다. 그의 시적 재능은 지문이나 대사에 시와 상징, 운율을 창조하고, 연출가적 재능은 장면들이나 내러티브에 시각적 이미지와 연극성을 결합시킨다.

그는 사회나 삶의 모순들을 풀어가기 위해, 또는 그것을 공론화시키기 위해 연극을 선택한 극작가－연출가이다. 그는 한국연극사에 기록될 수 있을, 독특하고도 미학적 구조가 뛰어난 극 〈흉가에 볕들어라〉로 작가적 개성을 각인시켰다. 그러나 지금까지의 족적보다는 앞으로 내디딜 발걸음이 더욱 기대되는 극작가이다. 왜냐하면 그간의 발표작들은 나름대로 탄탄한 연극적 재미와 문제의식을 보여주고는 있으나, 미학적 완성도나 작품성이란 점에서는 〈흉가에 볕들어라〉를 능가하는 세계를 아직 보여주지 못했기 때문이다.

그는 필자와의 인터뷰에서 연극이 자신에게 소중한 것은 관객의 기억 속에 남는 것이기 때문이라고 말한 바 있다. 부질없이 흘러가고 마는 우리의 일상에서 어느 한순간을 포착하여 의미를 부여하고 뭔가를 각인시키는 것이 연극이라는 것이다.

그의 극작품들은 기교나 감각적 언어, 자극적인 내용에 치중하지 않는다. 상류층의 세계를 다룬, 총성과 피가 낭자한 〈육분의 륙〉이 예외적인 작품이라 할 것이다. 그의 극들은 인생의 탐욕이나 어리석음, 혹은 어긋난 삶의 행로, 이별, 삶의 쓸쓸함 같은 인생의 존재론적 문제에 대한 사유를 담아낸다. 그는 현란한 기교나 과장된 연극성의 무대보다는 '쓸쓸한 여행'으로서의 삶에 대해, 수많은 모순에 대해 문제를 제기하고 유머와 비애를 뒤섞은 시각으로 삶의 이면을 들여다보려는 작가이다. 명성과 상업성으로부터 초연한 자세를 유지하려 노력하는 작가, 삶의 진정성과 작품의 진정성을 일치시키려 하는 드문 작가이다. 그의 극작품들은 작품성에 어느 정도 편차가 있고, 아직 미완성의 작가이지만 한결같이 담긴 것은 시적 언어와 따스한 인간적 온기, 그리고 진정성이다. 그리고 그것이 그의 앞으로의 극작 활동에 대해 큰 기대를 품게 하는 이유이다.

한국 동시대 극작가들

배 삼 식
인생에 대한 관조와 시적 서정

1. 극작가 배삼식

배삼식(1970~)은 매우 독특한 자기 세계를 가지고 있는 드문 작가다. 드문 작가라고 한 것은 대부분의 젊은 극작가들이 현실세계에 발을 깊숙이 딛고 서서 삶의 문제와 씨름하고 있는 것과는 달리, 그는 저만치 물러선 채 삶에 대한 달관과 관조의 시선으로 삶을 재구성하고 의미화하기 때문이다.

그런 점에서 그의 희곡은 여백과 사유를 담고 있는 한시나 동양화 혹은 옛글의 세계를 은연중에 닮아 있다. 그의 희곡은 동양적 세계관과 인문학적 교양을 바탕으로 시적 정취와 넉넉한 해학, 뜬세상의 덧없음에 대한 비애를 담아낸다. 그의 여러 편의 각색작품이나 창작희곡들은 인물들의 대립과 충돌을 축으로 하는 극적인 이야기가 아니라, 할머니 무릎에 누워 들었던 옛날이야기 같이 편안하게 숨 쉬며 들을 수 있는 이야기이다. 인생을 시적으로 압축하면서도 재미있는 한 편의 이야기를 듣고 보는 듯하고, 그렇게 느슨하게 서사적으로 풀어져 있는 듯하면서도 연극적 감각의 짜임새를 갖고 있는 것이 그의 극이다.

1970년 전주 태생인 그는 우연히 극작가의 길로 들어섰다고 한다. 그런

데, 그게 과연 우연일까? 삶이란 때로 우리를 전혀 의도하지 않았던 방향
으로 부려놓을 때가 많다. 그러나 그 길에 서 있는 자신의 좌표를 가만히
들여다보면, 어쩌면 예정되어 있었던 게 아닐까 하는 생각이 들기도 한다.
아니 적어도 자신의 의지나 무의식적 끌림이 일정 부분 작용한 것은 분명
하다. 배삼식이 극작가가 된 경로만 보아도 그렇다.

그는 서울대 인류학과 재학 시절, 연극반에 들어 활동했다. 이때까지만
해도 그는 작가가 될 생각은 하지 않았다고 한다. 그런데 졸업을 한 학기
남겨두고 태안 해안경비대에 입대한 그는 읍내 도서관에 다니며 엄청난
독서를 하게 된다. 그리고 다시 복학한 그는 연극반 후배에게서 같이 공부
해서 연극원에 진학하자는 제의를 받는다. 그래서 그는 극작과에 들어갔
고, 극작가라는 운명의 길로 들어서게 된 것이다.

2. 작품세계의 특성

배삼식의 극작품 목록을 보면 각색 혹은 번안 작품과 창작희곡, 마당놀
이 대본 등 대략 3가지로 대별된다.

각색이나 번안 작품은 공연 데뷔작인 〈하얀 동그라미 이야기〉(브레히트
원작, 번안, 1998)를 비롯하여 〈인생은 꿈〉(칼데론 원작, 번안), 〈허삼관 매
혈기〉(위화 원작, 각색, 2003), 〈정글 이야기〉(키플링 원작, 번안, 2003),
〈빵집〉(브레히트 원작, 각색, 2004), 〈벽 속의 요정〉(후쿠다 요시유키 원작,
번안, 2005) 등 6편에 이른다.

그의 창작희곡으로는 〈11월〉(1999), 〈오랑캐 여자 옹녀〉(2001), 〈최승
희〉(2003), 〈주공행장〉(2006), 〈열하일기만보〉(2007) 등이 있다.

배삼식은 2002년에 〈하얀 동그라미 이야기〉를 미추산방에서 정호붕 연
출로 공연하게 되면서 극단 미추와 깊은 인연을 맺게 된다. 이후 그의 작품
들은 극단 미추를 위해 쓰여지고 미추의 공연미학으로 무대화된다. 희곡

과 공연이 상생하며 극단 미추의 특유의 얼굴을 만들어내고 있는 것이다. 미추의 연극정신은 창단 이래 한결같이 '마당을 추구'하는 것이다. 마당이란 열린 공간과 놀이성을 의미한다. 폭넓은 시공간 속에 펼쳐지는 긴 인생을 관조하는 배삼식의 작품이 특유의 절제와 여백의 미학을 추구하는 미추의 마당과 만나 행복한 결합을 이루고 있는 것이다.

극단 미추의 마당놀이를 위해 그가 쓴 작품은 2편이 있는데, 판소리 '적벽가'를 모티브로 한 〈삼국지〉(2004), 셰익스피어의 〈베니스의 상인〉에서 모티브를 빌려 온 〈마포 황부자〉(2005)이다. 전통연희의 현대화와 대중적 소통방식에 큰 의미를 부여하고 있는 그는 앞으로도 마당놀이의 새로운 경지를 열어가는 소중한 작가가 될 것으로 기대된다. 왜냐하면, 그동안의 마당놀이는 주로 판소리 다섯 마당이나 고전소설의 각색을 취하면서 인기 배우의 스타성과 정형화된 표현과 양식에 안주한 측면이 있기 때문이다. 그는 젊은 세대를 포용하는 새로운 구조와 형식을 가진 젊은 감각의 마당놀이를 추구하고자 한다.

그의 작품 목록에서 두드러지는 특징은 그가 각색이나 번안 작품을 무척 많이 발표했다는 사실이다. 또 공연을 보거나 대본을 읽을 때 두 번째로 놀라는 지점은 그의 각색 또는 번안대본은 원작으로부터 소재나 줄거리, 인물만 빌려 왔을 뿐 배삼식 특유의 탁월한 언어감각과 연극적 구성 및 재해석으로 완전히 새롭게 창작된 희곡이라는 사실이다.

배삼식은 각색이 창작에 비해 격이 낮다든지 각색을 재능의 낭비로 생각하지 않는다. 그는 "좋은 이야기를 할 수 있다는 자체가 의미 있고 즐겁다"고 생각한다. 정말 좋은 이야기가 있다면 한 사람의 이야기꾼으로서 충실하게 전달하는 것, 그것이 그가 연극을 대하는 태도이다. 극작가의 임무는 좋은 이야기, 들을 만한 이야기를 들려주는 이야기꾼이라는 것이다.

그의 작품의 특성을 살펴보면, 먼저 구조적으로는 극적 갈등이 뚜렷한 서사보다는 느슨한 서사와 열린 구조, 여백의 미학을 취하고 있다는 점이다. 그의 대부분의 극들은 우리 전통극이나 서사극처럼 긴 시간을 서사적으로 다루면서 공간 이동이 즉각적이고 자유로운 열린 공간을 취하고 있다. 각 장면들은 인과율에 의한 긴밀한 구성이 아닌 독립된 삽화들로 느슨하게 연결되고, '인생이나 역사의 영원한 흐름'을 환기시키는 이미지나 성찰을 그려낸다. 대비적 성격의 인물들이 만들어내는 첨예한 갈등 대신 그는 각 인물들의 내면화에 집중한다.

그리고 넉넉하게 비워놓은 무대에서 노래나 춤, 영상 혹은 장면화가 만들어내는 시적인 이미지와 고아한 대사는 동양화 같은 여백과 편안한 숨쉬기를 만들어낸다는 점이다. 또 그의 작품들은 창작이든 각색이든 번안이든 우리의 전통극이나 판소리, 옛날이야기나 민요, 한문학의 세계에 맥을 댄 친숙한 인물을 창조하며 한국적이면서도 보편적인 생활정서를 그려낸다. 그리고 이 원형적이고도 보편적인 생활정서를 골계와 비장의 스타일 혼합을 통해 성취하고 있는 것이다.

확실히 그의 상상력 구조는 삶과 죽음의 순환, 또 갈등과 대립보다는 화해와 포용을 섬기는 동양적 세계관에 기대어 있다. 〈오랑캐 여자 옹녀〉는 삶과 죽음이 끝없이 순환하는 세계를 그리면서, 모든 것을 품어주는 우주적 사랑의 화신인 옹녀를 그린다. 〈주공행장〉에서도 인물들간의 갈등 대신 자신을 귀양보낸 왕의 외로움을 읽어내고 그에게 술 한 잔 건네려는 주인공의 넉넉한 포용을 고아한 옛 시나 동양화 같은 정서와 여백 속에 담아낸다.

배삼식은 어떤 이념이나 목적론적 가치보다도 '살아가는 일의 소중함'을 제시한다. 그의 이러한 지배적인 주제나 관심은 〈최승희〉에서 "죽음은 오히려 쉬운 길 / 끝까지 살아남아야 한다. / 그것은 굴욕이 아니라 진정한 용기…"라고 최승희에 의해 노래 된다. 마찬가지로 〈벽 속의 요정〉에서도 남편의 목숨을 구하기 위해 남편을 벽 속에 숨겨놓은 아내가 "살아 있다는 건 아름다운 것"이라고 노래한다.

3. 주요 작품

그의 작품 경향은 크게 세 가지로 나누어 볼 수 있다. 첫 번째는 폭넓은 시공간을 포괄적인 관점으로 다루는 서사적 드라마로 〈오랑캐 여자 옹녀〉, 〈최승희〉, 〈허삼관 매혈기〉, 〈주공행장〉이 여기에 속한다. 두 번째는 한국적 생활감정과 시적 대사로 번안한 재창작극 〈하얀 동그라미〉, 〈벽 속의 요정〉이다. 세 번째는 마당놀이 대본으로 〈삼국지〉, 〈마포 황부자〉이다.

▌〈오랑캐 여자 옹녀〉 : 삶의 순환성과 존재에 대한 긍정

극작가 배삼식의 독특한 연극세계를 각인시킨 이 극은 그의 두 번째 창작극이다. 첫 번째 창작극은 커다란 인형을 등장시켜 순환하는 삶과 시간성을 그린 실험극 〈11월〉(1999)인데, 난해한 장면 연결과 이미지, 관념성으로 관객과의 소통을 충분히 마련하지 못했다. 그러나 〈오랑캐 여자 옹녀〉(2000)부터 그는 잘 맞지 않는 옷이었던 실험극을 벗어버리고 관객에게 친숙한 이야기와 편안한 숨쉬기로 다가간다. 우리 전통극처럼 여백과 비약의 열린 구조, 동양적 세계관과 시적 서정은 그의 작품세계 전체를 관통하는 특징이 된다.

〈오랑캐 여자 옹녀〉(이하 〈옹녀〉로 줄임)는 신재효의 판소리 〈변강쇠가〉(가루지기타령)에서 모티브만 가져왔을 뿐, 완전히 새로운 인물형과 줄거리를 빚어냈다. 전통연희를 현대적으로 수용한 놀이극 양식, 윤회와 인연의 불교적 세계관, 생명의 덧없음에 대한 비애가 시적 서정의 대사와 상징적 이미지를 통해 아름답게 형상화된다.

이 극의 틀은 서구적 연극개념의 꽉 짜인 갈등구조가 아닌, 느슨한 고리로 연결되는 삽화적 구조이다. 시간 역시 직선적 시간이 아니라 염주알처럼 꿰어져 있는 원형적, 순환적 시간이다. 옹녀와 강쇠가 만나고 같이 살고 죽고 헤어지는 과정을 큰 틀로 삼고 있지만, 주변 인물들의 윤회, 만남과 헤어짐이 반복적으로 이들의 삶과 연결된다. 그러므로 강쇠와 옹녀는 수

많은 주변 인물들의 만남과 헤어짐을 이어주는 염주 실의 역할을 한다.

　이 극을 여는 인물은 북장단을 치는 소경과 줄광대 초라니로, 전통연희적 놀이극의 양식을 구현한다. 배경은 난리와 괴질로 사람들이 죽어가는 흉흉한 시대이다. 장승들은 이 흉흉한 시대 무질서의 책임을 희생양에 전가하기로 하고 오랑캐 나라에서 온 옹녀를 옹기에 가둬 압송한다. 이처럼 〈변강쇠가〉에서 차용해온 장승은 민중을 핍박하는 권력층으로도 의미가 확장된다. 강쇠는 옹녀를 구출하고 둘이 살림을 차린다. 이들은 유랑하며 장승을 때서 누울 자리의 온기를 마련한다. 장승들은 옹녀와 강쇠를 잡기 위해 쫓아다닌다.

　소경과 초라니는 옹녀에게 반해서 그녀를 쫓아다니면서 죽음과 윤회를 거듭한다. 시신들을 치우는 각설이패, 몸 팔러 다니는 사당패, 문둥이, 학승 등과의 만남과 이별이 이 극의 큰 틀을 이루는 옹녀와 강쇠의 만남, 사랑, 이별에 연결된다. 또 시신들, 귀신들, 장승들, 마을 사람들 등의 역할을 하는 코러스들이 벌이는 노래나 극행동은 보편 속의 개체, 혹은 개체 속의 보편을 시각화한다.

　영원히 순환하는 시간관과 윤회라는 이 극의 주제는 특히 소경과 초라니의 윤회로 표현된다. 그들은 죽은 후에도 뱀, 옹녀 뱃속의 태아, 닭, 구더기, 나비로 다시 태어나 옹녀를 쫓아다닌다. 옹녀와 강쇠의 관계도 불교적 인연과 카르마業를 표상한다. 옹녀와 강쇠는 서로 보는 순간 천둥이 치는 것 같은 강렬한 사랑을 느낀다. 그러나 그들은 장승들에게 쫓겨 유랑하며 점점 영락해간다. 심지어는 장승들의 저주로 임신한 애까지 유산하고 애를 영영 갖지 못하게 된다. 옹녀는 사당이 되어 몸을 팔고, 초라니닭에게 눈을 쪼여 애꾸가 된 강쇠는 포주가 되어 옹녀를 억압한다. 결국 강쇠는 장승에게 잡혀 죽고, 옹녀는 말을 타고 고향으로 떠난다. 죽은 후에야 강쇠는 옹녀에게 얽매어 있었던 집착을 벗는다.

　옹녀가 "저 꽃잎 위에도, 바람 속에도, 나뭇가지에도, 어디에나 다 있잖아. 웃고 있잖아."라는 깨달음을 얻는 것이다. 그리고 보니 삶은 길고 긴 집착의 과정이었다. 그러나 죽음도 끝은 아니다. 영원한 시간 속에서 삶은 끝 없이 반복되는 것이다.

> 강쇠   또 몸을 얻으러 가야지.
>
> 문둥이 무엇하게 또 몸을 얻어?
>
> 강쇠   해탈 못 했으니 별수 있어?
>
> 문둥이 언제 또 보누?
>
> 강쇠   글쎄다.

생명 있는 존재는 영원한 시간 속에서 몸 얻고 버리는 생사를 반복한다. 심지어 이 극은 아직 몸을 얻지 못한 혼령들까지 형상화한다. 강쇠나 소경, 초라니가 거듭하는 윤회의 삶은 집착과 인연과 업보가 만든 것이다.

그러나 옹녀는 모든 생명을 따뜻하게 품어주는 자연 혹은 우주와 같은 존재이다. 소경과 초라니가 뱀이 되거나 닭이 되어 와도 내치는 법 없이 품 어준다. 타자에 대한 부정과 구별이 없이, 모든 덧없는 존재를 포용하고 긍 정한다. 이 긍정은 모든 생명이 영원한 시간 속에서 순환하는 덧없는 존재 라는 자각에서 나온 것이다.

덧없는 욕망으로 윤회를 되풀이하는 다른 인물들과 대비되는 존재가 바 로 옹녀이다. 그녀는 섹슈얼리티와 우주적 모성의 현현으로 이상화되어 그려져 있고, 모든 생명들을 품어주는 자비의 화신이면서도 창녀라는 점 에서 '성창聖娼'이다. 더러움과 성스러움을 겸비한 태초의 '위대한 어머니 여신'으로서 삶과 죽음, 재탄생을 무한히 반복하는 자연의 순환적인 법칙 을 상징한다고도 볼 수 있다.

이렇게 이 극은 삶/죽음, 밝음/어둠, 열림/닫힘 등 이원론적 인식체계나 대립적 세계의 경계를 해체한다. 이러한 세계관은 프롤로그와 에필로그에 서 불리는 소경의 노래나, 강쇠/옹녀의 대비적 삶의 태도에서 상징적으로 표현된다.

나니나노나 나니나
건너가자 건너가
보나 안 보나, 안 보나 보나
뜨나 감으나 감으나 뜨나
어둡고 밝고 밝고 어두워
눈먼 나비 날아온다
취한 나비 날아온다
비틀펄렁 펄렁비틀
건너간다 건너가
나니나노나 나니나

'건너간다 건너가'는 줄을 건너가는 동작으로 줄광대의 유희성을 일차적으로 의미하나, 심층적으로는 피안의 세계로 건너가는 삶의 순환성을 의미한다. 여기서 소경이나 초라니 줄광대는 전통연희의 현대적 수용이라는 극의 양식을 구현하는 인물인 동시에 주제적 상징성을 가진 인물이다. 소경은 참존재眞我의 눈이 뜨이지 못해 인연이나 업보에 따라 윤회하는 '무명無明'의 존재를 상징한다.

줄광대도 "이 줄 끝에 무어 있나 / 이 줄 건너 어디 가나"라는 노래가 의미하듯 생사의 줄타기를 되풀이하는 인간의 상징이다. 이 극의 도처에서 이원적 경계는 해체되고 통합된다.

극의 상황부터가 괴질이 돌아 사람들이 죽어가는, 삶과 죽음의 경계가 모호한 지점이다. 극의 인물들은 모두 유랑한다. 강쇠와 옹녀, 사당패, 문둥이, 학승, 코러스들은 유랑하며 만남과 이별을 거듭한다.

그들은 개별적 자아라기보다는 서로 연결된 존재이며, 서로가 서로에게 운명이 된다. 늙은 사당이 옷을 벗어놓고 죽을 때, 옹녀는 그 옷을 입고 사당이 된다. 소경과 초라니는 구더기가 되어 문둥이 몸에 기생한다. 장승에게 붙잡힌 강쇠는 문둥이의 매질로 죽음을 맞고, 문둥이는 새 몸으로 거듭

난다. 이처럼 작가는 삶의 본질을 이원적 대립항이 서로 몸을 섞고 있는 것
으로 본다. "밝고도 어두운, 무겁고 가벼운, 길고도 짧은, 열린 듯 닫힌, 어
디에나 있고 아무 데도 없는…." 모순의 통합이 바로 삶의 본질이라는 것
이다.

젊은 작가답지 않게 〈옹녀〉에서 노숙하게 펼쳐 보인 삶에 대한 달관의
시선이나 긴 시간성, 마당극처럼 열린 구조는 그의 극 전반을 관통하는 특
성이 된다. 〈허삼관 매혈기〉에서도 이 특징들을 활용하면서 인간과 삶에
대한 따뜻한 신뢰를 풀어낸다.

▍〈허삼관 매혈기〉 : 마당극적 서사로 풀어낸 따스한 인간미와 건강한 해학

〈허삼관 매혈기〉(2003)는 중국 소설가 위화余華의 장편소설을 각색하여
미추에서 공연(강대홍 연출)한 극이다. 배삼식은 미추와 작업하면서 '한국
적 연극'을 추구하는 미추의 공연미학에 따라 대부분 번안을 해왔다. 그러
나 이 소설의 경우엔 연출자의 요청에 따라 먼저 번안을 해보았으나, 중국
식의 '건강한 해학'이 제대로 살아나지 않아서 다시 각색으로 방향을 잡았
다고 한다.

이 극의 구조나 연극성은 마당극의 연희양식이나 서사 원리를 따르고
있다. 그 때문에 중국 50, 60년대의 격변의 역사와 서민들의 삶을 다루고
있지만, 캐릭터나 장면들이 매우 친숙하게 느껴진다. 생사공장 노동자 허
삼관이 매혈을 한 돈으로 결혼을 하고 삶의 고비 때마다 매번 매혈을 하여
가족의 생계를 꾸려나가는 내용으로, 푸근한 애정과 따뜻한 인간미가 해
학적이고도 감동적으로 그려져 있다.

이 극은 문화혁명이라는 격변의 중국역사와 왜곡된 현실 속에서 갈등하
고 저항하는 인물이 아니라 역사의 흐름을 그대로 받아들이면서 어떻게든
'살아가는 일'에 전념하는 '보편적인 서민'을 부각시키는 데 초점을 맞춘
다. 허삼관은 편협한 도덕관과 약점을 가진 보통 인물이면서도 그 편협한
도덕성을 결국 관용과 사랑으로 넘어서는 인물이다. 자기희생의 사랑을

실현함으로써 인간의 존엄을 보여주는 인물이기 때문에, 허삼관은 약점 많은 행동으로 희극성을 보이는 인물이면서도 비극적 영웅의 위엄을 획득한다.

이 극의 플롯은 허삼관과 큰아들 일락과의 관계에 집중하면서 그의 편협한 도덕관이나 혈연 중심주의를 희비극적으로 조명한다. 일락이 아내의 결혼 전 애인 하소용의 자식이란 사실을 알게 되자 그는 일락일 하소용네 집에 보내려고 한다. 또 피 판 돈으로 사주는 국수를 다른 자식과 똑같이 일락에게 먹이면 "하소용이를 너무 봐주는" 것이 된다며 일락을 떼놓고 가기도 한다.

그러나 집을 나가 헤매는 일락을 업고 국수를 사먹일 때, 또 일락이 간염에 걸리자 피를 팔아 병원 입원비를 마련할 때, 허삼관은 영웅적인 위엄을 획득한다. 그런가 하면, 그는 '자라대가리'란 놀림을 의식하여 아내 허옥란에게 복수하기 위해 외도하기도 한다. 그러나 문화혁명 때 허옥란이 매춘녀로 지목되어 집에서 '비판대회'를 열어야 했을 때 다시 한 번 허옥란의 과거가 아들들의 비난을 받게 되자 자신의 외도를 공개함으로써 도덕적 우위에서 스스로 내려온다.

편협함과 약점을 있는 그대로 내보이며 행동하다가도 결정적인 순간에는 따뜻한 인간미를 발휘함으로써 비루함이나 편협함을 넘어서 인간적 위엄을 성취하는 인물이 허삼관인 것이다.

양식적 측면을 살펴보면, 이 극은 마당극적 서사양식을 활용하여 연극적 활력과 해학을 살렸다. 그러나 일반적인 마당극처럼 춤이나 노래, 놀이를 중시하면서 관객의 참여를 통한 신명과 양식화된 연기를 강조하는 연행방식은 아니다. 이 극의 서사구조는 무대를 텅 비워놓고 연기공간으로서의 열린 무대라는 개념을 활용한다. 무대를 제한된 극중 장소로 사용하는 서구적 무대개념을 탈피하고, 자유자재로 시간과 장소를 변화시키는 압축적, 탈재현적 방식을 사용한다.

등장인물들이 무대를 가로지르거나 소도구를 움직이는 것으로 장소나 시간을 자유롭게 바꾸고 장면 연결을 매우 신속하게 처리한다. 이를테면 허삼관이 피 판 돈으로 옥란에게 음식 대접을 하고 청혼을 하면서 옥란의 부친으로부터도 허락을 받았다고 말하자마자, 옥란부가 자전거를 타고 등장하여 이를 확인해준다. 옥란이 울고 있으면 애인 하소용이 등장하여 왜 울고 있느냐고 묻는 식이다. 옥란의 세 번의 출산 장면은 의사와 간호사가 침대를 무대 한쪽에서 다른 쪽으로 밀고 나오고, 또 방향을 돌려서 무대를 가로지르다가 조명 아래로 나오는 식의 연속 행위로 처리된다. 이처럼 등장인물이 무대를 가로지르거나 조명의 변화 혹은 음향효과로 폭넓은 시공간의 변화를 자유롭게 표현해내는 열린 무대와 탈재현적 연극미학이 이 각색극의 성공 요인이라 할 수 있다.

▌〈최승희〉: 다큐멘터리적 서사와 환상의 서사로 교직한 예술가의 삶

〈최승희〉(2003)는 무용가 최승희의 전기적 생애와 내면을 서정적으로 조명하는 음악극이다. 전기적 생애를 다큐멘터리 형식으로 구성한 김지일의 극본을 토대로 배삼식이 새롭게 재창작한 작품이다. (극단 미추의 요청으로 배삼식은 김지일의 대본을 토대로 10일 만에 새롭게 창작한 극이라고 한다. 그는 이와 다른 미공개 대본을 가지고 있다. 그 작품은 최승희의 전기적 생애를 선조적으로 따라가는 구성이 아니라 허구적 상상력으로 최승희를 안막과 딸 안성희와의 관계를 중점적으로 그린 내면성의 드라마이다.)

미추의 공연대본 〈최승희〉에서, 배삼식은 죽음과 조우한 최승희의 시각이라는 환상 장면을 프롤로그로 삼아 그녀의 생애를 담담한 회고의 형식으로 풀어나간다. 그는 〈오랑캐 여자 옹녀〉나 〈허삼관 매혈기〉에서도 그랬듯, 이 작품에서도 극적 갈등에 집중하는 미시적 시각 대신 '영원한 시간 속의 인간'을 조명하는 거시적 시각으로 개인과 시대와의 관계를, 시대와 불화하는 예술가의 창조적 열정을 그린다.

다큐멘터리적인 서사에 균열을 만들어내는 것은 이처럼 죽음과 조우한 최승희의 회고적 시선이자, 시대와 불화하는 예술가의 비극적 운명에 대한 작가의 페이소스 짙은 시선이다.

작가는 이 극을 열고 닫는 환상 장면을 제외하면 선조적으로 최승희의 전기적 생애를 쫓아가면서 최승희의 영광과 시대와의 불화, 주변 인물과의 관계를 서정적으로 그려낸다. 이 극의 환상 장면은 건조할 뻔했던 다큐적 서사에 서정적인 내면성의 분위기를 채색한다.

이처럼 이 극은 선조적인 서사인 전기적 생애와 환상적 서사를 교직함으로써 무용가 최승희의 개별적 삶의 재편집을 벗어난다. 작가가 치중하는 상상력의 구조는 끝없는 창조적 열정을 가진 예술가의 이기적 욕망과 시대와의 불화 사이에 사로잡힌 영혼에 대한 성찰이다.

이 극의 선조적 서사는 유럽 순회공연을 성공적으로 마치고 일본으로 돌아온 1940년부터 남편 안막이 숙청당하고 그녀도 죽음을 맞이하게 되는 1960년대까지의 20여 년간을 무용가로서의 에피소드와 가정사를 중심으로 재현해낸다. 이 극에서 그려진 최승희는 평생 동안 조선춤, 나아가 동양춤을 배우고 연마했던 지독한 노력파로서의 무용가이다. 늘 떼어놓고 다녔던 딸에 대한 지극한 모성을 드러내기도 하지만, 제자에겐 냉혹하고 모진 성격을 가진 복합적인 인물로 제시된다. 이 극의 중심 서사를 형성하는 것은 인물들 간의 갈등구조가 아니라 인물들과의 관계이며, 관계에 대한 성찰이다.

남편 안막과 딸 안성희를 통해 최승희의 시대적 운명과 창조적 열정이 그려진다. 안막은 최승희를 세계적인 무용가로 키워내기 위해 작가의 길을 버리고 헌신한다. 최승희의 월북은 친일파로 공격당한 해방 후 상황과 사회주의자 남편의 정치적 소신 때문으로 제시된다. 월북 후 예술혼을 억압당하는 상황이라든지, 안막과 안막의 친구 김윤이 숙청당하는 에피소드를 통해 사회주의 이상의 타락이 강조된다. 억압적 상황에서 결국 스러지는 무용가의 운명, 그러나 그 어떤 억압도 그녀의 예술혼과 열정을 꺾지 못했음이 그려진다. 딸 안성희와의 관계를 통해서는 모성보다 예술에 더 헌

신했던 최승희의 면모와 정서적 갈등, 그리고 엄마를 뛰어넘으려는 욕망
의 갈등이라는 '오이디푸스 콤플렉스'적 관계를 조명한다.

환상의 서사는 죽음을 상징하는 소녀와 최승희의 대화로, 또 최승희가
안막과 딸을 만나 그동안의 애증을 씻고 화해하는 장면으로 이루어진다.
소녀가 등장하는 프롤로그와 중간 부분, 에필로그의 세 부분에서 최승희
는 자신의 영광과 오욕의 시절, 예술가의 열정과 가족에 대한 사랑과 회한
을 돌이켜 본다.

이 '소녀'는 한국적인 죽음의 의식을 구현하는 제례적 인물로 형상화되
어 있다. 프롤로그에서는 저승을 상징하는 강물의 영상을 배경으로 등장
하여 최승희의 발을 씻겨준다. 중간 장면에서는 머리를 빗겨주고, 손톱을
깎아 그것들을 베주머니에 넣고 퇴장하며, 에필로그 장면에서는 밥을 떠
먹인다.

그리고 최승희는 소녀의 말대로 '먼 길'을 가방을 들고 걸어간다. 최승
희는 죽음의 길을 떠나기 전 안막과 안성희를 만난다. 안막은 오래전에 쓴
습작을 찾아 없애서 부끄러운 흔적을 남기지 않으려 하고, 최승희는 '칼날
같은 세상'에서 오로지 춤추고 싶어 투쟁한 것이 가족들을 힘들게 했음을
깨닫는다. 늘 외로워했고, 멀리 앞서 가는 천재적 무용가 엄마의 무게 때문
에 고통 받았던 안성희는 영원히 흐르는 시간이란 관점에서 보면 결국 모
든 게 부식되고 망각될 것임을 깨닫는다. 꿈꾸었던 미래란 환상에 불과하
고 과거란 언제나 부재나 상실이라는 것을 비로소 깨닫는 것이다.

> 안성희 　(마루에 귀를 대고) 들어보세요. 이 소리들… 발자국 소리들. 우
> 　　　　리가 뛰고, 걷고, 달려온 시간들이 쿵쿵 뛰며 울리는 소리…들어
> 　　　　보세요, 우리의 몸이 가느다랗게 삐걱이는 소리. 마루 틈새마다
> 　　　　고인 머리카락과 먼지에 섞여 떠도는 살비듬… 우리가 흘린 땀과
> 　　　　눈물의 냄새… 우리가 가고 나면 누가 이것들을 기억할까요….

이런 의미에서 이 극의 배면을 흐르는 주제는 시간성이라 할 수 있을 것이다. 바로 이 부질없는, 덧없는 인생을 관조하는 시간성이란 주제는 〈허삼관 매혈기〉나 〈주공행장〉, 〈벽 속의 요정〉 등에서 여전히 반추된다. 꿈꾸는 미래란 환상이며 과거란 부재나 상실이라는 것. 그러므로 삶을 구성하는 것은 현재이며, 그 현재가 아무리 어렵다 해도 '살아남는 일'이 가장 중요하다는 것이다. 바로 '살아남는 일', 이것이 자신의 기질에 반하는 억압적인 북한 사회에서 예술가 최승희의 행적을 이해할 수 있는 유일한 단서일 것이다.

▌〈벽 속의 요정〉: 살아 있다는 건 아름다운 것!

〈벽 속의 요정〉(2005)은 일본 작가 후쿠다 요시유키福田善之의 원작을 번안한 모노드라마이다. 스페인 내전을 배경으로 한 원작을, 배삼식은 6.25 이후 좌익으로 몰려 40년간 벽 속에 숨어 살아야 했던 아버지와 모녀의 따뜻한 가족 이야기로 훌륭하게 재창조해냈다.

일제 시대부터 90년대까지의 한국 현대사를 배경으로, 행상을 하거나 베를 짜며 생계를 책임져온 여성의 생명력과 사랑, 가족에 대한 헌신을 구체적이고 생생하게 그리고 있는 것이다. 모노드라마면서도 씨실과 날실로 베를 짜내듯 다양한 사람들의 목소리와 시각으로 이야기를 풀어내는 구조상의 섬세한 짜임과 연극성의 스밈이 돋보인다. 관객에게 이야기를 풀어가는 배우가 간단한 소도구나 음악 혹은 조명의 도움만으로 딸과 엄마, 아버지로 혹은 다른 인물들로 즉각 변신하여 입체성을 부여하면서 삶의 다양한 결들을 풀어내는 것이다.

이 극은 노래와 춤에 능한 여배우 김성녀의 모노드라마 공연을 위해 쓰였기 때문에 그녀의 역량을 발휘할 수 있는 노래와 춤이 많은 비중을 차지하고 있다. 특히 이 극의 노래들은 서정적인, 장식적 역할만을 하는 게 아니라 인물의 성격과 역할을 표상하고 주제를 암시하는 등 중요한 극적 기능을 하고 있다.

러시아 민요 '스테카라친'이 아버지를 상징하는 노래라면, 베틀짜기 노래는 어머니를 상징하고, 아버지가 어린 딸에게 들려주는 열두 달 노래 같은 민요와 민담은 그림자극 형식과 어울려 부녀간의 사랑과 따스한 관계를 표현해낸다. 어머니가 부르는 '살아 있다는 건 아름다운 것'이란 노래는 이 극의 라이트모티프로서 자주 반복되며, 어떤 역경 속에서도 삶과 인간에 대한 믿음과 희망을 버려서는 안 된다는 것을 강조한다.

40년을 벽 속에 갇혀 살면서 베를 짜고 가족 간의 사랑에 의지해 살아왔던 아버지는 임종할 때에도 신에 대한 용서를 빌기보다는 인간에 대한 용서를 구하겠다고 말한다. 어머니에게는 "당신한테 용서를 구할 뿐이지… 용서해 줘…." 그리고 딸에게는, 오래전 딸이 따다 준 나뭇잎과 꽃잎들, 햇빛들이 들어 있는 상자를 어루만지며 "이것만 있으면 무덤 속도 환할 게야."라고 말한다.

이러한 장면들, 참으로 아름답다. 살아 있는 것만 아름다운 게 아니라 죽는 것도 아름답다고 절로 여겨질 만한 장면의 창조이다. 삶에 대한 관조의 시선이 직조해낸 아찔한 통찰의 장면이라 할 것이다.

▮〈주공행장(酒公行狀)〉 : 술의 은유로 풀어낸 예술과 뜬세상

〈주공행장〉(2006)은 제목이 말해주듯 행장이라는 옛글의 형식을 극의 틀로 삼아 술과 인생, 술과 예술과의 관계를 그린 극이다. '행장'이란 죽은 사람의 일대기, 평생의 행적을 기록하는 글이다. 극은 칠순의 주호가 사랑방 툇마루에 앉아 행장을 기록하는 현재 장면과 행장 속에 기록된 과거 장면들이 재현되는 장면의 교차로 이루어진다. 그런데 이 극이 현재의 시점으로 과거를 회고하는 회상극이면서도 일반적인 회상극과 다른 것은 바로 '행장'이란 형식에서 빚어진다.

행장이란 고인의 행적을 기리고 칭송하는 글이므로 고인의 삶이나 인물됨은 미화되고 평생의 행적은 과장된 의미부여와 화려한 수사로 치장된다. 이 극이 재미있는 것은 바로 이 '일종의 아름다운 거짓말'인 행장의 수사와 실제의 장면을 병렬해 보여줌으로써 그 균열을 드러내고 과장된 수사의 허구성을 살짝 비틀어 웃음을 만들어내기 때문이다. 바로 그 과장된 수사와 실제의 차이, 그것이 바로 인생과 예술, 인생과 술의 차이가 아니던가. 예술은 덧없고 부질없는 삶의 단편들에 의미를 부여하고 뜬세상의 허무함을 영원성으로 포장하고자 한다. 술 역시 뜨거운 감흥과 한없이 가벼워진 언사, 뜬구름같은 취기로 딱딱한 삶의 규칙과 형식으로부터 날아오르게 한다.

이 극은 바로 술에 얽힌 주호의 일생과 금주령을 내리고 스스로를 엄격한 규칙에 가둔 영조를 대비시킨다. 이 극의 곳곳에는 술 혹은 인생, 예술에 관한 은유와 농담이 마치 무대 전면에 묻혀 있는 술 항아리처럼 그득하다. 극은 칠순의 주호가 행장을 쓰고 읽는 것으로 시작하는데, 주호와 주호의 아버지 경음이란 이름부터가 술의 은유이다. "나의 성은 국麴씨이며, 이름은 대준大樽, 자는 누치漏卮, 호는 주호酒壺이며, 관향은 주천酒泉이다." 이 말을 우리 말로 풀어쓰면 '성은 누룩이며 이름은 큰 잔, 자는 넘치는 잔, 호는 술병, 관향은 술샘이다'의 뜻이 된다.

"나의 아버님 경음공鯨飮公께서는 한 세상을 경륜할 만한 학식과 인품을 지니셨으나, 어지러운 세상일에 뜻을 두지 않고 은일하셨다. 지천명에 외아들인 나를 얻으시니 그 자애하심을 무엇에 비기겠는가? 아, 눈을 감으면 아직도 아버님의 준엄한 논변과 뜨거운 숨결이 나의 뺨을 흥건히 적시는 듯하다…" 경음공이란 고래가 물을 들이켜듯 술을 마시는, 즉 술고래란 뜻이다. 과연 주호의 아버지 경음은 죽기 전 주호에게 주선酒仙이란 별명의 이태백 시집과 술을 마시면 뱃속에 고래까지 집어삼키는 것이라는 비유를 남긴다.

늙은 주호가 행장을 읽는 동안, 무대 중앙에서는 경음과 어린 주호, 부인 심씨가 등장한다. 서당 훈장인 경음은 술에 취해 어린 주호를 붙들고 시국을 논하고 선비의 절개와 기개를 주장하며 비분강개한다. 심씨는 누룩을 밟으며 "먹고 살아야 큰일도 있는 거지"라면서 투덜댄다. 아버지의 장광설에 지겹고 졸려서 어린 주호가 울음을 터트리자 경음은 아들의 울음을 자신과 같이 시국에 대한 뜨거운 울분으로 해석하고 함께 목놓아 운다. 주호가 기록한 행장의 '아름다운 수사'와 경음의 행동의 어긋남을 보여주는 아이러니의 시선이 이 극의 해학이요 넉넉한 관조의 시선이다.

주호가 열 살 되던 해, 영조는 무수리 출신 생모의 사당에 바치는 제주를 비판하는 신하들에 노해서 금주령을 내린다. 주호의 행장에는 "아버님 또한 분연히 나아가 금령의 폐단을 상소하시다가 화를 입으셨으니"라고 기록된다. 하지만 실제로는 경음은 대취해서 상소하다가 장형을 맞고 죽음에 이른다. 어린 아들에게 술 한 단지와 이태백의 시집을 남기고 죽은 경음의 '높으신 뜻과 따뜻한 자애'는 주호에게 이어져 평생 술과 시를 짓는 삶을 이루게 된다.

아버지가 남긴 술 한 단지를 다 마시고 취한 주호는, 금주령에 저항하는 백성에 대한 위협으로 왕이 내놓은 술 한 동이를 비우고 딸꾹질을 해대다가 유배를 가게 된다. 그의 용감한 음주와 유배는 선비의 기개를 높이 떨친 것으로 받아들여져 '거사'라는 칭호를 얻게 된다. 청년 주호는 유배지에서 술로 세월을 보내며 취할 때마다 이태백의 시를 자신이 지은 시인 양 읊는다. 관비 난영은 그의 시를 듣고자 밀주를 만들어 술을 대고, 선비들은 주호가 이태백의 시만 읊조리는 걸 듣고 웃음거리로 삼는다.

이처럼 청년 주호에 이르면, 술은 인생과 예술의 은유가 된다. 술은 외로움을 치유해 주는 것이요, 영감이 떠올라 시를 짓게 하는 매개체이다. 술은 자아와 삶에 대한 감성을 확장시키며 허구라는 점에서 예술과 비슷하다. 주호는 어머니의 삼년상을 치른 후 왕에게 술 한 잔을 건네는 것을 필생의 업으로 삼는다.

어린 시절 왕이 '하사한 어주'를 자신이 마실 때 왕이 꿀떡 침을 삼키는 소리를 들었다고 기억하는 것이다. 이는 취기가 만들어낸 허상인 동시에 왕의 외로움을 단숨에 간파하게 만든 취기의 직관이기도 하다. 그는 왕이 자신의 술 한 잔을 받아 마시게 하려고 필생의 '권주시'를 지어 읊고자 하나 이번에도 이태백의 시를 읊어 실패한다. 감옥에 갇혀 말술을 마시는 형벌을 받고 늙어버린 그는 왕의 상여가 나갈 때 마지막으로 술 한 잔을 건네고, 왕의 영혼은 그 술 한 잔을 받아 마시고 떠난다. 그는 끝내 필생의 시 한 구절을 완성하지 못하고 이태백의 시를 대신 노래하고 딸꾹질만 했지만 왕의 영혼을 움직인 것이다.

이 극에서 가장 아름다운 장면들은 이처럼 술과 시정이 어우러진 장면들이다. 취한 경음과 어린 주호가 달밤에 길바닥에 누워서 별을 바라보며 노래하는 장면이라든지, 왕의 영혼이 상여에서 내려와 술 한 잔 받아마시고 먼길 떠나는 장면이라든지, 늙은 주호가 행장 읽기를 마치고 봄밤의 취흥이 "그냥 너무 좋아서" 눈물 흘리는 마지막 장면은 아름답다. 술과 인생과 예술의 감흥을 아는 자만이 느낄 수 있는 황홀이요, 달관이다. 술이 만들어내는 감흥과 취기는 현실의 좁은 세계와 작은 자아를 무한대로 확장시키고 정신과 감성을 자유롭게 해방시킨다. 예술 또한 그러하다. 행장이나 이태백의 시는 수사와 과장과 의미부여로 가득한 '가짜'이지 않은가. 영조는 금주령을 내리고 혹독한 규칙과 법도를 강제하였으나 그로 인해 외로움에 갇혀 살았고, 주호는 술을 마시며 자유로움과 시를 얻었다. 비록 자신의 시 구절은 끝내 짓지 못하였으나, 이태백의 시를 자신의 시로 만들었으니 그 또한 시를 얻은 것 아닌가. 진실과 법도를 내세운 영조는 그 틀에 갇히고 말았고, 술과 '가짜-허구'에 기대어 산 주호는 평생의 자유로움을 얻었던 것이다.

늙은 주호가 마침내 행장 읽기를 마치고 딸꾹질을 하며 울 때 술집 주모인 난영이 등장한다. 주호는 "이 술맛이… 난영이 자네가… 이 봄밤이 너무 좋아서, 너무 아까워서 울었나 봐…"라고 말한다. 난영은 달빛 속에 환하게 핀 배꽃을 바라보며 "저 배꽃 좀 봐! 아이고, 징그러라! 귀신 나오겠네!"라고 말한다. 짧은 봄밤처럼 그들의 인생도 얼마 남지 않았고 배꽃을 보면서 귀신을 보는 나이가 되었으니, 주호의 행장의 한 구절처럼 "이 뜬 세상에 헛것 아닌 것이 무엇이겠는가."

이 극은 봄밤의 정취처럼, 그윽한 취기처럼 서정적인 장면들과 고아한 대사들을 풀어놓아 취흥과 시적 서정에 젖게 만든다. 행장의 형식으로 서사를 풀어가는 만큼 영조와의 갈등보다는 주호의 술에 얽힌 긴 인생여정의 묘사에 초점이 맞춰져 있어 갈등은 미약하다. 법칙과 형식에 얽매이지 않은 자유로운 삶, 취흥 같은 여백이 극의 구조에서도 풍겨 나온다. 주호가 평생 왕에게 건네려던 술 한 잔이나, 기필코 얻고자 한 필생의 시 한 수는 뜬 세상을 살아가면서 우리가 목숨을 거는 그 어떤 것, 혹은 구도求道의 은유로 볼 수도 있을 것이다.

4. 이야기꾼으로서의 구도의 길

배삼식은 필자와의 인터뷰에서 좋은 이야기, 들을 만한 이야기를 보여주는 천상 이야기꾼으로 남고 싶다고 말했다. 각색을 많이 하기 때문에 재능을 낭비하는 게 아니냐는 말도 듣는데, 그는 "중요한 건 이야기가 고급하냐 저급하냐가 아니고, 들을 만하냐, 안 하냐"는 기본에 있다고 말한다. "장자의 책에 나오는 이야기들은 10분의 9가 다 인용이다. 남들의 글로 큰 집을 짓는데, 어떤 사람은 자기 재료만 가지고 오두막밖에 못 짓는다"는 브레히트의 말을 인용하기도 했다. 배삼식은 이처럼 각색이든 창작이든 좋은 이야기를 보여주는 걸 사명으로 여기는 극작가이다. 이러한 폭넓고 여유로운 극작관은 그의 극들에 풍겨 나오는 한문학의 세계, 동양적 관조와 달관의 시선과 닮아 있다.

그가 다른 젊은 작가들과 구별되는 점은 바로 극이야기를 풀어내는 시각의 차이이며, 대사에 담아낸 옛글과 한시의 고아한 시정과 사유의 깊이일 것이다. 그는 삶의 현실문제를 치열한 갈등으로 풀어내는 데는 기질이 맞지 않은 듯하다. 그의 극은 갈등이 미약해서 극적 긴장력이 다소 떨어지는 것은 사실이나, 폭넓은 시공간을 열린 무대미학으로 풀어내며 삶에 대한 관조와 뜬세상의 덧없음, 그러면서도 삶과 인간에 대한 신뢰를 보여주는 수묵화 같은 여백의 글쓰기가 그의 개성과 매혹을 만들어낸다.

　배삼식은 인터뷰에서, 앞으로 '늙은이의 지나친 달관'을 경계하고 좀 더 치열하게 갈등하고 현실에서 버티는 힘을 극작에 불어넣을 계획임을 밝혔다. 요즘의 가볍고 감각적인 여타의 극들과 구별되는, 뜬세상의 덧없음을 관조하는 깊은 사유의 시선과 넉넉하고 단아한 시적 서정을 잃지 않으면서 새로운 '이야기'와 '연극적 밀도'를 갖춘 그의 새로운 극작품을 기대한다.

고 연 옥

사회와 시간, 공간에 대한 존재론적 탐구

1. 남성 서사의 천착과 고연옥 극의 아우라

이상하게 여성 극작가가 드문 한국연극계에서 고연옥(1971~)은 독특한 의미를 지닌다. 2001년에 〈인류 최초의 키스〉로 서울무대에 데뷔한 후 그녀는 지속적으로 문제작을 발표하면서 가장 주목받는 극작가 중의 하나로 성장했다. 현역 여성극작가로 정복근, 김윤미, 김명화, 장성희 한아름, 장유정 등 겨우 열 손가락도 꼽기 어려울 정도로 여성극작가 기근현상이 심각한 현실에서 그녀의 활발한 극작 활동은 신선한 자극이 될 뿐 아니라 외연을 넓히는 의미까지 지닌다. 대체로 여성극작가들이 갖는 특성이자 한계란 자기를 투사하려는 자전적 성향을 못 벗어난다는 점에 있다. 그러나 그녀는 특이하게도 데뷔작에서부터 최근 공연작 〈발자국 안에서〉에 이르기까지 감옥, 범죄, 군대 등 남성적 공간과 남성주인공의 서사를 주로 그려왔다. 김명화, 장성희도 여성적 경험에만 한정되지 않고 사회 전반에 관심을 갖는 여성극작가이긴 하지만, 고연옥처럼 특수한 남성적 공간과 남성들만의 서사를 다루지는 않았다.

물론 남성적 소재나 서사를 다루었다 해서 고연옥의 극이 특별한 가치를 지닌다거나 독특한 작가라고 평가받을 수 있는 것은 아니다. 보다 진정한 이유는, 고연옥이 그린 남성 서사가 남성 극작가의 그것과는 달리 여성성의 세계와 시적 대사, 존재론적 사유를 깔고 있으며 그로 인해 독특한 아우라를 가진다는 점에 있다. 그녀의 극은 특수한 소외계층의 삶과 '한번 범죄자는 영원한 범죄자'라는 식의 편견과의 길항관계, 그들을 사회로부터 영원히 격리시키려는 권력구조의 폭력성을 고발하는 사회극으로 출발하여, 최근의 작품들로 옮겨올수록 시간과 공간이라는 화두가 극적 중심에 놓인다. 그 때문에 최근작들은 시간과 공간에 대한 철학적 성찰과 알레고리적 특성이 두드러지게 나타난다.

구체적으로, 고연옥 극의 아우라는 무엇인가. 〈남자충동〉이나 〈가마〉, 〈천사의 발톱〉(뮤지컬) 같은 조광화의 선 굵은 남성 서사가 강렬한 연극적 에너지와 적나라한 수컷의 지배욕에 의해 추동된다면, 고연옥의 그것은 모성과 구원이라는 여성적 세계와 존재론적 사유로 뒷받침된다. 그녀의 극들에서 감옥에 수감된 남성 죄수들(《인류 최초의 키스》)이나 혹은 죄를 뒤집어쓰고 수감된 소년들(《일주일》), 혹은 군대에서 사병들을 괴롭히는 직업군인(《백중사 이야기》) 같은 남성 캐릭터들은 범죄자나 폭력적 인물들이라기보다는 내면 속의 또 다른 자아, 즉 애정과 이해를 갈구하는 어린 아이가 내면에 숨어 있는 듯한 인물들로 그려진다. 그들을 범죄자로 형성한 것, 혹은 낙인찍은 것은 비천한 태생과 환경, 상황적 요인, 혹은 적대적인 사회적 편견 때문이다. 그녀의 극에 등장하는 죄수나 내면의 감옥에 갇힌 수인들은 "불행한 환경에서 자란 인간은 스스로 불행의 길을 자초한다"(《달이 물로 걸어오듯》)는 극중인물 국선변호사의 말을 증명하는 듯하다. 그러나 작가는 이들이 불행한 환경과 상황으로 인해 불행의 길을 자초하고는 있을망정, 그럼에도 그 내면에 고귀한 인격을 가지고 있으며 궁극적으로 구원을 갈구한다는 주제를 암시한다. 그래서 작가는 비천한 출생이나 불행한 환경으로 인해 교육도 제대로 받지 못하고 굴곡 많은 삶을 살아온 그들에게 개연성을 벗어난 절제된 시적 대사와 사유의 언어를 부여한다. 바로 그 때문에 고연옥의 극은 사실주의극과는 다른 환상성과 알레고리적 특성을 띠게 된다. 평론가 김윤철이 지적한 대로 인물들이 점점 "단순화, 도식화의 성향"[149]을 띠는 것도 작가가 사회적 환경 속의 인물들에게 내면 인물 특유의 상징성과 관념성을 부여하기 때문이다. 이 인물들은 사실주의적 환경 속에 처해 있는 듯 보이나, 사실주의적 개연성이나 성격화를 따르는 인물들은 아니다. 무대가 작가의 세계관을 표상하는 상징적인 시간성과 공간성으로 이루어져 있듯이 인물들도 독특한 내면의 인격과 각자 나름의 철학적 관점을 가지고 말과 행동을 하는 것이다. 알레고리는 단순한 재현만을 의미하는 게 아니라 서사 자체에 대한 새로운 해석을 요구한다. 고연옥이 채택하고 있는 인물의 상징성 혹은 알레고리적 서사는 현실적 모순에 대한 상징적 해결로서 요청된 것이라 할 수 있다. 이 인물들은 자신의 계층이나 교양 수준을 벗어나서, 즉 데코럼을 벗어난 철학적이고 시적인 대사를 말한다. 물론 그것은 작가 고연옥의 주제의식이나 세계관을 반향하는 목소리이다. 그럼에도 특이한 것은, 이 데코럼을 벗어난 철학적이고 사유적인 언어들이 생경하게 관념적으로 도드라지는 게 아니라 내면적 감성과 상황적 진실성이 맞물려 이 비루한 인물들에게 인간적 존엄과 시성을 부여하며 동시에 관객에게 감정이입의 장과 사유의 시간을 만들어낸다는 점이다.

영배　(...중략...) 우리가 조금만 버텼으면, 우리가 우리 자신을 내버리지만 않았다면 살인자가 되지 않았을 거야. 우린 제 발로 걸어서 살인자가 됐어. 우린 우리가 보낸 쓸데없는 시간처럼 우리 자신도 아무것도 아니라고 생각했어.　　　　　(《일주일》, 151쪽)

백중사　(...중략..) 남자가 군대 오면 본래 제 모습과는 정반대가 돼. 그게 되는 데가 군대야. 멍청한 놈들은 시간만 때우고 가면 끝인 줄 알

---

[149] 김윤철, 「고연옥 현상에 대하여」, 『한국연극』, 2006년 8월호.

지만, 순 착각이지. 여기서 만들어진 또 다른 자신을 데리고 가야
해. 그리고 둘 중 어느 것을 버릴지는 언젠가 스스로 결정해야지.
(〈백중사 이야기〉, 181쪽)

전주인   사람들은 거기서 물건만 사는 게 아니야. 네가 기억하지도 못하
는 수많은 사람들이 너에게 보이지 않는 가게 곳곳에 자취를 남
겨. 그 손끝을 통해 그 눈빛을 통해 슬픔과 분노와 욕망과 저주와
복수심을 새기고 사라지지.   (〈발자국 안에서〉, 277쪽)

그녀의 극들 곳곳에서 교육받지 못한 범죄자나 비천한 출생의 인물들이
시적 통찰의 대사를 말하는 게 눈에 띈다. 그 시적 통찰은 그들에게 호의적이
지 못했던 운명이나 파란만장한 삶을 통해 얻어진 것이기에 관념적으로 받
아들여지는 게 아니라 관객의 가슴에 곧장 파문이 되는 울림을 만들어낸다.
물론 모든 그녀의 극작품들이 이러한 극작술로 성공을 거둔 것은 아니다. 그
러나 사유성과 리얼리티가 성공적인 관계를 맺고 있는 극들, 이를테면 〈인류
최초…〉, 〈웃어라 무덤아〉, 〈발자국 안에서〉 등은 단순한 재현을 넘어서서 알
레고리적 서사로의 차원을 확장하면서 독특한 아우라를 뿜어낸다.

2. 심리적 기원

고연옥의 극들에서 반복하여 나타나는 소외계층에 대한 깊은 공감, 구
원의 모티프, 시간성과 공간성의 화두, 그것을 우리는 그녀의 극이 만들어
지는 심리적 기원이라 볼 수 있을 것이다. 그녀와의 인터뷰(2007.6.6)를 통
해 파악한 전기적인 사실은 바로 그러한 심리적 기원을 이해하는 데 도움
을 준다.

그녀와 연극과의 만남은 고등학교 때 교회에서 친구들과 짧은 성서극을

써서 공연한 경험으로부터 비롯된다. 대학교 때에도 기독교 동아리활동을
하면서 성서 소재의 종교극을 써서 직접 연출했다. 90학번인 그녀는 농촌
봉사활동을 통해 사회적 모순과 소외계층의 척박한 현실에 눈을 떴고, 어
떤 식으로든 소외된 계층의 삶을 위해 행동해야 한다는 의지를 갖게 되었
다. 이른바 사회극 3부작인 〈인류 최초의 키스〉, 〈일주일〉, 〈백중사 이야기〉
가 "사회의 권력구조가 개인의 정체성과 인간성을 파괴하는 과정" 즉, "폭
력화된 권력이 힘없고 죄 없는 개인을 죄인으로 규정하고 구속하는 사회
적 부조리를 고발"[150]하고 있는 것은 바로 이러한 체험을 반영한 것이다.

또 범죄나 소외계층에 대한 소재를 다루면서도 피상적이거나 관념의 차
원에 떨어지지 않고 생동감과 개연성을 가지고 있는 것은 졸업 후 사건취
재 잡지 〈시민시대〉의 기자, 사회고발 프로그램의 방송작가로 일한 경력과
무관하지 않다. 사회적 부조리의 희생자인 많은 취재원들을 만나 사건의
이면에 숨겨진 속사정이나 사연들을 심층 취재했던 현장 경험의 축적이
바로 사건들을 해석하고 그 이면을 파헤치는 훈련뿐 아니라, 범죄사건을
소재로 취택하는 예민한 촉수를 제공한 셈이다.

또 한 가지, 그녀의 극세계에 영향을 미친 개인적 체험은 모성이다.[151]
교회에서 아마추어극 경험을 쌓던 시절의 그녀는 당연히 종교적 구원의
주제에 경도되어 있었다. 그러나 대학 시절 신학 공부와 학생운동을 병행
하면서 결국 종교적 구원이란 내세에 있는 게 아니라 현세에서 이루어져
야 한다는 현실주의적 종교관으로 기울었고, 결국 교회의 편협한 구원 교
리에서 멀어졌다. 그녀는 아기를 낳아 키우는 경험을 통해 그녀 나름의 '구
원의 주제'에 다가가게 된다. 구원이 내세의 것이 아니라 이 현실세계 속에

---

[150] 앞 글.

[151] 필자는 2004년에 신진 극작가 중 고연옥을 주목하고 작품론을 쓴 바 있는데, 그때가
〈인류 최초의 키스〉와 〈웃어라 무덤아〉를 발표한 직후였다. 이 글의 제목은 「고통과
구원 : 모성과 재생의 상상력」(『연극평론』, 2004, 봄호)이다. 그녀 극의 주제와 상상
력의 구조를 구원과 모성으로 파악했는데, 이번 인터뷰를 통해 이를 다시 확인할 수
있었다.

서 이루어져야 한다고 생각했던 그녀는 아기를 낳아 키우는 경험을 통해 생명의 지극한 사랑과 고귀함을 깨닫게 된 것이다. 그래서 그녀는 구원이란 신에 의해서 주어지는 것이라기보다는 모든 생명이 본질적으로 고귀하고 아름다운 것이므로 그 때문에 구원받아야 한다는 인간주의적 구원이란 세계관으로 전환한 것이다.

그녀는 자신에게 가장 큰 영향을 미친 극작가로 이강백을 꼽는다. 부산 가마골 극장의 '드라마 창작교실'에 다닐 때, 이강백의 "의미의 시간을 그리는 게 희곡"이란 가르침은 열망만 가득했고 아직 방향을 찾지 못했던 그녀에게 희곡 쓰기에 대한 개안을 하게 했으며, 이강백의 작품들은 그녀에게 교본 역할을 했다. 그녀의 극들이 재현을 넘어서서 알레고리적 서사성 향을 띠는 것, 시간성의 주제, 보이는 세계와 보이지 않는 세계의 대립이란 형이상학적 주제를 다루는 성향이 바로 습작 시절 경도되었던 이강백 극의 영향이라 할 수 있을 것이다.

3. 사회극 3부작

고연옥의 극들 중 감방, 구치소, 군대라는 남성적 공간과 남성들의 서사를 그린 세 작품 〈인류 최초의 키스〉, 〈일주일〉, 〈백중사 이야기〉는 사회 권력의 부조리를 비판하고 있다는 점에서 사회극 3부작으로 지칭할 수 있다. 권력이 폭력적으로 작동하고, 계급과 명령이 지배하는 폐쇄적 공간에 초점을 맞추고 있는 이 작품들은 사회적 약자 혹은 사회의 권력구조에 의해 범죄자로 낙인찍힌 이들에 대한 연민을 드러내고 있다. 극중 인물들은 이분법적으로 성격화되어 있다. 권력구조의 정점에 있는 이들, 권력을 행사하는 위치에 있는 이들은 권력을 남용하며 편견과 사디즘을 드러내는 인물들이다. 한편, 이들에게 운명을 저당 잡힌 이들은 과거엔 범죄자였다 해도 현재는 지극히 인간적이고 순화된 인물들이다. 사회의 법, 혹은 그들에게 합법적으로 부여된 계급의 명령, 이른바 라캉적 용어로 '아버지의 법'을 행사하는 이들이 바로 권력악의 화신이라는 데 사회극적 비판의 관점이 놓여 있는 것이다. 바로 고연옥의 사회극은 이 부당하고 냉혹한 아버지의 법과 갈등을 벌이는 사회적 약자들의 이야기이다. 이 극들은 표면적으론 오이디푸스 서사를 변주하고 있는 것처럼 보이지만, 실제로는 오이디푸스 구조로 볼 수 없다. 그 이유는 '아들'의 위치에 놓인 사회적 약자가 '아버지'인 기성 권력과 싸워 이기거나 힘의 교체를 이루지 못하고 통상 좌절로 끝나기 때문이다. 오이디푸스 서사에서 아들은 아비를 죽여 자신이 '아비'가 된다. 그러나 이 극들에서 '아버지의 법'과 갈등하는 주인공들은 사회적 패배를 받아들이고 이를 심리적 차원에서의 승리, 정신적 승리로 보상받고자 한다. 〈인류 최초…〉에서는 판타지 속에서, 또는 죽은 다음에야 차별과 구속을 벗어나 온전한 자유를 얻는다. 〈일주일〉에서는 자신들의 말을 믿지 않는 법 권력에게 살해자라고 거짓을 말함으로써 그들이 내세우는 진실을 전복시킨다. 〈백중사 이야기〉에서는 계급과 명령의 부당함을 막지 못하는 현실 속에서 '뿌리내리지 않는' 방식으로 현재를 견뎌낸다. 이들의 행동방식은 어떤 면에서 프로이트가 말한 '가족 로망스' 서사와 닮아 있다. 가족 로망스는 아이들이나 신경증환자에게서 나타나는 심리기제로서, 현실의 불만족스러운 부모를 훌륭하고 멋진 상상의 부모로 대체하는 일종의 거짓말 서사이다. 단순히 가족모델을 넘어서서 주체구성의 서사에 적용되는 가족로망스는 숙명의 세계와 이에 대한 반응(승인, 거부, 부인, 오인 등 다양한 기제로 나타나는)으로서 판타지 구성과 거짓말 만들기로 짜인 이야기이다.[152]

또 한 가지 독특한 것은 이들 극에 고연옥이 지속적으로 관심갖는 주제인 시간이라는 화두가 형이상학적 주제를 만들어내고 있다는 점이다. 사실 감옥이나 군대 같이 사회로부터 격리된 폐쇄적 공간에서의 시간은 흐르지 않거나 사회의 시간과는 다른 방식으로 흐른다. 그들의 삶이 갇힌 채

[152] 권명아, 「거세된 채, 생존해야 하는 '소설'의 가족로망스」, 『문예중앙』, 2007. 여름호, 27쪽.

흐르지 않듯이, 시간 역시 고여 있을 뿐 흐르지 않는다. 바로 이들의 흐르지 않는 시간, 갇힌 삶은 역설적으로 관객에게 우리 자신의 시간을 성찰하게 만든다. "옷소매 붙잡아도 떠나는 것이 시간"(〈인류 최초…〉)이므로 결국 텅 빈 채 이 세상을 떠나야 한다는 것을 일깨우는 것이 시간이다. 그런가 하면, 시간은 흐르는 게 아니라 "현금처럼 내 주머니에서 나가는"(〈일주일〉)것이며 "있는 듯 없는 듯 살다가 아주 서서히 모든 걸 제자리로 옮겨놓"는 것(〈백중사 이야기〉)이다. 이처럼 시간은 흐르지 않는 듯 보여도 현금처럼 소비재이며, 사막의 모래처럼 근원으로 돌려보내는 것이며, 존재가 텅 빈 무임을 자각하게 하는 것이다.

고연옥의 극에서 흥미로운 것은 바로 부모처럼 바꿀 수 없는 기원, 혹은 주어진 숙명을 거부하거나 부인하기 위해 인물들은 판타지를 만들어내어 주체의 위치를 변화시키는데, 그 판타지의 중심에 시간이 자리하고 있다는 것이다. 판타지를 만들어내는 상상력의 중심에 시간성이 자리하고 있다.

▌〈인류 최초의 키스〉: 사회권력의 폭력성과 자유에 대한 갈구

〈인류 최초의 키스〉(2001)는 범죄자나 감옥의 수인을 주인공으로 삼는 대부분의 극이 그러하듯이 도덕적 이분법의 전도, 그들에 대한 지나친 공감 및 휴머니즘을 보이면서도 희화화와 아이러니라는 희극정신의 도움으로 균형감을 획득한다.[153] 청송보호감호소의 수인들인 학수, 성만, 상백, 동팔은 '위험한 범죄자'로 분류되어 수감되어 있다. 그들을 감시하는 교도관, 출소 여부를 심의하는 '사회보호위원'들인 판사, 심리학자는 막강한 권력을 휘두르고 무제한적으로 남용한다. 수인들과 출소 여부를 판정하는 이들의 대립적인 관계는 사회적 힘의 속성, 즉 폭력화된 권력의 위계관계를 첨예하게 드러낸다. 그뿐 아니라 이 극이 궁극적으로 말하고자 하는 것은 권력을 제재없이 남용할 수 있는 사회제도적 허점에 대한 비판이다. 수인의 '위험한 인격'을 입증하기 위해 장황하게 두개골과 관상학 이론을 늘어놓고 신의 구

[153] 김성희, 앞 글.

원의 메시지마저 무시하는 심리학자나, 수인들을 린치해서 죽이고 마는 교도관 같은 인물이야말로 실제로 '위험한 인격'임을 보여주는 것이다.

그러나 이 극은 다소 모호한 제목이 암시하듯 냉혹한 폭력적 권력을 전복할 수 있는 힘을 모성적 사랑으로 그려낸다. 신이 최초의 인간 아담에게 보낸 키스, 혹은 분쟁과 죄가 생겨나기 전 아득한 태초에 인간과 인간이 나누었던 키스처럼 인간의 구원은 문명의 부산물인 제도와 권력, '아버지의 법'으로 오는 것이 아니라 모성을 닮은 사랑을 통해 온다는 것이다.

> 학수   더럽다고 추하다고 구박해도 나는 널 먹고 갈란다……. 내가 너를 먹듯이 누가 나도 좀 먹어 주었으면……. 더럽다, 미쳤다, 흉악하다 않고, 어여쁘다, 착하다, 인정 많다 하면서 나도 좀 먹어 주었으면……. 그 입술에 닿아 봤으면, 그 혀끝에 녹아 봤으면, 그의 침과 섞여 사라져 봤으면……. (가까이서 자신의 똥을 달랜다) 울지 마라, 울지 마. 기다리면 오지 않고, 보내려면 가지 않아. 옷소매 붙잡아도 떠나는 것이 시간이니… 텅 빈 채 떠나가야지……. 다 쏟아놓고 떠나가야지.   ((인류 최초의 키스), 52-53쪽)

자유를 갈망하지만 절대로 자유가 주어지지 않는 비천한 수형자들은 학수가 먹는 똥으로 상징된다. 출소를 거부당한 뒤 미쳐버린 학수는 인간 취급을 받지 못하는 자신을 추한 배설물과 동일시하고 그것을 먹음으로써 자존감을 회복하고자 한다. 그러므로 그가 똥을 먹는 행위는 자식을 절대적으로 사랑하는 어머니의 사랑에 가닿으려는 몸짓이며, 어머니와 완벽한 융합을 이루었던 상상계로의 퇴행 욕망이다. 학수는 환상과 광기 속에서 사랑과 자유를 획득한다. 이 극의 플롯은 시종 감옥 속에서 순화되고 인간성을 회복한 죄수 학수, 성만, 상백, 동팔과 그들의 변화나 인권을 인정하지 않으려는 권력의 폭력성을 첨예하게, 그러나 희극적인 아이러니로 대비시킨다.

사기꾼 성만은 독실한 기독교도가 되었기에 출소 심사장에서 꽃비가 내리는 신의 기적이 일어난다. 그러나 심리학자는 이를 비웃고 기적을 행사하는 전과자가 세속 교회에 나가 일으킬 혼란을 경고하며 출소 금지를 판결한다. 조폭 출신 상백은 평생 감옥을 지켜온 교도관에게 긍지 대신 내면적인 공허함을 비춰주는 거울이라는 이유로 그에게 린치당해 죽는다. 감옥에 잘 적응하여 20년 동안 살아온 동팔은 원하지 않음에도 출소 명령을 받는다. 이들이 차별과 억압이 없는 세계로 떠나는 '자유의 배'를 탄다는 판타지 구성은 이 죄수들의 비참한 숙명을 순식간에 화려한 승리로 전복시킨다.

이 극은 죄수에 대한 연민과 그들을 끝까지 차별하고 억압하는 사회권력의 폭력성을 대비시키려는 의도로 인물들을 가해자-피해자의 두 유형으로 창조하고, 성격 역시 단순화시켜 표현한다. 그 때문에 도덕적 이분법의 세계로 도식화되어 있다는 단점이 있다. 그럼에도 그러한 단점을 상쇄시키는 것은 감방 생활의 생생하고 재치있는 표현과 인물들 각각의 개성적이고 생동감 있는 묘사이다. 특히 비참한 죽음을 당한 이들이 '자유의 배'를 타고 떠나는 판타지가 감방 뺑끼통에서 나타난다는 점에서 매우 인상적인 표현적 이미지와 은유가 된다. 좁은 감옥, 가장 추하고 냄새나는 감방은 갈매기가 시끄럽게 울고 고래가 물을 내뿜는 활기찬 바다, 많은 사람들이 손 흔들며 그들을 환영하는 활기찬 커다란 배로 전환된다. 권력을 쥔 사람들에게 똥처럼 취급당했던 유토피아로 떠나는 '자유의 배' 판타지를 구성함으로써 정서적, 형이상학적 승리와 해방을 얻는다. 극의 마지막 대사(동팔), "세상이 우릴 버렸는데 우리라고 세상을 버리지 말란 법 있습니까? 우리의 시간은 우리 거예요."는 모든 인간존재가 그 나름대로 귀하고 가치 있는 것이며, 과거의 전력으로 단죄받는 이들이 할 수 있는 저항은 결국 스스로 세상을 버리는 일, 자신들의 시간을 자기들이 결정한다는, 극한 상황에 쫓긴 사람이 할 수밖에 없는 비장한 결심이다.

▌〈일주일〉: 사소한 악의와 공포에 의해 조작되는 범죄

〈일주일〉(2006) 역시 비슷한 주제를 보인다. 이 극은 소년들이 살인 용의자로 구치소에 갇혀 검찰에 송치되기까지의 일주일 동안 어떻게 그들이 살해범으로 조작되는가를 다룬 극이다. 그들이 강간치사범으로 조작되는 과정이 냉정하고 절제된 묘사와 논리적 구성을 통해 제시된다. 그래서 이 극은 죄 없는 소년들을 자신들의 편의를 위해 범인으로 조작하는 사람들의 사소한 악의와 공모, 그러나 결과적으론 타인의 인생을 파멸시키고 마는 권력의 폭력성에 초점을 맞추고 있다. 시골 형사들은 일주일 안에 조서를 꾸며야 한다는 시한에 쫓겨 이장의 도움을 청하고, 이장은 순전히 임박한 당제를 조용히 치르기 위해 심증만으로 세 소년을 고발한다. 또 신빙성 없는 목격자의 진술에 따라 또 한 명의 용의자가 추가된다. 이들이 용의자로 지목된 이유는 각각 고아 혹은 결손가정 출신, 모자란 인물이기 때문이다. 공동체의 질서가 와해되거나 흔들릴 때면 구성원들은 흔히 그 위기의 원인을 희생양에 전가하여 폭력으로 해결한다. 이때 희생양은 르네 지라르의 지적처럼 '흠 있는 존재' 혹은 구성원의 회의와 번뇌와 두려움의 대상이 되는 사람이다.

조형사　물론 누구나 살인자가 될 수 있어. (중략) 하지만 저런 놈들은 틀려. 죽이기 위해 죽인 거야. 인간은 보다 나은 것을 선택할 수 있다는 것을 모르는 것이지. 어떤 경우에서건 최악으로 간다고. 스스로 안전장치도 없어. 그런 놈들은 저 자신을 위해서라도 빨리 잡아넣어, 때가 되면 폐기처분하는 게 최선이야.

강형사　우리한테 그럴 자격이 있나요? 같은 인간인데.

조형사　그럼, 누가 하나? 그것도 신에게 맡기나? 인간이 파괴자가 된다면 심판자나 창조자도 될 수 있어야지.　　　　　　　　　(136쪽)

　형사들은 〈인류 최초…〉의 출소 심의위원들처럼 자신들이 신과 같은 '심판자'라는 자만심을 갖고 있다. 신이 일주일 만에 세상을 창조한 것처럼 형사들은 조용한 시골마을에서 일어난 강간치사사건을 일주일 시한으로 해결하려 하고, 살인 용의자로 "나은 것을 선택"하지 못하는, 즉 유용한 일을 하지 않는 백수들을 지목하고 그들을 폐기처분하는 것이 정의라고 믿는 것이다. 그들은 이장이나 목격자의 말뿐 실제 물증은 없다는 점에 대해서도, "이 세상을 창조한 것도 말"이라며, 사람들의 말이야말로 중요한 증거 가치가 있다고 주장한다. 형사들은 이처럼 인권유린의 수사를 하면서도 자신들을 시종 신에 비유한다. 이처럼 신의 천지창조 일주일과 수사기간 일주일의 유비성으로 짜인 이 극은 알레고리의 성격을 띤다.

소년들은 자신들의 결백이 도저히 받아들여지지 않자 한순간 체념하기도 하고, 진실을 주장하기도 한다. 그들은 여섯째 날 밤, 담요를 감옥이라는 바다, 십 년 세월을 건너가는 뗏목이라 상상하기도 하면서 숙명에 대한 승인 혹은 거부를 오가면서 판타지를 만들어낸다. 그 과정에서 그들은 자신들의 삶에서 무엇이 잘못되었는가를 깨닫는 정신적 성장을 이루게 된다.

> 영배   우리가 조금만 버텼으면 우리가 우리 자신을 내버리지만 않았다면 살인자가 되지 않았을 거야. 우린 제 발로 걸어서 살인자가 됐어. 우린 우리가 보낸 쓸데없는 시간처럼 우리 자신도 아무것도 아니라고 생각했어.

신이 세상을 창조할 때 '말'로 한 것처럼, 이 극에서 소년들이 살인자로 만들어지는 과정도 모두 형체 없는 '말'에 의해서이다. 검사는 이 수사가 정확한 사실에 의해 이루어진 게 아니라 온통 "동네 사람들의 말, 목격자들의 말, 피의자들의 말, 수사관들의 말…"에 의해 이루어진 것이라는 문제점을 인식한다. 소년들이 살인자가 아닐 거라고 의심하던 검사 역시 피의자들이 죽을 때까지 진실을 말하지 않을 거라는 다짐을 받자 이들을 모두 기소한다.

이 극은 극히 허술하고 신빙성 없는 말, 즉 "일종의 심리전"으로 "작품"을 뽑아내는 형사들의 수사과정을 알레고리적 단순성으로 그려낸다. 힘을 가진 경찰과 동네사람들의 질시에 맞서 "아무것도 아닌" 자신들을 지키고자 하는 소년들의 투쟁은 처음부터 패배가 예정된 것이나 마찬가지이다. 검사는 형사들의 수사상의 무리를 한눈에 파악한다. 그러나 검사 역시 소년들이 살인범임을 주장하자 형사들과 한편이 되고 만다. 이 결말 장면은 논리적 개연성으로 연결되던 장면들의 흐름에 석연치 않은 균열을 자아낸다. 마지막으로 진실을 호소할 수 있는 순간임에도 소년들은 강력범다운 자만심을 뽐내는 듯한 태도로 자기들이 범인이라고 주장한다. 이는 경찰이나 법권력에 대한 거부와 체념, 반항으로 보기에는 좀 더 치밀한 동기 구축이 필요했어야 할 부분이며, 또 검사의 일관성 없는 성격도 재고되어야 할 점으로 보인다.

▍〈백중사 이야기〉 : 권력과 시간의 마모작용에 대한 성찰

〈백중사 이야기〉(2006)는 80년대 중반에서 90년대 초반까지의 군대를 사실적이면서도 상징적으로 그려낸다. 고연옥은 사실적 배경과 캐릭터, 에피소드들을 풍부하게 배치하면서도 캐릭터들의 성격과 대사에 상징성과 형이상학적 주제를 부여하여 사회적 현실을 넘어서는 일종의 은유적 현실을 창조한다. 이 극은 운동권 학생으로 입대한 이병장의 3년 동안의 군대 시절을 다루면서 극의 중심에 백중사라는 직업군인을 배치하고, 이들의 시간성에 초점을 맞춘다. 3년 동안 한시적으로 군 생활을 하는 군인들에게 시간은 흐르는 게 아니라 '때우는' 것이다. 그러나 군대에 말뚝박은 백중사는 시간에 붙들린 존재이다. 그는 자신이 군인들과 출신성분이 다른 비천한 존재라는 콤플렉스에 붙들려 있어서 자신이 군대에서 이룬 성취를 정당하게 평가하지도, 행복을 느끼지도 못한다. 그는 부모에게 버림받은 존재라는 유년기의 시간에 붙들려 성취의 정점에서 스스로를 파멸시키고 마는 인물이다.

백중사　난 처음부터 너무 없이 태어났어. 아마 남들은 다 가진 마음이나 영혼 같은 것도 없을 거야. 그런 게 있었다면 진작에 떠날 수 있었겠지. 쫓겨나기 전에 내 발로 어디든 갈 수 있었겠지.

> (중략)
>
> 백중사 (금자에게 안기며 가슴에 귀를 기울인다) 그럼, 이게 모래바람 소리였구나. 그렇지? 우리만 두고 모든 게 사라지는 소리, 떠나는 소리…… 그렇지?
>
> (205쪽)

이처럼 백중사의 시간은 다른 사람들로부터 자신을 소외시키는 시간이며, 현재의 시간을 과거의 시간에 저당 잡혀 마모시키고 마는 잔인한 운명의 도구이다.

군대는 명백히 폐쇄적인 계급사회이다. 군대는 입대 순으로 계급과 서열이 존재하며, 비합리적이고 가학적인 지배－복종의 메커니즘이 작동한다. 그 때문에 의식 있는 군인들은 자신이 살아 있는 건지 죽어 있는 건지, 인간인지 아닌지를 회의한다. 사회정의를 위해 투쟁했던 운동권 출신의 이병장은 군대에서 느끼는 자괴감 때문에 그 시간 속에 뿌리를 내리지 못한다. 한편 백중사는 사회에 나가면 갈 곳도 뿌리내릴 곳도 없지만 부대장의 신임을 받아 군대에 말뚝박은 다음부터는 자신의 권력을 남용한다. 백중사는 결혼하여 가족을 이루고 군대아파트를 받아 중산층이 되겠다는 꿈을 가진다. 그러나 술집 여자 영자와 결혼한 후 가정에 뿌리를 내리지 않고, 사병들에게 영자를 미행하게 함으로써 자신을 파멸시키기 시작한다. 백중사의 욕망은 자신의 결핍의 근원이었던 가족을 만드는 것이었고, 자식들을 잘 키워줄 여자를 만나 결혼하겠다는 것이 그의 판타지였다. 다시 말해 백중사의 가족로망스는 술집 여자의 사생아로 태어나고 버림받은 자신의 기원을 거부하고 자식들을 잘 키워줄 교육받은 여자와 결혼하고 중산층이 되는 판타지 만들기이다. 그러나 그런 여자와의 결혼이 좌절되자 그는 군인들을 대상으로 술과 몸을 파는 여자 영자와 결혼하고 만다. 이처럼 그는 숙명을 거부하려 했으나, 무의식적 차원에서 어머니와 같은 여자와 결혼하고 만 것이다. 욕망의 대상이었던 군인아파트를 얻었음에도 그는 집안에서 옷을 벗고 편안히 자지도 못하며 자식을 낳을 생각도 하지 못한다. 그런 점에서 백중사는 거세된 존재이자 아버지의 반복이다. 이 극이 움직이지 않는 커다란 시계가 걸린 무대장치("예를 들어 커다란 시계와 달력은 거의 변화 없이 걸려 있다.")라든지 인물들의 대사를 통해 끊임없이 강조하는 또 하나의 중심주제인 '시간성'은 백중사의 가족로망스 서사에서도 강조된다.

갇힌 공간인 군대에서의 시간은 변화의 동력이 아니라 끝없이 반복되고 인물들을 제자리로 옮겨놓는 역할을 한다. 한시적인 군생활을 하는 군인들에겐 시간성의 운동이 적용되지 않기 때문에, 그들은 개별적인 인물들이라기보다 서로의 관계에서만 존재하며 반복되고 순환하는 인물들이다.

금자　글쎄. 난 여기서 10년을 살았지만, 시간이 가는 건 한 번도 못 봤어. 왔다가 가는 건 사람들이지. 오빠 같은 군인들.
이병장　그럼 시간은 뭘 합니까?
금자　비처럼, 밀물처럼, 사막의 바람처럼 있는 듯 없는 듯 살다가 아주 서서히 모든 걸 제자리로 옮겨놓지.　(164-165쪽)

그러나 술집 여자의 사생아로 태어나 버림받은 백중사는 술집 여자와 결혼하고 자식을 낳지 않음으로써 거세된 채 아버지의 삶을 반복한다. 아내와 집을 얻었음에도 그는 현재의 숙명을 부인하고 음울한 판타지를 구성한다.

금자　왜 넌 시간을 붙들고 사니? 사는 게 그렇게 무섭니?
백중사　난 별수 없어. 언젠가는 또 바보 취급이나 받고 쫓겨날 테니까.
금자　이젠 집과 가족이 있잖아.
백중사　흥! 군인아파트에 술집여자 마누라? 모두 한꺼번에 떠나 버릴걸.　(205쪽)

백중사나 술집여자 금자, 영자는 모두 채워지지 않는 내면의 공허 때문에 먼저 떠날 수도 없고 그저 시간에 붙들려 사는 존재들이다. 이 극이 보여주는 통찰은 바로 과거의 시간에 붙박여 과거의 삶을 되풀이하는 것이 인간의 보편적인 삶의 조건이라는 사실이다. 욕망은 근본적으로 결핍이므로 끝없는 반복충동이라는 것을 백중사는 전형적으로 보여준다. 그 때문에 이병장은 백중사를 보며 자신이 발가벗겨지는 듯한 느낌, "너무 형편없는 놈"으로서의 자기 모습을 비춰보게 된다. 군인들이 우월감을 가지고 경멸했던 백중사야말로 본질적 의미에서 군인들의 모습을 비춰주는 거울인 것이다. 신참시절 고참에게 눌렸던 걸 되갚아주듯 다시 부하들을 억누르는 권력 메커니즘의 반복충동, 또 욕망의 대상을 얻은 순간에 욕망은 다른 대상으로 미끄러지는 영원한 순환구조, 그리고 시간의 흐름 속에서 만들어지는 "또 다른 자신"을 데리고 살아가는 존재로서의 인간.

흐르면서 흐르지 않는 시간은 이렇게 인간을 마모시키고 변화시킨다. 극의 에필로그는 제대한 지 몇 년 후, 이병장과 정이병의 재회장면을 통해 바로 이 잔혹한 시간의 마모작용을 보여준다. 순수했던 정이병은 닳고 닳은 영악한 사회인으로 나타나며, 백중사는 부식비 횡령으로 불명예제대 당했고, 영자는 어디론가 사라졌다는 소식이 전해진다. 이는 우리가 주변에서 흔히 접하는 후일담으로서, 마치 현실 같은 개연성을 가진다.

이 극이 군대 이야기면서도 인간의 이야기라는 보편성으로 확장되는 알레고리적 서사의 특성을 지니는 것은 바로 계급과 명령의 권력악을 비판하는 사회극적 틀에다 심리극적 차원과 형이상학적 주제를 결합시켰기 때문이다. 불행한 과거를 가진 인간은 이상하게도 불행을 자초하는 행동을 선택하고 마는 경향이라든지, 시간의 마모작용에 대한 성찰은 깊이는 다소 부족하지만 인간과 삶에 대한 형이상학적 주제를 인상적으로 구현하고 있다.

4. 삶과 죽음의 순환

〈웃어라 무덤아〉(2003)는 장례비 100만 원을 뺏기 위해 이웃 할머니를 죽인 기사에서 착상된 극이다. 이 극 역시 고연옥의 장기인 살인사건과 수사과정이라는 소재를 다루고 있으나, 다른 극들과는 달리 죽음과 재생에 대한 형이상학적 주제에 집중하고 있다.

이 극의 주인공은 주변의 이웃들에게 어머니처럼 국을 끓여주고 사랑을 베푸는 할머니이다. 할머니는 자식이나 남매같이 사랑을 베풀었던 이웃들에게 상처를 입고 그 충격으로 세상을 떠난다. 이웃들은 불쑥 찾아든 조카 최노자의 말을 듣고 할머니의 과거 사연을 알게 된다. 두 번 결혼하고, 남편들로부터 도망치고, 세 명의 자식을 다 남의 집에 주어버린 할머니의 기구한 삶은 이웃들에게 동정의 대상이 아니라 잔인한 도덕적 우월감을 안겨준다. 이는 할머니의 죽음을 앞당겨 장례비를 가로채려는 탐욕을 정당화하는 구실이 된다.

이 극의 플롯은 할머니 살해사건의 범인을 밝혀나가는 변형된 추리극의 성격을 가지면서, 현실과 환상, 현재와 과거가 뒤섞여 나선형으로 움직이는 플롯이다. 그리고 이 극은 반복기법을 특징적으로 활용하여 주제와 연극성을 강화시키고 있다. 예컨대 1막 2장은 할머니의 집과 정말자의 가게로 구성되는데, 하루가 한 장면에 순차적으로 배열되어 할머니를 둘러싼 인물들을 차례로 소개한다. 죽는 꿈을 꾸고 난 후 할머니는 죽음의 예감을 느끼며 멍하니 앉아 있는데, 한기물, 정말자, 미나가 각각 낮, 저녁, 밤에 등장하여 이들의 관계나 캐릭터가 묘사된다. 다음에는 정말자의 가게에 탁기봉, 한기물, 그리고 최노자가 등장하여 캐릭터 묘사와 함께 할머니의 과거가 폭로된다. 그런가 하면 꿈이나 환상 장면은 다른 인물의 꿈에 이어져서 앞 장면의 꼬리를 물고 이어진다. 2막 1장은 할머니의 저승 장면인데, 돈이 없어진 사실을 알고 할머니가 "내 백 만원… 백 만원… 내 돈!"이라고 소리친다. 이어지는 2막 2장은 유치장 안에 갇힌 미나가 "내 돈! 내 돈! 백만 원. 내 돈!"이라고 외치며 꿈에서 깨어난다.

이렇게 극의 플롯은 각 인물의 등장 순서를 바꾸어 새로운 배열을 만들어내면서 연쇄적으로 꼬리를 물고 리듬감 있게 움직여 나간다.(김광보의

연출은 인물들이 잔 발걸음으로 통통 뛰듯 등퇴장하는 것으로 이 리듬감
을 효과적으로 시각화했다.)

할머니의 과거를 알고 난 '선량한 이웃들'은 차례로 할머니를 방문하여
그녀의 과거를 칼날처럼 들이대는 잔인함과 탐욕을 드러낸다. 한기물, 정
말자, 탁기봉의 순서로 이어지는 방문은 그들이 똑같은 질문-"식욕은 건
강과 통한다던데 요새 밥맛은 좋으세요?"-을 반복함으로써 그들 방문 목
적의 동일성을 드러낸다. 그들이 묻는 식욕과 건강에 대한 질문은 할머니
의 죽음을 기다리는 잔인성과 장례비를 가로채려는 탐욕을 가면 밑에 감
추고 있다. 이들이 도덕적 우월성을 드러내며 할머니의 과거를 잔인하게
폭로, 가슴에 대못을 치자 할머니의 대답은 처음 "살자니 먹는다"라는 것
에서, "억지로 먹는 거지", "먹고 죽을까 싶어서 먹는다"로 변해간다.

돈에 대한 탐욕과 이기심, 그러나 겉으로는 인정과 가족애를 내세우는 이
웃들의 이중적 모습은 마치 뒤렌마트의 〈노부인의 방문〉의 귈렌 시민들을
연상시킨다. 작가는 이들이 용의자로 조사를 받을 때 다른 이를 각각 범인
으로 지목하는 행위를 그림으로써 그들의 이기심을 그린다. 또 이들은 연쇄
적으로 잡혀와 경찰서 유치장에 함께 갇히고서도 번갈아가며 패를 갈라 서
로를 범인으로 지목한다. 할머니에 대한 과장된 동정심과 할머니를 죽게 만
든 그들의 살해심리를 정당화하는 허위의식을 보일 때는 모두 한패가 된다.

병든 남편과 자식들을 버리고 떠나온 삶으로 "산달이면 아직 몸이 아
픈" 마음의 상처를 지니고, "평생 어깨다 돌가마 지고, 모래를 입에 물고
살았"던 회한의 삶, "평생 떠나면서" 산 할머니의 삶은 죽음으로 비로소
안식을 얻는다. 탑 쌓는 소년이나 어둡고 축축한 들판으로 묘사된 저승, 떠
나면서 살아온 삶에 대한 보상으로 움직이지 못하는 하얀 꽃으로 재생하
는 할머니, 죽은 나무에 물 주기 등의 모티프를 통해 이 극은 죽음에 대한 깊
은 사유와 더불어 낯익은 설화적 판타지를 구축한다. 이 극의 마지막 장면
은 첫 번째 장면인 꿈 장면-탑 쌓는 소년을 만나 자신의 죽음과 꽃이 되는
내세를 암시받는 이중의 꿈 장면-과 맞물리면서 매우 아름답고 인상적인

판타지를 보여준다. 이 판타지가 아름답고 친근한 것은 우리의 집단무의식에 자리한 오래된 설화적 저승 이미지나 죽음관의 변주이기 때문이다.

탑 쌓는 소년이 말하는 '길'은 삶과 죽음의 순환을 상징한다. 바로 이 길 위에서 탑을 쌓고 있는 소년은 불교적, 토속적 메타포이다. 탑을 쌓으면 "다음 생엔 아주 상팔자"로 태어나며 "좋은 부모 만나 호강하며 살"고, "헤어진 인연 만나 오래오래 사랑하며" 살 수 있다는 것이다. 그러나 이 극은 이러한 토속적 신앙체계를 넘어서는 의미론적 변주로 주제적 상징을 풍성하게 만든다. 저승에 간 할머니가 장례비로 모아두었던 돈을 탑 쌓는 소년에게 지불하려 할 때 비로소 돈을 도둑맞은 사실을 알게 되는데, 이때 소년은 "돈을 가져올 수 없는 건 돈에 깔려 죽었기 때문"이라고 말한다. 여기서 탑은 복 있는 내세를 위한 기원이란 설화적, 토속적 의미층위를 넘어서서 저승에 가져갈 수 있는 것은 오직 자신의 선행뿐이라는 범종교적 세계관으로 확대된다. 동시에 장례비가 탐이 나서 할머니를 상징적으로 살해한 '선량한 이웃'들의 돈에 대한 욕심에 경고의 전언을 던진다.

이 극에 등장하는 서민계층의 캐릭터들은 흔히 서민층에 주어지던 인정과 공감을 벗어버린 희극적이고 전도된 인물들이다. 할머니와 한가족처럼 지내던 '선량한 이웃들'은 많지도 적지도 않은 할머니의 장례비 100만 원이 탐이 나서 위선과 거짓, 탐욕과 잔인함의 본성을 드러낸다. 이처럼 '선량한 이웃'의 가면 뒤에 숨겨진 인간의 이기심과 탐욕을 희화화시켜 재현하는 작가의 재능은 매우 비범하다. 그런가 하면, '죽음'을 중심 주제로 삼는 이 극에서 죽음과 재생의 이미지를 매우 희극적인 시각에서 주조하고 있다는 점도 특징적이다. 순경이나 형사는 죽은 매화나무에 정성껏 물을 주며 그 나무가 살아날 것을 믿는다. 타르코프스키의 영화 〈희생〉을 연상시키는 이 이미지는, 과학수사를 표방하는 경찰이 피의자들 앞에서 이 신념을 피력하기 때문에 희극성을 유발한다. 더 나아가, 나무젓가락이나 각목 같은 무생물도 정성껏 물을 주어 기르자 잎이 돋고 잔뿌리가 돋아났다는 실화를 천연덕스럽게 말하며 자신들의 신념을 더욱 강화하는 장면들에 이르면, 그 엉뚱한 상상력 때문에 터져 나오는 웃음과 함께 생명에 대해 사유하게 된다. 무생명도 간절히 원함이나 기원을 통해 생명을 얻듯이, 삶의 마지막에 닥치는 죽음은 바로 삶의 위로나 보상으로 오는 것이고 재생으로 자리바꿈하는 통로라는 우주적 원리를 깨닫게 된다.

5. 시간과 공간에 대한 철학적 탐구

이상에서 살펴본 것처럼 고연옥은 사회적 약자를 주체로 내세워 폭력화된 권력 비판과 구원의 문제를 탐구했다. 거기에다 삶을 규정하거나 영향을 미치는 시간과 공간의 문제를 철학적으로 탐색하는 경향을 보인다. 그녀의 극은 감옥, 구치소, 군대 등 억압공간이나 범죄와 수사과정 등 매우 특수한 사회적 소재를 다루고 있음에도 폭력화된 권력구조나 범죄 자체를 파헤치기보다는 그 권력구조의 희생자가 된 인물들의 삶에 대한 태도, 혹은 시간과 공간에 대해 반응하는 태도에 더 관심을 보인다. 이러한 작가의식 때문에 극중인물들은 데코럼을 벗어나서 철학적인 성찰과 문어체의 간결한 대사, 시적 상징들을 부여받으며 그로 인해 알레고리적 성격을 띠게 된다.

이러한 특성은 사회적 배경과 현실감이 좀 더 희석되고 대신 보이지 않는 것과 보이는 것의 대립, 공간과 존재의 관계를 다룬 〈달이 물로 걸어오듯〉과 〈발자국 안에서〉에서 더욱 두드러진다. 이 극들은 고연옥이 쭉 관심 가져왔던 시간의 문제에 공간의 문제를 겹쳐놓음으로써 존재론이라는 형이상학적 주제를 탐구하고 있다. 무거운 현실을 버리고 새로운 관념의 공간에서 의미의 세계를 주조하고 있는 것이다.

〈발자국 안에서〉(2007)는 시간과 공간, 인간관계와 마음에 대한 형이상학적 사유에 집중하며, 시적 대사와 은유적 이미지로 표현하는 알레고리 스타일을 추구한다. 연쇄살인범에 의해 생명이 순식간에 파괴될 수 있음을 그림으로써 위험사회적 면모, 불확실성이 지배하는 유동적 근대에 사는 개인이 느끼는 사회적 불안을 형상화한다. 쌀집이었다가 화실로 변모한 공간을 통해서 공간이 삶과 인간성을 지배하고 규정하는 공간의 메타포는 불안정하고 예측과 통제가 불가능한 현대사회의 불안을 의미한다. 〈달이 물로 걸어오듯〉(2008)은 남편을 교사하여 계모와 의붓동생을 살인하고, 남편에게 살인죄를 뒤집어씌우고 남편을 배신하는 여주인공과 그 때문에 애정과 인간에 대한 신뢰를 상실하고 파괴되어 가는 남편을 그린다. 남편은 서로 사랑한다고 믿었던 아내의 사랑을 확신할 수 없게 되고, 인간관계나 마음이 규정할 수 없이 모호하다는 생각으로 불안과 의심 속에 빠져들게 되면서 삶을 파괴한다.

이처럼 고연옥은 자칫 통속적 흥미 위주로 다루어지기 십상인 범죄사건을 세상과 인간을 성찰하는 소재로 활용한다. 그녀의 극에 등장하는 범죄자들, 혹은 트라우마를 가진 인물들은 악인이라기보다는 내면 속의 다른 자아, 다시 말해 애정과 이해를 갈구하는 어린아이가 내면에 숨어 있는 인물들로 그려진다. 작가는 불행한 환경과 상황으로 인해 '스스로' 불행의 길을 자초한 이 인물들이 왜, 어떻게 내면의 감옥에 빠져드는가, 어떻게 내면의 불안을 극복하기 위해 투쟁하는가, 마음의 모호성과 불안이 어떻게 다른 사람들의 불안을 만들어내며 삶을 파괴하는가를 탐색한다.

〈내가 까마귀였을 때〉(2011)에도 사회적 불안과 인간 내면의 어둠을 바라보는 작가 특유의 시각이 알레고리적 스타일로 표현된다. 13년만에 잃어버린 아이를 되찾은 한 가족을 다루는데 이들의 마음과 관계에 드리운 어두운 그림자, 곧 트라우마와 죄의식, 불안과 거짓으로 왜곡된 내면의 어둠에 집중한다. '까마귀'라 불리며 거리의 아이로 악 속에 방치되어 사회적 타자로 살아왔던 아이와 정상적인 삶을 살아왔던 가족은 과거가 만들어낸 사회문화적 자본과 계급, 삶의 방식의 괴리 때문에 화합하지 못하고 서로 대립하게 된다. 아이는 "왜 하필이면 나야? 니들이 아니라서 다행이라고 생각한 적 없었어?"라고 외치며, 가족들이 안락을 누리면서 자기 대신 차지한 몫, 자기가 잃어버린 몫인 행복에 대한 대가를 요구한다. 결국 아버지는 묻어두었던 진실을 밝힌다. IMF 때 회사의 부도로 파산하고 빚에 쫓기던 아버지는 가족들과 동반자살하려 했고, 막내 아이는 놀이동산에 남겨 두고 갔다는 것이다. 아이는 진실을 알게 된 후에도 집을 나가고, 남은 가족들 역시 그 아이를 '있는 그대로' 보고 받아들이지 않았다는 데 대한 죄의식으로 내면의 방황을 겪는다. 이렇게 작가가 그리는 세계와 인물들은 마치 표현주의 그림처럼 구상적이면서도 내면의 어둠과 과거의 그림자, 사회적 불안으로 왜곡된 세계, 모호하고 양면적인 인물들로 표현된다.

〈주인이 오셨다〉(2011)는 매춘부로 팔려온 흑인여자의 아들 자루가 친구들의 왕따와 주변의 소외를 겪는 등 사회의 폭력성으로 인해 연쇄살인범이 된다는 내용을 다룬다. 피해자가 가해자의 폭력성을 학습하여 사회에 대한 분노를 폭력으로 되갚는 '폭력의 역사'를 조명하고 있는 것이다. 허름한 식당을 하며 서민들에게 값싸고 푸짐한 밥상을 제공하던 금옥은 포주에게서 도망친 아프리카 여인을 제 집에 숨겨주고 식당일을 시킨다. 금옥은 이 여인에게 순이라는 이름을 지어주며 '노예'로 삼는다. 금옥의 외아들 종구도 순이를 함부로 범하고 폭력을 행사하며 순이의 주인으로 군림한다. 금옥은 순이가 임신하자 노동 착취의 목적으로 종구와 결혼식을 올려주며, 순이에게 말을 가르치지 않는다. 순이는 인종적, 언어적 타자가 되어 사회나 인간관계에서, 심지어는 아들과의 관계에서마저 소외된다. 온세상을 도둑질하여 자루에 담는 태몽을 꾼 금옥은 순이의 아들 이름을 자루로 명명한다. 인종적 타자로서 주변의 소외를 겪어왔던 자루는 자신을 내치는 친구 엄마와 친구에 대한 분노로 그들을 죽이고 연쇄살인범이 된다. 식당으로 돌아온 자루는 먼저 금옥과 종구를 죽인다. 그러자 순이는 자루의 뺨을 때리고, 울면서 쓰러진 금옥의 몸에 입을 맞춘다. 금옥에게 진정한 애정과 헌신을 표하고, 아들의 잘못된 행동을 질책하는 순이의 숭고한 인간애와 모성은 자루를 감동시킨다. 교도소 독방에서 자루는 아프리카로 돌아간 순이와 전화 통화를 한다. 자루는 순이의 언어인 아프리카어로 말하고, 순이는 자루의 언어인 한국말을 한다. 이렇게 폭력의 역사를 끊어내는 소통과 사랑은 상대에 대한 배려, 차이의 윤리를 실천함으로써 실현된다. 순이는 자신이 꾼 태몽에 대해 얘기해준다. 아프리카 고향에서 존재의 근원으로 믿어지는 신성한 산이 자신의 몸 속에 들어오는 꿈을 꾸었다고. 순이의 태몽은 금옥이 꾸었던 '세상을 도둑질하는 자루'라는 부정적인 꿈과 대비된다. 엄마의 사랑과 자연합일적인 꿈은 자루로 하여금 병든 정체성을 치유하고 온전한 인격으로 거듭나게 만든다. 이 극은 우리 사회가 안고 있는 불안 요소들, 즉 '다문화가 없는' 다문화사회, 왕따 문화와 폭력성, 소수자나 사회적 약자에 대한 편견과 배제, 인간을 돈벌이수단으로 치부하는 극도의 물질주의 등을 형상화한다. 그리고 이 사회적 불안을 치유할 수 있는 대안적 비전으로 자연합일, 생태주의적 인간애, 타자에 대한 배려와 소통이라는 '차이의 윤리'를 제시한다.

고연옥의 극은 문학성과 연극성을 두루 갖추고 있으며, 특히 절제된 시적 대사로 사회적 삶, 그리고 시간과 공간 속에서의 존재론적 삶의 의미를 사유하게 한다는 점에서 독특한 아우라를 만들어낸다. 1990년대 이후 한국연극의 특징적 현상 중의 하나가 연극성의 추구와 텍스트 폄하현상이라 볼 때, 그녀의 극은 연극의 중심에 텍스트를 위치시키고 거기에 연극성을 조화시킨다는 점에서 '텍스트의 귀환'을 실현한 예라 할 수 있다. 범죄나 남성적 공간을 주로 다루는 그녀의 특수한 소재 선택이 선정적인 소재주의에 떨어지지 않은 것은 바로 이러한 소재를 통해 구원의 문제와 존재론적 탐구라는 철학적 주제로 나아갔기 때문이다. 그러나 한편으로는 이러한 주제를 위해 인물창조에 있어서 육화된 성격표현과 입체적 성격을 약화시키고 대신 주제를 구현하는 관념성을 두드러지게 드러낸 것은 아쉬운 점이다. 최근작으로 올수록 인물들의 동기나 심리묘사가 약화되고 인물들의 관념적 성격이 두드러지기 때문에 인물들은 매우 단순하고 마치 꼭두각시처럼 보이는 경향이 있다. 인물들이 관념의 구현을 위해 창조되면 인물들은 단순화, 도식화되고 그 결과 복합적인 삶의 결과 감동을 상실하게 된다. 앞으로 작가가 고심해야 할 것은, 작가의 특성인 알레고리적 서사와 철학적 주제, 그리고 인물들의 삶의 질감과 인간성을 어떻게 화학적으로 조화시키느냐 하는 점일 것이다.

한국 동시대 극작가들

제3부

●●●●●●●●●●●●●●●●●

극작가와의 만남

한국 동시대 극작가들

이 강 백
우의적인 패러다임과 본질에 대한 사유

일시   2008년 5월 24일 오후 2시
장소   경동교회

극작가를 선택한 계기

김   안녕하세요. 희곡집 7권을 발간하셨고, 거의 매해마다 신작을 발표,
공연하시는 등 왕성한 창작열을 보이고 계시는데요. 선생님 작품에
는 시적 표현이나 상징, 감성이 녹아있고, 그러면서도 기발하고 재미
있는 이야기를 들려주는 이야기꾼으로서의 자질 또한 뛰어나다는 평
가를 받고 있습니다. 시인이나 소설가가 될 수도 있었을 텐데요, 극작
가를 선택한 계기가 있으셨나요?

이   희곡을 쓰겠다고 선택했다기보다는, 흔히 문청文靑 시절 겪는 일인데,
자기 체질에 뭐가 맞는지 시, 소설, 희곡을 쓰는 시기가 있죠. 그런 시
기를 아마 슬쩍 겪는 사람도 있고, 깊은 흔적을 남기는 사람도 있습니
다. 저 개인으로선 그런 시절이 일찍 시작됐어요. 전주에서 태어났는
데, 전주의 청소년, 청년들이며 소위 현대 교육을 받은 선비들은 전주

에 시인 신석정 선생도 계시고 해서, 시인을 가장 높이 쳤어요. 고창
엔 서정주 선생도 계시고 말이죠. 그래서 소설이나 희곡은 정도에서
벗어난 것으로 여기는 풍토였어요. 우리 집에서도 일찍이 "시를 써
라" 그랬고요. 전주라는 분위기가 그랬어요. 아마 저도 전주에 오래
머물렀다면 신석정 선생께 사사받았을 겁니다. 하지만 초등학교 졸
업 후, 그때가 4.19 나던 해인데, 서울로 옮겨왔어요. 형 둘이 전주고
를 다녔는데, 거기서 신석정 선생이 교편을 잡고 있었거든요. 형이 신
석정 선생께 제가 쓴 시들을 보여 드렸어요. 신 선생이 "잘 썼다."고
칭찬을 하셨대요. 저도 서울 살면서, 전주에 한 번 내려가 신 선생을
뵌 적이 있었어요. "형들이 시를 보여 드렸던 이강백입니다."라고 하
니 기억을 하시더군요. "어떻게 해야 시인이 됩니까?" 당돌하게 물어
보았어요. 그러자 선생님이 비유하기를, "주전자를 보아라. 물을 가
득 부으면 주둥이 쪽으로 물이 나온다. 가득 들어가면 절로 물이 나온
다."라시는 거예요. 선문답 같지만 지금도 잊히지 않아요. 만약 전주
에 계속 살았다면 시의 세계로 들어갔을 겁니다. 서울 와서는 혼자 참
많은 것을 썼죠. 시, 소설, 희곡 등등을요. 그때 쓴 작품들이 트렁크로
두어 개 되는데, 이사 다니면서 도난을 당해 안 남아 있는 게 좀 안타
까워요.

김 연극과는 어떻게 인연을 맺게 되셨나요? 연극을 보러 다니셨어요?

이 전주에 살 때 학교보다는 극장 가는 걸 더 좋아했어요. 월사금 낼 돈
으로 한 달에 27번이나 영화를 본 적도 있어요. 여성국극단 공연을
참 좋아해서 빠짐없이 보곤 했죠. 〈낙랑공주와 호동왕자〉 같은 작품
은 보고 또 보고 한 공연이에요.

김 극작가로는 1971년 동아일보 신춘문예에 단막 〈다섯〉이 당선되면서
등단하셨는데요. 희곡 습작은 어떻게 하셨는지요?

이 희곡은, 신춘문예에 두 번 응모했었어요. 1970년에 중앙일보에 응모
했던 작품은 너무 전위적인 작품이었죠. 교통사고로 심장이 멎어 죽

　　었는데, 엔진을 이식시켜 살아난다는 내용이에요. 사이보그를 그린
　　셈이죠. 그 당시에 전위적으로. 다음 해에 〈다섯〉을 응모해서 당선했
　　는데, 그 후엔 다른 장르의 글쓰기가 서서히 멈춰지더라고요.

김　사실 헤겔은 희곡은 시와 소설의 변증법적 종합이라며, 희곡을 가장
　　위대한 장르로　평가하기도 했죠. 시 습작이 대사의 시적 상징을 만
　　드는 데 기여했군요.

이　정말 '시'라는 게 중요하다고 생각해요. 아까 대담 시작 전에 김 선생
　　이 근래 내 작품에 시적 상징이 거칠어진다고 했을 때 뜨끔하면서도
　　동의했는데……

어린 시절과 샤머니즘의 영향

김　선생님의 풍요로운 작품세계를 보면서 어린 시절이나 성장배경이 궁
　　금하곤 했어요. 이를테면 〈봄날〉이나 〈동지섣달 꽃 본 듯이〉〈칠산리〉
　　〈뼈와 살〉 같은 작품들엔 설화적 배경이나 샤머니즘이 녹아 있거든
　　요.

이　작가는 태어난 곳의 영향을 무시할 수 없죠. 전주는 조선왕조 세운 이
　　성계 부친의 고향이에요. 전주 이씨 본향이죠. 곳곳에 경기전慶基殿이
　　라고, 본향의 제사 지내는 곳이 있어요. 전주의 특성은 지주들이 모여
　　만든 도시라는 거예요. 주변의 김제, 만경평야지대 농토를 가진 지주
　　들은 일 안 하고 도지 받아 사는 사람들이죠. 먹고 사는 문제로부터
　　놓여난 사람들이다 보니 예술을 좋아한 거죠. 창, 시조, 그림 같은. 뿐
　　아니라 고급한 샤머니즘이 발전했어요. '전생록前生錄'을 봐주는 건데,
　　평생에 걸친 생애를 하나의 서사구조 안에 담아서 얘기해주는 거예
　　요. 이 애가 어떻게 살 건지 물을 때, 현세적 표현으론 풀 수 없다, 전
　　생이나 우주론적 비유로 얘기해주는 거죠. 지금은 서서히 소멸되고
　　있지만 서정주 시어들에 남아 있긴 하죠. 이 샤머니즘의 용어들이 아

447

　　주 고급스러워요. 메타포와 상징이 뛰어나죠. 그 자체가 기승전결을
　　갖고 있고. 삶을 서사구조로 조명하고 해석하고 이해한다는 경험을
　　하게 됐어요. 전주라는 향토적 문화 속에선 익숙한 일이죠.

김　설화적 소재를 극화하게 된 계기가 그 고급한 샤머니즘의 문화 속에
　　서 싹텄단 말이군요.

이　설화적 소재를 취했다 해도 그 자체를 극화한 건 아니에요. 샤머니즘
　　문화가 갖고 있는 소재를 극화한 것도 아니고요. 다만 사실주의, 사실
　　적 세계가 아닌 또 다른 것이 존재한다, 라는 것이죠. 전주 사람들은
　　'전생록' 매니아들이 많아요. 어머니의 경우, 아버지와 결혼하고 열
　　흘 만에 결혼에 대한 환상이 깨져서 물으러 가셨대요. 그 시절, 시내
　　버스도 잘 안 다니고 동네 사람들이 서로 샅샅이 아는 내 어린 시절엔
　　'전생록'이 여러 가정의 상담가 역할을 한 거죠. 이 점쟁이들은 아주
　　스케일이 커서 우주의 리듬을 얘기해요. 덧없는 희로애락이 아닌, 거
　　대한 사이클로 비교해 주기 때문에 위로받는 거죠. 어머니가 결혼 열
　　흘 만에 와서 묻자 점쟁이가 이랬단 거예요. "금비녀 네 개, 복숭아 세
　　개 받아 지상으로 내려오는데, 복숭아 털이 꺼칠하니까 복숭아 하나
　　를 버드나무 등걸에 밀었다. 그리고 비녀 하나를 땅에 떨어뜨려 끝이
　　휘었다. 복숭아는 딸인데, 그래서 딸 셋을 낳는데 그중 한 딸이 몸이
　　약할 것이다. 또 비녀는 아들인데, 아들 하나가 다리를 잘 못 쓰게 될
　　것이다."

김　정말 아들 넷, 딸 셋인가요? 다 맞았어요? 점을 어떤 식으로 보는가요?

이　네. 우리 형제가 일곱으로 딱 맞아요. 이 할머니 백두산부터 한라산까
　　지 산신령 한 100여 명을 불러 모아 공수를 받아요. 아주 힘이 들어서
　　진땀을 다 흘려요. 이 할머니 말하는 메타포가 무척 한국적이죠.

김　선생님도 직접 보신 적 있으세요?

이　네. 내가 등단한 뒤 24살 때부터 극단 가교에 들어가서 4년 활동했어
　　요. 그때 간질환, 흑달로 입원을 해야 했는데, 그 입원비로 '전생록'을

보러 갔었어요. 이대 병원의 이근후 선생님이 "당장 입원해라. 생명에 지장 있다." 그랬는데, 난 그때 심정이 "차라리 죽는 게 낫다. 이 무거운 짐 내려놓는 일이니까." 그랬어요. 28살 땐데 병원 옆에 터미널이 있었어요. 그 입원비 들고 그냥 전주로 내려갔어요. 연순이 누님이라고, 친척 누님이 마침 '전생록' 매니아예요. 그 점치는 할머닌 전주완산 7봉, 견훤 도읍지인데, 그곳에 양로원을 지어서 무의탁 노인들을 돌보고 있었어요. 점치는 게 이승의 큰 죄라고. 왜냐면 점이 다 맞는 게 아니잖아요. 그래, 음력 보름, 16, 17일 딱 사흘만 본다는 거예요. 전주고 후문 뒤 '물암물'(바위에서 물이 나왔다고 해서 지어진 지명)에서 점을 쳐요. 그래, 보름날 찾아가 기다렸어요. 부근 여관에서 사람들이 진 치고 순번표 받아 기다리는데, 난 둘째 날 오후에 배당이 됐어요. 키 작고 삐쩍 마른 할머니인데 안채에서 나와 사랑채에서 봐요. 마침 창문에 자전거가 있어서 짐칸에 앉아서 다른 사람 점 보는 거 들여다봤어요. 모시 한복 깨끗이 차려입은 노부부한테 이러는 거예요. "전생에 두꺼비 한 마리를 길에서 보곤 장난으로 칡넝쿨로 버드나무에 묶어놨다. 두꺼비가 거품 내뿜는데도 풀어주지 않고 떠났다." 그리곤 해설을 해요. "당신 아들이 거품 뿜는 병이 있다." 실제로 그 노부부는 김제 만석꾼인데, 늦게 본 외동아들이 있는데 중학교 때 방학숙제 하다가 구르더니 거품을 뿜더라는 거예요. 간질이죠. 못 고친다는 거예요. 부적을 써달라 하니 할머니가 안 써줘요. "운명이니 덥쑥 떠안는 수밖에 없다." 그래요. 바로 이런 게 고급 샤머니즘이죠. 다음날 내 차례가 와서 봤어요. "전생에 한량이었다. 옥황상제의 궁녀를 유혹했다가 들켜서 벌을 받게 되었다. 문제도 있고 춤도 잘 추고 하는 한량이라 벌로 유배를 보내기로 했다. 그냥 보내면 굶어 죽을 것 같으니, 감투를 줘서 보내려고 감투 창고 문을 열었다. 그런데 이 한량은 냉소적으로 보기만 하고 안 잡더라." 해설은 이래요. "당신 사주엔 천권天權이 있으나 감투를 안 잡아서 권세를 비웃기만 한다."

실제로 내 사주엔 '귄'이 3개나 들어 있어요. "이 한량은 감투는 안 받고 책을 한 권 받았다. 그러나 펼쳐 보긴 커녕 바위 위에 베고 늘어지게 잤다. 자고 나니 햇볕 받아 따뜻한 바위가 두쪽으로 째지면서 금덩이가 나왔다." 해설이 이래요. "금덩이가 나온 게 부자가 된다는 뜻이 아니고, 금은 햇빛이 비치면 그 빛이 멀리까지 가므로 이름을 사해에 떨칠 것이다." 이어서 "이 한량은 언덕을 넘어갈 때 함께 걷던 길벗을 장난으로 언덕 아래로 밀쳤다. 그 친구가 못 일어나길래 가보니 다리를 다쳤고, 풀잎에 눈을 스쳤더라." 이에 대한 해설로 "당신은 다리를 잘 못쓸 거고, 눈이 나쁠 거다."라고 하는 거예요. 또 이어서 "이 한량은 연꽃 만발한 초당을 지나가는데 그 북소리가 절묘했다. 한을 품고 들으면 슬프고 흥을 품고 들으면 흥을 돋구고 춤추게 하는 그런 소리였다. 초당에 들어가 보니 한 선녀가 북을 치고 있었다. 한량이 말하길, 당신 솜씨 참 좋으신데 나도 내로라 하는 한량이니 북을 쳐보겠다, 하고 북채로 북을 치는데 그만 북채가 부러졌다." 그래서 "절묘한 솜씨 있는 여자와 결혼하는데, 북채 부러져서 평생 미안함을 안고 산다."고 하는 거예요. 그 메타포가 절묘하잖아요? 그 전생 이야길 듣는 순간 툭 터지는 느낌이 들었어요. 생이 주는 일회성, 단 한번의 일회적 삶을 살 뿐인데, 기독교는 성공한 삶, 존엄한 삶을 살아야 한다는 걸 강조하기 때문에 억압적이죠. 실패하면 견디기 힘들어요. 그런데 바로 이 일회적 존재라는, 젊은 시절 나를 괴롭혔던 텐션(긴장)이 '전생록'을 듣고 나니까 전생에서 이생으로 문을 열고 나온 느낌이 드는 거예요. 이생에서 내생으로 열고 나가고....순환적 사이클이 느껴지면서 위로와 치유가 되는 기분이었죠. 그 후엔 짓눌리는 무게감이 달라졌어요. 전생의 에피소드에 원인이 있고 이생의 결과가 내생이라면 말예요. 이는 마치 텍스트가 등장인물을 만들고 등장인물이 텍스트를 쓰는 것과 같고, 참 연극적이란 말이죠.

김 선생님은 기독교가 배태신앙이시죠? 그런데 어떤 위화감이나 갈등은 없으셨는지요?

이 기독교가 배내신앙이지만 윤회적 순환이 상충적이진 않았어요. 절묘한 배합을 이루어서 만다라가 생긴다 할까요. 절에 가도 편안함을 느껴요. 고향집에 온 것 같고. 어떤 의미에선 범신론적이죠.

독서 체험과 영향받은 작가들

김 '전생록'의 정서나 메타포가 작품 속에 깔려 있다는 걸 알겠습니다. 그러면 화제를 바꿔서, 선생님의 독서체험에 대해 알고 싶군요. 좋아하는 작가라든지 영향받은 작가가 있는지요?

이 전 잡식성 독서를 했어요. 이원양교수 같은 분은 내 작품에서 브레히트나 베케트의 영향을 읽어내기도 했지만, 누구 영향을 하나 받은 건 아니에요. 청년 시기의 독서는 잡식성이라서 당시 구할 수 있는 책들은 뭐든지 읽었죠. 당시 시류가 실존주의라서 까뮈 〈이방인〉 같은 책에 영향을 받았구요. 까뮈의 희곡도 그렇고, 실존주의와 부조리가 뿌리가 같다 보니 베케트 같은 분위기를 풍기죠. 존재론적, 실존적인 것, 다시 말해 세계의 부조리, 존재의 부조리 같은 것 말예요. 한 사람에게 경도되었다고 할 순 없죠. 희곡은 당시 출판량이 적어서 많이 읽진 못했어요. 유치진, 하유상, 차범석, 오영진 같은 작가 작품을 많이 읽었죠. 공연도 그리 많이 본 편은 아니었어요. "여성국극단보다 재미없네." 이런 생각을 했었죠.

김 당시의 연극, 60년대 연극으론 안 되겠다, 시류에 뒤처졌다, 그런 생각을 하셨었다는 거죠? 새로운 것을 추구해야겠다는 생각을요.

이 네. 하유상의 초기 희곡들, 오영진, 차범석 선생님 작품들을 좋아했었어요. 뒤늦게 이근삼 선생님 희곡을 접했죠. 신춘문예 등단 이후 극단 가교에 가입했는데, 가교에서 이근삼 선생의 작품 〈유랑극단〉 〈30일간의 야유회〉 〈동쪽을 향해 달리는 족속들〉 같은 비사실주의극을 공연했어요. 사실 이근삼 선생님은 나한테 좋은 인연의 중요성을 알려주신 분이에요. 인생에서 좋은 인연 몇 개 맺음으로써 살 수 있다, 하는. 내가 데뷔할 때, 난 날 뽑은 분이 여석기 선생님으로 몇 년 동안 오해를 했었어요. 이근삼 선생님은 반대했다고 말이죠. 그런데 내가 여 선생님이 하는 '74극작 워크샵을 참여했는데, 그때 여 선생이 빙긋이 웃으며 그래요. "이근삼 선생이 밀고, 나는 반대했다"고. 이근삼 선생이 "자네가 내 후계자야."라고 말씀하시곤 했는데, 난 그때까지 내가 비사실주의 희곡을 쓰니까 그런 말씀 하시는 줄 알았죠. 그렇지만 가교에서 이근삼 선생 공연할 때, 해학성, 풍자성에 대해선 나하고 취향이나 체질이 맞지 않았어요. 풍자성은 타인의 모순을 비판하고 칼날이 자신이 아닌 대상을 향한 것이니까 말이죠. 이근삼 선생님이 날 무척 총애하셨어요. 오해가 풀린 후 말씀드리니까, 그냥 "오해하는 줄 알고는 있었어." 그러시는 거예요. 또 1974년에 〈내마〉 공연 때에도 검은 관이 처음에 나오는 장면이 있는데 육영수 국장 관을 연상시킨다 해서 공연 중지가 거론됐어요. 그러다 실사를 해보고 결정하기로 됐는데, 그 심사위원이 이근삼, 이해랑 선생님이었어요. 난 또, "이해랑 선생이 실연 때 공연 허가가 나도록 애써 주셨다"고 누군가에게 듣고 그렇게 알고 있었죠. 나중에 이해랑 선생 돌아가신 후에야 실상을 알게 된 거예요. 이근삼 선생이 이해랑 선생이 돌아가신 뒤에야 해주신 말씀이 "사실은 이해랑 선생은 공연을 반대하고 내가, 그게 무슨 문제냐? 너무 경직된 거 아니냐?" 그랬다는 거예요. 자신의 공로 이야길 참고 계시는 고결함이 있었어요. 인간적으로 굉장히 존경하고, 그 품위에 감복했었죠. 작품은 내 체질과는 안 맞지만 말예요. 이 선생은 외향적, 희극적이고 나는 내향적, 비극적이니까.

김 아, 그런 일화가 있었군요. 요새 읽는 책은 뭔가요?

이 요즘 내가 푹 빠진 책이 〈햄릿〉이에요. 초등학교 3학년 때 처음 읽고 재미없다고 생각했던 작품인데. 공연을 서울 와서 봤을 때도 실망했

었죠. 유령을 보고 우습기만 하고. 최근 EBS 독서 관련 인터뷰 요청
이 와서 청소년 추천 도서로 〈햄릿〉을 얘기했어요. 〈햄릿〉은 10대 때,
20대 때, 30대 때… 늘 자기 눈높이만큼 이해하는 작품이고, 계속 인
간의 성장 눈높이만큼 올라오는 작품이라 생각해요. 어떤 책들은 어
떤 시기엔 매력을 주지만 이후에 읽으면 별 감흥이 없기도 하지만,
〈햄릿〉만큼은 안 그렇죠. 인간의 본성에 대해 깊이 생각하게 만드는
작품이에요. 〈황색여관〉 공연의 실패로 마음이 칼로 베이듯 깊이 찔
린 후라서 더 생각하게 되더군요. 〈햄릿〉은 "인간성이 뭐냐?"에 대한
관심, 질문을 탁월하게 만든 작품이더군요. 〈황색여관〉의 등장인물들
에 인간성을 대입했더라면 어쨌을까, 하는 생각을 했어요.

김　선생님 희곡의 등장인물들은 성격이 명징하고 좀 관념적이죠. 복잡
한 성격으로 그려진 〈햄릿〉의 인물들과는 다르잖아요?

이　내가 사용하는 인물들은 타입type인데, 〈햄릿〉을 보면서 타입이 아니
라 캐릭터 성격으로 대입해야겠다, 생각한 거죠. 셰익스피어의 다양
성을 생각하면서 말예요. 악과 선이 선명히 나눠지는 게 아닌, 세상의
모순, 무질서, 인생의 허무, 고민 같은 것들…. 폴로니어스를 죽이고
선 햄릿이 하는 대사가 "나도 죄를 짓는구나."라는 거예요.

작품의 패턴에 대한 고민

김　초기작부터 현재에 이르기까지 주로 알레고리, 우의적 기법, 상징과
은유 등을 주로 사용해왔는데요. 그게 선생님 작품의 개성이자 어떤
의미에선 한계로 보여지기도 합니다. 인물들이 작가의 관념을 표상
하는 인물로, 일종의 도식성과 단순화를 보이는 측면이 있는데요. 앞
으로의 작품세계는 바뀔 가능성이 있겠네요?

이　사람이 평생 할 수 있는 일은 물론 스펙트럼은 광범위할 수 있으나 한
계가 있다고 봐요. 모래 위에 찍을 수 있는 발자국이 제한되어 있죠.

처음 작품, 그 세계로부터 별로 멀리 온 것 같지 않아요. 소재는 여러 가지지만, 인간의 타입으로 보면 거기서 거기, 달라진 게 별로 없어요. 달라지려 노력한다 해도, 삶에 보여주는 패턴이 정해지듯 작품의 패턴을 바꾸기가 쉽지 않아요.

김   선생님 작품이 알레고리적 세계라는 데서 옛날이야기나 설화하고의 친연성이 느껴지는데요?

이   난 옛날 얘기를 좋아해요. 스토리로서 우리 현실을 비춰주는, 사실 픽션으로 넌픽션을 이해한다는 틀 속에서 정례화된 것이라 할 수 있죠. 〈다섯〉, 〈파수꾼〉 같은 작품들은 1970년대란 시대를 이해하는 틀로서 '우의적인' 패러다임이에요. 결국 시대가 변했는데도 한 번 형성한 패러다임은 고칠 수 없다는 데 주목하고 있죠. 단극화사회에서 다극화사회로 변했음에도 말이죠. 그 틀을 완성하는 데, 20년 세월 걸쳐서 형성한 것이거든요. 아까 대담 시작하기 전에 "세상이 날 뭐라 하더냐?"고 농담처럼 물었던 것처럼, 내가 20대에 쓴 작품들로 먹고산다 해도 어쩔 수 없는 부분이죠.

김   그래도 새롭게 변화하려는 시도가 최근 작품에서 보이던데요?

이   작가가 뭘 써야 한다는 것은 축복임이 분명해요. 하지만 자다가도 벌떡 일어나게 만들고, 등골에 흐르는 얼음 같은 저주이기도 하죠. 자기가 만든 패러다임에서 자유롭지 못해요. 자기가 형성한 패턴에서 다른 패턴으로 바꾸기가 용이하지가 않아요. 어떤 패턴은 그 사람 생애 전부가 들어가서 만들어지는 것이거든요. 7번째 희곡집 낼 때까지만 해도, "이제 반은 돌아왔다. 10권까지 쓰고 죽게 해달라."라는 게 간절한 소망이었어요. 최근엔 "이 소망 이루지 못한다 해도 한을 품지 말자." 그래요. "그 패턴 담아봐야 뭐 대단하냐?" 그거죠. 7권을 낸 후에, "늘 들려주던 얘기 아니냐? 시대가 이렇게 변했는데 예전 노래를 계속 부르느냐?"

김   가장 최근작이 〈황색여관〉이었는데요. 그 작품이 그런 생각을 하게 만들었군요?

이 〈황색여관〉은 세대 간의 갈등을 그린 작품이에요. 세대 간에 말이나 사유의 질이 다르고. 그것을 양극적, 이분법적으로 다루면서 "서로 싸우면 두 쪽이 날 것이다." 그런데 지금이 다극화 사회라는 걸 간과한 거죠. 다극화사회는 새로운 패러다임으로 만들어야 이해할 수 있는데, 여전히 70년대 패러다임으로 보니까…. 한국 사회가 점점 양극화된다고 하지만 말예요.

김 결국 이런 고민들을 하면서, 작가는 쓰는 과정에서 새로운 방향을 찾아 나가는 거 아닌가요?

이 그렇죠. 다만 한 가지, 예전엔 쓰기 전에 다음 공연을 계약했는데, 지금은 다 쓴 이후 공연 스케줄을 잡는 것으로 바뀠어요. 예전엔 계약이 쓰는 원동력이 되었는데, 또 이렇게 바꾸니까 여유가 생기고 성찰하게 돼요.

김 〈맨드라미꽃〉에서 이전의 틀이랄까, 패러다임의 변화가 느껴지는데요. 저는 이 작품이 삶의 온기를 품고 있어서 좋았는데요.

이 나 자신은 안 써도 좋았을 작품으로 꼽는 작품 중 하나예요. 틀을 바꾸려고 노력한 작품인데, "이건 아니구나." 결론을 내렸죠.

김 아니, 왜 그런 생각을 하셨죠?

이 정서가 정체불명이란 거예요. 이미 다루었던 인물, 〈내마〉 인물형이 형으로 나오죠. 그 반대가 동생이에요. 전당포나 우체국 직원 같은 인물은 생기를 불러일으키지만 톤이 달라서 어색한 느낌이 들어요. 마지막에 눈물이 나오게 만든 것도, 그런 감상주의가 정말 싫었어요. 작품이 내 목소리 같지 않고 다른 목소리가 들리는 거예요. 어느 순간부터 작품의 틀을 바꾸기 위해 몸부림치기 시작했는데, 그게 나한텐 부정적이다, 이런 생각이죠. "패턴을 바꿔야 하는 게 과연 정당한 문제제기냐?" 인생을 주고서 얻어낸 패턴인데, 그 패턴이 반복된다 해서 다른 방향으로 간다는 것은 만족 못한다는 생각이 들어요.

김 그래서 이분적 대립 세계가 뚜렷한 〈황색여관〉으로 갔군요?

이 네. 〈맨드라미꽃〉에 대한 불만이 있었어요. 단순한 명징성, 우의성으로, 본모습으로 돌아가자, 그런. 평론가 김문환 선생은 "초기 작품의 장인적 공들임이 〈칠산리〉부터 물러섰다."고 했죠. '이강백다움'이. 김방옥 선생도 "작품이 가면 갈수록 닫혀진다"고 했는데. 소재를 화려하게 펼치더라도 열리지 않고 닫혀진다고.

김 저도 작품론에서, 선생님 작품의 등장인물들이 "이항대립적 사고의 폐쇄회로에 갇혀 있다"는 표현을 쓴 바 있어요. 최근엔 통합으로 나가려는 인물들이 보이기는 하지만요. 앞으로 어떤 시도를 해보려고 하세요?

이 셰익스피어 명작들 서너 개를 골라서 그 인간성들, 다양한 스펙트럼을 대입해 보고 싶어요. 사실 우의적이란 건 캐릭터가 개입이 안되죠. 우의성 속에서는 타입화된 인물이 나오게 돼요. 그래서 앞으로는 우의적 극작술에 인간 본성의 대입이 가능한가? 하는 문제를 실험해볼 작정이에요. 다른 대안이 없어요. 그레암 그린의 소설에 "불가능한 것을 시도하는 것은 죄를 짓는 일이다. 반드시 좌절할 것이다. 그러나 불가능한 것을 시도도 해보지 않는 자는 인간도 아니다."란 말이 있어요.

최근 작품들의 시도와 불만

김 〈마르고 닳도록〉은 재미와 작품성 양자에서 성공을 거두었는데요. 코미디, 유머감각이 뛰어났어요. 선생님 작품들은 주로 비극적인 게 많은데….

이 작가는 두 종류가 있어요. 긍정적인 사람과 부정적인 사람. 나는 부정적이죠. 자기가 해놓은 일을 능멸하고 모욕을 줌으로써 그걸 벗어나기 위해 작품을 또 쓰는 작가예요. 어떤 작품이든 나한텐 모멸감을 쥐요. 〈마르고 닳도록〉도 그런 작품인데, 다만 대중성의 능력은 인정 받았죠. 반대로 순수예술적 측면에서 보면 고급스러운 작품은 아니 에요.

김 최근작 중에서 선생님이 애착을 느끼는 작품은요?

이 〈배우 우배〉가 주목을 못 받았어요. 무게를 실어서 내놓은 작품인데. 배우를 그린 메타연극이죠. 여기서 힘을 받았더라면 다른 방향으로 나갈 수도 있었을 거예요. 공연은 강강술래 극장 무대가 너무 협소하 게 바뀌는 바람에 제대로 안 됐다고 생각해요. 〈맨드라미꽃〉은 패러 다임을 바꿔보려 한 작품이죠. 변화를 인정하지만 그쪽 길이 아니다, 판단했어요. 이근삼 선생의 〈아카시아꽃은 바람에 흩날리고〉를 봤는 데 감상주의적이란 느낌이 강했고 그래서 더 감상주의를 뿌리째 뽑 아야 한다는 생각을 했어요. "연극에서 습기를 빼자."가 연극에 대한 생각이에요. 우리 연극은 지나치게 감성을 자극하는 측면이 강해요. 어쨌든 내 생각은 연극은 드라이해야 한다, 라는 거죠. 그래서 제동 을 걸게 되곤 해요. 〈맨드라미꽃〉의 감상을 보면서, "위험한 길로 가 겠구나." 성공 여부를 떠나서 그쪽으로 한 발 더 가면 위험해지겠다. 감정의 질척거림 때문에. 그 작품의 반작용이 워낙 커서 드라이하면 서도 단순, 명징한 세계로 가자, 하고 쓴 게 〈황색여관〉인데 성공을 못했죠.

김 연출가 박근형이나 오태석과의 만남이 과연 성공적이었나를 질문할 수도 있잖아요?

이 물론 그렇게 질문할 수도 있지만, 단순히 작가의 목소리만을 생각해 보면 그래요. 쓰고 나면 모멸감 때문에 달아나고 싶어요. 이런 생각도 들더라구요. "일말의 애정도 안 보이고, 쓰고 나면 달아나니까 작품 이 보복하는 것 같다." 고립무원의 상황, 침묵과 어둠 속에 있는 것 같 았어요.

좋아하는 작품과 앞으로 쓸 작품세계

김 선생님이 쓴 작품들 중 좋아하는 작품은 뭔가요?

이 초창기 작품들, 단막극들을 좋아하죠. 30년의 시간이 주는 아우라가 있기 때문인지. 어떤 시대가 돼도 생명력 있다고 생각되는. 오히려 뒤로 갈수록 앞의 작품보다 못하다는 모멸감이 심해요. 단막극 시장이 없어지면서 단막극 쓸 지면도 없고. 그런 점에서 이병복 선생님의 '카페 떼아뜨르'는 단막극에 엄청난 기여를 했어요.

김 앞으로의 작품세계에 대해, 구상하시고 있는 작품이 있다면요?

이 "한 사람의 생애에서 할 수 있는 게 제한이 많다. 그걸 받아들이자."라고 생각해요. 패턴을 깨고 나가봐야 별다른 대안이 없다, 라고요. 작품집 7권에 실린 작품들이 틀을 깨고 나가보려 한 작품들이죠. 앞으로 어떻게 될 건지는 미지수예요. 틀에 대한 변형이 생길지, 더 정교하게 하는 데 승부를 걸 건지, 파격으로 나갈 건지. 지금 쓰고 있는 작품, 한 3분의 2 정도 썼는데 그게 새로운 전환점이 될 겁니다. 끊임없이 소재는 있어요. 소재가 줄 서서 있고, 쓸 얘깃거리도 있어요. 그런데 그 이야기 자체가 문제는 아니고 무엇을 내놓느냐 하는 문제도 아니고, 어떻게 내놓느냐가 문제예요. 일단 지난해, 공연 계약 안 한 게 잘했다 생각해요. 바빠진 생활 속에서 시간 마감이 압력인데, 그거 없이도 다행히 쓰고 있는 걸 보니 안도해요. 해마다 1편씩 쓰던 게 앞으론 좀 드물어질 거예요. 쓴 작품은 미워하지만 그리 비관적이지 않고, 터무니없는 낙관주의자이기도 해요. 미래는 낙관적이고, 현재엔 비관적이고. 비관과 낙관 사이에 외줄타기 하며 치명상을 안 입는다면 10권까지 쓸려고 해요.

김 선생님 작품은 여러 나라에서 번역되었고, 세계적 보편성도 확인되었다는 생각인데요.

이 영어 희곡집으로 〈서바이벌 알레고리Survival Allegory〉가 나오고, 일본어 희곡집으로 〈유토피아를 먹고 잠들다〉가 나와요. 표제작과 〈영월행 일기〉, 〈칠산리〉를 묶은 작품집이에요. 과연 몇 나라에서 번역되었다고 해서 전체적인 세계연극이란 관점으로 보면 그렇게 말할 수 있는 것일까? 하는 생각이 들어요. '한국연극 100년'이란 시간은 뭔가 요구하기엔 짧은 시간이죠. 그렇지만 한국은 축복받은 나라예요. 동아시아에서 희곡이 생산되는 나라는 몇 나라 없으니까요.

김 선생님. 긴 시간 동안 기탄없이 말씀해 주셔서 정말 감사합니다. 작가의 정신세계나 작품세계를 이해하는 데 퍽 도움이 되는 좋은 시간이었습니다. 감사합니다.

한국 동시대 극작가들

조 광 화
비극적 열정에서 인간의 이중성에 대한 사유로

1. 인간 내면의 어둠과 '느와르' 장르

"천사에겐 발톱이 없다. 그러나 어떤 돌연변이 천사들은 발톱이 자란다. 남몰래 발톱을 다듬는다 해도 20년이 되면 발톱을 뽑아야 한다. 만약 발톱을 뽑지 않으면 악마로 변하고 만다."

조광화 작, 연출의 뮤지컬 〈천사의 발톱〉은 천사에게 야수의 발톱이 자라나 결국 천사를 악마로 만들어버리기도 한다는 신화적 알레고리로부터 출발한다. 인간의 내면에 깃든 천사와 악마, 그 위험한 이중성과 강렬한 감정의 진폭이 뜻밖에도 뮤지컬에서 극한까지 발산된다. 예쁘고 가벼운 로맨틱 코미디나 대형 라이센스 뮤지컬들이 뮤지컬계를 점령한 가운데, 강렬한 비트 음악과 어두운 소재, 느와르 풍의 창작 뮤지컬이 예술의 전당 토월극장에서 마치 돌연변이 천사처럼 치명적인 독을 뿜어낸다. 그 치명적인 독이란 중년에 조우한 사랑과 질투이다.

"돌이킬 수 없는 발길 / 거부할 수 없는 충동 / 뒤틀려 비틀린 욕망 / 내 안에 숨어 있던 /길들지 못한 야수 / 이빨을 드러낸다 /……/ 애써 감춰 왔던 / 내 안의 늙은 야수 / 발톱을 새로 간다 /…."(1막 마지막, 이두가 부르

461

는 '질투')

이 뮤지컬은 조직폭력배, '강한 남성'의 왜곡된 판타지, 사랑과 배신, 집착, 살인과 나락, 인간의 야수성과 위험한 정열, 강렬한 연극적 에너지 등을 다루고 있다는 점에서 극작가 조광화의 이전 극들, 이를테면 〈남자충동〉의 계보를 잇고 있다. 조광화는 이 독특한 느와르 장르 뮤지컬에서 몇 가지 모티브들을 선 굵은 남성 서사에 결합시켜 복잡한 인간성을 주조한다. '천사의 발톱'이란 신화적 알레고리, 〈지킬과 하이드〉식의 인간의 이중성, 인간은 선하면서 살아갈 수 있는가의 물음을 담고 있는 〈사천의 선인〉, 중년 남자와 소녀의 사랑을 〈피터팬〉의 패러디인 '후크선장과 웬디의 사랑'으로 표현해낸다.

인간 내면의 어둠과 비극적 정열, 강렬한 남성 서사와 판타지를 주로 그려온 극작가이자 연출가 조광화와의 만남은 오랜만에 선보인 그의 신작 뮤지컬 〈천사의 발톱〉 공연을 계기로 이루어졌다. 43세인 조광화의 내면이 투영된 것으로 보일 정도로, 똑같이 43세인 극의 주인공 이두의 중년에 대한 비탄과 젊음에 대한 질투는 절절했고 내면의 광포한 어둠은 어두운 무대와 강렬한 비트 음악처럼 짙고 무거웠다.

2. 연극과의 운명적 조우

그는 1965년 전남 화순에서 탄광 통근버스 정비공장장의 집안에서 출생했다. 4남 1녀의 형제 중 차남인 그는 어린 시절 말이 없고 또래들과 잘 안 어울리는 아이였다. 애들이 노는 것을 멀리서 보기만 할 뿐, 늘 혼자 지냈다. 풀잎을 들여다보기도 하고 구름을 쳐다보는 등 멍하니 뭘 보고 있는 아이였다. 그의 엄마는 어린 그가 풀밭에 팔베개하고 누워 있으면 애 같지 않아서 물어보곤 했다. "야, 뭐하냐?" 그럼, 그는 힐끗 보고는 "응. 생각해."라고 대답했다고 한다. 그는 지금도 그런 순간이 있다고 한다. 자신을

놔버리고 그냥 흩어져 버리는 듯한 느낌. 그때도 세상에 흥미가 없었고 매사
에 관심이 없었는데, 지금도 그는 "나를 지우는" 순간이 참 좋다고 느낀다.

이처럼 뭔가 열심히 하지도 않고 눈에 띄지도 않고 그저 조용하기만 한
아이였던 그가 자신에게도 심장이 있다는 것, 몸의 감각을 새롭게 발견하
게 된 것은 중학교 때였다. 교과서에 실린 희곡을 배역을 정해 읽는 시간이
있었는데, 갑자기 가슴이 뜨거워져 처음으로 손을 들어 배역을 맡겠다고 한
것이다. 그가 배역을 맡아 대사를 읽었을 때 반 아이들의 박수와 환호성이
터졌다. 비로소 자신의 내면에 내재해 있었던 정열과 자신이 정말 잘하는
것을 발견한 순간이었다.

초등학교 1학년 말인 1972년에 집안이 서울 구로동으로 이사했다. 그의
집은 여인숙, 자전거포, 만홧가게 등을 하면서 가계를 꾸렸는데, 특히 만홧
가게를 하던 시절 만화책을 굉장히 많이 읽었다. 그는 특별히 문학 수업을
한 적은 없다고 한다. 중학 시절 전집을 2질 완독했는데, 하나는 위인전집
이고 다른 하나는 SF전집이었다. 위인전기를 읽으며 사람에 대한 관심을
갖게 됐고, 특히 사람의 열정에 대해 눈뜨게 되었다. 사람의 일대기를 다루
며 극적인 순간이나 남다른 행동을 모아놓은 위인전은 결국 연극과 상통
하므로, 이를 통해 자신의 연극관이 형성되었다고 생각한다.

고등학교 시절에는 열등감에 싸여 지냈다. 성적은 중간 정도였고, 사람
들과 섞여 사는 데 대한 어려움을 절실하게 느끼던 시기, 늘 혼자서 소외된
느낌으로 지낸 시기였다. 물론 사춘기 시절 좋아한 사람도 있었으나 성격
탓에 관계를 맺기 어려웠다. 자신이 원하는 대로 소통이 안 되는 어려움이
어디서, 왜 오는 것인가에 대한 의문을 던지지 않을 수 없었는데, 그것이
지금 생각하면 오히려 작가가 되는 데 도움을 주었다는 것이다.

1984년 중앙대 철학과로 진학했다. 철학과를 지망한 것은 순전히 교사
가 되고 싶어서였다. 인생의 근본을 말하는 철학 얘기가 멋있게 와 닿았고,
철학 교사가 된다면 수업도 그리 많지 않을 테니 연극반을 만들어 학생들
과 놀아야겠다는 이유에서였다. 대학 1학년 후반에 교내 연극 서클 '영죽

무대'에 들어갔다. 80년대의 대학 연극반들은 모두 운동권이었으나, 중앙대, 서강대, 연세대 연극반만 예외였다. 그는 연극에 미친 듯이 빠져들었다. 집에도 안 들어가고 연극반에서 살면서 1년에 4편, 심지어는 6편 정도 공연을 했다. 처음엔 연기를 했으나, 연기를 아주 잘하는 후배를 보면서 연기를 접고 대신 연출에 재미를 붙였다.

1990년, 졸업 후 그는 극단 자유에 입단하여 조연출을 했다. 〈무엇이 될고하니〉 해외공연을 연습하는 데 참여하기도 했다. 그러나 도제식이 아닌, 분방한 '자유'의 분위기에서는 연출 공부가 안 된다고 생각해서 탈퇴했다. 연출 공부란 결국 텍스트와 싸우는 일이라는 것을 깨닫고 공연예술 아카데미(3기) 연기과에 입학했다. 그런데 극작반 수업에 재미를 붙여서 주로 극작 수업을 들었다. 대본도 제일 먼저 써냈는데, 이때 워크숍 작품으로 써낸 것이 그의 신춘문예 데뷔작 〈장마〉였다. 극작가 이강백, 오태석 등으로부터 수업을 받으면서 비로소 극작에 눈을 뜨게 되었다.

그는 이강백, 오태석, 이현화의 희곡을 주로 읽고 공부했다. 특히 이강백 선생님과는 매우 가까워서 그의 첫 번째 수제자라는 칭호를 들었다. 그는 연극원에서 극작을 가르쳐본 경험도 있지만, 희곡 쓰기는 가르치기 어렵다는 것을 절감한다고 했다. 다만 관심 있게 보아주기, 어째서 좋은지 얘기해 주기 같은 게 선생으로서 해줄 수 있는 정도라는 것이다. 바로 이강백 선생이 그의 희곡을 늘 관심있게 지켜봐 주고 격려해주는 것처럼.

대학을 졸업한 후 어느 날, 아버지가 자식들을 다 모아놓은 자리에서 그에게 선언했다. "연극을 때려치든가 집을 나가든가 해라!" 그는 일주일 만에 짐을 싸들고 집을 나왔다. 극단 자유에서 알게 된 후배의 누나가 하는 종로의 작은 다방 골방에서 6개월 정도 지냈다. 이 시기의 체험이 그를 대중적으로 알린 작품 〈종로 고양이〉를 쓰게 했다.

그의 이름에 얽힌 일화. 광화廣華는 필명이다. 자신과 한자 이름이 똑같은 조광화曺廣華라는 인물이 역사에 나오는데, 그는 이방원의 수하 우두머리로 선죽교에서 정몽주를 철퇴로 내리친 인물이다. 원래 그는 〈광화사〉,

〈광염소나타〉 같은 탐미주의 소설들에 나오는 극단적 캐릭터들을 좋아했다. 예술작품 하나를 위해 인생 전체를 불태우는 열정이 좋기 때문이다. 그래서 '영죽무대' 시절, 낙서장에 '狂花'라는 필명을 쓰기 시작해서 극단자유 시절까지 사용하다가 등단 후 한자를 바꾸었다.

〈남자충동〉이나 〈장마〉에 등장하는 특이한 가족들이 인상적이라서 혹시 자전적 소재인가 하고 질문했더니, 조광화는 매우 솔직하게 대답해 주었다. 아버지가 화투를 좋아하고 무책임하고, 자식들에게 행패를 부리는 인물이었다고. 시골 유지 집안의 8남매 중 막내로 태어나 귀여움만 받고 자랐는데, 형 두 분이 일본 유학 후 '빨갱이' 물이 들어 전쟁 때 실종되었다고 한다. 그 후 계속 형들 때문에 정보부 쪽의 조사를 받는 등 힘들어서 서울로 도망치듯 올라왔다고 한다. 그런 좌절과 고통이 아버지를 화투에 빠진 인물로 만들었다는 것이다. 어머니도 〈남자충동〉의 어머니와 매우 비슷하다. 19살에 시집와서 20살에 큰아들을 낳고 22세에 차남을 낳았다. 어머니는 시장에서 장사를 했는데, 아버지가 화투만 치면서 의심하고 괴롭히는 바람에 어머니는 새벽에 일찍 시장으로 나가버렸다. 그래서 각자 도시락을 싸가야 하는 형편이었는데, 조광화는 중학교 때 일부러 도시락을 안 싸가고 수돗물만 먹으며 버렸다고 한다.

3. 희곡 창작에 얽힌 이야기들

조광화의 데뷔작 〈장마〉(1993년 공연)는 자전적 내용을 담고 있다. 연극반 선배 중에 유진 오닐을 좋아하던 선배의 영향으로 오닐의 극들을 많이 읽었다. 그래서 이 극을 쓸 때 지문, 구성, 대사 등에서 오닐의 영향을 받았다. 암담한 집안 분위기, 미래를 알 수 없는 절망적 상황, 캐릭터들이 결국 자전적 체험에서 비롯된 것이다. 홍수가 나서 집이 3번 잠긴 일이 있었고, 옮매는 집안에서 벗어나고 싶었던 감정들이 투영되었다. 집을 벗어나고 싶은 인물인 혜진, 힘 잃은 가장인 아버지 같은 캐릭터가 바로 자전적 체험의 반영이다.

〈종로 고양이〉(1992)는 겨울, 파고다공원이 배경이 되었다. 서울 한복판에 있음에도 퇴락하고 남루한 주변 분위기나 사람들이 창작의 발상이 되었다. 파고다공원의 새벽은 노인들의 공간이다. 오전에는 동네 한량들이 점령하며, 점심시간에는 회사원들이, 오후에는 어중이떠중이가 섞이고, 저녁에는 불량 중고생들이 모여들고 밤에는 회사원들이, 심야에는 호객꾼들과 창녀들이 모여 종삼을 이룬다. 여자들도 두 부류이다. 가출한 여고생은 아저씨를 유혹하거나 남자애들과 떼를 지어 여관에 투숙한다. 나이 든 여자들은 노인들을 상대로 매춘한다. 더 늦은 밤이 되면 사람들이 사라져 조용해진 거리에 쓰레기만 굴러가고 고양이들이 돌아다닌다. 이러한 관찰을 통해 이 극은 고향을 잃어버린 사람들, 삶의 터전으로서의 종로에 대한 이야기와 고양이의 본능적 생존력을 대비시킨다.

〈황구도〉(1993)는 동물 우화의 형식으로, 만화적 상상력으로 풀어낸 극이다. 조광화는 "모든 작품들은 내 이야기다."라고 말한다. 대학 졸업 후 연극에 매진하고자 고민할 때, 자신이 사람에 대한 애정이 없다는 것을 느꼈다. 조용히 있고 싶으나 외로움을 느끼는 자신, 어린 시절부터 겪어온 소통의 문제나 인간관계에서 오는 오해, 진심이 안 통하는 상황, 열렬히 사랑하는데도 왜 이렇게 힘든가? 하는 질문들을 응축시켜 본 극이다. 이 극은 사랑 얘기인데, 신분의 차이나 콤플렉스, 성격적인 문제들 등으로 사랑의 결실을 맺는 게 힘들다는 내용을 그렸다.

〈아, 李箱!〉(1994)은 자의식 과잉의 이상에 대해 꼭 쓰고 싶었기 때문에 썼다. 인물을 바라보는 것은 그 사람의 원형을 바라보는 것이다. 형동의 원형은 곧 근본적 욕망이며 심리적 밑바탕이다. 그래서 인간의 기질이나 본능은 곧 신화와 만난다. 신화보다 더 근본적인 것은 동물적 욕망이다. 식욕, 번식욕망 등 살려는 생존력 그 자체다.

〈꽃뱀이 나더러 다리를 감아보자 하여〉(1995)는 바로 이러한 생존력 자체를 그린 작품이다. 조광화 자신이 가부장제 속에 있고 살아남고 싶고 강하고 싶은 욕망을 갖고 있음을 의식하고 쓴 작품이다. 바리데기 설화를 소재로 하고 있으나, 그걸 넘어서 죽은 생명도 살려내는 생명력 그 자체를 그리고자 했다. 이 극에서 소재로 원용한 것은 유교적 잣대로 잘리지 않은 원 바리데기 설화이다. 이 바리데기는 자매들을 모두 죽인다. 유교적 각색이 되지 않은 원래 신화나 설화는 약육강식의 세계이다. 자기 생명을 연장하기 위해 다른 생명을 죽인다. 그는 폭력을 진짜(살아 있는) 폭력과 가짜(죽은) 폭력으로 구분한다. 진짜 살아 있는 생명력이 진짜 폭력이요, 가부장적 조직, 권력, 제도, 이데올로기화된 폭력이 죽은(가짜) 폭력이라는 것이다. 〈꽃뱀…〉의 경우, 가부장제 조직 없이도 존재하는 여성의 힘을 그리고자 했다.

〈여자의 적들〉(1996)이나 〈남자충동〉(1997)은 가부장제 조직 속에서의 여성의 희생을 그린 것이다. 특히 딸보다 아들을 선호하고 강한 아들을 키워야 한다고 생각하는 자신의 어머니에 대한 안타까움이 표출된 것이다. 이 두 작품에 나오는 주인공의 이름 '장정'이나 그의 캐릭터 창조에 대해 질문했더니 조광화는 이렇게 대답했다. 장정은 신화적인 생명력을 잃어버리고 힘만 남아 있는 인물이라고. '장정'이란 이름 자체가 몸만 컸지 정신적 성장은 이루어지지 않은, 힘만 쓰는 남자란 의미라는 것이다. 이 시대에 힘 있는 사람만 있고 어른이 없다는 것을 말하고자 했다. 인격이나 정서, 포용력을 가진 어른, 약자를 성장시키는 진정한 어른이 없다는 것이다. 장정은, 그러니까 힘은 컸는데 가부장제의 가장이 될만한 정신적 성장을 이루지 못한 남자라는 뜻을 함축하고 있다. '단단'이란 이름은 붉고 딴딴하다는 의미로 명명했다. 생명력을 가진 여자들을 의미한다. '달래'는 예쁘지만 가부장제의 희생자가 되는 여성이다.

이 극들에 나오는 전라도 사투리에 대해 질문했더니, 극을 쓰기 위해 새로 공부했다고 한다. 〈남자충동〉의 배경인 목포 말은 거친 분위기와 가부장적 의식을 표현하는 데 적합해서 사용되었다. 특히 말맛을 살리기 위해 박상륭의 소설(《뙤약볕》 등)을 읽었고, 이를 통해 옛날 전라도 사투리를 익혔다는 것이다.

〈미친 키스〉(1998)는 그가 가장 애착을 갖는 작품이다. 〈남자충동〉 후, 사적인 작품을 쓰고 싶었다는 것이다. 남의 눈치 안 보고 쓰고 싶은 대로 자신이 겪었던 사랑 얘기를 소재로 썼다. 사람을 잡으려고 집착하나 실패하는 이야기로, 왕가위 영화를 연상시킨다. 조광화는 이전엔 뜨겁고 비극적 열정을 가진 것이 연극의 힘이라 생각했으나 그 생각이 다소 변했다. 감각적 외로움과 허망함이 현대인의 정서이며 그것을 가장 잘 그려내는 것이 영화이다. 그래서 이 작품은 연극도 그런 정서를 잡아낼 수 있을까를 고민하며 쓴 것으로, 엇갈리는 욕망이나 집착에 집중했다.

이 작품을 쓰고 나서 자신의 문제, 외면하고 싶었던 문제에 직면할 수 있었다. 힘든 부분이나 문제를 알고 나니 심리적으로 편안해졌고 고통이나 자격지심을 벗어날 수 있었다. 실제로 그는 희곡쓰기를 통해서 자신이 모르고 있었던 속성이나 심리적 문제를 파악하게 되는 듯하다. 예전엔 자신에게 가부장적 의식이 있다는 걸 몰랐고 여성주의적이라 생각했었다. 그러나 〈남자충동〉을 쓰면서 보니, 자신이 무척 남성적 의식이 강하다는 걸 알게 됐다는 식으로 말이다.

〈락 햄릿〉(1999)이나 〈아, 이상!〉은 청년에 관한 극이다. 시인 이상의 기질을 좋아했기에 행복하게 작품을 썼다. 고은의 『이상 평전』을 읽고서, 이상의 허장성세나 자기과시, 쇼맨십 같은 것을 발견하고 좋아하게 되었다. 아무것도 없는 그 시대의 불안, 젊은이 기질이 맘에 와 닿았고, 세상이 못 알아주는 재능 같은 것이 울림을 주었기 때문이다. 〈락 햄릿〉은 햄릿이 너무 갑갑한 햄릿이라는 점 때문에 쓴 뮤지컬이다. 아버지의 망령 때문에 청년이 청년답게 살지 못하는 것, 죽은 아버지에 대한 의무, 가부장제 관성에 짐을 지듯 살다가 죽게 되는 청년 햄릿이 너무 갑갑했기 때문이다. 〈오필리어〉(1995)를 쓴 계기도, 폴로니어스 가족이 남(햄릿)의 집안 싸움에 휘말려 모두 억울하게 희생되는 내용이 안타까워 쓰게 되었다고 한다. 그래서 이 극에서는 레어티즈나 오필리어가 살아 있는 캐릭터로 등장하고, 햄릿은 강박증에 걸린 인물로 등장한다.

〈철안붓다〉(1999)는 자신한테서 처음으로 벗어나서 불교 세계를 담으려고 만용을 부린 작품이다. 그는 뮤지컬 〈지저스 크라이스트 수퍼스타〉의 영향을 깊이 받았고, 불교를 담는 작품을 쓰고 싶었다. 소화도 못 하는 불교적 세계를 담으려고 과부하가 걸린 작품이라고 자평한다. 이 작품을 쓰느라 절에 들어가 6개월간 체류했는데, 이때 연극한다는 일에 회의를 느꼈다. 겨울부터 봄까지 머물렀던 절은 대처승이 사는 세속적 절이었다. 정원에 꽃을 많이 심어놓아서 일주일 단위로 새 꽃이 피어나 매우 아름다웠다. 그 꽃을 보며 세기말, 인류가 멸망하는 얘기를 쓰고 있자니 마치 아름다운 정원에 쓰레기를 버리는 것 같았다. 그러니까 써야만 하는 이유를 부여잡는 게 더 힘이 든 작품이었다. 이 극을 쓸 때 영향을 받은 작품은 〈신들의 사회〉라는 SF소설이었다. 과학이 발달하여 육체가 쇠퇴하면 다른 육체에 영혼을 이식시키는 내용이다. 조광화는 기독교와 자본주의 사회가 결탁한 이 시대에서 붓다 얘기를 하고 싶었다. 기독교적 세계관은 개발 논리, 식민지 착취도 가능한 자본주의적 세계관으로 멸망을 향해 달려간다고 생각했다. 그러나 불교는 경제적 논리로 땅을 보는 게 아니라 땅도 나 자신과 같은 존재로 보고 공존하고자 한다. 자본주의가 엄청난 경작을 획책한다면, 불교는 필요한 만큼만 산출한다. 그리고 자연순환적 세계관으로서, 나와 동물, 돌 같은 모든 존재를 같은 가치를 가진 존재로 생각하는 환경적 세계관이다. 그러므로 인류의 멸망을 늦출 수 있는 게 불교적 세계관이다. 종말이 온다 해도 불교는 죽음이 끝이 아니라는 죽음의 철학을 갖고 있으므로 행복한 종말을 맞게 한다. 이런 관점에서 이 극은 복제인간들만 남은 시대를 상정한다. 그들은 여래가 오는 시기를 기다린다. 석가의 환생은 인간으로가 아니라 복제인간으로 환생한다. 복제인간도 우리와 같은 생명임을 인정하는 윤리가 필요함을 말하기 위해서다.

〈생존도시〉(2001)는 세기말적 분위기의 무협연극이다. 극단 유씨어터의 워크숍 공연 형식으로 제작되었다. 결혼 후 끔찍한 부양 의무를 져야 하는 도시에서의 생존의 문제를 그려본 것이다.

〈아침새〉(2003)는 어린이날 기간에 공연된 가족음악극이다. 딸 아침을 위해 집필했다. 뮤지컬 〈소리도둑〉과 호주 영화 〈에이미〉로부터 모티브를 가져왔다. 늘 아빠 작품을 보러 왔던 딸 아침이 "아빠 작품은 무서워."라고 한 말에 딸을 위한 뮤지컬을 쓴 것이다. 그런데 이 극에서도 아침이 엄마가 고양이로 등장해서 엄마새를 잡아먹고 아침새를 괴롭히는 역할을 했다.

〈천사의 발톱〉(2007)은 모티브를 〈지킬과 하이드〉, 〈사천의 선인〉에서 가져왔다. 쌍둥이 형제 중 한 형제가 다른 쌍둥이 역할을 한다는(영화 〈섬머스비〉처럼) 강렬한 드라마를 쓰고 싶었다. 처음엔 연극작품으로 구상했으나, 요즘 관객들이 점점 극적이고 배우들이 과도한 열정을 갖는 것을 불편해한다는 생각을 하고 뮤지컬로 형식을 바꾸게 되었다. 관객들은 텔레비전 드라마의 영향으로 뜨거운 걸 그리워하면서도 불편해한다는 것이다. 배우들도 격한 감정까지 가는 데 힘들어하며, 2시간 동안 격한 에너지를 감당하는 배우를 캐스팅하기 어렵다는 현실적인 요인도 작용했다. 뮤지컬은 음악의 힘으로 순간적으로 빠르게 감정을 상승시킨다든지 섬세한 감성이나 디테일 표현이 가능하기 때문에 인간의 이중성과 야수성을 강렬하게 그려내는 내용에 적절하다고 생각한 것이다.

4. 더한층 깊어진 인간에 대한 이해

요즘 뮤지컬로 진로를 바꾸었느냐는 질문에 그는 절대로 아니라고 강조했다. 하지만 뮤지컬을 근래에 계속 쓴 것은 뮤지컬을 하고 싶다는 오래된 소망 때문이었다. 우연한 기회에 친구 가족이 오페라 프로그램과 대본을 보여주었는데, 음악극이 너무 재미있어서 매료되었고 그 오페라 대본들을 통해 희곡 공부를 했다는 것이다. 오페라는 극적인 순간만으로 구성되어 있고 큰 힘으로 굵직하게 전개되는 게 매력적이다. 그동안 숨 막히는 느낌으로 본 공연이 뮤지컬과 무용이었다. 특히 〈지저스 크라이스트 수퍼스타〉는 장면의 강렬함이나 캐릭터의 생동감에 경탄했고, 다 알고 있는 예수 이야기인데도 새롭게 해석한 참신함에 이끌렸다.

조광화는 지금까지 꽤 많은 작품들을 쓰고 연출하면서 숨 가쁘게 달려왔다. 세상을 살아가는 게 힘들고 소통에 곤란을 느끼는 자기 얘기들을 주로 써왔다. 그가 그린 극들의 인물들은 대체로 두 가지 부류이다. 한 부류는 비극적 열정을 가진 뜨거운 존재로서의 인간, 그러면서도 외로운 인간들이고, 또 한 부류는 부유하는, 감각적이면서도 차가운 인물이다. 앞으로 그는 두 부류를 섞어서 따뜻한 연극을 쓰고 싶다고 한다. 그는 극을 쓰고 만드는 일이 자신을 치유하는 과정이라고 생각한다.

그는 희곡을 쓸 때 구조보다는 캐릭터 중심으로 쓴다고 한다. 배우가 욕심내는 캐릭터가 있는 극을 쓰고자 하며, 배우가 정해질 경우 배우에 맞게 캐릭터를 많이 고친다고 한다. 이처럼 드라마는 항상 인물에 중심을 두어야 한다고 생각한다. 그가 가장 기분 좋게 생각하는 말은 배우들이 그 배역을 너무 하고 싶다는 말이다. 인물을 제외한 희곡의 나머지 요소들은 인물을 강렬하게 떠받치기 위한 것으로 본다. 한편, 연출가로서의 조광화는 연습할 때 시선의 방향까지 정할 정도로 꽉 짜인 미학을 추구한다고 한다.

필자는 어느 글에서 조광화에 대해 이렇게 쓴 바 있다. "기성의 연극과 뚜렷이 구별되는 젊은 감수성과 강렬한 연극적 에너지로 평단과 대중의 지지를 골고루 받으며 등장한 젊은 극작가가 바로 조광화이다. 〈남자충동〉은 한국 연극계의 중심이 젊은 세대로 교체됨을 알려주는 신호탄이었다." 젊은 열정과 패기로 1990년대 후반의 연극의 지형도를 바꾸어 놓았던 극작가 조광화도 어느덧 중년이 되었다. 이제 그는 비극적 열정과 원시적 생명력에 경도되었던 뜨거운 에너지를 깊이 있는 인생에 대한 시선과 복합적인 인간성에 대한 사유로 뒷받침해나갈 듯하다.

한국 동시대 극작가들

김 명 화
섬세한 언어와 사유로 인간을 탐구하는 극작가

1. 냉정과 열정 사이

극작과 평론을 겸하는 김명화(1966~)는 냉정과 열정 사이의 스펙트럼을 오가면서 글을 쓰는 듯하다. 극작은 주관성과 감성이 강조되고 평론은 객관성과 이성이 강조되는 글쓰기라는 점을 생각할 때 서로 길항할 것처럼 생각되는 두 분야의 글쓰기를 그녀는 오히려 부드러운 스밈과 짜임으로 녹여내어 자신의 스타일과 세계를 만들었다. 그래서 그녀의 평론은 작가다운 감성과 부드러운 글쓰기란 씨줄과 냉정하고 분석적인 연극 읽기의 날줄이 짜여 페르시아 융단의 무늬를 만들어 낸다. 마찬가지로 그녀의 희곡은 대상에 대한 냉철한 관찰과 분석적 사유가 감각적이고 문학적인 세계 창조에 부드럽게 스며들어 인문학적 깊이와 작품성을 만들어낸다.

여성 극작가가 그리 많지 않은 한국연극계에서 그녀는 여성 특유의 감성과 문학성에 기반을 둔 글쓰기, 그리고 깊은 사유와 작품성을 가진 희곡들을 연이어 발표함으로써 21세기를 이끌어갈 극작가 중의 한 사람으로 기대를 모으고 있다. 올해 5월에 열린 '서울연극제'에서 〈달의 소리〉(2006)를 공연했고, 그보다 전인 2월에는 그동안 발표된 작품과 평론들을 묶은 책 3권을 한꺼번에 상재하기도 했다. 그녀의 책 세 권을 읽으면서 드는 생각은, 김명화는 자신의 말대로 '언어의 무한한 가능성'을 믿고 그것을 모색하는 작가라는 것이다.

그러나 그녀는 자신의 희곡을 공연하는 과정에서 여러 연출가들과 작업하면서 행복과 불행을 맛보았다고 한다. "운 좋게 작가의 의도를 알아주는 제작팀을 만나면 순풍에 돛단 듯 행복하지만, 입장과 생각이 다른 제작팀을 만나면 불행의 확률이 높아진다. 더군다나 아직도 한국엔, 희곡작가는 글 쓰는 사람이기 때문에 연극을 모른다고 말하는 연출가가 많다. 진심으로 나는 그렇게 말하는 연출가의 목을 조르고 싶다. 누가 감히 연극을 알고 누가 감히 연극을 모른다고 단정 짓는가." 이 부드러우면서도 단호한 진술을 읽어 보면 그녀가 냉정과 열정을 동시에 지닌 극작가라는 것이 이해될 것이다. 그녀가 희곡 쓰기에 최선을 다하고 또 토씨 하나까지도 꼼꼼하게 점검을 하는 작가, 언어의 무한한 가능성을 모색하는 작가라는 점을 돌이켜 본다면, 그녀의 이러한 다소 과격한 진술이 충분히 이해가 된다. 실제로 그녀와 인터뷰를 하면서 작품이나 창작과정에 대해 얘기를 듣는 동안 연출가와의 행복한 작업 또는 힘든 작업에 대한 이야기가 많이 나왔다. 조탁하듯 언어를 고르고 깊은 사유와 상상력을 거쳐 인물을 만들어낸 극작가로서는 희곡을 단순히 공연의 밑그림 정도로 받아들이려는 연출가의 태도를 용납하기 힘들었을 것이다.

김명화는 조용한 말투에 단아한 이미지를 지녔다. 그녀와 이야기를 나누노라면 거친 세상사는 뒤로 물러앉고 예술이 삶의 전부인 것처럼 여겨진다. 그것은 물론 필자의 착각이겠지만 그녀의 차분하고 설득력 있는 논리와 감성의 언어들을 듣고 있노라면, 그리고 맑은 응시의 눈길을 받으며 이야기를 나누노라면 문득 세속의 욕망이나 관심사가 부질없다는 생각이 드는 것이다. 〈달의 소리〉에서 마음으로 듣는 소리, '달의 소리'를 연주할 줄 알았던 악사 치자의 말처럼 "눈앞에 보이는 것만 보지 말아라. 지금 네 눈앞엔 너밖에 없어. 너만 보고 있다."라는 말이 침묵의 눈길 속에서 전해지는 듯하다.

　그녀와의 인터뷰는 견딜 수 없이 무더웠던 2006년 8월 9일, 대학로의 한 카페에서 이루어졌다. 인터뷰 내용은 그녀의 성장 과정과 극작가로서의 입문 과정, 그리고 희곡 작품의 창작과정과 공연 과정 등이 중심이 되었다.

2. 극작가로의 성장

　김명화金明和는 1966년 경상북도 김천에서 1남 6녀의 막내딸로 태어났다. 딸 부잣집이라 아들 하나를 더 볼 욕심에 낳았는데 또 딸이라 부모님의 실망이 컸다. 아버지는 사업가인데 85세인 현재도 현장에서 사업을 챙기고 있을 정도로 기력이 뛰어나다고 한다. 그녀는 당시 인구 십만의 소도시 김천에서 유년시절을 독서에 열중하며 보냈다. 부친은 아이들이 책을 많이 읽도록 서가에 책이 가득 꽂혀 있는 서재를 마련해 주었다. 서가에는 브리태니커 전집이 원서로 꽂혀 있었을 정도로 동화와 한국 소설, 세계 문학 전집 등 풍부한 책들이 갖춰져 있었다. 막내인 그녀는 독서에도 언니들의 자상한 지도를 받았다. 이를테면 6학년 겨울방학 때는 동화를 다 떼고 한국 소설로 넘어가는 식으로. 유년시절부터 이루어진 풍부한 독서는 그녀의 문학적 자양분이 되었다. 그러나 이때 작가의 꿈은 없었고, 다만 예술가에 대한 동경은 있었다. 그래서 연극 선택이 우연인 줄 알고 있었는데, 얼마 전에 중학교 동창을 만났더니 그녀가 잊어버리고 있던 사실-그때 그녀가 연극놀이를 많이 하고 놀았다는 사실-을 말해 주었다.

　이처럼 유년시절은 안락한 가정환경과 따뜻한 언니들의 보호 속에서 행복을 맛보았지만, 6학년 때 엄청난 시련을 겪었다. 여자애들이 그녀를 심하게 따돌렸던 것이다. 이때 인간의 이기심과 폭력성을 난생 처음으로 겪으며 고독에 눈을 떴다. 다른 여학생들의 질투에서 벗어나기 위해서는 모범생 이미지를 벗어야 한다는 걸 터득한 그녀는 중학교 들어가면서 약간 불량소녀처럼 처신했다. 남들 눈에 뛰어 보이지 않기 위해 소질 있던 글짓 기도 일부러 피했다.

　그녀가 연극과의 운명적인 만남을 갖게 된 것은 대학에 입학해서였다. 이화여대 교육심리과에 입학했는데, 멋있을 것 같아 선택한 '교육심리'라 는 전공은 '심리'보다는 '교육'에 방점이 놓인 내용이어서 영 재미를 느낄 수 없었다. 그래서 전공 외의 재미있는 대상을 찾던 중, 1학년 2학기에 연 극반 모집 광고를 보게 되었다. 연극반에 들어간 이후 그녀의 대학생활은 역동적으로 바뀌었다. 19세의 가을, 꿈과 낭만을 꿈꿀 나이였으나 1980년 대의 대학 분위기는 온통 사회변혁을 위한 실천운동에 휩쓸려 있었다. 연 극반도 예외는 아니어서 늘 토론 주제는 철거문제, 분단, 여성문제 등 무거 운 사회적 담론이었다. 이러한 이념적 운동이 그녀의 체질에 맞지 않아 괴 로웠지만 연극을 만들고 공부하면서 연극의 흡인력과 매력에 빠져들었다. 그러나 연극으로 인해 느끼는 황홀감과 그들의 사회운동에 동참하지 못하 는 죄의식이 혼합된 복잡한 심정이었다. 키가 큰 덕분에 여자대학 연극반 에서 그녀가 맡은 배역은 늘 남자 역할이었다. 나쁜 형사, 공장 작업반장 등 주로 악역으로 날리는 배우였으나, 〈금관의 예수〉 공연 때 처음으로 여 성 역 '착한 수녀' 역할을 맡았으나 대사를 까먹고 말았다. 이때 얻은 무대 공포증으로 그녀는 배우로서의 가능성을 접었다. 연극반 활동을 하면서 공동연출, 공동창작, 기획, 조명 오퍼레이터 등 연극 제작 전반의 분야들을 익혔다. 그러나 이때만 해도 연극이 그녀의 운명이 될 것으로 생각지는 않 았다. 그저 젊은 시절의 낭만 정도로만 생각했다.

　대학 졸업 후에는 방송국 스크립터 일을 잠깐 했으나, 자기 일이라는 생 각은 들지 않았다. 혼란스런 시기를 보내면서 뭔가 구체적인 것, 좋아하는 것을 잡고 싶다는 생각을 했다. 그런 고민과 싸우던 중, 낭만으로 생각했던 연극을 한번 붙잡고 해보자는 결심을 했다. 그녀는 중앙대 대학원 연극과 에 진학했다. 연극 공부를 하면서 부지런히 연극을 보러 다녔고, 연극에 대 한 글쓰기를 시도했다. 1992년 겨울에『한국연극』에 연극평론을 투고하여

1회 추천을 받았고, 1994년에 『객석』의 예음평론상에 응모하여 「1993 현실 속의 미래진단」이란 글로 수상, 평론가로 등단했다. 그녀는 20대의 자랑거리로 연극을 많이 본 것을 꼽는다. 보통 1주일에 2,3편을 보았고, 많이 볼 때는 5,6편도 보았다. 연극에 인생의 모든 것을 바친 시간이었다. 그러나 평론가가 되기 이전에 늘 현장에 대한 욕망이 있었다. 그래서 연우무대의 〈최선생〉(김석만 연출) 공연에 조연출로 참여를 했었는데, 그때 연극 현장의 가부장적 분위기에 실망을 한 이후 글쓰기로 방향을 전환했다.

그녀는 대학원에서 연극을 공부하던 1993, 94년경 극작가의 꿈을 품고 희곡을 열심히 써서 신춘문예나 삼성문학상 등의 공모에 줄기차게 도전했다. 7번 정도 떨어진 다음에야 삼성문학상 희곡부문에 당선되었다. 이때 응모하기 위해 썼던 작품들이 〈카페 신파〉를 제외하고는 이번의 희곡집 『카페 신파』에 수록된 희곡들의 밑바탕이 되었다. 그러니까 이 시절의 습작이 등단 후 지속적으로 극작을 할 수 있게끔 작품과 끈기를 마련해 준 셈이다.

그녀는 앞으로도 연극비평과 창작을 계속 병행할 방침이다. 두 가지 길을 좇으려니 육체적으론 힘들지만, 두 가지 글쓰기가 오히려 시너지 효과를 내고 힘을 준다고 생각하기 때문이다. 그러나 10년쯤 뒤 체력이 저하되면 둘 중 하나는 접을 듯하다고 말한다.

3. 극작과 공연 사이

▌〈새들은 횡단보도로 건너지 않는다〉

김명화의 데뷔작은 삼성문학상 수상작인 〈새들은 횡단보도로 건너지 않는다〉(극단 목화, 오태석 연출, 1998)이다. 첫 작품이라 자전적 요소가 많은데, 바로 자신이 연극을 하기 시작한 80년대라는 시대에 대한 생각을 담고 있다. 정치가 우선인 80년대라는 시대를 통과해 오면서 사회변혁운동에 동참하지 못한 죄의식을 표현하고자 했다. 동구 몰락 이후 도래한 90

년대는 80년대와 너무 다른 시대로 전향했으며, 90년대 세대는 80년대와 쉽게 단절을 선언했다. 이념 과잉의 80년대에도, 탈이념의 90년대에도 적응하지 못한 터라 시대에 대한 책임감을 가지고 두 시대를 대비시키면서 시대에 대한 정리를 해야겠다는 발상으로 창작했다. 대체로 후일담 문학은 지난 이야기를 풀어가지만, 김명화는 현재 속에서 풀어가야겠다는 문제의식을 가지고 접근했다. 처음 썼을 땐 주인공을 여자로 설정했고, 대신 분신자살한 인물 주희는 남자로 설정했었다. 이 초고를 가지고 대학극 공연을 위해 학생들과 작업을 했었는데, 여주인공 역의 배우가 너무 감정 몰입하여 울더라는 것이다. 그래서 서랍에 1,2년 묵혀 두었다가 개작할 때 주인공을 남자(지환)로 바꾸니 거리가 생기고 편해졌다고 한다.

연출을 맡은 오태석 선생과의 작업은 처음엔 힘들었다. 오태석 선생은 워낙 텍스트를 자기화해서 만드는 연출가인데다 80년대 정서를 모르니까 텍스트의 정서를 살리기보다는 모든 세대가 아는 이야기를 만들려고 했다. 김명화는 희곡의 토씨 하나라도 고치려 들면 기함할 정도로 자신이 쓴 희곡에 대한 애착과 자존심이 강했다. 오태석 선생은 겸손한 작가의 태도를 원했고, 김명화는 자의식이 강해서 단어 하나 수정하는 데도 맞섰다. 그런데 오 선생은 극작가가 치명적인 상처를 입지 않도록 하면서 자기가 원하는 방향으로 끌어갈 줄 아는 능란한 연출가였다. 고치고 싶은 장면이 있으면 작가더러 친구들을 불러오라 해서 친구들의 의견을 묻고는 "관객이 원하니까 고쳐라"라고 유도했다. 공연을 준비하면서 중점적으로 고친 장면은 마지막 장면이었다. 공연이 임박해서 좀 더 희극적 분위기를 가미했고, 관객이 숨쉬기 편안하게 낙관적으로 풀었다.

▌〈오이디푸스, 그것은 인간〉

2번째 공연작인 〈오이디푸스, 그것은 인간〉(극단 청우, 김광보 연출, 2000)은 1993년에 준비해서 완성한 희곡으로, 그녀가 가장 아끼는 작품이다. 석사 과정 때 극작가 이근삼 선생의 수업을 들었는데, 이때 그리스 비극을 읽었다. 이 선생은 현대극의 가능성을 제시하면서, 만약 그리스 비극을 현대화한다면 어떻게 하겠느냐는 숙제를 던졌다. 과도한 성실성을 갖고 있는 김명화는 밤을 새워 고전의 현대화에 매달렸다. 그런 과정을 밟아 태어난 게 바로 이 희곡이다. 제목은 소포클레스 원작의 대사에서 따온 것으로, 신이 만들어놓은 인간의 운명을 의미한다.

김명화는 이 극을 구상할 때 20세기 후반 쿠데타로 점철된 우리나라 역사를 떠올렸다. 한국 역사를 곧바로 대입한 것은 아니지만, 원작이 신이 만들어놓은 운명에 초점이 맞춰져 있다면 이 작품은 인간의 권력에 초점을 맞추었다. 쓰는 동안 가장 고심한 부분은 소포클레스의 비극 사이즈와 작품성에 걸맞은 정도의 균형을 유지하는 점이었다. 그러나 90년대 한국연극에 난무했던 원전의 해체 방법과는 다르게 가고 싶었다. 대체로 원작의 의미나 작품성에 대한 이해나 존중 없이 연출가의 자의에 의해 거의 훼손의 수준으로 행해졌기 때문이다. 고전의 현대화가 현대인의 자기중심적 시도로 접근되어서는 안 되며, 원작의 사이즈가 있다면 새로운 작품 역시 그에 버금가는 사이즈를 가져야 한다는 것이 그녀의 생각이었다. 그녀는 그리스 비극을 현대화한 작품들, 이를테면 유진 오닐(《상복이 어울리는 엘렉트라》), 사르트르(《파리떼》) 등의 작품들을 읽어보고, 바로 이들 작품과 경쟁한다는 생각으로 작품을 썼다.

연출가 김광보는 어떻게 해서든 공연을 성공시켜야 한다는 강박을 가진 것처럼 보였다. 그는 관객과 만나는 접점을 찾으려고 자신이 텍스트에서 이해가 안 되는 부분들을 가차 없이 잘라내 버렸다. 그 결과 시인의 역할은 축소되었고, 멕베드는 완전히 삭제되어 무대에 올랐다. 자신의 작품 수정에 매우 엄격한 김명화로서는 받아들일 수 없는 처사였다. 그러나 당시 그녀는 박사논문 끝난 후 교통사고를 당해서 반 년간 몸을 제대로 못 가누던 시기였다. 그래서 연극을 만드는 과정에 거의 참여하지 못했고, 연출가는 "공연성을 믿어보라"고 호언했다. 그러나 막상 막이 올라간 후 보니, 심정이 참담했다. 희랍극의 시적 언어와 비극적 품격을 유지하기 위해 작가 나름대로 단어 하나하나에 공을 들였는데, 공연에서는 그 비극성을 제대로 느낄 수가 없었다. 그리스 고전극을 좋아하는 김명화는 앞으로 다시 그리스 비극을 원전으로 한 창작을 하고 싶다는 소망을 가지고 있다. 여러 작품들을 시리즈로 해보고 싶다는 것이다. 그러나 우리 연극계에서는 편협한 시각을 갖고 있어서 이런 작품을 창작으로 보지 않고 재구성으로 보기 때문에 의욕이 꺾인다고 한다.

▌〈첼로와 케챱〉

〈첼로와 케챱〉(극단 창파, 채승훈 연출, 2001)은 1997, 8년에 쓴 작품으로 〈돐 - 날〉과 비슷한 시기에 쓰였다. 이 극은 화가 몽드리안의 선과 색으로만 이루어진 미니멀리즘 그림을 보면서, 연극도 가능하지 않을까 하는 발상으로 창작되었다. 남녀 두 명만 나오는 미니멀한 설정에다, '언어가 무대 위에서 얼마나 힘을 가질까?' 즉 언어의 환기력에 대한 모색을 밀고 나갔다. 사랑을 소재로 한 이 극을 꾸미면서, 지금까지 무대 위에 그려진 사랑 얘기가 왜 시시한가, 왜 실패했는가 하는 점을 나름대로 성찰했다. 영화는 클로즈업이 가능하므로 환상을 최대한 부여할 수 있는데 연극은 그렇지 못하다는 점, 또 사랑은 모두가 전문가이므로 웬만큼 사랑을 그려도 관객의 성에 안 찬다는 점이 바로 그 실패 요인이었다. 그러한 분석적 사유를 바탕으로 이 극은 인물들에게 몇 가지 사실적 틀만 주고 구체적 디테일은 배제했으며, 살아 있는 인물이 아니라 기호에 가까운 인물들로 창조했다.

이 공연은 엄청난 관객을 동원할 정도로 인기를 끌었다. 그러나 연출가와의 작업은 매우 불편했다. 고독과 기억의 혼재라는 중요한 주제를 표현하는 부분들은 다 잘라내고 연애 이야기만 남겨 놓았기 때문이었다. 그녀는 몇 번이나 작품 의도를 설명했으나, 연출가는 막상 작업에 들어가면 자신의 뜻대로 끌고 나갈 뿐 그녀의 의도를 반영하지 않았다. 그래서 그녀는 작가의 의도가 완전히 반영되지 않고 연출가의 의도대로 수정된 공연인 〈오이디푸스, 그것은 인간〉과 〈첼로와 케챱〉은 둘 다 초연이 이루어지지 않은 작품이라고 생각한다. 덧붙여 그녀는 다음과 같은 생각으로 스스로를 위안했다. "이런 게 극작가의 숙명이라면, 또한 언젠가 타자가 극작가의 의도를 읽어줄 것이다."

▌〈돐―날〉

〈돐―날〉(극단 작은신화, 최용훈 연출, 2001)의 제목은 오늘의 철자법이 아니라 옛 철자법을 따르고 있다. 돌날의 주인공이 돌쟁이가 아니라 386세대인 부모이므로 그 의미를 부각시키기 위해 제목을 그렇게 붙였다고 한다. 또 '돌날'이라는 글자는 그 어감이 마치 인생이 굴러간다는 느낌이 들어서 극의 내용과 배치되기에 옛 글자를 붙였다는 것이다. 돌날, 집안 잔칫날 벌어지는 부부싸움이란 소재는 어린 시절 집안 큰 행사 있을 때 벌어지던 부모의 싸움, 혹은 언니 부부네 집에 살 때 보게 된 사소한 갈등들로부터 아이디어를 얻었다. 결혼하지 않은 작가로서 결혼한 여자의 삶에 관심을 갖고 극을 썼다기보다는 386세대이자 시간강사인 '지호'라는 인물은 시간강사를 하면서 겪은 자신의 자전적 경험이 녹아들었으며, 인생의 고달픔이 마치 '딱딱한 구두를 신은 듯한' 메타포로부터 출발했다. 이 작품은 젊음이라는 이상의 터널을 지난 세대, 즉 청춘의 열망이나 기대치는 빛바래버렸고, 그렇다고 해서 기성세대의 틀에도 안주하지 못하는 세대를 그리고자 했다.

김명화는 작가로서 주안점을 두는 부분은 인간이라고 말한다. 인간에 대해 관심이 많고 인간을 잘 그려야 극이 성공하는 것이라고 생각한다. 그래서 그녀는 아이디어에서 출발해서 써나갈 때 등장인물이 탄력을 받아 살아서 움직이고 잘 굴러가면 가장 작가로서의 희열을 느낀다고 한다. 동성애 소재가 등단작 〈새들은…〉에서나 〈돐―날〉에도 반복적으로 나오는데, 이 소재를 등장시킨 이유는 90년대에 남아 있는 금기가 동성애였기 때문이라고 밝힌다(2000년대에는 이 금기도 깨졌지만). 80년대는 진보적이고 열린 시대였지만 이상하게도 동성애나 성담론은 닫힌 시대였다. 그녀는 작가의 임무는 세상의 금기와 맞서 싸우는 일이라고 생각한다.

이 극을 공연할 때는 이전의 공연과정과는 달리 매우 행복하게 작업을 했다. 연출이나 배우들이 같은 또래라서 386세대의 정서를 잘 알았고, 캐릭터에 대한 애착이 많아 어느 한 부분도 빼지 못하게 했다. 무대에서 전을 지지고 술상을 차리고 화투를 치는 등 돌날의 하루를 극사실적으로 재현한 이 공연은 폭발적인 관객의 호응을 이끌어냈다. 그러나 작가는 관객들이 왜 이 작품을 좋아하는지 모르겠다며, 아마도 작품의 우월성 때문이 아니라 관객의 진정성과 만나서일 것이라고 겸손하게 자평한다. 이 극에 나오는 화투 용어들, 혹은 속물이 된 사업가나 친구들이 정력에 좋다고 주워삼키는 음식들은 사회의 부도덕을 상징하기 위한 장치인데, 연습 과정에서 배우들에게 배워서 구체적으로 기술했다고 한다.

▌〈카페 신파〉

〈카페 신파〉(극단 산울림, 임영웅 연출, 2004)는 2002년 1월쯤 임영웅 선생의 요청으로 쓰기 시작해서 같은 해 가을에 탈고한 작품이다. 이 극은 〈돐ー날〉과 같은 사실주의지만 아리스토텔레스의 시학을 무시하여, 처음ー중간ー끝이 아귀가 맞지 않도록 딱딱 맞는 아귀를 의도적으로 잘라내어 구성했다. 그녀는 사실주의 3부작을 구상했는데, 두 작품이 바로 전작인 〈돐ー날〉과 〈카페 신파〉이고, 나머지 한 작품은 한국적 사실주의를 시도한 극으로 아직 서랍 속에서 손길을 기다리고 있다. 〈돐ー날〉이 입센적인 정통 사실주의극이라면, 〈카페 신파〉는 여러 인물들이 다 주인공이며 다소 감상성을 띤 체호프적 작품이다. 그녀는 사실주의극 3부작을 구상한 이유를 이렇게 밝힌다. 현대에도 입센적 리얼리즘, 체호프적 리얼리즘, 한국적 리얼리즘이 가능한가를 모색하고 싶었다는 것이다. 그녀가 생각하는 한국적 리얼리즘은 감상적이고 동시에 희극적인 작품이며, 농민처럼 근원의 힘에 대한 믿음을 드러내는 극이다. 이렇게 사실주의 3부작을 다 공연하고 나면 다시는 리얼리즘을 쓰지 않고 다른 스타일을 실험할 생각이라고 한다.

연극인들에 대한 이야기를 다룬 극사실주의 작품이자 메타텍스트인 이 작품은 그전에 히라타 오리자와 〈강 건너 저편에〉를 공동창작하여 공연한 덕분에 히라타 오리자의 영향을 받은 게 아니냐는 말을 많이 들었다. 그러나 그녀는 같은 일상성이라 해도 일본의 일상과 한국의 일상은 매우 다르다며 그 영향관계를 부인한다. 일본은 어떤 상황에서 하는 말이 정해져 있지만, 한국은 매우 즉흥적이라는 것이다. 이 극에서 술 취한 여배우가 갑자기 주정을 하며 돌발사태를 벌이는 것이 바로 한국적 일상이다. 작위적이고 즉흥적이고 거친 부분들을 가지고 있는 것은 한국적 일상의 재현을 염두에 두었기 때문이다. 김명화가 펴낸 희곡집의 제목이 『카페신파』라서 이 작품을 대표작이라 생각하느냐는 질문에, 그녀는 희곡집을 펴낼 당시 가장 최근 공연작이기 때문에 부쳤을 뿐이라고 대답했다. 그녀는 대작이건 소품이건 관계없이 자기 작품들에 다 고른 애정을 가지고 있다고 말했다.

▌〈달의 소리〉

가장 최근작인 〈달의 소리〉(극단 풍경, 박정희 연출, 2006)는 여성연출가와의 작업이라는 점에서 처음에 기대했으나, 결과적으로 그 연출가와 자신이 잘 맞지 않음을 확인한 공연이었다. 관념적 작품이 아닌데 연출이 관념적으로 끌어갔다는 것이다. 김명화는 연극의 미학은 기능이 담보된 다음 나와야 한다고 생각한다. 나름대로 마치 벽돌을 맞물리듯 스타일이나 미학을 계산하고 쓰는데, 연출가는 텍스트에 집중하기보다는 그림이나 음악 등 너무 미학에만 치중했다는 것이다. 이 극은 동양적인 것에 시각을 돌리고 싶다는 생각에서 출발했다. 정교한 작품보다는 숨을 너르게 쉬는 '동양적 시간', 혹은 유장한 이야기를 쓰고 싶다는 열망에서 비롯되었다.

마침 연출가가 음악에 대한 얘기를 극으로 만들어 같이 작업하자고 제의했다. 프랑스 소설이자 영화인 비올라 연주자 이야기 〈세상의 모든 아침〉각색을 의뢰해왔던 것이다. 김명화는 음악에 대한 연극이라는 점에 마음이 끌렸고, 자신은 각색보다는 악사 이야기를 써보겠노라고 했다. 〈달의 소리〉는 악사 이야기이므로 극 중에 음악이 자연스럽게 들어가게 된다. 음악적 그림과 연극적인 것이 맞물린 작품이다. 그런데 연출의 욕망은 연극 중간 중간에 악사들이 연주하는 극으로, 음악적 그림에 더욱 초점을 맞추었다. 이 공연에 대해서 김명화는 스스로 실패했다고 생각한다. 자신의 텍스트를 고치지 않았지만, 연출의 콘셉트나 의도와 자신의 희곡이 맞지 않았다는 것이다. 그 후 '좋은 연출이란 무엇일까'에 대해 생각하게 됐다. 최근에 이화여대 동문 연극의 연출을 맡아 공연을 해보니 연출이 매우 일도 많고 어려운 작업이라는 걸 깨닫게 됐지만, 연출이 분명히 해줘야 할 몫이 있다는 것을 확인하게 되었다. 아이디어에 현혹되어 끌려가면 인간이 죽는다. 그래서 인간에게 주력해야 하는 게 연극이라는 것이다. 이 작품에서도 인물들이 진심으로 바뀌는 순간들이 있었으나 그것을 살리지 못했기 때문에 감동이 부족한 극이 되고 말았다고 생각한다.

이 극의 발상은 언어로 소리를 표현해 보겠다는 것이었다. "소리를 못 듣는 백지상태라면 언어로 소리를 어떻게 표현할 것인가?"로 상상을 펼쳐 나갔고, 여기에 여성과 남성의 자력을 표현하고자 했다. 바로 귀머거리 공주라는 캐릭터는 듣고 싶은 욕망과 권력(물질적, 현세적 욕망)을 둘 다 가진 인물로, 언어를 통해 소리를 듣게 되는 인물이다.

작가의 입장에서 보면 이 극의 등장인물들에게 매우 공명해서 쓰는 동안 인물들과 함께 시간을 산 셈이었다. 그들과 온몸으로 적나라하게 만났고 온몸으로 아팠고, 대여섯 번이나 엉엉 울었다. 이 극은 그녀가 처음 시도한 동양적 시각의 작품인데, 삶의 굴곡을 통해 예술을 완성하게 되는 것으로 그려져 있다. 판소리의 탁한 음성이 아름다운 것처럼, 궁연은 사랑과 권력을 상실하고 눈과 귀를 잃고 난 후에야 궁극적인 예술의 경지인 '달의 소리'를 얻는다.

4. 간략한 작품론

　김명화는 다작의 작가는 아니지만, 그동안 발표한 작품들은 공연과 함께 대부분 호평을 받았고 대중과의 성공적인 소통도 이루어냈다. 그녀는 1990년대 이후 연극의 주요 특성인 화려한 연극성이나 스타일을 추구하는 작가는 아니다. 그녀는 형식미에 치중하느라 내러티브나 철학의 빈곤을 보이는 연극, 언어와 문학성을 폄하하는 연극 혹은 대중취향의 경박한 연극을 거부한다. 그녀는 선배 세대 작가들이 추구하던 무거운 사회적 담론이란 주제를 386세대 작가답게 계승하여 90년대적 감수성과 연극적 구조 안에서 녹여낸 작가이다.

　김명화는 섬세한 언어와 예리한 사회의식으로 세대 갈등이나 386세대의 가치관의 변화 및 좌절감, 혹은 예술에 관한 주제 등을 그리고 있다. 그녀의 공연작 6편을 그 주제의식이나 형식에 따라 분류한다면 대략 3가지로 나눌 수 있다.

　첫 번째가 386세대의 자의식과 좌절감을 다룬 작품군으로 〈새들은 횡단보도로 건너지 않는다〉, 〈돐−날〉이 여기에 속한다. 데뷔작 〈새들은 횡단보도로 건너지 않는다〉(1998)는 민주화운동 세대였던 80년대 연극반 선배와 90년대 후배 세대의 갈등과 가치관의 차이를 리얼하게 그려낸 극이다. 세상을 바꿀 수 있다는 신념으로 민주화 운동을 했던 세대의 상처와 살아남은 자의 죄의식이 고통스럽게 직조되어 있다. 〈돐날〉(2001)은 과거의 순수한 이념과 현재의 변질된 삶 사이에서 느끼는 386세대의 좌절감과 패배의식을 극사실적 재현의 극행동을 통해 형상화한다. 음식 준비를 하는 여성과 음식을 먹고 노는 남자, 남편과 아내의 관계에서 가부장제 문화에 대한 비판을 담아냈다. 사회를 변화시키겠다는 순수한 이상과 신념을 가졌던 인물들이 초라한 소시민이나 속물 사업가로 변질되면서 빚어지는 갈등이나 좌절감, 돈의 위력이 과거의 이념을 대체해버린 천박한 현실이 매우 섬세한 언어 표현과 실감 나는 인물창조 및 극적 갈등을 통해 재현된다.

두 번째 유형은 고전의 현대화를 시도한 극이다. 아직은 〈오이디푸스, 그것은 인간〉(2000) 한 편이지만, 고전 해체의 발랄한 상상력과 풍부한 인문학적 깊이, 시적 언어의 재능을 유감없이 보여주었다. 소포클레스의 비극을 해체하여 탈신화화를 의도한 이 극은 신화를 조작된 이야기로 치부하고 철저히 현실적, 사회적 맥락에서 전복적인 읽기를 감행한다. 그래서 신과 운명의 갈등이란 주제 대신 인간의 권력욕에 초점을 맞춘다. 서사적 화자로서의 시인이 인간 오이디푸스의 몰락사를 들려주며 연극에 관한 자기반영적 성찰을 얘기하는 바깥 틀과 오이디푸스의 개혁과 패배가 펼쳐지는 극중극의 이중구조로 이루어진 메타연극이다. 비극적 성격과 위엄을 지닌 인물 창조와 시적 언어로 비극 특유의 스케일과 비극성을 지녔다는 점에서 주목되는 극이다. 그리스 비극을 해체하여 현대적으로 다시 쓰는 작업을 시리즈로 계속할 계획을 가졌었다고 하는데, 이 작업이 앞으로도 이어지길 기대한다.

세 번째 유형은 존재론적 관점으로 사랑이나 예술을 다룬 작품군이다. 〈첼로와 케챱〉(2001)은 미니멀리즘을 추구한 2인극으로 사랑의 관계를 통해 사랑의 어긋남, 존재의 고독과 기억의 혼재를 그린다. 〈카페 신파〉(2004)는 극중 시간과 공연시간을 일치시킨 극사실주의 작품으로 연극인에 대한 이야기다. 특별한 극적 사건 없이 카페 신파에 모인 연극배우, 연출가, 극작가, 평론가, 기획자, 배우를 꿈꾸는 카페 종업원, 연극을 처음 본 노인 관객 등이 연극을 하며 사는 일상적 삶을 보여주는 것이 극행동의 전부이다. 일상적 삶과 연극의 동일성을 그리고 있는 이 메타연극에서 작가는 특유의 문학성이 짙은 섬세한 언어감각과 극사실주의 극화 능력을 입증했다. 〈달의 소리〉(2006)에서는 악사와 소리를 듣지 못하는 공주의 이야기를 통해 예술이란 무엇이며 예술의 완성은 어떻게 이루어지는지를 시적으로 그렸다. 여기서 '달의 소리'란 예술적 구도求道를 상징한다.

김명화의 6편의 희곡들을 보면 〈첼로와 케챂〉을 제외하고는 모두 많은 인물들이 등장한다. 많은 인물들에게 고루 생명력을 부여한 밀도 있는 극적 짜임새와 주제의식을 아로새기는 극화 능력, 섬세한 언어감각, 다양한 스타일에 대한 감각적 추구를 보면 분명 그녀는 앞으로도 한국연극을 주도해나갈 것으로 보인다. 냉정과 열정의 두 가지 상반된 기질을 조화롭게 풀어내는 그녀의 새로운 극작품이 기다려진다.

한국 동시대 극작가들

장 성 희
사회현실의 탐구와 고전 다시 쓰기

1. 들어가며

극작가 장성희(1965~)는 2007년 겨울 〈안티 안티고네〉, 〈물속의 집〉을 비슷한 시기에 연속 대학로 무대에 올리면서 연극계의 주목을 받았다. 두 작품이 모두 그리스 비극을 소재로 했는데, 이는 올해 우리 연극계의 한 트렌드인 그리스 비극 공연의 유행과 맞물려 더욱 눈길을 끌었다. 서울공연예술제 기간에 공연된 〈비극의 여인들〉, 그리스극단의 〈엘렉트라〉, 예술의 전당이 제작한 〈트로이의 여인들〉, 극단 백수광부의 〈오레스테스〉 등 올해 굵직한 화제를 생산하거나 작품성을 보여준 극들 가운데 단연 그리스 비극들이 존재했다. 한국 정서와는 다소 거리가 있고 공연 양식이 현대무대로 소화하기 어렵다고 정평이 난 그리스 비극들이 보편적인 정서와 현대성, 또는 지역적·역사적 함의를 지닌 극으로 재해석되어 세련된 무대미학까지 보여주었던 것이다.

그런 맥락에서 볼 때 장성희의 시도 또한 값지다고 할 수 있다. 영원한 고전 '안티고네'를 여성주의적 관점으로 다시 쓰고, 또 오이디푸스 서사와 프로이트의 오이디푸스 콤플렉스를 우리 삶으로 녹여 표현해보고자 했기 때문이다. 그리스 비극은 셰익스피어 극과 마찬가지로 시공을 초월한 고전이므로 얼마든지 새롭게 쓰이고 해석될 수 있다. 국적을 초월한 세계인 공통의 텍스트이기 때문에 서구인 못지않게 우리도 새로 쓰기와 재해석을 시도하고 이를 통해 세계성을 획득할 수도 있다.

　한국 소설에는 고정 독자를 가진 뛰어난 여성 작가들이 많은데, 이상하게도 연극계에는 여성 극작가가 희소하다. 최근 젊은 여성 극작가들, 연출가들이 등장하여 발랄한 상상력과 스토리텔링, 무대감각을 보여주고 있는데, 이는 한국연극의 다양성을 위해 퍽 고무적인 일이다.

　대체로 남성 극작가가 득세하는 연극계에서 장성희는 김명화와 더불어 중견 여성극작가로서의 존재감과 아이덴티티를 확고히 하고 있다. 둘 다 평론을 겸하는 지적인 극작가라는 공통점을 가지고 있으나 극작 세계나 지향점은 차이를 보인다.

2. 성장 과정

　장성희는 1965년 강원도 영월에서 태어났다. 집안 사정으로 일찍 부모님과 떨어져 조부모님 슬하에서 자랐다. 부모님과는 헤어져 살았지만 조부모님과 유모, 큰엄마, 외조모 등 '많은 엄마들'의 돌봄과 사랑을 받으며 성장했다. 무남독녀였으나 여러 사촌들로 북적거리는 집안에서 성장한 것이다. 대처승의 부인인 유모와 함께 절집에서 생활하다가 유치원에 들어가면서 읍내 집으로 돌아온 적도 있었다. 조부모를 포함, 나이 많은 '엄마들'의 돌봄을 받았던 유년시절의 영향으로 그녀의 작품 속엔 노인들이 많이 등장한다. 그녀의 작품 〈달빛 속으로 가다〉는 절집이란 공간을 다루고 있다. 작가들은 흔히 초기엔 자전적인 얘기를 쓰고 중기엔 남의 얘기를, 그리고 후기엔 다시 자기 얘기로 돌아간다고들 한다. 유진 오닐이 바로 그 대표적 케이스이다. 그런데 장성희는 특이한 성장 이력 때문인지 초기작부터 지금까지 자전적 체험을 다룬 적은 없고 이야기꾼으로서 남의 이야기들을 창작해 왔다. 다만 노인들이나 절집 같은 친숙하고 원형적인 캐릭터나 공간들, 노인들의 토속적인 언어들을 극 속에 원용해 온 것이다.

장성희는 어린 시절부터 독서에 빠져 살았다. 문학소녀였던 엄마가 초등학교 6학년 때 선물한 『이상문학상 소설집』을 탐독했을 정도로 제 또래들보다 월등히 정신적으로 성숙한 아이였다. 엄마는 딸이 정신과 의사가 되길 원했고, 그래서 생일이나 크리스마스 때면 꼭 책을 선물했다. 아버지는 수석 수집가 1세대로서 수석을 수집하기 위해 늘 떠돌아다니는, 이른바 한량이었다.

그녀가 자신 속에 내재해 있던 연극적 자질을 발견한 것은 중학교 1학년 때였다. 1달에 1번씩 학예회를 4번 정도 열었는데, 그 4번을 모두 대본과 연출을 맡았던 것이다. 연극을 보고 포복절도를 했던 교감선생은 그녀가 중3 때 서울로 전학 갈 때에 "PD 시키면 좋겠다"고 의견을 달 정도였다.

유복했던 큰집은 교육을 위해 사촌과 그녀를 가정부까지 딸려 서울로 유학을 보냈다. 서울로 유학 온 후 그녀는 본능적으로 연극에 끌려서 문예회관 소극장의 공연 〈감마선은 달무늬 얼룩진 금잔화에 어떤 영향을 주었는가?〉를 보러 갔다. 고등학교 시절에도 주로 연우 소극장의 창작극들을 보러 다니면서 연극에 매력을 느꼈다.

장성희는 초등학교 때부터 '문자 중독증'이라 할 만큼 독서광이었다. 계몽사판 동화책 전집을 독파했고, 중고등학교 시절에는 『세계문학전집』을 빠짐없이 읽었다. 미션 스쿨인 명지여고생 시절 『짜라투스트라는 이렇게 말했다』를 읽고 독후감을 제출했다가 무신론자라고 상담을 받은 적도 있었다. 사촌들이 운동이나 춤, 노래 등을 좋아하는 외향적 성격이었다면, 장성희는 다락방에 처박혀 책을 읽고 사색에 빠지는 내향적 성격이었다.

여고 시절 교지 편집장도 맡는 등 문학소녀였던 그녀는 시를 습작하며 시인이 되고 싶다는 꿈을 키워갔다. 대학 국문과로 입학했다가 다시 입시를 치러서 문예창작과(중앙대)로 진로를 바꿀 만큼 문학이 인생의 목표가 되었다. 대학 1학년 때 시를 투고하여 문예지 최종심에 오를 정도로 실력을 인정받았다. 대학 시절은 시를 무섭게 많이 쓰고 또 잘쓴다는 평가를 받기도 하여 시인으로 일찍 등단할 것으로 자타가 인정하던 시기였다. 그러던 터에 문학 동지였던 남편(반칠환 시인)이 먼저 등단해 버렸다. 어쨌든 대학 시절은 문학이 그녀의 유일한 토양이어서, 마치 경주마의 눈가리개처럼 다른 분야는 전혀 못 보게 하던 유일무이한 대상이자 목표이기도 했다.

3. 연극과의 만남

도서관에 처박혀 문학 쪽 서가의 책들을 차례대로 모두 읽어내던 대학 시절, 어느 날 "문학 쪽은 평생 읽어도 다 못 읽겠다."라는 자괴감에 사로잡혔다. 그런데 희곡 쪽 서가를 살펴보니, 길이가 짧았고 잡지도 『한국연극』 한 권뿐이었다. 그러자 문득 "희곡 쪽을 하면 좋지 않을까."하는 생각이 들었다. 마침 대학 동기인 극작가 김윤미도 희곡을 읽고 쓰고 있는 중이어서 자극을 받았다.

대학을 졸업한 후 카피라이터와 영화사 일을 한 2년 정도 했다. 두 분야가 다 돈을 다루는 세계여서 그 철저한 자본주의적 세계관에 염증을 느꼈다. 그래서 "이 세상에 돈이 안 되는 게 뭐지? 연극!"하고 자문자답을 한 끝에 연극에 집중하기로 결심했다. 물론 대학 시절 '희곡과 연극' 강의를 맡았던 김방옥 교수가 그녀에게 "연극평론을 하면 잘하겠다"고 격려했던 점, 또 "시, 소설에 바치는 열정의 10분의 1만 바쳐도 좋은 극작가가 된다."고 했던 말도 이런 결심에 큰 영향을 미쳤다. 또 한 가지 이유는, 29세 (1993)에 결혼한 장성희는 시인 남편과 오래 같이 있다 보니 시는 '천생 시인' 즉 타고난 시인이 쓰는 것이라는 느낌을 받았고, 그래서 자신은 시인이 못되겠다는 생각을 하게 되어서였다.

직장을 그만두고 이런 생각을 하던 차에 극단 미추의 〈시간의 그림자〉

를 보았다. 관념적이고 매우 어려운 연극이었지만 재미있었다. '어렵지만 왜 재미있을까?'를 탐구한 평론을 『한국연극』에 기고했고, 신인 평론가 추천을 받았다.

그녀가 연극을 보러 다닌 이유는 배우의 열정이나 땀에 매력을 느껴서이기도 했지만 특히 암전이 좋아서였다. 암전이 되면 생각을 할 수 있다는 점, 그리고 혼자이면서도 여럿이 앉아 있다는 '관중'의 자리가 좋았다.

이렇게 연극에 이끌리게 되자 자연히 대학원 연극영화과로 진학을 하게 되었다. 그동안 문학을 하면서 자의식 과잉이 되는 데 대한 거부감이 있었는데, 연극은 에너지를 방출할 수 있다는 것이 좋았다. 그녀는 일단 평론으로 연극계에 발을 디뎠기 때문에 이론 공부를 열심히 했다. 그런데 대학원에서 만난 극작가 이상범은 자기 세계에 맹목적으로 빠져 있는 게 아니라 방기하는 듯한 여유로움을 지니고 있었다. 그녀는 평론, 이론 공부에 매달리면서도 자신이 뭘 원하는지에 대해 곧장 직면하려 하지 않았다. 이는 유년기부터의 습관으로서 뭘 원하는지를 엄폐시켜 놓았다가 나중에야 떠올리고, 또 자신을 곧추세우거나 뭘 원하는지 아는 데 오래 걸리는 타입이었다. 대학원 시절은 그야말로 연극 이론 공부나 희곡 읽기에 온 정열을 쏟았던 시기였다. 김명화(극작가, 평론가), 노이정(평론가), 최은승(연출가), 김경희('작은 신화' 연출가), 김선(극단 사다리, 교육연극), 김옥란(배우), 이상범(극작가) 등 최상의 동료들과 함께 새벽까지 연극 토론을 하곤 했다.

이처럼 연극 공부에 열정을 바치면서 평론활동을 하는 동안 항상 사회적응에의 어려움을 느꼈다. 유년시절부터 부모와 떨어져 사촌들과 생활하는 동안 은연중에 자신을 '부록' 같은 존재로 여겼던 심리에서 연유했을 사회성 부족의 생활태도 때문이었다. 로비에서 연극인을 만나도 평론가로서 뭔가 거리낌이 들었고, 그러다 보니 자꾸만 직접 연극 작품을 쓰고 싶다는 열망이 솟구쳐 올랐다.

그녀는 오태석에 관한 석사논문(「오태석 연극에 나타난 전통극의 놀이성 연구」)을 쓰면서, 마침 열린 '오태석 연극제'를 통해 필드워크를 했다.

극장에서 살다시피 하면서 공연 현장의 실제를 익혔고, 일본 공연까지 따라갔다. 이 경험은 오태석 연극의 철저함을 깨우치는 계기가 되었다. 오태석은 이렇게 말하곤 했다. "〈심청이는 왜 두 번 인당수에 몸을 던졌는가〉에서 창녀들의 방을 생각해 봐라."라면서, 배우들에게 박스로 직접 자기만의 방을 꾸미도록 했다. "만약 역할이 이해가 안 된다면 방에서 나는 그 냄새를 떠올려 봐라." 이런 현장 작업을 거들면서 연극에는 언어와는 다른 요소가 매우 중요하다는 깨달음을 가질 수 있었다. 이는 언어중심 사고에 갇혀 있었던 그녀로 하여금 새로운 개안을 하게 한 전환점이었다.

4. 극작가 등단, 추구하는 극세계

1996년 석사 논문을 쓰고 난 이후 다시 시를 쓰면서 한동안 '언어'에 관심을 쏟았다. 그해 8월에 김삿갓의 일생을 그린 창극 대본 〈청산에 살어리랏다〉를 써서 국립극장 공모에 당선했다. 이듬해인 1997년에는 신춘문예에 단막극 〈판도라의 상자〉가 당선됨으로써 정식 극작가로 데뷔했다. 등단하고는 자기 신명에 사로잡혀 3, 4일에 1편꼴로 희곡을 써냈다. 물론 공연 때 여러모로 깨지면서 넘치던 신명이 주눅으로 바뀌긴 했지만. 어쨌든 그녀가 희곡을 써낸 힘은 신명과 탐구심과 세상에 대한 연민이었다. 말이 말을 불러서 쓰게 되는, 신명으로 쓴 작품들이 초창기 희곡들이고, 호기심을 탐구심으로 바꾸어서 쓴 극이 〈A.D.2031 제3의 날들〉(1999)이었다. 세상에 대한 연민으로, 가슴으로 쓴 극들이 〈길 위의 가족〉(1999)이다.

가장 좋아하는 극작가라기보다는 읽고 나서 샘나는 극작가는 뒤렌마트이다. 세계에 대한 구조를 파악하고 유희하는 능력, 공간이 연극성이라는 걸 파악한 작가로는 뒤렌마트가 최고라고 생각한다. 한국 작가로는 절제된 언어와 시적 이미지란 점에서 이강백의 단막극을 좋아하며, 오태석의 극들을 좋아한다. 오태석의 경우엔 희곡을 처음 읽을 땐 어려웠으나, 나중엔 독법을 어느 정도 터득하고 나니까 아는 걸로 착각이 들 정도로 좋아한다.

시로 출발한 그녀는 특히 문학 언어에 민감해서, 희곡에서도 언어에 주목한다. 그래서 희곡 낭독공연을 열심히 찾아다닌다. 또 귀에 들리는 언어로서의 희곡에 대한 경외심을 일으킨 작가로 피터 쉐퍼를, 그리고 작품으로는 〈요나답〉을 꼽는다. 대부분의 극작가들처럼 체호프 역시 좋아하는 작가여서, 다음에 '체호프극 다시 쓰기'를 시도하고 싶은 생각을 가지고 있다.

물론 그리스 비극에도 관심이 있어서 올해 〈안티 안티고네〉와 〈물속의 집〉(그리스 비극을 소재로 한 유진 오닐의 〈상복이 어울리는 엘렉트라〉의 번안작)을 비슷한 시기에 공연하기도 했다. 그런데 〈물속의 집〉은 1999년에 쓴 작품이기 때문에 이 공연 시기의 일치는 우연적인 것이다.

그녀는 자신의 꿈이나 욕망을 아는 데는 시간이 오래 걸릴 것으로 생각한다. 자신의 작품들은 본인 스스로 어디가 얕은지, 막혀 있는지 알고 있기 때문에 부끄러움을 느낀다. 작가는 적당히 무모하고 치기가 있어야 앞으로 나아갈 수 있는데, 이처럼 스스로의 작품에 객관적인 평가를 내리는 것은 평론가로서의 자의식이 작용한 결과일 것이다. 어쨌든 그녀는 시인의 꿈을 가졌던 만큼, 희곡 대사에 민감하고 대사를 조탁함으로써 시의 경지로 나아가고자 한다.

극작가로서의 그녀는 사물을 관찰할 때 늘 인간 삶의 이야기에 매혹된다. 남편 반칠환 시인은 화분을 보면서 2시간도 보낼 만큼 자연과 노닐지만 그녀는 인간에게 끌린다. 골방에 있는 것도 좋지만 극장에 있는 게 더 좋다는 걸 인식한다. 시, 그리고 희곡과 연극평론을 쓰는 이 부부는 서로가 첫 독자로서, 안목 있는 편집자로서 상생적 역할을 한다.

장성희는 극작과 평론활동을 병행하고 있지만 궁극적으로는 극작가라고 생각한다. 물론 그걸 아는 데 세월이 많이 걸리긴 했지만. 그녀는 스스로 엉뚱한 면이 있다고 생각한다. 고등학생 때 필사를 많이 했는데, 문학작품이 아니라 〈바가바드 기타〉나 혹은 간디의 〈날마다 한 생각〉 같은 책이었다. 이 책들을 필사하면서 "장차 어떻게 하면 좋은 사람이 될까?" 하고 고민했다. 그녀의 정서나 세계관은 불교에 가까웠지만 "나라는 존재를 어떻게 긍정할 것인가"가 절박한 화두였다. 지금도 이 생각은 마찬가지여서 희곡과 평론을 다 놔버릴 수도 있다는 생각을 한다. 그러나 연극동네가 자신에게 많은 걸 베풀어줌으로써 역설적으로 존재에 대한 긍정이 생겼다.

40 가까이 되면서 희곡이 과연 내 삶에 정말 중요한 것인가 하는 의문이 생기고, 극작가로서의 자신을 돌이켜 보면 비유하여 말하건대 테이블 만들 때 상판에 박는 나사를 매우 힘겹게 박은 것 같다는 생각을 한다. 대학에서 학생들을 가르치는 일도 매우 즐겁지만, 앞으로 작품을 더욱 열심히 쓰고 싶다는 다짐을 한다. 가족극, 아동극에도 주력할 생각이고, 이 장르의 작품만 모아서 새 희곡집을 낼 계획이다. 40세를 넘긴 지금, 제2의 출사표를 삼아서 열심히 작품을 쓰고자 한다.

현재 평론도 겸하고 있지만, 늘 극작가로서 리뷰를 쓰고 있다는 의식을 한다. 그래서 연극에서 서사나 언어적인 면을 많이 보게 된다. 평론을 하기 때문에 연극들을 성실하게 보게 되고, 늘 '지금, 여기'에서 출발해야 한다는 것을 의식한다. 평론은 극작가로서의 자신이 나락으로 떨어지는 것을 막아주고 우울에서 구원해주는 역할을 하는 것 같다.

앞으로의 극작은 주문 제작이 아니라 자신이 쓰고 싶은 많은 것들을 하나하나 해가고 싶다. 그녀는 희곡을 쓸 때마다 자발적으로 우러나오는 언어나 쓰는 힘, 혹은 신명에 의지해 썼기 때문에 늘 자신의 글쓰기를 하나의 무대만으로 생각해왔다. 그런데 어느 순간 2개의 무대가 있다는 생각을 하게 되었다. 그동안 의식하지 못했던 또 하나의 무대는 바로 '객석'이었다. 관객이 뭘 원하는가? 바로 관객의 자리에서 자신의 글쓰기를 바라보는, 이른바 '관점'이 생긴 것이다. 관객이 원하는 바에도 촉수를 맞추어 써야 한다는 자각은 〈길 위의 가족〉을 쓸 때부터 생겨났다. 그러나 관객의 욕망이란 무대를 떠올리며 이를 즐겁게 적용하여 쓴 작품은 바로 최근작인 〈꿈속의 꿈〉이다.

5. 구상과 희곡, 그리고 공연

데뷔작인 〈판도라의 상자〉(1997)는 요즘도 대학극의 인기 레퍼토리이다. 열린 구조라든지 많은 행인들이 등장하는 장면들은 연극 만들기나 배우수업의 적절한 교본 역할도 할 수 있기 때문이다. 이 극을 구상하게 된것은 1997년 분당에 살면서 전철을 많이 탔는데, 사물함 이용 승객들을 본것이 계기가 되었다. 장성희는 극작가란 공간 속에서 이야기를 풀어내는이야기꾼으로 생각한다. 386세대답게 일상을 통해, 또 개인의 내밀한 속을 통해 사회적 발언을 하려 한 작품이다. 물론 이 작품을 쓰기 전에 연극현장 경험을 쌓았다. 대학원 재학 시절, 연우무대의 '한국연극 재발견 시리즈' 중 연출가 김철리의 〈산불〉 공연 때 조연출을 담당했고, 극단 작은 신화의 워크숍에 참가하여 공동창작 작업을 하기도 했다. 무대에 배우로 선적도 있었는데, 무대 공포증으로 인해 배우는 결코 할 수 없음을 확인했다. 이처럼 현장 작업을 거쳤음에도 그녀는 현장 경험이 연극하는 사람들에대한 이해나 사람과의 소통엔 유효하지만 극작에는 그다지 도움이 되지않는다고 생각한다. 오히려 극작에 도움을 주는 것은 희곡을 소리 내어 독해하는 스터디라는 것이다. 이미지나 구조에 대해 배울 수 있기 때문이다. 극작가의 운명은 골방에서 절대음감을 고르는 연습을 하다가 세상으로 나와서 내려놓는 것이라고 생각한다. 희곡은 어디까지나 언어와 싸움하는것이므로 극작 공부를 위한 제일 좋은 방법은 좋은 텍스트에서 배우는 것이다. 연극이 뭔지, 연극의 공간에 대해 끊임없이 고민하는 것.

연우무대에서 가족극 〈그림자의 눈물〉(2003)을 공연할 때 배우와의 협업을 해본 적 있는데, 그때 열린 작업을 하면서도 느낀 것은 세계를 보는창은 결국 작가가 제시해야 한다는 것이다. 그녀는 연습과정에 성실하게참여하고, 또 수긍만 되면 희곡 수정도 열심히 한다. 작품의 얇은 부분이제작과정에서 두껍게 보완되는 과정을 참 좋아하기 때문이다. 그래서 작가가 어떤 연출가와 만나느냐, 특히 첫 경험이 참으로 중요하다고 생각한다. 기본적으로 작가의 작품을 좋아해 주는 연출가와 만나면 서로 신뢰가 쌓여 계속 좋은 작품을 써나갈 수 있기 때문이다. 그런 의미에서 〈판도라의 상자〉 공연 때 연출가 이성열과의 만남은 매우 운이 좋았다고 생각한다. 그는 텍스트를 훼손 안 하면서 잘 만드는 해석적 연출가이기 때문이다.

〈이 풍진 세상의 노래〉(1998)는 주체가 안 될 정도로 입담이 흘러 나와서 그야말로 신명으로 쓴 극이다. 구상의 계기는 '본다'라는 말의 탐구였다. '해본다', '먹어본다' 등, '모든 경험에 왜 '본다'가 붙지?'라는 소박한 의문에서 출발한 것이다. 그래서 역으로, 볼 수 없는 사람을 내세워서 사람도 보고 사회도 보는 극을 구상했다. 우리 전통극의 열린 구조에 관심이 많았고 '여성성'을 예민하게 인식하던 터여서 다중 주인공과 열린 구조를 활용했다. 그런데 평론가 김윤철이 서사극을 이해 못 하고 쓴 극이라는 평을 해서 퍽 의기소침했었다. 신인 작품이 평론의 대상이 된 것만으로도 좋은 일이라는 걸 그땐 철이 없어서 몰랐던 것이다.

극의 내용은 맹인 남자와 철없는 여자가 사랑에 빠지는 내용인데, 미워할 수 없는 악인 판수를 등장시켜 해학을 맘껏 구사하고자 했다. 삼신할미와 월하노인이 세상을 돌아다니며 희망도 없는 세상에서 과연 구원은 있는가를 찾는 틀로 인해 어느 면에선 〈사천의 선인〉을 연상시키는 면도 있다. 열린 구조와 많은 인물 주인공, 세트 없이 분방한 판놀음을 펼쳐보고자 한 극이다. 그녀는 시로 출발한 극작가이다 보니 본능적으로 우리말에 대한 관심이 많다. 그래서 희곡 속에도 다른 작가들보다 훨씬 많은 어휘를 구사한다. 극작가 오태석이 "내 세대가 아는 말을 구사한다"고 했을 정도이다. 재담이나 흥청흥청 거리는 말들은 시어머니나 외할머니의 입담들에 영향받은 바가 크다. 마치 강신한 것처럼 어린 시절 말들이 올라오는 것을 느낀다. 연출을 맡은 강영걸은 이 극의 놀이성, 그리고 말의 풍요로움을 매우 잘 구사했다는 점에서 이 작품을 좋아했다.

〈A.D.2031 제3의 날들〉(1999)은 미래판 '오이디푸스 서사'를 써본 것이다. 막 복제동물이 나오던 시기에 과학책을 보고 공부해서 쓴 작품이다. 그

땐 복제문제가 지금처럼 이슈화되지 않은 때여서 시기적으로 앞선 감이
있다. 최근에 이 극을 뮤지컬로 개작했고 공연을 앞두고 있다. 극의 내용은
과학 기술문명 때문에 폐인이 되어가는 인물들을 초상한 것이다. 이 극을
쓰는 동안, 탐구해서 한 세계를 사람 사는 세계에 녹여서 짜보는 데 퍽 재
미를 느꼈다. 극의 구상은 "사랑했더니 엄마의 복제품인 걸 알았을 때, 과
연 엄마인가 연인인가?"라는 질문으로 시작되었다. 중세적 이미지를 떠올
리는 금지된 실험을 하면서 조물주의 세계를 엿봤던 사람들에 관한 이야
기로, 원제는 〈창세기의 밤〉이었는데 극단 측이 제목을 바꾸었다. 이 극 역
시 '본다'라는 의미에 대한 질문을 가지고 있다. 보지 못하는 자가 가장 멀
리, 깊이 본다는 역설을 '룩스'라는, 마치 〈오이디푸스왕〉의 티레시아스 같
은 인물을 통해 구현하고자 했다. 궁극적으로 이 극은 인간에 대한 질문을
던지고 있다. 인간의 정체성이 유전에 있는가, 아니면 선택이나 경험에 있
는가? 자신은 물론 후자에 손을 들어주고 싶다. 그러나 물질 중심의 과학
자들은 전자라고 생각한다.

　이 극에서 특징적인 것은 기계장치를 향해 고해하는 장면이다. 기계가
신을 대체한 것이다. 인간의 영성, 신성에 대한 신념이 분열하고 있음을,
딜레마에 빠져 있음을 그리고자 하였다. 재미있는 것은 이 극이 공연된
1999년에 조광화도 미래사회와 복제인간의 문제를 그린 〈철안 붓다〉를
공연했다는 점이다. 1998년 연우무대의 워크숍 공연 때에는 성준현 연출
(〈고곤의 선물〉 연출가)이었고, 1999년 정기공연 때엔 정한룡 연출이었
다. 정한룡 연출은 희곡의 구조에 대한 논리적 해석력이 뛰어난 연출가인
데, 너무 논리적으로 보기 때문에 시각화 면에는 다소 신경을 덜 쓰는 경
향이 있다. 나이 든 배우들은 이 극의 세계를 이해 못 해서 어려워하며 작
업했었다.

　〈길 위의 가족〉(1999)은 IMF 직후 연출가 김동현의 의뢰를 받고 쓴 희
곡이다. 김동현의 장기인 파스텔 톤의 극을 쓰려고 유원지에서 부유하는
인물들을 구상했으나, 처음 의도와는 달리 시대의 영향 탓으로 엉뚱한 작

품이 나오고 말았다. 전철을 탄 지친 사람들을 보면서, "어떤 타입의 가장일까? 그리고 전철 안에 애를 내려놓고 간다면?" 하는 식의 전철 안에서의 몽상이 작품의 출발점이 되었다. 김동현은 이 작품을 보고 최용훈이 맞겠다고, 최용훈에게로 보내주었다. 극사실주의적 연출로 공연되었는데, 작업과정은 작가나 배우 모두 다 행복했다. 최용훈의 작업 스타일이 워낙 여유 있고 담백하며 특정 스타일에 얽매이지 않는 해석적 연출가이기 때문이다. 또 작은신화 배우들은 대학원 시절부터 잘 알고 비슷한 나이의 배우들이었기 때문에 서로 어떻게 성장하는가를 알고 이해하는 사이였다. 인간의 상처나 사연을 점점 조금씩 깊이 있게 접근해 들어가고 성장시키는 것이 느껴져서 작업과정 자체가 매우 즐거웠다.

이 극은 2002년에 김영환 연출로 국립극단 배우들에 의해 별오름극장에서 재공연되었다. 김영환 역시 텍스트를 훼손하지 않고 시적 이미지를 포착하는 연출가이지만, 극 배경인 IMF 당시로부터 시간의 거리가 있기 때문인지 추상화로 표현하고자 했다. 장성희는 늘 초연이 무섭고 중요하다고 느낀다. 초연은 "상처이자 훈장"이라는 것이다.

〈달빛 속으로 가다〉(2000)는 연출가 김철리의 제안으로 빛을 보게 된 작품이다. 그런 점에서 그녀는 연출가 운이 있다고 느낀다. 어느 날 김철리가 "작품 없어요?" 물었다. "3분지 2 정도 쓴 작품밖에 없는데요." 그래도 그 작품을 보내라고 해서 보냈더니 전화가 왔다. "너무 좋으니까 완성해요." 바로 그 응원에 힘입어 극을 내처 썼다. 2000년 '새로운 예술의 해' 선정작으로 뽑히는 행운도 누렸다. 이 극을 쓰면서 정말 우리 말을 풍부하게 사용했고, 낡은 얘기라 해도 언어적 경험을 다 녹여내려 했다. 공연 때 아쉬웠던 것은 나이 든 배우들이 많이 필요했는데, 젊은 배우들이 노역을 했기 때문에 삶에 우러나오는 리얼리티가 잘 표현되지 않은 점이었다.

희곡이 문학과 다르다고 느낀 건 〈길 위의 가족〉 때부터였지만, 특히 이 극에서는 '관객이 원하는 것이 무엇인가'에 신경을 썼다. 시체를 두고 가는 장면은 관객의 관심을 의식한 장치이다. 이 극이 언어가 넘치는 느낌은

있지만 장성희 자신이 좋아하는 작품이다. 자신의 불교적, 관조적 세계관
이 다 들어 있는 작품인데다 노인세대 말들, 또 원형 공간이랄 수 있는 절
집의 기억 같은 것들이 녹아 있기 때문이다. 또 이 극에는 모놀로그가 많이
나오는데, 이윤택식의 격정적이고 극적 힘을 가진 것이 아니라 사람들의
혼잣말 같은 모놀로그이다. 자신은 극적 충돌을 가진 모놀로그보다는 극
적 힘을 약화시킨다고 지적되는, 바로 이런 혼잣말 같은 모놀로그를 좋
아한다.

이 극은 386세대의 사회적 삶, 다시 말해 역사적 사회적 상처에 대한 책
임감을 에둘러 다루고자 했다. '의문사' 혹은 억울한 죽음에 대해 해원하
고 싶어서 일종의 말굿, 해원굿을 벌인 것이다. 백중날 산사에 사람들이 천
도재를 지내러 모인다. 그리고 이들이 상처를 드러내는데 현대사의 질곡
으로 밝혀진다는 내용이다. 이처럼 억울한 객사에 얽힌 사회적 상처를 그
렸음에도 주인공은 '달빛'이랄 수 있다. 재미있는 것은 2003년 마닐라에서
열린 세계여성극작가대회에 이 극을 가지고 낭독공연에 참가했는데, 동양
적 여성성(포용성)을 그린 극으로 받아들여졌다는 점이다.

〈환생구역〉(2001)은 대학원 후배이자 상반된 기질을 가진 여성연출가
최은승이 연출했다. 이 극을 쓸 때는 극작가로서의 자신에 대해 확신이 없
던, 슬럼프에 빠졌던 시기였다. 30대 중반으로, 자신을 찾는 과정의 일환
으로 우화극을 써보고 싶다는 생각이 들었다. '구원'에 대한 문제를 다루
면서 기독교적 구원과 불교의 환생을 섞은 내용으로, 노래도 들어가는 세
미 뮤지컬 형식이다. 천국과 지옥 사이의 대기 공간에서 냉소적인 천사장
이 죽어 들어온 영혼들을 환생시키느냐 마느냐를 결정한다. 요람 수선 등
잡부 일을 하는 꼽추천사는 인간의 삶에 아름다움을 느끼고 인간으로 태
어나 살아보고 싶다는 소망을 가진다. 극은 저승의 강가에서 시작되고 우
편함에 죽은 자가 배달된다.

가족극인 〈그림자의 눈물〉은 배우들과 함께 작업하며 연출도 시도했고,
나중에 안경모가 연출했다. 워크숍 공연이라 전체 제작비가 100만 원이어

서, 밥값 40만 원을 제외한 60만 원으로 제작했다. 폐품을 주워서 소품을 만들었다. 어린이 관객들이 많았고 호응이 좋았다. 앞으로도 아동극 작업을 꾸준히 할 생각이다. 뛰놀고 응석 부린 어린 시절을 갖지 못했고 아이도 키워본 경험이 없지만, 대신 고정되지 않았다는 점을 장점으로 여긴다. 지금도 그림책이나 동화, 만화를 많이 읽으면서 아동극의 세계와 연결을 갖고 있다.

9.11테러의 충격으로, 전쟁이 왜 일어나는지를 구조적으로 그려보고자 했다. 한 소년이 친구와 싸우다가 선생님한테 교실 밖으로 쫓겨난다. 운동장에서 벌 서는데, 심심해서 전쟁놀이를 한다. 그때 어떤 죽은 소녀의 그림자가 들러붙는다. 그림자 둘을 가지고는 살 수 없으므로 소녀 그림자의 주인을 찾아주러 모험을 떠난다. 사막에서 전쟁 상인을 만나기도 하면서 결국 소녀 그림자의 주인을 찾았는데 소녀가 이미 죽은 걸 알게 된다. 재미있는 것은 소년, 소녀의 동반자 4명이다. 깎다 버린 손톱, 뽑아 버린 이빨, 신다 버린 운동화, 파서 버린 코딱지(각각 병사들, 죽음, 군화 등을 상징하는)와 같이 가는데 다 이들의 쓰임새를 찾게 되고, 가장 하찮은 코딱지의 도움으로 위기에서 벗어난다.

안경모 연출 공연은 경기도 후원으로 제작비가 넉넉했다. 그래서 무대나 의상 등에 돈을 많이 썼는데, 그러다 보니 상상이나 놀이, 연극성 등이 오히려 제약되는 것을 느꼈다. 가난해야 상상한다는 걸 체험했다.

〈꿈속의 꿈〉(2008)은 삼국유사에 나오는 문희, 보희 자매의 매몽설화를 소재로 한 작품이다. 다중 주인공이 나오며, 김유신과 김춘추의 내면도 그렸다. 욕망의 방향이란 게 인간을 살게 하는 힘이지만 행복하게 하진 않는다는 것을 말하고자 했다. 꿈을 바꿈으로써 가장 소중한 것(사랑)을 바꿔 버리고 만 것이다.

〈안티 안티고네〉(2007)는 40대에 경험한 삶의 내역과 근거리가 있는 작품이다. 일부러 가부장제 클리셰들, 예컨대 "여자가…"하는 등의 말이나 관습을 갖다 썼다. 그런데 여성이 '명예남성'으로 살아갈 때, 이를 의식 못하면 같은 여성을 훼손시킬 수 있다는 것을 말하고자 했다. 장성희 자신은 무남독녀이고 여자이기 때문에 차별받은 경험은 없다. 그러나 40대에 들어서 실질적으로 경험하는 '유리천장'의 문제를 접하면서 "여성으로서 호명되고 배제됐네"라는 생각을 하게 되었다. 그런데 문제점은 자신이 명예남성으로 살아가고자 한다는 점이다. 지금까지 여자로서가 아니라 '작가로서' 써왔다는 것을 자각했다. 〈안티고네〉를 통해 "가문의 복음이 나한테 전달될 줄 알았는데, 상징질서에서 여자인 나는 대를 이을 인물이 아니구나" 하는 자각을 말하고자 했다. 일상에선 여자 역할에 부합하면서, 내면적으로는 "난 딴 여자와 달라. 아버지의 적자야"라는 의식을 가지고 살았던 여성이 "그럼 나는 뭐지?"라는 물음을 던지게 된다는 것. 이 극을 쓸 때 이처럼 일부러 관념을 가지고 접근했다. 일상의 리얼리티를 잘 그리는 젊은 작가들이 많으니까 자신은 연극이 관념, 개념적 사고도 포용한다는 것을 보여주고 싶었다. 또 여성주의를 관념으로 다룬 텍스트가 아직 안 나왔다는 점도 이를 자극했다. 오랜 시간 동안 성실하게 페미니즘을 공부하고 소화해서, 노력을 통해 진정성을 가지고자 했다.

〈물속의 집〉(2007)은 산울림의 연극을 보러 갔다가 우연히 김도훈 연출가를 만난 것이 계기가 되어 김도훈 연출로 무대화되었다. 이 작품이 중극장 정도에서 거리를 갖고 공연되길 바랐는데, 작은 블랙박스 극장에서 공연되었다. 프로이트적 틀이 우리 정서가 아니므로 배우들도 믿고 가지 않았다는 점이 아쉬웠다. 유진 오닐의 〈상복이 어울리는 엘렉트라〉 번안 작업은 매우 어려웠지만, 개막 순간 아버지를 죽여놓고 시작하는 식으로 함축적인 형태로 풀어냈다. 무대화할 때 호수라는 근경, 원경을 살리지 못한 점이 아쉬웠고, 작은 극장의 조건이 양식화를 요구하긴 했지만 미친 여자나 할멈 같은 사실적 인물마저 모두 조형화, 양식화시킨 점도 아쉬웠다.

6. 나오며

장성희의 극세계를 살펴보면, 관심이 매우 다양하다는 것을 볼 수 있다. 당대 사회현실에 대한 시의성 있는 접근에서부터 민간 설화의 수용, 미래사회 복제기술로 인한 정체성의 혼란, 삶과 죽음의 문제, 환생을 다룬 판타지에 이르기까지 소재와 스토리에 폭넓은 스펙트럼을 보여준다. 그만큼 상상력의 폭이 넓고, 날카로운 사회의식과 탄탄한 극화 능력을 갖춘 작가이다. 앞에서 인터뷰를 통해 작품세계를 살펴보았으나, 이 중 장성희의 사회극 세 편만 골라 살펴보면 다음과 같다.

데뷔작 〈판도라의 상자〉는 지하철 물품 보관함에 물건을 맡기는 다양한 사람들의 사연을 스케치하듯 그리면서 대도시의 화려함 이면에 드리운 그늘, 소외된 사람들을 조명한다. 마치 점을 이어나가듯 각 인물들의 삽화가 병렬되다가 이들의 관계를 극적으로 연결시킨 효과적인 극화 방법을 선보인다.

〈길 위의 가족〉은 IMF 경제 위기로 불어닥친 가장의 실직이란 사회문제를 일상적 사실주의로 절실하게 그려낸다. 삼대의 가족이 캠핑을 떠난 유원지를 배경으로, 화목하고 즐거운 중산층 가족의 모습이란 껍데기가 하나하나 벗겨지면서 가족이 처한 처절한 생존의 막장이 드러난다. 실직과 궁핍으로 막내를 버렸으며 자살을 시도하는 아버지, 치매에 걸린 부인을 버리고 돌아오는 할아버지, 귀에 리시버를 낀 채 가족 간의 소통을 완강히 거부하는 청소년 아들 등을 통해 가족 해체와 세대단절의 모습을 선명하게 그려낸다. 집과 경제적 수단을 잃고 살아갈 희망을 상실한 이 가족의 모습은 바로 외환위기 당시의 중산층 몰락에 대한 가장 생동감 있는 극화라 할 것이다.

〈A.D.2031 제3의 날들〉은 미래사회를 배경으로 복제 과학자의 윤리문제와 복제인간의 정체성 혼란을 다룬다. 이 극 역시 복제기술이 이슈화된 시기에 인간복제로 야기될 수 있는 도덕적, 과학적, 철학적 문제를 깊이 있게 다루는 연극적 대응을 했다는 점에서 의의가 있다.

장성희는 사회의 어두운 그늘을 탐구하고 소외된 사람들에 대한 연민을 가지고 극화하는 데 재능을 보인 작가이다. 이를 그녀의 성장과정에 연결 시키는 것은 지나친 비약이겠으나, 어쨌든 그녀 내면에는 소외되고 상처 입은 사람들에 대한 연민과 그 상처를 할머니처럼 감싸 안으려는 포용력 이 자리하고 있는 듯하다. 시를 쓰며 다져진 시적 언어와 이미지, 또 유년 시절 많은 '엄마'들과의 생활로 길어 올려지고 축적된 우리 말의 풍요로움 과 원형적 정서는 그녀의 글쓰기에서 분명 중요한 자산이다. 두 편의 가족 극에서 성취를 보인 바 있듯이 내면의 '아이'와 '할머니'를 조화시키면서 써나가는 것, 관념에서 벗어나 땅 위에 뿌리를 내리는, 그리하여 질펀한 삶 의 언어와 원형적 정서의 이야기꾼으로 돌아가는 '방향적 회귀'에도 기대 를 걸어본다.

한국 동시대 극작가들

고 선 웅
인간 탐구를 넘어서 마술적 리얼리즘으로

　　고선웅(1968~)은 코미디, 정극, 뮤지컬 등 장르를 넘나드는 다채로운 글쓰기, 그리고 개성적이고 강렬한 자기 작품세계를 가지고 있다는 점에서 확실히 2000년대 연극을 이끌어갈 선두 주자 중의 한 사람이다. 극작가 고선웅이란 이름을 몰랐더라도, 대중으로부터나 평단으로부터 열렬한 지지를 받은 유명한 작품들, 〈락희맨 쇼〉, 〈이발사 박봉구〉, 〈깔리굴라 1237호〉, 〈황금박쥐〉, 뮤지컬 〈젊은 베르테르의 슬픔〉 등의 작가라고 소개한다면, 대학로에 연극을 조금은 보러 다니는 관객들은 금방 고개를 끄덕일 것이다. 고선웅은 1990년대 이후 데뷔한 젊은 극작가들 중에서도 인간 탐구의 유구한 인문학적 전통과 신세대 관객의 감성을 조화시키는, 문학성과 연극성을 갖춘 작가군에 속한다.

　　마침 아르코 예술극장 대극장이 〈명성황후〉(1995)를 잇는 창작 뮤지컬의 대표작으로 〈젊은 베르테르의 슬픔〉(2006.1.20‒2.19)을 초청 공연했다. 아름다운 음악과 이루어질 수 없는 사랑의 슬픔, 서정적인 노랫말의 여운을 가슴속에 담고 있던 차에, 이 괴테의 일기체 소설을 역동적이면서도 감동적인 뮤지컬로 멋지게 각색해낸 극작가 고선웅과의 만남을 가졌다.

　　만남은 명륜동 성균관대 부근에 위치한 '극공작소 마방진'의 사무실에

507

서 이루어졌다. 어떻게 연극과 만났으며 극작가로 만든 것은 무엇인지, 또
는 전기적 측면이나 작품세계와의 관련성, 혹은 작가관이나 연극관 등을
소개하기 위해서이다. 예술가에 대한 인간적 탐구는 예술가가 창조해내는
예술작품을 보다 풍요롭게 이해하기 위한 하나의 방법이 된다는 생각에서
이다. "아는 만큼 보인다"는 것, 또 나아가 "알면 사랑하게 된다"는 것은
예술작품이나 예술의 창조자에 대해서나 마찬가지인 듯하다. (참고로 인
터뷰 당시의 상황을 밝히면, 그의 작업실이자 사무실은 은은한 조명과 예
쁜 화분들로 꾸며져 있어서 마치 카페 같았고, 그의 인상은 자유로운 영혼
의 천상 연극인 같았다. 그는 매우 말을 잘하는 사람이었다. 인터뷰는 커피
두 잔을 마시면서 2시간 정도 진행되었다.)

그는 1968년 여주에서 출생했다. 2남 1녀 중 막내인 그는 군인인 아버
지 덕에 여러 지방을 전전하다가 아버지가 전역한 후 아버지의 고향인 전
라도 무안에 정착했는데, 그때가 중학교 3학년 때였다. 그리고 광주 조선
대 부속고등학교를 졸업했다. 〈이발사 박봉구〉에서 박봉구가 구사하는 토
속적이고 판소리조의 감칠맛 나는 전라도 사투리는 바로 작가가 전라도에
서 학창시절을 보낸 삶의 여정에서 무르익은 것이었다.

그를 극작가로 만든 데에는 만만치 않은 문학수업과 대중을 끌어당기는
화술 훈련이 뒷받침이 된 듯하다. 그는 고등학생 시절 문학반에 들어가 활
동했는데, 이 시기는 그의 표현에 따르면 '시에 미친 시절'이었다. 고3 때
에도 교내외 시 토론회에 빠지지 않을 정도로 열심이었고, 또 특이하게도
그는 시 한 편 한 편을 나름대로 이해하고 정리하지 않으면 다른 시로 넘어
가지 못하는 스타일의 독서를 했다. 이처럼 '씹어먹는' 스타일의 독서와
사유, 그리고 초등학교 때부터 쭉 해온 웅변으로 인해 공중을 휘어잡는 호
소력 있는 화술 구사의 내공을 쌓은 것이다.

그는 연극영화과를 지망했으나, '딴따라과'라는 부모의 반대에 부딪혀
신문방송과로 진로를 틀어서 중앙대에 1987년에 입학했다. 그러나 입학하
자마자 중앙대 연극반인 '영죽무대'에 들어가서 연극에의 꿈을 불사르기

시작했다. 이 영죽무대의 동인들로는 극작가이자 연출가인 조광화(84학번), 극작가 이대영(81학번) 등이 있다.

고선웅 작가는 자신의 연극에 가장 영향을 미친 사람들이 이 영죽무대에서 함께 연극을 했던 사람들이라고 말한다. 거기서 연극을 처음으로 배웠고, 연극인으로서의 그가 형성됐기 때문이다. 시 한 편을 이해하지 못하면 결코 다른 시로 넘어갈 수 없었던 지독한 '근성'은 이 시기의 일화에도 잘 나타난다. 그가 대학 1학년 때 주연을 맡은 영죽무대의 연극은 유진 오닐의 〈상복이 어울리는 엘렉트라〉였다. 공연시간만 꼬박 4시간 30분 걸리는 이 연극을 대학 연극반이 도전했다는 것만 봐도, 영죽무대의 치열한 연극정신과 열정을 충분히 짐작할 수 있다. 이 연극을 연습하는 100일 동안 고선웅은 집에 들어가지 않고 대학 극장에서 자면서 연습했다. 연극 연습은 오전 10시부터 시작해서 밤 10시에 끝났다. 모두 늦은 저녁밥을 먹고 나면 밤 11시 반이 되었고, 그러면 그는 대학 극장으로 돌아와 다시 대사 연습에 매달렸다. 이처럼 잠도 거의 안 자고 연습에만 매달리는 통에 그의 체중은 65킬로에서 54.5킬로로 빠졌다. 어느 날 선배가 밤에 극장에 들러 그의 대사 연습을 보더니, "숨을 안 쉬냐? 숨을 쉬어야지."라고 했다. 그때야 그는 대사가 곧 숨쉬기라는 걸 깨달았고, 또 이때의 지독한 연습을 통해 그의 인생관이 확립되었다.

"한 작품에 최선을 다해라. 그럼 길이 보인다." 실제로 그의 지독한 노력과 근성이 어찌 보면 그의 연극의 강렬한 개성과 입에 붙는 대사를 만들어 냈는지도 모르겠다. 그는 공연 전에 자신의 대본을 150번에서 160번 정도 읽는다고 했다. 1번 읽을 때마다 대사 한두 줄을 고친다는 것이다.

대학을 졸업한 후 그는 광고회사에 취직하여 4년 동안 직장생활을 했다. 그러던 어느 날 이렇게 꿈을 버리고 살아서는 안 되겠다는 생각을 하고, 회사를 사직했다. 그리곤 옥탑방에 틀어박혀 18개월 동안 18편의 작품을 썼다. 그 집념도 놀랍고, 분수처럼 솟구친 창조성의 분출도 놀랍다. 놀라는 필자에게, 그는 작품을 쓰지 않으면 안 된다는 절박함으로 "배수진을 치고 쓰면 누구나 쓸 수 있어요."라고 담담하게 말했다.

그는 1999년 한국일보 신춘문예에 〈우울한 풍경 속의 여자〉가 당선되어 극작가로 데뷔한다. 사실 필자는 이번의 인터뷰를 위해 그의 공연 연보를 작성해 보면서, 그가 데뷔하자마자 1, 2년 사이에 무려 7편을 공연했다는 사실을 알고 깜짝 놀랐는데 그 미스터리가 풀렸다. '웅녀'처럼 쑥과 마늘을 먹으면서 창작에만 임했던 18개월의 동굴 생활이 그를 다작의 극작가로, 연달아 안타를 치는 극작가로 만들었던 것이다. 〈락희맨 쇼〉(연우무대, 최우진 연출, 99.10), 〈살색 안개〉(연우무대, 김종연 연출, 2000.4), 〈서브웨이〉(작은신화, 최용훈 연출, 2000.4), 〈송경철의 건달이야기 – 맨홀 추락사건〉(김태수 연출, 2000.8), 〈藥TERROR樂〉(최용훈 연출, 2000.11), 〈뮤지컬 젊은 베르테르의 슬픔〉(김광보 연출, 2000.11)이 데뷔 직후 무려 1, 2년 동안 연달아 공연되었다. 이 시기의 공연작들을 보면 코미디, 정극, 뮤지컬 등 장르가 다양한데, 그는 그 이유를 "연출하기 위해 작품을 썼기 때문"이라고 말한다. 그래서 다양한 형식 실험에 치중했다는 것이다. 이를테면, "주제 없이 처음부터 끝까지 웃기면 어떻게 될까?" "두 사람이 계속 꼬이면 어떻게 될까?"라는 생각으로 쓴 작품이 〈락희맨 쇼〉이고, "남자는 끊임없이 말을 거는데 여자는 전혀 말을 하지 않으면 어떨까?"라는 발상에서 나온 작품이 〈우울한 풍경…〉이라는 것이다.

초기의 형식 실험을 거치면서, 그는 인간에 대한 진지한 탐구나 사회현상을 담아내는 작품으로 방향을 선회한다. 새로운 형식에 대한 고민이나 집착도 중요하지만, 그보다 더 중요한 것은 작가가 작품 속에 무얼 담을 것인가의 문제라고 생각한 것이다. 그는 희곡이란 반드시 어떤 관점이나 철학을 가져야 한다고 생각한다. 관점이나 철학이 없는 작품은 단언컨대 작품이 아니라는 것이다. 작가는 무릇 "이 얘기를 왜 해야 하는가?"에 대한 진지한 고민과 사유가 선행해야 한다는 것이고, 작가란 세상을 상대로 어떤 주제를, 어떠한 목소리로 말할 것인가를 천착해야 한다는 것이다.

그는 우리 사회의 병리현상이라든지 내면에 내재한 폭력성, 폭력의 전이, 사회 부적응자의 문제를 담은 〈이발사 박봉구〉(최우진 연출, 2002.5), 〈깔리굴라 1237호〉(박근형 연출, 2002.5), 〈황금박쥐〉(남동훈 연출, 2003.10)를 연달아 발표하는데, 이 작품들을 통해 비로소 고선웅은 개성적인 캐릭터와 자기 세계를 가진 극작가, 사회성 주제와 대중과의 소통이란 문제를 행복하게 해결한 작가로 자리매김 된다. 확실히 그의 작품들에는 작가 특유의 관점과 강렬한 극행동이 들어 있고, 그것이 바로 비슷한 소재들을 다루고 있는 다른 젊은 작가들과 그를 구별 짓는 요인이다. 고선웅 특유의 관점이란 사회적 소외자 혹은 부적응자가 내면에 억압되어 있던 분노나 좌절, 혹은 폭력성을 표출함으로써 일종의 정신적 승리와 해방을 얻는 과정을 그리는 것이다. 또 그것은 판타지와 현실이 결합되어 무대 위에 독특한 시적 이미지와 강렬한 카타르시스를 만들어낸다.

이를테면 〈이발사 박봉구〉의 경우, 이발사로서의 자기실현이 좌절당하고 자기가 동일시했던 수족관의 메기가 술집 아줌마에 의해 죽임을 당했다는 걸 아는 순간, 박봉구는 아줌마를 죽이고 이어서 아내 은영을 죽인다. 메기를 굶겨 죽였다는 하찮은 사실 때문에 아줌마를 죽이는 장면은 폭력의 남용이나 비약이 아니라 흔히 폭력의 피해자가 가해자가 되는 악순환, 혹은 약하고 힘없는 자가 그 폭력성을 주변 인물에게 전이하는 인간 심리를 그린 것이다. 그리고 이 끔찍한 분노와 살해 장면은 박봉구가 포장마차를 배로 꾸며 자신이 '안락사시킨' 아내 은영을 싣고 낙원을 찾아 떠나는 판타지 속에서 장엄한 아름다움과 연민을 획득하여 일종의 비극적 영웅으로서의 아우라를 부여한다.

고선웅은 〈황금박쥐〉에서 지하철 기관사 주인공이 결국 박쥐가 되어 날아가는 판타지적 결말을 그렸던 것처럼 앞으로는 '마술적 리얼리즘' 쪽으로 작품 방향을 설정했다고 한다. 그러니까 그동안의 다양한 형식 추구는 작가로서 자신이 누군지, 또 자기가 뭘 좋아하는지를 찾아가는 탐색의 일환이었던 셈이다. 그는 이제 비로소 자기가 좋아하고 자기에게 가장 맞는 연극적 관점과 방법론을 찾았다고 생각한다. 그가 지금까지 줄곧 탐구해

온 것, 그리고 앞으로 탐구할 것은 "결국 인간은 무엇인가?" 그리고 "말도 안 되는 상황을 어떻게 살아가는가?"에 대한 연극적 추구라는 것이다. 현실과 판타지를 뒤섞고, 신기한 상황이나 '매직'을 집어넣으면 삶의 뿌리, 곧 실존에 대한 탐구가 될 수 있다고 생각하기 때문이다.

그가 2005년 12월에 이름도 희한한 '극공작소 마방진'이라는 극단을 창단하고, 멋진 지하 연습실까지 완비하여 〈모래여자〉 공연을 준비하고 있는 것도 결국 '마술적 리얼리즘'에 대한 연극적 추구라는 마니페스토 그 자체이다. 더욱이 그는 앞으로 연출도 병행할 작정이라고 한다. 이제 그도 '작가−연출가'의 계보 속으로 걸어 들어갈 모양이다.

"세상에는 상식을 뛰어넘는 기이한 현상과 행위들이 존재합니다. 그것은 매우 신기하고 또 연구해 볼 만한 가치가 있다고 생각했습니다. 마방진은 그런 소재와 내용을 담아 표현하는 극공작소입니다. 그래서 마술적 사실주의Magic Realism가 집단의 향로가 될 것입니다. 아직은 철학적 변별력이 부족하고 사유의 내공이 미약하지만, 방향을 찾았으니 걸어갈 길은 있습니다."

지금 가벼운 코믹, 감상주의, 혹은 철학 빈곤과 스타일 과잉의 극들이 넘쳐나는 우리 연극계에서 문학성과 연극성을 갖춘 작가, 독특한 관점과 철학을 가진 작가 고선웅이 '마방진' 같은 개성과 판타지라는 미답의 세계를 어떻게 열어갈 것인지 기대된다. 컴퓨터와 가상현실, 영상이미지 시대를 사는 오늘날, 사실 우린 현실이 더 환상 같고 환상이 더 현실 같은 시대를 살고 있지 않은가.

이 해 제
삶의 모순에 대한 질문으로서의 글쓰기와 연극

1. 달토끼가 말하길……

한 해가 또다시 속절없이 저물어간다는 생각에 더욱 가슴이 먹먹해지는 12월, 맞지 않은 옷을 입고 등 떠밀려 무대에 선 대역 배우 같은 느낌에 더욱 쓸쓸해지는 12월에 '달토끼'를 만났다. 늘 일에 쫓기며 러닝 머신 위에 올라탄 것처럼 달리고 있지만 이건 뭔가 아니라는 느낌, 내가 인생에서 원한 것은 이런 삶이 아니었고 내 꿈은, 내가 진정 살고 싶은 삶은 '저편 어딘가에' 있다고 생각하던 나에게 달토끼가 말했다.

> 이렇게, 평생 이렇게 절구질을 하다 보면, 그래…, 다른 일도 하고는 싶어. 하지만 그때마다 이런 생각이 들었어. 이게 내 일이라는 생각 말이야. 나만이 할 수 있는 내 일……

달토끼의 그 말, 미사여구도 없고 문학적인 휘황한 아우라도 두르지 않은 평범한 그 말이 내 가슴의 현을 울렸고, 따스한 물살처럼 나를 감쌌다. 그래, 연극은 그런 것이다. 자신의 삶이 보잘것없어 보여 힘들고, 가지 않은 길을 그리워하며 지금 걷고 있는 길에 애정과 확신이 없을 때, 그리고 천지간에 홀로 선 듯 막막하고 외로울 때 작은 손을 내밀어 붙잡아 주는 것. 성냥팔이 소녀가 성냥 하나를 그어 언 몸을 녹이고 어둠을 밝히며 사랑과 따스함과 행복을 맛보았던 것처럼 비록 순간의 환상일지언정 따뜻한 위안이 되는 것.

달토끼가 위안을 던져준 이 연극은 이해제가 쓰고 연출한 〈달토끼가 말했어〉(2006)이다. 일과 삶에 관한 에피소드 7편을 엮은 이 옴니버스 연극에서, 모든 등장인물은 삶은 누구에게나 힘겨운 것이지만 그럼에도 자기 일과 인생을 사랑하며 최선을 다해 살아내야 하는 거라고 얘기한다.

〈흉가에 볕들어라〉, 〈지리다도파도파 설공찬전〉, 〈해일〉 등으로 깊이 있고 개성적인 연극세계를 보여준 극작가이자 연출가 이해제와의 만남은 이처럼 한해의 끝자락에 공연된 〈달토끼…〉를 계기로 이루어졌다.

2. 연극과의 만남

이해제(1971~)와 비교적 긴 시간 동안 대화를 나누면서 받은 인상은 그가 욕심을 내려놓고 사는 초연한 도인 같은 사람이라는 것이다. 그는 깊은 내면을 간직한 사람 특유의 맑은 우물 같은 표정을 지녔다. 1971년생의 젊은 연극인인 그가 이 시대의 뜨거운 욕망과 명성, 혹은 성공의 가치에 대해 초연한 마음자리를 유지하고 있다는 것이 매우 신선하고 놀랍게까지 느껴졌다. 하긴 세상사와 거리를 둔 초연한 성품이나 부박한 욕심에 물들지 않고 깨끗하게 살고자 하는 삶의 지향성은 그의 작품들에 일관되는 주제를 통해 암시되기도 한다. 그의 대표작 〈흉가에 볕들어라〉가 인간사에 뿌리박은 욕심을 풍자하고 있고, 〈설공찬전〉, 〈나체질주자 수사본부〉, 〈육분의 륙〉 등이 권력욕이나 부에 대한 끝없는 탐욕을 조롱하고 있으며, 〈달토끼가 말했어〉에서는 자족하며 사는 소박한 삶에 대한 긍정성을 따스하게 그려내고 있으니까.

이해제는 부산 출생으로 2녀 1남의 형제 중 막내이다. 고등학교 시절에 문예부 활동을 하면서 소위 '문학 불량배' 생활을 했다고 한다. 이때 좋은 교사들과 선배들을 만나 많은 책을 읽었고 글쓰기의 소양을 길렀다. 그는 소설보다는 문학 비평서에 재미를 붙여서 김우창, 백낙청 등의 저서들을 많이 읽었다고 한다. 교실 뒷자리에 앉아 문학 비평서와 사회과학 서적들을 읽었다. 그는 이 시기, 시를 주로 습작하면서 시 쓰는 사람이 되고 싶었다. 고등학교 졸업 후 군대 가기까지 2년 동안 그는 도서관을 다니면서 혼자 책을 읽고 영화를 보며 자유롭게 지냈다. 그리고 문학 계간지에 시를 투고해서 최종심에 올라갔다. 그 시가 당선되지 않았을 때, 그는 투고 의욕을 상실하고 더욱 시 공부에 매달렸다. 그러던 중 시들을 엮으면 뭔가 얘기가 되지 않을까, 하는 생각을 했다. 그때 시극이라는 장르가 있는 것도 몰랐고, 엘리엇이나 귄터 아이히 등의 시극을 읽어본 적도 없었다. 다만 고은의 『만인보』에 나오는 시들을 엮으면 결국 박경리의 대하소설 『토지』와 같은 게 될 거라는 생각을 막연히 했다.

이렇게 시극이 갖는 은유와 묘한 매력을 감지했던 그는 부산 가마골 소극장의 워크숍에 참여했고, 숙명적으로 연극을 운명으로 받아들이게 된다. 여기서 연극배우 오달수를 만났고, 그와는 같은 동네인데다 죽이 잘 맞아 늘 붙어 다니게 되었다. 그 인연은 지금까지 이어져서 함께 연극을 하는 동지이자 극단 '신기루만화경'의 창단 동인이기도 하다. 가마골의 워크숍에서 처음 접해본 연극은 이해제를 매료시켰다. 그동안 그가 탐닉해온 문학이 혼자만의 머릿속 세계였다면, 연극이 갖는 노동성이나 현장성은 그를 매혹하며 새롭게 다가왔기 때문이다. 그에게 연극의 노동성이란 관념에 대비되는 육체적인 것이며 밥과 같은 생산적인 것을 의미했다. 그는 논다는 행위가 재미있다는 것을 체험했으며, 연극 자체가 삶의 전부가 되자 극장 청소하는 것까지도 재미있어서 열심히 했다.

이처럼 그의 극작가-연출가로서의 수련은 부산 가마골소극장에서부

터 시작되었다. 〈쓰레기들〉(1992)의 공동 각색을 필두로, 〈죽음의 교실〉(칸
토르 작)의 재구성을 맡아 워크숍 공연을 했으며, 1994년에는 서울 동숭동
에 위치한 '우리극연구소'의 간사로 일하면서 〈허재비놀이〉(칸토르의 〈죽
음의 교실〉, 연출 이윤택)의 번안을 맡았다.

3. 작품과 공연에 얽힌 이야기

그가 처음 발표한 창작 희곡은 〈곡마단 이야기〉(1995)이다. 이 극은 극
단 인혁의 창단공연작인데, 연출을 맡은 이기도는 연희단 거리패 1.5기 동
인으로 〈허재비 놀이〉 때 조연출을 맡았었다. 이 작품은 현재 대본이나 파
일이 남아 있지 않다고 한다. 극의 내용은 유신시절 곡마단에서 벌어지는
이야기로, 정치적 상황과 곡마단 내부라는 소우주를 중첩시킨 것이다.

두 번째 작품인 〈꽃밭〉(1996)은 극단 인혁의 2회 공연으로 역시 이기도
가 연출을 맡았다. 꿈속의 왕夢君이 어느 날 우물을 들여다보니 현실세계가
보였다. 아름다운 꽃밭과 아름다운 여자를 보았던 것이다. 그는 아름다운
여자를 만나러 현실세계로 가지만, 현실이 꿈속 세계와는 다르게 조종되
지 못하는 것임에 고통을 느낀다. 현실 세계는 사람 사이에 빚어지는 사랑
과 미움 등으로 점철된 갈등의 세계였다, 그는 술을 마시면 안 되는 금기를
어기고 사랑하는 여자가 주는 술을 마시고 결국 죽음을 선택한다.

이 두 작품을 공연한 후, 이해제는 어떤 계기로 인해 글쓰기와 결별하겠
다는 결심을 한다. 연극을 접고 살아가던 그에게 이기도가 찾아와 공연할
것을 간곡하게 권유했고, 이해제 역시 얘기하고 싶은 것들이 목에 차올라
있었기 때문에 다시 연극과의 연을 이어나간다.

〈꽃밭〉의 주연을 맡았던 배우 강신구가 서울시립극단의 오디션을 보러
갈 때 이해제를 찾아와 공연 대본을 달라고 부탁했다. 그래서 이해제는 미
리 써놓았던 2, 3장 분량의 장면을 주었다. 그러다 2, 3년 후 작품 의뢰를

받게 되자 문득 그동안 묵혀 놓았던 그 장면이 생각이 났다. 이러한 과정으로 태어난 작품이 바로 그의 대표작 〈흉가에 볕들어라〉(이기도 연출, 1999)이며, 최초에 미리 써놓았던 부분은 파북숭이의 대사였다.

이 극은 민간신앙의 가신家神 모티브와 추리극적 구조, 해학적 캐릭터들을 통해 다양한 인간의 욕망을 추적한다. 이 극을 창작한 나이가 28세라는 게 믿기지 않을 만큼 깊이 있는 인문학적 시각과 전통적 정서, 판소리체 사설과 경상도 사투리의 능란한 구사, 전래 민속과 신앙 등이 폭넓게 뒷받침되어 있다. 그는 이 작품을 6개월 동안 붙잡고 쓰면서 매우 행복했다고 한다. 줄거리에 가신 신앙을 결합하면서 그는 어릴 때 굿판이 열리던 기억, 『정감록』을 줄줄 외울 정도로 동양사상이나 세상사에 밝았던 외할머니를 떠올리며 작업을 했다. 이 작품을 쓰는 6개월 동안 어휘 하나하나에 심혈을 기울였다. 글을 쓰다 막히면 도서관에 가서 그 상황이나 그 부분에 꼭 맞는 한 단어를 찾아내는 데 매달렸다. 그의 목표는 공연을 하기 위해 그 누가 건드려도 원 텍스트가 고대로 남게 하겠다는, 즉 텍스트의 완벽성이었다. 그도 그럴 것이 90년대 중후반은 포스트모더니즘의 영향으로 해체가 유행하면서 텍스트가 폄하받던 때였다. 연출가들이 연출중심주의란 욕망에 맞추어 맘대로 텍스트를 해체하고 자르고 뒤집는 일이 다반사였던 시기였다.

그는 희곡을 쓸 때 두 가지를 염두에 두었다. 하나는 극을 자기 자신이 풀어야 할 삶의 문제로 접근하는 태도, 두 번째는 미학적 완성도였다. 그는 부산남고 재학 시절, 국어 선생님으로부터 모든 종류의 글이나 시를 정확하게 읽는 훈련을 철저하게 받았다. 또 소설보다 비평서를 많이 읽은 독서 경력으로 인해 텍스트의 논리적 구조나 완성도를 중시하는 문학관이 형성되어 있었다. 그는 〈흉가에 볕들어라〉를 쓰는 동안, 이 복잡한 구도의 극에 논리적 짜임새와 미학적 완성도를 부여하기 위해 도표를 그리면서 창작했다. 이렇게 먼저 세심하게 인물들의 설정과 구조를 짜놓으면, 다음에는 인물들이 스스로 이야기한다는 것이다. 등장인물의 대사에서 가장 중요하게 생각하는 것은 극작가가 만들어놓은 말이 아니라, 우리가 삶에서 쓰는 말처럼 그 인물에게 맞는 말을 부여한다는 점이다. 머슴이나 청지기를 등장시킨다면 관념적인 접근으로 머슴이나 청지기의 말을 지어내는 게 아니라, 실제 머슴이나 청지기가 쓰는 말을 발화하도록 하는 것이다.

〈흥가…〉에서 특징적인 것은 유장하고 시적인 판소리체 지문이다. 남부자의 독백체로 이루어진 지문들만 엮어도 한 편의 장편 판소리나 시극이 만들어질 법 하다. 연극으로 형상화될 때 배우들의 몸짓이나 표정, 혹은 비언어적 기호들로 번역되고 말 이 지문들을 그는 문학적 위엄과 음악성, 은유의 폭을 지닐 수 있는 정교한 시극의 틀로 빚어냈다. 이처럼 공들여 지문을 쓴 이유는 이 지문이 숨어 있는 울림들을 주어 연출이 음악적 접근으로, 판소리로, 혹은 모노드라마로, 혹은 이미지극으로, 혹은 변사가 등장하는 극 등등 다양하게 연출할 수 있는 상상력을 주고자 시도했다는 것이다. 연출이 무궁한 상상력으로 다양하게 변주할 수 있는 극, 그럼에도 텍스트는 무너지지 않는 연극의 꿈을 담은 것이다.

2000년에는 배우 오달수와 함께 극단 신기루만화경을 창단했다. 이 극단명은 이해제가 1997년에 쓴 미발표작의 제목을 그대로 딴 것이다. 아직 공연되지 않은 〈신기루만화경〉 역시 이해제의 독특한 상상력과 그의 정신세계의 일단을 드러낸다. 그의 첫 작품인 〈꽃밭〉이 '꿈속의 왕'을 주인공으로 현실과 환상의 문제를 다루고 있듯이, 또 〈흥가에 볕들어라〉가 '일장춘몽'의 형식을 빌려 꿈과 현실, 삶과 죽음의 문제를 다루고 있듯이 〈신기루만화경〉은 추억을 잃어버린 한 노인을 주인공으로 추억이 삶의 형식인 동시에 삶의 타자임을 말한다. 추억을 잃어버린 한 노인에게 낯선 사람들이 찾아와 열쇠를 건넨다. 그런데 그 낯선 사람들은 바로 노인이 잃어버린 추억의 한 단편들이다. 노인은 죽기 직전에야 자신에게 추억이란 게 있었다는 것을 깨닫게 된다. 이런 내용으로 미루어보건대, 그가 말하고자 하는 것은 삶이란 추억의 연속이며, 시간이 삶에 각인시키는 것들로 이루어진 것이라는 것, 그리고 〈흥가…〉의 죽었으되 죽은 것을 모르는 귀신들로 인해 삶과 죽음의 경계가 지워졌듯이, 추억과 망각의 변증법을 통해 삶 속의 영원한 대타자인 죽음의 문제를 말하고자 한 것으로 추측된다.

2003년에 그는 또 하나의 문제작 〈지리다도파도파 설공찬전〉을 쓰고 연출했다. 조선시대의 금서였던 채수의 고전소설 〈설공찬전〉의 각색극이지만, 원작과는 매우 다른 재창작에 가까운 극이다. 혜화동 1번지 3기 동인으로 활동한 이해제는 혜화동 1번지 페스티벌의 주제인 '권력'에 초점을 맞추어, 우리의 일상 속에 작동하는 권력과 권력 욕망을 풍자적으로 그렸다. 그는 재미있는 이야기나 강력한 스토리텔링에 초점을 맞추기보다는 이 시대, 이 사회의 모순들을 드러내고자 한다. 정의나 정도正道가 아닌데도 화려한 빛깔로 거대한 흐름을 형성하는 모순들, 그리하여 바른 목소리를 사라지게 하는 그 모순들을 드러내고자 한다. 그런 의미에서 바른말을 해도 말이 안 통하는 이 시대의 모순을 아파하며 침묵을 선택하는 인물인 설충란은 바로 작가 이해제의 연극적 자아로 비치기도 한다.

〈해일〉(2004)은 예비군 훈련을 가서 반공 교육을 받을 때 들은 내용을 모티브로 삼은 극이다. 6.25 때 인민군이 퇴각하면서 방공호에 두 명의 군인을 쇠사슬로 묶어놓아 방호사격하도록 남겨놓았다는 일화를 듣고, 그는 총알받이의 역할로 남겨진 두 군인이 얼마나 힘들고 무서웠을까 하는 생각을 했다. 이 이인극(유지태, 오달수 출연)에서 그는 특히 언어에 공을 들였다. 예쁘고 맛깔스러운 우리말의 어감들, 리듬을 살리면서도 시적이고 문학적인 언어와 연극적 언어의 접점을 찾는 데 주력했다.

〈오르골〉(2004)은 우리 근현대사 속에서 빚어지는 두 남녀의 사랑과 삶의 이야기를 다룬 이인극이다. 긴 인생에 걸친 두 남녀의 성장과 사랑이 편지 형식으로 낭독된다는 점에서 〈러브 레터〉(거니 작, 신일수 연출, 극단 한양레퍼토리, 1999년 초연)와 비슷하다. 공연은 파파프로덕션 대표인 이현규와의 공동창작 겸 이현규 연출로 이루어졌다. 실제로 이해제가 쓴 작품은 〈러브 레터〉와는 완전히 다른 창작으로, 비슷한 점은 두 명의 남녀가 나누는 편지 형식이라는 점밖에 없었다. 그러나 공연과정에서 연출이 일부 비슷한 에피소드를 섞어 넣는 바람에 극단 한양레퍼터리 측의 항의가 있었다고 한다. 이 문제에 대해 연출과 혹시 갈등을 빚지 않았냐고 질문하자 그의 초연한, 담백한 대답이 돌아왔다. "공연은 늘 사라지는 것이고 새롭게 태어나는 것이다. 공연에 있어서 내 것은 없다. 다 없어지는 것이 모든 것들의 운명이다. 지구도 영원하지 않으며, 도서관도 물론 영원하지 않다. 그리고 공연은 공동 작업이므로 서로의 역할에 대한 이해를 갖는다면 섭섭할 것이 없다. 물론 공연이 실패하면 열불이 나지만 그러나 앞으로 더 나은 무엇을 만드는 자극이 된다. 미학적 완성이라는 욕심 때문에 인간관계를 훼손하고 싶지는 않다. 인간을 버리면서까지 예술 하길 원하지 않는다."

〈육분의 륙〉(2005)은 영화배우 유지태가 공연을 제안하여 이루어졌다. 유지태는 상류사회 오렌지족의 러시안룰렛 게임을 모티브로 한 영화 제작을 제의했으나, 이해제는 이를 소재로 연극을 만들었다. 포커 게임을 하면서 계산된 죽음을 유도하는 것이 극의 줄거리로, 극의 장면들을 만들어가는 것은 포커 게임으로 표상되는 집안 내 권력투쟁, 성공을 위해 서로를 이용하는 비정하고도 정교한 게임과 상류사회의 모순들이다.

〈달토끼가 말했어〉(2006)는 파파프로덕션의 기획으로 창작과 연출을 의뢰받아 쓴 작품이다. '일과 인생'이란 주제로 잡코리아와 노동부가 소재를 공모하고 기초 제작비를 댔다고 한다. 소재 공모의 심사를 맡았던 그는 삶 속에서 길어올린 이 감동적인 소재들을 가지고 7개의 에피소드로 꾸며진 옴니버스 드라마를 창작했다. 7개 에피소드 중 6편은 소재 공모에서 활용했고, 전업주부의 일상을 그린 '기계부인의 하루' 에피소드는 그의 순수한 창작이다. 그는 연극 작업이 책 읽기와 똑같이 인생의 문제의식과 삶의 감동을 전달하는 매우 귀중한 작업이라는 믿음을 가지고 있다.

4. 기교는 기억되지 않는다. 오직 진실의 힘만이…

이해제는 글에 관한 한 결벽증이라 할 정도의 자의식을 지닌 극작가였다. 그는 원천부터 자신의 문제의식을 갖고 작품을 쓴 작품만이 진정한 자신의 작품이고, 제작자 측으로부터 작품 의뢰를 받아 대본가라는 하나의 역할로서 쓴 작품들에 대해선 '매문賣文'이란 표현을 썼다. 매문이라니? 얼마나 오랜만에 들어보는 생소한 단어인가? 소비자본주의, 모든 것이 돈으로 상품성으로 계산되고 사람의 가치가 연봉으로 환산되는 이 시대에 매문이라는 고색창연한 어휘를 운운하다니……. 그러나, 아, 얼마나 참신하고 가슴을 서늘하게 만드는 말인가. 이 시대의 터질 것 같은 욕망에 휩쓸리지 않고 타협을 거부하는 청정한 결벽증!

그는 늘 "많이 벌지 말고 작게 쓰자"라는 다짐을 한다고 했다. 〈달토끼는 말했어〉에 나오는 마라톤 맨이 마라톤을 하면서 "참가비 이만 오천 원. 그래도 이만 오천 원이면, 이번 주는 견디긴 견디겠다. 라면 한 박스에 만육천오백 원. 서른 봉지. 꽤 많네! 그리고 쌀 3키로짜리면 딱 아도."라는 대사가 바로 자신의 말이라는 것. 그처럼 가계부를 미리 그려보고 계산해서 산다면 작은 돈으로도 충분히 살 수 있지 않으냐고 생각한다.

그가 작품을 쓰는 이유는 삶의 문제나 모순들을 나름대로 해결하기 위해서이다. 한 작품의 마침표를 찍으면 모순을 해결한 듯 희석이 된다는 것이다. 그가 생각하는 '연극하기'는 삶의 문제나 모순들을 연극행위를 통해 공론화시키는 것이다.

극작가로서의 경력 못지않게 많은 작품들을 연출해온 이해제는 연출 작업에서 늘 염두에 두는 것은 '연출이 사람한테 배우는 작업'이라는 것이다. 희곡을 쓰는 동안에는 머릿속에서 인물들과 얘기했다면, 연출 작업은 배우들, 작업자들과 인생 얘기를 자연스럽게 나누는 것이다. 연극을 만드는 공동 작업은 각자가 톱니바퀴 속의 하나가 되는 일이다. 그는 배우들에게 자신의 생각을 주입하거나 설명하기보다는, "희곡의 이 인물은 어떤 삶의 과정을 살아왔을까?" 하고 얘기를 나누면서 인물들의 히스토리를 들춰내고자 한다. 그는 배우들을 믿어줘야만 배우들이 진실을 보여준다는 믿음을 가지고 있다. 그는 "아름다움은 선이다."라는 명제, "미학은 도덕보다 우선된다."라는 명제가 맞는 명제인가를 진지하게 고민하고 있기도 하다.

그는 막이 내림과 동시에 사라지고 마는 유한성의 예술인 연극이 누군가의 기억 속에 남기 때문에 소중하다고 생각한다. 연극은 '감정의 예술'이다. 관객의 기억 속에 그 감정이 계속 남아 있고 잊히지 않는 것으로 흔적을 남기기 때문이다. 우리의 일상은 의미 없이 흘러가지만, 순간의 예술인 연극은 뭔가를 각인시킴으로써 영원히 남는다.

그는 작가라는 명찰을 부담스러워 한다. 배우들과 함께 깨어 있으면서 뭔가를 천착하는 행위, 연극을 만들기 위해 모인 공동체에서 뭔가 진실을 찾아 나가는 행위를 하고 있을 따름이라고 생각한다. 예술의 세계에서 버텨내기 위해서는, 소위 '예술 정치가'가 되지 않기 위해 스스로 경계하며 초심을 잃지 않으려고 노력하는 그는 예술가란 자기 양심과의 싸움을 벌여나가는 자라고 생각한다. 역시 그는 결벽증을 가진 예술가이다. 그는 스스로에게 다짐한다. "기교는 기억되지 않는다. 중요한 것은 진실의 힘이다."

지금 다시 생각한다. 명성과 욕망이 절대가치로 숭상되는 혼탁한 이 시대에 순수한 결벽증을 가진 예술가들이 좀 더 많아진다면 이 시대, 예술은 좀 더 진실해지고, 그리하여 관객과 감동으로 만나게 되지 않을까?

배 삼 식

이야기꾼, 연극 하나에 인생을 걸다

1. 연극이 빚어내는 술의 향기에 취하다

'술 한 잔에 목숨을 건' 주호의 일대기를 행장이란 옛글의 형식과 교직시켜 그려낸 〈주공행장酒公行狀〉(2006)은 신선한 충격과 감흥을 안겨준 연극이었다. 봄밤의 그윽함과 술의 향기, 시의 서정에 취해들게 한 공연이었다. 술 한잔에, 목숨을 걸다! 오호라!

이 극을 보며 관객은 아마도 술로 인한 에피소드들을 기억해내며 술이 자신의 인생을 형성했음에 새삼 놀라기도 하고, 혹은 주공의 술처럼 자신이 목숨을 건 인생의 그 무엇인가를 떠올려 봤으리라. 술과 인생의 상관관계, 혹은 술이 환유하는 인생의 그 무엇인가에 대해 사유하게 하는 그 공연을 보고 나서 많은 관객들의 발길은 자연스럽게 술집으로 향했던 것이다.

〈주공행장〉의 작가 배삼식(1970~)은 데뷔한 지 얼마 안 되는 젊은 극작가임에도 매우 독특한 자기 세계를 가지고 있는, 드문 작가다. 드문 작가라고 한 것은, 대부분의 젊은 극작가들이 현실세계에 발을 깊숙이 딛고 서서 삶의 문제와 씨름하고 있는 것과는 달리 그는 저만치 물러선 채 삶에 대한 달관과 관조의 시선으로 삶을 재구성하고 의미화하기 때문이다. 그런 점에서 그의 희곡은 여백과 사유를 담고 있는 한시나 동양화, 혹은 옛글의 세계를 은연중에 닮아 있다. 그의 희곡은 동양적 세계관과 인문학적 교양을 바탕으로 시적 정취와 넉넉한 해학, 뜬 세상의 덧없음에 대한 비애를 담아낸다. 그의 여러 편의 각색작품이나 창작희곡들은 인물들의 대립과 충돌을 축으로 하는 극적인 이야기가 아니라 할머니 무릎에 누워 들었던 옛날이야기 같이 편안하게 숨 쉬며 들을 수 있는 이야기이다. 인생을 시적으로 압축하면서도 재미있는 한 편의 이야기를 듣고 보는 듯하고, 그렇게 느슨하게 서사적으로 풀어져 있는 듯하면서도 연극적 감각의 짜임새를 갖고 있는 것이 그의 극이다.

2. 우연히 극작가의 운명과 조우하다

배삼식裵三植은 상대방을 무장해제시키는 선량한 웃음이 특징적인, 그리고 말도 조용조용하고 겸손해서, 은거하는 선비 같았다. (인터뷰: 5월 16일, 쇳대박물관 카페)

그는 1970년 전주에서 기독교 집안의 5남매 중 세 번째로 태어났다. 한국예술종합학교 연극원 극작과에 진학할 때까지는 그는 극작가가 되겠다는 생각이 없었다. 극작가는커녕 아예 글쓰기에 관심조차 갖지 않았다. 초등학교 다닐 때 백일장에서 상을 받아 글쓰기에 두각을 나타낸 적이 있었는데, 이때 농사를 짓던 아버지가 그의 재능을 키울 생각으로 하루에 1편씩 글짓기를 강요한 데 대한 부작용이었다.

그러나 그는 서울대 인류학과를 다닐 때 사회대 연극반에 들어갔고 연극과 관련을 맺었다. 졸업을 한 학기 남기고 입대한 그는 태안읍의 해안 경비대에서 군복무를 했다. 군인 배삼식은 읍내 도서관에 다니면서 독서의 세계에 빠져들었다. 작은 도서관이었지만 종류가 다양한 많은 책들, 이를테면 소설들뿐 아니라 포스트모더니즘 서적들, 데리다나 들뢰즈, 가타리 같은 철학책들도 소장하고 있었다. 이 시기에 그는 독서광이 되었고, 독서를 업으로 삼고 싶다는 생각까지 하게 된다.

제대 후 대학에 복학하여 남은 1학기를 다녔는데, 우연히 그의 운명을 결정짓는 사건과 조우하게 된다. 운명은 언제나 우연의 얼굴을 하고 불현듯 찾아드는 법이니까. 연극반을 하며 알고 지내던 후배가 연극원의 연출과 시험을 본다면서 같이 공부하자고 제안한 것이었다. 그 바람에 그는 깊이 생각할 것 없이, 그럼 자신은 후배가 지망하는 과와 다른 극작과 시험을 봐야겠구나, 생각하고 극작과에 시험을 쳐서 입학하게 된다.

극작과에 진학한 그는 극작가 김광림, 이강백, 박조열 교수 등에게 배웠다. 극작과의 수업은 단순히 글쓰기만 공부하는 게 아니었다. 연기 수업, 무대미술 등 연극의 전 과정의 맛을 보게 하고, 무대화에 참여하는 현장작업을 통해 연극을 위한 글쓰기를 성숙시키고, 또 무대와 관객 간의 소통에 대한 감각을 익히는 것이었다. 극작 수업 시절, 그는 특히 김광림 교수의 글쓰기 가르침에 강한 인상을 받았다. 김광림 교수는 형용사와 부사를 뺀 글쓰기를 강조했다. "비디오 화면을 서술하듯이 눈에 보이는 것만 써라." 즉, 정서나 감성에 기대기보다는 구체적인 사실 묘사로 출발하라는 지적은 극작가 배삼식에게 매우 중요한 지침이 되었다. 또 글쓰기에 있어 인문학적 교양의 중요성을 가르친 분은 시인 황지우 교수였다.

극작 수업시간에는 미국에서 나온 책을 교재로 희곡 극작법을 배웠다. 극작은 기본적으로 가르칠 수 없는 것이지만, 실패하지 않는 방법 정도는 가르칠 수 있다는 것이 기본 취지였다. 이 극작법은 발단, 전개, 클라이맥스, 결말을 기본 구조로 삼는 전통적인 것으로, 갈등과 대립을 밀고 나가 끝장을 봐야 하는 것이 극적 구조의 핵심이라고 가르쳤다. 요컨대, '충돌이 없으면 극으로선 죽은 것에 불과하다'라는.

그런데 배삼식은 이러한 극작법에 영 익숙해지지 않았다. 습작을 할 때 갈등구조를 강조하는 플롯을 염두에 두고 구성하려 해도 잘 안되곤 해서, 구조에 대한 머리가 없어서 그러나, 하는 생각까지 했다. 나와 타자, 세계를 바라보는 관점이 정통적 극작법과 잘 맞지 않는다는 것에 대해, 그리하여 자신의 습작 희곡에서는 늘 유사 갈등으로 미끄러지고 마는 것에 대해 고민했다. 극작을 가르치는 스승은 정통 극작술을 익혀야만 그걸 넘어설 수 있다며 정통 극작술의 수련을 강조했다. 그러나 배삼식은 갈등구조가 중심이 된 극을 쓰고 나면 그것이 자기 스스로도 동의하지 못하는 극악스러운 작품으로 보여서 영 마음에 들지 않았다. 이 시기, 그는 소위 '잘 짜인 극'well-made play의 구조를 짓지 못해서 꾸지람을 많이 받았다.

처녀작부터 지금까지 발표한 배삼식의 극들은 확실히 정통적 극작술과 어느 정도 거리를 두고 있다. 체호프가 갈등구조를 핵심으로 하는 정통적 극작술에 기대지 않고 오히려 자기 형식을 만들어내어 뛰어난 작품을 창조했듯이, 그 역시 자기한테 맞는 극형식에 대해 모색 중인 것이다.

3. 삶에 대한 관조, 뜬세상의 덧없음을 노래하다

극작과 다니던 시절, 그는 변변히 방 한 칸 마련할 돈이 없어 학교를 집 삼아 지냈다. 그는 과 사무실이나 교수 연구실을 숙소로 삼아 자유롭게 지냈다. 그의 어느 글에 보면 이런 구절이 나온다. "나는 가진 것도, 기댈 것도 없었다. 손에 잡히지 않기로는 마찬가지인 눈앞의 것들에서 눈을 돌려, 좀 더 멀고 큰 것들을 바라보았었다. 세상을 다 아는 듯, 건방지게 폼을 잡고 다녔다."

이십 대 후반 극작과 재학 시절, 그 푸릇푸릇한 시기에 배삼식은 세상을 오래 살아버린 사람처럼 이미 삶에 대한 달관을, 그리고 뜬세상의 덧없음에 대해 깊이 인식하고 있었다. 그리하여 그는 그것을 시적이고 응축된 대사로 표현하고자 했다. 그는 말에서 음악이 사라지는 것을 경계했다. 그는 말의 음악성과 사유성, 은유가 살아 있는 1930년대 시, 번역된 한시, 민요들을 좋아했다. 그의 극을 특징짓는 울림이 큰 시적 대사와 여백의 세계는 바로 이러한 취향에서 나온 것이다. 혹자는 그의 대사에 대해 "살아 있는 말이 아니다. 현실에 배를 붙이고 써야지, 예술만 할려고 하느냐"라는 비판을 하기도 했지만, 그는 현실의 난잡한 말에 대해 반감을 가졌으므로 그에 동의할 수 없었다.

극단 미추와 작업하면서 그는 자신의 이러한 글쓰기에 대해 더욱 확신을 가질 수 있었다. 희곡의 대사란 현실에서 쓰이는 말이라 해도 현실 그대로의 말이 아니라는 것을 확인했던 것이다. 그는 좋은 시들을 보면서 위안을 얻고, 그 아름다운 느낌을 작품에 투영하고 싶어한다. 또 그의 글쓰기에 큰 영향을 미친 것은 국학이다. 선대의 문학적 유산들은 현대 작가들에게 거의 단절된 상태인데, 다행히 국학 연구자들의 저술 활동으로 자칫 묻혀 버릴 뻔했던 한문학이나 한시를 접할 수 있게 되었고, 그 아름다운 시적 세계와 폭넓은 사유의 세계로부터 무한한 영감을 길어 올릴 수 있게 된 것이다.

4. 좋은 이야기에 인생을 걸다

배삼식의 극작품 목록을 보면, 각색 혹은 번안 작품과 창작희곡, 마당놀이 대본 등 대략 3가지로 대별된다. 각색이나 번안 작품은 공연 데뷔작인 〈하얀 동그라미 이야기〉(브레히트 원작, 번안, 1998)를 비롯하여 〈인생은 꿈〉(칼데론 원작, 번안), 〈허삼관 매혈기〉(위화 원작, 각색, 2003), 〈정글 이야기〉(키플링 원작, 번안, 2003), 〈빵집〉(브레히트 원작, 각색, 2004), 〈벽속의 요정〉(후쿠다 요시유키 원작, 번안, 2005) 등 6편에 이른다.

그의 창작희곡으로는 〈11월〉(1999), 〈오랑캐 여자 옹녀〉(2001), 〈최승희〉(2003), 〈주공행장〉(2006) 등 4편이다.

극단 미추의 마당놀이를 위해 그가 쓴 작품은 2편이 있는데, 판소리 '적벽가'를 모티브로 한 〈삼국지〉(2004), 셰익스피어의 〈베니스의 상인〉에서 모티브를 빌려 온 〈마포 황부자〉(2005)이다.

그의 작품 목록에서 두드러지는 특징은 그가 각색이나 번안 작품을 무척 많이 발표했다는 사실이다. 또 공연을 보거나 대본을 읽을 때 두 번째로 놀라는 지점은 그가 각색 또는 번안을 한 작품은 원작으로부터 소재나 줄거리, 인물만 빌려 왔을 뿐, 배삼식 특유의 탁월한 언어감각과 연극적 구성과 재해석으로 완전히 새롭게 창작된 희곡이라는 사실이다.

그의 작품들의 창작과정에 대해 공연된 순서대로 살펴본다.

우선 〈하얀 동그라미 이야기〉는 연출가 김석만 교수의 제의로 번안 작업을 맡게 되었는데, 그 준비 과정이 매우 즐거웠다고 말한다. 그는 브레히트의 이 '좋은 이야기'에 감동했고 브레히트가 써넣은 가사를 보면서는 한시漢詩를 느꼈다. 그래서 그는 번안을 할 때 우리 옛시나 민요 등의 표현방법을 살리고자 했다. 번안 작업에서 그가 고심한 부분은 바로 어떻게 표현할 것인가, 하는 문제였다. 그는 정말 브레히트가 옛날이야기를 하듯이 생경하지 않은, 친근한 옛이야기처럼 다가가고자 했다. 이럴 때 문제가 소외효과와 교훈성이라는 브레히트의 의도와의 상충 문제였지만, 말년의 브레히트가 〈코카서스의 하얀 동그라미 재판〉을 가리켜 '소박한 드라마'라고 칭한 것으로 미루어 면죄부가 될 수 있다고 생각했다.

이 극을 번안할 때 공연 참가자들 간에 의견들이 분분했다. 분단, 통일 문제를 거론하자는 의견도 있었고, 학교 공연이므로 학교 문제를 제시하자고도 했다. (참고로, 이 극의 대본을 쓸 때 배삼식은 극작과 2학년 가을 학기를 거쳐 대학원 입학을 했다.) 그러나 그런 의견들은 다 삭제되고, 브레히트의 의도와는 반대될 수 있는 방향으로 나갔다.

어쨌든 그의 첫 글쓰기는 이처럼 독자적으로 출발한 게 아니고 연출, 배우들과 공동작업으로 시작되었고, 현장 작업에 함께 참여하면서 이루어졌다. 이를 통해 그는 희곡 쓰는 작업은 자기 의도와는 상관없이 공동 작업이고, 극작가는 공연의 밑그림을 그리는 것일 뿐이라는 사실을 자연스럽게 받아들이게 되었다.

이처럼 그는 각색(번안)으로 데뷔작을 시작해서 지금까지도 각색 편수가 창작희곡보다 더 많다. 그 때문에 "각색만 하고 창작은 언제 할래?"라는 물음을 많이 받는다. 자기 자신은 각색이나 창작희곡에 대한 차별의식이 없는데 이런 질문을 많이 받는다는 것이다. 그러나 그는 좋은 이야기를 할 수 있다는 자체가 의미 있고 즐겁다고 생각한다. '자기 것'이라고 써놓는 게 별것도 아닌데, 독창도 아닌 걸 독창이라고 우기며 쓰는 것은 별 의미가 없다는 것이다. 정말 좋은 이야기가 있다면 한 사람의 이야기꾼으로서 충실하게 전달하는 것, 그것이 그가 연극을 대하는 태도이다. 이 정도되면, 그는 진정 무욕의 도인, 아니 천지간을 자유롭게 넘나드는 진정한 이야기꾼이라는 생각이 든다.

그는 브레히트의 〈즐거운 비판〉에 나오는 구절을 인용한다. "장자의 책에 나오는 이야기들은 10분의 9가 다 인용이다. 남들의 글로 집을 짓는데, 어떤 사람은 자기 재료만 가지고 오두막밖에 못 짓는다"는 것이다. 그는 창작에 비해 각색을 격이 낮은 것처럼 생각하는 사람들의 견해를 안타깝게 여긴다. 자신은 창작이냐, 각색이냐에 대해 강박관념이 없는데, 괜히 남들이 그것들을 구별하는 자의식을 심어준다는 것이다. 그는 기본적으로 작가作家란 말 자체가 어폐가 있다고 여긴다. 창조주처럼 짓는 자가 아니라 술가術家, 기술을 제공하는 사람이라는 것이다.

그의 첫 창작극 〈11월〉(1999)은 연출가 윤정섭의 아이디어에 의한 밑그림을 가진 작품으로, 커다란 인형이 등장하는 극이다. 죽음을 대면하는 한 남자를 그린 것이다. '공사장이 매몰되어 땅 밑 어둠 속에 갇혀 죽어가는 한 남자'라는 밑그림은 나중에 황지우의 〈물질적 남자〉로 새롭게 창작되기도 했다.

두 번째 창작극인 〈오랑캐 여자 옹녀〉(김동현 연출, 2001)는 판소리 '변강쇠가'에서 모티브를 가져온 작품이며, 서구식 희곡 구조로부터의 탈피를 시도한 작품이다. 서구식 희곡은 처음에서 끝까지 분명한 직선적 시간인데, 그는 이 극에서 염주알처럼 꿰어져 있는 시간구조를 취했다. 판소리 사설이나 탈춤 사설에 매료된 그는 이 극에서 염주알처럼 시작도 끝도 없는 시간 속에서 부딪치고 드러내고 흩어지고 만나고 하는 삶을 그리고자 했다. 바로 이러한 윤회적 시간관은 이 극에서 초라니와 소경 장면으로 그려지는데, 이 장면이 가장 맘에 든다는 것이다. 이 공연은 2002년에 슬로바키아 브라티슬라바 국립극장에서도 공연되었는데, 지독하고 슬픈 사랑, 그리고 삶의 순환과 인연을 잘 그리고 있다는 현지 평을 받았다.

〈허삼관 매혈기〉는 이 소설을 읽은 박현숙(극단 미추의 기획자)의 제안으로 각색을 시작하게 되었다. 위화의 소설을 읽은 감상은 위화가 연극적으로 글 쓰는 작가이며, 큰 그림을 그릴 줄 알고 쓸데없는 데 힘을 빼지 않는 작가, 또 "슬프다, 외롭다"가 거의 없다는 점이었다. 인물들의 내면 심리를 포장하는 게 아니라 포착해서 행동으로 표현하는, 즉 장면으로 만드는 작가라는 것이었다. 배삼식은 중국 배경 그대로 각색을 해야 한다고 주장했으나, 연출자(강대홍)는 한국식으로 번안하자고 했다. 배삼식은 "외국 작품을 하는 것은 다른 것 안에서 우리를 비춰보는 의미가 있는 것인데, 왜 꼭 우리화할 필요가 있는가?"라며 반대했으나, 결국 한국적으로 고쳐보자는 주장이 힘을 얻었다. 중국 문화혁명을 배경으로 한 원작을 번안하자니 오랜 시일이 걸렸다. 그러나 우리 현실로 가져오니까 거리가 없어져서, 그야말로 소재 그대로 우울하고 슬픈 이야기가 되고 말았다. 우리 현대사를 반영하는 이야기로 몇 번이나 고쳐 번안을 했으나, 원작 특유의 건강한 해학이 살아나지 않아 결국 각색으로 방향을 바꾸었다.

〈최승희〉는 김지일이 역사적 사실극으로 써놓은 대본을 토대로 10일 만에 새롭게 창작을 한 극이라고 한다. 배삼식은 이 극을 창작할 때, 다큐멘터리가 되어서는 안 된다고 생각했으나, 워낙 짧은 시일 탓에 궁여지책으로 환상을 그린 첫 장면과 끝 장면을 마련했다는 것이다. 이 극에 대해선 아쉬움이 많고, 그래서 새로 쓴 작품으로 언젠가 공연을 다시 하고 싶다고 한다.

〈빵집〉은 원래 브레히트의 미완성 작품으로 공연되지 않은 극인데, 음악극으로 만들면서 노래 가사들을 손봤고, 음악(김태근 작곡)을 강조하는 쪽으로 갔으며, 등장인물들의 이름, 상황을 한국적으로 번안했다.

마당놀이 대본을 쓰게 되면서, 그는 마당놀이라는 양식이 전형적 극 구조를 요구한다고 생각했다. 마당놀이가 요구하는 양식적 특징으로 그는 상대주의를 든다. 슬픔과 웃음이란 감정 중 어느 한 쪽에 치우쳐서는 안 된다. 극단적 감정의 공존과 대조가 특징이며, 말장난해선 웃음을 유발할 수 없고, 전체적 큰 그림을 갖고 슬픔과 웃음을 강력하게 대비시켜야 한다. 체호프 역시 인생은 진지함과 웃음이 공존한다고 했다. 인간의 행위를 바라보는 관점의 상대주의, 그것은 뒤집어 보면 전혀 대조적인 것일 수 있는 것이다. 작가 배삼식의 기본 성향 역시 상대주의다. 그는 "모든 가치나 행위도 절대적으로 옳거나 그른 게 있을 수 없다. 작가는 그걸 보고 제시할 뿐이다." 라고 말한다.

마당놀이가 대중적이라 해서 사람들은 격이 낮다고 생각하는데, 배삼식은 극본을 쓰게 되면서 우리 전통연희의 현대적 양식이며 대중과 살아 있는 소통을 나누는 장르라는 점에서 매우 중요하다는 것을 깨달았다. 그러나 현재의 마당놀이는 현실비판적 성격을 상실하고 효도상품으로 전락했으며, 세 배우(윤문식, 김성녀, 김종엽)에만 기대고 있는 한계가 있다. 앞으로 마당놀이가 개척해야 할 부분은 젊은 세대를 아우를 수 있는, 관객 외연의 확장이다. 젊은 배우들 중심의 새로운 마당놀이의 시도가 필요하며 구조와 형식의 개발이 필요하다.

〈삼국지〉를 쓰면서, 그는 젊은 세대를 포용하는 마당놀이 글쓰기에 힘을 기울였다. 중국 강서성 연극집단에서 이 공연을 보고 손진책(연출), 배삼식, 국수호(안무) 등과 합작 공연의 형태로 중국 공연을 하기로 계약을 맺었다.

〈벽 속의 요정〉은 원래 일본 작가 후쿠다 요시유키福田善之가 스페인 내란 때 벽 속에 숨어 산 남자의 실화를 소재로 현지 조사를 바탕으로 쓴 희곡이며, 일본의 여배우가 10년 넘게 공연을 하고 있다. 이 극단의 연출가가 배우 김성녀가 공연하면 좋겠다고 제안하여, 김성녀의 모노드라마로 공연하게 된 것이다. 이 극은 말만 번안이지, 실제로 극의 내용을 보면 완전히 새로운 창작이라 할 만하다. 그는 일제시대부터 90년대까지의 한국현대사를 배경으로 인물들을 그려내면서, 특히 자신의 할머니의 모습이나 할머니의 지난 삶을 떠올리며 창조했다고 한다. 또 잡지 〈뿌리깊은 나무〉에 실렸던 할머니들의 구술 자료인 「평생토록 못 잊을 일」 같은 내용을 참고했다. 이처럼 현대사의 굴곡을 겪으며 살아온 할머니들의 삶의 이야기들이 극의 인물들의 삶에 녹아 들어가 있어, 이 극은 매우 구체적이고 생생하게 인물들의 삶을 그려낼 뿐 아니라 배삼식의 뛰어난 이야기꾼으로서의 자질을 실감하게 만든다.

〈마포 황부자〉 역시 마당놀이가 요구하는 구성과 장면을 염두에 두고 창작되었는데, 우선 셰익스피어의 〈베니스의 상인〉에서 샤일록의 법정 패배와 몰락으로 끝나는 내용을 화해라는 큰 구조로 바꾸었다. 우리 상황이나 정서에 맞게 결말을 고치고 장면 곳곳에 시사문제를 집어넣어 비판정신을 살렸다. 배삼식은 마당놀이가 고매하고 독특한 엘리트적 장르가 아니란 점이 마음에 든다고 한다.

그는 거듭 강조한다. "중요한 건 이야기가 고급하냐 저급하냐가 아니고, 들을 만 하냐, 안 하냐"라는 기본에 있다고. 자기 것이냐 아니냐도 중요한 것이 아니고, 정말 좋은 이야깃거리가 있다면 그걸로 만족한다는 것이다. 왜냐하면 그는 극작가로서의 임무를 좋은 이야기, 들을 만한 이야기를 들려주는 이야기꾼으로 생각하고 있기 때문이다. 극작가는 최초로는 배우, 연출에게 이런 이야기가 어떤가 하고 말을 걸고, 다음으론 관객에게 말을 거는 이야기꾼이라고 생각한다.

〈주공행장〉을 쓰게 된 계기 역시 우연으로 시작되었다. 그는 조선 시대 화가 '공재 윤두서'를 쓰기 위해 1, 2년 동안 준비 중이었는데, 완성을 하지 못했다. 그러던 차에 도서관에서 양주동 전집에 실린 「음주 반생기」라는 수필을 읽게 된다. 술 얘기인데, 그 글을 읽으면서 그는 술이 인간의 경험

세계와 삶을 넓혀주는 역할을 한다는 점에서 예술과 비슷한 것이란 걸 깨달았다. 예술이나 술이 열어 보이는 감흥이나 세계가 가짜라는 점은 또한 사람이 기대어 사는 게 진실이 아니라 가짜라는 것과 통한다. 또 '공재 윤두서'를 준비하면서 자료 조사를 하던 차에 '행장'을 접하게 된다. 죽은 다음에 쓰는 일대기 형식의 글인 '행장'은 일종의 아름다운 거짓말이다. 그래서 배삼식은 '행장'이란 형식과 술이란 소재를 엮어서 희곡을 쓰게 되는데, 이때 가짜를 용납하지 못하는 인물로 영조를, 그리고 금주령을 대입시킨다.

이 극의 초고는 매우 거뜬거뜬하게 쓰였고, 갈등도 없는 경쾌한 흐름이었다. 그러자 배우들이 연습 과정에서 "드라마가 없다, 부딪치는 게 없다"라는 반론들을 제시해서, 왕과의 갈등을 더 부각시키는 등 전통적 충돌 구조를 만들었다.

이 극은 영화화하기로 결정되어 판권을 넘긴 상태이므로, 얼마 후에 우리는 스크린을 통해서 새로운 '주공행장'을 다시 대할 수 있을 듯하다.

5. 새로운 길로 나아가다

극작가, 배삼식.

그는 좋은 이야기, 들을 만한 이야기를 우리에게 보여주는 천생 이야기꾼으로 남을 것이다. 그동안 긴 시간을 다루어온 작가는, 앞으로는 방향을 바꾸어 작은 시간을 타이트하게 다루고 싶다고 한다. 극작가 이강백이 〈주공행장〉의 팸플릿에 쓴 말을 그는 수긍한다. 배삼식의 작품 안에는 '어린 배삼식, 젊은 배삼식, 늙은 배삼식' 셋이 들어 있는 경우가 많은데, "독자적인 작품을 쓸 때는 늙은 배삼식의 발언권이 강해진다"라는 것이다. 배삼식은 '늙은이의 지나친 달관'을 경계하고 좀 더 치열하게 갈등하고 현실에서 버티는 힘을 가져야겠다는 다짐을 한다. 자신이 극작품 속에서 너무 빨리 깨달은 척하는 게 아닌가 하는 반성을 한다는 것이다.

어쨌든 그는 기질적으로 치열하게 갈등 벌이는 극 구조를 싫어하지만, 그래도 그는 앞으로 극적 갈등을 좀 더 치열하게 밀고 나가는 작품을 써보려고 한다. '어린 배삼식과 젊은 배삼식의 발언이 늙은 배삼식의 달관 못지않은 역할'을 하는 극을 시도하려는 것이다. 악한 사람이나 비열한 사람 얘기도 써보고 싶고, 가까운 옛날이나 현재 이야기도 써보려고 한다. 옛날이야기를 쓰더라도 치열하게 오늘의 얘기와 통하는 그런 이야기를 써보려고 한다는 것이다.

삶의 달관이나 뜬세상의 덧없음에 대한 사유, 시적 서정을 보여주는 그의 극은 요즘의 가볍고 감각적인 여타의 극들과 구별되는 그만의 개성이며 매혹이다. 이 개성과 매혹을 버리지 않으면서, 새로운 세계를 열어가는 배삼식의 새 작품이 몹시 기다려진다.

김 재 엽
자기반영의 관념 세계에서 구체적 현실로

1. 들어가며

〈오늘의 책은 어디로 사라졌을까?〉의 작가 김재엽(1973~)은 2000년을 전후로 등단한 30대 극작가들 중 자신의 취향과 개성을 각인시킨 극작가 －연출가 중의 한 사람에 속한다. 다시 말하면 대학로의 수많은 소극장에서 공연되는 비슷비슷한 연극들과는 그래도 확실히 차별되는, 김재엽표 연극을 시도했다는 의미이다. 지금까지의 김재엽표 연극이 뚜렷한 연극적 성공을 거두어서 이미 하나의 브랜드가 되었다는 의미가 아니라, 아직 나름의 색깔과 세계관을 만들어가는 도정이지만 자신의 취향과 개성을 드러내는 데는 성공했다는 의미이다. 이를테면 그의 작품 목록들 〈서바이벌 캘린더〉, 〈맨버거, 그 속엔 누가 들어 있나?〉, 〈유령을 기다리며〉, 〈오늘의 책은…〉 등을 일별한다면, 그의 작품들이 매우 독특한 상상력과 주제, 연극 형식을 실험하고 있다는 사실에 동의하게 될 것이다. 이미 10편 정도를 공연한 작가적 경력을 보면, 등단 이후 불과 7, 8년 사이에 매우 생산성이 뛰어난 연극활동을 펼쳐왔음을 확인하게 된다.

필자가 공연을 통해 처음 접한 그의 작품은 신춘문예 당선작인 〈페르소나)(2002)였다. 신인답지 않은 노련한 솜씨로 연극 만들기의 과정과 죽음의 문제를 메타연극 기법으로 그려낸 이 연극을 보면서 아마도 대학로에서 살아남는 극작가가 될 것이란 예감을 했었다. 그 후 다시 만난 그의 작품은 송형종 연출의 〈맨버거, 그 속엔 누가 들어 있나?〉였다. 이 연극은 작가의 독특한 취향과 엽기적 상상력이 아방가르드적 연출과 배우들의 양식적 연기에 의해 빛을 발한 매우 인상적인 무대였다.

극작과 연출을 겸해온 그는 2004년 말 극단 '드림플레이'를 창단하여 대표를 맡고 지속적으로 자신의 작품을 공연해 오면서 '작가주의' 연극인의 대열에 들어섰다. 극작 못지않게 연출적 재능을 보여온 김재엽은 지난해(2007)엔 〈조선형사 홍윤식〉(성기웅 작)을 연출하여 연극적 화제와 대중적 성공을 거두는 데 성공했다. 이 연극은 최근 인문학 분야와 영화, 드라마 분야에서 붐을 이룬 바 있는 '경성 재현'과 근대성이란 모티프를 연극에서 본격적으로 다루어낸 시도였다. 그 연극보다 먼저 이해제의 〈다리퐁 모단걸〉이 개화기에 들어온 '전화'를 통해 근대성과 사랑의 문제를 그렸다면, 〈조선형사 홍윤식〉보다 좀 늦게 공연된 성기웅 작·연출의 〈소설가 구보씨와 경성사람들〉은 박태원과 이상이라는 실존인물, 박태원의 소설 속 인물들을 통해 식민지 시절 경성의 일상과 시대정서를 치밀하게 재현해냈다.

2. 연극 수업

김재엽은 1973년, 2남 2녀의 막내로 대구에서 태어났다. 아버지는 일본 출생으로, 영문학을 전공한 고등학교 교사였다. 부친의 취미가 책 수집이고 독서가였기 때문에 어려서부터 책이 가득 찬 분위기의 영향으로 독서를 많이 했다. 월간 만화잡지 〈소년 중앙〉을 창간호부터 구독했고, 만화책을 보며 한글을 뗐을 정도로 만화를 많이 보았다. 초등학교 땐 라디오 드라마를 좋아해서 대본을 쓰고 혼자 다역을 연기하여 드라마를 만들어 녹음하기도 했다. 하지만 책만 읽은 건 아니고, 밖에 나가 뛰놀기와 운동을 좋아했다. 야구선수가 꿈일 정도였다. 중학교 입학 당시 야구 명문으로 진학해서 야구하고 싶다고 했더니 부친이 반대했다. 공부하라는 것이었다. 모범생이었던 그는 부친의 말대로 야구선수의 꿈을 접었다. 그리고 독서와 글짓기를 좋아하는 문학소년으로 성장했다.

1992년 연세대학교 국문과에 입학하면서 서울로 올라와 혼자 자취를 했다. 문화부 기자를 지망하여 국문과에 입학한 그는 대학 시절을 매우 자유롭고 즐겁게 보냈다. 〈오늘의 책은 어디로…〉에 그려진 대로, '운동권 세대'도, 상처 없는 세대도 아닌, '낀 세대'로서 92학번 대학생활을 보냈다. 바로 1년 전에 대학교 시위에서 강경대의 죽음이란 사건이 있었다. 1학년 때엔 시위를 따라다니며 세상에 관심을 가졌으나, 자연히 문학에 집중하게 되었다. 국문과 안에 있던 시 쓰는 동아리와 연극 모임에 참여하여 활동을 했다. 또 문과대학 극회에서 연극을 했고, 학생회 활동도 겸했다.

2학년 때에는 연극 동아리 '연극과 인생'이란 이름의 극회를 만들었다. 그때 1학년 성기웅이 입회해서 김재엽과 주축이 되어 동아리를 이끌어갔다. 이때 만난 1년 후배 성기웅(극작가, 연출가)과의 우정과 연극동료로서의 인연은 지금까지 돈독하게 이어지는 중이다.

그는 시, 소설, 희곡 등 장르를 가리지 않고 창작에 몰두했는데, 2학년 때는 학보가 제정한 '연세문화상'의 희곡 부문인 '오화섭 희곡상'에 당선되었다. (다음 해에는 성기웅이 당선되었다고 한다.)

희곡상 당선을 계기로 그는 "희곡 쓰는 사람"이 되기로 결심했고, 대학 졸업 후 본격적으로 연극을 공부하기 위해 한양대 대학원 연극영화과로 진학했다. 문학/연극을 하는 것은 사회정치적인 문제를 다 표현하는 포괄적인 것이고, 자기 세계의 표현이라는 데 매력을 느꼈던 것이다. 물론 이 선택이 쉽게 내려진 것은 아니었다. 대학 시절 연극 동아리를 하면서도 그는 "연극을 하며 평생 살아갈 수 있을까?" 하는 위기감에서 잠시 방황했다.

대학 4학년 때 연극에서 거리를 두고 고민을 했고, 결국 "평생 할 거라면, 또 직업으로서 연극을 할 거라면 공부해야겠다"라는 결론을 내렸다.

이때만 해도 연출가가 될 생각은 하지 못했다. 물론 대학 시절 배우로 무대에 서보기도 했기 때문에 글을 쓰면서 배우도 하면 좋겠다는 생각만을 갖고 있었다. 대학 시절 연세대 앞 헌책방 '오늘의 책'에서 아르바이트를 하면서, 책방 주위에 모여든 재야 지식인과 예비 작가들과 교우하는 등 계속 작가로서의 꿈을 키워왔던 것이다.

대학원에 진학 후 그는 '연극학'이 대단한 학문이라는 걸 깨닫게 되었다. 그가 처음 느낀 인상은 연극과 출신들이 연극 만들기나 연극은 잘 아는데, 그 안에 담는 내용은 부족하다는 점이었다. 1학년 때부터 연극예술을 배우는 데 전력하지만 형식만 배운다는 느낌이어서, 학부 국문과에서 공부한 것이 퍽 다행이라는 생각을 했다. 그러나 대학원 과정에서 '연극에 대해 알아야 할 모든 것'을 다 배울 수 있었다. 최형인 교수로부터는 배우의 입장에서 연기에 접근하는 방식에 대해 배웠다. 연출가로서 배우를 재단하며 접근하면 안 된다는 것, 작가나 연출가 역시 배우수업을 열심히 해야 한다는 것을 배운 것이다. 김미혜 교수로부터는 인문학적, 철학적 배경과 지식, 연극작가로서의 세계관을 배웠다. 신일수 교수로부터는 연극 프로덕션 중심의 사고, 공동체 마인드를 배웠다. 연합 수업을 했던 동국대의 안민수 교수로부터는 연출가의 시공간 개념과 리듬, 템포감각 등을 배웠다. 안민수 교수의 가르침은 연극을 보는 시각을 송두리째 바꿔놓았다. 그전엔 연극을 작품, 문학으로만 봐왔는데, 안 교수의 가르침으로 인해 무대가 리듬과 템포를 가진 시공간인 동시에 철학적 공간임을 인식하게 된 것이다. 안 교수는 한 단막극을 선정하여(이를테면 베케트), 매주마다 다른 방식으로 올리게 했고, 왜 그렇게 연출했는지 이유와 콘셉트를 말하도록 훈련을 시켰다. 이러한 안민수의 연출 훈련과 방식은 김재엽에게 큰 영향을 끼쳤다.

3. 극작가 데뷔

석사 논문으로 「다다-초현실주의 연극의 反연극적 특성 연구」를 제출한 후 군대에 입대했다. 1998년, 신춘문예에 소설 1편과 희곡 1편을 각각 응모했는데, 두 편 다 본심에 올라갔다. 이에 마음의 위안을 얻은 그는 공익으로 복무하기 직전에 그 희곡을 수정 보완하여 '한국연극협회 극작 분과 창작극 공모'에 제출했다. 그 작품이 〈9개의 모래시계〉였다.

대구의 훈련소에 들어갔다가 나와 보니 핸드폰에 "재엽 씨. 왜 전화를 안 받아요?"라는 극작가 이강백의 육성이 녹음되어 있었다. 모두 녹음이 4개 되어 있었는데, "당선됐습니다." "혹시 수해로 떠내려간 게 아닙니까?" 하는 등의 내용이었다. 비로소 이강백 선생께 전화드려보니, 1달 가까이 연락이 없어서 수소문을 엄청나게 했다는 거였다. 훈련소를 마치고 근무하는 구청에 얘기를 했더니 주말 휴가를 며칠 허락해 주었다. 서울로 상경해서 이강백 선생을 만났다. 이 선생은 작품이 재미있었다며, "톰 스토파드를 아느냐? 그 작품을 보고 〈로젠크란츠와 길덴스턴은 죽었다〉가 떠올랐다. 그 작품 꼭 봐라."라고 말했다. 이강백 선생은 김재엽에게 그 후로도 많은 정신적 도움을 주었다. "희곡 작가는 어렵다. 연출할 생각을 해라. 극작가로서의 마음가짐만 가지면 된다."라며, 그에게 연출가로서의 진로를 제시한 것도 이강백 선생이었다.

『한국연극』 1999년 6월호에 실린 〈9개의 모래시계〉를 보고 연출가 박광정이 전화를 해서 만나자고 했다. 공익으로 복무 중이라서 또 주말에 서울 올라와서 만났는데, 박광정은 그의 희곡들에 관심을 보였다. 당시 박광정은 극단 파크를 창단하려는 생각을 갖고 있었다. 28개월간의 공익 복무를 마칠 때쯤, 최형인 교수의 연출로 '한양레퍼토리 극단'에서 〈9개의 모래시계〉 워크숍 공연을 올렸다. 이제 본격적으로 극작 활동이 시작된 것이다.

생각해 보면 그는 매우 운이 좋은 극작가이다. 공익 시절에도 도서관이 있는 근무지에서 복무했고, 주로 도서관에 상주하였다. 남들은 시간과 청춘을 버린다는 군대 시절, 그는 책 읽고 노트북 갖고 글을 쓸 수 있는 호사를 누렸던 것이다. 〈맨버거…〉와 〈개그맨과 수상〉은 바로 이 시기에 쓰였다.

4. 작품 구상과 희곡 쓰기

예전에는 소재가 되는 것을 먼저 찾았으나, 최근에는 소재보다도 궁극적으로 무슨 이야기를 할 것인지를 더 중요하게 생각하게 되었다고 한다. 그는 대학 시절부터 스트레스가 쌓이거나 무료해지면 서점에 가서 온종일 서성거리는 습관이 있었다. 이곳저곳 꽂혀 있는 책들을 뒤적이다 보면 작품의 화두에 대해서 생각하게 되고, 여러 가지 등장인물들이 떠오르기 시작한다는 것이다. 궁극적으로 무대에서 펼쳐질 시간과 공간이 정해지면 하나의 작품으로 풀기 시작한다.

책에서 주로 작품의 모티브를 많이 얻는 편으로, 그래서 초기의 작품들이 주로 관념적이었던 원인이 있는 듯하다. 이제는 발로 뛰며 찾아낸 살아 있는 이야기를 더 많이 하고 싶다고 한다. 평소에 메모 노트를 가지고 다니면서 메모를 많이 하는 편이다. 바쁘게 쫓기는 일상에서 우연히 시간이 날 때, 이를테면 약속과 약속 사이에 텅 비는 시간 같은 때, 그럴 때 카페에 들어가 조용히 일상을 돌아보다 보면 작품의 가능성으로 떠올릴 만한 이야깃거리가 떠오른다. 메모를 하며, 여러 가지 떠오르는 생각들을 적어보다가 하나로 통합시킬 수 있는 맥락을 잡으면 작품으로 옮겨질 가능성이 보인다. 영화도 좋아하는 편이고, 특히 문학작품이나 인문학 서적들에서 많은 자양분을 얻는다고 한다.

5. 희곡 작품과 연출작, 공연 에피소드

▌〈아홉 개의 모래시계〉(작, 연출, 2003)

1999년 한국연극협회 창작극 공모에 당선된 작품으로, 이강백 선생과 처음 만나게 된 작품이다. 당시 공익근무요원으로 훈련소에서 4주간 훈련을 받고 있었는데, 당선되었다는 소식이 이강백 선생님의 육성으로 핸드폰 음성메시지에 녹음되어 있었다. 그 후로 이강백 선생님과 서신으로 때로는 서울에 올라와 직접 만나 여러 가르침을 받았다. 여러 번의 수정보완을 거친 뒤『한국연극』에 발표했고, 이후 서울 프린지 페스티벌에서 직접 연출하였다. 〈넥스트웨이브 페스티벌－아시아신세기연극열전〉에 초청되어 재공연의 기회도 가졌다. 연극의 시간을 인생의 시간에 비추어 무대 위에 아홉 개의 모래시계를 쏟아 붓는 퍼포먼스가 진행되는데, 천장이 높은 극장에서 다시 한번 재공연해 보고 싶은 작품이다.

▌〈진술〉(하일지 원작, 박광정 연출, 강신일 모노드라마)

공익 근무를 마치고 2001년 서울에 올라와 대학로에서 제일 처음 작업했던 작품이다. 동숭&수다 공동제작이었는데, 각색 및 드라마트루기 역할을 했다. 대학 시절 좋아했던 소설가 하일지 선생, 배우 강신일 선배, 연출가 박광정 선배를 한꺼번에 만났다는 게 지금도 믿어지지 않을 정도로 당시에 큰 감동을 받았다고 한다. 모노드라마를 거듭 읽고 보면서 언젠가 한번 꼭 도전해보고 싶다는 생각을 했다. 지금도 항상 영감을 주는 좋은 음악들과 함께 인간적으로 항상 힘이 되어주는 고마운 벗이자 선배인 음악감독 한재권 형을 처음 만난 계기이기도 했다.

▌〈개그맨과 수상〉(작, 박광정 연출)

2002년, 극단 파크의 창단 공연작으로 무대화되었다. 자신은 비장하지만 우습기만 한 정치인들과, 자신은 웃음을 팔고 싶지만 강박증에 젖어 전혀 우습지 않은 개그맨의 대조를 통해 세태에 대한 즐거운 비판을 시도했던 작품이었다. 연출가 박광정의 풍자적인 정신과 배우 박철민의 소탈스러운 해학이 잘 어우러져 무대에 웃음이 그치지 않았던 작품이었다. 지금 생각해보면, 세상에 대한 풍자만으론 다음 세대에 대한 희망을 이야기하기에 부족하지 않았나 반성을 해보게 되는 작품이다.

▮〈체크메이트〉(작, 연출, 2002)

대학로 연출 첫 데뷔작이자, 작/연출로 처음 대학로의 관객을 맞아본 작품이다. 2002년 한국일보 신춘문예 당선작인 〈페르소나〉를 장막극으로 개작하면서 작품의 분위기를 완전히 바꾸었다. '연극과 죽음'이라는 다소 무겁고 철학적인 화두를 극중극의 형식과 동화나라 이야기의 형식을 빌려 유쾌하게 풀어본 작품이다. 철학적인 이야기를 재기 발랄하고 유쾌하게 풀어보겠다는 작가적 열망과 연극에 대한 연극을 대중들이 좋아할 수 있게 재밌게 풀어보겠다는 연출적 열망을 담은 작품이다. 이 작품은 김재엽으로선 여러 가지로 첫 출발에 서게 했고, 계속 고민하게 하는 화두를 제공한 작품이었기에, 올해 2008 혜화동 일번지 페스티벌에서 다시 새롭게 무대화하려 한다. 마침 페스티벌의 주제인 '나는 연극이다'에 잘 부합되는 작품이기도 해서, 6년 만에 처음처럼 돌아가는 마음으로 새롭게 도전해보게 된 것이다.

▮〈맨버거, 그 속엔 누가 들어있나?〉(작, 송형종 연출, 2004)

영화 시나리오 작업을 처음엔 생계형 글쓰기로 출발했으나, 몇 번 하다 보니 나름대로 전문성이 필요하다는 걸 알게 되었다. 시나리오 작가를 주인공으로 삼은 이 작품은 영국의 영화감독 피터 그리너웨이의 작품들을 보면서 영향을 받아 쓴 희곡이다. '그로테스크 코미디'라는 부제를 붙였는데, 한 호텔에서 영화 제작자와 감독, 투자자, 시나리오 작가, 배우, 호텔 지배인, 요리사 등이 등장하여 영화를 통해서 서로의 욕망을 표출하는 인간 군상들에 관한 소동극이다. 2004년 혜화동 일번지 3기 동인인 송형종의 연출로 모던하고 깔끔하게 연출된 작품이다. 기회가 닿는다면, 지금 시점으로 보면 촌스러운 부분을 보완해서 재공연해보고 싶은 생각을 가지고 있다.

▮〈서바이벌 캘린더〉(작, 연출, 2004)

마르셀 에메의 〈시간생존카드〉라는 소설을 읽다가 영감을 받아 쓴 작품으로, 당시에 시간에 관한 인문사회과학 책은 모조리 다 읽고 나서 쓴 디스토피아 SF희곡이다. 미래사회에는 실용적인 가치기준에 따라 생산력을 가진 인간에게만 시간을 주고, 생산력이 없는 예술가들에게는 시간을 할애하지 않는다는 설정으로 미래사회의 우화를 제시해보았다. 체코의 극작가 카렐 차페크의 〈R.U.R.〉이나 올더스 헉슬리의 〈멋진 신세계〉, 미하엘 엔데의 〈모모〉등의 문학작품들도 많은 영감을 주었다. SF 장르에 대해 탐구하다 보니, 연극도 일종의 장르연극이 가능하겠다는 생각이 들었다. 그동안 자력으로 제작, 연출해 왔는데, 이 작품으로 '문예진흥원 신진예술가지원'에 선정되었다. 처음으로 지원금을 받게 해준 작품이었다.

▮〈아주 이상한 기차〉(작, 연출, 2005)

이 작품은 원래 압구정동에 있는 '시내산'이라는 Theater & Live Bar에서 단막극으로 시작한 공연이었다. 벽에 붙박이로 고정된 의자와 테이블이 마치 마주앉은 기차의 한 칸처럼 보였다. 그래서 그 공간에 어울릴 법한 이야기를 써 보자 해서 '이상한 기차'라는 제목으로 일탈을 원하는 소시민들의 이야기를 판타지를 섞어서 어른들을 위한 착한 동화처럼 풀어본 작품이었다. Bar에서 시작해서 혜화동 일번지 소극장을 거쳐 거창 축제극장 야외무대까지 확장시켜 본 작품으로, 여러 가지 아이디어들이 자유롭게 넘쳐나는 경험을 했다. 나중에 새로운 아이디어의 공연을 위해 다른 후배 연출가에게 연출을 맡겨 보고 싶은 작품이다.

▌〈유령을 기다리며〉(작, 연출, 2005)

최종철 선생의 번역본으로 〈햄릿〉을 읽었는데, 아버지 유령이 햄릿에게 자신의 죽음에 대한 복수를 지시하는 대목이 깊은 인상을 남겼다. 햄릿이 아버지의 얘기를 곧이곧대로 받아들이며 복수를 다짐하자, 유령이 "반응이 빠르구나."라는 대사를 하는 부분이었다. 그 대사가 너무 코믹하다는 생각이 들었다. 그러다가 엄숙한 고전텍스트인 〈햄릿〉을 우리 세대의 젊은 친구들에게 어울릴 법한 이야기로 재미있게 구성해보자는 생각이 들었다. 그러자 마침 〈햄릿〉 만큼이나 부담스러운 텍스트로 자리 잡은 〈고도를 기다리며〉의 상황 속으로 〈햄릿〉의 인물들을 넣어보자는 유쾌한 상상력을 발휘하기 시작했다. 고전을 엄숙하게 받아들이는 어른들에게 욕을 먹겠다는 생각도 들었지만, 즐거운 상상에 빠져 헤어나질 못했다. 연습실을 마련한 뒤 처음 올린 작품인데, 극단 내부에서도 늘 공연을 할 때마다 즐겁게 작업했던 유쾌한 레퍼토리가 되었다.

▌〈오늘의 책은 어디로 사라졌을까?〉(작, 연출, 2006)

이 작품은 개인적으로 가장 좋아하는 작품이며, 올해 '이상' 출판사에서 출판될 예정이다. 무대에 실제로 90년대 초반에 유행했던 엄선된(?) 5,000여 권의 헌책을 꽂는다는 상상만으로도 쓰는 내내 즐거웠던 작품이다. 그리고 자신의 삶에 관한 이야기를 직접적으로 털어놓아도 드라마가 될 수 있다는 확신을 심어준 작품으로, 리얼리즘에 대한 새로운 인식의 전환이 되었다. 그전에는 별 탈 없이 운 좋게 잘살고 있는 젊은 예술가가 보잘것없는 자기 삶에 대한 회피로써 관념적이고 철학적인 주제에 도전하면서 작위적인 글쓰기를 해 왔다는 반성이 있었다. 〈오늘의 책…〉은 그런 반성에서 출발한 새로운 글쓰기였고, 우리 세대에 대한 추억과 앞으로의 삶의 전망에 대한 고찰을 미약하게나 조심스럽게 시작한 셈이다. 앞으로도 우리 세대의 삶의 전망에 대해서 좋은 작품을 계속 쓰고 싶다.

▌〈조선형사 홍윤식〉(연출, 성기웅 작, 2007)

극작과 연출을 겸하던 기존 작품들과는 달리, 애초부터 새로운 작가의 새로운 작품을 연출해보고 싶다는 생각에서 출발했다. 1930년대에 대한 독창적인 글쓰기를 시도해온 후배이자 연극 친구인 성기웅에게 『경성기담』을 건네면서, 내가 드라마투르기 역할을 해볼 테니 작품을 써보라고 해서, 창작과정을 함께 시작했던 작품이다. 근대와 전근대가 공존했던 1930년대의 모습이 밀레니엄 시대를 살고 있는 우리의 모습과 많이 닮아 있다는 생각이 들었다. 일상성에 매몰된 근대성에 대한 고찰이 가져다주는 한계가 무엇인지 느낀 바 있었다. 그리고 간과했던 역사의식, 민족과 계급의 문제 등 거대한 담론들을 앞으로는 피하거나 비켜가지 않고, 우리 시대에 맞는 눈으로 정면에서 다뤄볼 계획이다. 1930년대 아나키스트로 출발해서 좌우의 대립 속에서 평생 아나키스트로 살다간 한 인간에 대한 이야기를 준비하고 있다.

6. 좋아하는 극작가, 영향을 준 연극인

작가로서의 김재엽은 그의 데뷔작 〈9개의 모래시계〉를 뽑아주고 많은 가르침을 주었던 이강백 선생으로부터 가장 큰 영향을 받았다. 이강백 선생은 그가 가장 존경하는 극작가이자 어린 시절부터 가장 애독하는 극작가이고, 그의 작품을 통해 희곡에 대한 이해를 쌓아올리게 되었다고 한다. 이강백 선생의 지도를 직접 받는 동안, 선생의 섬세한 통찰력과 작가로서 사물을 바라보는 태도에 대해 많은 가르침을 얻었다. 무엇보다 쾌활하고 유머러스한 선생의 기운을 느끼며 작가로서의 너그러움에 감화되었다고 한다.

최근에는 선배 극작가 김명화의 작품을 좋아하고, 현장 연출가의 입장

에서도 김명화의 비평을 좋아한다. 〈오늘의 책…〉 공연 때 작품을 보러 와
서 함께 술도 한잔하면서 깊은 얘기를 주고받는 사이가 되었다. 김명화는
언제나 현재 시점에 대한 문제의식을 지속적으로 이야기하며, 작가주의적
인 글쓰기가 힘있게 깔려 있어서 많이 보고 배운다. 그리고 한 세대 위임에
도 김명화 선배작가와는 세대 간의 공감대와 변화를 동시에 느낄 수 있어
만남이 즐겁다.

극작과 연출을 병행하고 있는 김재엽에게 영향을 주고 많은 가르침을
준 선배 연출가들도 무척 많다. 처음 직업적으로 연극을 시작할 때 극단 파
크에서 많은 도움을 준 박광정 연출가와 그의 직관적인 감각, 작품에 대한
이야기나 연극에 대한 생각을 심플하면서도 명확하게 말해주시는 이성열
연출가의 아포리즘, 인간과 세상에 대한 애정과 처절함을 보여주는 박근
형 작가－연출가의 절실함, 편안하면서도 새로운 시각을 조명해주는 김동
현 연출가의 상상력과 표현의 자유 등등.

연극계에 발을 들여놓은 후 좋은 선생님, 선배들의 작품을 들여다보면
서 가까이에서 그분들과 작품 얘기를 나눌 수 있어서 참 행복하다는 생각
을 많이 한다. 또한 집요함과 성실함으로 똘똘 뭉친 친구 같은 대학 후배
성기웅 연출가도 김재엽에게 둘도 없이 소중한 연극동지이다.

그 외에 해외 작가들로부터도 많은 영향을 받았다. 레이몬드 카버 단편
소설의 여운, 톰 스토파드 희곡의 치밀함, 코엔 형제의 내러티브와 구성,
켄 로치 감독의 모든 것을 좋아한다.

7. 나가며

김재엽과 인터뷰를 진행하면서 느낀 것은 그가 퍽 진중하고 어휘를 골
라 쓰는 작가라는 점이었다. 그의 작품들에는 전복적 상상력이나 유머, 익
살이 산재해 있지만, 현실 속의 그는 모범생 같은 이미지와 진지한 태도를

지니고 있었다.

그동안 쉴 새 없이 작품을 쓰고 공연해온 김재엽은 작년 한 해, 한 작품도 쓰지 않았다. 작가로서의 정체성과 창작방향에 대해 깊은 고민에 빠진 것이다. 그가 현재 고민하고 있는 문제는 자신의 기질과 영역, 계급성 안에서 자신만이 잘할 수 있는 것은 무엇인가? 하는 방향 모색이다. 그 계기가 된 것은 원주의 후용예술센터에서 열린 아시아예술가 워크숍(2005년 여름)이었다. 보름 동안 참가했던 그는 극단 노뜰의 삶과 작업방식에 커다란 충격을 받았다. 노뜰은 문명과 도시, 주류로서의 삶에서 벗어나 원시적인 방식으로, 삶과 예술을 일치시키는 생활을 하고 있었다. 그들의 기름기 빠진 언어, 즉 '몸의 언어'를 보면서, 김재엽은 자신의 연극언어나 삶에 대해 반성적 사유에 빠졌다. 주류로서의 삶, 인텔리 마인드로 욕망을 버리지 않고 살면서 원시적인 예술정신을 얘기한다는 것이 얼마나 이율배반적인가 느꼈던 것이다. "노뜰에서 배우자고 했을 때, 과연 우리가 도시를 떠나서 살 수 있을까?" 하는 솔직한 고민에 직면하게 됐고, 이는 오히려 더 무기력하게 만들었다.

어린 시절부터 문학을 접하게 했고 삶의 고비마다 커다란 가르침을 주어온 아버지의 죽음도 그에게 깊은 침잠과 사유를 하게 했다.

그는 연출가와 극단 운영을 함께 해나가면서 프로듀서 마인드를 갖게 되었다. 〈오늘의 책…〉의 성공에서 얻은 자신감과 더불어, 이제 관념적 얘기에서는 탈피하여 현실의 이야기를 쓸 생각을 한다.

요즘 30대 연극인들이 대학로에서 올리는 공연들은 역사적 부채의식이나 상처 없는 세대답게 경쾌하고 자유분방한 상상력으로 연극성의 놀이를 풀어놓지만, 그 안에 깊은 사유나 인생의 경험이 담기지 않아 공허함을 주는 경우가 많다. 연극 만드는 이들끼리 유희적으로 즐기는 연극을 하기 이전에 관객과의 경험적 동질성이나 삶의 경험에 대한 깊은 해석과 통찰이 담긴 연극이 아쉬운 때다. 김재엽은 초기의 관념적 세계, 그로테스크와 코미디 취향에서 벗어나, 이제 인생이라는 넓은 경험의 바다에서 삶의 진정

성과 깊은 사유를 낚아 올리려는 장정의 발걸음을 막 내디뎠다. 그의 작가
적 변신과 성장이 기대되는 이유이다.

고 연 옥
사회적 소재와 구원에 대한 탐구

1. 고연옥 현상

극작가 고연옥(1971~)은 최근 가장 활발하게 공연되는 작가 중의 하나이다. 그뿐만 아니라 발표하는 작품마다 평단과 관객 대중 양편에서 주목과 지지를 받는 등 괄목할 만한 성과를 거두었다. 그녀의 서울 데뷔작 〈인류 최초의 키스〉(2001)는 그해 흥행작으로서, 또 '올해의 연극 베스트 3'에 뽑히는 기염을 토했고, 두 번째 공연작 〈웃어라 무덤아〉(2004)도 연일 매진되는 성과를 거두면서 '올해의 예술상' 우수상을 수상했다. 2006년에는 〈일주일〉과 〈백중사 이야기〉가 비슷한 시기에 각각 다른 극단과 연출가에 의해 공연되어 '고연옥 현상'이라는 지칭과 분석을 얻기도 했다.[154] 2007년 5월에 열린 서울연극제의 참가작 〈발자국 안에서〉(김광보 연출)는 희곡상, 연출상, 대상을 휩쓸었다.

이처럼 그녀는 데뷔한 지 얼마 안 되는 신인임에도 공연하는 작품마다 대중과 평단의 주목을 받았다는 점에서 운과 실력을 갖춘 작가이다. 운이 좋은 작가라는 것은 그녀 희곡의 질감과 특성을 깊이 있게 읽어내고 이를

---

[154] 김윤철, 「고연옥 현상에 대하여」, 『한국연극』, 2006, 8쪽.

뛰어난 연극성과 창조적 이미지로 살려낸 연출가 김광보와의 상생적 만남이 이루어졌기 때문이다. 자신의 희곡을 훌륭하게 형상화해내는 해석적 연출가를 만난 것은 분명히 행운이다. 그러나 그 행운의 바탕에는 무엇보다도 작품성과 사회의식을 가진 글쓰기, 연출가가 자신의 무대적 창조성과 시적 이미지를 꿈꿀 수 있는 희곡이 놓여 있다.

여성 극작가가 드문 우리 연극계에서 그녀의 위치는 독특하다. 여성 극작가들이 여성적 경험을 그린다든지, 혹은 여성적 시각으로 일상적 삶을 다룬 극들을 발표하는 경향이 있다면, 그녀는 흔히 남성적 경험이라 할 수 있는 감옥이나 범죄 같은 사건들과 남성 캐릭터들을 주로 다루기 때문이다. 그녀는 감옥이나 구치소, 군대 같은 공간과 범죄 같은 특수한 사건들을 통해 시간의 문제, 존재와 사회와의 관계, 시간과 공간의 문제 같은 주제들을 탐구한다.

고연옥과의 인터뷰(2007.6.6)는 그녀의 작품세계를 이루는 작가적 토양이나 사회의식, 글쓰기의 원천은 무엇인가 하는 점들을 중심으로 이루어졌다. (혜화동의 라푸푸서원에서 창문을 활짝 열어놓고 커피잔을 앞에 놓고 나눈 이야기들은 무척 재미있었다. 그녀는 말을 조리 있게 잘했고, 어휘 하나하나를 신중하게 골라 사용한다는 인상을 받았다. 마치 그녀의 절제된, 시적 여백이 느껴지는 대사처럼) 한 작가의 작품세계에 다가가는 길은 작품을 자세히 읽고 해석하는 '신비평적' 접근도 있지만, 작가의 삶의 이력과 사상적 바탕, 혹은 체험 같은 전기적 사항을 통해 작가의 창조성의 비밀이나 상상력의 구조를 슬며시 엿볼 수도 있다는 것도 얼마나 매력적인가.

2. 성장시절, 연극과의 만남

그녀의 고향은 서울이다. 그러나 아버지의 직장이 부산으로 옮겨감에 따라 그녀의 나이 11세 때 부산으로 이주하여 쭉 부산에서 살았다. 결혼

후 2000년에 다시 서울로 이주할 때까지니까 부산에서 한 이십 년 정도 산셈이다. 그녀는 네 자매 중 장녀였다. 자연스럽게 어린 동생들에게 엄마의 관심이 이동하자 소외된 기분을 느꼈다. 그 때문에 초등학교 시절에는 갱지를 묶어서 시를 쓰고 담임선생님한테 보여주곤 했다. 시 쓰기가 꼭 좋아서라기보다는 인정받고 사랑받고 싶은 심리에서였을 것이다. 이때 글솜씨 있다는 인정을 받았고, 책을 많이 읽었다. 특히 『쿼바디스』를 가장 좋아해서 여러 번 읽었다. 이처럼 초등학교 시절에는 명작 동화들을 많이 읽고 시를 쓰면서 인정받고자 했고, 장차 선생님이 되고 싶어했다.

중학교 시절에는 방송반 활동을 했다. 서울말을 구사하기 때문이었다. 방송반을 하면서 음악을 많이 접했고, 이로 인해 사춘기 예민한 시기에 정서적으로 풍요로울 수 있었다. 고등학교 시절에는 교회 활동을 열심히 했다. 고1 크리스마스 때 우연히 친구들과 연극 공연을 하자고 뜻을 모으고, 그녀가 극본을 쓰고 연출을 했다. 밑바닥 인간이 구원받는 내용으로, 성경 소재의 얘기였다. 특이한 것은 이때 무언극을 만들었다는 것인데, 사람들이 이 무언극을 쉽게 이해하고 재미있게 보는 것에 오히려 충격을 받았다. "아주 잘 만들겠다 생각하지 않고 즐기기 위해 연극을 만들었는데, 이처럼 관객과의 교감이 이루어지다니, 연극은 정말 강한 힘이 있구나."하는 생각을 하게 된 것이다. 그 후 크리스마스 때마다 연극 공연을 했고, 학교 공부보다는 연극에 강렬한 흥미를 느꼈다.

대학은 식품영양과로 진학했다. 대학에서도 기독교 동아리 활동을 주로 하면서 행사 있을 때마다 연극을 공연했다. 대부분 성경 소재의 연극으로, 그녀가 극본과 연출을 맡았는데, 15분에서 30분 정도의 짧은 공연들이었다. 공연을 하면서 그녀는 연극이야말로 가장 잘할 수 있는 것이란 확신을 얻었다. 그러나 연극이 직업이 되거나 생활이 되리라고는 생각지 않았다. 대학교 1학년 때 농활을 가면서 사회현실에 눈을 뜨게 되었다. 농촌의 척박한 현실과 부딪치면서 자신이 그동안 껍데기 안에서 고이 자랐다는 자각을 하게 된 것이다. 이 농활 체험은 그녀에게 '어떻게 살아야 하는가?'

하는 물음을 던져주었고, 사회참여운동에 눈을 뜨는 계기가 되었다. 그 후 그녀는 신학 공부를 시작했다. 신학 공부를 하면서도 복음이라는 게 어떤 의미가 있는가를 찾고자 노력했고, 이를 연극으로 만들었다. 축제 때 기독교 동아리 연합에서 '창조-타락-구속'에 관한 내용을 공연했다. 하나님 나라가 죽어서 가는 천국이 아니라 이 세상에 만들어져야 한다는 내용을 담았는데, 이로 인해 이단이 아니냐는 비판을 받기도 했다. 그녀는 종교와 이 세계가 결코 떨어진 것이 아니라 이 세계 속에 종교가 녹아 있어야 한다고 생각했다. 이 시기, 그녀는 자신의 이러한 생각을 행동으로 꼭 실현시켜야 한다는 의지를 가지고 있었다. 농촌 사람들의 척박한 삶은 그녀의 기억에 깊이 각인되었고, 소외된 계층의 삶을 위해 어떤 식으로든 행동해야 한다고 생각하고 학생운동에 뛰어들게 되었다. 90학번인 그녀의 대학 시절은 1991년 강경대 열사의 죽음 등이 이어지면서 사회개혁이란 의무감에서 결코 자유로울 수 없었던 시기였다. 그래서 그녀는 작가가 되겠다는 생각보다는 기자가 되어 사회적 모순이나 문제들을 고발하고 캐내고자 하는 꿈을 키웠다.

몇 번의 아마추어 연극을 해왔던 그녀가 진짜 연극과 조우한 것은 대학교 일 학년 때 가마골 소극장의 〈일어나라 알버트!〉(이윤택 연출)였다. 이 공연을 통해, "연극이란 천재적인 것이구나" 하는 생각과 함께 충격을 받았다. 이런 시간과 공간 안에 큰 이야기를 간단하게 풀어낸다는 점에서였다.

대학시절은 '어떻게 살 것인가?' 하는 고민으로 매우 예민했던 시기였다. 사회의식에 눈뜨고 이런 고민을 하다 보니, 고등학교 때 많이 읽었던 소설은 힘든 현실을 그대로 그리기보다는 세상을 낭만적으로 그렸다는 점에서 거짓말로 여겨졌다. 치열한 고민을 통해 자신이 할 수 있는 일은 글 쓰는 일이라는 결론을 얻었다. 그녀에게 세상은 가진 자들과 없는 자들로 양분된 대립되는 구조로 비쳤고, 이런 현실을 눈감을 수는 없었다. 농민운동이나 밑바닥 현장운동 같은 것도 생각해 보았으나, 그것은 자신이 없었다. 대신 기자가 되어 이러한 사회적 모순을 고발해야겠다는 목표를 세웠다.

3. 기자 생활과 사회의식

대학을 졸업한 후 부산의 『시민시대』라는 잡지에 기자로 들어갔다. 이 잡지는 별로 유명하지 않은 잡지여서 영향력은 크지 않았지만, 『말』지처럼 인터뷰를 통해 사회적 모순을 고발하는 잡지였다. 이 잡지에서 5년간 현장 취재 기자로 뛰면서 많은 사람들을 만났고 많은 이야기들을 들을 수 있었다. 기자로서 그녀는 취재원에게 다가설 때 인간적으로 다가가고, 진심으로 대하면 서로의 진심이 통한다는 것을 배웠다. 부산에서 고연옥 기자는 심층 취재와 글솜씨로 두각을 나타냈다. 군대 간 아들의 억울한 죽음, 시위하다 다쳐서 정신이상이 된 사연 등 사회운동하는 사람들이 간과했던 갖가지 억울한 사연들을 만났다. 고연옥 기자는 바로 이 억울한 사람들의 취재 기사를 길게 쓰면서 현장적 체험에 깊이 다가간 것이다. 특히 많은 사람들을 만나면서, 인간에겐 의식과 무의식이 있는데 의식이란 사회적 상황이나 현실에 지배당하지만, 인간을 깊이 알아가며 드러내 보이는 무의식은 인간의 본질이나 원형과 맞닿은 것이라는 걸 깨달았다. 그들의 사연을 들으면서 아무리 모자라 보이는 사람이라 할지라도 모든 사람에겐 그 내면에 고귀한 인격이 있다는 것을 느끼고 발견하게 된 것이다.

취재 과정에서 남편도 만나게 되었다. 총학생회장이었던 남편은 조총련 연루 간첩단 사건에 걸려 수감생활을 하다가 무죄판결을 받았다. 이 사건 관련자 5명을 인터뷰한 후, 정부가 조작한 마녀사냥이라는 기획기사를 썼다. 남편은 그 사건으로 1년 반 동안 수감되어 있었는데, 그는 고연옥의 한 해 대학 후배이기도 했다. 그에게 다른 여자와의 소개팅도 시켜주고 했는데, 그가 "글 쓰는 걸 보장해 주겠다"라며 프러포즈해와서 사귀다가 결혼에 이르게 되었다.

한편, 현실의 이면을 들추는 기자생활을 하면서도 가슴 밑바닥엔 회의가 있었다. 아무래도 기사를 잘 써야 한다는 부담감 때문에 사건이나 인물을 미화시키는 측면이 있었다. 인물 기사들을 쓰면서, 인간에 대한 믿음을 갖게 되기보다는 인간의 좋은 면을 보려 한 측면이 있었다.

인간이 아름답고 고귀한 존재라는 깨달음은 아이를 낳아 키우면서 생겨 났다. 그녀는 결혼 후 서울로 올라와 희곡을 쓰면서, "인간이 귀한 존재니까 결국은 귀하게 되어야 한다"는, 즉 구원의 문제를 작품 속에 다루게 되었다. 인간은 모두 귀한 존재이며, 본질은 아름다운 존재이다. 다만 어떤 상황 속에서 범죄자나 이기주의자가 되는 식으로 변해가는 것이다. 그러나 치명적인 갈등의 상황 속에 놓인 인간도 이를 아름다운 본성으로 이겨 내서 결국은 귀한 존재가 된다는 내용을 글로 표현하고 싶었다.

그녀에게 모성으로서의 삶은 매우 중요한 전기를 가져다준 듯하다. 애를 낳고 키우는 새로운 경험을 하면서 그녀는 비로소 쓰고 싶어하는 글의 실마리를 얻게 되었으며, 배양토가 되기 위해 자기 자신을 죽여야 하는 성숙한 삶에 대해 눈이 뜨이게 된 것이다.

4. 극작가로의 입문

그녀는 극작가 이전에 동화작가로 먼저 활동했다. 시기적으로 매우 힘든 20대 중후반을 통과하면서 동화를 발표했던 것이다.

그녀가 본격적으로 희곡을 쓰게 된 계기는 가마골 극장의 '드라마 창작교실'에 참여하면서부터였다. 이윤택을 주축으로 이강백, 차범석, 박광수(영화감독), 김운경(드라마작가) 등이 출강한 강좌였다. 이때 시나리오 형식으로 〈백중사 이야기〉를 썼다. 결혼하기로 한 사람과 헤어지는 등 내면이 매우 복잡하고 굉장히 힘들었던 25세 때였다. 이 작품을 보고 이윤택 선생은 "내가 이제까지 무수히 많은 습작을 봤는데, 작가가 될 거라고 여긴 사람은 딱 한 명 있었다. 이번에 네가 두 번째다."라고 했다. 이어서, "이 얘기는 재미있긴 하지만 공연은 불가능하다."라고 했다. 군사정권 시절, 군대를 비판한 작품은 현실적으로 공연될 수 없었기 때문이다. 또 그는

"결혼하지 말고 글만 써라."라고 했다. 그녀는 이윤택 선생의 인정에 힘을 얻어 이후 습작을 많이 했다.

이러한 노력은 결실을 맺어, 1999년 부산일보 신춘문예에 〈꿈이라면 좋았겠지〉(1996)가 당선되었다. 사람은 기억을 가지고 사는데 기억 때문에 살기 힘들어서 사설 기억 성형 사무소를 찾아가는 내용이었다. 기억을 없애기 위해 자신의 기억을 얘기하는데, 결국은 그 기억이 싫어하는 자기 자신일 수 있다는 것을 깨닫는다는 내용이다.

희곡작가로 발을 내디디긴 했지만, 성과보다는 열망만 가득했던 시기였다. 어떤 이야기를 찾을까, 그리고 의미 있는 글, 중요한 글을 쓰고 싶다는 열망으로 가득 찼다. 이강백 선생의 강의 중 '시간'에 관한 대목이 있었는데, 선생은 우리가 사는 시간에는 달력의 시간과 의미의 시간이 있는데, 바로 그 의미의 시간을 찾아내는 게 희곡이라고 했다. 이 말을 들으면서, 이야기를 만들어내야 한다는 강박에서 벗어나 인생 속에서 의미 있는 시간을 찾는 게 희곡이라는 개안을 했다. 습작 시절 그녀는 이강백 희곡집을 읽고 또 읽으면서 교본처럼 삼았다. (이 말을 들으면서, 그녀의 극 〈발자국 안에서〉나 〈웃어라 무덤아〉 등에 이강백과 비슷한 점이 느껴졌던 이유를 알 수 있었다. 우화적 성격이나 관념적이고 시적인 대사, 반복 기법, '보이는 세계'와 '보이지 않는 세계' 등이 나타나는 것이 이강백의 영향으로 보인다.)

5. 희곡 창작과 공연에 얽힌 이야기들

〈인류 최초의 키스〉(2001)를 구상하게 된 것은 남편으로부터 부산 구치소 체험담을 들으면서였다. 남편이 감방에 있을 때, 청송감호소 출신의 교도관이 있었다. 그 교도관은 여느 교도관과는 눈빛이 틀렸고, 죄수를 벌레 보듯 제압하고 밟아버리는 타입이었다. 고연옥은 남편과의 데이트 시절,

그로부터 청송보호소의 '똥 먹는 남자' 얘기를 듣는 순간, 마치 하늘에 불꽃놀이가 펼쳐지는 것만 같았다. 벌레 같이 취급받았던 인간인데, 똥 먹는 사건을 통해 결국 출소하게 되는 그 남자의 자유를 향한 의지를 생각하니 가슴이 뛰었다. 일 년 동안 이 소재에 매달리면서 어떤 식으로 얘길 만들 것인가 고민했다. 관련 책들을 많이 찾아 읽고 공부하는 등 노력을 기울였다. 또 청송 출신의 조폭 아저씨를 소개받아서 인터뷰도 했다. 결혼 등의 사정으로 이 작품을 쓰는 데 2년 정도 걸렸고, 삼성문예상에 응모했다가 최종심에서 탈락했다. 이 작품을 부산의 몇몇 연출가들에게 보여주었으나, 모두 구질구질한 내용이라고 공연을 거부했다. 그러던 중, 마침 그녀의 신춘문예 당선작이 부산 소극장 페스티벌에서 공연되었다. 모두 3편이 공연되었는데, 그중 김광보가 연출한 〈흰색 극〉(장우재 작)이 인상적이었다. 매우 난해한 극인데 그 연출력에 매력을 느꼈다. 김광보에게 메일을 통해 작품을 보냈더니 만나자는 연락이 왔다. "누군가 내 작품을 알아주는 사람, 키워줄 수 있는 사람을 갈망하고 있었는데 연출가 김광보를 만난 것은 역사적인 사건이었다."

〈웃어라 무덤아〉(2003)는 100만 원을 뺏기 위해 이웃 할머니를 죽인 사건에 대한 신문기사를 보고 뭔가 의미 있는 이야기로 만들 수 있을 것 같다는 느낌을 받은 데서 구상이 시작되었다. 아기를 낳은 직후부터 이 극을 쓰기 시작했다. 왜 이 이야기에 의미와 매력을 느꼈는가를 자신에게 질문했으나 처음엔 잘 몰랐다. 그래서 죽음에 관한 책을 닥치는 대로 읽으면서 죽는 것의 경험에 대해 공부했다. 그녀는 소재를 찾으면 그 밑받침이 되는 얘기를 찾기 위해 많은 공부를 한다고 했다. 그리고 이 극을 쓰는 데에는 아기를 낳은 경험이 큰 역할을 했다. 이 생명이 어디서 왔는가, 하는 질문에 스스로 답을 찾기 위해서였다.

데뷔작 〈꿈이라면 좋았겠지〉가 영감에 의존하여 쓰였다면, 이후의 작품들은 과학적이고 논리적인 희곡의 구성을 생각하며 썼다. 애를 키우면서 겨우 시간을 마련해 쓰는 것이므로 최대한 집중해서 썼고, 대사 하나하나를 한 땀 한 땀 바느질하듯 정성 들여 썼다. 흔히 등장인물을 구축하면 그들이 스스로 말을 한다고 하지만, 그녀는 감성에 의존하기보다는 그 상황에서 어떤 말이 나와야 풀리는가, 어떤 말이 적절한가 하는 걸 따지면서 바로 그 정확한 느낌을 생각하며 쓴다는 것이다.

〈일주일〉(2006)은 TV의 '그것이 알고 싶다' 프로그램에서 비슷한 사건을 본 데서 착상했다. 소년들이 구치소에 있는 동안 범인으로 조작되는 과정을 그린 다큐멘터리였다. 그들은 검찰에 송치된 후에야 무죄임이 밝혀져 비로소 석방되는데, 그 후에도 살인자라는 꼬리표 때문에 고통을 받는다는 내용이었다. 실제로 고연옥은 부산에서 기자도 했지만 부산 KBS의 방송구성작가로도 활동했었다고 한다. 'PD수첩' 같은 시사고발 프로그램이었다. 사건기자와 시사고발 프로그램 작가를 거치면서 주어진 사건을 논리적으로 풀고 해석하는 훈련이 되어 있었던 셈이다. 그녀는 〈일주일〉의 소재가 된 사건을 보면서, 이것이야말로 시국사건의 은유라고 생각했다. 실제로는 일어나지도 않은 사건이 누군가의 의도에 의해 엄청난 사건으로 만들어지는 것이 바로 시국사건이었다. 그녀는 구치소에 잡혀온 소년들의 이야기, 또 그들을 범인으로 조작하는 형사들의 이야기를 통해 인간이 신의 흉내를 낸다는 생각을 했다. 조물주가 일주일 만에 세상을 만든 것처럼 인간도 무에서 유를 만드는 오만함을 드러내며, 창조 대신 이 세상의 종말을 불러온다는 것이다. 그래서 신과 인간의 관계를 상징하고자 했으며, 이를 대사 속에 넣으려고 했다. 극단 배우세상이 공연을 준비하는 과정을 보고 느끼는 바가 많았다고 한다. 이 희곡의 초독에서, 젊은 배우들은 극적 상황이나 인물들에 대해 이해를 잘 못했는데, 연습과정에서 자기와 간극이 큰 인물을 만들어내기 위해 엄청난 노력을 했다. 결국 그 힘이 무대에 보이고, 그 때문에 관객에게 좋은 반응을 얻게 되었다고 생각한다.

〈백중사 이야기〉(2006)는 원래 가마골극장의 '드라마 창작교실'에서 시나리오로 썼던 작품인데, 원본은 사라졌다고 한다. 그 후 기억에서도 지워졌었는데, 마침 남편이 그걸 희곡으로 써보라고 제안해서 다시 희곡으로 창작했다. 2003년에 완성한 후 김광보 연출가에게 보여주었더니, "수준 이하다."라고 평했다. 그러다 몇 달 후에 연락을 해서 자신이 공연을 하겠다고 했다. 그러나 당시 〈뙤약볕〉 공연을 하느라 바로 공연에 들어가지도 못했고, 그 외에도 다른 문제로 약간의 마찰이 있었다. 2006년에 문삼화 연출가와 줄이 닿았는데, 그녀가 이 작품에 매력을 느꼈다며 공연을 하겠다고 했다. 사실 소재가 군대이기 때문에 고연옥은 연출가까지 여성이라는 점에 약간 불안을 느꼈다고 한다. 고연옥은 이 극이 "군대 이야기가 아닌 인간의 이야기"이며, "잘하고, 인정받고 싶지만 스스로 억눌려서 패배하고 마는, 바로 우리 자신의 이야기"라고 생각한다. 문삼화 연출은 군대 가본 남자보다 더 군대라는 배경을 잘 살려냈지만, 한 가지 아쉬운 점은 군대 이야기만으로 축소시킨 점이다.

〈달이 물로 걸어오듯〉(2008)은 제목을 불교의 법어에서 따왔다. 화물차 운전수와 술집 여자가 서로 마음이 통한다고 믿는다. 그래서 남자는 여자를 대신해서 살인죄를 기꺼이 뒤집어쓴다. 그러나 수감되어 있는 동안 주위의 얘기들을 들으면서 원래의 믿음이나 마음이 점점 변질되어 간다는 내용이다. 이 소재는 남편이 교도소에 있을 때 어떤 남자가 탄원서를 써 달라면서, 부인과 함께 같이 죽였는데 지금 생각하니 부인이 나쁜 여자인 것 같다고 했다는 얘기에서 착상했다. 그녀가 이 소재를 통해 그리고자 한 것은 변하기 쉬운 것이기도, 혹은 변하지 않을 수도 있는 '마음'이란 것에 대해서였다. 국립극장에서 이 희곡을 독회했을 땐 불교적이라는 얘기를 들었다고 한다. 이 극 역시 '구원'을 문제 삼고 있으며, 불교적인 세계관이 깔려 있다.

〈발자국 안에서〉(2007)는 '시간'이란 화두를 붙들고 철학적으로 그려본 것이다. 인간에게 시간이란 어떤 의미인가? 그녀는 각 이야기마다 시간성이란 문제를 성찰한다. 소재를 들으면 제일 중요한 것이 바로 그 소재 속에 어떤 시간이 있느냐, 혹은 어떤 시간이 보이느냐, 하는 것이다. 예를 들어 〈백중사 이야기〉에서는 군대의 3년이란 시간을 다루면서, 그 시간이 흘러

가지 않는 의미론적 시간을 다루었다.

그녀가 앞으로 쓰고 싶은 이야기도 공간이 중심이 되는 이야기, 공간 속의 시간, 공간과 시간에 관한 이야기이다. 기자 시절 어느 화가를 취재한 적이 있었는데, 그 화가는 주택가의 창고 비슷한 곳에서 작업을 하고 있었다. 이상하게도 그 공간이 '쌀집' 같은 느낌이 들었다. 뭔가를 많이 파는 곳, 잠재의식 속에 자리한 매우 친숙한 곳인 쌀집이 현대를 상징하는 공간이 될 수 있겠다는 착상을 한 것이다.

그녀는 모든 이야기마다 그에 맞는 형식, 그 이야기를 잘 풀어내는 형식이 있다고 생각한다. 그래서 이야기를 떠올리면 첫 장면이 잘 떠오르는 이야기가 좋은 이야기라고 믿는다. 그녀가 잘 사용하는 극작 방식은 첫 장면과 마지막 장면을 맞물리는 것이다. 첫 장면은 이야기의 반대 방향으로 풀어낸다. 마지막 장면은 첫 장면과 연결되지만 반대의 결론을 보여준다.

그녀가 발표작 중 가장 좋아하는 작품은 〈인류 최초의 키스〉이다. 자신이 쓴 것보다 더 많은 이야기, 의도하지 않았고 몰랐던 이야기까지 담고 있는 극이기 때문이다. 그뿐만 아니라 극작가 고연옥을 만든 작품이기 때문이기도 하다.

그녀는 연출가 김광보와의 연속된 작업이 행운이었다고 생각한다. 김광보는 보이는 이야기와 보이지 않는 이야기를 무대 위에서 잘 표현하는 뛰어난 능력을 가진 연출가이기 때문이다. 잘 보이는 이야기 속에서 보이지 않는 이야기까지 풀어낼 줄 아는 연출가이며, 현실과 비현실 사이에 놓인 이야기를 매우 잘 그려내는 매우 예민한 연출가이기 때문이다.

〈칼디의 열매〉는 2001년에 초고를 쓰고 2006년에 다시 쓴 작품인데, 이 이야기 속에 담겨 있는 의미를 처음엔 스스로도 잘 몰랐다. 소재는 그녀가 아기를 낳고 난 후 꾼 꿈에서 취했다. 꿈에서 아기가 갑자기 쑥 컸는데, 자신은 도저히 그 아기가 자신의 애라고 받아들일 수 없었다. 그녀는 이 이야기를 통해 인간의 시간에 대한 집착을 말하고자 한다.

6. 나가며

현재 구상 중인 2편의 작품은 인간에게 희망은 있는가? 또 희망이 있다면 어떤 이유 때문인가, 하는 문제를 다룬 극과 연쇄살인범의 이야기이다.

고연옥의 작품들은 대부분 사회극이며 남성적 소재를 다루고 있다. 그녀는 앞으로도 여성적 소재를 쓰고 싶지는 않다고 한다. 사회구조적으로 투쟁이 일어나는 장이 인간적이라고 생각하며, 그 투쟁의 장에는 남자들이 많기 때문이다. 여자들의 이야기, TV드라마적 이야기 같은 희곡은 쓰고 싶지 않다고 한다.

필자는 고연옥론[155]에서 그녀의 극세계가 고통과 구원을 다루고 있으며 이야기와 인물을 만들어가는 상상력의 구조는 바로 모성과 재생이라는 원형적 패턴에 의지하고 있다고 분석한 바 있다. 고연옥은 그 후 여러 작품들을 통해서 시간과 공간에 대한 연극적인 탐구와 철학적 성찰이라는 존재론적 차원으로 나아가고 있다. 범죄나 감옥, 인간의 탐욕, 죽음, 마음 같은 묵직한 소재나 주제를 다루면서 그녀는 보이는 세계와 보이지 않는 세계와의 대립을, 인간성과 인간의 존재조건인 시간성과 공간성에 대한 사유를 무대 위에 시적으로 구축한다. 절제되고 시적 함축과 리듬감을 가진 인물들의 대사는 삶에 대해, 인간에 대해 사유하게 하고 마침내 우리 자신을 깊숙이 들여다보게 한다. 그런 점에서 그녀는 지금까지의 작품들 못지않게 앞으로의 극작품들이 몹시 기대되는 작가이다.

---

[155] 김성희, 「고통과 구원 : 모성과 재생의 상상력」, 『연극평론』, 2004. 봄호.

최 진 아
여성의 욕망과 주체성에 대한 도발적 글쓰기

1. 여성적 글쓰기와 무대 만들기

최진아(1968~)는 여성이라는 주제를 지속적으로 천착해온 극작가 겸 연출가이다. 〈연애얘기 아님〉, 〈사랑, 지고지순하다〉, 〈그녀를 축복하다〉는 여성의 주체성과 사랑을 도발적으로 다룬 연극이다. 여성의 주체성이나 자각을 다룬 여성연극은 많았지만, 최진아의 연극이 특별한 것은 그동안 낭만적으로 포장되어 온 여성의 욕망과 성애, 이기심을 여주체의 시각으로 적나라하게 다루었기 때문이다. 이들 작품 속의 여주인공들은 대중예술에서 상투적으로 그려진 바와 같이 남성주체의 관음증의 대상, 혹은 신비화된 낭만적 여성이 아니다. 그녀들은 가부장사회에서 부도덕으로 치부되어 왔던 은폐된 여성의 욕망을 도발적으로 드러내고, 몸의 욕망에 솔직하게 반응하며 남성 중심의 관습적 사고나 연애 패턴을 전복한다.

〈연애얘기 아님〉(2004)에서는 남성에게 의존하지 않고 온전히 독립적인 삶을 살기 위해 애인을 떠나는 여자가 등장한다. 〈사랑, 지고지순하다〉(2006)에서는 애인이 있으면서도 다른 남자와 사랑에 빠지는 여자가 등장한다. 그 남자 역시 애인이 있고, 그 애인도 다른 애인을 갖고 있다. 이처럼 이 연극에는 한 애인에서 다른 애인에게로 사랑이 옮겨가는 젊은 남녀, 혹은 두 남자를 동시에 욕망하는 여성이 그려져 있다. 여성 주인공이 자신의 성애를 욕구하고, 몸의 욕망을 솔직히 드러내고 독백을 통해 성찰하는 장면들은 그동안의 한국 연극에서는 전례를 찾기 어려울 정도로 파격적이고 뜨겁고 불온하다. 그 불온한 욕망과 열정이 무대를 달구고 마침내 관객을 공감각적으로 전염시킨다. 〈그녀를 축복하다〉(2006)는 춤선생과 바람이 나는 유부녀를 등장시킨다. 집을 나와 사랑에 빠지고 춤을 추는 동안, 그녀는 평범한 일상의 안락함과 권태로부터 빠져나와 충만한 희열로 날아오른다.

이렇듯 최진아는 이 세 편의 공연만으로 여성주체의 연애문제를 가장 도발적으로 다룬 신예 극작-연출가라는 독특한 개성을 각인시켰다. 그런가 하면, 최근 공연인 〈금녀와 정희〉(2008)에서는 모녀관계에 눈을 돌려 여성 대 여성의 관계를 다루고 있다. 여성의 뜨겁고 불온한 욕망이나 연애의 불안한 내면을 파헤치던 전작들에서 방향을 바꾸어 가장 친밀한 인간관계에서 관계의 원형을 찾아보고자 하는 새로운 변화를 보여주고 있는 것이다.

그녀의 작품들에 공통적으로 드러나는 특성은 실제 장면 속에 상상 장면을 교직하여 실제와 환상을 뒤섞는 공연적 글쓰기이다. 단문 투의 구어체 대사가 리듬감을 갖고 인물의 뜨거운 내면을 분출한다. 동시에 춤추기, 달리기, 무대 가로지르기 등 비일상적 신체언어가 동반되어 공연의 수행성이 강조된다. '의식의 흐름' 수법처럼 머릿속 상상이 실제로 시각화되어 무대 위에 가상의 장면을 만들어내는 것이 가장 큰 특징이다. 이를테면 〈연애얘기 아님〉에서는 여주인공 선희가 힘들 때마다 애인을 떠올리는데, 그럴 때마다 선희의 일상 속에 애인이 출몰하여 함께 얘기를 나눈다. 〈사랑, 지고지순하다〉에서도 여주인공 성희가 오래된 애인 현호와 사랑을 하면서도 새 애인 재우를 욕망하는 장면에서 재우가 등장하여 현호와 함께 그녀와 사랑을 나눈다. 이처럼 최진아는 작품들 속에서 관습적이거나 상투적인 캐릭터나 인간관계의 재현을 거부하고, 대신 뜨거운 언어와 상상 장면들로 불온한 열정과 불안을 무대 위에 시각화시킨다.

2. 연극과의 만남

배우로 연극을 시작했다는 최진아는 커다란 눈과 목소리가 아름다웠다. 1968년생인 최진아의 고향은 전북 임실이다. 3남 1녀 중 막내딸인 그녀는 유복하게 자랐다. 촌에서 초, 중학교를 다니는 동안은 소박한 시골의 풍요로움에 둘러싸여 부족한 걸 모르고 즐겁게 지낸 시기였다. 그러다가 전주의 고등학교로 진학하면서 소위 '문화적 충격'을 받았다. 친구들이 "넌 어디서 왔니?"라든지, "목소리가 예쁘구나." 같은 말을 할 때, 그녀에겐 그런 말들이 몹시 낯설었다. 유년시절을 보낸 시골에선 서로 다 속사정까지 알고 지내는 사이였는데, 그런 질문을 듣는다는 자체가 낯선 곳에 내던져진 자신을 일깨웠기 때문이었다. 할머니와 오빠들과 함께 살았지만, 시골 소녀에게 전주라는 도시는 위축감만을 줄 뿐이었다. 그래서 주말을 기다렸다가 부리나케 시골집으로 내려가곤 했다. 엄마가 모든 걸 다 해주고 떠받쳐주던 집에서 떠나와 낯선 도시에서 정서적으로 위축되어 지낸 고등학교 시절을 회상하면 주말에 시골집에 내려간 기억밖에 나지 않는다고 한다. 이 시절, 그녀는 백일장에 나가 상은 종종 탔지만, 문학소녀는 아니고 의사나 과학자를 꿈꾸던 소녀였다.

그녀가 연극을 만난 것은 대학 때였다. 87학번으로 원광대 치과대학에 입학한 그녀는 연극반에 들어가면서 연극의 매력에 빠져들었다. 1, 2학년 때에는 '호헌 철폐'를 외치면서 데모에 참여하는 등 운동하면서 대학생활을 보냈다. 그러나 무엇보다 그녀를 사로잡은 것은 한 학기에 한 작품씩 공연하던 치과대 연극반 생활이었다. 배우로 활동했던 그녀는 전공보다 연극을 더 사랑하게 되었다. 본과 2학년 때인가, 공연을 끝낸 다음다음날 수업을 빼먹고 도망쳐 나오는데 엊그제 했던 공연을 생각하노라니 희열이 벅차오르는 거였다. 본과 3, 4학년으로 올라가면서부터는 치과가 점점 더 싫어졌다. 가운 입고 병원을 도는 게 정말 싫었다. 혼자 가슴앓이 하던 연애를 끝내고는 학교와의 단절을 홀로 선언하기도 했다. 그때 그녀가 붙잡은 것은 "연극을 할 거야."라는 결심이고 꿈이었다.

대학 졸업 후 직장 생활을 1년 반 정도 한 후, 배우가 되겠다는 결심을 하고 서울로 올라왔다. 집에도 안 알리고 연우무대의 배우로 들어갔다. 배우로서의 첫 출연작은 1994년 〈카페 공화국〉(이상범 작, 박상현 연출)이었다. 다음 해에는 김광림의 〈날 보러 와요〉에 조연출로 참여했고, 이어서 김광림의 추천으로 뮤지컬 〈명성황후〉의 조연출을 맡았다. 조연출을 하면서도, 최진아는 "배우 하고 싶은데 역할이 잘 오지 않는다"라는 생각에 서운했다. 욕망과 맡은 일 사이에서 고민했던 것이다. 그러다 문득 배우보다는 자신의 신체적 조건이나 성향상 연출이 낫지 않겠나 하는 생각이 들었다. 그래서 연극을 보다 잘하기 위해선 공부를 본격적으로 해야겠다는 생각에 동국대 대학원 연극과로 진학했다. 대학원에 다니면서 비로소 자신에겐 배우보단 연출이 더 맞는다는 생각을 하게 되었다.

그녀는 치과의사라는 안정된 직장을 버리고 연극쟁이가 된 데 대해 전혀 후회하지 않는다. 연극이 그녀의 삶을 충만하게 만들기 때문이다. 치과의사라는 직업은 그녀가 연극을 지속적으로 할 수 있는 최소한의 생활비를 벌게 해주는 보루이다. 이를테면 대학원 졸업 후 시골로 내려가서 2년 정도 직장을 다녀 돈을 벌고 다시 서울로 돌아온다든지, 지금도 연극을 쉬는 동안 잠깐 아르바이트로 생활비를 버는 수단으로 활용한다. 체호프는 "의사라는 직업은 본처요, 연극(문학)은 애첩"이라고 말한 바 있다. 체홉은 진료활동을 하면서 틈틈이 작품을 썼으나, 최진아는 가능하다면 연극에 모든 시간과 노력을 올인하고자 한다.

3. 작품 세계

연출가로 방향을 정하고 대학로에서 연출을 시작하면서, 그녀는 연출할 만한 희곡을 고르는 게 쉽지 않음을 느꼈다. 더군다나 연출을 하면서, "나라면 이런 식으로 하지 않을 텐데" 하는 생각으로 자꾸만 희곡을 수정하게 되는 거였다. 그러다 보니 "부족하지만 내가 쓰고 연출하자. 작품이 못 생기더라도 그게 낫지 않을까?" 하는 생각이 들었다. 그게 바로 극작을 하게 된 계기였다.

대학원을 마치고 연극 현장으로 돌아온 후, 자신이 궁지에 몰렸다는 생각이 들었다. 돈도 없고 마땅히 연출을 전담할 자리도 없었다. 그래서 자신이 직접 작품을 쓰고 무대에 올려야겠다는 생각을 하게 되었다. 그래서 극단 '놀땅'을 창단했고, 〈연애얘기 아님〉을 쓰고 연출했다. 공연 후, "이과생은 글 쓰면 안 돼."라는 얘기도 들었다고 한다. 서사 중심의 기존 극작 스타일과 달랐기 때문이다. 그러나 그 작품의 특이한 글쓰기는 "어떻게 하면 연극 같을까?"라는 치열한 고민 끝에 나온 결과였다. 그녀가 연극에서 흥미를 느끼는 부분은 잘 흘러가는 이야기나 시적 언어가 아니라 머릿속, 가슴 속에서 펼쳐지는 이야기였다. 상상이 무대화되고, 보이지 않는 세계가 실연될 때 연극적 재미를 느꼈던 것이다.

이런 아이디어를 어디서 얻었느냐는 질문에, "연극 워크숍이나 외국 연극인의 워크숍, 공연을 많이 쫓아다녔어요. 말이 아닌 신체언어에 감명을 받았어요."라고 대답했다.

대학로에서의 첫 연출작 〈담담담〉(나상천 작, 2000)은 '2인극 페스티벌' 참가작인데, 남자 2명이 얘기하는 내용에서 모티브를 따와서 낯선 여자 두 명이 공원에서 만나 한나절 보내는 이야기로 바꾸어 공연했다. 서로 성향이 다른 여자들끼리의 갈등을 45분 동안 풀어낸 단막극이다.

▌〈연애얘기 아님〉(2004)

몇 편의 연출을 맡은 후, 최진아는 2004년에 극단 '놀땅'을 창단하고 〈연애얘기 아님〉을 써서 창단 워크숍작품으로 공연했다. 이 작품의 구상은 그녀의 개인적인 경험이 계기가 되었다. 남자친구와 헤어진 후 "내가 왜 헤어졌을까? 그리고 지금의 느낌은 무엇인가?"를 구체적으로 기억하고 사유했다. 여자가 남자와 헤어져 혼자 살아간다는 것은 경제적 자립뿐만 아니라 정서적 자립을 의미하는 것, 온전한 독립을 의미하는 것이었다. "출가승만 집을 떠나는 게 아니라 일반인처럼 살면서도 그런 비슷한 선택을 할수 있었으면 좋겠다."라는 것이 모티브였다. 풍요나 안락의 삶보다는 고독과 모험의 삶이 더 중요하다는.

그러나 극에서 여주인공 선희가 완벽할 정도로 따뜻하고 헌신적 사랑을 베푸는 남자친구와 헤어지는 것이 부자연스럽다고, "남자에게 결함이 있어야 희곡의 타당성이 성립되는 것 아니냐"는 말을 많이 들었다고 한다. 그러나 그녀는 사람들이 "바람이 불 때 헤어지고 싶다는 생각을 한다"고 상상한다. "누구나 안락한 상태에서 벗어나는 모험이나 고독, 그런 걸 꿈꾸는데, 헤어지는 동기를 제대로 못 보여줘서 그런 반응이 나온 게 아닐까?"라고 생각한다. 여자의 로망은 남자에게 완벽한 사랑을 받는 데도 있지만, 철저한 고독을 원하는 부분도 있다는 것이다. 완벽한 남자가 옆에 있다면 여자의 일이 가려지고 자꾸 의존적이 될 수 있을 것이다. 여자에게는 사랑받고 보호받고 싶은 욕구 못지않게 모험이나 고독에 대한 욕망도 큰 것이다.

극은 여행사 직원인 선희가 남자친구한테 헤어지자는 문자를 보내면서 시작된다. 선희는 직장에서 '모험 보험'을 기안하지만, 남자 후배는 도와주지 않고 '연애 보험'을 따로 상사한테 제출한다. 이처럼 직장에서 남자 동료들한테 치이고 갈등할 때마다 선희는 남자친구 석영을 떠올린다. 석영은 그때마다 나타나서 선희를 위로하고 힘을 북돋아 준다. 선희는 그런

석영에게 의존하고 싶고 자꾸 그리워하는 마음으로 갈등한다. 일찍 결혼하여 애를 낳고 사는 후배 미진이 뜻밖에도 남편의 죽음을 겪는다. 그 사건을 보면서, 선희는 혼자 독립하여 살 것을 더욱 굳게 결심한다. 하루 무단 결근하고, 선희는 홀로 날아오르는 비상을 연습한다.

이 연극은 여성관객들의 호응을 받았는데, 그럼에도 결말을 좀 더 멋지게 끝낼 수 없느냐는 얘기를 들었다고 한다. 그러나 직장생활을 하면서 그틀에 자신을 맞추어야 하고 후배 직원과의 갈등을 겪는 여주인공이 그간 살아온 틀에서 벗어나고자 하는 움직임은 하루 무단 결근으로 표현할 수밖에 없었다고 생각한다. 꿈이나 로망, 이상이 거대해도 발 딛고 사는 일상을 결코 벗어날 수는 없기 때문이다. 여주인공은 직장을 그만두고 모험을 떠나지는 못하고, 결국 다음날 직장을 가야 할 것이다. 그게 현실이다.

제목들이 다 특이하다는 질문에 최진아는 "글을 써놓고서, 내가 하고 싶은 얘기가 뭘까?"를 질문하는 과정에서 제목이 떠오른다고 한다. 제목이 곧 연극의 주제인 셈이다. 오직 〈그녀를 축복하다〉만 먼저 제목을 정하고 작품을 썼다고 한다. 〈연애애기 아님〉도 결국 소재는 연애지만, 말하고자 하는 바는 연애 얘기가 아니라는 의미에서 제목을 붙인 것이다.

▌〈사랑, 지고지순하다〉(2006)

이 작품의 구상은 누구에게나 한 사람과 연애하면서도 다른 사람을 향한 욕망이 있을 수 있다는 생각으로 시작되었다. 또 그 욕망은 불순한 게 아니고 자연스러운 것으로 인정받아야 한다는 의도를 담았다. "기존의 생각들이나 철저히 박혀 있는 관습적 생각이나 도덕이 꼭 맞는 것은 아니다. 난 그걸 깨부수고 싶다. 그런 얘기를 연극으로 하면 재미있을 것 같다."라는 생각에서 작품을 쓰게 되었다고 한다. 옐리네크의 소설 〈피아니스트〉도 이 작품에 약간의 영향을 주었다. 보통 부드럽게 치장해서 바라보는 관계를 옐리네크는 한 치의 동정도 없이 칼질하는 작가이다. 관계 속에 숨어 있는 이기적 욕망을 날카롭게 비난하는 것이다.

이 극에서 가장 특징적인 것은 공연적 글쓰기로, 여주인공의 머리 속에서 떠오르는 생각들이 독백으로 발화된다는 점이다. 이를테면 자신의 성애를 바라보는 성찰이라든지, 머릿속에서 벌어지는 욕망이 거의 한 페이지나 차지하는 독백으로 발화된다. 또 여주인공의 오랜 애인과 새 애인이 현실에선 만나지 못하지만, 여주인공의 상상에 의해 두 남자는 한 공간에 같이 위치하게 된다.

이 극은 어느 모임의 술자리에서 갑작스럽게 성희와 재우가 키스를 나누게 되면서 시작된다. 둘 다 애인이 있는 상태에서 그들은 서로에게 몸과 감정이 이끌리고, 성희는 그 욕망을 거부하다가 결국 그 욕망을 따라가게 된다. 성희는 오랜 애인 현호와 사랑을 나누면서도 재우를 떠올리며 마치 재우와 함께 사랑을 나누는 것만 같다. 재우 역시 결혼을 약속한 여자가 있다. 그래서 그들은 사랑을 하면서도 결혼이나 미래의 약속과는 무관한, 오직 현재의 욕망만을 좇을 뿐이다. 그런데 재우는 애인 윤정의 집에 찾아갔다가 윤정의 연하 애인 창수와 맞닥뜨리게 된다. 재우는 창수를 때렸다가 창수의 삼촌으로부터 피해합의금을 내놓으라는 협박을 받게 된다. 재우는 이 사건을 계기로 성희에게 결혼하자고 하고, 성희는 받아들일 수 없다. 왜냐하면 성희는 사랑을 "욕망. 간절한 욕망. 불행해질 걸 알면서도 달려드는 심각한 갈증. 섹스"로 생각하는 반면, 재우는 "비루하다. 욕망은 순간이야."라고 생각하기 때문이다. 성희는 욕망이 의지로 제어될 수 없다고 생각하는 반면, 재우는 욕망이 순간이고 의지로 제어할 수 있다고 생각한다. 그에게 더 중요한 건 "인간의 선택과 의지를 존중하며 정성스럽게" 살아가는 일이다.

성희   난 봤어. 네 안에 있는 빛나는 욕망. 규범도 도덕도 넘어서서 다가왔던 순수. 그때 네 모습은 황홀했어. 일부일처제는 신화야.

재우   정 그대가 그렇다면 할 수 없지.

재우는 빛나는 욕망은 순간일 뿐이라 생각하며, 제도나 관습 속에서 살아가는 일이 더 중요하다고 생각한다. '관계의 실상'이 밝혀진 순간 그들의 관계는 결별을 고하게 된다. 성희와 사랑을 나눈 후 잠깐 다녀온다며 나간 현호가 한 시간쯤 있다 돌아온다는 전화를 해오자 성희는 그를 찾아 나선다.

> 성희   너는 나를 미행하지 않는다. 그렇다면 내가 너를 미행하리라. 나를 향한 너의 지고지순한 사랑이 어디서 갈등하고 있는지 목격하리라. 그래서 우리 관계의 실상을 목격하리라.

빨간 스타킹과 빨간 구두를 신고, 성희는 빨간 신호등이 켜져 있을 때 횡단보도를 건넌다. 자동차들의 경적이 요란하게 울리는 가운데, 그녀는 혼란스런 차도 속에 '위험한 여자'의 표상으로 서 있다. 이 연극에서 위험한 욕망에 빠져들고, 성애에 탐닉하는 여주인공은 기존의 도덕이나 관습에 저항한다. 마트에 들어가 생리대를 마구 훔쳐 뛰어나오고, 빨간 신호등일 때 횡단보도를 건넌다. 최진아는 "연애나 성애의 탐닉만이 아닌, 그것을 바라보는 관점이나 시각을 그리고 싶었어요."라고 말한다.

이 극의 제목도 "기존의 의미와는 다른 의미를 부여하고 싶다"는 생각에서 부쳐졌다. 신문의 어느 기사에서 "사랑은 결코 지고지순하지 않다"라는 글을 봤는데, 자신은 "사랑의 순간에 의해 지고지순할 수 있는 사랑"을 그리고자 했다. 다시 말해 다른 관점으로 사랑과 성애를 다루고 싶었다는 것이다. 이 극에서 창수 삼촌의 등장은 "성에 대한 이상이나 순수가 현실 앞에서 얼마나 왜소한가"를 보여주기 위한 장치이고, 여주인공은 그것을 목격한 후 일부러 빨간 신호등을 기다려 건너가는 것으로 설정했다. 물론 이런 결말은 전통적인 극의 결말과는 다르지만, "이 여자가 한 부분에 대한 인식이 넓혀졌다는 것을 결말로 삼고 싶었다"는 것이다.

▎〈그녀를 축복하다〉(2006)

이 극 역시 전작과 마찬가지로 집요하고 강렬한 감정을 그리고 있다. 일종의 마니아 관객층이 형성되어 있을 정도로 관객들이 고르게 편애하는 작품이다. 이 극은 억지를 부리지 않으면서, 또 연극적으로 공간에 구애받지 않으면서, 집요하지 않으면서 욕망을 순순히 풀어낸 작품이다.

극의 내용은 한 마디로 유부녀가 바람난 이야기이다. 〈연애얘기 아님〉을 쓰고 나서, 성적인 욕망이나 로맨스를 쓰고 싶다는 생각을 하던 차에 모노 뮤지컬을 써달라는 제안이 왔다. 그래서 유부녀의 로맨스를 써보려 했는데 뮤지컬 제작계획이 중간에 엎어지고 말았다. 초고만 나온 채로 중단해 둔 채 〈사랑, 지고지순하다〉를 썼다. 전작의 공연이 끝난 후에 〈그녀를 축복하다〉를 수정했다. 이 극에서 말하고자 한 것은 "유부녀의 로맨스가 부도덕한가가 아니라 그 로맨스를 겪은 동안, 한 달이건 두 달이건 그 시간이 얼마나 행복하고 감성이 열려 있는 시간인가."에 대한 것이다. 그런 의미에서 '축복'이란 제목을 부친 것이다.

최진아 스스로 자신을 "창의력이나 상상력이 풍부한 작가라기보다는 관찰력이 좀 있는 작가"라고 규정한다. 이야기 짓는 감성은 있지만, 문학적 토대가 얕다고 겸손하게 진단한다.

이 극은 여주인공 선여의 혼란스런 감정과 춤으로 시작된다. 그녀는 벽에 몸을 부딪치며 춤선생을 사랑하는 감정의 격렬함에 몸부림친다. 무용선생에게서 춤을 배우는 동안 시선이 부딪치고 몸이 스치면서 선여와 무용강사는 감정을 느끼게 된다. 처음에 선여는 이런 위험한 감정을 거부한다. "나는 내 생활을 망치고 싶지 않아요. 나는 알 수 없는 품으로 뛰어들기보다 내가 소중히 해왔던 것들을 지키고 싶어." 〈사랑, 지고지순하다〉가 치열하고 집요한 욕망에만 집중했다면, 이 극은 극중현실에 대해 거리를 갖고 보게 하는 유머와 일상이 여유롭게 들어가 있다. 또, 처음에 뮤지컬로 구상된 것에서 추측되듯 노래로 불리면 딱 좋을 선여의 독백이 많이 배치되어 시적 리듬과 음악성을 부여한다.

> 강사　아줌마, 알아요? 저는 쉽게 그만두지 않거든요. 그런데 남자들의
> 로맨스는 무용담이 되지만 여자들의 로맨스는 비밀이 되거든요.
> 아줌마는 이 일이 죄책감으로 남는 거고, 저는 아름다운 추억이
> 되는 거예요. 조심하세요.

　강사는 선여를 '아줌마'라고 부르며 여자들의 로맨스가 남자에겐 무용
담과 추억으로 남는 거라고 말한다. 이처럼 유부녀의 사랑은 가부장적 관
념으로 보자면 쌍방소통적인 것이 아닌, 통속적인 로맨스나 욕망으로 평
가절하된다. 그러나 선여는 강사의 춤에 매혹되어 감정이 벼랑 끝으로 치
달린다. 엄마와 아내, 며느리 등 주부로서의 일상을 영위하면서도 갑작스
러운 욕망과 사랑의 떨림을 억제할 수 없다.

> 선여　(중략) 멈춰! 떨려! / 어어어 / 너의 춤을 멈춰줘.
> 여기는 어디인가 / 다 잊고 몸을 느낄 수 있는 곳
> 내가 온전히 있을 수 있는 이곳은
> 비밀과 죄책감의 장소.
> 멈춰! / 어어어 / 이 떨림은 너 때문인지 춤 때문인지
> 가진 것 없이 모든 걸 내걸 수 있는 젊음, 너의 춤
> 너무나 눈부셔.

　이 연극의 재미는 바로 선여가 느끼는 여자로서의 욕망과 사랑이 연하
의 남성에겐 '무용담' 식의 흥밋거리로 받아들여지는 대비에 있다. 그리고
선여가 어렸을 적에 들었던 '한우물댁' 아줌마의 로맨스가 오버랩되어 욕
망에 충실한 삶과 안정적인 삶이 시종 대비를 이룬다. 〈사랑, 지고지순하
다〉에서 여주인공의 비인습적 사랑과 욕망이 파격적이었던 것과는 대조적

으로, 이 극에서는 현실적 삶의 패턴이나 상식적 시각이 비인습적인 행동 패턴과 비슷한 비중으로 다루어져 균형감각을 이루고 있다는 점에서 도발이라기보다는 편안하고 경쾌한 느낌을 준다. 그래서 많은 관객들의 고른 지지와 선호를 받은 것으로 생각된다.

또, 이 극에서 재미있는 장면은 뮤지컬적 활력과 유머를 보이는 한우물댁 아줌마의 바람과 가출을 전하는 동네 아줌마들의 상반된 반응이다. 처음엔 아줌마들은 우물가에서 배추를 씻으며 한목소리로 "한 남자 사랑이 제일인데 / 팔자 사나워서 어찌하나"라고 외친다. 그러나 나중엔 빨래하면서 "누구는 좋겠다 / 이 서방도 보고 저 서방도 보고/ 처녀야 꼼짝없이 닫고 살아야지만 / 한우물댁은 애까지 낳았으니 표나는 것 없고 오죽 좋아 / 이 사랑도 받고 저 사랑도 받고 / 나 사내로 태어나면 여자 홀리며 살 것을" 이라고 노래한다. 아줌마들의 내면의 욕망이 적나라하고도 건강하게 표출되는 장면이다.

결국 선여와 남편, 강사는 서로 대면하게 되고, 남편은 선여와 강사와의 관계를 알고 그녀를 때린다. 맞으면서도 선여는 "그사람이랑 살 부비면서 가슴 두근거리는 소릴 들었어."라고 말한다. 남편 역시 그 말에 아픔을 느끼며 "참 오랜만이다. 이렇게 아파본 지도."라고 말한다. 이렇게 극은 끝난다.

〈사랑, 지고지순하다〉에 비하면 소품이지만, 이 극에는 불륜이 관습적 시각으로 거부해야 할 부정한 것이 아니라, 무감각한 일상에서 감각을 일깨우고 삶의 희열과 미칠듯한 생명력의 약동을 일깨우게 하는 것으로 제시된다.

▍〈금녀와 정희〉(2008)

이 작품은 인간관계의 본질에 대한 질문으로 시작한 극이다. 이전 작품들이 내용이나 스타일에 도발성을 담고 있다면, 이 극은 엄마와 딸의 관계라는 가장 각별한 관계를 이야기해보고 싶어서 구상되었다고 한다. 사실

모녀관계란 그동안 수많은 연극들이 다루어온 주제인데, 기존의 통상적인 접근법이 아닌 다른 시각에서 다루어 보고 싶었다. 엄마와 딸이 아닌, 여자 대 여자의 관계로 그리고자 한 것이다. 만남의 원형, 다시 말해 가장 가까운 두 인간을 원형이나 기원의 관계로 그리고 싶었다고 한다. 모녀관계는 가장 타성에 젖기 쉬운 관계이다. 다른 사람과의 관계는 깊어질 때 정말 많이, 깊이 다가간다. 그러나 엄마와의 관계는 그 이상 깊이 들어가지 못한다. 그래서 엄마를 그릴 때, 경험에서 오는 아픔보다는 엄마의 역할을 뺀 인간으로서 그리고 싶었다. 그런데 문제는, 다른 작품들에서는 상상을 해서 인물에게 다른 옷을 입히고 기존의 이미지를 깰 수 있었으나 엄마에겐 다른 옷을 입힐 수 없었다는 점이었다.

최진아의 이런 작가적 고민은 충분히 이해된다. 상상의 옷을 풍부하게 입히지 못한 것, 그래서 인물이나 극중 사건, 정서가 밋밋해진 것은 엄마가 가장 심리적으로 가깝고 특별한 상상을 거부하는 실존 자체여서 그런 게 아닐까.

도시에 사는 딸 정희가 1주일 휴가를 받아서 시골집에 온다. 그녀는 엄마 금녀에게 많은 걸 해주고 싶지만, 사사건건 엄마에게 잔소리를 해댄다. 엄마의 일상적 행동들은 며느리에게 무시당하기 딱 좋을 정도로 무식하게 보이고, 잔소리를 해도 고쳐지지 않는다. 흔들의자를 주문하고 발 마사지를 해주려 해도 엄마는 의자에 앉지도 않고 짐이나 올려놓을 뿐이다. 부엌의 헌 싱크대 대신 새 싱크대를 놓아주는 일로도 부딪치는 등 일상적인 소소한 에피소드, 세대차이로 인한 미세한 갈등들이 잔잔하게 그려진다. 딸은 엄마와 앉아 오순도순 대화를 나누고 싶지만, 엄마는 대화보다는 늘 움직인다. 딸에게 줄 깻잎을 따러 가고 싱크대 설치하는 일을 돕다가 팔을 다친다. 딸은 엄마로서가 아니라 금녀의 생애를 제대로 알고 꿈이 무엇인지, 어떤 인간인지 전체를 알고 싶지만, 엄마는 그냥 엄마로서만 존재하지 한 여자로서의 속살, 내면의 이야기를 내보이지 않는다.

> **정희** 그럼 엄마의 비밀을 말해줘. 정금녀의 옷 속에 감춰진 하얀 속살
> 같은 이야기, 삶의 어느 순간 찾아온 공허의 이야기가 듣고 싶어.
>
> **금녀** 내가 당황했던 거, 내가 쓸쓸했던 거?
>
> (중략)
>
> **정희** 이번에도 내가 소리쳐서 속상했잖아. 그럼 속상하다고 어찌어찌
> 해서 속상하다고 엄마 가슴에 피어나는 많은 사념들, 딸에게서
> 느끼는 배반의 감정들 그런 것을 말해주면 좋잖아. 그런데 엄마
> 는 아무 말도 안 하고.
>
> **금녀** 그런 거 없어. 그런 말 안 해보고 살았어.

　꿈 장면인데, 정희는 엄마에게 왜 감정을 솔직하게 얘기하지 않느냐고 묻는다. 금녀는 어미와 딸이 원래 같은 시간에 태어나 사는 존재였다가 서로 사랑하는 둘이서 각각 서로 다른 시간을 느끼며 살고 싶어서 하나가 다른 하나의 몸속에 들어가 딸로 태어났다는 설화를 이야기해준다. 이 설화는 엄마와 딸이 같은 시간을 살던 동 시간대의 존재였지만 "지면서도 피는 걸 보고 싶어서", 서로 다른 시간을 느끼고 싶어서 모녀관계가 되었다는 것이다. 모녀의 기원을 말해주는 이 설화는 이 극의 주요한 메타포이다. 극의 시작과 중간에 모녀의 분신인 두 여자가 등장하는데 이들은 마치 쌍둥이 자매 같다. 서로 다른 시간대를 살고 있지만, 모녀관계의 원형은 동시간대를 사는 사랑하는 여자들이라는 것. 정희는 꿈속에서 금녀에게 키스를 하고 몸을 더듬어 사랑하는, 마치 성적 코드의 애무를 한다. 서로 다른 시간대를 살고 젊음과 늙음의 차이가 있는 여자지만, 모녀관계의 본질은 같은 시간을 사는 여자들이다. 엄마가 먼저 걸어가고, 그 발자국을 따라 딸이 걷는다. 치과를 함께 다녀오는 장면에서 엄마는 늘 걸음이 빨라 딸은 뒤를 쫓아간다. 이처럼 앞서 태어난 여자, 그 뒤를 따라 살아가는 게 딸이다. 한 몸과 같은 존재지만 서로 다른 시간을 살기 때문에 소소한 갈등을 겪지 않을 수 없다.

그러나 막상 공연(선돌극장)은 밋밋하고, 의미의 두께나 상징의 울림이 제대로 살아나지 않았다. 엄마의 사랑이나 관심을 끝없이 욕구하는 딸의 신경증, 시골 엄마의 느긋함과 무심함이 두드러졌고, 정희의 캐릭터는 다소 현실성을 결여하고 있었다. 일주일 휴가를 엄마와 보내면서도, 그녀를 호출하는 도시 생활의 잔여물, 혹은 남편의 호명 같은 일상의 문제들이 공백으로 지워져 있었기 때문이다.

4. 앞으로의 작품과 글쓰기에 대해

최진아는 여성의 사랑과 욕망을 다룬 그간의 작품들이 집요하게 파고들어간 것이라면, 앞으로는 관조적인 작품을 만들어보고 싶다고 한다. 무대상에서 보이는 것과 일상에서 숨어 있는 것의 대비, 무의미한 일상 저편에 숨어 있는 의미를 그리고 싶다는 것이다. 우선 생각하고 있는 소재는 집에 관한 것이다. 시골에서 집을 고쳐본 경험으로 착상한 것인데, 감성적 경험 아닌 생활적 경험이 무대 위에서 재미있게 펼쳐지도록 써볼 생각이다. 〈사랑, 지고지순하다〉로 연극평론가협회의 '베스트 3'에 뽑히는 영광을 얻었는데, 그런 수상경력이 무척 부담이 된다고 한다. 그러나 "연극을 초심자처럼 해야겠다. 실패를 두려워하지 말자."라는 생각으로 열심히 해나갈 작정이다.

최진아가 좋아하는 작가는 베르나르 콜테스이고 그중에서도 〈로베르토 쥬코〉를 특히 좋아한다. 〈목화밭의 고독〉 역시 좋아하는 작품인데, 마치 머릿속에서 벌어지는 놀이 같이 여겨진다. 언젠가 그렇게 해석하여 무대에 올리고 싶은 작품이다. 배우로 출발하여 연출로 영역을 넓혔고, 지금은 극작과 연출을 겸하고 있는 그녀는 글을 쓴다는 일의 매력에 흠뻑 빠져 있다. 최진아는 관습적 사고를 거부하고 감성적 언어와 신체언어, 상상적 장면의 시각화로 관객의 감정을 고양시키는 작품, 뜨겁고 위험한 욕망 혹은 관계의 심연을 파헤쳐온 작품, 그리고 일상 이면에 숨어 있는 삶의 의미를 그린 4편의 작품을 발표하면서 나름대로 평단이나 관객 대중의 지지를 얻었다. 관조적 글쓰기로 일상에 숨어 있는 의미를 탐색하는 최진아의 다음 작품들이 기다려진다.

김 한 길
일상적 연극에서의 연극성 탐구

1. 일상을 길어올리는 따뜻한 시선

〈춘천 거기〉, 〈임대아파트〉, 〈장군 슈퍼,〉〈사건발생 1980〉……김한길의
이 연극들을 다 본 관객이라면 누구나 어떤 공통점을 떠올릴 것이다. 이 극
들에는 남루하고 고단한 인생, 서로 엇갈린 사랑의 관계들, 좌절, 아픔 등
이 잔잔한 유머 속에 재현된다. 이 연극 속의 인물들은 '삶이 우리를 속일
지라도' 분노하거나 절망하는 대신 그냥 받아들이며, 좌절 대신 꿈과 사랑
과 희망을 가슴에 담는다. 톡 쏘는 청춘의 쓰라림엔 푸릇푸릇한 환희가 수
반되고, 고달픈 삶엔 가족들의 따뜻한 사랑이 떠받쳐지고, 생활의 무능과
좌절엔 예술적 재능과 판타지, 꿈꾸기가 그 결핍을 보상한다.

김한길(1972~)은 일상적 삶과 경험의 섬세한 재현, 친근한 인물들의 생
생한 구축으로 무대 위에 삶의 질감을 생동감 있게 그려내는 작가-연출
가이다. 다양한 스타일의 연극을 시도하는 대부분의 다른 작가-연출가들
과는 달리, 그는 일찌감치 자신의 색깔을 확립한 연출가-작가이다.

그는 묵직한 사회적 문제나 역사 같은 거대담론, 혹은 현란한 연극성의
과시나 실험에는 관심이 없는 듯 보인다. 그는 자신이 가장 잘 아는 서민

가정의 일상을 마치 현미경으로 들여다보듯 세밀하게 재현해낸다. 그럼에도 그의 연극은 일상성을 친숙하게 그리는 TV드라마와는 구별된다. 그가 그려내는 일상성은 현미경으로 클로즈업시킨 듯한 일상성이기 때문에 일종의 낯선 거리감을 만들어낸다. 세밀화나 극사실주의 연극이 현실과는 전혀 다른 질감의 현실을 제시하며 낯선 미학적 체험을 주는 것은 바로 현실의 과장이나 왜곡 못지않게 재현미학과는 다른 현실과의 거리 두기를 의도하기 때문이다. 그는 낯익은 일상성을 사실적으로 재현하다가도 은근슬쩍 비일상성이나 판타지를 뒤섞고, 언어유희와 촌철살인의 유머를 살린 대사로 새로운 연극성을 만들어낸다. 이로써 우리는 잘 알고 있다고 생각했던, 늘 보고 지나치면서 의식하지 못했던 낯익은 세계를 '낯설게' 바라보게 되는 것이다.

김한길이 쓰고 연출한 〈춘천 거기〉는 그동안 우리 연극이 이상하게도 외면해왔던 청춘의 사랑과 아픔, 꿈을 연극적으로 매우 잘 그려낸 극으로 입소문이 나면서 앙코르 공연을 거듭했고, 젊은 작가 김한길의 이름을 대학로에 각인시킨 공연이었다. 이 극은 2006년 '올해의 예술상'을 수상하기도 했다. 이는 한국영화가 그동안 젊은 세대의 사랑의 방식이나 '일상의 재발견'을 튀는 감성으로 그려 젊은 관객과의 정서적 교감을 이루어내고 하나의 트렌드를 형성한 것처럼, 〈춘천 거기〉〈임대 아파트〉〈장군 슈퍼〉 같은 김한길표 극들도 마니아 팬들을 양성했다. 그는 홍상수 감독과는 다른 관점에서의 '일상의 발견'을 연극적 감성과 유머, 따뜻한 휴머니즘으로 그려내어 김한길표 연극의 개성을 각인시켰던 것이다.

김한길과의 인터뷰는 여름이 끝나가는 8월 말, '에떼'에서 이루어졌다. 그는 자신의 작품세계처럼 선량한 눈매와 얼굴, 부드러운 인품, 솔직한 성격을 가졌다. 요즘 시나리오 작업을 하는 중인데, 연극판과는 다른 그 동네의 '산업적' 논리와 행태 때문에 회의를 겪는 중이었다.

2. 성장시절, 연극과의 만남

김한길은 1972년, 2남 1녀의 막내로 동두천에서 태어났다. 아버지는 함북 출신의 실향민으로 어렸을 때 이북에서 혼자 내려와 미군부대에서 쭉 일을 해오시다가 1998년 작고하셨다고 한다. 동두천은 기지촌으로, 교육 환경이 나빴기 때문에 형제들은 모두 서울의 외할머니댁으로 옮겨가 학교에 다녔고, 막내인 그도 초등학교 6학년 때 서울로 올라왔다.

그는 어린 시절 글을 써서 상을 받거나 두각을 나타낸 적은 없었지만, 분명 글 재주가 있었던 모양이다. 초등학교 6학년 때 신춘문예 응모용 소설을 써본 적이 있다는 에피소드가 이를 입증한다. 축구 게임기를 사고 싶던 차에, 마침 신문에 난 '신춘문예 현상모집' 공고를 보고 상금이 탐이 나서 소설을 썼다는 것이다. 다 쓴 다음 고등학교 1학년이던 형에게 그 소설을 보여주었다. 형은 읽고 나서, "네가 썼을 리가 없다. 잡지에서 베꼈지?"라고 했다. 억울하다고 하자, "그럼 내 앞에서 써봐라. 테스트를 해보겠다."라고 해서 형 앞에서 소설 3, 4쪽을 썼다. 그걸 보고서야 형이 동생의 소설 쓰기를 인정해 주었다. 난생처음 써본 소설을 막상 접수는 하지 않았다. 그는 어린 시절 미술에 소질이 있어서, 미술상을 많이 받았다. 그래서 그의 어머니는 지금도 "한길이를 미술 공부 시켰다면 지금 연극 안 할 텐데……."라고 하신다고 한다.

중학교 2학년 무렵부터 가세가 좀 기울었다. 하우스보이로 시작하여 미군부대에서만 줄곧 직장생활을 했던 그의 부친이 퇴직 후 사회에 나와 적응에 실패했기 때문이었다. 그때 그는 사업을 해서 돈을 많이 벌어 집안을 일으켜야겠다는 생각을 하기도 했다.

그는 중학교 때 명작 소설을 많이 읽었다. 그래서 교생 선생님이 떠나면서 준 편지에는 "한길아. 다들 무협지 읽을 때 넌 명작을 읽어서 참 기특하다."라고 쓰여 있었다. 그가 좋아하는 작가는 이상과 다자이 오사무이다.

그가 연극과 운명적인 조우를 한 것은 고등학교 1학년 때 연극반에 들어가면서부터였다. 학교의 서클 선배들이 1학년 신입생 반들을 돌면서 문예반, 방송반, 연극반 등을 홍보했다. 그때만 해도 그는 세상의 상식대로 공부를 열심히 해서 좋은 대학에 들어가는 것을 목표로 삼고 있었다. 그런데 이상하게도 연극반에 마음이 끌렸다. 마침 같은 선정고등학교에 2살 위의 누나도 다니고 있었다. 누나에게 상의하니, 누나는 "연극반에 들어가면 학창생활을 재미있게 할 수 있을 거야."라고 말해서 그는 연극반에 입회했다. 그 후 배우로 무대에 서는 등 연극에 매료되면서 차츰 공부와는 멀어지게 되었다. 고등학교 2학년이 되자 그는 평생의 진로를 연극으로 결정했다.

고3 겨울방학 때, 그는 다시 한 번 운명적인 선택을 하게 된다. 연극영화과로 갈 것이냐, 서울예전에 갈 것인가 입시문제를 고민하기도 했지만, 그냥 현장에 나가서 연극을 하고 싶기도 했다. 그 당시 그는 이미 돌이킬 수 없는 연극병이 들린 마니아였다. 공연 할인권만 빽빽이 붙여 앨범 1권을 채우기도 했을 정도였다. 이때 그가 사는 갈현동 동네에 극단 로얄씨어터 연습실이 문을 열었다. 그의 집으로부터 불과 네 집 건너였다. 그는 이게 운명의 계시인 것처럼 바로 극단 연습실의 문을 두드렸고, 고3 겨울방학 때부터 극단 생활을 시작했다.

3. 극단생활과 습작

로얄씨어터에서의 극단생활은 1992년 12월에 군대 가기 전까지 2년여 지속됐다. 가장 막내였던 그는 청소, 설거지 등 온갖 궂은일까지 도맡아 했다. 포스터를 붙이러 다녔고, 몇 푼 안 되는 작업비를 아껴서 차비를 해가며 다니던 시절이었다. 어린이극 〈신나는 궁궐여행〉이란 연극에서 군대 간 선배 대신 배역을 맡기도 했다. 포스터 작업을 하고 극단의 자질구레한 일들을 맡아 하면서 그는 "무술 배울 때도 장작 패기, 물 긷기를 먼저 하지 않는가. 이걸 정신수련으로 생각하자."라는 생각으로 버텼다.

1990년대 초반은 번역극이 강세를 보이던 때였다. 그래서 작품을 쓸려고 해도 뭔가 모델이 되는 창작희곡들을 찾을 수 없었다. 김한길은 이때 극단에서 올린 공연 〈7년 만의 외출〉을 마지막 날까지 계속 반복해서 보았다. 그랬더니 연극의 구조나 원리 같은 게 저절로 공부가 되고, 뭔가 대입이 되는 듯했다. 그래서 그는 지금도 연극을 시작하는 친구들에게 "같은 공연을 반복해서 봐라. 도움이 많이 된다."라는 말을 한다고 한다.

이상하게도 연기자로 극단 생활을 했는데도 생일 선물로 단원들로부터 『희곡작법』책을 선물 받곤 했다. 그 작법 책을 꼼꼼히 읽자, 자기도 모르게 극작 혹은 연극의 원리를 깨우치는 것 같았다. 그래서 그는 배우들에게도 이 책을 권한다고 한다. "이 극작 원리를 거꾸로 들어가면 작품 분석이 된다. 배우들도 작의를 알아야 하고, 분석능력이 필요하다. 정서적 포지션을 알아야 한다. 작가의 의도를 알고 연기하는 것과 아닌 것은 큰 차이가 있다."

그는 홍천 기갑여단에서 군대생활을 했는데, 이 시기에도 연극 관련 책들을 많이 읽었다. 삼촌이 마침 종로서적에서 근무했기 때문에 휴가 나와서 보고 싶은 책 목록을 말하면 모두 사주었다.

제대 후에는 다시 로얄 씨어터로 들어가 활동했다. 이 시기, 1990년대 중반에는 창작극이 활기를 띠며 공연되고 있었다. 〈서툰 사람들〉(장진 작), 〈욕망이라는 이름의 마차〉(김동기 작)에 배우로 출연했다. 그동안 연극 관련 책들, 극작법 등의 책을 꾸준히 탐독해왔던 그에게 배우 말고 다른 포지션을 해보고 싶다는 생각이 사로잡기 시작했다. 군대 가기 전, 극단 생활을 하면서 서울예술종합학교를 1년 정도 다닌 적이 있었다. 현장에서 배우는 것과는 다른 체계적인 공부를 하고 싶어서 그냥 신문 공고를 보고 비인가 대학인 줄도 모르고 입학했던 거였다. 그때 〈결혼〉(이강백 작)을 연출하기도 했었다.

제대 후 연기자로 활동하면서 희곡을 쓰기 시작했다. 어린이극 〈돈키호테)를 재구성해서 공연하기도 했으며, 극작가 김동기에게도 배움을 청하며 꾸준히 습작을 했다. 이걸 본 연출가 류근혜가 "그러지 말고 학교 가서 공부해봐."라고 했다.

4. 극작과 진학

김한길은 1998년에 서울예술대학 극작과에 입학했다. 다행히 과 학생들도 나이가 평균적으로 많아서 소외감을 느낄 만한 상황은 아니었다. 그런데 막상 수업을 받고 보니 심한 답답함을 느꼈다. 왜냐하면 그가 현장에서 익혔던 연극제작 실무들에 대한 강의가 당연하게도 초보자 학생 수준으로 이루어졌기 때문이다. 또 심지어는 연극 제작과정에 관한 내용은 책에 쓰인 그대로, 현장과는 부합되지 않는 내용이 강의되기도 했다.

이처럼 학교 수업에 재미를 붙이지 못했던 그에게 유일하게 재미있었던 수업은 뛰어난 극작가이자 연출가인 오태석의 '극작의 실제'라는 강의였다. 희랍비극부터 현대작가들에 이르는 명작들 리스트를 제시한 뒤, 조를 나누어 조별로 작품을 재구성해서 실연하는 수업이었다. 맘대로 주제나 내용을 해체해서 재구성하고 연기하라는 것이 오 교수의 주문이었다. 오 교수는 "배우수업에서 신체훈련도 중요하지만, 가장 중요한 것은 실제 무대에 서보는 것이다."라고 말하곤 했다. 이처럼 오 교수의 이 강의는 작품분석에서 극작, 연기에 이르는 총체적인 수업이었다.

또 오태석 교수는 권장 도서를 뽑아 학생들에게 읽도록 했는데, 그 목록엔 〈까라마조프가의 형제들〉(도스토옙스키), 〈인간실격〉(다자이 오사무), 〈백두산근참기〉(최남선) 등이 끼어 있었다.

김한길은 군대 시절부터 희곡 쓰기를 꿈꾸었는데, 막상 희곡을 쓴다는 행위는 매우 막막했었다. 그때 읽은 책 『연극미학』(데오도르 생크)의 "어떤 사람도 악보를 보고 음악을 듣지는 않는다. 희곡도 읽히는 게 아니라 배

우를 통해 실연되는 것이다."라는 구절을 오 교수의 수업을 받으면서 실감
할 수 있었다. 말하자면 극작 텍스트는 도화지에 그린 그림이고, 연출이 세
분화시켜 거기에 색깔을 입히는 것이다. 오태석 교수의 수업이야말로 어
떻게 희곡이 배우를 통해서 실연됐을 때 생명력을 가지는가를 깨우치게
하는 과정이었다.

연기를 해보았고, 군대 시절 수많은 연극 책을 섭렵했고, 오태석 교수의
실제적 가르침이 쌓이면서 이제 김한길은 막막했던 희곡 쓰기에 매달릴
수 있는 용기를 얻었다. 이 시절 그는 습작을 열심히 했다. 그러나 다른 수
업들에는 영 취미를 붙일 수 없어서 거의 빼먹었고, 그 결과 학사경고를 당
하기도 했다.

김한길의 연극인생에 가장 영향을 준 분은 스승 오태석 교수이다. 그는
김한길에게 세세한 부분까지 신경을 써준 분이었다. 항간에 알려진 것과
는 달리, 오태석은 연극을 열심히 하는 학생들에게 큰 관심을 갖고 여러 가
지 면을 점검해주곤 했다. 졸업 후에도 김한길은 오태석을 도와서 졸업작
품 공연을 준비하는 학생들 팀 공연 연습을 지도하는 등, 계속 오 교수의
가르침을 받았다.

오태석은 제자들에게 늘 "자기 문법을 찾으라."고 말하곤 했다. 그러나
제자들은 암암리에 오태석의 영향을 많이 받을 수밖에 없을 것이다. 그래
서 김한길의 첫 공연을 보러 온 어떤 후배는 "어떻게 오태석 스타일과 딴
판으로 만드느냐"며 실망을 표하기도 했다.

5. 배우, 극작가, 연출가로 활동

로얄씨어터의 활동도 미약해진데다, 극단 목화를 이끄는 오태석 교수의
영향으로 자연스럽게 그는 목화에 입단해서 오태석 작, 연출의 〈잃어버린
강〉, 〈지네와 지렁이〉에 배우로 출연했다. 그러나 그를 본격 극작가로 이끈

것은 대학 졸업 후 극작과 졸업생들끼리 만든 '누에'라는 팀이었다. 늘 오태석은 "연극에 극작이 자리 잡으려면 좋은 단막극이 나와야 한다."라고 말하곤 했다. 바로 '누에'는 오태석의 제자들이 단막극을 주로 공연하고자 만든 팀이었다. 아룽구지에서 단막 3편을 공연했는데, 대관은 오 교수가 무료로 해주었고, 제작비는 각 팀이 마련했다. 이 공연을 준비하면서 단막극 써온 것을 오태석에게 보였는데 다 퇴짜맞았다. 결국 대학 졸업공연작이었던 〈청국장〉을 공연했다.

김한길은 학교 '학술연구'의 일환으로 이루어졌던 방언 채록, 제주도 방언판 〈즈전거〉 공연에 참여했고, 로얄씨어터의 조연출이나 조명 오퍼 등을 보기도 했었다. 목화 단원생활도 '누에'의 이른바 "손들어서 뽑힌" 대표를 하면서 전념하기 위해 접었다. 그러나 연극 열정에 불탔던 '누에'의 팀원들도 결국 생활의 압박을 견디지 못하고 뿔뿔이 흩어지고 말았다.

그 후 그는 파파프로덕션의 〈라이어〉에 배우로 출연했다. 폭발적인 인기를 끌며 장기공연을 한 이 연극은 샘터파랑새극장에서 공연되었다. 그런데 오전에는 이 극장에서 어린이극을 공연했다. 전문성이 부족한 팀이 상업성을 내세워 공연하는 것을 본 그는 속상한 마음에, "다음 공연은 자신이 작품을 쓰고 연출하게 해달라. 전문성이 떨어지면 성의라도 있어야 할 것 아니냐."라고, 극단 서전의 박계배와 파파기획 이재원에게 제의했다. 김한길이 쓰고 연출한 어린이극 〈사랑의 피아노〉는 좋은 평을 받았고, 아시테지연극제에도 선정되었다.

〈라이어〉의 흥행 성공으로 큰 수입을 얻은 파파프로덕션의 대표 이현규는 창작극을 활성화하고 싶은 꿈을 가지고 있었다. 그래서 그는 '파파 창작극 페스티벌'을 열었다. 1회 페스티벌 때 이해제, 김한길 등이 참여했다. 이게 계기가 되어 김한길은 〈장군 슈퍼〉를 썼다.

오태석은 김한길이 목화 팀에 있을 때 이런 얘기를 하곤 했다. "한길이가 다 된 밥도 아니고, 덜 된 밥도 아니니 좀 더 수업을 받았으면 좋겠다." 그가 졸업공연작품 〈청국장〉을 썼을 때, 오 교수는 "한길이 처음이자 마지막 작품이지."라고 했다. 연기만 할 줄 알았던 때문이었는데, 김한길이 〈장군 슈퍼〉를 쓰자, "한길이 가고자 하는 길이 배우로서만이 아니구나. 저런 포지션을 확장시키고자 하는 애구나."라며 좋아하셨다고 한다.

프로 작가로서의 데뷔작 〈장군 슈퍼〉를 쓸 무렵 김한길은 〈라이어〉에 장기 출연 중이라 고정 개런티를 받고는 있었으나, 작품 쓸 시간이 부족했다. 그는 공연 끝나고도 파파 연습실에 남아 계속 썼고, 심지어는 분장실에서도 노트북을 갖고 다니며 썼다. 작품을 완성할 때까지 한 번도 누워서 자지 않을 정도로 몰두했다.

〈장군 슈퍼〉는 2주 동안 공연되었는데, 선배들로부터 호평을 받았다. 그들은 김한길에게 "야, 작가가 연타석 치긴 어려운 거다. 그러니 이 극을 앵콜 공연해서 이름을 알려라."라고 충고했다. 그러나 김한길은 한 작품에 안주하는 편안한 길보다는 새로운 작품을 연이어 올리는 모험의 길을 택했다. 무엇보다도 〈라이어〉 공연에 1년 6개월 출연하다 보니, 개런티가 보장되고 익숙한 배우 생활에 안주하게 되면 안 될 것 같아서 일단 출연을 접었다. 물론 생활에 대한 걱정은 있었으나, 작품 쓰기에 도전해야 할 것 같았다.

6. 〈춘천 거기〉와 100만 송이 프로젝트

어느 날 후배인 배우 김강현과 술 마신 후 같이 잔 적이 있었다. 그가 "형. 단막극 좋은 거 있으면 줘. 친구랑 공연해 보고 싶어."라고 했다. 그래서 그동안 써놓았던 단막극 몇 편을 주었다. 김강현은 친구랑 둘이서 20만원을 내서 극장을 하루 대관해 공연하겠노라고 했다. 김한길은 마침 〈라이어〉 출연으로 여유가 좀 있었던 터라 "내가 100만 원 낼 테니 공연해라. 새로운 작품을 쓸게."라고 했다. 그러자 김강현은 여러 친구들을 데려왔다. 모두 남자들만 모였다. "아니, 모두 남자들이니, 이거 활극을 써야 하나?"

라며 웃었다. 그들은 "우리도 100만 원씩 낼게요. 좋은 공연을 만들기로 해요."라고 했다. 이 소식을 듣고 여배우 이지현도 "정말 뜻이 너무 이쁘다. 나도 100만 원 내고 출연할게."라고 했다. 모두 9명이 모였고, 공연을 위해 각자 100만 원씩 냈다. 사실 배우들은 개런티까지 무료였으므로 100만 원 이상을 출자한 셈이었다.

이른바 '100만 송이 프로젝트'는 이렇게 시작되었다. 김한길은 〈춘천 거기〉 집필에 들어갔다. 극중 해설자로 나오는 극작가 수진이란 캐릭터는 극작가이자 배우인 최진아를 모델로 썼다. 공연을 할 때, 지원금을 신청하자니 극단의 연혁이 필요했다. 그래서 최진아가 대표로 있는 극단 놀땅의 이름을 빌렸고, 극장 동숭무대를 2주 대관해서 공연했다. 사실 각자 돈을 내서 공연을 만들었지만 실패하면 어쩌나 하는 걱정도 있었고, 혹시 수익이 생기면 또 아름다운 뜻으로 동참한 사람들 간에 분란이 생기면 어쩌나 하는 우려도 있었다. 그러나 공연은 성공했고, 좋은 작품이라는 입소문이 나서 관객들의 열렬한 호응을 받았다. 동숭레퍼터리 씨어터의 대표 홍기유도 이 공연을 본 후, '씨어터 일' 극장에 초청해줘서 앙코르 공연을 갖게 되었다.

7. 극단 청국장 창단

김한길은 〈춘천 거기〉, 〈임대 아파트〉를 연이어 공연하면서, 언제라도 자신의 팀이 필요한 때가 오면 자연스럽게 극단을 창단할 생각을 갖고 있었다. 결국 배우들을 결산해줘야 할 일이 생겼고, 그러기 위해선 사업자등록증이 필요했다. 그래서 그는 〈춘천 거기〉부터 호흡을 맞춰왔던 배우들과 팀을 만들었고, 극단 이름은 '청국장'이라고 지었다. 막상 대표를 맡고 보니, "노련한 게 잘하는 건지, 정직한 게 잘하는 건지" 생각이 많아졌다. 특히 배우에 대한 생각이 글쓰기나 연출에서 가장 큰 비중을 차지했다. "이

번 작품을 통해 저 배우가 뭘 얻을 수 있을까?" 하는 생각을 많이 한다고
한다.

8. 작품에 대하여

데뷔작 〈청국장〉(2000)은 함경도 출신 실향민 아버지를 모델로 쓴 단막
극이다. 극중 아버지는 시장통에서 청국장 가게를 하는데, 장남이자 장손
인 아들에게 청국장 가게를 물려받으라고 요구하고, 아들은 자기 생활을
하고 싶어 해서 갈등을 빚는 내용이다.

〈장군 슈퍼〉(2006)는 김한길의 동네 슈퍼 '나주슈퍼'의 아줌마를 모델
로 한 극이다. '장군이'는 나주슈퍼의 까만 개 이름이다. 물론 이 극에는 김
한길의 가족사 같은 자전적 내용이 깃들어 있다. 김한길의 아버지는 실향
민이었기 때문에 명절 때 매우 쓸쓸해했다. 그래서 그의 아버지는 식구가
많은 집에 장가들었는데, 외가댁 식구가 실제로 아홉 명이었다. 그는 아버
지와 매우 친하게 지냈는데, 아버지가 돌아가신 후에야 비로소 여자로서
의 엄마가 보였다. 그는 극에서 '여자로서의 엄마'의 삶을 얘기하고 싶었
다. 나주슈퍼는 새벽 2시에 문을 닫고 새벽 6시면 문을 열었다. 6시가 되자
마자 슈퍼에 가서 뜨거운 커피를 사 마시곤 했던 김한길은 이 억척스러운
슈퍼 아줌마를 보면서 엄마와 참으로 대조적이라는 생각을 했다. 〈장군 슈
퍼〉의 엄마가 자기 속으로 낳지 않은 아이에 대해 갖는 감정이라든지, 극
중인물 미남이가 엄마에게 로맨스를 만들어주고 싶어 하는 내용은 바로
이런 계기로 착상되었다.

〈춘천 거기〉(2005)는 매우 힘들여 쓴 작품이다. 극을 쓰다가 갑자기 회
의가 들어서 보름 동안 손을 놓았다. 오태석 교수는 늘 극작 수업에서, "왜
이 이야기를 해?"라고 학생들에게 묻곤 했다. 김한길은 〈춘천 거기〉를 써
나가면서도 내가 왜 이 이야기를 하는지, 통 그것을 알 수 없어서 고민에

제3부 극작가와의 만남

빠졌다. '100만 송이 프로젝트'의 9명이 작품이 완성되기를 기다리고 있는데, 더 앞으로 나아갈 수 없는 것이었다. 그때 니체의 『인간적인, 너무 인간적인』에 나오는 구절이라든지, 문학이란 우리에게 자동화되어 익숙한 것들을 '낯설게 보게 하는 것'이란 이론이 용기를 주었다. 아마도 익숙한 이야기, 추억 같은 것도 낯설게 보게 함으로써 이야기의 가치를 찾을 수 있지 않을까, 하고 생각하니 다시 이어서 써나갈 수 있었다.

'춘천 거기'란 제목은 다 쓰고 난 다음에 부쳤다. 이 공연 이후 '춘천'에 대한 질문을 많이 받곤 하는데, 사실 김한길은 그때까지 춘천에 한 번도 가본 적이 없었다고 한다. 아련한 사랑과 추억의 공간으로 춘천이란 지리적 장소를 설정한 것은, 짝사랑했던 누나가 대학생활을 얘기하면서 "아, 그때 춘천 갔을 때……"라는 추억담을 자주 늘어놓곤 해서 춘천이 그에겐 동경의 대상으로 자리 잡았기 때문이었다. 그 후 김한길에게 춘천이란 지역은 당연히 의미 있는 공간이 되었다. 〈임대아파트〉 팀과 MT 갔다가 돌아오는 길에 남자 후배들과 춘천으로 가기도 했고, 〈사건발생 1980〉은 아예 춘천에서 집필하기도 했다.

〈슬픔 혹은〉(2006)은 두레 팀의 후배가 연출을 의뢰해서 만들어진 극이다. 그쪽에선 뮤지컬을 하고 싶다며 한 작품을 주었는데, 읽어본 후 도저히 못 하겠다고 하니 각색을 부탁했다. 각색도 자신과는 안 맞는다고 거절했더니 "그럼 새로 써달라."라고 부탁했다. 공연 스케줄상 너무 무리였으나, 어쨌든 급박한 사정 때문에 강행했다. 한 달 동안 작품을 쓰고, 한 달 연습해서 급하게 제작을 했다. 나중에 극단 여행자 팀이 노래를 뺀 정극 스타일로 이 작품을 소극장에서 공연하기도 했다.

〈임대아파트〉(2006)는 각 집마다 구조도, 살림살이도 거의 비슷한, 자신이 살고 있는 임대아파트의 경험을 살려 쓴 극이다. 위아래 집 화장실 물 내리는 소리까지 들리는 임대아파트의 고단한 서민들의 삶, 그러나 청춘이 갖는 꿈과 사랑을 그린 작품이다.

〈사건발생 1980〉(2007)은 극중인물 춘구를 1980년생으로 설정하여,

1980년에 있었던 큰 사건과는 다른 얘기를 통해 그 역사까지 암시하고자 했다. 〈금관의 예수〉(김지하 작)는 억압적인 시대를 정공법으로 다룬 이야기지만, 자신은 "연극이란 것이 일상을 다루면서 동시대의 큰 사건을 복합적으로 암시할 수 있다"고 생각한다는 것이다. 일상적 연극을 하는 자신으로선 광주항쟁 이야기 같은 거대담론보다는 1980년생 이야기를 하는 것이 더 자연스럽다는 것이다. 그는 그 시대를 겪거나 느끼지 못한 사람들에게 "그 시대를 잊지 말아야 한다."고 말하는 것, 혹은 "문제의식을 다루어야만 작가다"라고 하는 것은 강요로 느껴진다는 것이다.

이 극에서 춘구가 1980년에 태어났다는 점, 그리고 그해에 엄청난 사건이 있었다는 것은 복합적 의미를 지닌다. 광주항쟁의 비극적 역사를 전달하려고 하진 않았지만, 개인들의 일상적 삶 속에 녹아있게 함으로써 암시하려는 의도는 있었다고 한다. 극중 인물들이 피해자와 가해자로 서로 얽히는 것이라든지, 엄마가 광주 출신이라든지 하는 설정이 그것인데, 그렇다고 해서 거창한 문제의식을 내세우는 식의 거짓말은 하고 싶지 않았다. 다만, 관객이 공연을 보고 다양하게 생각하는 것으로 족하다고 생각한다.

9. 작가로서의 고민, 앞으로의 작품에 대해

그는 현재 시나리오 작업 중이다. 사흘 동안 휴대폰을 꺼놓고 연락 두절을 꾀할 정도로 영화판에서의 작업방식에 회의를 느끼고 있기도 하다.

무엇보다도 연극을 사랑하므로, 그동안 쫓기듯 작품을 써온 것과는 달리 진득하게 심혈을 기울여 희곡을 쓰고 싶어한다.

그는 박근형의 〈청춘예찬〉을 처음 보았을 때 충격을 받았다고 한다. 연기가 기존의 극들과 톤이 다르다는 것, 즉 흡인력 있고 유쾌하게 펼쳐지고 관객들도 매력적으로 받아들이며 호흡하는 것을 보고 감탄했다. 그는 배우와 관객이 서로 호흡하는 일상적 연극을 계속하려고 생각한다. 오태석

589

교수는 대사는 압축과 폭발력을 가져야 한다면서도, "스님도 큰스님은 괴기 먹어도 된다."고 말씀하시곤 했다. 김한길은 일상어를 대사로 쓰지만, 바로 이 '압축과 폭발력'에 준하는 긴장감을 상황적인 데서 찾을 수 있다고 생각한다.

그에겐 일상적 연극에 어떻게 연극성을 조화시킬 것인가 하는 것이 숙제이다. 자신의 일상적 연극에 아쉬운 점이 많아서 〈춘천 거기〉에서는 수진을 등장시켜 시를 얘기하기도 했다. 그가 극작가로서 가진 부담감은 자신의 일상적 연극이 TV드라마의 내용과 비슷하다는 비판이다. 그는 일상적 연극을 하지만 연극적으로 표현하고 싶어서 〈춘천 거기〉에서는 수진을 해설자로 설정하고 무대를 연극적으로 변용시켰고, 〈임대아파트〉에서는 한 공간을 두 집으로 쓰기도 했다. 연출가 최진아는 두 집 중 한 집에는 변화를 주어 차별화를 시키라고 했지만 똑같이 한 것이라든지, 죽은 사람인 선영을 등장시킨 것도 일상성에 연극적인 것을 가미하기 위한 고민에서 나온 시도였다.

한편, 남루한 서민 가족의 고단한 삶을 그리고 있는 박근형의 작품세계와 유사하다는 지적도 그에겐 고민이다. 국립극단 배우 우상전이 그의 〈춘천 거기〉와 〈임대아파트〉를 보고 나서, "너는 박근형보다 어리니까 뒤따라갈 수밖에 없어. 그러니 그와는 다른 걸 해봐라."라고 했다.

그러나 김한길은 남루한 삶이 아닌 세계는 자신이 잘 아는, 자신이 속한 세계가 아니라 남의 세계 같다는 생각을 한다. 그는 뉴스나 사건 기사 등에서 모티브를 얻은 적은 좀체로 없고, 그냥 주변의 아는 얘기를 토대로 곁가지를 만들어 나가는 방식으로 극작을 한다.

그는 앞으로도 자신의 연극에서 가장 일상적인 이야기를 하면서도 연극적인 이야기를 하고 싶다고 한다. 아직 방법적인 것은 정리되지 않았지만, 어쨌든 일상성을 통해 새로운 연극성을 만들어내는 연극, 일상을 새롭게 보게 하는 연극을 해보고자 한다.

김한길은 젊은 작가지만 자신이 할 이야기, 자신의 스타일을 이미 확고하게 정립한 작가이다. 일상적 연극, 고달픈 서민가정의 사랑과 좌절, 꿈이 있는 이야기는 얼핏 보면 TV드라마에서 흔히 보는 친숙한 이야기로 여겨 지기도 한다. 그러나 그의 극에는 김한길만이 그려내는 아우라가 분명히 존재한다. 그것은 평범한 일상적 장면들 속에 인생의 진실을 현현시키는 빛나는 순간의 포착이다. 마치 18세기 네덜란드 화가가 빛과 어둠을 절묘 하게 대비시켜 인물에 표현할 수 없는 깊이를 드리우는 것처럼. 섬세하게 부조된 일상의 디테일, 보잘것없는 삶이지만 사랑이나 헌신으로 눈물 어 린 감동을 안겨주는 가족, 친근하고 생동감 넘치는 인물들, 유머와 말맛이 녹아있는 언어, 청국장 같은 토종 정서와 일상⋯⋯. 물론 그의 희곡은 악보 에 불과하고, 이를 극단 청국장의 배우들이 육화시켜 무대를 독특한 일상 적 삶의 공간으로 만들어낸다는 점에서 그의 극작 – 연출은 배우들과 상호 텍스트적으로 연결되어 있다.

소박한 서민들의 일상적 삶의 이야기로 재미와 감동, 재치가 버무려진 연극성을 만들어내는 김한길 특유의 일상극이 기다려지는 이유이다.

한국 동시대 극작가들

한 아 름

기교의 작가에서 감성을 울리는 작가로

1. 신선한 충격으로 등장하다

'활동 이미지극'이란 부제를 달고 〈죽도록 달린다〉라는 낯선 연극이 2004년에 등장했을 때, 연극계는 신선한 충격을 받았다. 작가 한아름, 연출 서재형. 둘 다 신예였다. 두 사람의 이름이 알려져 있지 않은 탓인지 공연 초반의 객석은 한산했다. 그러나 배우들이 끊임없이 움직이고, 음향효과를 직접 소리 내고, 4각의 링 같은 무대 주위를 '죽도록' 달리는 참신한 콘셉트, 빠른 템포의 행동과 내러티브로 이루어진 새로운 개념의 이미지극은 입소문을 타면서 관객을 불러모았다. 대담한 상상력과 창의성 넘치는 무대 만들기, 높은 완성도를 가진 이 데뷔작은 '극작가-연출가 콤비'의 성공적 출발을 대학로에 알렸다.

물론 첫 작품의 성공이 예술가의 재능을 보장해 주는 것은 아니다. 두 번째, 세 번째 작품들에서 동어반복적 스타일이 아닌, 새로운 창의성을 보여주는 공연들을 내놓아야만 진정한 재능으로 인정받게 된다. 극작가 한아름(1977~)과 연출가 서재형은 계속 콤비를 이루어 〈왕세자 실종사건〉, 〈릴-레-이〉, 〈호야〉, 〈청춘, 18대1〉 같은 미학적 스타일의 작품들을 연이어 선보였다. 각 작품마다 독자적인 개성과 세련된 무대미학, 독특한 아우라를 만들어냄으로써 반짝 성공이 아닌, 신뢰할 만한 예술가로서의 재능을 입증했다.

가장 최근작인 〈청춘, 18대1〉을 보더라도, 독립운동이란 거대담론을 댄스와 사랑이라는 미시적 일상사에 담아낼 정도로 한아름의 상상력은 발랄하고, 관객의 감정을 쥐락펴락할 정도로 극작술이 능란하다. 그녀가 서재형과 더불어 연속해서 한국연극의 관습을 깨트리는 작품들을 발표한 동력은 아마도 이제 막 30대로 진입한 '청춘'이기에 가능한 것일지도 모른다. 작품마다 형식을 바꿔가며 새로운 미학과 연극기법을 선보이는 실험성, 공연을 거듭하며 관객과의 소통의 감각을 더욱 능란하게 발휘하는 연극적 감각을 보면, 그녀는 분명 연극계의 촉망받는 극작가로 오랫동안 자리 잡을 것 같다.

2. 연극에 일찍 꽂히다

최근 고연옥, 김재엽, 성기웅, 장유정, 한아름, 김민정 등 30대 극작가들이 활발한 생산력을 보여주고 있다. 한아름은 1977년생, 95학번으로 장유정과 함께 가장 젊은 세대에 속한다. 최근 연출과 극작을 겸하는 젊은 연극인들이 부상하는 현상 속에서, 전업 극작가인 고연옥과 한아름은 한 가지 흥미로운 공통점을 가지고 있다. 고연옥이 김광보 연출가와 콤비를 이루어 탁월한 공연을 내놓은 것처럼, 한아름 역시 서재형 연출가와 '환상의 콤비'를 이루고 있다는 점이다.

한아름과의 인터뷰는 예술의 전당 야외 카페(2009.3.19)에서 이루어졌다. 그녀는 갓 30대에 진입한 젊은 작가지만, 연극이나 인생에 대해 확고한 신념을 가지고 있다는 점에서 이미 자기 세계를 가진 연극인으로 보였다. 연극현장과 분리된 극작가가 아닌, 연극작업에 직접 참여하고 배우들과 함께 대본을 만들어가는 '연극쟁이'라는 단호한 정체성을 가진 작가였다. 그리고 이런 생각들을 분출하는 말솜씨 속에서 잘 펼쳐내는 작가였다. 그녀의 말 한 마디마디에서 연극에 대한 뜨거운 애정과 열정을 느낄 수 있었다.

한아름은 사업을 하는 부모 슬하에서 세 딸 중 둘째 딸로 자랐다. 사업 때문에 늘 집을 비우는 엄마를 대신해서 친할머니가 돌봐 주어서 엄마의 빈자리에서 오는 결핍감은 없었다. 그녀는 중학교 때부터 이미 연극에 매료되어 일찌감치 연극하는 사람이 되겠다는 생각을 했다. 잠실 송파에 살았는데 마침 개관한 롯데월드 예술극장에 다니면서 많은 뮤지컬작품을 보았다. 뮤지컬 〈신비의 거울 속으로〉, 〈가스펠〉, 〈돈키호테〉, 〈레미제라블〉 등을 보면서 무대예술의 매력에 깊이 빠져들었다. 남경주가 뮤지컬 스타로 군림하던 시절이었다. 그녀는 배우가 되고 싶다는 소망을 품게 되었다. 언니는 미술을 하고, 동생은 무용을 하는 예술적 분위기의 집안이었기 때문에 그녀가 배우를 꿈꾸며 예술고로 진학한다는 건 이상한 일이 아니었다. 그런데 뜻밖에도 부친이 반대했다. 부친은 연극을 무용이나 미술과 달리 예술이 아니라고 생각했다.

부친의 반대에 부딪혀서 결국 예고가 아닌 일반고로 진학했다. 연극에 대한 열정을 버릴 수 없었던 그녀는 거기서 연극반을 만들어 활동했다. 대학 진학도 연극영화과로 정했다. 그러나 교사들이 연영과 원서를 써주지 않으려 했다. 그때만 해도 연영과가 5개 정도의 대학에만 설치되어 있을 정도였으므로 당연히 교사들의 연영과에 대한 인식이 낮았다. 중학교 때 백일장에서 문체부장관상을 수상한 실적으로 동국대나 중앙대 문창과에 특채로 진학할 수 있었기 때문에 교사들은 그쪽을 권했다. 그럼에도 그녀는 연기를 하겠다고 고집을 부려 서울예술대학 연극과 원서를 내려고 했다. 부모는 딸이 연극쟁이가 된다는 걸 탐탁치 않게 여겼다. 엄마는 그녀의 고집을 꺾을 수 없다는 것을 알고는 서울예술대 브로슈어를 훑어 보더니 "극작과 가는 게 어떠니? 여기 가면 연극도 하고 글도 쓸 수 있지 않니."라고 제안했다. 중고 시절 문예반 활동도 하면서 상도 많이 받는 등 글쓰기에 두각을 나타낸 점을 들어 극작과를 추천했던 것이다.

결국 한아름은 극작과에 입학했다. 희곡이나 연극으로만 접했던 극작가 윤대성, 오태석 교수로부터 배울 수 있다는 게 정말 좋았다. 이미 고교 시절에 오태석전집을 다 독파했고, 오은희(뮤지컬 작가) 연극이나 한태숙의 〈첼로〉 등 많은 연극들을 보았던 터라 극작에 흥미를 느꼈다. 그녀는 극작과 진학 후 배우보다는 극작가가 되기로 꿈을 바꾸었다. 윤대성 교수가 극작 수업 때 "나한테 배우는 여러분들 중 한두 명만 극작가가 돼도 난 성공한 셈이다."라는 말을 했고, 그녀는 바로 그 '한두 명'에 들어가야겠다는 결심을 했다. 희곡집을 읽거나 연극을 보면서 존경해왔던 예술가들을 직접 수업을 통해 만나는 경험은 극작가의 꿈을 더욱 강화시켜 주었다. 대학을 다니는 동안 그녀는 무척 많이 연극을 보러 다녔다. 또래 학생들과는 달리 영화나 TV드라마도 안 보고 오로지 연극만 보았다. 늘 글을 쓰고, 1주일에 연극 2, 3편을 보러 다니는 생활이었다. 공연을 그렇게 부지런하게, 많이 보러 다닌 이유는 극작가란 문학인이 아니고 공연을 전제로 한 대본을 쓰는 사람, 다시 말해 '연극쟁이'라고 생각했기 때문이었다.

대학을 졸업했을 때 그녀 나이 20세였다. 2년의 수업 과정은 너무 짧았다. 작가는 되고 싶은데 나이는 너무 어렸다. 윤대성 교수는 동국대로 편입을 가라고 권유했다. 그러나 그녀는 어느 케이블방송의 작가로 취직했다. 일을 잠깐 하고서는 유학을 결심했다. 대학 시절 최준호(현재 연극원 교수, 연극평론가) 선생이 강의를 나왔는데, 그녀는 그의 강의를 아주 좋아했었다. 매우 젠틀한 데다 강의 중 간간이 불어를 섞어 말하는 게 그렇게 멋있을 수가 없었다. 프랑스 유학파 최준호 교수의 영향으로 그녀는 파리 유학을 결심했다.

유학원을 다니며 간단한 준비를 한 후, 프랑스에 가서 1년간의 어학연수를 거쳤다. 그리고 파리 8대학 공연예술학과에 3학년으로 편입했다. 불어 공부를 오래 한 게 아니었기 때문에 강의를 알아들을 수가 없었다. 친구들의 필기 노트를 빌려 봐도 글씨를 알아볼 수가 없었다. 엄청난 노력으로 말을 먼저 배우고 실기과목인 연극을 하면서 적응해 나갔다. 학사 과정은 주로 실기과목들이어서 신을 발표하고 공연 만드는 과정들이었다. 유일한 동양인인데다 프랑스 말을 잘 못하니까 연기 배역은 별 역할이 없는 관광객(그것도 급조한 역할인)이 고작이었다. 그런데 극작 수업에서는 20점 만점에 19점을 받아 1등을 했다. 친구들은 "너 같이 불어를 못하는데도 1등을 하다니, 정말 기적이다."라고들 놀라워했다. 극작 교수인 마담 모네는 "불어를 떠나서 아이디어가 아주 뛰어나서 좋은 점수를 주었다."라고 격려했다.

이어서 석사과정에 진학해서 1년 반 만에 과정을 마쳤다. 프랑스의 학제는 대학이 3년, 석사과정이 1년으로 이루어져 있다. 그러나 석사과정은 보통 2년이 걸린다고 한다. 한아름은 석사과정에서 이미지연극의 대가인 로버트 윌슨을 전공했다. 이때 부친의 사업이 기울어서 학비를 벌기 위해 한국 식당에서의 아르바이트를 병행하면서 공부를 했다. 그럼에도 한 학기를 당겨서 과정을 마칠 수 있었던 것은 엄청난 노력의 결과였다. 논문 제출 후, 지도교수가 공연 실기 발표 날짜를 잡아주지 않아서 마음고생이 뒤따랐다. 체류증 마감 기한도 다가오는데 교수가 바쁘다고 발표 날짜를 계속 잡아주지 않은 것이었다. 프랑스 친구들과 미리 공연 연습을 해놓았으나, 그 친구들도 1, 2개월이 지나니까 다들 졸업해서 흩어졌다. 3, 4개월이 흐른 후에야 교수가 발표 날짜를 잡아주었다. 이미 연습해 두었던 공연은 친구들이 다 졸업해 나갔으므로 그대로 올릴 수 없었다. 새로 텍스트를 쓰고 직접 배우로도 참여하면서 시간 있는 친구들을 모아 이미지연극을 만들었다. 로버트 윌슨의 스타일 그대로가 아니라 새롭게 재해석한 연극이었다.

실기 석사를 받고 2002년 여름에 귀국했다. 프랑스에서 어렵게 공부하여 학사, 석사를 따고 돌아와 모교의 교수들께 인사를 갔는데, 별다른 반응이 없었다. 그녀는 오태석 선생님께 "대학로만 나오게 해주세요."라고 부탁했다. 그녀는 오태석 선생의 극단 목화의 기획실 소속이 되어 아룽구지극장 매표소에 앉아 표를 팔았다. 유학 후 교수를 지망한 것은 아니었으므로 표를 판다고 해서 자존심이 상하거나 자격지심에 시달리진 않았다. 대학 강의도 맡게 되었지만, 강의 자체도 그냥 보너스 정도로 생각했다. 그녀가 무엇보다 중요하게 생각한 것은 연극 작업이었다. 젊었을 때 다른 일이 아니라 연극 작업을 해야 한다고 생각했다. 그러나 부모의 생각은 달랐다. 부모는 딸이 석사를 따고 돌아와 연극 표를 팔고 있다는 사실에 속상해했다. 다시 유학 떠나서 박사 공부를 하고 오라고 권유했다. 그러나 그녀는 "아버진 딸을 교수 만들고 싶겠지만 난 작업자다. 관객을 잘 알 수 있으려면 표를 파는 것도 공부다. 더욱이 매일매일 공연을 보는데, 이런 좋은 공부가 어디 있는가."하는 심정으로 버텼다. 부모는 유학파 석사가 표를 파는 일을 하는 게 창피하다며 선 봐서 좋은 데나 시집가라고 떠밀었다.

그러던 차에 기획사 컬티즌의 정혜영 실장이 연극 표를 받으러 왔다가 "왜 거기 앉아 있냐?"며 연유를 물었다. 한아름의 사정 얘기를 듣고선 연출가 한태숙에게 소개를 해주었다. 한아름은 드디어 〈서안화차〉(2003)의 드라마루트기로 연극 현장에 참여하게 되었다. 그 작업을 하면서 극단 물리의 조연출이던 서재형 연출가를 만나게 되었다.

두 사람의 만남은 누가 봐도 운명적으로 보인다. 그러나 그들의 첫 만남은 그다지 유쾌한 것은 아니었다고 한다. 그전에 이미 친구 소개로 한 번 만난 적이 있었는데, 서로 재수 없다고 생각해서 인연을 이어갈 생각도 하지 않았다고 한다. 두 사람은 함께 〈서안화차〉 작업을 하면서도 서로 말 한마디도 건네지 않을 정도로 냉랭했다. 그러던 어느 날, 한아름은 극작을 하려 하고 서재형은 입봉작 연출을 준비한다는 내심을 서로 털어놓게 되었다. 서재형이 "무슨 얘길 하고 싶어요?"라고 물었고, 그녀는 "〈삼총사〉 얘길 하고 싶어요."라고 대답했다. 서재형이 놀라서 "왜요?"라는 말에 그녀는 "재밌잖아요."라고 대답했다.

그녀가 초고를 써서 보여주자, 서재형은 "이게 대체 무슨 내용이냐? 이해 못 하겠다."라고 했다. 그녀가 설명하자, "지금 말한 그런 내용이 대본에 없지 않으냐."라고 했다. 서재형은 김효경(연출가, 서울예대 교수)과 극단 물리의 한태숙에게 배우면서 자기도 모르게 사실주의 연극관이 배어 있었던 것이다. 서재형은 좀 더 논리적이고 인과적인 연결고리나 대사가 필요하다고 했고, 한아름은 간단히 행동이나 이미지로 보여주면 되는데 무슨 말이 필요하냐며 충돌했다.

이런 토론 과정을 거치면서 탄생한 것이 〈죽도록 달린다〉 대본이다. 하도 여러 번 수정해서 최종 대본은 80고 정도라고 한다. 34쪽이던 대본이 연극을 연습하고 공연하는 과정에서 17쪽으로 줄어들었다. 내용을 덜어낸 만큼 배우들이 무대 위에서 뛰고 움직이는 것으로 대체했기 때문이었다. 한아름은 연극 대본이란 극단적으로 말해 2, 3장짜리 그림으로 된 대본만 있어도 된다는 생각을 한다. 이 기본적인 설계만 있어도 모든 이야기를 연극 속에서 풀어갈 수 있다고 생각하기 때문이다.

서재형과 한아름의 콤비 작업은 처음부터 찰떡궁합은 아니었다. 서로 다른 연극관과 생각을 가진 만큼 치열하게 싸웠고 충돌했다. 두 사람은 같이 희곡을 읽고 토론하는 시간을 가졌다. 서로 각자에게 부족한 공부를 가르쳐주고 배우는 과정이었다. 서재형은 희곡을 정밀하게 분석하는 법을, 한아름은 프랑스 비디오를 보여주면서 이미지연극들을 소개했다. 로버트 윌슨의 〈바다의 여인〉을 보여주면서 대사 없이도 연극이 충분히 성립될 수 있음을 설득했다. 서재형 역시 무용 연출 경험이 있어서 이미지연극에 대한 이해가 매우 빨랐다.

두 사람은 이런 과정을 거쳐서 함께 작업하는 동지가 되었다. 한아름이 쓴 작품에 연극적 이미지와 생명력을 불어넣어 완성시키는 역할을 서재형이 맡은 것이다. 그들은 결국 연극 동지를 넘어서 인생의 반려자가 되었다.

3. 작품에 얽힌 이야기들

▌〈죽도록 달린다〉(2004)

한아름의 첫 작품인 〈죽도록 달린다〉(2004, 2005, 2008)는 버전이 매우 많다. 어느 극장에서 공연하느냐에 따라 내용이나 배우들이 달라졌기 때문이다. 지방공연의 경우, 대부분 대극장이기 때문에 내용을 훨씬 많이 만들어 넣어야만 극장 크기에 걸맞은 공연을 해낼 수 있었다. 이렇게 공연 공간이나 상황에 따라 대본을 그때그때 수정하기 때문에, 대본을 달라고 하면 난감하다고 한다.

한아름은 불어 공부를 할 때 뒤마의 소설 〈삼총사〉를 자세히 읽게 되면서 흥미를 가졌다. 어린 시절 만화영화에서 접했던 강아지 달타냥 얘기와는 다른 깊이있는 인생의 모든 것이 녹아들어 있는 작품이었다. 사랑, 정치, 우정, 첩보… 인생에서 가장 중요한 사건들을 총체적으로 다루고 있었는데다, 일단 내용이 너무 재미있었다. 언젠가는 연극으로 만들어 봐야지, 하는 생각을 가졌다. 그녀는 특히 캐릭터들에 흥미를 느꼈다. 시골에서 총사가 되기 위해 상경한 달타냥의 시점으로 파리를 묘사한 장면을 보면서, 그의 성공에 대한 욕망을 생각했다. 맨날 사고만 치던 문제아가 파리라는 대도시에 와서 어떤 생각을 했을까? 성공, 혹은 권력에 대한 욕망을 느꼈을 것이다. 보나쉬 역시 매력적이었다. 나이 든 남자와 살고 있는 젊은 여자로서 로맨스의 주체가 되고 싶은 욕망도 있을 것이고, 권력을 가진 왕비를 바라보면서 느끼는 욕망도 있을 것이다. 왕비 역시 바깥출입을 자유롭게 하는 보나쉬를 보면서 부러움을 가질 것이고, 왕과의 관계에서 고통을 느낄 것이다. 이처럼 이 소설의 인물들을 생각하면서, "그들이 만약 비극적으로 꼬이게 되면 어떨까?" 하는 발상으로 희곡을 쓰게 되었다는 것이다. 달타냥과 왕비가 얽히고, 보나쉬의 복수가 따르고, 욕망을 좇던 달타냥의 최후가 따르고… 하는 식으로 이야기를 재구성했다. 인물 구도에서 가장 기본적인 것은 욕망으로 초점화하고, 성 안에 갇힌 사람들이 그 욕망 때문에 어떻게 변질되어 가는가를 추적하고자 했다.

사실 관객으로서 필자가 느낀 신선한 충격은 내러티브와 캐릭터의 흥미를 능가하는 '활동이미지극'이란 형식의 구현이다. 대사, 소리, 음악, 움직임, 안무, 조명, 소품 같은 요소들이 만들어내는 이미지에 활동성을 부여한 점이 놀랍게도 신선했다. 로버트 윌슨의 이미지연극에 운동성을 가미하여, 마치 활동사진처럼 이미지가 움직이는 연극으로 개념을 확장시킨 것이다. 사각의 무대 주위를 6명의 배우들이 타악기 소리 등 다양한 음향에 맞추어 죽도록 달리게 한다. 인물들의 욕망을 상징하는 비스듬히 경사진 무대, 배우들이 퇴장하지 않고 무대 옆 자기 자리에 앉아서 발을 구르거나 고양이, 아기 울음소리 등을 내면서 무대 안뿐 아니라 무대 밖 공간에서도 계속 관객과 소통한다. 타악그룹 '공명'과 배우들이 직접 만들어내는 다양한 소리는 등장인물들의 욕망을 청각화, 시각화시킨다.

한아름은 〈삼총사〉에서 서사와 캐릭터를 가져왔지만, 왕비의 목걸이를 찾아다 주는 장면까지만 원작과 같고 후반부는 완전히 새롭게 썼다. 왕비와 달타냥과 보나쉬의 욕망이 얽히는 내용으로 개작한 것이다. 스토리의 전달보다는 생략기법을 사용하여 말보다는 이미지로 전달되는 행동과 내러티브를 그렸다. 서재형 연출의 무대 디자인과 한아름의 상상력이 합해져서 '활동이미지극'이란 새로운 개념의 연극이 창조되었다. 치밀하게 계산된 시청각적 이미지와 배우들의 운동성, 그리고 무대와 객석의 경계를 허무는 그네 타는 장면 등 글쓰기보다는 미장센이나 연출적 요소들이 더 부각된 연극이었다. 따라서 주로 서재형 연출에게만 칭찬이 쏟아졌다. 작가로서는 충분히 섭섭했을 만하다. 그러나 한아름은 자신의 글쓰기를 연극 현장과 따로 떼어 생각하지도 않거니와 자신을 함께 공연을 만드는 연극쟁이로 생각하기 때문에 문제로 여기지 않았다고 한다. 그러나 부친은 딸이 글 쓰는 것을 여전히 속상해했다. 연출가에게만 찬사가 쏟아지는 신문기사를 보고 더욱 그랬다. 부친은 그녀더러 박사 공부를 해서 교수가 되는 길을 택하라고 채근했다. 서재형 연출이 한아름의 집에 와서 같이 토론을 할 때가 많았는데, 그때마다 서로 싸우고 한아름이 울고 하는 걸 여러 번 봐왔기 때문에 더욱 그랬다. 글쟁이면 우아하고 고상할 것이지, 맨날 큰 소리로 싸우고 울고 하는 모습을 이해할 수 없었던 것이다.

그러나 그녀가 속상해한 것은 연극에 대한 공을 누가 차지하느냐가 아니었다. "연극은 참 좋은데, 드라마가 약하다…" "이야기가 가슴에 와 닿지 않는다. 뭔가 울리지 않는다. 구조가 이상하다…" 등등의 평가였다. 80번 고쳐 쓸 정도의 고된 작업을 했기 때문에 누군가는 등을 두드려 주었으면, 좀 인정해 주었으면, 하는 생각을 많이 했다고 한다.

그래서 초창기에는 절필을 생각하기도 했다. 실제로 모든 작업을 스톱하고, 대학원 박사과정에 등록하기까지 했다. 입학금을 내고 대학교의 대문을 통과해 나오려는 순간, 문득 "저 문을 지나가면 난 다시는 작가를 못할 것 같다. 운명이 바뀔 것만 같다."라는 생각이 들었다. 그녀는 결국 입학을 철회했다. 극작가의 운명을 벗어날 생각이 추호도 없었던 것이다. 그러나 어린 작가의 가슴에 난 상처는 깊은 것이어서, "글을 쓰더라도, 연극은 하지 말자."란 생각을 했다. 그래서 영화 시나리오 작업, 드라마작가 일을 했다. 그 방면은 매우 대우가 좋아서, 차도 내주고 레지던스도 잡아주었다. 그런 좋은 대우 속에서 일을 하는데도 이상하게 정이 가지 않았다. 연극에서 받은 상처는 1주일, 혹은 3일이면 아무는데, 영화판에서 받은 상처는 영 치유가 되지 않았다. 연극이야말로 그녀에게 애증의 관계였다. 당찬 인상과는 달리 그녀는 퍽 마음이 여린 여자였다. 자신의 연극을 비판한 평론이나 기사를 보면 극장에 한 며칠은 못 나갈 정도라고 한다.

▌〈왕세자 실종사건〉(2005)

한아름이 그동안 발표한 작품들은 〈릴-레-이〉를 제외하곤 모두 시대극이다. 시대극을 줄곧 써온 이유는 서재형 연출과의 약속도 한몫했다. 첫 작품으로 의기투합한 두 사람은 "오랫동안 연극하자." "시대를 타지 않는 연극을 하자."라는 두 가지 약속을 했다. 어느 시대에 보더라도 낡지 않는 연극, 후대에도 공연할 수 있는 연극을 하자고 뜻을 모은 것이다. 그래서 역사를 재해석하고 재조합하는 연극을 하기로 했다. 사극 소재들은 그동안 너무 많이 해왔기 때문에 그다지 신선한 게 없다, 그러니 사극의 '조'나 상투적으로 원용되는 소재는 피하자고 합의했다. 그녀는 "사극이지만 사극의 대사가 아닌, 우리가 평상 쓰는 말, 일반 말로 해보고 싶다. 그리고 '조선의 어느 때' 같이 시대를 모호하게 가고 싶다."는 생각을 했다. 사극에선 통상 사용하지 않는 말, 이를테면 "더위 먹었소?" "너, 나 왜 좋아해?" 같은 대사들을 사용하면 사극의 상투성을 벗어날 수 있으리라 생각했다.

　그러나 〈왕세자 실종사건〉은 첫 구상단계에서는 시대가 조선이 아니었다. "대통령 아들이 갑자기 사라지면? 그럼 전 국민이 용의자 되겠지?" 이런 재치있는 발상으로 시작되었다. 이 소재는 재미는 있었지만 만화적 설정 같았다. 그래서 시대를 조선으로 옮기고, "누가 범인일까?" 하는 호기심을 자아내는 이야기로 출발했다. 사료 조사를 하던 중에, 구동과 자숙의 캐릭터가 생겨났다. 내시와 궁녀가 애틋한 정을 나눈 이야기로 구체화된 것이다. 왕세자가 사라진 날, 왕세자를 찾는 일에 매진하는 게 정상이지만 인물들이 그 본질을 잊어버리고 다들 구동과 자숙의 사랑 얘기, 심지어는 고자 검사를 하는 일에 목숨을 거는 내용으로 만들었다. 본질을 잊어버리고 엉뚱한 일에 매달리는 게 바로 우리들의 모습이므로. 이 작품은 예술의 전당 '자유젊은연극 시리즈' 세 번째 작품으로 선정되어 공연되었다.(첫째 선정작이 박근형의 〈대대손손〉, 두 번째가 김태웅의 〈즐거운 인생〉이다.)

　필자는 이 연극을 보았을 때, 중심 사건을 일부러 벗어나 미시적인 일상사에 집중하는 내러티브, 등장인물들의 각기 다른 관점에서 회상과 상상을 오가며 재구성되는 파편화된 현실, 사극이면서도 '탈역사화'해서 접근하는 방식이 매우 신선하고 재미있었다. 그뿐만 아니라 중심사건의 결여를 빛과 소리, 움직임으로 채워나간 미학적 형식도 돋보였다. 이 연극의 묘미는 내관 구동과 궁녀 자숙의 관계를 상상하고 추리하는 인물들의 다양한 관점, 마치 비디오테이프를 거꾸로 돌리는 듯한 역모션기법으로 표현되는 회상과 상상의 장면들, 빛과 소리, 움직임, 연기로 이미지와 서사를 만들어내는 미장센, 다른 사건에 집중하느라 가장 중요한 왕세자의 실종 사건은 '실종'되고 마는 부조리극적 형식에 있다. 세트를 최소화한 빈 무대에서 배우들의 움직임과 소리가 부재하는 사물들을 현존하게 한다. 이를테면 자숙에게 구동이 살구를 따주는 장면은 아무것도 없는 빈 무대에서 구동이 뛰어오르는 연기로 살구나무를 만들어내며, 배우의 걸음에 따라 방이 만들어지는 식이다. 타악그룹 공명의 연주와 배우들의 연기가 인물들의 욕망과 정서, 심리 등을 청각적, 시각적으로 이미지화한다. 이른바 '보는 시간, 듣는 공간'이란 콘셉트의 이미지극으로 신선한 충격을 안겨준 것이다.

그러나 작가 한아름은 이 독특한 서사로 인해 호평보다는 많은 비판을 받았다고 한다. 특히 최상궁의 상상을 먼저 보여주고 현실로 돌아오는 장면에서 "…라고 하면서 둘을 돌려보냈습니다."(최상궁의 대사) 같은 화법 때문에 더 비판을 받았다는 것이다. 그런 화법이 연극에서는 사용하지 않는 것이라는 이유로. 또, 이 연극이 내세운 '편집이미지극'이란 형식, 상상이나 과거를 보여줄 때 역모션을 활용한 것, "왕세자 실종사건을 다루면서 왜 사라진 얘기는 하지 않느냐?"라는 등의 비판을 받았다고 한다. 이 연극의 의도가 '실종'이라는 본질에서 벗어나 사람들이 다른 사건에 열중하는 부조리한 모습을 그리려는 것인데 말이다. 그녀는 자신의 작품 의도가 제대로 받아들여지지 않고 통상적인 기준에 의해 비판을 받는 데 대해 섭섭함을 드러냈다. 〈청춘 18대1〉도 신파를 의도하고 쓴 작품인데, 왜 신파를 썼느냐며 욕을 먹었다는 것이다. 작가에게 작품 의도가 제대로 받아들여지지 않는 것만큼 서운한 일도 없을 것이다. 이처럼 작가는 비판을 받았으나, 역모션기법, 편집이미지기법을 세련되게 활용한 서재형의 연출은 찬사를 받았다. 콤비를 이루어 공동 작업을 하는 극작가와 연출가에게 서로 엇갈린 비판이나 찬사가 쏟아지는 것은 그들을 불편하게 만들었을 것임은 충분히 짐작할 수 있겠다.

▌〈릴─레─이〉(2006)

이 연극은 아르코예술극장 차세대예술가 지원프로그램에 선정되어 소극장에서 공연되었다. 한 여성을 둘러싼 네 남성의 애증과 갈등, 연쇄 성폭력사건을 소재로 한 극이다. 요즘은 미국드라마 〈CSI〉도 폭발적 인기를 얻는 등 '과학 수사'가 보편적으로 인식되고 있지만, 한아름이 이 연극을 구상할 때만 해도 거의 일반에겐 생소한 소재였다. 그녀는 이 소재를 극화하기 위해 법의학 책들을 보면서 공부했고, 그 지식을 성폭행사건과 연결시켰다. 극의 모티브는 그녀가 들었던 한 일화에서 얻었다. 어느 남편이 아끼는 머그잔이 있었다. 아내가 그걸 버리고 예쁜 새 컵을 내놓았다. 그러자 남편이 "이 컵 싫어. 전에 쓰던 내 컵 가져와!"라고 소리쳤다. 컵을 버렸다는 말에 남편은 아내를 폭행했다. 이 얘기를 들었을 때 그녀는 충격을 받았다. 그녀는 미혼이므로 남편과 아내의 미묘한 관계에 대해 알 수가 없어서 엄마에게 물어보았다. 엄마가 "솔직히 사랑하니까 남자랑 있는 거지. 그 딱지 떼고 보면 남자랑 한집에 있다는 게 얼마나 무섭겠냐."라고 했다. 그 얘길 듣는 순간 뭔가 중요한 비밀을 알게 된 느낌, '인생의 발견'으로 생각되었다. '사랑'을 빼고 보면 부부 사이, 연인 사이는 그야말로 폭력적으로 변질될 수 있는 사이라는 걸 깨달았다. 대학 시절 친구가 성폭행을 당한 후 그 충격으로 자퇴를 한 일이 있었다. 이 연극의 발상은 "만약 그런 일이 있었다면, 결혼 후 그 사실을 남편에게 말할 수 있을까? 어느 날 성폭행했던 그 오빠가 찾아온다면 얼마나 무서울까?"로 시작되었다. '대전 발발이'로 불리던 연쇄 성폭행범은 한 여자를 2번이나 찾아가 재폭행한 일도 있었다. "성폭행을 당한 후에 여자는 의지로 그 상처를 극복하거나 잊을 수 있다. 겨우 극복하고 평상적인 삶을 영위하고 있는데, 그 가해 남자가 다시 찾아온다면 그녀의 삶은 어떻게 변하게 될까?"

이 연극에는 세 명의 남자가 그녀에게 찾아온다. 국과수 팀장이며 애인인 남자가 그녀를 찾아오고, 전에 성폭행했던 남자도 그녀를 찾아온다. 동네에 사는 연하의 남자도 그녀의 무방비를 이용해 드나든다. 이 연극에는 '문'이 매우 중요한 세트이자 메타포로 작용한다. 이 문을 들락거리는 사람들은 여주인공을 소유하려 하기 때문이다. 애인은 공식적으로 키를 갖고 있어서 들어오고, 과거 성폭행한 남자는 키를 훔쳐서 들어오고, 연하남은 여주인공의 방심을 이용해 들어온다. 이 세 남자가 한 여자의 굴레를 만들어낸다. 이 연극 합평회(공이모) 때, "성폭행을 당한 일이 있었는데, 왜 아직도 열쇠를 바꾸지 않는다는 게 말이 되느냐?"라며 개연성 부족을 비판한 의견이 있었다. 그러나 한아름의 생각은 다르다. 이 극에서 '열쇠'는 단순상징이며 이미지이다. 리얼리즘극이 아닌데도 리얼리즘적 관점으로 작품을 보는 게 안타깝다고 생각한다.

이 공연은 서재형 연출 작품 중 가장 미장센이 아름다운 연극이었다. 연극의 모든 세트, 소도구들, 심지어는 노트북까지 다 나무로 정교하게 깎은 것들로 설치했다. 인물들의 불안한 관계와 심리를 표현해낸 섬세한 조명, 꽃이 떨어지는 장면도 자석으로 만들어 수직으로 떨어지게 할 정도로 미학적 효과에 공을 들였다. 한쪽에 세워놓은 야구방망이, 주방에서 끓는 커피주전자 같은 오브제들도 남성 성기와 여성 성기를 상징하는 식의 철저한 의미부여가 계산된 것이다. 무대 주변을 돌면서 "살려주세요…엄마… 안 돼, 하지 마, 하지 마, 안 돼. 안 돼, 안 돼. 엄마!" 외치는 소녀의 모습은 연쇄 성폭행 살인사건을 암시하는 동시에 여주인공의 과거를 상징한다. '여성의 성폭행은 여성 자신의 의지로 방어할 수 있다. 따라서 성폭행은 여자가 은근히 원했기 때문에 일어난다.'고 보는 남자들의 편견이 얼마나 허위인가를 일깨우는 장치이기도 하다. 여자의 이 절규는 여자의 방어를 무력화시키는 남자의 끔찍한 폭력이 행해졌다는 것과 성폭행에 대한 여자의 분명한 거부 의사를 표현하고 있기 때문이다.

'연속이미지극'을 표방한 이 연극은 화려한 양식이나 독특한 서사를 펼쳐 보인 전작들에 비해 형식과 내러티브가 새롭지 않다는 비판을 받았다. 남성의 폭력에 무기력하게 대응하며 모든 걸 용서하고 자살하는 여성상이

반페미니즘적이라는 비판도 있었다.

이 연극을 마치고 한아름은 서재형 연출과 잠시 결별했다. 그러나 2006년 9월에 〈왕세자실종사건〉 재공연을 하게 되면서 두 사람은 다시 만났다. 작업과정에서 치열하게 다투던 두 사람은 예술에 대한 열정과 공동작업자로서의 믿음을 확인하고, 그해 12월에 결혼했다.

▌〈호야〉(2006, 2008)

이 극은 시대극이지만, 〈죽도록 달린다〉나 〈왕세자 실종사건〉과는 달리 비극 구조가 강하기 때문에 관객들이 연극을 보면서 많이 우는 연극이다. 매니아 관객도 많아서, 7번 본 관객도 있을 정도이다. 〈왕세자 실종사건〉이 관객들의 감정을 크게 자극하지 않는 온탕 형식이라면, 이 연극은 관객을 울고 웃게 한다는 점에서 열탕인 셈이다. 서재형 연출은 워낙 양식, 즉 극의 형식을 만들어내는 데 매우 강하다. 그는 "웃기지도 말고, 울리지도 말기. 그게 예술이다."라고 말한다. 그러나 두 사람이 강의 나가는 극동대 학생들을 데리고 만든 〈호야〉는 그런 원칙을 깨트린 셈이 되었다.

한아름은 항상 여자 입장에서 사극을 본다고 한다. 드라마 사극에 주로 나오는 내용, 즉 궁궐의 여자들이 성은을 입으려고 줄 서는 모습을 보면서 의문을 품었다. "어떤 여자에겐 왕의 성은이 싫을 수도 있지 않겠는가. 아무리 궁 안의 여자라 해도, 왕이 싫을 수도 있지 않겠는가." 이 얘기를 서 연출에게 했다. 왕을 싫어한다면, 성은은 특혜가 아니라 권력을 이용한 성폭력에 불과하다. 이런 발상에서 희곡이 쓰였다. '호야好夜'라는 제목도, '好'라는 한자가 남녀가 서로 기대는 형상을 가진 데서 끌어왔다. '조선 연정 스캔들'로 시작해서 남녀가 서로 기대는, 마음 한 자락을 내주고 마음을 나눠 갖는 내용을 그리고자 하였다.

이 극은 왕의 성은을 입은 여자가 중전의 오빠를 좋아하는 내용을 그린다. 이 사실을 안 왕은 폭군으로 변모한다. 폭군의 명령 때문에 상선은 어쩔 수 없이 자기가 좋아하는 박 상궁을 죽이게 된다. 왕의 잘못된 욕망이 많은 이들에게 고통을 안겨주는 것이다. 사랑의 배신 때문에 난폭해진 왕, 스스로 사랑하는 연인을 죽여야 하는 장면들에서 관객들은 펑펑 울었다. 배우의 친구인 의사 한 분이 연극을 보러 왔는데 너무 많이 울었다고 했다. 그는 "내가 젊었을 땐 상선이나 한자겸(중전의 오빠) 같았는데, 지금은 왕인 것 같다. 권력 가진 사람은 다 이 연극 봐야 한다."라고 말했다. 이 연극은 비극적 상황으로 몰아가는 내러티브의 힘과 서재형 연출의 미학적 스타일이 시너지 효과를 내서 관객의 호응이 매우 좋았다. 이 연극부터 그들은 데뷔작부터 줄곧 부쳐왔던 '－－이미지극'이란 명칭을 버리고 그냥 드라마를 표방했다. 그 이유는 "우리는 젊은 작업자이므로 앞으로도 계속 공부해야 하고 목표가 있어야 한다. 그러니 앞으론 하나의 형식으로 고정되는 것 같은 명칭은 공표하지 말자."라는 의도에서였다.

▌〈청춘, 18대1〉(2008)

원래는 아나키스트이자 독립투사인 박열과 그의 일본인 아내 가네코 후미코의 얘기를 쓰려고 했다고 한다. 두 사람의 사진을 보면 박열이 가네코의 가슴에 손을 얹고 있었다. 그 시대에 사진사 앞에서 그런 파격적인 포즈를 취했다는 점만 보더라도 그들은 확실히 '다른 사람'이란 생각이 들었다. 식민지 시대 얘기를 구상한다고 하자, 서재형 연출은 말랑한 멜로는 하기 싫다고 했다. 그녀는 독립운동이란 거대담론을 춤이라는 형식 속에 담아내고자 했다. '18대1'이란 제목은 청춘의 무모함을 가장 잘 나타내는 제목이다. "18대1로 싸워 이겼다"고 떠드는데, 아무도 그 얘길 안 믿지만 싸워본 그 자체만으로 충분히 가치가 있는 것, 그것이 청춘의 무모한 열정이가진 힘이다. 원제목은 '18대1'이었지만, 나중에 '청춘'이란 말을 덧붙였다. 이 극을 신파로 몰고 갔다고 비판들을 많이 했지만, 원래 신파를 의도한 것이다. 청춘, 그들이 갖고 있는 정서가 무모함이고 감정의 격렬함이라면 신파라는 형식이 맞을 거라고 생각했다고 한다. 이전에 그녀의 연극들에게 가해진 비판은 주로 한아름의 대본이 너무 건조하고 기교에 치우친다, 카타르시스나 메시지가 없다, 같은 내용이었다. 그녀는 이번 작품을 통해 메시지를 전달하고 관객들을 울릴 줄 아는 작가라는 것을 보여주고자 했다.

원래 2시간 40분 분량의 작품이었으나 공연시간 1시간 40분 분량으로 내용을 덜어냈다. 시간에 맞춰 줄이다 보니 많은 내용이 생략되었다. 작가 이외수는 "분해된 시계는 가지 않는다."란 말을 했는데, 그처럼 정교한 분석이나 계산보다는 공연이 돌아가게 하는 자체가 중요하다고 생각한다.

이 연극은 새로운 형식이나 이미지에 무게중심을 두었던 전작들과는 달리, '드라마'에 중심을 두고 있다. 과거와 현재를 교차시키는 추리극의 구조, 댄스홀을 무대로 펼쳐지는 춤의 향연, 무대를 누비는 자전거, 낭만적이면서도 애상조의 음악 등 '드라마'를 재현하는 방식은 여전히 탐미적이고 세련된 스타일로 매혹을 만들어낸다. 해방이 되기 불과 한 달 전의 동경이 연극의 무대이다. 이토에와 김건우는 댄스파티를 열어 댄스광 동경시청장의 폭탄 테러를 계획한다. 징용을 피해 동경에 온 18세, 16세의 세 젊은이는 우연히 이들과 얽히게 된다. 그들은 독립투쟁을 위해 자폭테러를 거행했다기보다는 사랑이나 우정, 형제애 같은 매우 인간적인 감정 때문에 목숨을 건 것이다. 내러티브는 일본인 취조관이 혼자 살아남은 이토에(윤하민)를 취조하는 현재 장면과 과거 장면들의 교차로 이루어져 있다. 한아름－서재형 콤비의 연극답게 빛과 소리, 음악, 움직임의 앙상블이 탐미적인 이미지와 생동감 넘치는 질감을 만들어낸다. 댄스를 춰본 적도 없었던 소년들이 불과 한 달 동안 춤을 연습하여 프로 댄서가 된다는 설정을 배우들이 실제로 재현해냄으로써 이 연극의 매혹이 발산된다. 폭탄이 제대로 터지지 않는 바람에 테러가 실패한 후, 이들은 댄스홀에서 자폭을 결심한다. 죽음을 실행하기 직전, 그들은 하나하나 자신들의 꿈과 과거의 사연을 애절하게 풀어놓는다. 이 결말 장면은 매우 서정적이고 깊은 비애감으로 관객의 누선을 자극한다. 한 명씩 자신의 꿈과 인생의 사연에 대해 말하는 이 장면은 과도한 서정성과 격렬한 감정을 부여받음으로써, 그리고 일경에 호위된 절박한 상황에 비해 너무 길게 처리됨으로써 신파적 감상을 안겨주었다. 매우 세련되고 절제된 템포로 흐르던 연극의 정조가 이 결말 부분에 와서 신파조 톤으로 바뀐 것은, 아무리 작가가 신파를 의도했다 해도 예술적 균제미의 상실이란 효과를 만들어낸 것은 부인할 수 없는 듯하다.

4. 앞으로의 작업에 대해

한아름은 극작가로서의 자신을 현장 작업자, 연극쟁이로 규정한다. 희곡 텍스트를 쓰기보다는 공연을 전제로 한 대본을 늘 염두에 둔다. 생각의 파편들을 기록하고 극단 사람들과 대화를 나누면서 작가로서의 촉수를 항상 열어놓고 있다. 결혼 후 극단 '죽도록 달린다'를 서재형 연출과 함께 이끌고 있다 보니 극단 식구들을 우선적으로 생각하게 된다고 한다. 첫 작품 〈죽도록 달린다〉로 동아연극상의 '새개념연극상', 제2회 올해의 예술상(2005)를 수상했고, 〈왕세자실종사건〉은 PAF비평가 연출상을 수상하기도 했다. 그러나 가장 욕심나는 것은 함께 작업하는 배우들이 연기상을 받았으면 하는 것이다. 그래서 배우가 보이는 작품을 만들어야겠다는 생각을 갖고 있다. 극단을 갖고 있어서 좋은 점은 배우들을 지켜보면서 그들을 통해 캐릭터나 장면을 만들어내기도 한다는 점이다. 연출가와 공동작업을 하면서 의견이 갈릴 때도 많지만, 연출가를 지지하고 믿음을 보내는 것은 바로 연출가 뒤에 배우와 스태프 30여 명 이상이 서 있으며, 연출이 그들 모두를 책임지고 있다는 생각에서이다. 공연을 시작하기 전 연출이 프리 리허설을 하는 동안, 그녀는 고사에 올릴 제물들을 장봐 오고, 축원문을 쓴다고 한다. 그 축문에다 연습과정에서 보아온 배우들의 사정, 무대에서 더 좋은 연기와 능력을 펼칠 수 있기를 기원하는 마음을 담아낸다고 한다.

서재형 연출과의 작업은 작가로선 더 바랄 수 없는 장점을 누린다고 생각한다. 서 연출은 매우 부지런하고 꼼꼼한 메모광이다. 늘 오전 10시부터 12시까지는 대본을 정독하는 등 연습과정을 철저히 준비한다.

극작가 한아름의 바람은 한 마디로 "99번째 신작을 하고 싶다"는 것이다. 평생동안 꾸준히 작품을 쓰겠다는 뜻이다. 그리고 창작극 전집을 출판하고 싶다는 소망을 갖고 있다.

한아름은 매번 새로운 형식과 내러티브를 가진 작품으로 확실하게 자신의 개성을 각인시켰다. 매년 1편 정도를 꾸준히 내놓으며 무섭게 질주하는 중이다. '죽도록 달린다'라는 극단의 이름처럼 새로운 이미지연극의 실험에서 시작하여 스토리 위주의 극, 관객을 울리고 웃기는 대중적 소통이나 신파적 정서에 이르기까지 매 작품마다 스펙트럼을 넓혀 왔다. 항상 전작을 갱신하며 새로운 목소리와 이미지, 내러티브를 선보여 온 것이다. 그래서 그녀의 신작은 '꼭 놓치지 말고 보아야 할 공연' 리스트에 자리 잡게 되었다. 젊은 극작가로서는 매우 빠른 성장이며, 미래가 더욱 기대되는 작가이다.

한국 동시대 극작가들

● ● ● ● ● ● ● ● ● ● ● ● ● ● ●

성 기 웅
1930년대 경성, 모던의 욕망

1. 프롤로그

성기웅(1974~)은 히라타 오리자의 〈과학하는 마음〉 3부작의 연출가로 대학로에 이름을 알렸다. 히라타 오리자의 〈도쿄노트〉를 번역(2003)하여 극단 파크에 소개한 것도 성기웅이었고, 히라타 오리자의 3부작 〈과학하는 마음〉을 직접 번역하고 연출한 사람도 성기웅이었다. 히라타 오리자의 '조용한 연극'은 이후 한국연극에 '일상적 사실주의'가 개화하는 데 커다란 영향을 끼쳤다.

근래 대학로에는 100여 개로 늘어난 소극장 수와 수많은 대학 연극과 졸업 인력을 반영하듯 프로 무대에 데뷔하는 연출가들 상당수가 매우 젊고 현장 경험이 일천하다. 70, 80년대만 하더라도 연출가들의 데뷔는 극단에 들어가 오랜 장인-도제 시스템을 거친 후 이루어졌었다. 그러나 90년대 이후엔 학생 시절 연극작업을 함께 했던 동지들이나 인맥, 또는 동질적 연극스타일을 공유한 이들끼리 극단을 창단하여 일찍 대학로 무대에 데뷔하는 경우가 보편적이 되었다. 이렇게 프로 무대에서의 연출가 데뷔 경로가 오픈되어 있다 보니 한 해에만도 많은 연출가들이 등장한다. 문제는 그들이 참신한 신인 예술가로서의 존재증명을 어떻게 하며, 지속적으로 주목할 만한 활동을 할 수 있느냐이다.

성기웅은 대학로에 연출가로 데뷔한 지 얼마 안 되지만 성공적으로 존재증명을 치른 것으로 보인다. 그는 2006년부터 2008년까지 히라타 오리자의 〈과학하는 마음〉 3부작을 직접 번역, 연출했다. 과학 실험실에서 벌어지는 연구원들의 동시다발적 대사들을 통해 인간이란 종의 생물학적·사회적·철학적 존재론에 대한 화두를 던지는 이 작품들을 성기웅은 디테일의 결까지 훌륭하게 살려낸 연출력으로 창조해냈다. 자연스런 일상회화를 살린 번역, 배우들의 등퇴장이나 동시다발적 대사 연출 등 정확한 계산과 섬세한 디테일 표현이 능숙해서 대형 신인의 등장을 확실하게 각인시켰다. (디테일 표현에 치중하기 때문에 그의 별명은 '성디테' 혹은 '디테웅'이라고 한다.)

성기웅은 극작 데뷔작 〈삼등병〉(2004)을 수원화성국제연극제에서 자신의 연출로 선보였고, 2006년 대학로 공연을 통해 극작가로서도 주목받기 시작했다. 특히 그는 2007년에 〈조선형사 홍윤식〉(극단 드림플레이, 김재엽 연출), 〈소설가 구보씨와 경성사람들〉(작, 연출), 2008년엔 〈깃븐 우리 절믄날〉(작, 연출)을 연이어 발표하면서 '1930년대 경성' 소재 연극 전문가란 특유의 세계와 개성을 각인시켰다.

그의 '식민지 경성 연극들'은 풍속사적, 미시사적 재현뿐 아니라 그 시대 말을 리듬감과 시대정서가 넘치는 무대언어로 재현해냈다는 점에 특장이 있다. 그는 식민지 조선, 특히 현대성의 기원으로 평가받는 1930년대 경성이란 문제적 시공간에서 '모던의 욕망'에 사로잡혀 있던 지식인과 예술가를 조명한다. 최근 미시사 중심의 역사학, 식민지 조선의 근대성을 탐구해온 국문학의 연구성과를 깊이 있게 반영한 인문학적 글쓰기가 돋보인다. 2000년대를 전후해서 데뷔한 극작가들이 현대의 삶에 골몰하고 있을 때, 그는 현대적 일상의 기원 풍경으로서의 1930년대로 시선을 돌려서 근대와 전근대의 혼종 양상과 일상에 녹아든 모더니티를 그려낸다. 그리하여 동시대인과 그다지 다를 것 없는 그 시대 사람들의 욕망과 좌절을, 일본과 서구 콤플렉스를 가진 그들의 혼란스런 내면을 그려낸다.

2. 연극과의 만남

성기웅은 나이에 비해 진중하고 속이 꽉 차 보이는 인상을 가졌다. 그와 인터뷰(2008.12.23)하면서 느낀 점 역시 그가 매우 성실하고 꾸준히 공부하는 연극인이라는 점이었다.

1974년 대구에서 2남매 중 막내로 출생한 성기웅은 1981년 서울로 이주한 이래 계속 서울에서 살고 있다. 그의 부친은 유명한 국문학자이자 판소리 연구자인 성현경(전 서강대 교수)이다. 친척들도 예술을 하는 분이 많고, 누나도 국악을 전공했다. 그래서 성기웅이 대학 졸업 후 연극원에 진학하고 연극인으로 진로를 잡았을 때도 별종 취급하거나 반대하는 이는 없었다. 그는 어린 시절부터 부친을 따라 판소리 완창 공연이나 창극을 보러 다녔다. 일찍부터 책에 둘러싸여 살았고 연극과 친숙한 예술적 분위기속에서 성장한 것이다. 대부분의 작가들이 학창시절 고전이나 문학전집을 독파하는 과정을 거치는데, 자신은 문학전집을 독파하지 못한 데 대해 약간의 콤플렉스를 가지고 있다고 한다. 그러나 조숙했던 편인 그는 신문 문화면은 항상 챙겨 읽었고, 동시대 문학에 관심을 가졌다. 황지우 시집이나 유하 시집, 혹은 장정일의 시와 소설 등 당시 문화적 트렌드로 유행했던 시집이나 소설들은 다 읽었다고 한다.

국문학자인 부친의 영향과 '글 쓰는 사람이 되고 싶다'는 생각으로 그는 연세대 국문과에 입학했다. 대학에 들어가서는 연극반 동아리 활동을 하면서 연극에 깊이 빠져들었다. 한 해 위 선배인 김재엽(극작가·연출가)과 함께 활동했는데, 자신의 각색, 김재엽 연출의 연극을 2편 공연하기도 했다. 고등학교와 대학 시절의 그는 밝고 활동적이기보다는 조숙하고 우울한 분위기의 시니컬한 학생이었다. 그는 대학 시절 탈북자를 다룬 소설로 문학상을 받기도 했다. 친구들은 학생운동에 별로 관심도 없는 것처럼 보였던 그가 사회적 이슈를 다루었다는 데 놀라움을 표하기도 했다. 그러나 탈북자 얘기를 쓴 것은, 사실 "내 이야깃거리가 없다"라고 생각했기 때문이었다. 사춘기 때 관념적이고 애상적인 친구들을 못 견뎌 했듯이, 그는 자아나 정체성 문제를 심각하게 접근하거나 혹은 자기 이야기를 쓰는 데 대해 회의를 가졌던 것이다. 소설이 아닌 연극을 선택한 것은 소설 쓰는 행위란 골방에 박혀 자기와의 싸움을 벌이는 일인 반면, 대본 쓰기는 다른 사람들을 만나는 일이라는 인식에서였다. 소설처럼 추상이나 관념, 말로 끝나는 게 아니라 연극적 상황으로 풀어내고 배우들로 형상화해내는 연극 만들기야말로 살아 있는 작업이라고 느꼈기 때문이었다. 그는 자신의 각색 대본으로 만든 연극에 관객이 반응하는 것을 보면서 큰 쾌감을 느꼈고, 연극 작업에 깊이 빠져들게 되었다.

93학번인 그의 대학 시절은 문화적 영향력이란 측면에서 볼 때, 문학에서 영화로 넘어가던 시기였다. 문학회 출신들이 영화를 만들겠다고 덤벼들었다. 그러나 영화는 예술성보다는 흥행에 신경을 써야 하는 산업적 장르인데다 자본이 많이 들기 때문에 그 영화 청년들은 말로만 떠들고 단편 1편도 못 찍는 게 현실이었다. 그에 반해 연극은 실제로 작업할 수 있는 예술작업이라는 점에도 끌렸다.

연극반과 사진 동아리 활동을 하면서도 여느 젊은 학생들처럼 TV를 보고 팝 음악에 심취하고 미국영화를 즐겨 보는 등 현대적인 문화에 밀착되어 대학 시절을 보냈다. 한문학이나 고전의 세계는 현대 생활과 동떨어져 있어서 '내 것'이란 생각은 하지 못했다.

그런 그에게 인식의 전환점을 가져온 사건은 일본에 교환학생으로 가서 한일 문화의 관계를 공부하게 된 일이었다. 군대를 다녀온 후 복학한 대학 4학년 때, 1년 동안(1999~2000) 동경 외국어대학 조선어과에서 비교언어학과 비교문학을 공부하게 되었다. 거기서 그는 일본어를 습득하게 되었고, 한국어 전공 일본 학생들과 어울리면서 한국인과 일본인의 차이에 대해 예민하게 생각하는 계기가 되었다. 통상 사용하던 한자어들이나 제도, 용어 같은 것들이 일본으로부터 온 것이 많다는 것을 발견하고 놀랐다. 산소, 수소 같은 과학 용어, 법률 용어들, 다시 말해 '근대의 언어'들이 일본을 기원으로 하고 있었다. 우리의 식민지 경험으로 치부하거나 단순히 피해의식으로만 볼 현상이 아니었다. 내가 쓰는 언어 속에 그 시대에 유입된 단어들이 많다는 사실에 대한 인식은 일제시대를 새롭게 바라보는 계기가 되었다. 일제시대 예술가들이 일어로 문학과 예술을 배웠으며, 이것이 한국 근대예술의 출발을 이룬다는 사실을 깨닫고 충격을 받았던 것이다.

또 한 가지 충격은 일본에서의 한국문학 연구가 우리나라의 연구와 관점이 다르다는 점이었다. '정전'으로 우리가 알고 있는 근대 작가들은 '일본을 통해 서구를 받아들인' 작가였던 것이었다. 이를테면 〈구보씨와 경성 사람들〉에 극중극으로 나오는 박태원의 소설 〈반년간〉은 구보의 일본 유학 시절을 다루고 있는 작품이다.

한국 사람들은 거창한 이념에 관심이 많고 작가의 대표작이나 성공작을 주로 연구한다. 그러나 일본은 실패작도 왕성하게 연구하며, 반드시 당시 발표 지면을 토대로 연구한다는 차이가 있었다. 한국이 거대담론에 경도되어 있었다면, 일본은 실증주의적 태도로 매우 꼼꼼하게 연구하며 미시적인 것에 주목을 했다. 학부 졸업논문을 봐도 일본은 작은 것, 작은 주제를 가지고 쓰고 있었다. 성기웅은 바로 그러한 미시적 연구태도가 자신의 기질에 맞는다는 생각을 했다. 작가 유미리가 말한 바 있듯 "세계는 디테일이 쌓여 형성되는 것"이므로. 마침 우리나라에서도 거대담론 위주의 문화연구가 미시담론 위주로 바뀌고, 작은 문화적 현상들이나 일상성에 대한 연구가 붐을 이루기 시작했다. 진실이란 작은 현상들 속에 존재하는 것, 따라서 예술은 공적 역사나 기록의 이면에 묻힌 사람들이나 진실들을 담아서 전달하는 것이라는 인식의 전환이 일어난 것이다. 그러나 문제는 살아보지 않은 과거이기 때문에 그 시대의 진실을 알기 어렵다는 점이다. 그 시대를 살았던 어르신들은 울분과 향수라는 이중적 감정을 지니고 있기 때문에 역시 그 시대의 진실을 담지하고 있다고 보긴 어렵다.

일본에서 공부하는 동안 그는 계속 의문처럼 지녀왔던 현대적 삶과 고전, 전통의 세계 사이의 블랭크blank가 메꿔지고 설명되는 느낌을 받았다. 식민지시대를 들여다보니 비로소 현대와 전근대 사이의 틈새가 이해되는 것이었다. 고전과 전통의 시대가 현대와 어떤 관련을 갖는가? 예전 것이 없어지기도 하고 섞이기도, 변화하기도 한 일제시대에 대해 큰 흥미를 갖게 되었다. 그는 기질적으로 전통이나 전근대적인 것보다 동시대적이고 모던한 것을 더 좋아했다. 그런데, 바로 그 시대가 동시대적 '모던'의 기원이었다. 마침 1990년대 말부터 '근대성' 연구의 붐이 일어났던 터라 식민지 근대에 대해 자연스럽게 공부하게 되었다. 힘들여 일본 책을 읽지 않아도 우리 인문학 연구성과만으로도 그 시대를 공부할 수 있는 절묘한 타이밍을 맞았던 것이다.

대학 졸업 후 그는 곧바로 한국예술종합학교 연극원 연출과에 진학했다. 극작과보다 연출과를 선택한 이유는 작가, 연출을 다 할 수 있다는 이점 때문이었다. 재학 동안 커리큘럼 상 연출을 4편 할 수 있는데, 그는 5, 6편을 연출했다. 그의 극작 데뷔작인 〈삼등병〉도 이때 정리했고, 〈구보씨와 경성사람들〉은 졸업작품이었다.

연극원 휴학 시절 그는 〈애비대왕〉(이기도 연출)의 조연출을 맡으며 대학로에 진출했다. 극단 파크의 창단에도 잠깐 참여했고, 히라타 오리자의 〈도쿄노트〉를 번역, 소개했다. 〈도쿄노트〉와의 인연은 일본에 체류할 때 우연히 만들어졌다. 일본 교환학생 시절 그는 대학 졸업 후 연극을 해보겠다는 마음으로 연극을 부지런히 보러 다녔다. 좋은 가이드 없이 무작정 보러 다녔는데, 당시 와세다대학교의 학생연극을 주로 보았다. 가라 주로의 영향권, 앙그라 연극의 영향권에 있는 작품들, 쓰카 고헤이의 연극들이 주종으로, 매우 격렬한 연극들이었다. 그러다 어느 날, 코리아타운 정보지에서

〈서울시민 1919〉 공연소식을 접하고 아무런 기대 없이 보러 갔다. 극단 청년단, 히라타 오리자의 연출이었다. 서울에 사는 일본인 소시민의 관점에서 3.1운동을 그린 극을 보면서 충격을 받았다. 시끄러운 연극들만 보다가 정적인 장면들, 침묵을 그린 연극에 신선함을 느꼈다. 소소한 일상의 정적인 흐름을 그린 연극이 격렬한 연극보다 더 좋았고, 보다 일본적이라는 생각이 들었다. 일본인들은 일상에선 조용히 참고 살고, 대신 연극을 통해서 스트레스를 발산하느라 시끄럽고 격렬한 사건을 그린다는 인상을 받았기 때문이다. 또 한가지, 연극에서 사용하는 언어가 일본인의 생활언어여서 언어적 이질감을 주지 않는다는 것도 인상이 깊었다. '살아있는 일본말'을 사용하는 연극에 깊은 인상을 받은 그는 히라타 오리자가 쓴 『구어 연극론』이란 책과 희곡집을 사서 귀국했다.

연극을 공부하고 업으로 삼겠다는 결심을 한 후에도, 그에겐 연극에 대한 이질감이나 거부감이 남아 있었다. 연극이 일상보다 과한 것을 그리고 있고, 무대에서 사용하는 한국말이 아름답지도 않을뿐더러 이질감을 주기 때문이었다. 90년대 들어 한국영화가 발전하면서 화술이나 연기가 매우 자연스러워지긴 했지만, 연극은 여전히 인위적 화술과 연기에 머물러 있다는 게 그의 생각이었다. 원래 일상적이고 자연스러운 말을 좋아했으나, 일상과 무대연기는 같을 수 없겠다는 생각으로 그런 현상을 받아들이려던 순간에 히라타 오리자의 다음과 같은 말은 그의 연극관을 근본적으로 바꾸어 놓았다. "우리는 근대연극을 번역극으로 시작했기 때문에 연극의 언어가 살아 있는 말이 아니라 인위적인 말이 되고 말았다. 언어미학적이지도 못한 어색한 말이 되고 만 것이다." 연극의 표현이 동시대적 일상의 감각과 동떨어지거나 혹은 일상에서 쓰는 한국어 감각과 동떨어진 연극의 대사는 좋지 않다는 생각을 확고하게 가지게 된 것이다. 과장된 몸짓이나 속칭 '목욕탕 발성'이라는 연극적인 화술에 대해 거부감을 가지게 되었고, 지금은 다른 연극적 문법을 계발해야 한다는 연극관을 갖게 되었다. 성기웅은 박근형의 연극을 좋아하는데, 박근형이 소극장 문법을 확실하게 보여주었기 때문이다. 〈청춘예찬〉, 〈대대손손〉 등에서 박근형은 소극장에서 우리의 삶을 어떤 방식으로 보여주고 얘기할 것인지를 특유의 문법으로 담아낸 것이다.

성기웅이 히라타 오리자의 〈도쿄노트〉를 번역해서 극단 파크의 박광정 대표(연출가)에게 보이자, 작품에 매혹당한 박광정은 그 작품을 〈서울노트〉로 번안해서 공연했다. 히라타의 연극은 성기웅에게도 많은 영감을 주었고, 연구를 많이 하게 만들었다. 특히 주목을 끈 점은 1명의 명확한 주인공 중심의 연극이 아니라 여러 사람이 무대에 올라와서 서로의 관계를 그리는 연극이라는 점이었다. 현대사회는 영웅의 사회가 아니므로 이러한 테크닉은 현대사회를 대변하는 것이다. 등장인물들의 동시다발적 대화, 다초점의 무대는 관객에게 포커스의 선택권을 준다. 이 연극은 다시 말해 "주인공은 비어 있고, 주변인들이 더 살아 있는 연극인 것이다." 내러티브나 주제를 일방적으로 전달하는 게 아니라 여러 화두를 제시하는 연극이다. 관객이 그중에서 자기만의 얘기를 선택해서 가져가게 한다. 단일한 캐릭터나 단일한 이야기를 그리는 게 아니라, 여러 의미를 동시에 무대에 현존하게 한다.

그는 히라타의 〈과학하는 마음〉 3부작을 1, 2년 사이에 모두 연출하는 행운을 누렸다. 한 작가의 3부작을 시리즈로 연속 공연하는 좀처럼 얻기 힘든 기회를 얻은 것이다. 그는 히라타 작품에 대해 '번역자로서의 연출'이란 태도를 고수했다. 가장 신경 쓴 것은 관객과의 소통에 무리 없도록 번역하는 일이었다. 막상 연출작업은 극작의 문법이나 대본의 스타일에 충실하면 별로 어렵지 않다는 것이다. 실시간으로 과학실험실 연구원들의 일상을 그리는 연극이니만큼, "배우들이 뭔가 표현하려는 욕구만 버리면 쉽다"는 것이다.

극작가로서의 성기웅은 소설이나 연극을 '관계의 예술'로 정의한다. 그런데 한 주인공의 행동을 따라가는 오이디푸스적 서사는 현대사회와는 맞지 않다고 생각한다. 현대는 주인공이 한 인물이 아니라 모든 인물이 주인공이다. 모두가 부르주아이므로 똑같은 중요성을 부여받는다. 따라서 그들이 맺는 관계가 중요해진다. 그 때문에 현대의 연극을 그리기 위해선 관찰자적 시선이 필요하다는 것이다. "자기의 말이 아니라 타인의 말을 쓰고 여러 사람의 목소리를 담아내는 것이 연극"이라고 말한다. 셰익스피어가 위대한 극작가인 것은 여러 목소리를 담아내는 다성성의 연극을 구현하고 있기 때문이다. 비대한 자아보다는 투명하게 다가가서 타인에게 얘기하는 것, 그것이 바로 연극의 힘이라고 생각한다.

3. 작품에 대하여

▌〈삼등병〉

극작가로서의 데뷔작 〈삼등병〉은 친구의 군대 경험을 소재로 쓴 것이다. 실제로 대학 3학년 마치고 군대에 갔는데, 운 좋게도 경기도 안양 사령부에 배치되었다. 나중엔 장군 비서실에서 근무했으며 장군의 책 교정 일을 하는 등 편하게 군 생활을 했다. 육체적으로 힘들거나 폭력을 경험하지는 않았다. 편한 보직에 있다 보니 지루하던 군 생활 후반은 마치 시간이 멈춰 버린 듯 오히려 적막과 우울 속에 빠져들게 했다.

〈삼등병〉의 소재를 제공한 친구는 〈파수꾼〉(이강백 작)이란 연극에서 소년 파수꾼 역할을 했었다고 한다. 그런데 군대 같은 소대에서 노인 파수꾼 역을 했던 병사를 만났다고 한다. 성기웅은 친구로부터 들은 이 실화를 소재로 군대에서 〈파수꾼〉을 공연한다는 모티브를 가지고 매달렸다. 군대 시절 2장까지 쓰고 제대 후 완성했다. 예전 세대의 소설이나 연극에서는 군대를 다루게 되면 필수적으로 나오는 것이 사회 모순이나 군대 조직의 모순이다. 우리 사회 폭력성의 축도가 군대 조직인지라, 운동하다 간 지식인이 군대에서 겪는 폭력을 주로 다루어왔다. 그러나 성기웅은 "자신의 세대가 운동권 세대도 아닐뿐더러 새로운 세대의 첫 세대"라 생각하기 때문에 정치성을 배제하고자 했다. 비정치적 세대이자 개인주의적 세대가 군대라는 사회 속에서 어떻게 반응하는가를 다루고자 한 것이다. 성기웅은 "90년대까지 우리나라가 '근대' 안에 있었던 것 같아요."라고 말한다. 일제시대와 분단을 겪으면서 생겨난 수많은 모순들이 군대 내의 모순으로 응축된 것 같다는 것이다. 자기 자신은 "비민주적 시대에서 개인주의자로 자라났던 점이지대에 속한다고 생각해요. 그런데 근래 10년 동안 이 모순들이 많이 없어졌어요."

이 작품에서 사실 〈파수꾼〉을 극중극으로 연기하는 장면은 연극적 논리상 무리가 있다. 그러나 첫 착상이 군대에서 〈파수꾼〉 연극을 한 이야기로 시작되다 보니 그냥 들어가게 되었다는 것이다. 〈파수꾼〉은 독재체제의 정치적 대중조작을 다루는 알레고리이므로 정치적 함의를 띠게 된다. 그 때문에 군대의 폭력성을 그리는 메인 플롯과 조화를 이루지 못한다. 그럼에도 "군대생활이란 자체가 '의상'을 입고 연기하는 삶이므로, 극중극은 그에 대한 비유로 의도"했다는 것이다. "신세대, 서태지 세대로 자라났음에도 군대는 여전히 폭력적인 군사문화를 유지하고 있으므로 거기에서 커다란 모순이 발생하죠. 그래서 촌장 캐릭터를 박정희 같은 라이방을 끼고 나오는 인물로 표현"했다는 것이다.

▌〈조선형사 홍윤식〉

이 작품은 혜화동1번지페스티벌 '미스터리가 수상하다'(2007)에 올리기 위해 구상되었다. 김재엽 연출가와 근대 초기에 대한 공통의 관심사를 갖고 토론하던 차에, "일제시대 얘기하면서 미스터리한 작품을 쓰라"고 해서 창작한 작품이다. 전봉관의 『경성기담』에 실린 '죽첨정(지금의 충정로) 단두 유아사건' 실화를 소재로 한 수사물 구조의 극이다.

이 극은 1933년 경성을 무대로 한다. 성기웅의 '1930년대 경성 시리즈' 첫 번째 발표작이 되는 셈이다. 셜록 홈스가 주인공인 코난 도일의 탐정소설에 흠뻑 빠져 있는 서대문 경찰서 사환 손말희(마리아)가 나레이터가 되어 사건의 전말과 캐릭터들, 급속한 근대화가 이루어지는 경성의 모습들을 전한다. 이 극이 흥미를 끄는 것은 1930년대 초반을 바라보는 작가의 총체적인 시각이다. 1930년대는 일상 영역에서 현대가 형성된 기원의 시간이다. 또 전근대와 근대, 전통과 문명, 동양과 서양 등 이질적인 두 요소가 충돌하고 혼종하는 시기였다는 점에서 성찰적 의미를 가진다. 나레이터 마리아의 맛깔스러운 당시 경성 말씨로 전달되는 시대상은 신기한 '모던의 체험'과 뿌리 깊게 유지되었던 전근대적 사고의 혼종을 보여준다. 마리아는 부모세대와 똑같이 도깨비의 존재를 믿지만, 대신 백화점이나 네온사인, 셜록 홈스의 과학수사, 미국영화 〈킹그콩그〉에 매혹된다. 경성 변두리에서는 간질이나 등창에 유아 머릿골이 좋다는 민간요법으로 유아 무덤이 파헤쳐지고 도깨비가 활개치고 다니는가 하면, 경성 시내 한복판에서는 전차와 영화관, 백화점 등의 휘황한 도시문명이 모던의 욕망을 부추긴다. 이처럼 경성은 전근대와 근대가 공존하는 혼돈스러운 이중적 공간이다. 경찰서의 수사도 마찬가지다. 일본 유학파 홍윤식으로 대표되는 과학적 수사는 탐정견, 시체 해부, 현미경 등의 방식을 사용하고, 하야시는 고문이라는 전통적 방법을 사용한다. 그러나 작가는 도깨비를 등장시키기도 하고, 과학적 수사로도 해결되지 않는 수수께끼로 풀어가면서 진실의 모호성을 제시한다.

성기웅은 이 극에서 도깨비 등장이 시놉시스에서부터 계획된 얘기라며, 근대적으로 홍윤식이 해결할 수 없는 것을 암시하기 위한 장치라고 말한다. 홍윤식이 사라지고 만 결말도 진실 자체가 혼란스럽고 불가해한 것이라는 주제를 드러내기 위한 의도의 반영이라는 것이다. 자신은 미스터리 수사물로서의 내러티브를 내세울 생각이 없었으나, 김재엽 연출가는 내러티브를 끌어가는 힘이 강한 연출가답게 내러티브의 굵직한 선을 고수했기 때문에 극작과 연출 사이에 다소 어긋남이 있었다고 자평한다. 서구식의 과학적, 논리적 내러티브와 그렇지 않은 이야기 방식 사이에서 두 가지가 조화롭게 융화되지 못했다는 것이다.

█〈소설가 구보씨와 경성사람들〉

〈소설가 구보씨와 경성사람들〉은 예술의 전당 초청공연(2007)으로 올리기 전에 연극원 졸업작품(2006)으로 먼저 공연한 적이 있는데, 그때의 작품은 예술의 전당 작품보다 1장이 더 많다고 한다. '예술가연극'에 관심이 많다는 말에 그는 "김우진과 홍해성을 주인공으로 한 습작도 1편 써놓은 게 있어요."라고 덧붙인다. 박태원을 주인공으로 한 작품을 쓰게 된 계기는 연극원 재학 시절 이영석 연출의 〈천변풍경〉에 드라마트루기로 참여하면서부터였다. 〈천변풍경〉은 서울 방언이 매우 잘 구사된 작품이므로, 당시 경성말에 대한 공부를 하는 계기를 마련해 주었다. 그 외에도 미시사적, 일상사적 기록들, 식민지 근대에 관한 책들을 많이 읽으면서 그 시대에 대한 공부를 깊이 했다. 1930, 40년대 한국영화도 부지런히 보러 다녔고, 도서관에서 그 시대 신문과 잡지 등 자료들도 섭렵했다. 이런 인문학적 공부가 든든한 기반이 되었다. 그러나 식민지 경성의 재현을 두 시간의 내러티브 안에 충분히 담아내기가 어렵고, 관객들이 그 디테일을 충분히 다 이해하지 못한다는 게 문제이다. 또 한 가지 어려운 점은 재현된 디테일들이나 사건들, 그것이 그 시대의 진실인가에 대한 물음을 던지게 된다는 것이다. 과거 자체의 복원은 의미 있지만 어차피 선택과 배제를 통해 복원된 시대상이나 생존 인물 묘사가 그 시대의 진실을 담보한다고 말하긴 어렵기 때문이다. 그러나 성기웅은 "어떤 관점을 명확히 택해야 하는 것도 아니며, 어떤 입장이나 지점을 찍고 시작해야 하는 것도 아닐 겁니다. 그 시대에 대해 고민하고 탐구하는 그 자체, 혼란 그 자체가 작품에 드러나는 것도 의미 있다고 생각합니다."라고 말한다.

그가 1930년대 경성에 매력을 느끼는 이유는 자신이 성장했던 80, 90년대가 바로 30년대와 닮았기 때문이라는 것이다. 1930년대는 서구적 근대가 일상 속에 본격적으로 자리 잡는 시대이며, 바로 그 시대의 일상을 정밀하게 재현한 작가가 박태원이다. 성기웅은 〈소설가 구보씨와 경성사람들〉,

〈깃븐 우리 절믄날〉에서 구보 박태원을 주인공으로 등장시키고 있는 데 대해서 "구보는 남을 관찰하는 사람인데, 그 점이 글을 쓰고 연극을 만드는 나 자신과 닮았다고 생각해요."라고 말한다.

〈소설가 구보씨와 경성사람들〉은 1933년 12월의 어느 날 구보 박태원이 경성 시내를 돌아다니며 경험한 일상을 소설로 꾸미는 내용으로, 6개의 에피소드로 이루어져 있다. 구보의 일상과 그가 창작한 소설 및 에세이 〈낙하하는 러브레터〉, 〈진통〉, 〈윤초시의 상경〉, 〈특강! 이상적 산보법〉, 〈반년간〉, 〈성탄제〉가 극중극으로 교직되어 있다. 시인 이상은 연극을 열고 닫는 역할을 한다. 이 극은 구보가 어떻게 일상 속에서 창작의 소재를 취하고 상상의 나래를 펴갔는가를 절묘하게 재현한다. 일본말을 섞어 쓰고, 영화관에 가서 채플린 영화를 보고, 다방에서 커피를 마시고, 산보를 하다가 일본 순사에게 검문도 당하는 식민지 시대의 일상이 명랑하고 재치있게 재현된다. 남학생의 연애편지, 카페 여급, 신여성과의 동거와 사랑 등 그 시대가 낭만적으로 재현되는 듯하면서도 순사의 불심검문을 집어넣어 식민지의 규율권력과 억압 또한 암시한다. 조선인 순사가 일어를 쓰면서 검문할 때 그보다 더 능숙한 일어로 물리치는 상황도 그려져 있다. 이는 일본의 정치적 억압이 일상의 세부에 녹아있음을 보여주려는 작가의 전략이다. "그걸 관객이나 평론가들이 읽어주지 않고, 이 연극이 정치적 배경을 그리지 않는다고 비판하는 게 아쉬워요."

필자가 생각하기에 이 작품의 빛나는 부분은 이상과 박태원의 문학을 바라보는 21세기적 작가의 시선을 아로새긴 점이다. 실존인물 구보와 이상이 서로에게 하는 비평, 혹은 맞선 상대 여성이 구보에게 가하는 비평은 21세기 작가가 20세기 초반 근대작가에게 건네는 '과거와 현재의 대화'이다.

이상 자넨 말로는 울트라모단을 지향하는 체 허면서두, 가끔 보면 그 저 구닥다리 리얼리스트에 진배읎단 말이야. 자네, 이제 그만 자네의 노선을 분명히 선언허시는 게 좋을 듯 싶어.

구보 흥, 문학이 무슨 전차인가? 노선을 정해늫구 가게.

이상 그래야 나두 자네를 21세기적 친구루 여길지, 그저 금세기적 동무루 삼을지 그 노선을 정할 게 아닌가?

구보 내 일전에두 일러주지 않았든가? 가장 전위적인 초현실적 예술일수록 가장 리알한 실지 현실을 기초로 하는 법이라구. 안 그랬단 자네처럼 알아듣지두 못 헐 어린내 잠꼬대 겉은 시밖에 더 쓰겠는가 말야.

이상 무어? 어린내 잠꼬대? 흥, 자네처럼 노－또나 끼구 이 19세기의 거리를 방황하다간 그저 구질구질헌 조선 신파밖에 더 쓰겠나?

이상은 구보의 문학을 '구닥다리 리알리스트' '조선 신파'라고 공격하고, 구보는 이상의 문학을 '어린내 잠꼬대' 같다고 비판한다.

성기웅은 식민지시대를 그리면서 왜 친일문제나 정치적 배경에 대한 애기는 없는가, 라는 세간의 비평에 대해 "1933년, 1935년은 정치적인 것보다는 외형적 화려함이 더 돋보인 시대"라고 말한다. 이상과 구보를 동시에 등장시킨 것도, 두 작가가 '만담 커플'로 불리는 문제적 커플인데다 상반된 예술관을 가진 작가들이 친하게 지내는 관계가 흥미를 끌었다고 말한다. 구보 안에는 이상처럼 자유롭고 싶다는 욕구가 있고, 이상 역시 구보처럼 차분하게 살고 싶다는 욕구가 내재해 있다는 것이다. 또 이들이 이태준, 정지용과 더불어 1910년생으로, 조선을 기억하는 세대가 아닌 식민지세대라는 점도 중요하다고 말한다. 구보와 이상이 식민지시대를 살면서도 세계 최첨단의 모던을 꿈꾸는 게 자신과 비슷하다는 것이다. 특히 구보는 한 작가 안에서 여러 경향을 보여주는 점이 흥미롭다. 〈천변풍경〉은 리얼리즘을, 〈소설가 구보씨의 일일〉은 모더니즘을 보여준다. 구보가 마치 자신처럼 관찰자의 시선을 가지고 있고, 작품 안에서 각기 다른 목소리를 내보이는 점, 그 다양성이 궁금하고 좋았다는 것이다. 당시 작가들에겐 리얼리즘이냐 모더니즘이냐가 중요한 화두였다. 작가들 스스로가 '모던 보이'였으므로 정치성이 일견 없어 보이는 게 당연하다는 것이다.

한국영화 역시 '경성 신드롬'을 보이고 있는데, 식민지 경성을 재현하는 방식은 '모던 낭만'이다. 그러나 무대 위의 경성 재현 방식, 혹은 이상이나 구보를 그리는 방식은 겉으론 비정치적으로 보이나 실은 역사나 정치를 의식하고 있는 인물들이다. 성기웅은 그들 '모던 보이'들 역시 불우했지만, 식민지 지식인이었기 때문에 불우했다고 보는 단순논리는 깨고 싶다고 말한다. "현재적 해석이 없이 그 시대의 복원에만 머물렀다고 보는 관점"도 동의하기 힘들다. 민족주의적 감상을 배제하고 실제 그들의 삶을 들여다봄으로써 그들에게 식민지란 무엇이었는가를 그릴 수 있다고 생각한다. 어떤 의미에서는 그 시대의 참모습은 그 시대를 사는 사람들이 인지하지 못하는 어떤 것일 수도 있다는 생각이다.

▎〈깃븐 우리 절믄 날〉

〈깃븐 우리 절믄 날〉(2008)은 1935년 경성을 배경으로 구보, 이상, 정인택, 권영희의 4각관계를 그린다. 정인택의 자살미수 사건 실화를 통해 당시 예술가들의 복잡한 내면을 그리는 작품이다. 자막에 띄운 오스카 와일드의 아포리즘 "거짓말과 시는 예술이다. 플라톤이 이해했듯이 서로 관련이 있는 예술이다." 혹은 이상의 "사람이－비밀이 없다는 것은 재산 없는 것처럼 가난하고 허전한 일이다."라는 아포리즘은 이 극의 키워드이자 은근한 메시지이다. 구보와 이상, 정인택의 기묘한 우정, 권영희를 둘러싼 세 인물들의 묘한 애정관계, 비밀과 거짓말, 그리고 당시의 풍속과 언어 등이 구보의 일상을 담담하게 따라가는 밋밋한 서사에 풍성한 디테일과 30년대적 아우라를 만들어낸다.

"구보와 이상은 1930년대 당시 서양의 최신 예술사조에 관심을 가졌던 모던 보이였고, 정치적인 것보다 예술 자체의 실현에 관심을 가진 인물이라는 점이 관심을 끌었습니다. 또 구보는 관찰자이고 이성적인 예술가였는 데 비해 이상은 내면을 표현하는 데 집중했고 열정적이었습니다. 이처럼 두 사람이 상반된 예술가의 두 가지 초상을 보여준다는 점이 매력적이었어요. 박태원을 통해 나 자신을 투영할 수 있다면, 이상은 내가 동경하는 예술가상입니다." 성기웅은 지금의 도시 서울의 기원이 1930년대 경성이고 우리가 갖고 있는 문제들이 모두 그 시대에 기원을 갖고 있다고 생각한다. "우리가 지금 미국에 콤플렉스를 갖고 있는 것처럼, 그 시대 사람들은 일본과 서양에 대해 동경과 콤플렉스를 갖고 있었죠."

이 연극에서 일본과 서구에 대한 동경은 일본 자본의 영화관인 낭화관에서 미국영화를 보면서 일본어를 쓰는 구보와 권영희의 모습을 통해 그려진다. 주인공들은 연정을 드러내거나 '모던' 의식을 언표할 땐 일어로 말한다. 이러한 이중 언어 사용 자체가 곧 식민지적 이중성을 암시한다. 이 연극은 의식적으로 정치성을 배제하고, 대신 당시 경성의 근대성을 현시하는 공간들의 상징성과 당시 언어를 재현하는 데 초점을 맞춘다. 극은 특이하게도 경성의 여섯 군데의 옥상이라는 공간에서 에피소드를 전개해 나간다. 미쓰코시백화점 옥상, 경성부립도서관 옥상, 경성의전 부속병원 옥상, 다방 제비의 옥상, 영화관, 매일신보 옥상은 높은 공간이라는 점에서 이들의 수직적 이상과 욕망, 구보의 관찰자적 시선, 현실과의 거리감을 상징한다. 옥상 바깥에는 경성을 둘러싼 산이 시원스런 기상을 떨치고 있지만, 산 밑에는 작은 초가집들이 옹기종기 들어앉아 있다. 이 배경 자체가 바로 '모던'을 꿈꾸는 이상과 누추한 현실의 괴리를 시각화한다. '예술가 연극'인 이 극은 이상이나 구보 같은 '울트라모던'을 꿈꾸었던 예술가들의 작품이 사실은 일본이나 구미 예술가들의 '이미테이션'이라는 사실에 방점을 찍는다. 우리 근대문학이 일본과 서구 문학의 이미테이션으로 형성되었다는 점. 이 역시 이 시대와 인물이 가진 이중성을 현재적 관점으로 풍자하는 것이다.

구보　　이상의 그 〈오감도〉시리ー즈는 말이오, 그르니까… 보통 사람들로선 도저 해독두 할 수 없는 걸 대중 신문에 실어놨으니 그런 소동이 나는 것두 피할 도리 읎었달까? 허나 내 〈청춘송〉은 말이오, 딱 한 발짝만큼만… 아니 고작 반 발짝 정도만 앞장선 채루다가, 대중의 취향을 은근히 끌어댕겨 가겠단 의도니까요. 누구나 이해할 수 있는 이 도회의 언어를 써서요. 그르니까… 류(類)가 줌 다르지요. 암요.

영희   허지만 이 고리타분한 조선의 현실이 작가를 괴롭히는 사정이야 매한가지 아닐까요?

구보   하지만서두… 아니, 그만 둡시다. 오랜만에 권양을 만나 내 문학론을 늘어놀 수만두 없는 노릇이니. 그저 이상 그 친구의 시가 문학계의 응원을 받지 못헌 까닭이요, 알구 보면 너무 전위적이었기 때문만은 아니었단 사실만 귀뜸해두구 넘어갑시다.

영희   그게 아니면요?

구보   저 내지의 시인 모모 씨의 이미테-숀이란 혐의를 받았든 것인데….

구보   내 보기엔 말야, 그게 다 저어 오스카 와일드 같은 이의 이미테-숀만 같든걸.

인택   오스카 와일드라….

구보   응.

인택   그게 뭐, 어때서?

구보   어떻다니?

인택   그래두 이군은 조선의 자연을 두구 그른 원골 쓴 거잖어.

구보   무어?

인택   그룷게 치자면 말야, 우리 중에 누가 이미테-숀이 아니겠니?

구보는 이상의 전위적인 시 〈오감도〉가 일본 시인의 이미테이션이라고 은근히 비판한다. 또 이상이 기자 정인택의 주선으로 매일신보에 실었던 수필 〈산촌여정〉이 "조선에 새 문장가가 하나 출현"했다는 호평을 듣는다는 말에도 질투 어린 논평을 가한다. 그 수필도 오스카 와일드의 이미테이션이라고 꼬집자, 정인택은 그런 식으로 말하자면 우리 작가들 중에 그 누가 '이미테이션'이란 혐의에서 자유로울 수 있겠느냐고 반문한다.

성기웅은 시대의 풍속이나 예술가들의 경쟁의식과 우정만 그려낸 게 아니라, 예리하게 모던 예술가들의 콤플렉스인 '이미테이션'의 문제를 제기한다. 식민지근대와 근대문학의 본질이 결국은 일본과 서구의 '이미테이션'으로 형성되었다는 본질을 포착한다. 그런 의미에서 성기웅이 그려낸 경성 연극들은 대중문화계의 트렌드인 같은 식민지 시대를 그린 영화나 드라마 〈라듸오 데이즈〉, 〈경성 스캔들〉, 〈모던 보이〉 등과 다르다. 그 영화나 드라마들은 그 시대를 화려하고 낭만적인 모던에만 초점을 맞추고 있지만, 자신의 연극은 그 화려하고 낭만적인 모던이 얼마나 허상인가를 드러내고 싶었다는 것이다. 물론 〈깃븐 우리 절믄 날〉에서도 화려한 의상을 입은 신여성이 등장하지만, 그 화려한 의상은 조선 현실과의 괴리를 드러내려는 역설적 화려함으로 의도되었다.

성기웅은 연극이 '사유성'과 성찰적 질문을 가져야 한다고 생각한다. "연극은 메시지나 정해진 답을 주는 게 아닙니다. 그러나 우리가 깊이 생각하지 않았던 문제에 대해 관객들을 자극하고 질문을 던져주는 것입니다." 〈조선형사 홍윤식〉에서는 1930년대라는 시대가 근대와 전근대가 착종되어 있던 시대가 아니냐는 물음을 던졌다. 〈구보씨…〉에서는 30년대를 민족주의적 관점이나 친일/반일의 거시사적 관점으로 보지 않고 미시사적으로 접근했다. 그 시대의 진실이나 실상을 더듬으려 하다 보면 손에 잡히지 않으므로 지금의 관점으로 바라보려 할 때 뭔가 실체가 드러나지 않을까, 하는 생각이다. 〈깃븐 우리…〉는 전작에 비하면 좀 더 명확한 이야기를 하고 있다. "우리가 예술가로서 꿈꾸는 것이 그 시대에도 여전히 콤플렉스였으며, 우리가 현재도 불만을 가지는 문제들의 뿌리가 그 시대에 있었습니다." 다시 말해 '모더니티'의 형성이 식민지상황으로부터 출발한 데 문제의 근원이 있는 것이다.

4. 에필로그

성기웅은 앞으로도 계속해서 1945년 해방까지 '식민지 시대'를 그려내
겠다는 계획을 가지고 있다. 가장 비정치적이고 자유로운 예술가였던 이
상이 일본에 간 후 불령선인으로 체포되는 아이러니와 그의 죽음을 다룬
1936~37년의 시대를 차기작으로 준비하고 있다. 이 시기는 중일전쟁이
일어나고 강화된 파시즘이 음울한 억압을 가하는 시대로, 이전 작품들보
다는 정치적 배경이 짙게 드러날 것으로 보인다. 대조적 성격의 구보와 이
상이 '만담커플'로 알려졌던 것에 착안하여 '만담 쇼'의 형식을 기본으로
하고 비사실적 화법으로 그려보려는 생각을 가지고 있다고 한다.

이상에서 살펴본 것처럼 성기웅은 1930년대를 다룬 3편의 연극에서, 각
작품들마다 형식을 달리하는 참신함을 보여주었다. 〈조선 형사…〉는 수사
극의 형식을 취하면서 근대와 전근대가 착종된 시대 풍속과 캐릭터들을
유머러스하게, 총체적으로 그려냄으로써 연극적 재미를 전달했다. 그러나
진실의 모호함과 모던의 한계가 전근대적 주술성의 표상인 도깨비에 의해
폭로되는 서사를 가졌기 때문에 극의 메시지가 다소 혼란스럽다는 인상을
주었다. 〈구보씨…〉는 박태원의 하루 동안의 일상과 관련된 소설을 극중극
으로 교직하는 형식을 취했다. 그 때문에 그 시대의 풍속이 재현되고 다양
한 인물들의 삶이 그려져 재미있는 반면 산만한 측면도 있었다. 〈깃븐 우
리…〉는 구보가 이상, 권영희, 정인택과 만나 대화를 나누면서 그들의 예
술과 연애, 풍속 등에 관한 담론들이 펼쳐지는 형식이다. 굵직한 사건이나
스토리를 풀어가는 대신 인물들의 대화가 중심이 되고 구보가 청취자의
입장에만 머물러 있기 때문에 밋밋한 인상을 준다. 그러나 사건 재현 없이
30년대 경성 방언을 재현한 대화만으로 극을 끌어나간 실험은 매우 참신

하다고 할 수 있다.

　성기웅은 일상적 사실주의와 연극성을 기반으로 식민지 경성의 근대성을 현재적 관점에서 다각도로 접근한다. 그는 사건 위주의 내러티브와 선명한 캐릭터를 그려내지 않는다. 그는 이야기를 에둘러 하고, 핵심을 꺼내지 않는 듯한 간접적인 화법을 선호한다. 그래야만 리얼리티가 구현된다고 믿기 때문인 듯하다. 주변부를 그리면서 시대의 본질에 다가가는, 미시적 일상사를 재현하여 시대의 아우라를 쌓아올리는 것이 그의 극작 방식이다. 그의 '경성 연극'들에는 인문학적 연구 성과가 매우 농밀하게 반영되어 있다. 대중문화적 접근방식인 '화려한 낭만'의 허상을 의도적으로 폭로하고 본질을 그려냄으로써 그 시대의 실상에 다가가려는 지적 성찰을 보여준다. 식민지 시대에 대한 단순한 재현이나 흥미 위주의 복원이 아니라 서구적 근대가 어떻게 일상에 침투하여 오늘과 같은 모더니티를 형성해왔는가, 하는 현대적 일상의 기원을 성찰하고 질문을 던진다. 물론 그 질문방식과 재현방식이 아직 채 여물지 않았다 해도 그의 성실한 시대적 복원과 문제 제기, 언어적 실험은 커다란 의미를 지닌다.

최 치 언

튀는 발상과 강렬한 개성

1. 문학과의 우연한 조우와 '들림'

최치언(1970~)은 극작가 데뷔 5년째의 신진 극작가이다(인터뷰 : 2008
년). 매우 짧은 이력이지만 〈코리아 환타지〉, 〈밤비내리는 영동교를 홀로
걷는 이 마음〉, 〈너 때문에 산다〉 등으로 대학로에 강렬한 개성을 각인시켰
다. 그의 극들은 도발적인 소재, 자유분방한 상상력, 강렬한 무대 이미지,
시공간의 교란, 폭력과 서정의 교차, 파편적 장면구성 같은 '포스트드라마
적' 글쓰기로 단박에 주목받는 신인 극작가의 대열에 올라섰다.

시, 소설, 희곡 세 장르에서 신춘문예와 장막극 공모로 등단한 최치언의
이력을 보면, 어렸을 때부터 문학소년으로 작가를 꿈꾸었을 것 같다. 그러
나 인터뷰를 하며 알게 된 사실은 의외였다. 그는 문학과는 무관한 기계 분
야의 자격증들을 소지한 공업계 청년이었고, 소위 '기름밥' 먹는 직업을
가졌다고 한다. 대학교에 입학해서 한 학기 다니다가 대학공부에 취미를
붙이지 못해 군대에 갔고, 제대한 후 그냥 직장생활을 하다가 우연히 시를
쓰는 문학청년들을 알게 되었다. 25세 때였다. 이 시를 쓰는 친구들과의
만남으로 시를 접하게 되었는데, 시가 한없이 좋아졌다. 시는 형식이 다른

장르보다 엄격한 편인데도, 이상하게 시를 읽고 생각하노라면 막연한 해방감을 느끼게 되는 거였다. 예술, 문학 속에 빠져드니까 해방감이 느껴지고, 무엇보다 자신을 솔직하게 보게 된다는 점이 좋았다. 직장생활 하면서 노동운동이나 사회운동에 관심을 갖고 있었는데, 문학하는 친구들과 교유하면서 예술과 사회운동이 한 방식으로 연결된다는 점에서 더욱 매료되었다.

그는 문학이나 연극과의 만남에 있어서 항상 자신이 운이 좋다고 느낀다. 등단을 꿈꾸는 좋은 문학 친구들을 만나 그들의 치열함을 배웠고, 그들로부터 시에 대한 정보들, 시와 가까이 가는 방법을 배웠던 것이다. 시를 좋아하게 되었으나 워낙 문학에 대한 기본적인 지식이 없었기 때문에 문학친구들을 열심히 따라다녔고, 그들이 좋다는 시면 무엇이든 찾아 읽었다. 한 시인의 시집을 다 읽고 나면 다른 시집들을 찾아 읽었고, 서가의 옆에 꽂힌 시집들까지 찾아 읽었다. 마치 나무가 가지를 옆으로 쳐나가듯이 수평, 수직으로 확장해가는 방식의 독서를 한 것이다. 이렇게 시를 읽으면서, 자신이 정말 시를 좋아한다는 것을 느꼈다. 등단이나 명예를 위한 게 아니라 그야말로 시가 너무 좋고 아름다워서 절로 읽게 되는 경지였다. 한 1년 동안 시를 읽고 쓰고, 얘기 듣고, 토론하고, 귀동냥하고 배우는 식으로 열심히 하다 보니 주변의 인정을 받게 되었다. "미쳐야 미친다不狂不及"라는 옛말 그대로였다. 1년 정도 되니까 눈이 트이는 걸 느꼈다. 눈에 덮힌 콩깍지 같은 게 떨어져 나가는 느낌이 들면서, 환하게 들어오기 시작했다. 난해했던 현대시가 그냥 의미가 열리기 시작하고, 바로 그 난해성이 미학성이라는 깨달음마저 들었다. 그러자 불쑥 의문이 들었다. 이렇게 좋은 시인데 그땐 왜 몰랐을까? 여전히 좋은 작품인데 그때는 그걸 못 알아보았다는 걸 생각하니 오히려 세상이 두려워졌다. 세상이 모두 비밀 같다는 생각, 비의를 감추고 있는 것만 같았다. "좋아서 열심히 하면 안되는 게 없겠구나." 하는 게 그때 든 생각이었다.그래서 그는 좀더 본격적으로 글쓰기에 전념하기로 했다. 28세에 산업대학교 문창과에 입학했고, 그 해에 시로 등단했다.

"누구한테, 어떻게 배우느냐가 정말 중요한 것 같아요. 그에 따라 생각이나 가치관이 달라지니까요. 그런 점에서 난 참 운이 좋았어요. 처음 문학을 접하게 된 시기의 동료들이 열린 사고를 가지고 있었죠. 어느 장르만 고집하는 게 아니라 시, 소설, 희곡을 다 읽고 세 장르를 다 할 수 있으면 해봐라, 라는 게 이들 생각이었어요." 최치언이 강조하다시피 이전에만 해도 시, 소설, 희곡 등의 경계를 넘나드는 작가들은 장정일, 이윤택 등을 제외하곤 별로 없었다.

그는 시집을 읽고 시를 쓰면서 소설도 닥치는 대로 읽었다고 한다. 어느 시기에 이르니까, 소설을 읽어야 시가 써질 정도였다. 우연한 기회에 처음으로 소설을 써서 보여주게 되었는데, 읽은 분이 "소설 참 잘 쓴다. 시인답지 않게 입심이 강하다."라고 평했다. 그 후 소설을 쓰는데 매우 재미있었다. 120매 정도 분량의 단편소설을 2,3일 만에 쓰곤 했다. 매우 빠른 속도로 글을 쓸 정도로 글쓰기에 두려움이 없었다. 언어의 최전방에서 언어를 다루는 시작업에 몰두했고, 입심이 세다 보니 아마도 글 쓰는 속도가 빠르고 거침없었던 듯했다. "문학수업은 책을 읽고 써내는 게 아니다. 책의 존재가 없어도 세상 경험이나 살아온 과정이 바로 문학수업이다. 그래서 장르를 만났을 때 마치 때를 만난 것처럼 펼칠 수 있는 것이다."라고 그는 생각한다.

2. 연극과의 만남

극작가가 된 계기도 어떻게 보면 우연이었다. 그는 문학을 접할 때 장르의 벽을 의식하지 않았기 때문에 희곡도 많이 읽었다. 희곡작품들을 읽으면서 때론 시나 소설보다 더 문학적인 언어를 구사한다고 감동받기도 했었다. 친한 친구 하나가 연극을 좋아했는데, 최치언에게 "넌 연극을 하면 잘 거야."라고 말하곤 했다. 최치언은 연극을 극작가의 것이라기보다는 배우나 극장으로 생각했기 때문에 연극 자체를 멀게 생각했었다. 친구는 그에게 "넌 생각을 말할 때, 이야기를 만들어서 하거든. 아주 연극적이야." 라고 했다.

그런 말들이 계기가 되어서 희곡을 한 편 썼다. 아마추어적인 작품이었는데, "희곡을 잘 쓸 수 있겠다."라는 말을 들었다. 그러던 중, 시인 선배가 "장막 희곡을 써볼 생각이 없냐?"라고 제안했다. 등단 후 전업작가로 지내고 있었던 시기였으므로 마다할 이유가 없었다. 선배는 원고료를 준다는 말과 함께 한 달의 기한을 제시했다. 이 한 달 동안, 우선 희곡들을 찾아 읽기 시작했다. 마감 기일을 일주일 정도 남겨놓았을 때, 선배가 "쓰고 있냐?"고 채근했고, "네. 쓰고 있어요. 구상을 다 끝냈으니 이제 쓰기만 하면 돼요."라고 대답했다. "마감 지켜라. 기다리고 있다."라는 선배의 말을 듣자 덜컥 겁이 났다. 2001년 말, 쫓기는 심정으로 3일 만에 탈고한 희곡이 바로 〈밤비 내리는 영동교를 홀로 걷는 이 마음〉이었다.

장막극을 3일 만에 썼다니 놀랄 정도로 빠른 필력이다. 그는 먼저 메모를 해놓고는, 독수리타법으로 막 써내려가기 시작한다고 한다. 메모했던 것에서 대사가 가지 치면서 이야기와 장면들이 만들어진다는 것이다. 그렇다 해도 〈밤비....〉를 빨리 쓸 수 있었던 것은 그 소재가 자신이 있었기 때문이었다. "솔직할 때엔 두려운 게 없어요. 자유롭게 써지죠. 오직 자기와 텍스트와의 호흡만 있을 뿐이에요."

작품을 선배에게 주었는데, 그 후 그 작품에 대해 아무 얘기도 없었다. "작품이 안 좋아서, 내가 자존심 상해 할까 봐 말 안 하나 보다."라고 생각했다. 그러나 극작가로서 프로 근성 가지고 몇 년의 기획과 아이디어를 굴려서 쓴 작품이 아니기 때문에 서운하다는 말도 할 수 없었다. "내가 너무 문학적으로 써서 연극인들이 공연성이 없다고, 작품을 무대에 올릴 수 없다고 하는 게 아닌가?" 그런 생각도 들었다. 그러나 〈밤비…〉를 못썼다는 생각은 들지 않았다. 다만, 며칠 만에 쓴 게 과연 옳은가? 하는 생각은 했다. 나중에 알고 보니, 늦게 희곡을 쓰는 바람에 그쪽에선 다른 작가의 작

품으로 결정을 해버렸는데 중간에서 난처해진 선배가 그 말을 못 전했다
는 것이었다.

한 친구가 전주의 '우진재단'에서 장막극을 공모한다는 것을 알려주었
다. 〈밤비…〉를 제출했고, 당선되었다. 심사위원이 마침 좋아하는 극작가
김광림 선생이었기 때문에 더욱 기뻤다. 이 극은 전주의 창작극회에 의해
초연되었다.

〈밤비…〉는 최치언이 잘 아는 소재를 잡아서 쓴 극이다. 살아가면서 가
장 고민했던 문제를 다룬 것이다. 공연 때에는 정치적인 폭력, 군사독재,
고문 수사관 등이 너무 부각되었지만, 실제로 하고 싶었던 얘기는 소통의
부재였다. 소통의 부재는 일방적 폭력 속에서 온다는 것. 그러나 그 주제를
직접적으로 얘기하고 싶지는 않았다. 최치언은 현대사회를 규정하는 것이
바로 소통의 부재이며, 그것이 바로 폭력성을 띤다고 진단한다.

이 극에서 특징적인 것은 시공간의 교란이다. 80년대 군사독재시대와
가수 주현미, 핸드폰이 환기하듯 90년대와 동시대가 교차된다. 특정하게
기억되는 시간, 그리고 지금의 시대를 한 무대 위에 올려놓고 싶었기 때문
이다. 연극은 개연성을 뛰어넘는 연극적 논리가 있기 때문에 시간을 뒤섞
어놔도 가능하다고 생각한 것이다.

극단 파티의 김동현 연출로 2007년에 서울 정보소극장에서 공연되었던
〈밤비…〉는 서울문화재단 사후지원작에 선정되어 2008년 하반기 이성열
연출의 새로운 공연이 또 예정되어 있다. 이성열 연출은 지난번 공연 때의
수정본이 아닌 원 텍스트를 달라고 주문했고, "공연했던 내용과 좀 다르
다."면서 두 작품을 어레인지해서 공연할 생각을 가지고 있다고 한다.

두 번째로 발표한 공연작은 작은 신화의 '우리 연극 만들기' 창작극 공
모에 당선된 〈코리아 환타지〉(2005)이다. 대학로에서 이루어진 최치언의
첫 공연작이기도 하다. 이 극은 문명비판에 초점을 맞추어, 현대사회의 암
울한 이야기를 도발적으로 그렸다. 내용이 무척 잔인하고 엽기적이라는
필자의 말에, "작심하고서 잔인한 인물들을 통해 폭력성의 극대화를 그렸

다"라는 대답이 돌아왔다. 필자는 요즘 도발적이고 엽기적인, 이른바 '추
학'을 의도적으로 추구하는 젊은 극작가들의 반미학적 연극 경향에 대해
그와 토론을 했다. 영국을 위시해서 유럽의 연극에 불었던 'in yer-face'
연극[156]과 우리나라 일부 젊은 작가들의 '엽기적 연극'은 그 경향이 비슷
하다. 우리가 불쾌해하거나 고통스러워 피하고자 하는 행위나 생각, 느낌,
언어들을 무대 위에서 도발하고 관객으로 하여금 강제로 직면하게 하는
것이 이런 연극의 두드러진 특징이다.

'엽기적 연극'에 분류될 〈코리아 환타지〉의 작가로서 최치언은 창작의
도를 다음과 같이 설명했다. 문학이나 예술은 궁극적으로 인간해방을 위
한 것이며, 이를 위해선 무엇보다도 자기로부터의 해방이 먼저 있어야 한
다고. 그런 관점에서 이 극은 무의식에서 벌어질 만한 일들을 그렸다는 것
이다. "꿈은 부도덕하다고 말하지 않죠. 악몽이라고는 하지만. 잔인한 꿈
도 꾸어질 수 있어요. 꿈은 컨트롤할 수 없는 것이니까요. 그렇지만 악몽에
는 뭔가 원인이 있어요. 그러니까 피하지 말고 제대로 보자. 성과 폭력으로
뒤범벅된 꿈을. 끔찍하다, 더럽다 피하지 말고 보자. 왜냐하면 그것은 반응
해주길 원하는 어떤 근원을 가진 것이니까요."

최치언은 작가란 인간의 꿈을 끄집어내어 보여주는 존재라고 생각한다.
개인적인 꿈을 외적으로 꺼내 보여줄 때, 그것은 사회적인 것이 되기 때문
이다. 사회적인 것이란 사회가 규정하는 형식과 규범, 미적 한계성이란 제
약을 가지지만, 무대 위에서는 그 제약 이전의 단계를 보여주어야겠다는
생각을 했다는 것이다. 이 '악몽'들은 눈을 감고 피한다고 해서 없어지는
것이 아니기 때문이다. 불륜이나 살부, 잔인하고 성적인 것들, 즉 이러한
악몽은 현실이 될 수도 있으니까.

[156] 사라 케인, 마크 레이븐 힐 등이 대표적인데, 이 노골적이고 도발적인 연극의 특성은
비평가 알렉스 시어즈에 의하면 다음과 같다. "언어는 대체적으로 비속하고, 등장인
물들은 입에 담을 수 없는 주제들에 대해서 이야기하며, 옷을 벗고, 섹스를 하고, 서로
를 모욕하며, 불유쾌한 감정들을 경험하며, 갑자기 폭력적이 된다." 다시 말해, 충격
적이고 육적이다. 김윤철, 「신연극성과 비평의 대응: 유럽의 경우」, 『오늘의 세계연극
읽기』, 연극과인간, 2007, 14쪽.

필자 역시 궁극적으로 소재의 문제가 아니라 '잘쓴 희곡이냐, 못쓴 희곡이냐?'만이 기준점이라는 데 동의하게 되었다. 엽기적 소재를 다루는 경향은 비단 연극만의 문제가 아니다. 2000년대의 시나 소설 등도 악몽 속 이미지 같은 엽기적 소재를 다루는 경향이 뚜렷하다. 그렇다면 이는 젊은 작가들의 취향의 문제가 아니라 우리 시대나 사회의 어두운 무의식을 환기하는 것이며, 한 공포영화에서 괴물이나 좀비가 끊임없이 호출되어 등장하듯 '억압된 것의 귀환'이라 말할 수 있을 것이다.

〈코리아 환타지〉에 대한 관객의 반응은 극단적으로 반반으로 나뉘었다. 어느 여자 관객은 토하더니 극장 밖으로 나간 경우도 있었다. 그러나 여러 번 관극하는 마니아도 생겼는데, 이 연극을 통해 후련한 느낌을 받는다는 거였다. 어쨌든 최치언은 대학로의 첫 작품으로 '강한 캐릭터와 개성의 작가'란 이미지를 얻게 되었다.

2006년에는 〈연두식 사망사건〉(작은신화, 최용훈 연출)을 공연했다. 〈밤비…〉에서도 등장한 '연두식'이란 이름은 언어적 이미지를 캐릭터화한 경우이다. 최치언은 캐릭터를 잡을 때 이름으로부터 출발한다. '두식'이란 무식하지만 어수룩한 느낌이 드는 이름이며, 연이란 성과 결합하면 더욱 순진하고 어수룩한 이미지가 증폭된다. 이 작품 역시 사회의 폭력성, 어른들의 위선을 다루었다.

이 극은 무엇보다 구조가 탄탄하고 연극적 기교가 뛰어난 점이 눈에 띈다. 산발적 얘기들이 모여서 퍼즐을 맞추는 듯한 장면들을 만들어내면서 하나의 덩어리로서의 잘 짜인 구조를 만들어낸다. 최치언은 무질서하게 보이는 파편화된 장면들을 연결하여 질서있는 의미구조로 만들어내는 극작 방식에 뛰어나다. 연극현장과 무관한 극작가임에도 파편화된 장면 구성과 연극적 놀이와 호흡에 뛰어나다는 것은 아마도 그의 상상력 구조가 포스트드라마적 연극과 통한다는 징표일 듯하다. 그가 퍼즐 맞추기식 장면 구성, 무질서한 것들의 조합에서 질서있는 구조를 만들어내는 연극을 좋아하는 이유는 세상 자체가 그렇게 이루어져 있다고 보기 때문이다. 세상의 움직임은 인과적이라기보다는 전혀 이질적인 것에서 그 원인이 있을 수도 있다고 생각하므로, 이야기 만드는 사람으로서 자신은 이질적이고 무관해 보이는 그것들을 꿰어맞춰서 질서를 만들어내고자 한다는 것이다.

〈충분히 애도되지 못한 슬픔〉(2007)은 제1회 '창작희곡 활성화 사업'(문화예술위원회) 공모에 당선되어 2008년 8월 공연(박상현 연출)을 앞두고 있다. 이 극은 퍼즐 맞추기식 구조를 실험한 작품은 아니고, 직선적으로 장면이 연결되면서 꼬여가는 구조이다.

그는 구조에 대한 실험을 계속하고 싶다고 한다. 전혀 이질적인 이야기들이 모여서 덩어리를 이루고, 그것이 하나의 구조를 이루는 연극을 꿈꾼다. 그런 구조의 연극은 주변을 새롭게 보게 하기 때문이다. 그는 그동안 개인적 얘기가 아니라 늘 사회적인 주제, 큰 이야기를 다루어왔다.

그런데 인물들이 퍼즐처럼 잘 짜인 구조 속에 위치하고 일종의 유형처럼 행동하기 때문에 온기가 부족하다는 필자의 말에 그는 이렇게 대답한다. 작가가 인물들을 너무 완벽하게 통제하기 때문이라고. 어떤 얘기를 하기 위해서 인물들이 조작된 때문이기도 한데, 자신도 그 때문에 계몽성을 피하고 에둘러 얘기하고자 하지만, 간혹 직접적으로 얘기하는 듯한 느낌도 든다는 것이다. 그는 공연 준비 때 연습실에 잘 안 가는 작가라고 한다. 어쩌다 연습에 참여하면 연극인들에게 듣는 얘기가 텍스트가 맞물려서 꽉 짜인 느낌이 든다는 내용이다. 텍스트를 좀 손질하려 해도 이미 작가가 구조를 다 맞춰놔서, 하나를 풀면 전체가 다 무너지기 때문에 손대기가 힘들다는 것이다. 그러나 작가 입장에서는 당연히 공연에서 텍스트 '플러스 알파'를 바란다. 그의 고민은 그러니까, 여백이 없이 너무 꽉 짜인 구조에 대한 것이다. 우화성, 알레고리를 탈피하기 위해 부조리를 많이 쓰는데, 그것도 너무 꽉 짜인 구조로 맞춰진다는 점도 고민이다.

이 극은 사회문제를 다루면서 '이에는 이, 눈에는 눈' 식의 폭력의 되갚음을 그렸다. 사회에 대한 비판의 방식으로, "외부에서 치면 똑같이 쳐주겠다"는 반응양식을 그린 것이다.

2008년 1월에 공연된 〈너 때문에 산다〉(문삼화 연출)는 폭력적이고 억압적 세상에 대한 비판을 그려오던 작가의 변화를 보여주는 극이다. 동정 없는 세상, 폭력적 세상을 수용하고 용서하면서 살아갈 수 있음을 그린 작품이다. 온달설화를 현대화한 극인데, 세계에 대한 비판이 아니라 인간의 본성을 탐구하고자 했다. 이 극을 통해 최치언은 인간의 얘기가 '가장 깊은 이야기'라는 깨달음을 새삼 했다고 한다. 연극을 보면서 많이 우는 관객들도 있었는데, 그런 감동을 주는 연극이 좋다는 생각을 했다는 것이다.

그런 의미에서 이 극은 스스로 지금까지의 극작과는 다른 방향을 시도하게 될, 한 전환기가 될 수 있는 작품이라고 생각한다. 이전 작품들이 세상의 비정함과 폭력, 세상에 대한 냉소를 저항의 방식으로 그렸다면, 앞으로는 실험적인 틀은 그대로 유지하면서도 세상을 포용하는 따뜻함을 그려볼 작정이다.

〈충분히 애도되지 못한 슬픔〉(2008)은 '창작희곡활성화 지원사업'으로 공연되는 '창작예찬' 4편 중 마지막 작품이다. 1년 전에 창작극을 공모하여 4~5개월의 튜터 과정(수정 보완 과정)과 희곡낭독공연을 거쳐서 무대에 올리는 '창작예찬'은 완성도 높은 희곡과 공연을 만들기 위해 1년 넘는 숙성과정을 준비한다는 점에서 우리나라에선 새롭게 시도되는 제도이다. 직접 이 제도를 체험한 작가 입장에서 이 제도를 어떻게 생각하느냐는 물음에, 그는 "극작가를 지원하는 매우 좋은 제도"라고 대답했다. 작가의 한 세계관이 여러 사람들과 만나서 '우리의 세계관'으로 형성되고 무대를 만나게 해준다는 점에서 의미가 있다는 것이다. 튜터를 맡은 박조열 선생은 〈애도〉(약칭)에 대해, "힘도 있고 재능도 있다. 그런데 그게 넘쳐서 문제이다. 그걸 제어할 줄 알아야 한다. 젊으니까 승한 부분의 절제가 어려울 수 있다. 그러나 분명히 알고는 있어야 한다."라는 조언을 했다고 한다. 연출의 박상현은 처음에 쓴 작품과 튜터 과정에서 고친 2번째 수정본을 보고, "첫 번째 작품을 바탕으로 2번째 수정본을 수용해서 다시 고치자"고 해서 그렇게 공연대본을 수정했다고 한다.

〈애도〉는 1980년 광주를 소재로 삼고 있다. 공갈 사기범들이 80년 광주에서 권력자들과 얽히는 내용을 통해 '비극적이면서도 지독한' 블랙 코미디로 80년 광주를 재조명한다. 이 작품은 우매한 인물형들과 연극적 코드들을 활용했는데, 80년대라는 역사적 사실 속에 이 인물들이 어떻게 시대에 대한 블랙코미디를 만들어낼 것이냐에 포인트를 둔 듯하다. 아직 공연 전이라 '창작예찬'의 팸플릿을 인용하면, "1980년적이면서 21세기적인 대사와 의상 그리고 몸짓, 비속한 유행가와 클래식의 교차, 과거 영상과 현실적 무대의 조합, 추상과 현실을 뒤섞은 시청각적인 다양한 기법들은 시대적 재현을 넘어, 슬픈 만화경으로 강렬한 잔상을 남길 것"이라고 예고되어 있다. 이로 미루어보면 〈밤비…〉의 문제의식과 구조, 무대기법과 동궤의 것으로 추측된다.

시인이므로 시적 대사에 공을 들이느냐는 질문에, 그는 "의도적으로 시적인 대사를 피하려 한다. 시적 대사들이 연속 이어지면 관념적이 되고, 그 관념은 관객에게 폭력이 된다."고 했다. 그는 희곡에서 '날것의 대사'를, 인간의 언어를 쓰고자 한다고 했다.

3. 새로운 형식 추구

2008년 현재 그는 전업작가로서, 강원도 고성의 작업실에서 작품을 쓰고 있다(이 책의 발간을 준비하면서 확인해 보니, 그는 서울로 돌아와 작업하고 있다). 자본의 시대에 젊은 작가가 한적한 바닷가의 작업실에 틀어박혀 글쓰기에 몰두하고 있다는 것만으로도 문학에 대한 열정과 치열함, 패기가 전달되어 온다. 고성에 온 지도 어느덧 3, 4년이 되었다고 한다. 영화 시나리오도 가끔 쓰고, 시인 지원금이나 공모작 상금, 공연 지원금 등이 전업 작가로서의 그를 지탱해주는 현실적 버팀목이다. 한적한 고성에 자리 잡고 있어도 작가로서의 작업에는 전혀 지장이 없다고 한다. 경동대 도서관이나 속초의 서점 등에서 책이나 자료를 찾기도 하고, 인터넷이 통하기 때문에 불편이 없다는 것이다.

오히려 그는 고성에서의 생활이 작가로서 매우 배울 게 많다고 한다. 인문학적 정서에 빠져서 작품 세계를 만들어내는 것은 현실에서 유리될 우려가 있는데, 고성에서 인문적이지 않은 사람들과 많이 부딪치면서 세계를 확장시킬 수 있다는 것이다. "고성에서는 도시인의 말, 지식인의 말 자체가 그들과 안 섞여요. 그들은 도시인들과 다른 말과 생활을 하기 때문이죠." 도시인들은 많이 숨기지만 그들은 적나라하고 직설적이고, 소위 '먹물티'를 내지 않는다. 최치언도 그들과 어울리면서, 그들이 가진 '시인, 작가들의 상투적 이미지'를 깨트리는 데 일조했다고 한다. 다시 말해 시인, 작가란 고상하고 그네만의 분위기에 심취해 살고 감동적인 말만 하는 부류라는 식의 이미지 말이다.

젊은 패기의 작가 최치언은 자신이 희곡을 쓰는 데 있어 늘 운이 좋았다고 말한다. 사실 운이 좋다고 느끼는 것은 그가 좋은 운을 만들었다는 의미일 것이다. 그는 교인은 아니지만 우리를 뭔가 꽉 밀어주는 것, '신의 뜻'이 있다고 느낀다고 한다. 연극이 자신에게 우호적인 만큼, 그리하여 자신이 칭찬과 조명과 관심을 받았다면, 앞으로 정말 극작을 진지하고 깊이 있게 해봐야겠다는 다짐을 한다. 그러나 그는 리얼리즘은 체질에 맞지 않고, 새로운 형식 속에 공감할 수 있는 내용을 담고 싶다는 희망을 피력했다. 연극이 매력적인 것은 희곡이 공연으로 만들어질 때마다 새로운 해석으로 새롭게 태어난다는 것, 또 집단이 함께 움직이면서 창조해낸다는 점이다.

2003년에 데뷔한 젊은 극작가로서 그는 "그동안 쓴 작품들은 모두 연습이라고 생각해요. 앞으로 더욱 좋은 작품을 쓰려고 노력할 겁니다."라고 의지를 다진다. 그는 실패를 두려워하지 않는다는 점에서 패기의 작가이기도 하다. "모든 작품은 실패하죠. 신이 아니니까요. 실패함에도 계속 가야 하는 게 작가죠. 시지푸스처럼. 작가로서 그 이유를 찾는 게 목표에요." 그는 꾸준한 공부를 강조한다. 작품을 쓰는 작가는 바로 공부하는 작가라는 것이다. "시를 쓰지 않으면 시인이 아니라는 말이 있어요. 시를 쓸 때 비로소 시인이라구요."

극작가들이 몇 편 쓰고 연극에서 이탈하는 경향을 그는 안타까워했다. 희곡을 써도 무대를 만나지 못해서 결국 영화 쪽으로 가거나 다른 분야로 옮기고 만다는 것이다. 실제로 극작가 군이 얇다는 것이 한국연극의 취약점이다. 그러나 최근에는 고무적이게도 공연예술이 활성화되니까 다른 장르의 작가들도 공연예술로 들어오려는 경향이 있다. 현재 김경주, 유희경, 김지훈 같은 젊은 시인들이 극작가의 대열에 합류하여, 신선한 언어감각과 실험성을 보여주고 있다.

2008년은 '한국연극 100주년'을 맞는 해이다. 연극계나 학계에서 여러 기념행사가 벌어지고 있지만, 가장 중요하고 근본적인 것은 현대극 100년의 역사를 반성적으로 성찰하고 이를 바탕으로 앞으로의 발전 100년을 준비하는 일일 것이다. 연극학자로서 근대극 시기의 연극관련 비평이나 기사를 읽을 때 항상 놀라는 것은, 100년 전 연극인들이 한국연극의 취약점으로 거론했던 '창작극의 부진' 혹은 '극작가 양성'이 오늘의 시대에도 똑같이 반복되는 당면문제라는 점이다. 젊은 극작가들의 실험적인 작품을 사랑하는 이유는 거칠고 미숙하고 때로는 조악하다 해도, 그들이 한국연극의 미래이며 희망이기 때문이다. 체호프가 〈갈매기〉의 뜨레쁠레프를 통해 부르짖었던 "새로운 형식!"에 대한 추구가 있기 때문이다. 젊은 작가의 성장과 변화를 지켜보는 일은 매우 기쁜 일이다. 최치언이 앞으로 구조의 실험과 인간적 깊이가 있는 이야기의 조화를 어떻게 이루어갈지 기대된다.

저자약력

▮김 성 희

이화여대 영문과 및 동 대학원 국문과를 졸업하고, 단국대에서 박사학위를 취득했다. 한국연극사, 한국현대희곡을 전공했다. 현재 한양여자대학교 문예창작과 교수이며, 연극평론가로, 그리고 한국연극학회 회장으로 활동하고 있다. 1977년 서울신문 신춘문예에 희곡이 당선되었으며, 2009년 여석기연극평론가상을, 2014년 '의민저술상'을 수상했다.

주요 저서로는『한국연극과 일상의 미학』(2009),『한국현대극의 형성과 쟁점』(학술원 우수 도서, 2007),『방송드라마 창작론』(2010),『황금물고기』(2001),『한국 현대희곡 연구』(1998),『연극의 세계』(1998),『연극의 사회학, 희곡의 해석학』(1995),『한국희곡과 기호학』(1993) 등이 있고, 공저로는『한국현대연출가 연구』(2013),『90년대 이후 한국연극의 미학적 경향』(2011),『한국 근현대연극 100년사』(2009),『동시대 연극비평론의 방법론과 실제』(2009),『한국현대연극 100년』(책임편집, 2008),『세종문화회관 전사』(2002),『국립극장 50년사』(2000) 등이 있다. 주요 논문으로「한국 정치극의 전개 양상」(2014),「역사극의 탈역사화 경향 : 역사의 유희와 일상사적 역사쓰기」(2012),「국립극단을 통해 본 한국 역사극의 지형도」(2011),「여성국극의 장르적 성격과 이미지로서의 역사」(2010),「한국 역사극의 기원과 정착」(2010) 등이 있다.

한국 동시대 극작가들

초판 1쇄 발행   2014년 07월 31일
초판 2쇄 발행   2015년 09월 07일

저   자   김 성 희
발 행 인   윤 석 현
발 행 처   도서출판 박문사
책임편집   최인노 · 김선은
등록번호   제2009-11호

우편주소   서울시 도봉구 우이천로 353 성주빌딩 3층
대표전화   02) 992 / 3253
전   송   02) 991 / 1285
홈페이지   http://www.jncbms.co.kr
전자우편   bakmunsa@hanmail.net

ⓒ 김성희, 2015. Printed in KOREA.

ISBN 978-89-98468-14-9 93680   정가 42,000원